조선총독부의 조사와 통계

조선총독부의 조사와 통계

일제침탈사연구총서

문화

48

동북아역사재단 일제침탈사 편찬위원회 기획

서호철 지음

동북아역사재단
NORTHEAST ASIAN HISTORY FOUNDATION

| 발간사 |

일본이 한국을 침탈한 지 100년이 지나고 한국이 일본의 지배로부터 벗어난 지 70년이 넘었건만, 식민 지배에 대한 청산은 이루어지지 못하고 있다. 일본의 독도영유권 주장은 도를 넘어섰다. 일본은 일본군 '위안부', 강제동원 등 인적 수탈의 강제성도 인정하지 않고 있다. 일본군 '위안부'와 강제동원의 피해를 해결하는 방안을 놓고 한·일 간의 갈등은 최고조에 이르고 있다. 역사문제를 벗어나 무역분쟁, 안보위기 등 현실 문제가 위기국면을 맞고 있다.

한·일 간의 갈등은 식민 지배의 역사를 어떻게 볼 것인가 하는 역사 인식에서 기인한다. 역사는 현재와 과거의 대화이며 이를 기반으로 미래로 나아갈 수 있다. 과거 침략의 역사를 미화하면서 평화로운 미래를 말하는 것은 불가능하다. 식민 지배와 전쟁발발의 책임을 인정하지 않고 반성하지 않으면 다시 군국주의가 부활할 수 있고 전쟁이 일어날 위험성도 배제할 수 없다. 미래지향적 한일관계를 형성하고 나아가 동아시아의 평화와 번영의 기틀을 조성하기 위해 일본은 식민 지배의 책임을 인정하고 그 청산을 위해 노력해야 할 것이다.

식민 지배의 역사를 청산하기 위해서는 식민 지배는 어떻게 이루어졌는지 그 실상을 명확하게 규명하는 일이 긴요하다. 그동안 일본제국주의에 맞서 조국의 독립을 위해 헌신한 독립운동가들의 활동을 찾아내고 역사적으로 평가하는 일에는 상당한 성과를 거두었다. 반면 일제 식민침탈의 구체적인 실상을 규명하는 일에는 충분한 노력을 기울이지 못했다. 제국주의가 식민지를 침탈했다는 것은 너무나 당연한 사실로 여겨졌기 때문에, 굳이 식민 지배에서 비롯된 수탈과 억압, 인권유린을 낱낱이 확인할 필요가 없었는지도 모른다. 그러는 사이 일본은 식민 지배가 오히려 한국에 은혜를 베푼 것이라고 미화하고, 참혹한 인권유린을 부인하는 역사부정의 인식을 보이는 데까지 이르고 있다. 일제의 통치와 침탈, 그리고 그 피해를 종합적으로 조사하고 편찬할 필요성이 여기에 있다.

일제침탈사를 체계적으로 정리하는 일은 개인이 감당하기 어렵다. 이에 우리 재단은 한국학계의 힘을 모아 일제침탈사 편찬위원회를 꾸렸다. 편찬위원회가 중심이 되어 일제의 식민지 침탈사를 정치·경제·사회·문화 모든 방면에 걸쳐 체계적으로 집대성하기로 했다. 일제 식민침탈의 실체를 파악하기 위해 2020년부터 세 가지 방면으로 사업을 추진하고 있다. 하나는 일제침탈의 실상을 구체적이고 생생한 자료를 통해서 제공하는 일로서 〈일제침탈사 자료총서〉로 편찬한다. 다른 하나는 이들 자료들을 바탕으로 연구한 결과물을 〈일제침탈사 연구총서〉로 간행한다. 그리고 연구의 결과를 대중들이 이해하기 쉽게 〈일제침탈사 교양총서〉를 바로알기 시리즈로 간행한다.

〈일제침탈사 연구총서〉는 일제침탈의 실태를 정치·경제·사회·문화 분야로 대별한 뒤 50여 개 세부 주제로 구성했다. 국내외 학계 전문가들이 현재까지 축적된 연구 성과를 반영하면서 풍부한 자료를 활용하여 집필했다. 연구자뿐만 아니라 교육 현장에서도 활용되고 일반 독자들도 이해할 수 있도록 집필하기 위해 노력했다. 연구총서 시리즈가 일제침탈의 역사적 실상을 규명하고 은폐된 역사적 사실을 기억하고 왜곡된 과거사에 대한 인식을 바로 잡음으로써 역사인식의 차이로 인한 논란과 갈등을 극복하는 데 기여하는 디딤돌이 되기를 바란다.

2024년

동북아역사재단 이사장

| 편찬사 |

1945년 한국이 일제 지배로부터 해방된 지 79년의 세월이 지났다. 그럼에도 불구하고 일본 사회 일각에서는 여전히 일제의 한국 지배를 합리화하고 미화하는 주장이 나오고 있으며, 최근에는 한국 사회 일각에서도 일제 지배를 왜곡하고 옹호하는 주장이 나오고 있다. 이는 한국과 일본 사회, 한일 관계와 동아시아 국제관계의 미래를 위해서도 결코 바람직하지 않은 일이다.

이에 동북아역사재단은 일제의 한국 침략과 식민 지배에 대한 학계의 연구 성과를 총정리한 〈일제침탈사 연구총서〉를 발간하기로 하였다. 이에 따라 2019년 9월 학계의 전문가를 중심으로 편찬위원회를 구성하였으며, 편찬위원회는 학계의 연구 성과를 토대로 정치·경제·사회·문화 부문에서 일제의 침탈이 어떻게 이루어졌는지 정리하여 연구총서 50권을 발간하기로 하였다.

주지하듯이 1905년 일제는 러일전쟁에서 승리한 뒤, 한국에 군대를 주둔시키면서 한국의 외교권을 빼앗고 통감부를 두어 내정에 간섭하였다. 1910년 일제는 군사력으로 한국 정부를 강압하여 마침내 한국을 강제 병합하였다. 이후 35년간 한국은 일제의 식민 통치를 받았다.

일제는 한국의 영토와 주권을 침탈하였을 뿐만 아니라, 군사력과 경찰력으로 한국을 지배하면서, 정치·경제·사회·문화의 모든 부문에서 한국인의 권리와 자유, 기회와 이익을 박탈하거나 제한하였다. 정치적으로는 군사력과 경찰력, 각종 악법을 동원하여 독립운동을 탄압하고, 한국인의 정치활동을 억압하고 참정권을 박탈하였으며, 집회와 결사의 자유를 억압하였다. 경제적으로는 일본자본이 경제의 주도권을 장악하고, 일본인 위주의 경제정책을 수행했으며, 식량과 공업원료, 지하자원 등을 헐값으로 빼앗아 갔고, 농민과 노동자 등 대다수 한국인의 경제생활을 어렵게 하였다. 사회적으로는 한국인들을 차별적으로 대우하고, 한국인의 교육의 기회를 제한하고, 한국인으로서의 정체성을 박탈하여 결국은 일본의 2등 국민으로 만들고자 하였다. 문화적으로는 표현과 창작의 자유, 종교와 사상의 자유를 억압하고, 한글 대신 일본어를 주로 가르치고, 언론과 대중문화를 통제하였다. 중일전쟁, 아시아태평양전쟁을 도발한 뒤에는 인적·물적 자원을 전쟁에 강제동원하고, 많은 이들을 전장에 징집하여 생명까지 희생시켰다.

〈일제침탈사 연구총서〉는 침탈, 억압, 차별, 동화, 수탈, 통제, 동원 등의 단어로 요약되는 일제의 침략과 식민 지배의 실상과 그 기제를 명확히 밝히고자 하였다. 이를 통해 일제의 강제 병합을 정당화하거나 식민 지배를 미화하는 논리들을 비판 극복하고, 더 나아가 일제 식민 지배의 특성이 무엇이었는지, 식민 통치의 부정적 유산이 해방 이후에 어떤 영향을 미쳤는지를 밝히고자 하였다.

편찬위원회는 연구총서와 함께 침탈사와 관련된 중요한 주제들에 관하여 각종 법령과 신문·잡지 기사 등 자료들을 정리하여 〈일제침탈사 자료총서〉도 발간하기로 하였다. 아울러 일반인과 학생들이 보다 쉽게 읽을 수 있는 〈일제침탈사 교양총서〉를 바로알기 시리즈로 발간하기로 하였다.

일제의 한국 침략과 식민 지배의 역사는 광복 후 서둘러 정리해냈어야 했지만, 학계의 연구가 미흡하여 엄두를 내기 어려웠다. 이제 학계의 연구가 어느 정도 축적되어 광복 80주년을 맞기 전에 이와 같은 작업을 할 수 있게 된 것을 다행으로 생각한다. 한일 양국 국민이 과거사에 대한 올바른 역사인식을 갖고 성찰을 통해 미래를 향해 함께 나아갈 수 있기를 기대하면서 삼가 이 책들을 펴낸다.

2024년

동북아역사재단 일제침탈사 편찬위원회

차례

※ 일러두기

- 자료를 직접 인용할 경우 이해를 돕기 위해 일부 의역하고 현대어로 수정했다.
- 자료 중 판독이 불가능한 글자는 □로 표기했다.
- 대한제국 의정부와 내각, 민적제도와 호적제도, 총독부 문서과와 총무과 등 같은 조직이나 제도가 시기별로 명칭이 바뀐 것은, 꼭 구분해야 할 때가 아니면 더 잘 알려진 것으로 썼다.
- 대한제국기에 대해서도 법령이나 정부기구를 제외하고는 '조선'으로 통칭했다.

머리말

1. 문제 제기

조선총독부가 실시한 각종 조사의 결과와 공식 통계는 식민지기를 연구하려면 기본적으로 이용하게 되는 일차자료다. 그러나 조사나 통계는 객관적 사실을 있는 그대로 재현해서 보여 주는 투명한 장치나 매체가 아니다. 그리고 이 책에서 다루는 시대는 식민지기다. 객관적 사실 그대로가 아니라면, 조사 결과나 통계가 보여 주는 것은 새빨간 거짓일까? 아니면 그 정도까지는 아니고 참과 거짓이 얼마쯤 뒤섞인 점이지대일까? 참과 거짓이 얼버무려진 것이라면, 그것은 의도된 조작의 결과일까?

식민지기 행정관료들은 통계란 "정밀한 사회학", "사회의 거울"이자 "만계(萬計)의 기초"로서 "현재의 상태 및 과거 시정(施政)의 득실을 일목요연하게 증명하는 것"이라고 이해했다.[1] 민도(民度)가 낮은 조선인들이 각종 조사의 취지를 제대로 알지 못한다고 비판하거나 불평하기도 했다. 신문 지면이나 통계강습회 자리에서만 그렇게 말하고 돌아서서는 식민지 지배에 유리하도록 통계를 조작했던 것은 아니다. 민감한 민족문제 같은 것은 아예 조사하지 않거나 결과를 비밀에 부치는 경우는 있었겠지만, 『조선총독부통계연보』(이하 『통계연보』)에 실릴 정도의 통계에 대해 이중의, 분식(粉飾)된 통계표 같은 것을 만들지는 않았다. 조사와 통계에 왜곡이나 편향이 있다면 그것은 오히려 조사자나 통계의 생산자 스스로도 깨닫지 못한 '구조적'인 것이었을 터이다.

---

1 薄田美朝, 1924, 「統計研究會生る」, 『朝鮮』 113, 99~100쪽; 全羅南道, 1924, 「統計展覽會開催に就て」, 『朝鮮』 115, 112쪽.

이런 문제에 대해서도 우리는 멋진 대답을 알고 있다. “통계 보고서는 완전히 중립적인 사실의 수집도 아니고 그렇다고 단순한 이데올로기적 강요도 아니다. 그보다는 사회질서에 대한 특정 시각의 권위를 확립하는 방식, 즉 ‘경험’에 대한 인식을 조직하는 방식이라 할 수 있다”.[2] 조사와 통계는 세상을 보는 창 또는 생각을 엮어주는 문법 같은 것이라는 의미이다. 물론 창 자체가 세계를 체계적으로 왜곡시켜 보여 줄 가능성도 얼마든지 있다. 그런데 그 창이 일그러진 상(像)을 만든다는 것은 어떻게 알 수 있을까? 모든 창이 다 나름의 왜곡을 만든다면, 우리 앞에 있는 창은 풍경의 어디를 어떻게 일그러뜨리는 것일까? 좀 더 나은 다른 창이 있을까?

총독부의 공식 통계를 불신했던 『조선일보』 기사 하나를 읽어보자. 아래 기사가 나온 시기는 조선 최초의 인구총조사(census)였던 1925년 간이국세조사(簡易國勢調查)가 10월 1일에 실시되고 한 달이 지나, 속보(速報)로 내야 할 인구 개수(概數)의 집계가 도별로 한창 이루어지고 있을 때였다.

> 조선의 인구가 이천만 이상이라는 것은 조선 사람은 물론 세계 각국 사람까지 이구동성으로 말하는 것인데 오직 일본 사람만 일천칠백만에 불과하다 하여 서로 많다느니 적다느니 다투어 왔으나 정치 기관을 점령한 일본인 측에서 그와 같이 주장하는 고로 조선 인구는 어쩔 수 없이 일천칠백만으로 세상에 발표되고 말았다. 조선 사람의 일이라면 무엇을 물론하고 미개하며 또는 빈약하다는 것을 세상에 발

2 조앤 스콧 저, 정지영 외 역, 2023, 『젠더와 역사의 정치』, 후마니타스, 208쪽.

> 표코자 하는 그들이니 조선 인구를 줄여 세상에 발표하는 것도 또한 무리가 아니다. 이 지경에 처하여 있는 운명에 동족의 수효가 많으면 무엇하며 적으면 무엇을 하랴마는 그래도 실재하여 있는 그대로는 세상에 발표되어야 이 세상에 그만한 인명이 존재하여 있는 것이나 알게 되는 것이다. 이천만을 일천칠백만이라 하면 삼백만의 조선 인구는 살고서도 죽은 것이 되고 마는 것이니 이것이 결코 작은 일이 아니라 하여 조선 사람들은 매양 그 정확한 수효가 적나라하게 세상에 발표되기를 바라던 바이었다[3]

뒤에 나오겠지만, 식민지기 『통계연보』에 실린 '현주호구(現住戶口)' 통계는 문제가 많았다. 이 기사에서 인용하고 있는 1923년의 조선인 총인구는 1,745만 명 정도다. 그러나 실제로는 조선인 인구가 2,000만 명 정도 되지 않을까 추측하던 차에, 국세조사 결과 집계 과정에서 도별 인구가 20~30%씩 많아졌다는 이야기가 나왔던 모양이다. 결국 공식적으로 발표된 1925년 간이국세조사 인구는 1,902만여 명이었다. 물론 이 국세조사도 결코 완벽했다고 말할 수는 없다.

당혹스러운 것은, 총독부 당국이 일부러 조선인 인구를 줄여서 발표해 왔던 것처럼 적은 기자의 해석이다. 그러나 총독부가 조선인 인구 2,000만 명을 헤아려 놓고 1,700만여 명이라고 줄여서 발표할 이유가 있었을까? 자국의 이익을 위해 식민지를 획득하고 경영하는 것이라면, 식민지의 인적·물적 자원을 속속들이 파악해서 최대한 이용하는 것이 제국의, 식민지 권력의 본성이 아닐까? 그저 조선은 무엇이나 다 미개하

---

3 「수자로 증명될 조선동포수 2천만」, 『조선일보』, 1925.11.1.

고 빈약하다는 인상을 주기 위해 인구를 300만 명이나 깎아서 발표할 필요가 있을까? 실제로는 총독부 나름대로 열심히, 한껏 조사한 결과가 1,700만여 명이었을 것이다.

그렇다면 '현주호구'의 파악률은 왜 그렇게 낮았을까? 그것은 바로 조선인의 비협조 때문이었다. 현주호구는 집집마다 모든 식구가 호적부에 등록되고, 거기에 혼인·출생·사망 신고가 제때 제대로 이루어진다는 것을 전제로 파악한 통계다. 만약 호적상의 인구가 300만 명이나 더 적게 파악됐다면, 그것은 총독부가 고의로 그들을 누락시켜서가 아니라, 온갖 독려와 협박에도 불구하고 조선인들이 호적 등록과 신고를 제대로 하지 않았기 때문이다. 아마 총독부 당국자가 이 기사를 읽었다면 옳거니 하고 뒤를 받아서 조선인의 비협조적인 자세를 비판했을 것이다.

이렇게 보면 위 기사는 비판의 대상과 방향을 잘못 잡은 것처럼 보인다. 그러나 여기서도 중요한 것은 맞고 틀리고가 아니다. 조사와 통계가 지배자들이 가진, 그들이 강요했던 인식의 틀이라면, 이 기사에서 볼 수 있는 것은 울분과 패배감 속에 하루하루를 살았을 식민지 지식인의 창, 인식의 틀일 것이다. 식민지기를 연구한다는 것은 그 둘 다를 이해하려는 노력이다. 당시의 조사와 통계가 어떤 의도와 설계로 어떻게 만들어졌는지, 그렇게 생산된 정보가 어떤 범위에서 어떻게 유통됐는지를 이해해야 하고, 앞의 기사와 같은 당시 사람들의 판단과 반응을 이해해야 한다. 좁고 얕은 범위에서나마 이 책에서 해 보려는 것은 그런 작업이다.

본론으로 들어가기 전에 이 책의 어설픔에 대한 몇 가지 변명을 해 두고자 한다. 먼저 이 책에서 다루는 식민지기의 조사와 통계라는 것은 아직 확립된 연구 분야가 아니다. 서구에서도 19세기와 20세기를 거치면서 형성·발전되고 있던 '통계'도 그렇지만, 막상 글을 시작하려고 보니 '조사'

라는 것이 도대체 무엇인지, 그것의 외연(外延)은 어디까지이고 그중에 얼마만큼을 이 책에 담을 수 있을지도 분명하지 않았다. 이야기가 조금 길어지니까, 두 가지 용어에 대해서는 25쪽 이하에서 따로 살펴보겠다.

다음은 제목의 '조선총독부'다. 일본은 조선의 개항 전후부터 정탐이나 무력시위를 통해 불법적으로 조선에 대한 여러 가지 조사를 시도했다. 러일전쟁을 거쳐 통감부시기에는 대한제국 정부를 압박해서 한국의 법령, 한국 정부의 기구라는 형태를 빌려 일본의 이권과 식민지화를 위한 조사를 진행하기도 했다.[4] 대한제국의 주권을 침해한 그런 조사야말로 불법적 '침탈'의 좋은 사례겠으나, 그것은 조선총독부가 설치되기 전의 일이다. 그런가 하면 식민지기에 꼭 총독부만이 각종 조사의 주체였던 것은 아니다. 조선은행이나 조선식산은행, 조선농회, 도시별 상공회의소 같은 여러 기관·단체, 일본제국 정부나 남만주철도주식회사, 제국대학의 연구자, 개인 저술가도 제각기 조선의 자연과 인문, 역사와 현재에 대한 조사에 뛰어들었다. 이들 모두를 묶어서 '조선총독부'라고 부르는 것은 좋은 선택은 아니다.

그렇다고 식민지 지배와 관련된 모든 세력을 편리하게 총칭하는 '일제'라는 말로 돌아가고 싶지는 않았다. '일제'라는 단일한 주체는 없다. 일본 관민의 여러 주체가 제가끔 식민지 지배에 관여했는데, 그들의 목적이나 이해(利害)는 한 가지가 아니었다. 조선을 언제, 어떻게, 어떤 식민지로

---

4 1897년 이전의 국호는 '조선', 이후는 '대한제국(한국)'이라고 구분하는 것이 맞지만, 이 책에서는 대한제국 정부를 가리킬 때만 '한국'이라고 하고 나머지는 대개 '조선'이라는 명칭을 쓴다. 호적제도 역시 1923년 전반까지는 '민적'제도였지만, 많은 경우 '호적'이라고 통칭한다. 1919년 8월 내무부가 내무국으로 바뀌는 등 부서 이름이 바뀐 경우도 더 잘 알려진 쪽으로 통칭한다.

만들지에 대한 이토 히로부미(伊藤博文)와 데라우치 마사타케(寺內正毅)의 생각은 서로 달랐고, 내무성과 육군성의 입장도 달랐다. 총독부는 자주 본국 정부나 재조선 일본인 사회와 대립하고 갈등을 겪었다. 우리는 별 관심이 없지만, 총독마다 다른 슬로건을 내걸고 다른 정책을 시행하기도 했다. '일제'라는 편리한 총칭은 그런 섬세한 차이를 뭉개버린다.

그러나 그 두 가지 말고는 적당한 대안이 없었기에, 결국 통시적으로나 공시적으로 식민지 지배의 주체를 너무 좁게 한정하는 '조선총독부'라는 부적절한 총칭과 반대로 그 범위를 너무 넓게 설정하는 '일제'라는 또 하나의 부적절한 총칭 사이에서 선택해야 했다. 후자는 지금까지 많이 해 본 시도라고 생각되어서 이 책에서는 전자를 택하기로 했다.

조사나 통계와 관련해서 식민지 '침탈'이라는 주제를 어떻게 다룰지도 고민이었다. 새로 획득한 식민지의 토지·인구·자원·물산 등을 조사한 것은 분명 식민지 지배를 위한 기초공사였겠으나, 시간이 흐를수록 식민지 통치라는 것도 여느 국가의 행정과 크게 다르지 않은 것이 되어갔다. 1906~1907년에 일본인 경무고문이 최초로 전국 호구조사를 실시한 데 대해서는 주권 침해를 따질 수 있지만, 1930년이나 1935년의 인구총조사는 어떨까? 1910년대 초의 호구조사나 토지조사에는 "차라리 죽어서 조선의 귀신이 될지언정 살아서 일본인이 되고 싶지 않다"라고 저항할 명분이 있었다 해도,[5] 1920년대 후반이나 1930년대에도 그랬을까? 그때껏 일본제국이 아닌 다른 '나라'를 꿈꾸며 호적도 만들지 않고 호구조사도 거부하며 자식이나 손자가 태어나도 출생신고를 하지 않

5 부여의 유생 이철영이 1909년 민적실사를 거부하면서 한 말이다(內部警務局, 1910b, 『民籍事務概要』, 57쪽; 송상도, 1974, 『기려수필』, 국사편찬위원회, 212쪽).

고 산다는 것이 가능하거나 바람직했을까?

역사의 아이러니는 해방 이후 국민국가조차도 그런 사람들을 칭송하기는커녕 그들을 비(非)국적자로, 또는 사회를 위협하는 '무적자(無籍者)'나 '부랑자'로 취급했다는 데 있다. 해방의 날 광장에 울려퍼진 뜨거운 민족주의의 수사와는 상관없이, 국민국가는 식민국가의 차가운 통치성 기제를 거의 그대로 물려받았다. 식민지기의 호적은 다 불사르고 독립된 조국의 국민, 공화국의 시민이고자 하는 자들을 완전히 새로 등록하는 일은 없었다. 대한민국의 국적법은 '대한민국 국민의 자녀로 출생한 자'를 국민이라고 규정하지만, 국적법이 제정·공포된 1948년 12월 20일의 시점에서 누가 최초의 대한민국 국민인지는 말하지 않는다. 식민지기 말의 '창씨개명(創氏改名)' 조치를 사후에 '무효화'한 1946년 10월의 미군정 법률 「조선성명복구령(朝鮮姓名復舊令)」에서처럼, 입법자들은 일본제국의 패망과 해방에 의해 한반도의 모든 주민, 또는 혈통상의 조선인은 '당연히' 독립된 조국의 국적을 갖거나 '회복'한다고 생각했는지도 모르겠다.[6] 결국 지금까지 우리는 1909년 민적법 이래의 민적·호적제도의 연장선상에서 살고 있다.

그러나 1999년 「재외동포의 출입국과 법적 지위에 관한 법률」의 '헌법불합치' 선고는 그런 임시변통의 논리적 허점을 드러냈다. 식민지기 조선총독부의 호적에 등록되지 않은 채 해외로 이주한 사람과 그 후손은

---

6 국적법이 '최초의 국민'을 규정하지 않았다는 데 대해서는 노영돈, 2002, 「우리 국적법상 '최초의 대한민국 국민의 범위' 규정의 결여 문제와 「국적에 관한 임시조례」의 효력」, 『인천법학논총』 5, 1~7쪽, 국적법 이전의 과도적 조치인 미군정 법률 제11호, 「국적에 관한 임시조례」(1948.5.11) 제정 과정에서 나온 여러 주장에 대해서는 김수자, 2009, 「대한민국 정부수립 전후 국적법 제정 논의 과정에 나타난 '국민' 경계 설정」, 『한국근현대사연구』 49, 121~128쪽을 참조할 수 있다.

대한민국 국민도, 재외동포도 될 수 없는가? 그런데 그 해외 이주의 이유가 독립운동이었다면? 이 물음은 쓰디쓰다. 그분들 덕분에 지금의 우리가 있다는 것은 입에 발린 말이고, 일본의 백성으로 제국의 장부에 등록되지 않았던 초기 독립운동가들의 후손을 확인해 주는 것은 고단한 삶을 무릅쓴 그들의 헌신이 아니라 제국이나 식민국가의 '공문서'다.[7] 그런가 하면 독립운동 때문이었든 사상 때문이었든 총독부의 공문서에 '요시찰(要視察)' 인물 또는 전향자로 기록된 인물들은 해방된 조국에서도 여전히 경찰과 검찰의 감시 대상으로 남았다.

이것은 역사 연구자가 처한 딜레마이기도 하다. 우리가 식민지기 연구의 일차자료로 사용하는 것은 대개 총독부의 공문서나 간행물이다. 각종 조사의 결과와 공식 통계 역시 여기 포함된다. 개인이 남긴 기록은 자기가 체험한 삶의 좁은 범위에 한정되니까, 공문서와 통계가 더 객관적이고 공신력 있는 자료라고 배웠던 기억도 있다. 또한 식민지기의 여러 조사가 식민지 지배를 위한 것이거나 조선의 과거와 현재에 대한 오리엔탈리즘(Orientalism)에 물들어 있다고 비판하지만, 그런 조사 자료마저 없다면 당시 현실에 대해 알 수 있는 바가 많지 않다. 경제사나 사회사는 거의 불가능할 것이다. 여기서 우리는 아까의 물음으로 되돌아간다. 식민지 지배를 위해 수행된 조사와 통계를 바탕으로 식민지 지배 자체를 비판하려면 어떤 해석학이 있어야 하는 것일까?

---

7 2021년 『한겨레21』은 독립운동가 이석영의 후손 확인에 대한 일련의 기사를 실었다. 친척의 증언, 사진, 유물 등이 있지만 결국 결정적 증거가 된 것은 '식민지 잔재'라고 할 타이완의 호적등기부다(「"나는 신흥무관학교 설립자 이석영의 증손녀이다"」, 『한겨레21』 1373호; 「독립운동가 이석영 후손 증명 공문 대만서 나왔다」, 『한겨레21』 1377호 등).

조선총독부의 조사는 기본적으로 식민지의 더 효율적인 지배와 착취를 위한 것이었다. 식민지민을 위해 획득·유지되는 식민지란 형용모순(oxymoron)이다. 또 총독부의 조사는 식민지 권력, 식민국가가 식민지 사회로부터 필요한 정보를 얻어내는 동시에 사회를 '읽을 수 있는(legible)' 대상으로 만드는 활동이고,[8] 대규모 조사사업은 그 자체로 권력의 현전(現前)을 보여 주는 하나의 스펙터클(spectacle)이면서 인민을 설득·감화·동원하는 기제이기도 했다. 식민지민들은 그런 조사의 대상이면서 동시에 협력자, 정보제공자이고, 또 그런 조사의 구경꾼이자 청중이었다. 그런 점에서 우리는 식민지 지배와 관련된 '조사의 정치(학)' 같은 것을 이야기해 볼 수 있다.

그러나 식민지 조선에서 이루어진 많은 조사는 식민지에만 있었던 것은 아니다. 그것들은 대개 이전에 또는 거의 동시에 일본에서도 수행된 것이다. 물론 지배가 정당성을 얻지 못한 데다가 언어와 관습이 달랐던 식민지에서는 대다수의 조사들이 더 거칠게 폭력적으로 이루어졌을 것이다. 하지만 반대로, 똑같은 이유 때문에 비슷한 조사라도 본국 일본에서는 조선보다 넓은 범위에 걸쳐 더 깊고 면밀하게 이루어졌으리라고 볼 수도 있다. 어느 쪽이 더 '철저'한 조사였을까? 본적지 아닌 곳으로 이주한 자를 등록하는 '기류'제도는 일본에서는 처음부터 호적제도의 일부였으나, 조선에서는 1942년에 비로소 시행됐다. 조선에서 실업조사나 농가경제조사, 가계조사 등은 그야말로 시늉에 그쳤다. 총독부는 조선인민의 삶을 철저히 파악할 만한 관심도 성의도 능력도 없었던 것이다.

---

8 제임스 스캇 저, 전상인 역, 2010, 『국가처럼 보기』, 에코리브르, 20쪽.

그러니까 '조사의 정치학'이란 지배와 저항이라는 하나의 차원만 갖는 것은 아니다. 식민지기의 각종 조사 중 어디까지가 근대국가의 일상적 작동 범위이고 어디부터가 침략과 침탈을 위한 것인지를 분명히 가르기는 쉽지 않다. 동시대 식민모국과 식민지 사이에서도 그렇지만, 식민지기와 해방 이후를 비교할 때도 마찬가지다. 해방 이후의 국민국가 역시도 식민지의 것과 비슷한, 또는 더 면밀한 조사와 통계 생산의 장치와 방식을 갖추었다. 식민지기에는 없던 주민등록제도가 생기고, 온 국민이 범죄자들이나 찍던 열 손가락 지문을 찍고 주민등록증과 주민등록 번호를 갖게 됐다. 식민지의 유산이나 잔재로서가 아니라, 그런 조사와 통계는 근대국가의 기본 문법이기 때문이다. 식민지에서 수행된 조사라고 해서 모두 식민지적이거나 식민주의적인 조사라고 할 수 없고, 반대로 해방 이후 국민국가의 조사와 통계라고 해서 우리가 식민지기의 조사와 통계에 돌리는 모든 비판으로부터 완전히 자유로운 것도 아니다.

마지막 문제는 '근대(성)'라는 추상명사다. 19세기 후반 동아시아 각국의 '개항' 국면에서 일본은 한발 앞서 서구의 문물제도를 적극적으로 수용했고, 그것을 바탕으로 인접 국가들을 식민지로 삼으면서 제국으로 발돋움했다. 과연 식민지기에 식민 지배의 결과로 조선사회가 근대화됐는지에 대해서는 연구자마다 입장과 의견이 서로 달라도, 『통계연보』 작성이나 국세조사와 같은 조선총독부의 행정이나 사업 자체를 '근대적'이라고 규정하는 데 대해서는 별로 이견이 없는 듯하다. 그러나 '근대'는 한 가지가 아니다. 조사와 통계의 이론과 방법은 국가별로 달랐고, 일본이 『통계연감』 같은 형식을 만든 것은 서구 여러 나라의 연감과 통계서를 선별적으로 참조·모방·종합함으로써였다. 일본에 도입된 서구 근대란 일본어로 번역된 근대이고, 번역과 사용 과정에서 불가피하게 일본적

맥락과 해석이 섞여들었다. 번역된 일본식 한자어를 조선 사람이 읽을 때는 한 번 더 번역이 이루어졌다.[9]

또 근대적 기획을 시도했다고 해서 그것이 늘 의도한 결과, 만족스러운 성공을 거둔 것도 아니었다. 조선의 조사나 통계체계는 일본 본국의 것보다 훨씬 못했을 뿐 아니라 같은 식민지인 타이완의 것보다도 못했다.[10] 국세조사를 예로 들면 타이완에서는 늘 일본 본국보다도 더 많은 항목의 조사가 이루어졌지만, 조선은 그렇지 않았다. 1925년 간이국세조사는 조선총독부로서는 등을 떠밀려서 마지못해 시행한 조사였다. 조선의 현주호구 통계에 대해서는 통계학자뿐 아니라 지방 공무원들도 "빨리 없애고 추계인구로 대체하는 것이 낫다"고 혹평했다. 크게 보면 일본제국 전체에 걸쳐 비슷한 형태의 보고통계체계가 있고 국세조사나 자원조사처럼 공통된 사업이나 기획이 시도됐지만, 일본과 조선, 타이완 사이의 차이는 꽤 컸다.

이렇게 들여다보면 과연 일반적 기준으로 '근대(성)'라는 것이 존재하기는 했는지 의심이 든다. 일본식 근대도 특수하고 식민지 조선의 상황

---

9 그렇게 이루어진 근대는 꼭 '식민지 잔재'나 순수한 모국어의 '오염'만은 아니다. 몇십 년에 걸쳐 택시와 관광버스, 화물·용달업부터 택배를 거쳐 '플랫폼' 노동의 현실을 말하면서도 우리는 '지입(持込, もちこみ)'을 대신할 다른 말을 만들지 못했다. '절차'는 조선시대에도 쓰던 말이고 '수속(手續, てつづき)'은 일본말이다. 그러나 사전적 의미가 아닌 실제 쓰임에서 '입국 절차'와 '입국 수속'은 다른 뉘앙스가 있다.

10 문명기는 타이완총독부와 조선총독부의 재정과 통치의 여러 측면을 비교하면서 그 격차를 강조한 바 있다(문명기, 2009, 「대만·조선총독부의 초기 재정 비교연구」, 『중국근현대사연구』 44; 문명기, 2013, 「대만·조선의 '식민지근대'의 격차」, 『중국근현대사연구』 59; 문명기, 2014, 「식민지시대 대만에 있어서의 통계시스템의 정착과 그 역사적 조건」, 『역사문화연구』 50).

도 특수했지만, 그렇다고 서구 근대는 보편적이었던 것은 아니다. 단일한 '(서구) 근대'란 편의상 쓰는 속기의 기호일 뿐이다. 서구의 근대와 자본주의 자체가 식민지 지배에 근거해서만 가능했다는 점을 생각해 보면 세상에 '식민지 근대'가 아닌 근대(성)는 없고, 식민지에서 해방된다고 해서 제국주의와 식민주의가 끝나는 것도 아니다. 반대로 일본의 근대나 식민지의 근대라서 무엇인가 부족하거나 왜곡됐다고 하는 것도, 식민지여서 반드시 조사가 더 철저했다는 생각과 마찬가지로 너무 안이한 평가라고 생각된다.

이 책에서는 식민지기의 각종 조사와 통계를 두고 이런 점을 고민해 보려고 한다. 그러나 그것은 어디까지나 남아 있는 자료의 한계 안에서이고, 또 지금의 우리 역시 의식을 하든 못하든 우리 나름의 창을 통해 세상을 볼 뿐이다. 해방 이후 국민국가의 행정이 식민국가의 그것과 전혀 다른 것은 아니었듯이, 과거의 아팠던 식민지 경험을 돌이켜 보는 지금 우리의 학문적 시선도 식민주의로부터 완전히 자유롭지는 않다.

2. 주요 개념

1) 조사

(1) '조사'라는 번역어

그런데 '조사'란 도대체 무엇인가? 지금은 너무 기본적이고 당연한 어휘여서 새삼 정의를 내려보라고 하면 당혹스러울 지경이지만, 한자어

'조사(調査)'는 사실 오래전부터 쓰던 말이 아니다.[11] 이 말 역시 '통계'나 근대의 다른 많은 개념어처럼 19세기 후반 일본에서 서구 어휘에 대응하는 번역어로 만들어졌고, 조선에서는 갑오개혁 이후부터 쓰였던 것 같다. 국사편찬위원회의 조선왕조실록 데이터베이스(원문)에서 '調査'를 검색해 보면, 『고종실록』에 나오는 갑오개혁 때의 군국기무처 장정 「각부아문통행규칙」 제49조가 사실상 최초의 용례임을 알 수 있다. 『승정원일기』 역시 1895년 10월 9일 궁내부관제 조사위원 운운한 것이 최초다.[12] 게다가 두 용례 모두 일상 대화나 상소·장계 속에 이 말이 녹아 있는 것이 아니라, 일본의 영향 아래 만들어진 근대적인 법령 조문이다.

그러나 조선시대에는 휴대폰이 없었으니 당연히 '휴대폰'이라는 말 자체가 없었다 하더라도, 가령 남녀 간의 사랑도 그렇다고 할 수 있을까? '연애(戀愛)'라는 말은 'love' 같은 서양 어휘의 번역어로 19세기 말 일본에서 만들어졌다지만,[13] '연애'라는 말이 없던 시절에도 남녀는 어떻게든 사랑을 나누었을 테니 '수작(酬酌)'이든 '상사(相思)'든 '남녀상열(男女相悅)'이든 다른 말이 있지 않았을까? 사실을 살펴서 정보를 수집하는 것 역시 인간의 기본적 활동일진대 '조사'라는 말도 사정은 마찬가지 아

---

11 특히 '調'라는 한자는, 조선시대에는 '조사하다'라는 뜻으로는 거의 쓰지 않았던 것 같다.

12 『실록』과 『일성록』 모두 국사편찬위원회(www.history.go.kr)에서 이용할 수 있다. 『고종실록』은 일본인 오다 쇼고(小田省吾)가 주도하여 이전 왕대와는 다른 방식으로 편찬됐다. 따라서 『고종실록』에는 전통의 사초 외에 1920년대에 활용할 수 있었던 다른 사료들이 섞여 들었을 가능성이 크므로, 고종 당대의 어휘 사용을 살펴보려면 『승정원일기』가 더 적합하다고 생각된다. 일본 화륜선이 남해와 서해 곳곳을 조사했다는 『고종실록』의 1879년 4월 19일 기사는 일본 측 사료나 주장을 그대로 옮겼을 것이다.

13 야나부 아키라 저, 서혜영 역, 2003, 『번역어성립사정』, 일빛, 94~107쪽.

닐까? 예를 들면 『고종실록』 1898년 3월 9일 자에는 고양군에 있는 수릉(綏陵)의 위토(位土)를 애초에 '답험(踏驗)'하거나 '두루 살피지(周察)' 않았으니, 이제 '조사'하여 바로잡고 창고도 하나하나 '사핵(査覈)'해야 한다는 기사가 있다. 여기 나오는 '답험', '주찰', '사핵' 등이 '조사'와 비슷한 뜻으로 쓰인 말이었다고 추측된다. 하지만 재반론도 있을 수 있다. 근대의 (자유)연애가 근대 이전 남녀 간의 사랑과 같은가? 근대적인 조사와 이전의 답험, 사핵이 과연 같은 것일까? 답하기가 쉽지 않다. 시대에 따라 말의 뜻도 변하고 조사 방법도 발전하니까, 아주 꼼꼼한 연구가 필요할 것이다.

다른 방식으로 물어보자. '조사'라는 말이 번역어라면 무엇의 번역어일까? 이것도 어렵다. 지금 우리가 (사회) '조사'라고 할 때 떠올리는 영어 개념은 (social) 'research'나 'survey', 드물게는 'investigation' 정도일 것이다. 19세기 말 이래 서양 선교사들이 편집한 영한·한영 사전들은 이런 단어들에 어떤 한국어 어휘들을 대응시키고 있는지 잠깐 찾아보면, 1890년 아버지 언더우드가 만든 한영·영한사전과 1891년 스콧의 영한사전에 '조사'라는 말은 보이지 않는다.[14] 그런데 1925년에 아들 언더우드가 아버지의 사전을 보완해서 낸 영한사전은 이 어휘들을 다음과 같이 정의하고 있다. 밑줄 친 것이 새로 추가된 부분이다.[15]

---

14 Horace Grand Underwood, 1890, 『한영ᄌᆞ뎐』, Kelly & Walsh, Ltd., p.146, p.218, p.250. 'survey'는 ""ᄉᆞᆯ펴보오, 보오, 사실하오"로 되어 있다. 한편 스콧의 사전에는 'investigate'는 살피다, 핵실하다, 사실하다, 사핵하다, 문죄하다; 'research'는 격물궁리, 핵실하다, 사실하다; 'survey'는 살피다, 재다, 겨냥하다, 측량하다라고 풀이되어 있다(James Scott, 1891, *English-Corean Dictionary*, Chuch of England Mission Press, p.186, p.270, p.310).

15 元漢慶(H. H. Underwood), 1925, 『英鮮字典』, 朝鮮耶蘇敎書會, 284쪽, 490쪽, 612쪽.

investigation, n. 사실ᄒᆞᄂᆞᆫ 것(査實), 엄히사실ᄒᆞᄂᆞᆫ 것, 됴사ᄒᆞᄂᆞᆫ 것(調査), 연구(研究)

research, n. 사실(査實), 사ᄒᆡᆨ(査覈), 됴사(調査), 연구(研究)

survey, n. (1) 측량(測量), 답사(踏査). (2) 경치(景致), 구경. (3) 사실ᄒᆞᆷ(査實), 검사ᄒᆞᆷ(檢査). (4) 략론ᄒᆞᆷ(略論), 개론ᄒᆞᆷ(槪論)

그 둘 사이에 1920년 조선총독부가 낸 『조선어사전』이 끼어 있다. 서양 선교사들의 사전에 좀처럼 등장하지 않던 '조사'니 '연구'니 '측량'이니 하는 어휘들은 그쪽에서 온 것 같다. 게일은 1931년판 한영사전에서도 '됴사'에 'examination'만을 대응시키고 있다.[16] 그런데 엄한 '사실(査實)'이나 '사핵'은 학문적이거나 행정적인 조사라기보다는 누군가 감추려고 하는 것을 들춰내거나 잘못을 따지는 것, 경찰·검찰의 수사나 규문(糾問) 같은 어감이다.[17] 사회조사는 그렇게 무서운 것이 되면 안 된다. 자동응답(ARS) 전화 조사로는 전화 받는 상대가 진짜 60대 여성인지 장난꾸러기 손자나 고양이인지 확인할 수 없다는 것도 문제지만, 그렇다고 여론조사를 한다면서 "당신 정말 60대냐? 여자 맞냐? 진짜로 어느 정당을 지지하냐?"고 '엄히 사실'하면 그 조사는 망한다.

'연애'라는 말이 없던 시절에도 남녀는 어떻게든 사랑을 나누지 않았

'census'는 당시 일본에서 쓰던 표현대로 '민세됴사(民勢調査), 국세됴사'라고 설명했다(58쪽).

16 James Gale, 1931, 『韓英大字典』, 朝鮮耶蘇敎書會, 394쪽.

17 '핵(覈)'도 그렇지만, '감사(監査)', '검사(檢査)', '수사(搜査)', '사열(査閱)', '사찰(査察)' 등에서 보듯이 '사(査)'라는 말도 어감이 세다. '사핵', '사실'은 영어로는 'inquiry'나 'examination'과도 대응된다.

을까 하는 물음으로 돌아가 보자. 그렇다면 '러브'라는 외래어나 '연애'라는 신조어는 왜 필요했을까? 또 이미 연애가 당연한 것이 된 시절에 다시 '썸을 타다'라는 말이 생겨나고 또 유행한 것은 무엇 때문일까? 기존에 '답험', '사핵', '핵실(覈實)', 일본 같으면 '시라베(調べ)'나 '도리시라베(取り調べ)', '아라타메(改め, 檢め)' 같은 말이 있었음에도 '조사'라는 새로운 어휘가 필요했던 것은 서구에서 도입된 'reserch'나 (social) 'survey'가 그것들과는 다른, 새로운 무엇이었기 때문이 아닐까? 적어도 그 말을 쓰는 사람은 어떤 종류의 새로움을 강조하고 싶지 않았을까?

(2) '조사'의 가족유사성

어떻든 첫 번째 용례 이후 '조사'라는 말은 『고종실록』의 문맥에 자연스럽게 녹아든다. 이 말은 금방 일상에 정착했고 유행어처럼 쓰이게 됐다.[18] 국가 행정에서든 사업체나 각종 단체의 경영·운영에서든, 현재의 상황과 배경, 문제점, 새로운 조치가 가져올 영향 등을 미리 조사하고 분석한 뒤에 계획을 세운다는 것은 논리적으로도 그럴듯한 모델이다. 조선총독부 각 부서의 주요 사무를 규정한 「사무분장규정」을 보면 무엇무엇에 대한 '조사'라는 사무가 없는 과가 없을 정도였다. 아예 이름에 '조사'라는 말이 들어간 부서도 있다.[19] 총독부에서는 일회적인 사업으로 여러 부서

---

18 물론 '조사'라는 말이 곧바로 보편화된 것은 아니다. 1908년 학부차관 다와라 마고이치(俵孫一)가 지시한 지방의 속담(俚諺)·동요 조사는 '사찰'이라고 불렸다(「俚諺童謠査察」, 『황성신문』, 1908.6.18).

19 1910년대 임시토지조사국을 비롯해서 취조국(1910~1912년), 총독관방의 (임시)국세조사과(1918~1943년)와 조사과(1922~1924년, 1944~1945년), 탁지부 임시관세조사과(1918~1920년), 식산국 지질조사소(1918~1945년), 농림국 식량조사과와 재무국 토지조사과(이상 1940년대), 학무국 고적조사과(1921~1924년), 1920년대 체

의 협의가 필요한 사안은 대개 정무총감을 위원장으로 하는 위원회를 설치해서 처리했다. 민족문제연구소의 『일제식민통치기구사전』에 수록된 각종 위원회 136개 가운데 명칭이 무슨 '조사위원회'나 '조사회'인 것이 38개다.[20] 꼭 그런 명칭을 갖고 있지 않더라도 여러 가지 위원회의 직무는 대부분 어떤 사안을 '조사'하고 심의한다는 식으로 되어 있다.

그러나 각 부서가 수행한 '조사'의 실상은 각양각색이고, 어떤 것들은 전혀 또는 그다지 조사처럼 보이지 않는다. 고등토지조사위원회는 토지조사사업의 마무리 단계에서 일부 절차를 담당했지만, 직접 소유권을 조사하거나 토지를 측량하는 곳이 아니라 사업 결과 확정된 소유권에 대해 다툼과 이의제기가 있을 때 그것을 판정·해결하는 '재결(裁決)' 기관이다. 「조선민사령」의 친족·상속 관련 규정 개정을 위해서는 1918~1922년 조선민사령 및 민적법 개정조사위원회, 1920년대 후반 (1차)사법법규개정조사위원회, 1932년 이래 친족·상속에 관한 법규조사회가 설치됐다. 이른바 '창씨개명'과 서양자(壻養子)·이성양자(異姓養子) 제도 시행 준비를 위해서는 1937년 이래 (2차) 사법법규개정조사위원회가 차례로 설치됐다. 하지만 이들 '조사'위원회의 주된 업무는 좁은 뜻의 조사라기보다는 「조선민사령」 개정안의 '심의'였다. 「조선민사령」의 해당 조항에 어떤 문제가 있는지를 다루는 조사는 여러 해를 두고 재판소와 법무국, 중추원에서 해 두었고, 개정안 초안까지 다 마련되어 있던 참이었다.[21]

대개의 위원회는 한두 차례의 회의로 끝났다. 총독부 고위관리의 범

신국에 설치된 임시수력조사과 등이 있다.

20 민족문제연구소, 2017, 『일제식민통치기구사전: 통감부·조선총독부 편』.

21 이에 대해서는 이승일, 2008, 『조선총독부 법제 정책』, 역사비평사, 261~279쪽을 볼 것.

위를 넘어서 민간의 유력자까지 위원으로 끌어들인 위원회가 특히 그러했다. 1921년 산업조사위원회, 1936년 조선산업경제조사회, 1938년 조선총독부시국대책조사회는 총독부의 전반적 정책 방향에 대해 일본 정부나 군·민간 전문가와 유력자 등의 광범한 동의와 협조를 구하기 위한 대규모 회의였다. 사안에 대한 실제 조사라고 할 만한 것은 실무를 담당하는 소관 부서에서 미리 끝마쳤고, 위원회 자체는 한 차례 회의를 통해 그런 조사과정을 거쳐 작성·제출된 총독부 안을 심의해서 승인했다. '문화정치' 국면에서 산업조사위원회를 통해 나름의 의견을 제시하고자 했던 조선인 자본가 쪽에서는 "산업조사회가 아니라 산업소개회"라고 비판할 정도였다.[22] 위원으로 초빙된 일본 실업계의 거물들에게 조선의 산업을 소개하는 정도에 불과했다는 뜻이다.

조선총독부의 행정 중 무엇이 '진짜' 조사였고 아니었는지를 잘라 말할 분명한 기준이 있을까? 기상관측과 지질조사, 농산물 수확량 조사, 인구조사, 토지조사, 관습조사, 가계조사처럼 본격적인 조사의 경우에도 분야와 대상에 따라 그 방법과 양상은 전혀 달랐다. 누군가는 광물자원이나 수력발전 적합지를 찾아 인적이 없는 산속을 헤맬 때 누군가는 총독부 도서관이나 경성제국대학 도서관에 앉아서 조선의 옛 전적(典籍)을 뒤졌다. 국세조사는 몇 만 명의 조사원을 동원해서 열흘 정도의 기간 안에 집중적으로 이루어졌고 가계조사는 조사 대상자에게 1년 동안 가계부를 쓰게 했으며, 토지조사에는 10년에 가까운 기간이 필요했다.

22 「횡설수설」, 『동아일보』, 1921.9.12.

(3) '조사'의 모호한 경계

조선총독부 행정의 전체 범위만큼이나 다양할 조사와 통계 중에서 이 책에는 어떤 것을 어디까지 담아야 할까 하는 문제는 여전히 고민스럽다. 그것에 대해 아는 바가 없어서 쓰고 싶어도 쓸 수 없는 조사가 더 많은 마당에 무슨 사치스러운 고민인가 싶지만, 우리의 관심이 총독부의 일상적 행정보다는 훨씬 더 조선의 전통이나 역사·풍속을 향해 있는 것은 사실이다. 다음의 두 가지 보기를 가지고 생각해 보자.

① 당시의 맥락 속에서 본 '조사'

1920년 총독부 예산 중 '조사'와 관련된 항목을 뽑아보면 〈표 0-1〉과 같다.[23] 경상(經常) 세출인 지질조사소 예산이 있고, 임시 세출로는 취소된 제1회 국세조사 예산과 '조사 및 시험비'가 있다. 1920년의 '조사 및 시험비' 전체를 합치면 약 118만 원, 총독부 전체 세출의 1%쯤이다. 그 해 총독부 본청 직원의 봉급 총액이 128만 원, 전국의 경찰관서 신축비용이 130만 원이다. 그런데 조사 및 시험비의 세부 항목 중 '조선적인 것'의 확인, 조선의 과거와 현재에 대한 오리엔탈리즘, 식민지 지배나 수탈적 경제정책을 노골적으로 드러내는 것은 드물다.[24] 이 중에서 우리가 '조선에 대한 총독부의 조사사업'에 포함시켜서 다루어야 할 것은 무엇

---

23 朝鮮總督府, 1920, 『朝鮮總督府統計年報』, 512~514쪽. 고등토지조사위원회비, 지적(地籍)정리비, 민적부본(民籍副本)조제비 등은 엄격한 의미에서 '조사비'는 아니다. 조선에서 1920년 국세조사가 무산된 사정에 대해서는 이 책 269~271쪽을 볼 것.

24 물론 이런 조사비 예산의 구성은 시기에 따라 크게 달랐다. 1920년이라면 토지조사는 거의 종료되어 고등토지조사위원회만 남고 관습조사는 중추원 등의 일상 업무로 진행되고 있던 시점이었다. 10월에 국세조사가 예정됐다가 취소되면서, 〈표 0-1〉에서 보듯이 예산도 전액 삭감됐다.

일까? 고분조사 하나일까?

당시 총독부나 조선사회로서는 고분조사나 관습조사보다 여러 산업 관련 조사가 훨씬 더 중요하고 절박한 사안이었을 것이다. 그것은 먹고 사는 문제였다. 관세제도조사 역시 마찬가지다. 식민지가 된 조선에는 당연히 일본의 관세법이 통일적으로 적용되어야 했지만, 거기에는 두 가지 문제가 있었다. 하나는 조선이 열강과 맺은 불평등조약에 저율(低率) 협정관세가 규정되어 있었는데, 조선을 '병합'하면서 서구 열강의 반발을 우려한 일본이 종전의 불평등한 관세협정을 바로 철폐하지 않고 철폐를 10년간 유예한 점이다. 다른 하나는 같은 제국판도인 조선과 일본 사이에 관세가 철폐될 경우 조선에서는 공업이, 일본에서는 농업이 큰 타격을 받게 된다는 점이다.

총독부는 관세제도 개정을 위해 1917년 3월 정무총감을 위원장으로 하고 재정·산업 분야의 주요 고등관이 참여하는 '관세조사회'를 구성했고, 이듬해 5월에는 기존 관세과 외에 '임시관세조사과'를 설치했으며, 다른 식민지의 관세제도조사를 위해 필리핀·인디아·오스트레일리아·중국·타이완·유럽·아메리카 등지로 직원들을 파견하기도 했다. 결국 총독부는 '제국판도' 내의 관세는 철폐하면서도 일부 상품에 대한 조선의 '이입세'는 유지하는 절충안을 택하게 된다.[25] 그러나 지금에 와서 범주를 나누자면 관세제도조사는 총독부의 '조사사업'이라기보다는 재정이나 산업 정책 쪽으로 분류되지 않을까?

---

25 식민지기 조선과 일본제국 바깥의 외국의 무역은 수출·수입, 조선과 일본이나 타이완 등의 무역은 이출·이입이라고 불러서 구분했다. 관세제도조사에 대해서는 朝鮮總督府, 1921, 『關稅調査事業の經過』; 송규진, 2008, 「일제하 '일본관세법'의 조선 적용과 변용」, 『한국사학보』 32, 383~397쪽을 볼 것.

〈표 0-1〉 1920년 총독부의 '조사' 관련 예산

(단위: 원)

항목	예산	항목	예산
(경상)지질조사소비	59,036	국유림조사비	182,049
(임시)고등토지조사위원회비	113,050	임야조사비	152,526
(임시)지적정리비	52,202	영림창 삼림조사비	76,737
(임시)민적부본조제비	173,408	고분(古墳)조사비	42,317
(임시)국세조사비	-	관세제도조사비	10,000
(임시)조사 및 시험비 계	1,184,757	러·중무역조사비	20,501
임업시험비	50,161	국유미간지처분조사비	21,928
수산시험비	90,103	염전조사비	5,332
연초 시작(試作)·시험비	71,878	치수·수리조사비	117,540
토목사업조사비	36,678	수리사업장려조사비	10,112
광구임검비(鑛口臨檢費)	143,279	수원함양조림조사비	14,652
광상조사비	110,082	교육조사비	28,882

② 정책적 조사와 개인적 연구 사이

2023년 가을, '빈대'라는 조그만 곤충이 몇십 년만에 다시 세상의 이목을 끌었다. 19세기 말 이래 조선을 여행한 많은 외국인 여행자를 하루 종일 불을 때서 잠을 잘 수 없을 만큼 뜨거운 주막의 온돌방, 흙바닥인 방구석을 기어다니는 벌레들에 대해 기록을 남겼다.[26] 그러나 빈대는 전 세계 어디에나 있는 벌레다. 조선의 시골 봉놋방은 불결하고 메주 냄새가 나고 빈대도 있다고 쓰고 있는 그의 몸에서 조선인들은 메주 냄새보다 훨씬 더한 체취를 맡았을 수도 있다. 그의 본국 고향 마을이라고 완전히 청결하고 무균·무취했던 것도 아니다. 서구에 대해서는 열등감에

26 이사벨라 버드 비숍 저, 신복룡 역, 2019, 『조선과 그 이웃 나라들』, 집문당, 125쪽; 혼마 규스케 저, 최혜주 역, 2008, 『조선잡기』, 김영사, 225쪽, 238~239쪽 등.

시달리던 일본인들도 조선에 와서는 대단한 문명인 행세를 했다. 우리는 그런 기록을 여럿 모아서 조선의 주막과 조선의 문명화 과정을, 또는 반대로 외국인 여행자들의 오리엔탈리즘이나 허위의식을 연구해 볼 수도 있을 것이다.

그렇다면 외국인들의 빈대 체험 이전에 빈대의 분포상황에 대한 조사는 어떨까?[27] 일반적으로 '빈대'라고 불리는 벌레는 사실 *Cimex lectularius*(이하 빈대)와 *Cimex hemipterus*(이하 반날개빈대), 두 종류로 이루어져 있다. 빈대는 세계 각지에 분포해서 시베리아 같은 한대에도 사는 반면, 일본에서 '타이완도코지라미'라고 불리는 반날개빈대는 주로 아프리카와 아시아의 열대·아열대지방에 서식한다. 그런데 1932년에 나온『일본곤충도감』에서 곤충학자 에자키 데이조(江崎悌三)는 반날개빈대가 일본에서는 타이완과 조선에서 발견됐다고 썼다. 레닌그라드의 박물관에서 본 표본 중에 채집지가 '코리아'라고 적힌 반날개빈대가 있었다는 거였다.

경성제국대학 의학부 미생물학교실에 있던 나가하나 미사오(長花操)는 1933년, 이 주장을 확인하기 위한 '조사'에 착수했다. 전국 각지의 공립보통학교에 의뢰해서 초등학생들이 각자 집에서 잡은 빈대를 모아 오게 하고 또 경성사범학교 학생들에게 여름방학 중에 고향 집에서 빈대를 채집해 오게 했다는, 지금은 상상하기도 힘든 방법이다. 결과는 방법보다 더 놀라웠다. 아열대에 서식한다던 반날개빈대가 한반도 전역에 분

27 이하는 長花操, 1934,「朝鮮産南京蟲ニ就テ」,『朝鮮博物學會雜誌』17의 요약이다(국립중앙도서관 원문). 신이현,「전국에 빈대 붙은 너는 누구냐」,『한겨레21』1488호를 통해 이 글을 알게 됐다. 나가하나는 1931년 경성제국대학 의학부를 졸업하고 기생충학·위생동물학을 연구했다. 강사를 거쳐 1944년 경성제국대학 조교수가 된다.

포했던 것이다. 채집된 '빈대' 중에는 빈대보다 반날개빈대가 훨씬 많거나 전부인 곳도 많았다. 특이하게 경성·부산·평양·대구·인천 등 도회지에서는 반날개빈대가 채집되지 않았다.

빈대에 대한 나가하나의 조사·연구는 '조선학'이나 '한국학'에 포함될 수 있을까? 물론 빈대가 조선의 대표적인 상징동물이라든가 조선인의 정체성의 일부라고 하기는 힘들다. 게다가 이 조사는 조선 통치의 정책과 관련되거나 총독부 위생부서가 추진한 것도 아닌, 개인 연구의 일부일 뿐이다. 그러나 조선의 민요나 풍속에 대해서라면, 우리는 다카하시 도루(高橋亨)나 아키바 다카시(秋葉隆)의 개인적 연구와 총독부의 조사사업 사이에, 대학의 '학지(學知)'와 정책적·행정적 정보 사이에 그토록 분명한 선을 그을 수 있을까?

2) 통계

(1) 근대국가의 특징적 정보 형태

발음하다 혀가 꼬일 것 같은 '스타티스틱스(statistics)'라는 말은 19세기 전반까지는 서구에서도 생소한 신조어였고,[28] 학문이나 행정의 단일하고 통일적인 분야도 아니었다. 애초에 숫자로 된 것이든 아니든 국가(state)와 관련된 정보를 가리키던 이 말의 뜻은 차츰 인구나 무역 같은 분야의 '큰 수(large numbers)'나 '집합적인 것'으로 바뀌어갔다. 19세기 후반이 되면 아돌프 케틀레(Adolphe Quetelet)는 큰 수, 집합적 자료

---

28 『어려운 시절』에서 등장인물인 씨씨는 '통계(statistics)'를 '말더듬기(stutterings)'라고 잘못 말한다(찰스 디킨즈 저, 장남수 역, 2009, 『어려운 시절』, 창비, 99쪽). 이 소설 자체가 사실과 통계(숫자)를 무엇보다 중시하는 공리주의에 대한 신랄한 풍자다.

를 평균이나 분포로 요약하고, 또 그것을 통해 사회현상의 규칙성을 발견하고자 했다. 반면 독일의 전통을 이으면서 케틀레를 비판했던 게오르크 폰 마이어(Georg von Mayr)는 통계학을, 규칙성의 추구보다는 국가의 제반 사항을 꼼꼼하게 기술하는 국가과학(Staatswissenschaft)으로 구상했다. 1920년대 이래로는 프란시스 골턴(Francis Galton)과 칼 피어슨(Karl Pearson), 로널드 피셔(Ronald Fisher) 등에 의해 개발된 수학적 기법들, 수리통계학이 '통계(학)'라는 이름을 차츰 가로채게 되지만, 그것은 우리의 일차적인 관심사는 아니다.

중상주의 보호무역의 시대가 가고 자유무역의 시대가 열리면서 각국 정부와 무역·보험회사 등은 통치와 행정, 경영의 대상에 대한 정보를 수집해서 축적하고 또 공간(公刊)했다. 특히 1820년대부터는 통계숫자와 통계표, 각종 도표가 폭발적으로 증가했고, 각국은 이전까지는 국가기밀로 취급하던 인구·지리·자원에 대한 통계는 물론 군사력 통계까지도 공개했다. 오늘날의 'OECD 통계'처럼 국가 간 비교통계도 곧 유행이 됐다. 이렇게 통계가 문명사회의 문법이 된 19세기 후반에 일본에서는 'statistics'를 '정표(政表)'나 '표기(表記)', '통계(統計)' 등 여러 가지로 번역했는데, 결국 살아남은 것은 '통계'라는 말이다.[29]

서구에서도 각국마다 조금씩 달랐던 통계(학) 중에서 일본이 수입한 것은 통계를 통해 국가의 현상(現狀), 즉 국력을 정밀하게 이해함으로써

---

29 19세기 전반의 '인쇄된 숫자(통계)의 쇄도'에 대해서는 이언 해킹 저, 정혜경 역, 2012, 『우연을 길들이다』, 바다출판사, 21~30쪽, 51~87쪽; '통계'라는 번역어의 성립과정은 박명규·서호철, 2003, 『식민권력과 통계』, 서울대학교출판부, 18~24쪽을 볼 것.

국가행정을 효율적으로 운영하는 데 목표를 둔 독일의 통계(학)였다.[30] 그런 통계란 위로부터의 혁명과 국가 주도의 근대화를 추구했던 일본에 잘 어울리는 것이기도 했다. 그것은 사망(률)이나 자살(률)의 규칙성이나 분산(variance)의 분석, 평균으로의 회귀(regression) 같은 어려운 개념이나 수학적 기법도 아니다. 필요한 것은 다만 주어진 업무를 꼼꼼히 하고, 보고 양식이 요구하는 대상을 세어서 신속·정확하게 보고하는 일이었다. 오늘날의 (수리)통계학 같은 것이라기보다 차라리 막스 베버(Max Weber)가 말한 문서를 통해 이루어지는 관료제 행정의 이상에 가까운 그림이다.

물론 그런 조사가 왜 필요한지에 대한 사회적 합의도 없던 시절에 주민 한 명 한 명, 사례 하나하나를 세어서 반대쪽 끝에서는 '전국 인구 2천만 명'이라는 큰 수를 집계해 내는 것도 보통 일이 아니었다. 20세기 전반 일본제국에서 전국적 전수조사를 하거나 관련 행정자료를 확보해서 그런 통계를 생산할 수 있는 곳은 사실상 국가의 관공서뿐이었다.[31] 인력과 돈, 전국에 걸친 행정망이 있어야 하는 조사도 조사지만, 컴퓨터가 없던 시절이라 결과의 집계와 간단한 통계의 산출도 수월하지 않았다.[32] 조

---

30 上藤一郎, 2018, 「第1回國勢調査と日本の統計學」, 『經濟研究』 69(2), 97~99쪽. 통계학이 가장 먼저 대학에 자리잡은 것도 독일에서였다. 20세기 전반 일본의 통계학을 주도한 다카노 이와사부로(高野岩三郎)는 마이어가 교수로 있던 뮌헨대학에서 유학했고, 도쿄제국대학 법대 조교수, ILO 일본 대표, 오하라(大原)사회문제연구소 소장을 역임하면서 마이어의 노선을 고수했다. 상관관계분석이나 산점도(scatter plot) 등의 수리통계학이 일본에 본격 소개되는 것은 1930년대 후반의 일이다.

31 川合隆男, 1989, 「近代日本社會調査史研究序說」, 『近代日本社會調査史(I)』, 慶應通信, 13쪽.

32 지금처럼 원자료를 전산 파일에 저장해 두고 필요할 때마다 불러내서 분석을 할 수 있는 것이 아니다. 성별과 연령별 교차표 하나를 만들려고 하면 처음 조사표(票)를

선 유일의 대학인 경성제국대학에는 통계학을 강의하거나 통계에 정통한 교수들도 있었으나, 대학이나 소속 연구소가 본격적으로 조선에 대한 통계를 생산하거나 하지는 못했다.[33] 당시까지는 확률이론에 입각한 표본추출 방법 같은 것이 없어서 전수조사가 훨씬 선호됐던 탓도 있을 것이다. 개인 연구자나 민간의 사회단체에서 만들어 낼 수 있었던 것은 소규모의 사례조사나 사회의 이면에 대한 고발성의 르포르타주(reportage) 정도였다.

(2) 통계와 그래프가 재현하고 함의하는 것

통계와 그래프는 전국 인구와 교역 규모, 물가 같은 거시적 현상과 그 변동을 종이 위에 재현한다. 그저 '수많은' 사람들이나 대충 2,000만 명쯤 되는 인구가 아니라 1의 자리까지, 때로는 소수점 이하 몇 자리까지 정확하게 기입된 숫자는 아주 엄밀한 사실을 보여 주는 듯하다. 그런 큰 숫자들, 점점 높아지거나 낮아지는 막대그래프는 국가와 사회의 현실인 동시에 '시정'의 성과로 선전되거나, 반대로 점점 심각해지는 경제위기에 대한 경각심을 불러 일으켰다.

〈그림 0-1〉은 조선 체신사업의 역사에 대한 두껍고 호화로운 책의

모아서 세는 단계부터 교차표(表) 양식을 만들어 놓고 바를 정(正)자나 卌 표시를 해가면서 세어야 했을 것이다.

33 법문학부에 설치된 통계학 강좌의 담당 교수는 오우치 다케지(大内武次)였는데, 1930년대 후반『조선통계시보』나『조선행정』에 그가 연재한 글은 공식통계의 소개 정도에 그치고 있다. 오히려 1930년대부터 수리통계학을 적극 도입한 것은 의학부 위생학교실이나 해부학교실이었다(이 책 260~264쪽, 462쪽을 볼 것). 그 밖에는 경성제국대학의 사회과학 전공자들이 낸, 조선의 사회·경제 분야 통계서와 통계의 현황을 소개한 책이 눈에 띄는 정도다(京城帝國大學 法文學部 朝鮮經濟研究所, 1931,『朝鮮統計總攬』).

권말 화보 중 하나로, 1910~1934년까지 5년 간격(1930~1934년만 4년)으로 조선 전기사업의 성장을 보인 것이다.[34] 제목을 둘러싼 도안의 왼쪽은 식민지기 수력발전의 주종을 이룬 유역변경식 발전소, 오른쪽은 화력발전소다. 가운데 작은 그래프는 영업용 전기사업자 수, 왼쪽 아래는 전기회사들의 자본금·불입금·고정자산 그리고 오른쪽 아래는 총발전량과 수력·화력 발전의 비중을 보인 것이다. 막대 전체 높이는 발전력 합계, 진한 색이 화력발전, 중간 톤이 수력발전이다. 화력+수력이 발전력 합계인데, 지금의 누적 막대그래프와 달리 진한 색과 중간 톤의 막대 모두 바닥부터 높이를 보도록 되어 있다. 화력발전도 많이 늘었지만, 1925년 이후 수력발전이 비약적으로 증가했음을 볼 수 있다.[35]

이런 그래프는 각종 박람회와 공진회, 통계전람회에도 출품·전시됐고 그림엽서로도 만들어졌다. 『통계연보』나 『조선』 같은 잡지와 신문에도 자주 실렸음은 물론이다. 오른쪽으로 가면서 가파르게 치솟는 그래프가 식민지 조선 경제와 사회의 '발전', 대한제국기까지 조선의 '폐정(弊政)'과 대조되는 총독부 '시정'의 성과를, 수십 마디의 말보다 더 효과적으로 웅변하고 있다. 우리는 그래프가 도면에 재현해서 보여 주는 사실과, 그런 사실을 이토록 예쁘고 호화로운 그래프로 만든 의도와 계산을 동시에 생각해 보아야 한다.

---

34 朝鮮總督府遞信局, 1938, 『朝鮮遞信事業沿革史』, 권말화보(국립중앙도서관 소장).

35 왼쪽에서 세 번째 구간, 1920년(다이쇼9)까지는 모든 발전이 화력발전이었다가 네 번째 1925년에는 진한 색 화력발전 아래에 그 절반쯤 되는 연한 색 수력발전이 나타난다. 오른쪽 두 구간, 1930년과 1934년에서는 수력발전이 화력발전의 두 배 이상에 이른다.

〈그림 0-1〉 조선 전기사업의 성장

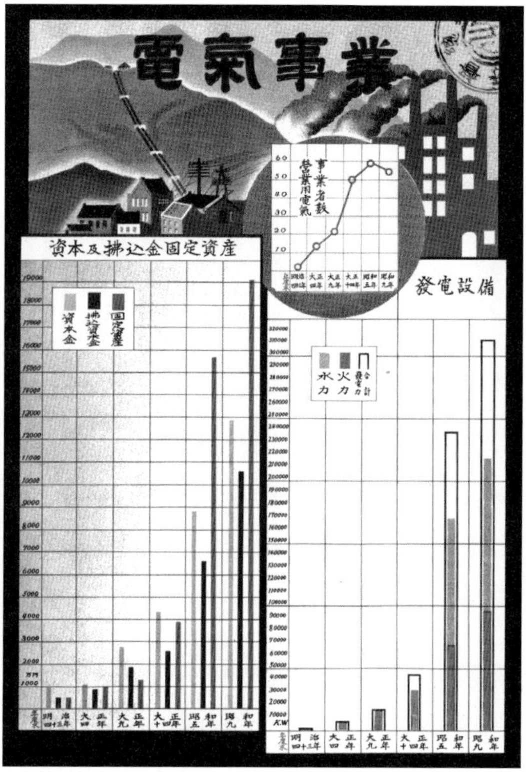

〈그림 0-2〉는 러일전쟁이 한창이던 1904년 6월, 일본의 대표적인 종합잡지 『다이요(太陽)』의 증간호로 나온 『만한대관(滿韓大觀)』에 실린 권두 화보의 일부다.[36] 일본(진한 색)과 러시아(연한 색)의 '국세(國勢)'의 여러 항목을, 우세한 쪽을 100으로 했을 때 열등한 쪽의 백분비라는 특이한 방식으로 그린 그래프다. 그림 속 글씨가 잘 보이지 않지만, 일본이 근소하게라도 우세한 것은 진한 색 그래프가 꼭대기까지 닿는 오른쪽

36 『滿韓大觀』[1904, 『太陽』 10(9) 증간호, 博文館], 권두 화보(국립중앙도서관 소장).

〈그림 0-2〉 러일전쟁 당시 일본과 러시아의 국세 비교

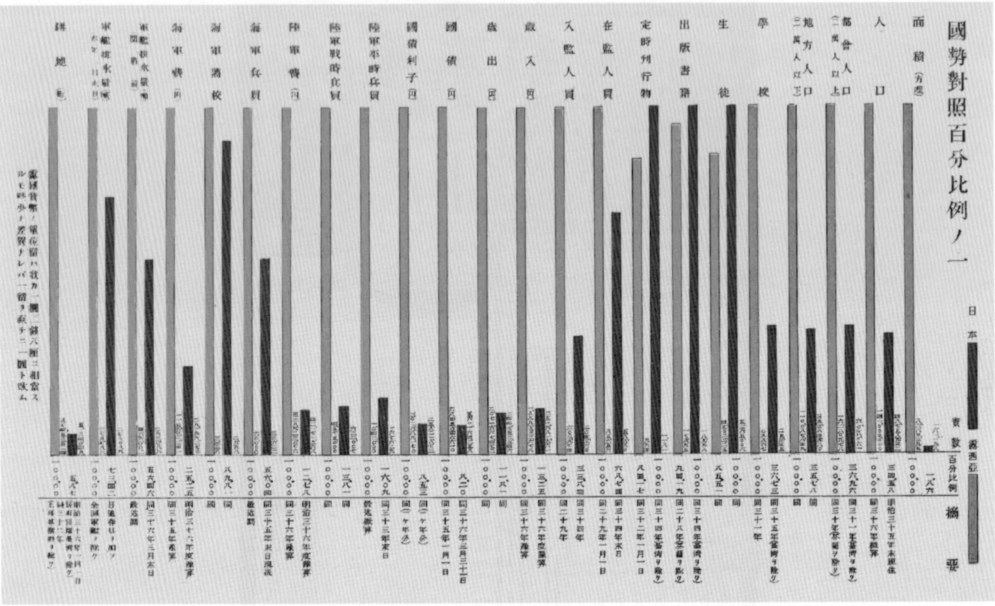

3분의 1쯤의 학생과 출판물, 정기간행물 수 같은 당장 전력에 큰 도움이 될 것 같지 않은 항목들뿐이다. 왼쪽에서 2~9번째가 군사력의 비교인데, 왼쪽부터 1904년 2월 말과 전쟁 직전의 군함 총배수량, 해군비(예산), 해군장교 수, 해군병력, 육군비, 전시와 평시의 육군병력 순이다. 그나마 해군 쪽은 사정이 좀 나은 편이다. 육군은 세 항목 모두 일본이 러시아의 15% 정도에 불과한 열세였다. 물론 유럽의 정세가 더 중요했던 러시아는 보유한 육·해군 병력 전부를 극동으로 이동시킬 수 없었고, 전쟁은 우리가 알다시피 일본의 승리로 끝났다.

이 시기가 되면 이미 열강끼리의 전쟁은 서로가 상대의 국력과 기본적인 전쟁수행능력에 대한 상당한 정보를 가진 상태에서 벌어졌다. 그리고 그런 정보는 이렇게 민간의 대중 잡지에도 게재되어 유통됐다. 물론

공개된 통계들이 아주 정확하지는 않을 것이다. 아무리 통계의 시대라고 한들 자국의 진짜 전력을 있는 그대로 공개하거나, 또 그렇게 공개된 적국의 통계를 곧이곧대로 믿는 국가가 어디 있겠는가? 또 이 그래프는 지면에 드러난 정보만을 전달하고 있는 것도 아니다. 이런 압도적 열세에 대한 정보가 전쟁 전에 공개됐으면 오히려 일본 국민의 사기를 꺾었을지도 모른다. 그러나 이미 일본이 승기를 쥔 시점에서는 똑같은 정보가, 오히려 이렇게 불리한 전쟁에서 승리를 거둔 자국 정부와 군대에 대한 자부심의 원천이 될 수 있다. 정부의 심한 언론통제 속에서도 공개된 통계와 그래프에는 뭔가 꿍꿍이가 숨겨져 있을 것이다. 숫자와 도표라고 해서 곧이곧대로 믿을 수 있는 것은 아니다. 통계의 시대는 또한 역정보(disinformation)와 민사심리전의 시대이기도 하다.

3) 조사통계와 보고통계, 표(票)와 표(表)

중앙통계기구를 비롯해서 각종 국가기관이 생산하는 국가의 행정에 관련된 통계를 '공식 통계'라고 한다. '국가통계'나 '정부통계', '관청통계'라고 부르기도 한다.[37] 영어로는 'official statistics'나 'government statistics'쯤 되겠다. 이런 통계에는, 처음부터 통계 작성을 위해 조사·생산되고 보통은 다른 목적에는 이용되지 않는 통계자료가 있고, 본래는 통계 작성이 아닌 다른 목적으로 수집된 행정자료를 헤아려서 통계

---

37 여기서 '공식통계'란 스포츠의 공식기록 같은 공인된 통계라기보다는 정부 부처(office)가 생산한 통계라는 뜻이다. 한국 통계청은 '국가통계'라는 말을 쓴다[국가통계포털(KOSIS)]. 일본 정부는 '정부통계'라고 하는데[KOSIS 비슷한 일본의 사이트 e-Stat(e-stat.go.jp)는 '정부통계의 종합창구'다], 연구자에 따라서는 '관청통계'라는 말도 쓴다.

를 뽑아낸 것이 있다.[38] 한국에서는 전자를 조사통계, 후자를 보고통계라고 부른다. 통계청에서 제공하는 『통계용어사전』에서는 다음과 같이 정리하고 있다.[39]

> 조사통계: 통계작성을 주목적으로 조사를 실시하여 얻은 통계. 일차적 의미(第一義)의 통계다
>
> 보고통계: 법령에 따른 개인이나 단체의 신고·보고·신청·인허가 등의 행정업무에 수반하여 수집된 자료를 이용하여 작성된 통계. 별도 통계조사 과정이 필요하지 않은 이차적 의미(第二義)의 통계다. 주민등록인구현황, 공중위생관계업소 실태보고 등
>
> 가공통계: 조사 등을 통해 수집된 한 종류 이상의 투입자료(1차 통계와 외부자료)를 분류·집계·편집·추계해서 내는 통계

식민지기 인구통계 중에서 국세조사(총조사)는 대표적인 조사통계고, 『통계연보』에 실린 매년 말 '현주호구'는 보고통계다. 조사통계를 얻기 위한 조사를 식민지기에는 '통계조사'라고 불렀다.[40] 통계를 얻기 위한

---

38 Svein Nordbotten, 2010, "The Use of Administrative Data in Official Statistics," *Journal of Official Statistics* 26(1), p.205.

39 통계청(kostat.go.kr) > 통계조사 > 통계용어사전에서 각 항목을 정리한 것이다. 일본에서는 '보고통계'를 '업무통계'라고 한다.

40 한국 통계청에서 지금도 쓰는 말이지만 '통계조사'라는 것은 대학의 통계나 사회조사 과목을 기준으로 보면 아주 어색하고 이상한 표현이다. 아마 대학에서 '통계'란 일차적으로 (수리)통계학이라고 이해되기 때문에, 조사는 조사일 뿐이고 조사를 통해 얻어진 양적 자료를 분석하는 방법이 통계이지 '통계조사' 같은 말은 있을 수

것이든 다른 목적의 조사든 현장에 가서 직접 조사하는 것은 '실지조사(實地調査)'라고 했다. '현지조사'가 더 적절한 번역어가 아닐까 고민했지만, 이 책에서는 '현장조사'라고 옮기기로 했다. 한 가지 특기할 것은 관습조사에서 많이 사용된 '청취(聽き取り, 聞き取り)조사'다. 이것은 현지의 관습과 사정을 잘 아는 지방공무원이나 정보제공자(informant)에게 물어서 조사하는 것인데, 당시의 자료에서는 지방으로 출장을 가서 청취조사를 한 경우에는 그저 '현장조사'라고만 쓴 경우도 있다. 그러니까 식민지기 자료에서 '실지조사'라고 한 것은 현재의 사회과학에서 말하는 현지조사·현장연구(fieldwork)처럼 방법론과 결부된 개념은 아니다.

식민지기 모든 통계와 조사에서 가장 강조하는 것 하나가 '표(票)'다. '표(票)'와 '표(表)'는 발음이 같아서 구별이 안 되니까, 성가시지만 매번 한자를 병기하도록 하겠다. '표(票)'는 조사 대상 하나에 대해 한 장씩 작성하는 카드, 또는 기입할 양식(form)이다. 그런 뜻에서 '개표(個票)'나 '소표(小票)', '조사표(票)'라고 불렀다.

〈그림 0-3〉의 왼쪽은 1925년 조선의 간이국세조사 때 사용한 개인별 신고서인 '단명표(單名票)'다.[41] 다른 국세조사 때는 세대를 조사단위로 한 '세대표(世帶票)'를 사용했다. 1925년 조선에서는 일본어도 모르고 국세조사가 무엇인지도 이해하지 못하는 사람이 많을 것으로 판단하여 기입은 개인이나 세대주가 아니라 조사원이 하도록 했다. 맨 오른쪽 점선 다음 부분은 부윤·면장이 기입하고 그 다음 점선 이하는 조사원이

없다고 느껴지는 것 같다. 반대로 통계를 통계숫자, 통계표라고 생각하면, 그런 것을 얻기 위한 조사가 '통계조사'인 것은 당연하다.

41 1925.5.28, 조선총독부령 제66호, 「다이쇼14년 간이국세조사에 관한 건」.

〈그림 0-3〉 1925년 국세조사의 조사표(票)

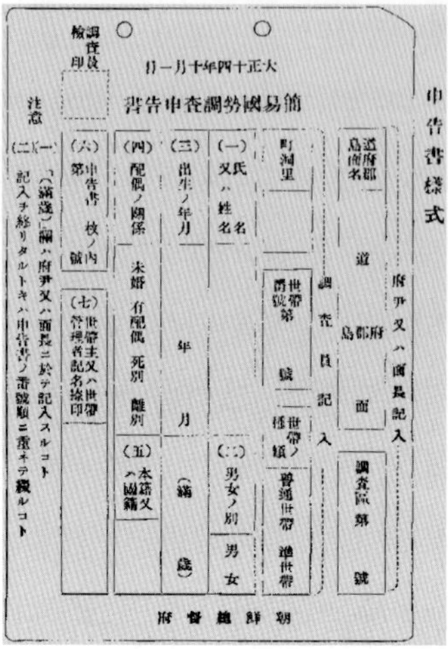
申告書樣式

府尹又ハ面長記入

道府郡島面名 道 府郡島 面

調査區第 號

調査員記入

町洞里

世帶番號第 號

世帶ノ種類 普通世帶 準世帶

大正十四年十月一日

簡易國勢調査申告書

(一) 氏又ハ姓名

(二) 男女ノ別 男 女

(三) 出生ノ年月 年 月 (滿 歲)

(四) 配偶ノ關係 未婚 有配偶 死別 離別

(五) 本籍又ハ國籍

(六) 申告書 枚ノ内 第 號

(七) 世帶主又ハ世帶管理者記名捺印

調査員檢印

注意

(一)「(滿 歲)」欄ハ府尹又ハ面長ニ於テ記入スルコト

(二) 記入ヲ終リタルトキハ申告書ノ番號順ニ重ネテ綴ルコト

朝鮮總督府

정·동·리		세대 번호	제 호	세대의 종류	보통세대/준세대

(1) 씨명(氏名) 또는 성명		(2) 남 녀 별	남 녀
(3) 출생연월	년 월	(만 세)	
(4) 배우관계	미혼/유배우/사별/이별	(5) 본적 또는 국적	

기입하도록 한 것이다. 조사원이 기입할 부분을 한국어로 옮기고 가로 방향으로 바꾸어서 오른쪽에 제시했다.

이런 표(票)를 사용하는 것은 현장조사의 기본이다. 이것을 쓰면 대상자가 누락 없이 조사됐는지도 쉽게 알 수 있고, 또 이것을 원자료(raw data)로 남겨두게 되면 집계 과정에서 검산을 하거나 오류를 확인·수정하는 데도 편리하다. 현장에서 수거한 조사표(票)를 집계표(表)와 함께 중앙통계기관으로 올려보내 최종적인 집계를 중앙에서 하는 것을 '중앙집사(中央集査)' 방식이라고 했다. 반대로 이런 표를 이용했어도 지방별로 집계를 하고 결과표(表)만 중앙에 보고하는 것은 '지방분사(地方分査)'라고 한다.[42]

42 1930년 이후의 국세조사는 중앙집사방식으로 집계됐다. 시간이 오래 걸리지만 조사와 집계의 통일성과 질을 확보할 수 있다는 장점이 있다.

〈그림 0-4〉 1925년 국세조사의 결과표(表)

세대종별	순서	세대	인구		
			총수	남	여
		ㄱ	ㄴ	ㄷ	ㄹ
총수	1				
보통세대	2				
준세대	3				

'표(表, table)'는 집계된 숫자를 가로세로로 구획된 형식에 써넣은 것이다. 1925년에 위 신고서를 써서 조사구별로 조사한 결과는 〈그림 0-4〉와 같은 결과표(表)에 기재됐다.[43] 이런 절차는 자연스럽다. 문제는 처음부터 표(票)가 없고 표(表)만 있을 때다. 대표적인 것이 뒤에 살펴볼 「조선총독부보고례」와 『통계연보』의 현주호구다. 165쪽의 〈그림 2-4〉 위쪽 보고례에는 '현주호구'가 무엇이고 어떻게 조사하라는 규정이나 〈그림 0-3〉과 같은 '표(票)'는 없고, 〈그림 0-4〉와 비슷한 집계표(表) 양식만 제시되어 있다. 이렇게 되면 행정 일선에서 집집마다 다니면서 제대로 현장조사를 했는지, 아니면 면사무소에서 1년 동안 받아둔 출생·사망 신고서만 헤아렸는지, 심지어는 작년 숫자에 적당히 가감해서 엉터리 숫자를 써넣었는지 알 방법이 없다. 또 지역별로 조사·집계 방법이 제각각이니 일관성도 없다.

그래도 식민지기에는 조사든 보고든 주로 이런 표(表) 양식을 통해서 통계가 집계됐다. 〈그림 0-3〉 같은 조사표를 이용한 조사를 '개표(個票)

43 출처는 주 41과 같다. 그림에 ㄱ, ㄴ, ㄷ, ㄹ이라고 한 것은 본래는 일본어 イ, ロ, ハ, ニ다.

조사', 〈그림 2-4〉 같은 집계표를 이용한 조사를 '표식(表式)조사'라고 부르기도 했다. 굳이 가로세로 줄을 그은 '표(表)'를 그려서 채워넣지 않았을 뿐이지, 어느 정도의 범주별 집계는 근대 이전에도 웬만한 관료제 행정이라면 다 하고 있던 일이다. 1789년(정조13)의 『호구총수(戶口總數)』 2권에서 경기, 강화군, 길상면의 원호(元戶)와 구수(口數: 인구)를 찾아보면 다음과 같다.[44] 이렇게 정리된 정보는 그 자체가 이미 하나의 표(表)다.

경기 38관(官)

원호 159,160 구(口) 642,619(남 324,888 여 317,181)

강화 면 17 리 107 도(島) 11

원호 9,801 구 34,251(남 18,866 여 15,365)

길상면 산문동 정두동 정하동 직산동 온수동 선두동 장걸동 초지동

원호 627 구 2,212(남 1,210 여 1,002)

반면 개표조사는 근대적인 조사 기법이다. 조사 대상을 구성하는 단위 하나하나의 '점계(點計)', 그렇게 해서 구성되는 모집단, 전수조사와 표본조사의 구분 등은 개표조사와 함께 발전했다.[45] 식민지기에도 전문가들은 모든 통계가 가급적이면 '개표'나 '소표'를 이용한 조사통계가 되어야 한다고 주장했다. 그러나 조선총독부의 보고례는 한두 개 예외를 제외하고는 모두 '표(票)' 없는 표(表) 양식뿐이었다.

---

44 『戶口總數』(규장각한국학연구원 원문), 2책 1a, 2b~3b.

45 森博美, 2021, 「明治27年農商務統計報告規程と個票調査」, 『經濟志林』 88(4), 458~461쪽. 단위조사에 대해서는 638쪽의 주 13을 볼 것.

3. 이 책의 범위와 구성

'조사'라는 말의 다양한 쓰임을 통해서 보았듯이, 식민지기 조선총독부의 조사라는 것은 외연이 분명히 정해져 있지 않다. 한편으로 조사는 총독부 행정의 전 범위에 걸쳐서, 때로는 그 범위를 넘어서도 이루어졌다. 조사의 주체는 조선총독부에 한정되어야 하는 것일까? 시간적으로 보면 그 이전의 통감부, 또 그 이전 개항 이래 일본 외교관이나 군인, 민간인들의 조사는 이 책이 다룰 범위에 넣어야 하는 것일까 빼야 하는 것일까? 횡적으로도, 총독부가 아닌 일본 정부나 도쿄제국대학, 조선은행이나 조선식산은행, 상업회의소, 재조선 일본인 등이 수행한 조사는 어떻게 해야 할까? 식민지 통치를 위해 '정책'으로 수행한 조사와 그렇지 않은 조사를 분명히 가를 수 있을까? 개인의 학술적 '연구'와 정책적 조사를 구분할 수 있을까? 아니면 조선에 대한 조사는 모두 뭉뚱그려서 다루어야 하는 것일까?

그런가 하면 원칙이라기보다는 편의에 따른 구분도 있다. 가령 토지조사와 임야조사, 고적조사, 조선사편수사업 같은 것은 조선에 대한 지식을 생산·축적하고 또 그것을 식민지 통치에 이용한다는 점에서 중요한 조사들이지만, 이 총서의 다른 권들에서 따로 다룬다는 이유로 이 책에서는 생략했다. 마찬가지로 각종 산업과 관련된 조사, 전시의 인적·물적 자원의 동원을 위한 조사도, 이미 출간된 다른 권에서 다루고 있는 것들은 중복을 피해서 최대한 언급을 줄였다.

이 책의 구성은 다음과 같다.

제1장에서는 개항 이래 통감부시기까지의 조사를 다루었다. 이때는 조선이 위태로우나마 여전히 주권을 가지고, 독자적인 근대화 노선을 걸어가려고 애쓰던 시기다. 따라서 조선총독부가 사실상의 (식민)국가로 행위할 때와는 조사의 양상이 달랐다. 그 시기 일본세력이 어떻게 조선의 주권을 좀먹어가면서, 여러 가지 조사를 통해 문자 그대로의 일본인의 한반도 '식민'을 추진하고 또 한반도에서 이권을 침탈하고 확보해 갔는지를 살펴볼 것이다.

제2장은 문서과를 중심으로 한 조선총독부의 공식 통계 생산체계와 「보고례」라는 통계보고의 기본 양식 그리고 그 「보고례」를 통해 수집된 통계들을 실은 『통계연보』 등 여러 매체를 다루었다. 마지막에 총독부 공식 통계를 가지고 작업할 때 마주치는 몇 가지 문제를 덧붙였다.

제3장은 식민지기의 조사와 통계에서 가장 큰 비중을 차지했던 인구의 조사와 통계를 다룬다. 크게 매년 말 '현주호구'와 조선에서는 1925년부터 시행된 '국세조사'의 두 가지를 나누고, 현주호구에 대해서는 다시 정태인구와 동태인구의 파악을 구분해서 살펴볼 것이다. 경찰의 호구조사도 여기에 포함시켜서 다룬다.

제4장에서는 조금 낯설지만 한반도의 '자연'에 대한 조사를 몇 가지 살펴보았다. 이것은 사실 앞서의 '조사' 개념에 대한 소개의 연장이다. 조사란 도대체 무엇이며, 식민지기 총독부와 일본인들의 조사의 특징은 무엇인가 하는 점을, 이 책에서 주로 다룰 인문사회의 영역이 아니라 자연에 대한 조사를 통해서 한번 더 생각해 보려는 것이다.

제5장은 '조선의 풍속과 생활 조사'라는 제목으로 중추원의 구관(舊慣)·제도·풍속 조사와 1920년대 이래 총독관방의 '조선사정' 조사를 묶었다. 이것은 토지조사사업이나 인구조사·통계와 함께 총독부의 여러

조사 중 가장 잘 알려지고 또 많이 연구된 부분일 것이다. 당시 조선 '사회'에서 조사·통계를 대표하는 범죄통계를 여기 덧붙였다.

제6장에서는 여러 가지 계기로 이루어진 조선인의 신체측정 문제를 다룬다. 이것은 꼭 총독부의 정책적인 조사와 통계로 분류되지 않을 수 있지만, 어떻든 '조선인', '조선인종·민족'이란 무엇이며 어떤 특징을 갖는가 하는 식민주의적 질문과 이어져 있다.

제7장에는 제2·3장에서 살펴본 초기의 통계체계나 전수조사의 틀을 벗어나는 조사들을 모아 보았다. 시기적으로 보면 주로 1930·1940년대에 이루어진, 빈곤·실업·소작관계 등 새로 등장한 '사회문제'에 대한 대응과 조사, 「자원조사법」에 의한 조사 등이다. 이 장은 다른 장에 비해 구성이나 내용이 무척 부실해졌는데, 장 자체가 앞의 장들에서 다루지 못한 자투리를 모았기 때문에 그런 것도 있고, 조사 결과 자체가 비밀에 부쳐졌거나 전쟁이 심화되면서 결과가 제대로 공간되지 않아서 자료를 구하기 어려운 것들도 있었다.

대개는 머리말에서 이 주제에 대한 지금까지의 연구사를 정리하고 중요한 선행연구를 언급하는 것이 관례다. 그러나 이 책에서는 너무 다양하고 이질적인 조사들을 한데 모아 놓다 보니 그렇게 하는 것이 불가능해서, 각 방면의 선행연구는 각 장의 해당 부분에서 그때그때 소개할 수밖에 없다. 이 점에 대해서도 독자 여러분의 양해를 부탁드린다.

제1장
통감부시기까지의 조사와 국권 침탈

조선총독부가 일원적으로 한반도와 그 주민을 지배한 1910년 이후에 비하면, 개항 이래 '한일병합'까지의 기간 동안 일본인들이 한반도와 조선사회에 대해 수행한 조사는 성격이 다르다. 우리가 식민지 지배의 정당성을 인정하지 않는다 해도, 식민지기의 토지조사나 국세조사 등을 살펴볼 때는 조선총독부를 사실상 하나의 식민국가, '정부'로 취급하게 된다. 총독부가 어떤 목적과 의도에서 조사를 했든 간에, 법령과 공문의 체계를 통해 조사에 관한 세부 사항이 결정되고 예산이 편성되고 기구가 설치되고 하는 일의 절차는 여느 국가의 틀에 박힌(routine) 관료제 행정과 별반 다르지 않다. 그러나 멸망의 위기에 처해 있으나마 대한제국이 존속했던 시기에는, 한반도에서 국가가 담당할 조사를 일본 정부나 통감부나 또 다른 일본인 누군가가 수행한다는 것은 그 자체로 불법이거나 편법일 수밖에 없었다.

여기에도 두 단계가 있다. 러일전쟁 이전에는 일본인들이 이 땅에서 주권침해에 해당하는 각종 조사를 공공연하게 행할 수는 없었다. 육군 간첩대의 측량이든 농상무성 기술관리의 농업·어업 조사든 모두 몰래 또는 무단으로, 현장의 지방관과 지역민들을 으르고 속이면서 수행됐다. 그러다가 러일전쟁으로 일본군이 한반도를 장악하자, 일본은 이런저런 '조약'과 '협약'을 강요해서 한국 정부가 일본인 고문을 용빙(傭聘)하게 했다. 외교를 전관(專管)하겠다던 통감은 '시정 개선'을 내세워 내정간섭을 자행했다. 그런 '보호국' 국면에서는 통감부가 계획한, 일본을 위한 조사가 형식상으로는 대한제국의 법령과 예산으로 시행되곤 했다. 그러나 조사자는 똑같은 일본인 전문가이고, 한국 정부에서 간행한 보고서는 일본어로 되어 있으며 심지어 표지에 일본 연호가 표시된 경우도 있었다.

1. 정탐에서 조사로

1) 개항 이래 일본의 조선 정탐과 측량

(1) 일본 육군·해군의 측량과 지도 제작

19세기 후반 서구 열강의 무력에 의해 동아시아의 해금(海禁)은 깨어지고 중국·일본·조선은 차례로 '자유무역'을 표방한 조약체제 속으로 편입됐다. 청은 1840년, 1856년 두 차례 아편전쟁의 패배로 영국·프랑스 등 열강과 불평등조약을 맺었고, 일본 역시 1854년 '흑선(黑船)'이라고 불린 미국 함대의 위협시위 앞에서 항구를 열었다. 그런데 메이지(明治) 천황의 아버지인 고메이(孝明) 천황이 통상조약에 반대하면서 촉발된 '존왕양이(尊王攘夷: 천황을 받들고 외적을 물리치자)' 운동이 바쿠후(幕府) 토벌로 확대되어, 결국 바쿠후가 무너지고 1868년 천황 중심의 중앙집권국가가 성립했다. 그러나 그 과정에서 '양이'론은 사라지고, 새로 수립된 메이지 정부는 서구 문명의 적극적인 수용과 근대화를 추진하게 된다.

일본은 오랫동안 서구의 봉건제와 비슷한 바쿠한(幕藩)체제를 유지해 왔다. 바쿠후의 쇼군(將軍)과 전국의 다이묘(大名)는 주종관계에 있었지만, 개별 한(藩)의 인민과 토지는 영주인 다이묘가 지배했다. 조선과 일본 사이에 위치한 쓰시마(對馬)는 그런 체제를 이용하여 중간에서 조선과 일본의 관계를 교묘히 조정했다. 그러나 일본에 중앙집권적 국가가 수립되자 외교는 온전히 중앙정부의 수중에 들어갔다. 메이지 정부는 일본과 조선 사이에 조약에 의한 새로운 외교관계를 제안했다.

하지만 병인양요(1866)와 신미양요(1871)를 겪으면서 쇄국을 고수하던 조선 정부는, 그때껏 교린(交隣)해 온 양국이 새삼 '조약'을 맺는다거나 쓰시마를 배제하고 직접 외교를 한다는 것에 부정적이었다. 조선 정부는 일본이 천황을 중국 황제와 동격에 두면서 조선의 왕을 하대한 외교문서의 형식을 문제삼아 일본의 제안을 누차 거부했다.[1] 일본 정부 내 강경파는 그것이 일본에 대한 모욕이라면서 '정한(征韓)', 즉 조선 침공을 주장했다. 그것은 징병령과 지조(地租: 조세제도) 개정 등 인민의 부담을 가중시킨 개혁정책에 대한 국내의 불만을 바깥으로 돌리려는 책략이기도 했다. 1873년 10월 일본 정부 내의 정변으로 정한론은 일단 무산되지만, 결국 일본은 1875년 운요호(雲揚號) 사건을 일으켜 무력으로 조선에 불평등조약을 강요하기에 이른다.

이 시기까지는 일본에도 조선에 대한 정보가 거의 없었다. 16세기 말 조일전쟁(임진왜란) 때 얻은 지식이 나중에 획득한 단편적 정보와 뒤섞여 유통되는 정도였다. 조선 전기까지는 일본의 사신 일행이 부산에서 서울까지를 왕래하기라도 했지만, 조일전쟁 이후 조선 정부는 국교를 재개하면서도 일본인이 조선 내륙에 들어오는 것을 엄격히 금지했다. 그때부터 300년 가까이 일본인이 한반도에 발을 디딜 수 있었던 곳은 담장으로 둘러싸인 부산포 초량의 왜관뿐이었다. 조선에서도 간혹 일본에 통신사를 파견했고 왜관이라는 한정된 공간을 통해서도 꽤 많은 정보가 오고

---

1 '왕정복고', 즉 메이지유신을 알린다는 취지로 일본 사신이 가져온 문서는 종래 조선과 일본 사이에 이용되던 외교문서(書契)와 형식이 달랐고 조선이 쓰시마에 발급한 도장(圖書)도 찍혀 있지 않았다. 게다가 일본이 천황에 대해서 쓴 '황(皇)'이나 '칙(勅)' 같은 문자는 조선에서는 중국 황제에게만 쓰던 것으로, 조선을 일본의 조공국으로 취급한다는 뜻으로 읽힐 수 있었다.

갔으나,[2] 그런 정도의 정보 교환에는 한계가 엄연했다.

1874년 프랑스 파리에서 파리외방전교회 샤를르 달레(Charles Dallet) 신부가 쓴 『조선천주교회사(*Histoire de l'Eglise de Corée*)』가 간행됐다. 달레 자신은 조선에 가 본 적이 없었고, 조선에 파견됐던 선교사들의 편지 등을 모아서 책을 썼다. 당연히 천주교 전파와 선교, 박해 등이 큰 줄거리를 이루는데, 서론 부분은 '조선'이라는 미지의 나라에 대한 소개였다. 1876년 주러시아공사로 페테르부르크에 있던 에노모토 다케아키(榎本武揚)는 급히 이 책의 서론 부분을 번역해서 『조선사정(朝鮮事情)』이라는 제목으로 간행했다. 조선과의 수교 문제를 둘러싸고 일본 정부 내에 형성된 '정한론'에 편승해서, 전쟁 준비로 조선사정을 소개하기 위함이었다. 『조선사정』은 메이지기 조선의 상황을 소개한 거의 최초의 서적이자, 이후의 조선 소개서들에 큰 영향을 미치게 된다. 원서를 입수한 지 한 달만에, 그것도 프랑스어에서 네덜란드어를 거쳐 일본어로 중역(重譯)하여 출판을 한 신속함도 놀랍지만, 오랫동안 관계를 맺어온 이웃 나라에 대한 정보를 이렇게 에둘러 얻어야 했다는 데서 당시 동아시아의 상황을 엿볼 수 있다.[3]

1875년 2월 외무성의 외교문서가 재차 조선 정부에 전달된 뒤, 5월부터 일본 군함 운요호가 부산에서 무력시위를 벌이고 함경도 영흥만, 경상도 영일만을 측량했다. 운요호의 이런 시위에 조선 정부가 쓰시마

---

2 18세기 전반 바쿠후는 왜관을 통해 조선의 새와 짐승, 풀과 나무를 조사하고 인삼 생뿌리를 입수해서 일본에서 재배해 보려 했다(다시로 가즈이 저, 정성일 역, 2005, 『왜관』, 논형, 253~304쪽). 일본 나가사키 데지마를 통해 서구인들이 일본의 식물 표본을 수집했던 일을 떠오르게 한다(이 책 322쪽을 볼 것).

3 신영언, 2012, 「Charles Dallet 著 『한국천주교회사』의 일본에서의 수용」, 『일본언어문화』 21, 343~357쪽; 최혜주, 2019, 『정탐』, 한양대학교 출판부, 184쪽.

를 통한 '구례(舊禮)'를 더욱 고집하자, 운요호는 9월에는 서해안 해로의 조사와 측량을 핑계로 강화도 일대에서 조선 수군을 도발, 충돌을 일으킨다. 이 '운요호 사건'을 빌미로 일본은 무력시위를 계속하면서 조선에 개항을 강요하여 「조일수호조규(이하 강화도조약)」를 체결했다. 이렇게 운요호 사건 자체가 수로조사와 측량을 핑계로 한 것이었고, 그 결과 맺어진 강화도조약에도 제7관과 부록 제9관에 일본이 조선의 해안을 측량할 권리와 측량선박에 대한 보호를 명기했다. 일본 스스로는 개항을 하면서도 미국에게 허락하지 않았던 권리다. 일본은 조선의 개항 직후부터, 아니 당시의 통신 조건을 고려하면 사실상 강화도조약의 체결 사실이 알려지기 전부터 적극적으로 조선 근해의 수로측량과 해도(海圖) 제작에 나섰다.[4]

수로측량은 19세기 후반 동아시아 해역에 출몰한 서양 선박인 '이양선(異樣船)'이 특정 해역을 통과하거나 항구나 해안에 정박할 때의 상투적인 핑계였다. 사실 제대로 알려지지 않은 다른 나라의 연안해역을 항해하려면 수로측량이 필수적이기는 했다. 1864년 중국에서 번역된 『만국공법(萬國公法)』을 통해 동아시아에 알려진 서구의 국제법에서는, 군함이 아닌 선박이 다른 국가의 영해를 '무해통항(無害通航)'하면서 수로측량을 하는 것은 허용됐다.[5] 그러나 군함과 무장상선, 사략선(私掠船)은 쉽게 구별되지 않았고, 하물며 동아시아인들은 모양부터 완전히 낯선 배(이양선), 말도 통하지 않는 처음 보는 이방인들을 상대하고 있었다. 또

4 한철호, 2021, 「조일수호조규 체결 후 일본 군함 호쇼(鳳翔)의 조선 해안 최초 측량과 그 의의」, 『한국사학보』 83, 174~175쪽.

5 조세현, 2011, 「『만국공법』에 나타난 해양관련 국제법」, 『역사와 경계』 80, 125~126쪽.

동아시아 각국이 뼈저리게 경험하게 되듯이 '만국공법'이라는 번역은 오해였고, 국제법이란 강대국의 이해가 우선시된 조약이나 관례에 불과했다. 자국의 이익을 위해서는 아편 밀무역이나 전쟁도 서슴지 않는 제국주의 열강에게 수로측량은 물론, '미개국' 연안에서 무력시위를 벌이거나 유인도를 '무주지(無主地)'라고 우기는 정도는 일도 아니었을 것이다.

한편 조선의 개항·통상을 쟁취한 일본은, 이번에는 개항장에서 서울까지 육로의 상황을 비롯해서 조선의 온갖 사정을 알고자 했다. 그러나 강화도조약이 체결된 뒤에도 조선 정부는 한동안 일본 외교사절의 파견과 상주(常住)를 거절했다. 1880년에야 초대 일본공사 하나부사 요시모토(花房義質)가 "허락이 아닌 일종의 묵인 형태로" 서울에 공사관을 개설할 수 있었다.[6] 하나부사 등은 통행이 허용된 한강 수로 대신 무단으로 경기도를 육로로 가로질러 서울로 갔다.[7] 1876년 부산에 이어 1879년 원산, 1883년 제물포(인천)가 차례로 개항되지만, 일본인의 거주와 활동은 개항장에 한정됐다. 다만 '간행이정(間行里程)'이라고 하여 개항장 경계 너머 4km(조선의 10리)까지는 자유롭게 돌아다니며 산보·사냥·상업을 할 수 있었다.[8] 그 너머 '내지'는 외국인은 들어갈 수 없었다.[9] 그러나

---

6 한철호, 2005, 「개화기(1880~1906) 역대 주한 일본공사의 경력과 한국 인식」, 『한국사상사학』 25, 273~274쪽.

7 최혜주, 2019, 앞의 책, 35쪽.

8 '간행' 대신 '한행(閑行, 閒行)'이라고 쓰기도 했다. 간행이정에 대해서는 박한민, 2014, 「개항장 '間行里程' 운영에 나타난 조일 양국의 인식과 대응」, 『한국사연구』 165, 143~144쪽.

9 이때 내지(內地)는 외국인의 거주가 허용된 개항장 '조계(租界)' 너머 외국인은 들어갈 수 없는 내륙지방을 말한다. 일본이 식민지인 '외지(外地)'에 대해 일본 본국을 가리켜 쓴 '내지(內地, 나이치)'와는 다른 개념이다.

일본 외교관들은 온갖 핑계로 개항장 사이 내지를 오가면서 조선의 내지 통행금지 정책을 좀먹어갔다.

이렇게 개항 직후에는 일본인이 조선 내지에 발을 들이기도 쉽지 않았으므로, 도로상황의 조사와 측량, 조선사정의 탐색은 주로 일본 육군의 간첩대에 의해서 은밀하게 이루어졌다. 이전에도 첩자는 늘 있었겠지만, 메이지유신 이후 일본군이 조선에 간첩을 파견한 것은 1872년 당시 외무대승(外務大丞)이던 하나부사가 수교·통상을 위한 사절로 파견될 때 장교 두 명을 딸려보낸 것이 처음이었다. 조선옷으로 변복(變服)하고 충청·경상·전라 삼남지방을 정찰한 두 사람은 측량과 정탐 목적으로 설치된 육군참모국 간첩대 소속이었다.[10]

일본은 1871년 병부성(兵部省)에 육군 참모국을 설치하고 그 아래 간첩대와 편찬과를 두었다. 1873년 병부성이 육군성과 해군성으로 분리되고, 이듬해 육군성 제6국이 참모국으로 개칭됐다. 1877년 메이지유신에 반대하는 사족(士族)의 반란인 세이난전쟁(西南戰爭)이 끝난 뒤 군대가 내란 대비보다는 대외무력을 담당하는 존재로 성격이 변화하면서, 1878년 참모국은 참모본부로 개편되고 거기 설치됐던 지도과·측량과가 1884년 참모본부 측량국을 거쳐 1889년 참모본부 육지측량부가 된다.[11]

육군참모본부 소속 장교들이 공사관의 무관(武官)으로 파견되어 가능

---

10 이하 일본군 육지측량부의 정탐·측량과 지도 제작에 대한 내용은 주로 남영우, 2007, 「구한말과 일제강점기의 한반도 지도제작」, 『한국지도학회지』 7(1)과 남영우, 2011, 『일제의 한반도 측량침략사』, 법문사를 요약한 것이다.

11 남영우, 2011, 앞의 책, 34쪽; 윤해동, 2015, 「일본육군 참모본부의 '군사조사' 활동과 식민주의 역사학」, 『대구사학』 119, 220~225쪽.

한 범위 안에서 조선의 지리·풍습 등을 조사했다. 1882년 임오군란으로 공사 일행이 인천으로 대피하는 위기를 겪으면서도, 이후 맺어진 제물포 조약으로 일본 외교관들은 예조에서 통행증인 호조(護照)를 발급받아 내지를 통행할 권리를 확보했다.[12] 호조를 지니고 통행할 때는 각 지방관아에서 공식 접대를 받았다. 이듬해 공사관 무관으로 와 있던 소위 가이즈 미쓰오(海津三雄)는 두 명의 부하를 거느리고 47일간 조선 북부지방을 정탐하면서 "함경도 덕원을 지나 평안도 양덕에 당도하여 조선 군졸 수 명의 영접을 받고 민간에서 오찬을 먹었다. … 부사 심상학과 관찰사 김영수의 접대를 받았다"고 썼다.[13]

물론 조선 내지를 그저 돌아다닐(遊歷) 수 있는 것과 지도 제작을 위해 측량을 하는 것은 별개의 문제였다. 그때나 지금이나 낯선 측량장비는 사람들의 눈길을 끄는 도구다. 공공연히 그런 장비를 꺼내 놓고 측량을 할 수 없었던 육지측량부 장교들은 정밀한 장비를 사용하지 못하고, 나침반을 고정시킨 휴대용 제도판을 가지고 일정한 보폭으로 걸으면서 눈으로 거리를 측정하는(目測) 간이적인 방식을 썼다. 이 시기 이들의 정탐·측량과 문헌조사의 결과는 일본군 참모본부에서 간행한 『병요조선사정(兵要朝鮮事情)』(1885)이나 『조선지지략(朝鮮地誌略)』(전 8권, 1888) 등으로 일차 정리된다.

일본군 육지측량부의 한반도 측량은 청일전쟁으로 일본군이 대거 한반도에 진출하면서 확대됐다. 그러나 청일전쟁 이후의 정세는 일본에게

---

12 「수호조규 속약(續約)」 제2관 "일본국 공사와 영사 및 그 수행원과 가족은 마음대로 조선의 내지 각 곳을 유력(遊歷)할 수 있다(유력할 지방을 지정하면 예조에서는 호조를 발급하고, 지방관청은 호조를 확인하고 호송한다)(『고종실록』, 고종19.7.17)".

13 남영우, 2011, 앞의 책, 65쪽 재인용.

유리하지만은 않았다. 갑오농민군을 진압하고 청일전쟁에서도 승리를 거둔 일본은 러시아·프랑스·독일 등의 강한 견제에 직면했다. 게다가 친일적인 갑오개혁정권이 추진했던 단발령 등 각종 개혁 조치는 조선인민의 거센 반발을 샀다. 일본은 명성황후 시해 사건을 일으키며 고종을 핍박했지만, 고종이 러시아공사관으로 피신하면서 사태는 반전된다. 1895년 가을 한반도에 침투한 200여 명의 간첩대는 4개 반으로 나뉘어 여러 지역에서 측량을 수행하다가, 단발령과 명성황후 시해 사건으로 일본인에 대한 조선인민의 적대감이 고조되자 1896년 5월경에 철수했다.[14] 이후로도 1898년까지 여러 차례에 걸쳐 간첩대가 파견되어 장사꾼이나 약장수 등으로 위장한 채 몰래 측량을 계속했다. 그 결과는 강원도와 함경북도 일부를 제외하고 한반도 전역을 담아낸 1:5만 지형도로 만들어졌다.

일본이 사실상 한반도를 수중에 넣은 것은 러일전쟁을 통해서였다. 이후 일본군이 한반도를 장악한 상황에서 최초로 도근 삼각측량이 이루어졌고, 1908~1911년 육지측량부는 기존 지형도를 재측량하여 1:5만의 더 정밀한 '간측도(簡測圖)'를 제작했다. 이 시기와 1910년대의 측량은 철도 부설이나 제실(帝室)재산정리국·임시토지조사국의 토지조사사업과 병행해서, 서로 작업을 분담하면서 이루어졌다. 1914~1918년 토지조사사업으로 한반도 전역에 걸쳐 대삼각측량, 소삼각측량, 도근측량,

14 1895~1896년 조선에서 활동하던 육지측량부 4명이 의병 등에게 살해당하고 3명이 병이나 부상으로 사망했다고 한다(리진호, 1999, 『한국지적사』, 바른길, 296쪽). 백범 김구(김창수)는 1896년 3월 9일 황해도 안악군 치하포에서 일본인 쓰치다 죠스케(土田讓亮)라는 인물을 살해했다. 명성황후 시해에 대한 '복수'의 의미도 있었고, 『백범일지』에서 그는 쓰치다가 육군중위라고 (생각했다고) 썼다(도진순, 1997, 「1895~1896년 김구의 聯中 의병 활동과 치하포사건」, 『한국사론』 38, 150~162쪽).

일필지측량이 이루어지고 지적도가 제작될 때, 육지측량부는 지형도 정비사업을 진행했다.[15]

(2) 일본 관·민의 다양한 정보 수집

이렇게 일본 육군과 해군은 개항 당시부터 남의 나라를 몰래, 또는 무단으로 측량해서 근대적 지도를 제작했다. 외교관부터 학자, 상인에 이르기까지 개인들도 나름대로의 견문기와 안내서를 펴냈다. 물론 '정탐'으로 수집한 정보는 대상 범위가 아주 제한적이거나 질이 고르지 않았고, 개인의 견문록은 더 한계가 많았다. 예컨대 1869년 말 수교를 독촉하러 조선을 방문하면서 조선에 관한 자료가 없어 불편을 겪었던 외교관 사다 하쿠보(佐田白茅)는, 조선 방문을 통해 자신이 조사한 정보를 묶어 1875년 『조선견문록(朝鮮見聞錄)』을 펴냈다. 그러나 사실 조선에 머무르는 동안 그는 초량왜관을 벗어나지 못했다. 조선인의 관혼상제부터 조선의 산천, 무비(武備) 등에 대한 그의 '견문록'은 직접 관찰과 조사에 의한 결과는 아니었다.[16] 그런 중에도 1870년대 중엽부터 청일전쟁 이전까지 일본에서는 매년 1~2권 꼴로 여러 종류의 조선사정 안내서가 간행된다.

개항 이후로도 조선과 일본의 주된 관계는 무역이었다. 조선에 건너온 일본인 상인들은 조선인 중간상인을 배제하고 좁은 간행이정 너머 내지에서도 상업활동을 할 수 있기를 원했다. 1882년 임오군란으로 서

---

15 이상 리진호, 1999, 위의 책, 281~296쪽; 남영우, 2011, 앞의 책, 154~155쪽, 158~166쪽, 214쪽 등. 토지조사사업의 각 단계에 대해서는 보론 1을 볼 것.

16 심기재, 2002, 「明治 일본의 조선 지식」, 『일본역사연구』 15, 58~59쪽.

울에 중국 상인들이 대거 진출하는 '한성개잔(漢城開棧)'이 이루어지고 간행이정도 40km로 확대됐다. 또 1883년 조선은 영국인에게 내지에서 상업을 할 권리를 허락했다.[17] 일본도 최혜국대우 원칙을 내세워 결국 같은 권리를 확보했고, 그때부터 일본 상인의 조선 내지행상(內地行商)이 본격화됐다. 통행증 없이 몰래 내지행상을 하는 잠상(潛商)도 증가했다. 이들 일본 상인에 의해 조선의 곡물시장이 영향을 받게 되고 옥양목(金巾)·한랭사 등 수입 포목이 조선사회로 침투했다. 일본인에 대한 조선인의 반감도 커졌다.[18]

'강화도조약'으로 부산·원산·인천이 개항된 데 이어 1897년에 가서 목포와 진남포가 추가로 개항되어 서울에는 일본의 공사관, 다른 개항장에는 영사관이 설치됐다. 각지 영사관은 정기적으로 주재(駐在) 지역의 통상 정보를 본국에 보고했고, 일본 외무성에서는 그런 영사들의 통상보고(consular commercial report)를 묶어 『통상휘찬(通商彙纂)』이라는 간행물로 발간했다. 러일전쟁 전까지 일본 정부에 의한 조선 조사에서 가장 큰 비중을 차지하는 것이 이 영사 통상보고다. 『통상휘찬』의 조선 관련 기사는 다양한 주제에 걸치는데, 압도적인 것은 상업 기사다. 그러나 그것은 조선 전국의 경제통계 같은 것이 아니라 영사관별 주재지 개항장을 중심으로 한 무역과 상황(商況)에 한정됐다. 민간단체인 부산·인천의 일

---

17 「조영수호통상조약」 제4관 6. 영국인민이 영국영사관에서 발급하는 집조(執照: 통행증)를 지니고 조선 각처에 돌아다니며 통상하고 (조선 정부가 허락하지 않는 서적 등 외에) 각종 화물을 가져와 팔거나 조선의 상품 일체를 구매하는 것을 허가한다는 내용이다(『고종실록』, 고종20.10.27).

18 구양근, 1984, 「근대 일본의 조선내지행상 문제」, 『사학연구』 38, 455~466쪽.

본인 상업회의소에서도 조선에 대한 조사보고서를 작성했다.[19]

당시 일본에 유통된 조선에 대한 정보는 얼마나 정확한 것이었을까? 분야별로 상황이 많이 달랐을 것이다. 〈그림 1-1〉은 1882년 임오군란과 재조선 일본인들의 이야기를 담은 『회본 조선이문(繪本朝鮮異聞)』이라는 얇은 책의 삽화다.[20] 이런 책자는 지금으로 치면 타블로이드판 주간지쯤 되는 것으로, 야사(野史)에 삽화를 곁들인 통속적 읽을거리다. 오른쪽 위 화제(畫題)는 "민영익, 왕명을 받들고 궁궐을 나서다"라고 적혀 있다. 왼쪽의 인물이 고종이고 오른쪽이 민영익이라는 것인데, 옷차림이나 칼을 차고 앉은 모습, 방 안의 꾸밈새 등이 조선의 임금이나 문신, 궁궐과는 거리가 한참 멀다. 공사 같은 고위 외교관이 아니고서는 고종이나 조선의 대신들을 만날 기회는 없었을 것이다. 정보가 부족한 부분은 이렇게 상상으로 메꾸었다. 이 시기까지 일본 대중의 조선 이해는 이런 정도였다.[21]

한편 이 시기 조선뿐 아니라 만주와 중국 본토, 타이완 등이 일본의 식민이나 이민을 위한 후보지로 꼽히면서, 이들 지역의 조사를 목적으로 하는 단체가 속속 설립됐다. 1879년 창설된 도쿄지학협회(東京地學協會)를 비롯해 동방협회(1891년), 식민협회(1893년), 동아동문회(東亞同文會,

---

19 영사 통상보고와 『통상휘찬』에 대해서는 기무라 겐지, 2001, 「명치기 일본의 조사보고서에서 보이는 조선인식」, 김용덕·미야지마 히로시 편, 『근대 교류사와 상호인식 I』, 447~458쪽; 김연지, 2016, 「『통상휘찬-주한일본영사관보고』 한국편의 체제 검토와 사료적 가치」, 『지방사와 지방문화』 19(1), 223~233쪽.

20 岡本竹二郎, 1882, 『繪本朝鮮異聞 三篇』, 延壽堂, 17~18쪽[(日本) 國立國會圖書館 Digital Collections]. 반씩 잘려서 두 쪽에 걸쳐 실린 그림을 하나로 붙였다.

21 조선인에 대한 당시 일본의 이런 국적불명의 묘사에 대해서는 박양신, 2005, 「明治시대(1868~1912) 일본 삽화에 나타난 조선인 이미지」, 『정신문화연구』 28(4)을 볼 것.

〈그림 1-1〉『회본 조선이문』에 실린 임오군란 관련 삽화

1898년), 타이완협회(1898년) 등이다. 타이완협회는 1907년 '동양협회'로 개칭된다. 관료·정치가·군인·학자·실업자·언론인 등으로 이루어진 이런 단체들은 기관지와 단행본 간행, 강연과 강습 등을 통해 동아시아의 여러 지역에 대한 지식을 전파했다. 최초이자 대표적인 조사단체인 도쿄지학협회에서 조선 조사를 담당한 인물은 하나부사 요시모토, 고무라 쥬타로(小村壽太郎), 곤도 마스키(近藤眞鋤) 같은 외교관(출신), 가이즈미쓰오와 가지야마 데이스케(梶山鼎介) 같은 육군 참모본부 소속 군인, 고토 분지로(小藤文次郎), 고치베 다다쓰네(巨智部忠承) 같은 지질학자 등이다.[22] 일본 정부의 농상공부나 육군·해군 등도 각자 조선에 대한 조사를 수행하고 보고서를 간행했고, 제국대학의 연구자들도 가세했다.

22 이런 협회들과 당시 일본에서 간행된 조선 (이주) 안내서에 대해서는 최혜주, 2019, 앞의 책에 잘 정리되어 있다.

개항 이후 조선사회가 격변을 겪는 동안 조선에서 일본의 입지도 일진일퇴를 거듭했지만, 일본은 청일전쟁과 러일전쟁에서 잇달아 승리하면서 한반도에서 영향력을 확고히 하게 된다. 개항 직후 수십 명에 불과했던 조선의 일본인 인구는 1880년대에는 수천 명대가 됐고, 청일전쟁 이후인 1890년대 후반에는 1만 명을 넘었으며 러일전쟁을 거치면서 다시 급증, 1905년에는 5만 명을 넘어섰다.[23] 이에 따라 조선사정에 대한 조사, 그렇게 조사된 정보의 유통도 점점 더 가속화됐다.

2) 농업 관련 조사의 확대·정착 과정[24]

여기서는 개항 이후 러일전쟁과 재정고문부, 통감부의 설치, 「한일신협약」 등을 거쳐 일본이 조선을 차츰 장악해 가는 과정에서, 당시 조선의 가장 중요한 산업이던 농업 분야에 대한 일본의 조사가 어떻게 확대되고 변화해 갔는지를 살펴보겠다.

(1) 일본인 농업이민을 위한 '미간지'의 추정

19세기 말, 20세기 초 일본은 매년 40만 명 이상의 인구 증가에다 쌀·보리 같은 고급 곡물의 소비가 늘면서 쌀 수입이 급증했다. 개항된 조선도 곧 주요한 쌀 수입처가 되지만, 정작 조선의 여러 지방에서는 쌀 수출로 식량난이 가중되어 '방곡령(防穀令)'이 내려지기도 했다. 일본 정

---

23 다카사키 소지 저, 이규수 역, 2006, 『식민지 조선의 일본인들』, 역사비평사, 39~45쪽, 64~65쪽, 98쪽.

24 이 부분은 서호철, 2022, 「융희연간의 통계체계 구축과 농업통계」, 『사회와 역사』 134, 16~19쪽, 26~37쪽을 수정·보완했다.

부와 상인들은 조선의 작황과 쌀값 시세에 민감해졌고, 주요 곡물의 재배면적과 수확량 같은 정보를 원하게 됐다.

한편 일본의 인구 증가와 식량 부족은 금방 토머스 맬서스(Thomas Malthus) 인구론의 전형적 사례로 해석됐다. 농촌 과잉인구를 흡수할 산업과 도시가 부족한 상황에서 해외 식민이나 이민이 해결책으로 제시됐지만, 그때껏 일본이 영토로 편입한 홋카이도(北海道)와 오키나와(沖縄), 타이완은 그렇게 크지 않았고, 일본인의 주요 이민지인 북미 지역에서는 일본인 이민을 배척하는 움직임이 일고 있었다. 그런 상황에서 '만한(滿韓)', 즉 만주와 조선이 일본의 과잉인구 배출에 적합한 지역으로 부각됐다. 그러나 당시 만주에서는 쌀 농사가 불가능했으므로, 농업이민지로 유망한 것은 한반도뿐이었다. '식민'과 '이민'의 개념이 제대로 구분되지도 않았지만, 식민이 아니라 이민을 꿈꾸었다고 해도 이민 대상지로 상정된 나라의 의사 따위는 안중에도 없는, 일방적인 침략의 논리였다.

1901년 일본은 「이민법」을 개정해서 일본인들의 조선 '도항(渡航)'을 자유롭게 했다. 특히 러일전쟁 이후로는 일본 농·어민의 진출 가능성을 염두에 둔 조선의 농지·농업과 수산업 조사가 다수 이루어졌다. 이런 조사는 일본 정부가 수행하기도 했지만 민간 전문가들도 가담했다.[25] 농상무성의 농업 분야 조사는 가토 스에부로(加藤末郞)의 『한국시찰복명서』(1901), 사코 쓰네아키라(酒勾常明)의 『청한실업관(淸韓實業觀)』(1902)으로 시작됐고, 1904년에는 농상무성 주관으로 7명의 조사위원이 파견되어 조선 전역의 농사상황을 조사하고 『한국토지농산조사보고』(1906)라

25 이하 농업조사에 대한 내용은 정연태, 2014, 『식민권력과 한국 농업』, 서울대학교출판문화부, 15~43쪽에 의존했다.

는 5권짜리 조사보고서를 냈다. 이때 조사에 참여했던 나카무라 히코(中村彦)와 혼다 고스케(本田幸介)는 이후 통감부와 조선총독부의 농무과와 권업모범장을 주도하면서 식민지 농정에 깊숙이 관여하게 된다.[26]

이런 조사들은 조선에 다수의 '미간지(未墾地)'가 있다고 주장함으로써 조선 식민·이민론을 지지하기도 했다. 사코는 다음과 같은 추론을 거쳐 조선을 미간지가 많은 농업이주의 적격지로 규정한다. ①조선 인구는 1,200만 명으로 추정된다. ②일본의 경우를 참작해서 조선 농민 1인의 경작지를 평균 0.15정(町)으로 잡는다. ③둘을 곱하면 조선의 경작지(기간지)는 180만 정으로, 한반도 면적 약 2,141만 정의 8.5%다. ④일본의 경작 가능지가 전국토의 26%인데 조선의 경작 가능지를 넉넉잡아 전국토의 15%까지로 보면 321만 정이고, ⑤거기서 기간지 180만 정을 빼면 141만 정이 미간지라는 계산이다.[27]

무리에 무리를 거듭한 추계지만, 반대로 정보가 태부족한 상황에서 그렇게 해서라도 대략의 큰 그림을 그렸다는 점에 점수를 주어야 할지도 모른다. 당시 조선 정부에서 파악하고 있던 것은 경지면적이나 재배면적이 아니라 과세지면적이었다. 수세의 기준인 결(結)·부(負)도 토지의 면적과 수확·수조(收租)의 양이 결합된 단위였다. 민간에서 쓰는 마

---

26 나카무라는 1906년 통감부 농무과장, 1907년 대한제국 농무국장 대판(代辦), 1910~1917년 총독부 농무과장을 역임했다. 혼다는 1906~1919년 권업모범장장으로 재직하고 일본으로 돌아가 규슈제국대학 교수가 됐다.

27 정연태, 2014, 위의 책, 34~35쪽의 번역과 소개에 따랐다. 당시 일본의 면적 단위는, 6척×6척이 1보(步 = 평), 30보 = 1무(畝), 100무 = 10단(段) = 1정(町)이었다. 즉 1정 = 3,000평 ≒ 1ha = 0.01km^2이다. '단보(段步)', '정보(町步)'는 단, 정과 같은 말이고, '단'은 '反'으로도 쓴다. 식민지기 농업통계에 나오는 '단베츠(反別, 段別)'은 이런 단위로 표시된 논밭의 면적이다.

지기, 즉 두락(斗落)과 마찬가지로 그 절대면적은 지역과 작물에 따라 달랐다.[28] 결국 잡다한 면세의 사유와 진기(陳起) 여부, 연분(年分)·재결(災結), 지역별 관행 같은 온갖 사연에서 자유로운 '경지면적'이라는 단순한 정보는 존재하지 않았다.[29] 물론 그것은 무질서와 비합리가 아니라 (서구 근대와는) 다른 질서, 다른 합리성이라고 해야 할 것이다. 그러나 근대 국가가 통치 대상인 사회를 '읽을 수 있게(legible)' 만들기 위해서는, 신분별·지역별로 복잡다단한 관습이 얽히고설킨 이런 고르디아스(Gordias)의 매듭을 잘라버려야 했다.[30]

어쨌든 당시의 일본인 조사자들은 조선의 미간지 면적을 상당히 과장했다. 사코는 조선의 경작지를 180만 정으로 추정했지만, 1910년 총독부 조사로는 약 240만 정이었다. 오늘날의 연구자들은 그것도 형편없는 과소집계이고 실제로는 그때도 경작지가 400만 정 이상이었으리라고 추계한다.[31] 140만 정이 넘는 막대한 미간지는 존재하지 않았던 것이다. 하지만 당시 일본에서 유행한 식민·이민론, 조선 이주 관련 책자들은 조선의 미간지에 대한 이런 과장된 평가를 그대로 옮겼고, 수백만 명의 이주식민이 가능하다고 주장하기도 했다. 1904년 5월 일본 내각에서 결정한 조선 침략과 식민지화의 기본 방침인 「대한시설강령(對韓施設

---

28 '두락(斗落)'은 조선 전통의 면적 단위로, 절대면적이 아니라 한 말(斗)의 씨앗을 뿌릴(落) 만한 땅, '마지기(말+짓기)'다. 두락의 절대면적은 지역별로 또 곡물의 종류별로 달랐다. 이 책 77쪽에 나오는 '일경(日耕)'은 소를 이용해서 하루에 갈 수 있는 논밭의 면적이다(397쪽도 볼 것).

29 '진기'란 논밭을 묵혀 두었는지(陳), 현재 농사를 짓고 있는지(起)의 구분이다. '연분'은 매년의 풍흉의 정도이고, '재결'은 흉년에 일정 비율에 따라 세금을 면제해 주는 것이다.

30 제임스 스캇 저, 전상인 역, 2010, 『국가처럼 보기』, 에코리브르, 20쪽.

31 박섭, 1999, 「1912~1940년의 한국농업생산통계」, 『경제학연구』 47(4), 99쪽, 부표 4.

綱領)」에서도 "한국에서 본방인(本邦人: 일본인-인용자)의 기업 중 가장 유망한 것은 농사"인데, "한국은 토지면적에 비해 인구가 적어 쉽게 다수 본방이민을 용납할 수 있을 것"이라고 했다.[32] 그런 추정, 기대, 아니면 의도된 오해에 입각해서 향후 5년간 12만 명의 일본인 농민을 조선에 집단이주시킨다는 목표로 1908년 말에 동양척식주식회사가 설립된다.[33]

(2) 전국 농사상황의 파악과 보고

① 조선의 전통적 '농형' 보고

조선시대에도 지방상황의 조사와 집계·보고는 늘 국가행정의 중요한 부분이었다. 수령은 자기 고을의 농사상황, 조운(漕運)과 진상(進上), 전염병 발생, 물에 빠져 죽거나 불에 타 죽은 사람, 수감자·유배자의 수와 상황 등을 '첩정(牒呈)'이라는 문서로 관찰사(감사)에게 일일이 보고했고, 관찰사는 그것을 장계에 그대로 옮기거나 요약해서 조정에 전달했다. 그중에서도 '농형(農形)'이라고 불린 농사의 작황은 매년 전세(田稅) 과세액의 결정, 흉년에 따른 면세·감세(給災), 진휼의 근거가 되는 중요한 사항이었다.

---

32 정연태, 2014, 앞의 책, 15쪽. 「대한시설강령」 원문은 국사편찬위원회 한국사데이터베이스 '고종시대사 6집'. 그러나 조선으로의 농업이주가 유망함에도 현실적으로는 조선에서 일본인의 토지소유가 인정되지 않으므로, 민유지에 대하여는 "한국 정부로 하여금 내지에서 일본인의 토지소유권을 인정케 하거나 또는 영대차지권(永代借地權) 또는 용지권(用地權)을 인정케 하여 경작·목축 등에 지장이 없게 할 일"이라고 덧붙여 두었다.

33 실제 1910~1914년간의 성과는 2,659호 이주에 그쳤다(다카사키 소지 저, 이규수 역, 2006, 앞의 책, 100쪽).

하지만 수령과 관찰사의 농형 파악과 보고는 근대적 농업통계와는 거리가 있다. 그 초점은 작황 자체가 아니라 세액의 조정이다. 농형 보고에는 기후나 재해, 농사의 진척 상황 등이 포함되지만, 작물별 재배면적이나 수확량, 경작자 수 등에 대한 언급은 없다. 매년의 풍흉은 면·리별로 흉작의 정도를 '우심(尤甚: 극심함)'과 '지차(之次: 우심보다는 나음)', '초실(稍實: 조금은 소출이 있음—인용자)' 세 등급으로 대별하는 정도로 파악됐고, 재해결수(災摠)에는 실제 피해액뿐 아니라 지방관청이 인민에게서는 거두지만 중앙에 올리지 않고 지방재정에 융통할 부분도 감추어져 있었다. 그런 것은 면·리 또는 군·현 내부에서 처리해야지 밖으로 드러낼 사안은 아니었다. 지역별·시기별로 상세한 농산물 생산량은 국가의 기록이 아니라 개별 농가의 추수기에나 남아 있을 터였다.

갑오개혁 이후 조세 금납화와 결전(結錢) 제도가 시행되는 중에도 관찰사의 농형 보고는 당분간 지속됐다. 1895년 윤5월 19일 함흥부관찰사의 보고는 다음과 같다.[34]

> 도내(道內)의 농형과 비 소식은 이미 보고하였습니다만, 각읍의 보고를 보니 비는 이달 12일 덕원·홍원은 호미날 깊이(까지 땅이 젖을—인용자)만큼 왔다 하고, 농형은 안변·덕원·문천·고원·영흥·정평 등 6읍은 보리는 이미 수확했고 밀은 거의 익었고 봄보리는 익어가는 참이고 귀리는 이삭이 달렸고 기장·조·옥수수는 세벌째 김매기를 시작했고 팥·콩·벼는 초벌 김매기를 마쳤으며 … 영흥들판에는

---

34 「휘보」, 『관보』, 1895.6.15, 세종대에 측우기가 발명됐음에도 '호미날 깊이'라는 우량 측정이 조선시대 말까지 계속된 데 대해서는 임종태, 2015, 「조선 후기 우량 측정의 정치」, 『역사학보』 225, 99~101쪽, 110~112쪽.

메뚜기가 맹렬하여 여러 곡식이 입은 손해가 적지 않다 하옵기에 올피를 갈아엎어 실농(失農)이 없게 하라고 제칙(題飭)하였사오나 백성의 일을 생각하면 참으로 걱정스럽고 운운

이런 농형 보고는 신문에도 종종 게재됐다. 대개 "경기도는 작년 이상의 작황이요, 충북은 대개 평년작이나 청주·충주 지방은 반작(半作)에도 불급(不及)하겠고 … 전남은 대개 흉작인데 순천·보성·낙안·흥양 등지는 풍작이요, … 함남은 아직 상세한 보고가 무(無)하다더라"는 식이었다.[35] 주로는 쌀 얘기거나 작물 일반의 작황이겠지만 작물별 구분도 없고, 정확성을 따지기 이전에 숫자로 된 수확량 정보 자체가 없다.

② 순종 시대의 농업통계

1904년 러일전쟁에서 승기를 잡은 일본은 한국의 내정을 장악하기 위한 첫 걸음으로 「한일협정서」를 강요했다. 여기 따라 대장성 주세국장(主稅局長)을 지낸 메가타 쥬타로(目賀田種太郞)가 한국 정부의 재정고문으로 용빙됐다. 실제로는 고문의 역할에 머무르지 않고 메가타는 대한제국의 내정 전체에 관여했다.[36] 게다가 메가타는 혼자만 고문으로 용빙된 것이 아니었다. 애초 협정서에도 없던 '재정고문부'라는 기구도 만들어져, 1907년에는 일본인 직원이 300명을 넘었다. 그러나 그해 7월 이른바 「한일신협약」으로 일본이 직접 한국의 내정을 장악할 수 있게 되자

---

35 「地方農形」, 『대한매일신보』, 1909.9.23.

36 1906년 2월 통감부가 설치되자 막강한 재정고문을 통감 아래로 편입시켜야 했다. 1907년 3월 일본은 통감부에 '재정감사청'을 설치해서 메가타를 재정감사장관으로, 재정고문부 부장·과장을 재정감사관으로 임명했다.

재정고문부는 곧 폐지되고, 메가타를 제외한 직원들은 대한제국 탁지부 관리가 됐다. 조선의 농업 전반에 대한 통계조사에 한발 먼저 나선 것은 재정고문부를 흡수·계승한 탁지부였다.

초기의 것으로 재정고문부에서 낸 『한국재무요람(韓國財務要覽)』(1907)에는 '경제통계'라는 항목 아래 ⓐ도별 산미(産米) 예상수량·가액(價額), ⓑ도별 농산물 예상산액, ⓒ연해수산물 예상수확액, ⓓ소금 생산 예상액 등이 실렸다. ⓑ에는 콩, 인삼, 연초, 면화, 보리, 삼(麻), 들깨·피마자 등이 포함됐다. ⓐ의 '비고'에는 "논 면적은 결수를 가지고 환산하여 총면적을 구하고 다시 도별로 비례를 정하여 논과 밭 면적으로 나눔"이라고 했다. 직접 조사가 아니라 기존에 알려진 도별 결총으로 논·밭의 절대면적을 계산한 다음, 거기에 어떻게든 구한 면적별 평균수확량을 곱하는 추정이었음을 알 수 있다. ⓒ와 ⓓ를 제외하고 이 값들이 그대로 『통감부통계연보(제1차)』에 표 129~137로 다시 실렸다.

1909년 6월 『관보』에는 1908년의 「주요농산물수확액표」가 실렸는데, 통계 자체보다도 그것에 대한 설명을 꼼꼼히 읽어 볼 필요가 있겠다.[37]

> 본표의 수확액은 (탁지부에서) 각 재무서에 훈령하고 각 재무서는 면·동·리장 또는 농사 정통자 등에 대하여 조사한 것이나, 본국에서 각 도에 걸쳐 이런 농산물의 수확액을 조사함은 이번이 효시가 될 … 본조사의 수량도 역(亦) 정확함을 보(保)하기 난(難)하나, 연(然)이나 그 조사는 힘써서 달관상(達觀上)의 추단억측을 피하고 곡물 수확의

37 「주요농산물수확액표」, 『관보』, 1909.6.29.

종료시기에 제(際)하여 실지(實地)에 임하여 면·동·리장 등에 대하여 조사한 것이 됨으로써 비교적 정확한 것으로 신(信)함

여기서 '달관'이란 제대로 조사를 하지 않고 어림짐작해서 통계를 내는 것을 말한다.[38] 그렇게 하지 않고 현장조사를 했다는 것이지만, 종류별로 농산물의 작황을 직접 조사한 것이 아니라 면장이나 동·리장에게 물어서 이른바 '청취조사'를 한 것으로 되어 있다. 하지만 농상공부가 따로 있는데 왜 탁지부가 나서서 이런 조사를 했던 것일까? 사실 이때는 벌써 곧이어 볼 1908년 6월의 농상공부 「농업통계양식」에 따른 조사가 완료되어 집계 중이었을 텐데, 탁지부는 경쟁하듯이 이 조사가 '효시'라고 내세우고 있다.

속사정은 다 알 수 없지만, 여기서 지방의 231개 재무서가 조사에 큰 역할을 하고 있음을 볼 수 있다.[39] 이렇게 재정고문부 때부터 전국 각지에 배치된 수백 명의 일본인 직원을 현장의 조사인력으로 활용할 수 있었다는 것이 탁지부의 조사·통계를 가능케 한 토대였다. 모두 조사자로

---

38 호별로 조사원을 파견하지 않고 약식으로 조사하는 것을 '달관적 조사'라고 했다[細野繁荘, 1915,『農商務統計講義』, 高島幸三郎(發行), 27쪽]. 토지조사에서도 토지 등급을 정확히 조사해서 판정하지 않고 눈으로 봐서 적당히 판정하는 것을 달관, '시측(視測)'이라고 했다[度支部, 1909,『土地調査參考書(第二號)』, 33쪽; 배성준, 2009,「통감부시기 관습조사와 토지권 관습의 창출」,『사림』33, 238쪽에서 재인용]. 심하게는 숫자를 조작하는(筆舐め) 것까지 포함했다(佐藤正廣, 2014,「兩大戰間期における地方官廳の統計編成業務」, 總務省統計研修所 ディスカッションペーパー No.2, 5쪽). (이 책 637쪽, 639쪽, 653쪽도 참조.)

39 1908년부터 징세사무를 지방행정라인과 분리시키기 위해 전국에 5개 재무감독국과 231개 재무서를 설치했다. 재무서장은 대부분 일본인이 임명됐다(이윤상, 1996,「1894~1910년 재정 제도와 운영의 변화」, 서울대학교 박사학위논문, 232~233쪽; 서호철, 2022, 앞의 글, 21쪽).

서든 조사 대상자로서든 벌써 본국에서 근대적 조사와 통계를 경험해 본 이들이었다. 그러나 일본인 직원이 조선인민과 의사소통을 하는 데는 문제가 많았다. 재원조사와 징세를 담당하는 기관에서 그것과 관련된 조사를 수행했다는 점도, 객관적 정보를 수집하는 데는 근본적인 한계로 작용했을 것이다.

반면, 갑오개혁으로 신설된 농상공부는 고종대까지는 전국적 농업통계를 생산하지 않았다. 대한제국을 선포한 고종은 새롭게 '부국강병'을 표방했지만, 그 과정에서 식산흥업 정책의 중심은 궁내부로 옮겨갔다. 당시 농업정책의 초점은 기존 농사상황의 파악과 농사개량보다는 개간, 인삼 재배, 잠업 장려 등에 있었다.[40] 반면 러일전쟁의 승리로 조선을 보호국으로 장악하게 된 일본은 주요 사업에서 황제의 개입을 배제했다. 일본의 큰 관심사였던 미간지 개간허가권은 1900년대 중엽까지 궁내부 수륜원과 농상공부, 다시 궁내부 어공원을 오갔지만, 1907년 7월 「국유미간지이용법」은 그것을 농상공부 소관으로 확정했다.[41]

농상공부가 농업통계의 조사·보고와 집계·공표의 체계를 갖추어 가는 것은 1908년부터다. 그해 6월에 처음으로 「농업통계양식」을 도입한 조사가 실시됐다. ⓐ농업자, ⓑ쌀, ⓒ맥(麥), ⓓ콩, ⓔ소·말의 수, ⓕ양잠호수와 뽕밭 면적에 대한 집계·보고 양식을 정하고, 한성부윤과 각도 관찰사가 양식에 따라 매년 정해진 기한까지 (자연재해와 병충해는 수시로) 관할지역 농업통계를 조사·보고하게 한 것이다. 양식에는 간단한

40 이영학, 2017, 「대한제국의 농업정책」, 『중앙사론』 46, 143~145쪽, 158~165쪽.

41 이영호, 2000, 「일제의 식민지 토지정책과 미간지 문제」, 『역사와 현실』 37, 297~307쪽.

주의 사항을 덧붙였다. 콩 조사양식의 비고는, 콩은 다른 작물과 섞어 심거나 논밭 두렁에도 심으니까 그런 경우는 경작면적을 추정해서 쓰라는 일러두기다.[42] 이 「농업통계양식」에 따른 첫 번째 조사의 결과가 이듬해 11월 『관보』에 실렸다.[43] 여기서는 6월 말 탁지부의 「주요농산물수확액표」 등은 언급하지 않고, "종래 농업에 관한 통계는 하등 빙거(憑據)할 것이 무(無)"한데, "전에 이렇게 조사한 일이 없는 까닭에 부(府)·도·군·면 등에서도 참고할 재료가 없음은 물론이며, 더욱이 종래 관용된 도량형은 같은 부·군 안에서도 (크기가—인용자) 각기 다른 지방이 많으며 경지의 두락 혹은 일경(日耕) 같은 것은 그 면적의 광협이 역시 일정치 않음도 심할 뿐더러 왕왕 조사의 진의를 오해하고 사실을 은폐코저 하는 자도 없지 않은 상황"이었기 때문이라고 썼다.

이 첫 번째 조사의 결과가 발표되기 전에 「농업통계양식」이 개정되고, 1909년의 조사가 시작됐다. 양식은 ⓐ농업자, ⓑ경지면적, ⓒ쌀, ⓓ맥, ⓔ콩, ⓕ잡곡, ⓖ특용작물, ⓗ잠업, ⓘ가축·가금(家禽), ⓙ우유, ⓚ가축시장, ⓛ물가·임금으로 종류가 늘었다. 새로 추가된 '경지면적'은 논·밭·계를 집계하도록 했는데, 비고에 "화전 및 속전 등으로 그해에 경작한 면적은 부·군마다 합계하되 정전과 구별하여 빨간 글씨로 쓰라"고 했다.[44] 또 논밭 면적을 나타내는 표현이 '작부반별(作付反別: 재배면적)'이라는 일본어로 바뀌고, 곡물마다 하위품종이 도입되어 '쌀'은 논벼와

---

42 1908.6.15, 농상공부훈령을 제192호, 「농업통계에 관한 건」.

43 「農業統計(隆熙二年分) 農商工部調査」, 『관보』, 1909.11.23. '統'은 '統'의 이체자다.

44 1909.10.23, 농상공부훈령갑 제13호, 「농업통계에 관한 건」 개정. 정전(正田)·기전(起田)은 농사를 계속 지으면서 세금을 무는 논밭이고, 묵정밭(陳田)은 경작하지 않고 묵혀둔 논밭, 속전(續田)은 둘 사이의 중간 형태로 농사를 짓다가 말다가 하는 논밭이다.

밭벼, 논벼는 다시 멥쌀과 찹쌀로, '맥'은 보리·밀·쌀보리·귀리로 구분됐다. '잡곡'에는 녹두·조·피·기장·수수·옥수수가, '특용작물'에는 면·대마·모시·담배·들깨·잠업이 들어가서, 실제 조사품목은 1908년보다 훨씬 많아졌다.

이 결과는 『조선총독부관보』와 『통계연보』에도 실렸다. 농상공부의 농업통계는 곧 탁지부의 추정치를 대체했다. 그러나 농상공부의 조사는 과연 얼마나 믿을 만한 것이었을까? 무엇보다 농상공부는 재정고문부 지부나 재무서 같은 지방의 산하기구를 갖고 있지 않았다. 「농업통계양식」에 따른 조사와 집계는 결국 도를 거쳐 부·군에서 담당해야 했는데, 종전의 서리와 출신이나 교육 정도가 크게 다르지 않았을 부·군의 직원들이 과연 그런 조사를 얼마나 이해하고 수행했을지는 의문이다. 게다가 『관보』에는 아주 간단한 집계표(表) 양식만 덩그러니 제시했을 뿐, 조사원과 구체적인 조사시기, 현지조사의 방법, 특히 농업통계에서 가장 중요한 표본추출과 계량의 방법 등에 대해서는 아무 규정이 없었다. 그런 것은 이후 조금 더 시간을 두고 정비될 터였다.

(3) 담배 재원조사의 경우

담배에 대한 조사는 농업통계보다도 국가의 재정수입 확대를 위해 추진된 '재원(財源)조사'의 일부로 이루어졌다. 통감부가 추진한 것은 황실 재정을 정리해서 '국유'로 하는 것 외에 천일염전의 개발, 수산업과 술·담배, 즉 연초(煙草)에 대한 세금의 부과 등이었다. 식민지기가 되면 천일염전은 '관영(官營)'으로 운영되고, 홍삼과 담배는 총독부가 생산·유통·판매를 독점하는 '전매'의 품목이 된다. 의약용 아편 역시 마약류 단속이라는 측면에서 총독부가 생산·공급을 독점했고, 1940년대 전쟁 상황에서는 소금과 석유에 대해서도 전매제가 시행된다.

담배는 조선 후기에도 중요한 상품작물이었지만, 그저 담뱃잎을 썰어서 곰방대에 담아 피는 형태라면 담배의 생산·유통·판매 과정을 일일이 추적해서 세금을 매기기는 힘들었다. 담배가 세원(稅源)이 되고 또 그것에 대한 효과적인 세금 징수가 이루어지려면 일단 담배가 공장의 생산품이 되어야 한다. 담배가 본격적으로 공장에서 제조·판매되기 시작한 것은 개항 이후 궐련 형태가 도입되고 외국 자본이 침투하면서부터다. 일본은 이미 1898년부터 수확한 담뱃잎의 그리고 1904년에는 모든 담배의 전매제를 시행하고 있었다.

메가타의 재정고문부는 1905년 8월부터 조선의 담배 경작·제조·판매에 대한 조사를 시작했다. 1906년부터 1907년에 걸쳐 담배 산지로 유명한 전국 6곳에 지방출장소를 설치하고 2~4명의 직원을 배치했다. 그러나 고종의 강제양위, 군대 해산으로 전국에 걸쳐 정미의병이 일어나면서 1907년 하반기 조사는 무산됐다. 순종이 즉위하고 탁지부에 일본인 직원이 대거 고용되자, 탁지부는 1908년부터는 임시재원조사국을 두고 전국 주요 지역에 출장소를 설치하여 담배 재원조사를 이어갔다. 담배는 쌀이나 보리, 콩 같은 주요 작물과는 성격과 재배 양상이 달랐다. 상업작물로 담배를 대규모로 재배하는 곳이 있고 자기가 피울 만큼씩만 재배하는 곳이 있었다. 우선 해야 할 것은 대규모 담배 재배지를 찾는 일이었다. 1908년 말까지 전국의 4분의 3에 이르는 245개 군을 조사했다고 한다.[45]

---

45 이 조사에 대한 큰 줄거리는 韓國政府財政顧問部, 1907a, 『韓國財政整理報告(第4回)』, 92~108쪽; 韓國政府財政顧問部, 1907b, 『韓國財政整理報告(第5回)』, 157~158쪽; 度支部, 1910, 『韓國財政施設綱要』, 228~230쪽에서 정리했다.

1907년 작성된 「조사심득개요(調査心得概要)」에서는 조사사항을 경작 지방, 경작 상황, 제조업 상황, 판매 상황, 소비 상황 등으로 나누고, 담배의 이식 전후, 생육·수확, 건조의 각 기간에 각각 어떤 사항을 조사할지를 제시했다. 덧붙인 주의 사항 중에서 몇 가지를 뽑아 보자.[46]

- 모든 조사는 대물주의(對物主義)로 반드시 현장에 임하여 실물에 대해 조사를 수행하고 대인적(對人的)으로 □지 말 것
- 군수, 기타 지방 이원(吏員)과 담화하는 경우도 있겠지만 그저 참고로 하고 실제에 비추어 (그들의 말을) 취사할 것
- 경작 지방 같은 것도 역시 지방 이원의 말에만 의거해서 속단하지 말고 반드시 현장 답사에 의해 단정할 것을 요함

앞의 탁지부·재무서의 「주요농산물수확액표」나 뒤에 볼 관습조사에서는 '청취조사'를 당연한 것으로 취급했지만, 이 담배 재원조사는 그런 누구의 말도 믿지 말고 오로지 현장을 찾아가서 실물을 조사하라고 주문하고 있어서 흥미롭다. 조선인은 관·민 할 것 없이 비협조적이고 거짓말을 잘해서 저기 가면 담배를 많이 재배한다고 해서 가 보면 아무것도 없다거나 예로부터 담배 농사는 지은 적이 없다는 곳에 대규모 담배밭이 있다거나 했다는 경험에서 나온 주의 사항이다. 일본인 조사원은 조선어를 모르고 조선인 통역은 일본어가 서투르니 의사소통이 잘 되지

---

46 조사사항과 '주의'는 韓國政府財政顧問部, 1907a, 앞의 책, 95~101쪽. '心得(こころえ)'은 명심할 사항, 수칙이라는 뜻의 일본어다. '이식'이란 담배도 벼의 모내기처럼 싹을 틔워 옮겨심는 것을 가리킨다. '이원'에 대해서는 보론 5를 볼 것.

않는 문제도 있었다.[47]

그런 중에도, 조사하기 쉽지 않았을 담배의 '소비'에 대해서도 통계가 작성됐다. 1908년 11월에 나온 『재무휘보』 제3호에 「연초의 생산소비상황」이라는 통계가 실려 있다.[48] 위의 「조사심득개요」에 따라 조사된 것으로 보인다. 「연초생산상황조사표」는 도별로 경작호수, 경작면적(反別), 수확량, 가격, 1호당 경작면적, 단위면적당 수확량, 단위무게당 가격 등을 조사한 것이다.[49] 「연초소비상황조사표」는 더 흥미롭다. 도별·남녀별로 총인원, 끽연 인원, 끽연 중량(흡연량), 가격, 총인원에 대한 끽연자 비례, 평균 1인 1개년 소비중량과 소비금액을 적어 두었는데, 전국 인구는 남자 517만 4,531명, 여자 440만 7,815명, 계 958만 2,346명이고 그 중에서 흡연자가 남자 280만 2,818명, 여자 107만 1,215명, 계 387만 4,033명, 남자의 54%, 여자의 24%가 흡연자라고 되어 있다. 물론 전수조사가 아니라, 흡연 인원, 1인당 흡연량 등은 군마다 한두 개 면, 두세 개 동에서 조사한 실적을 가(假)표준으로 삼아, 여러 가지 사정을 고려해서 그 군 전체에 '확대적용'을 한 결과다.

담배 재원조사가 한창이던 1908년 7월에 「홍삼전매법」이 공포되고, 조사가 얼마쯤 마무리된 1909년 2월에는 가옥세·주세·연초세 등 이른바 '신삼세(新三稅)'가 만들어졌다. 그해 '신삼세' 세입 예산은 86만

---

47 韓國政府財政顧問部, 1907a, 위의 책, 101~102쪽, 107~108쪽.

48 필자 미상, 1908, 「煙草의 生産消費狀況」, 『財務彙報』 3, 3~14쪽.

49 '단위면적당'이라고 한 것은 '反步當', '단위무게당'은 '貫匁當'이다. '관(貫)'과 '문(匁)'은 일본 척관법의 무게 단위다. 1893년부터 시행된 일본 「도량형법」에서는 미터법과 연동되어 1관 = 100냥 = 1,000문 = 3.75kg, 1근(斤) = 16/100관 = 600g으로 정의됐다. '문'은 이후 한국에서도 귀금속의 무게 단위로 쓰던 '돈'이다.

7,000원으로, 호세 58만 5,000원보다 훨씬 많고, 전체 조세수입의 7.6%를 차지했다.[50] 담배 재원조사가 어느 정도 완성됨에 따라 탁지부는 종래의 조사사항을 개정하고 대구를 제외한 임시재원조사국 출장소도 전부 폐지했다. 대신 각 재무감독국과 6개 주요 재무서에 직원 2명씩을 겸근시켜 새로운 세법의 시행 양상 관찰과 병행해서 조사를 이어갔다.

개정된 「연초조사사항」은 연초 경작, 연초 제조, 연초 판매(엽연초·제조연초), 특별사항으로 구성됐다.[51] 연초 경작에 대한 조사사항으로는 "주산지(主産地) 및 이어진 지역(接續地)의 지명(약도를 요함)"이라든가 "주산 경작지 예상면적"뿐 아니라 실물의 채집도 요구하고 있다. "주산지의 지질·토성(土性)·지세"를 조사하면서 "주산지를 대표하는 토양의 표토(表土)·저토(底土) 각 1합 5작을 표본으로 채집"하라든가, "한 집단지(集團地)를 대표할 연초 품종의 명칭, 산지, 유래 및 특징"을 조사하면서 그런 품종은 표본 하나씩을 채집하라는 등이다.

특별사항은 조선의 담배 경작 상황을 재편하는 문제와 관련해서 조사원들의 의견을 구한 것이다. 담배의 주된 경작지를 한 데 모을 방안, 자가용(自家用) 담배의 경작을 금지하는 것이 얼마나 어려울지,[52] 주산지 외의 담배 경작을 금지할 수 있을지에 대한 의견, 주산지와 이어진 지

50 이때는 연초에 경작세와 판매세를 부과했고 1914년에 가서는 두 세금을 증액하는 한편 제조세와 소비세를 추가로 도입했다. 본격적인 연초전매제가 도입되는 것은 1921년 7월 1일부터다. 1909년 '신삼세' 세입 예산은 통감부, 1910, 『통감부통계연보(제3차)』, 584쪽을 볼 것.

51 이 「연초조사사항」과 설명은 朝鮮總督府專賣局, 1936, 『朝鮮專賣史』, 22~25쪽.

52 '자가용'이란 자기가 피울 담배를 소규모로 경작하는 것을 말한다. 그런 것까지 금지하고 단속하기는 힘들어서, 1921년 담배 전매제를 시행할 때도 이 부분은 유예했던 사안이다.

역이나 바닷가 지역의 담배 밀수입을 단속할 방안 등을 묻고 있다. 일본에서의 경험에 비추어서 연초세는 물론 장기적으로 담배 전매제 시행의 가능성까지 염두에 두고 조사를 벌였던 것이다.

2. 보호국의 인구조사

1) 1906년 '고문경찰'의 전국 호구조사

(1) 신식호적제도의 시행과 인구 파악의 실상

인구조사는 국가의 가장 기본적이고 중요한 사업 중 하나다. 역내(域內) 주민을 조사하고 그들을 장부에 등록하는 것은 지배의 기초가 되는 정보를 수집하는 일인 동시에 그 자체로 권력효과를 발휘하는 지배 행위다. 그러나 전 세계 어느 국가 할 것 없이 총조사나 주민의 등록을 통해 제대로 인구를 파악할 수 있게 된 것은 19~20세기가 되어서의 일이다. 그런 인구 파악은 인종이나 신분의 구별 없이 한 지역 내의 모든 주민을 일컫는 '인구(population)'라는 개념 그리고 징세나 징병, 부역과 직결되지는 않는 인구조사와 궤를 같이한다.[53] 그것은 시민혁명 이후의 민주주의와 국민국가의 결과인 동시에 전제가 된다. 그 전에도 "1호(戶), 1구(口)도 빠짐 없이" 인구를 조사·등록한다는 것은 호적 편성 때의 상

---

53 서구에서 이런 '인구' 개념이 등장한 과정에 대해서는 조은주, 2018, 『가족과 통치』, 창비, 39~46쪽을 볼 것.

투적 수사였지만, 사실 그런 '핵법(覈法)'은 조선시대 호적제도의 원칙도 아니었고 또 실현 가능하지도 않았다.[54]

조선시대에는 연호(年號)에 '자(子)'·'묘(卯)'·'오(午)'·'유(酉)'가 들어가는 식년(式年)마다 호적을 새로 편성하면서 호수(戶數)와 인구를 조사했다. 그러나 호적은 오늘날의 주민등록처럼 모든 인구를 등록하는 장치가 아니다. 우리가 조선 후기 호적의 편성 원리를 정확히 알지는 못하지만, '호를 세운다(立戶)'는 개념이나 '원호(元戶)', '협호(挾戶)', '낙호(落戶)', '호총(戶摠)', '구총(口摠)' 같은 말들은 호적에 기재되는 호의 자격이나 기준, 범위와 수효가 정해져 있었음을 말해 준다. 모든 호가 호적에 기재된 것은 아니다.[55] 거기에 18~19세기가 되면 전세(田稅)와 군역·요역이 모두 '비총제(比摠制)' 방식으로 변하고 공동납도 관행화되면서, 호적이나 특히 군적은 '가짜 장부(虛簿)'가 되어 가는 경향도 나타났다.[56] 비총제나 공동납 그 자체가 징세제도의 문란이라고 할 수는 없지만, 어떻든 그것은 과세 대상과 과세자를 정확히 파악해야 하는 근대적 조세의 원칙과는 거리가 멀다. 인구 파악 역시 마찬가지다.

---

54 송양섭, 2020, 「다산 정약용의 호구운영론」, 『대동문화연구』 110, 111~119쪽.

55 김건태, 2002, 「조선 후기 호적대장의 인구기재 양상」, 『역사와 현실』 45, 197~211쪽; 손병규, 2007, 『호적』, 휴머니스트, 311~329쪽. 『제국신문』 논설은 이것을 "한 동리에 몇 집씩 관호수(官戶數)라고 정(해진)수가 있어 백 집이 사는 동리라도 그 관호수 몇몇 집밖에는 호적하는 법도 없"었다고 설명했다[「논설: 호적의 관계」, 『데국신문』, 1903.4.20. ( ) 속은 인용자가 추가].

56 '비총제'는 국가가 납세자를 일일이 파악하지 않고 이전의 부과액에 따라 전세나 부역의 도별 총액을 정하면 도 → 군·현 → 면·리로 내려가면서 그것을 알아서 배분하는 방식이다. 군역이 군포가 되고 그것이 지역별 총액으로 부과되면 군역 대상자를 정확히 파악하지 않아도 된다. 군적에는 아무렇게나 적어두고 군포는 마을 안에서 집집의 형편을 고려해서 적절히 배분하면 되는 것이다.

개항 이후 조선 정부는 새로운 원칙과 방식에 입각해서 있는 그대로의 정확한 인구를 파악하고 제시해야 한다는 요구에 직면했다. 그런 요구는 주로 밖으로부터 왔다. 자국의 인구와 지리, 경제 상황을 조사해서 공간(公刊)하는 것은 주권국가들로 이루어진 '국제사회'에 들어가기 위한 입장권이 되어 있었다. 국내의 행정과 재정은 종래의 호총이나 원호를 가지고도 꾸려갈 수 있지만, 1880년대 말 국제비교 통계서인 『만국정표』를 간행하면서 호적상 전국 인구가 600만 명이라고 쓸 수는 없었다. 『만국정표』에는 "개국 494(1885)년 을유년 호적책을 보면 인구 28,007,401명"이라고 했다.[57] 이 숫자의 출처와 근거는 불명이다. 조선 정도 크기의 나라라면 인구가 그 정도는 되어야 한다고 생각했던 것일까? 『통계연보』에 따르면 1943년까지도 조선 인구는 2,800만 명에 도달하지 못했다.

종전의 식년호적제도와 다른 방식으로 인구를 파악해 보려는 시도는 1896년, 고종과 왕세자가 러시아공사관으로 몸을 피해 있는 상황에서 이루어졌다. 정부는 9월 1일 칙령 「호구조사규칙」과 9월 8일 내부령 「호구조사세칙」을 발포해, 호적표(戶籍表)라는 인쇄된 양식지를 이용해서 매년 호적을 작성하고 호구와 '가택(家宅)' 상황을 조사하게 하는 새로운 호적제도를 도입했다.[58] 신식호적제도를 규정한 법령의 명칭과 구조·문투며, 법안을 대신이 청의하여 각의(閣議)를 거쳐 칙재를 받고 관

---

57 『萬國政表』 卷之一(한국학중앙연구원 장서각 원문 pdf 1의 41면).

58 이 새로운 호적제도는 '신식호적', '신호적' 또는 '광무호적'이라고 한다. 서호철, 2007, 「1890-1930년대 주민등록제도와 근대적 통치성의 형성」, 서울대학교 박사학위논문, 68~92쪽; 손병규, 2008, 「명치호적과 광무호적 비교연구」, 『태동고전연구』 24; 이유진, 2022, 「19세기 말~20세기 초 신호적의 자료적 성격에 대한 고찰」, 『규장각』 61 등의 연구가 있다.

보에 게재함으로써 반포한다는 절차까지 모두 새로웠다. 게다가 종래 호적이 재정·세무 담당 부서인 호조(戶曹) 소관이었던 데 반해 새 제도의 주무 부서는 내부였다. 인구가 세금과 인력을 추출하기 위한 자원에서 관리·보호·통치의 대상으로 바뀐 것이다. 「호구조사규칙」 제1조는 "인민으로 하여금 국가의 보호하는 이익을 균점케" 하는 것이 이 제도의 목적이라고 천명했다.

그러나 신식호적제도가 그럴듯해 보이는 것은 거기까지다. 이 제도가 운영된 양상을 들여다보면 설계부터 크게 부실했음이 역력하게 드러난다. 가장 큰 문제는, 행정 말단에서는 여전히 호주가 호적표의 빈간을 채워서 '신고'하게 했을 뿐 집집을 찾아가 '조사'하는 일은 없었다는 점이다. 적어도 신식호적제도 시행 첫해에는 국가가 대규모 일제조사를 벌여서 최대한 정확하게 인구를 파악했어야 할 텐데, 그런 시도는 없었다.[59] 게다가 이 제도의 새로움, 제도 시행의 목적, 이전 식년호적과의 차이 등에 대한 홍보·고지도 충분치 않았다. 아마 사람들은 새 제도가 호세(戶稅)를 더 걷기 위한 것이 아닌지 의심했을 것이다. 호포(戶布)가 금납화된 호세(호포전)는 당시 지세, 관세에 이어 세 번째로 큰 재원이었다. 그러나 신식호적제도를 도입하고도 정부는 종전처럼 전체 호가 아니라 일정 기준을 충족하는 '원호(元戶)'에 대해 3원씩의 호세를 매겼고, 여전히 면·리에서는 공동납으로 대응했다.[60]

---

59 다만 1894년 7월부터 경무청이 설치된 서울에서는 신식호적제도 시행 이전부터 경찰에 의한 호구조사가 실시됐다. 집집마다 문에 식구 수를 쓰도록 했고(「잡보」, 『독립신문』, 1896.5.7), '축호(逐戶)'라고 하여 순검들이 집집이 조사를 다니기도 했다. "너희가 무엇이관대 양반의 집에 축호가 무엇이냐고" 집 주인이 거세게 항의하는 일도 있었다(「잡보」, 『독립신문』, 1896.5.12).

60 갑오개혁 후의 호세에 대해서는 이윤상, 1996, 앞의 글, 123~124쪽.

또 「규칙」은 이 제도가 국가가 인민을 보호하기 위한 것이라고 했지만, 호적에 등록되는 것이 무슨 이익이 있는지는 불분명했다. 호적에 기재되지 않은 자는 송사(訟事)도 받아주지 않는다는 식의 원칙론 말고,[61] 조선시대 호적의 실제 쓸모 중 하나는 과거 응시에 필요하다는 것이었다. 과거에 응시하려면 본가·외가·처가의 4조가 모두 양반임을 증명하는 '사조단자(四祖單子)'를 제출해야 했다. 사조단자는 고을 수령이 호적대장에 입각해서 발급하는 공문서다.[62] 식민지기부터는 각급 학교 진학과 취직을 위해 호적등·초본이 필요했으므로, 1920년대가 되면 매년 입시철마다 경성부청이 북새통을 이룬다는 기사가 신문에 실리곤 했다. 그러나 과거제는 폐지되고 신식 학교도 아직 보편화되지 않은 대한제국기에 호적의 쓸모는 무엇이었을까?

신식호적은 집안을 과시하는 데 쓸 수도 없었다. 조선시대 호적에는 "숭록대부 의정부 좌찬성 겸 판의금부사 세자이사(世子貳師) 지경연춘추관사 오위도총부 도총관 증(贈)대광보국숭록대부 의정부 영의정"이라고 자신이나 4조가 지낸 벼슬을 자랑하듯 길게 늘어놓기도 했지만, 이제 신식호적에는 '직역(職役)'이 아닌 '직업'을 기재해야 했다. '유학(幼學)'이나 '교생(校生)' 따위는 직업이 될 수 없었다. 대다수의 사람들은 차츰 '농업(農)'이라고 쓰게 됐다. 4조의 장황한 관직명 같은 것은 아예 써넣을 자리도 없었다.[63]

---

61 『현종개수실록』, 현종1.5.9.

62 김동석, 2014, 「과거 관련 장전장후 고문서 연구」, 『대동한문학』 40, 63~67쪽. 4조는 부(父)·조(祖)·증조·외조를 말한다.

63 「논설: 호젹폐단」, 『독립신문』, 1897.9.9; 「논설: 호젹의 관계」, 『뎨국신문』, 1903.4.20, 1903.4.21.

첫해의 호적 편성부터가 순조롭게 진행되지 않았다. 호적표 용지, 즉 '호적지'를 판매하면서 지역별로 거기 인쇄된 정가보다 훨씬 더 많은 돈을 받은 것이 곳곳에서 물의를 빚었다. 1896년 가을부터 지방별로 호적 편성이 시작됐지만 이듬해 5월이면 임금에게 보고되어야 할 호구수는 감감무소식이었다. 반 년 이상 늦어진 1897년 12월에 가서야 『독립신문』에 "가호(家戶)는 호포전 무는 총수보다도 오히려 적"다는 말과 함께 신식호적 최초의 도별 호구수가 실렸다. 전국 인구는 약 520만 명으로 1891년 마지막 식년호구 663만 명보다도 훨씬 적었다.[64] 그 이듬해인 1898년에도 호적사무가 지지부진하기는 마찬가지였다.

결국 러일전쟁을 거쳐 일본의 통감부가 설치되는 1906년까지도 신뢰할 만한 조선의 인구 정보는 존재하지 않았다. 신식호적제도가 파악한 전국 인구는 내내 600만 명을 밑돌았다. 기껏 새 제도를 도입했지만, 성과는 오히려 마이너스였다. "조선 사람들이 … 자기 나라에 사람이 얼마가 있는지 … 도무지 자세히들 모르니 … 외국 사람들이 겉가량으로" 조선 인구를 1,600만 명 정도로 추산하고, 조선의 신문들은 도리어 그것을 인용하는 지경이었다. 민간 신문들은 "호적은 아직 두었다가 백성들이 정부의 법령을 믿을 만한 때가 되거든 다시 실시하"자고 실망을 표하거나, "차라리 호적이나 아니했으면 호적 아니하는 핑계로 대답할 말이나 되지마는 호적은 해마다 한다는데 이천만 구(口)라는 나라의 … 전국 인구 남녀가 불과 오백여만 명이니 제 나라 식구도 모른다는 조롱을 어찌 면하리오" 하고 냉소했다.[65]

---

64 「외방통신」, 『독립신문』, 1897.12.16.

65 「논설: 논셜」, 『독립신문』, 1896.5.30; 「논설: 호젹폐단」, 『독립신문』, 1897.9.9; 「논

(2) 경무고문부에 의한 최초의 전국 호구조사

1904년 러일전쟁을 일으킨 일본은 제1차 한일협약을 통해 한국 정부에 외국인 재정고문과 외교고문을 초빙하도록 한 데 이어, 협정에도 없는 일본인 '경무고문'의 고용을 강권했다. 이에 따라 1905년 2월 한국 정부가 자진해서 초빙하는 형식으로 당시 (도쿄)경시청 제1부장이던 경시 마루야마 시게토시(丸山重俊)가 대한제국 경무청의 고문으로 용빙됐다.[66] 한국 정부는 그의 역할을 축소하려 했지만, 마루야마는 오히려 조선의 지방경찰체제를 개선한다는 명목으로 1905년 전국에 약 50명의 일본인 '경무보좌관'을 배치했다. 이어 1906년 6월부터는 조선의 지방경찰조직인 경무서-경무분서-분파소에 대응해서 같은 수의 경무고문지부-분견소-분파소를 설치했으며, 10월에는 경무고문본부를 내부로 옮기면서 "사실상 한국경찰의 전권을 장악"했다.[67] 1906년 초에 부임한 통감 이토 히로부미는 러일전쟁 이래 조선의 치안에 개입해 온 헌병의 병력을 축소하는 한편 고문경찰을 적극 지원했다.

그런 국면에서 경무고문이 행한 주요 사업 가운데 하나가, 1906년 말에서 이듬해 4월경에 걸쳐 실시한 전국호구조사다. 통감부와 재정고문부가 우선 관심을 가진 것은 호세 징수대상자를 철저히 파악하는 문제였을 것이다. 소득세나 영업세가 없던 당시 호세는 지세, 관세에 이어

설: 호적의 관계」, 『데국신문』, 1903.4.20.

66 경무고문부의 연혁과 사업 내역은 마쓰다 도시히코 저, 이종민 외 역, 2020, 『일본의 조선 식민지 지배와 경찰』, 경인문화사, 53~64쪽.

67 경무고문뿐 아니라 각 관찰도 소재지에 일본인 재무고문, 법무보좌관, 이사청과 그 지청이 설치되어 지방의 경찰·재무·법무·일반 행정을 장악한 상태였다[統監官房, 1908, 『韓國施政年報(明治39·40년)』, 55쪽, 108~109쪽].

세 번째로 큰 세원이었지만, 호세는 여전히 종전의 '원호'에 대해 비총제·공동납 방식으로 부과·징수되고 있었다. 재정고문부는 이것을 "어떤 지방은 … 토지 얼마 이상을 가진 자를 징세상의 1호로 하고 그 이하는 현실의 2, 3호, 심지어는 10호 이상으로써 징세상의 1호를 만들어 과세하는 곳도 있다"고 이해했다.[68] 그렇다면 경찰에 의한 개략적 조사만으로도 훨씬 더 많은 호수를 파악할 수 있고, 세율 인상 없이도 호세 수입을 증가시킬 수 있을 터였다.[69]

조사단위는 거주와 생계를 같이하는 '호(戶)'였다. "1호라 칭함은 공동생활하는 가족단(家族團)을 말함이니 고로 한 집 안에 생활을 달리하는 2개의 가족단이 있을 때는 2호로 조사해야 함".[70] '가족'이라는 규정이 추가되어 있기는 하지만, 이것은 가옥(舍) 또는 주거와 구분되는 식민지기 현주호구의 '호'와 비슷한 개념이다. 거주와 생계를 같이하는 단위를 식민지기에는 일본말로 '세대(世帶, 세타이)'라고 불렀다. 현재 한국에서 쓰는 용어로는 '가구(家口, household)'다. 조선에서 그런 '호'가 정의된 것은 이때가 처음이라고 생각된다.[71]

조사의 설계를 보자. "1906년 8월 내부(의) 조사" 즉 신식호적의 집

---

68 韓國政府財務顧問部, 1905, 『韓國財政整理報告(第1回)』, 6의4~6의5.

69 통감과 조선 정부 각료들의 '시정개선협의회'를 위해 재정고문부에서 작성한 것으로 추정되는 『韓國歲計計劃案』에 실린 내용이다(이영호, 2001, 『한국근대 지세제도와 농민운동』, 서울대학교출판부, 542쪽, 546~547쪽).

70 「調查實施」, 『황성신문』, 1906.11.22.

71 1896년 신식호적제도를 규정한 법령은 '호'를 따로 정의하지 않았다. 다만 "호주의 부모·형제·자손이라도 각호(各戶)에 분거(分居)하여 호적이 별유(別有)한 때는" (호주의) 호적에 넣지 않는다는 규정(「호구조사세칙」 제3조)으로 볼 때 주거·가옥을 더 강조한 것이 아닌가 추측된다. '호', '세대' 등의 단위에 대해서는 보론 4를 볼 것.

계에 따르면 전국 13도 344군 4,336면의 호수는 134만여 호, 인구는 579만여 명이었다. 그러나 경무고문부는 그것을 무시하고 1면 평균 600호, 1호 평균 5명이라는 추정치를 면수에 곱해서 전국 총호수 260만여 호, 인구 1,300만여 명을 예상했다. 나중의 국세조사였다면 그것을 조사원 1명이 하루나 한나절에 조사할 수 있는 평균 호수로 나누고 거기 맞추어 조사원을 선발하여 최단 시간에 조사를 수행할 터였다. 그러나 가용한 경찰력이 절대 부족했으므로 경무고문부는 반대로, 동원 가능한 조사원 수에 맞추어 조사 일정을 결정했다. 조사원인 조선인 순검 1명이 하루에 조사할 대상을 평균 50호, 감독자인 경무고문부 보조원(일본인 순사) 1명이 감독할 대상을 평균 500호, 즉 조사원 10명으로 잡은 다음, 그렇게 산출된 수요연인원 순검 52,032명, 보조원 5,203명을 당시의 경찰력으로 나누어 조사 일정을 계산한 것이다.[72] 거기에 동절기의 교통 문제와 예상치 못할 변수 등을 고려하여 조사완료 시기를 1907년 3월로 잡았다.

이렇게 경무고문부는 전국의 경찰력을 동원하여 독자적으로 조사를 수행하려 했으나, 인원 부족 때문에 지방관청, 특히 면장의 협조를 구할 수밖에 없게 됐다. 면장이 호별로 호주와 가족의 성명·연령·직업 등을 조사하여 조사표(票)에 기재하고 집집에는 1896년 「호구조사세칙」 제16조에서 규정한 대로 호패(戶牌)를 달게 한 뒤, 경무고문부에서 파견된 호구조사원(조선인 순검)이 면장과 동행하면서 작성된 조사표와 호패

72 「警務廳戶口調査案」, 『만세보』, 1907.3.9. 당시 경찰력에 대해서는 마쓰다 도시히코 저, 이종민 외 역, 2020, 앞의 책, 24~25쪽.

를 근거로 호주에게 질문하여 기재 내용을 확인하는 방식이었다.[73] "조사원이 호주에게 질문할 때는 신속히 응답하고 머뭇거리지 않도록 미리 간독(懇篤)하게 설명"하라고 당부해 두었지만, 당시의 대다수 인민에게는 면장과 순검이 대문간에 들이닥쳐 무엇인가를 '조사'한다는 것 자체가 낯선 경험이었다.

또 이때까지 지방행정의 최말단은 군(郡)이었고, 면장이란 1906년 10월의 「조세징수규정」에서 하부징세기관으로 법제화된 존재였을 뿐 면 행정의 최고기관이 아니었다. 면·리 수준에서 종래의 향촌자치기구가 여전히 작동하는 경우에는 면장이 면내의 유력자가 아니라 예전의 면임(面任) 같은 낮은 지위에 머물렀다. 종전의 면임·풍헌 등이 그대로 면장이 된 곳도 많았다.[74] 또 면장이란 면내 사정에 정통한 자도 아니었다. 때문에 민적실사 때 이르러서는, 면장은 명목뿐인 존재로 면내 사정을 전혀 장악하지 못해서 쓸모가 없으므로, 면장 대신 동장을 조사의 파트너로 삼아야 한다는 지적이 나오게 된다.[75]

1906년 겨울에 조사가 시작되자 다른 난점들이 드러났다. 교통이 불편한 벽지에서는 훈령이 전달되고 면장이 조사를 수행하는 데 예상보다 훨씬 시간이 많이 걸렸다. 결국 지방에 따라서는 호구조사의 목적과 방

---

73 이 내부 훈령은 각 부·군에 내린 1906.11.29, 경기도훈령에 그 내용이 옮겨져 있다(국사편찬위원회 편, 1990, 『各司謄錄 47』, 363~364쪽; 「訓査實施」, 『황성신문』, 1906.11.22). 이 호구조사의 설계·실시 정황에 대해서는 內部警務局, 1910a, 『顧問警察小誌』, 203~204쪽; 「警務廳戶口調查案」, 『만세보』, 1907.3.9; 「警務廳戶口調查案(續)」, 『만세보』, 1907.3.10.

74 이 시기 면장에 대해서는 이영호, 2001, 앞의 책, 363~364쪽, 372쪽; 윤해동, 2006, 『지배와 자치』, 역사비평사, 79~82쪽.

75 內部警務局, 1910b, 『民籍事務概要』, 25쪽.

식에 대한 공지가 제대로 이루어지지 않은 채 위압적으로 조사가 진행되기도 했다.[76] 함경도는 넓은 지역에 경무분서는 두 곳뿐인 데다가 적설로 교통이 두절되어 조사에 차질을 빚었다. 강원도관찰사는 아예 협조를 거부했고 경주에서는 군수·주사(主事) 등이 그러했으며, 이번 호구조사는 일본을 위해 하는 것이니 "조사의 주무를 맡은 자는 국적(國賊)"이라든가, "한국이 일본에 1,300원의 부채가 있으므로 호구조사를 한 뒤 그 부채액을 각 호구에 분배·징수하려는 것"이라는 유언비어가 퍼지기도 했다. 청주·영덕·영해·광주(光州) 등에서는 화적과 의병의 출몰로 조사가 방해를 받았다.

조사가 진행되는 도중인 1907년 1월부터 그해 신식호적의 편적이 시작됐다. 지역에 따라서는 두 조사가 병행하여 진행됐으므로 어떤 식으로든 서로 영향을 주고받았겠지만, 자세한 사정은 알려져 있지 않다. 신문기사에 따르면 여전히 호적 제출이 늦어졌다는 독촉, 호구수가 잘못 계산된 데 대한 질책이 되풀이됐다.[77] 경무고문부 호구조사는 신식호적에 영향을 미쳤을까? 1907년 신식호적 편성으로 얻어진 호구수가 전하지 않아 알 수 없다. 그해 여름에는 고종의 강제양위와 군대해산으로 전국 각지에서 의병투쟁이 이어졌고, 연말까지 호적은 집계되지 않았다.[78]

국립중앙도서관에는 경무고문부 호구조사의 결과를 담은, 『한국호구표(韓國戶口表)』라는 같은 이름의 두 책자가 소장되어 있다. ① 표지에 "메이지 40년 5월 조사"라고 버젓이 일본의 연호를 기재한 '朝37-49'

---

76 이종범, 1997, 「한말·일제초기 '면리자치'의 성장과 변질」, 『한국근현대의 민족문제와 신국가건설』, 지식산업사, 290쪽.

77 「內訓譏察」, 『황성신문』, 1907.5.30 등.

78 「獻民數未獻」, 『황성신문』, 1907.12.21.

은 재정고문본부 발행의 본문 370쪽짜리다(〈그림 2-1〉의 왼쪽). 호구조사를 두고 "작년(客年) 9월 이래"라고 한 것을 보아 1907년에 간행된 것으로 추측된다. ②본문 28쪽짜리 '東貴朝17-99'는 다음에 볼 민적실사 준비를 위해 만든 것인 듯하다. 경찰의 관할구역이 1909년 10월 27일 내부령 제10호로 정해진 것과 일치하고 권말에 실린 일본인 호구수가 1909년 말 것보다 많은 점으로 보아 1909년 말이나 1910년 초쯤에 간행된 것 같다.[79]

〈표 1-1〉은 ①에 실린 '호구조사비교표'를 조금 고친 것이다. 앞에서 본 대로 (A) 1906년의 '내부 조사'란 그해 신식호적 편성으로 얻은 호구수, (B)가 경무고문부 조사 결과다.[80] 이 자료를 펴낸 곳이 경무고문부가 아니라 재정고문부라는 점에서, (E)는 호세 증징(增徵)과 관련해서 재정고문부가 집계해 본 호구수가 아닌가 싶다.[81] (D)는 앞에서 보았듯이 경무고문부에서 조사 전에 전국 면수에 1면 평균 600호, 1호 평균 5명을

---

79 ① 政府財政顧問本部, 1907, 『(明治四十年五月調査)韓國戶口表』, 度支部印刷局(朝37-49); ②(대한제국 내부경무국), 연도 미상, 『(元警務顧問部調査)韓國戶口表』(東貴朝17-99).

80 政府財政顧問本部, 1907, 2쪽 표의 일부다. 편의상 알파벳 기호를 추가했다. (D)와 (E)의 '고문부'란 이 책을 펴낸 재정고문부가 아닐까 싶다. 다른 대부분의 자료에 (B)가 경무고문부 조사라고 되어 있는데, 『한국수산지』와 『한국위생일반』처럼 (E)를 경무고문부 조사 결과라고 제시한 자료도 있다(농상공부수산국 저, 이근우 외 역, 2010, 『한국수산지 I -1』, 새미, 59쪽; 內府衛生局, 1909, 『韓國衛生一斑』, 제1장 인구조사, 1쪽).

81 경무고문부 조사가 거의 마무리되고 있던 1907년 4월에 재정고문부는 각 지부에, "종래의 호수(戶數) 조사는 매우 거칠고 빠진 것이 많아서(粗漏) 호세의 기초인 대장에 등록된 호수와 실제상의 호수 사이에 큰 차이가 있으리라고 생각되는 바" 경찰의 호구조사에 맞추어 지방의 관세관(管稅官)이 별도의 호수조사표를 작성해서 탁지부대신에게 보고하라는 공문을 내렸다(1907.4.2, 稅第170호, 「호수조사에 관한 건」, 『재무주보』 1, 執務參考 16~17쪽).

〈표 1-1〉 호구조사비교표: 1907년 경무고문부 호구조사의 예상과 결과

	(A) 1906년도 내부 조사	(B) 경무고문부 조사	(C) 증감 (A-B)	(D) 고문부 예측 조사	(E) 고문부 조사	(F) 증감 (E-D)
호수(호)	1,384,493	2,333,087	948,594	2,601,600	2,312,457	-289,143
인구(명)	5,793,576	9,781,671	3,988,095	13,008,000	9,638,578	-3,369,422
1호 평균(%)	4.18	4.19	-	5.00	4.15	-

곱해 얻은 예상호구수인데, 이런 추정은 재정고문부에서도 해 볼 수 있었으리라고 생각된다.

경무고문부 호구조사는 부실하게 설계됐고 실시 과정에서도 많은 시행착오와 곤란을 겪었음에도, 신식호적제도에 비해 95만 호, 400만 명 가까운 인구를 추가로 조사해 냈다. 1백만 호에 가까운 '은호(隱戶)'를 찾아낸 이 조사 결과가 발표되자, 탁지부와 재정고문부는 그해 추기(秋期) 납세분부터 새로 조사된 호수를 과세표준으로 삼았다. 1906년은 신식호적제도로 조사된 138만여 호 중 74만여 호(55.1%)가 과세 대상이었는데, 1907년은 경무고문부 호구조사로 조사된 233만 호 중 155만여 호(66.7%)로 과세호수가 두 배 이상 증가했다. 전국 호수 대비 과세호수의 비율은 계속 증가해서 1910년이 되면 전국 274만 호 중 224만 호(81.6%)에 대해 호세가 부과된다.[82]

82 이영호, 2001, 앞의 책, 556~568쪽; 이윤상, 1996, 앞의 글, 276쪽.

2) 1909년 민적법과 민적실사

(1) 민적법 제정과 민적실사 계획

1907년 7월 고종황제의 강제양위, 「한일신협약」, 군대해산, 1909년 7월의 사법·감옥사무 위탁 등의 과정을 밟아, 일본은 대한제국의 주권을 차근차근 접수해 가고 있었다. 한일신협약으로 통감은 조선 내정의 최고감독권자가 됐고, 일본인들이 대거 대한제국의 관리로 임명되기 시작했다. 1908년 6월 현재 대한제국 정부관료 5,096명 중 일본인이 1,797명을 차지했고, 탁지부의 경우 1909년 말에는 일본인 관리가 조선인보다 많아질 정도였다.[83] 친일내각의 대신들과 일진회 등은 순종황제를 허수아비 취급하면서 공공연하게 '병합'을 거론하기 시작했다. 그런 시점에서 「민적법」이 제정되고 민적실사(民籍實査)가 진행된 것은 정해진 수순이었을지도 모른다.[84]

전국 호적사무는 내부 소관이었다. 1895년 내부에 호구적(戶口籍)과 지적(地籍)을 담당하는 판적국이 설치됐다가, 1905년에는 지방국 판적과로 개편됐다. 1907년 말 판적과가 폐지되고, 지적 사무는 신설 지방국 지리과, 호구민적 사무는 신설 경무국 민적과로 옮겨졌다. 1908년 7월에는 각 도에 내무부와 경찰부가 설치되어 지적은 내무부, 민적은 경찰부의 업무로 배당된다.[85] 호적사무를 인계받은 민적과에서는 곧 호적제

---

83 서영희, 2003, 『대한제국 정치사 연구』, 서울대학교출판부, 360~363쪽.

84 민적법의 근본목적이 병합의 사전준비로 조선인의 범위를 명확히 하는 데 있었다는 주장이 있다(정인섭, 1988, 「법적 기준에서 본 한국인의 범위」, 『사회과학의 제문제』, 650쪽).

85 1907.12.13, 칙령 제37호, 「내부관제」; 1908.1.25, 「내부분과규정」; 1908.7.20, 칙령 제49호, 「지방관관제개정」.

도의 개편에 착수했다. 당시 경무국장은 도쿄제국대학을 졸업하고 독일에 유학한 내무·경찰행정 이론가인 마쓰이 시게루(松井茂)였고, 민적과장은 조성구였다. 그 밖에 일본인 경시(警視) 사이토 레이조(齋藤禮三), 이와이 게이타로(岩井敬太郎), 이마무라 도모에(今村鞆) 등이 민적제도 설계에 참여했다.[86] 1909년 3월에 「민적법」과 「민적법집행심득」이 공포되고,[87] 그해 여름부터 '민적실사'가 이루어졌다.

민적법을 입안한 쪽에서는 그것이 "종래의 호구조사규칙에서 기원하는 것으로, 굳이 변개(變改)가 필요하지 않은 한 쓸데없이 신규(新規)를 꾀하지 않도록" 했다고 썼다.[88] 그러나 민적제도는 호주를 중심으로 일정 범위의 친족으로 이루어지는 가(家) = 호(戶)를 하나의 영구보존용 장부에 기재해 놓고 가 구성원의 신분 변동이 있을 때마다 그 기재를 수정하는 것으로, 특정 시점에서 그 호에 동거하고 있는 사람을 등록하는 조선시대의 호적제도와는 전혀 다른 원리에 입각해 있었다(보론 4를 볼 것). 이런 민적은 일본의 호적을 거칠게 본뜬 것이다. 일본에서는 1872년 전국적 호구조사와 함께 최초의 근대적 호적제도가 시행됐는데, 이때까지는 표(表)로 된

---

86 마쓰이 시게루는 일본의 '행정경찰' 분야를 주도한 내무·경찰관료다. 1907년 7월부터 한국 내부 경무국장으로 있으면서 전국의 경찰 체계를 구축했으나, 1910년 6월 헌병경찰제도가 만들어지면서 조선을 떠나게 된다. 조성구는 1907년 6월 내부 서기관으로 임용, 1908년 경무국 민적과장이 되어 민적실사를 주도했고, 1910년 이후로도 경무총감부 경무과 민적계장으로 근무했다. 이후 경무계 경시, 천안군수 등을 지냈다. 『민적사무개요』의 집필자인 사이토는 1907년까지 타이완총독부 민정부 경찰본서 보안과장으로 있었고, 이와이는 1905년 5월부터 경무고문부 본청에 근무했으며 『고문경찰소지』의 집필자다. 경찰 출신 조선 민속 연구자로 잘 알려진 이마무라에 대해서는 제5장에서 살펴보겠다.

87 1909.3.4, 법률 제8호, 「민적법」; 1909.3.20, 내부 훈령 제39호, 「민적법집행심득(民籍法執行心得)」.

88 內部警務局, 1910b, 앞의 책, 22쪽.

호적부 양식은 정해지지 않았다. 1886년 호적법 개정 때 호적부 양식이 도입되고, 1898년 민법 친족·상속편 시행과 함께 호적제도가 일부 개정됐다. 민적제도는 전수조사를 통해 최초의 민적부를 편성한다는 점에서는 일본의 1871년 호적법을, 민적부 양식은 1898년 것을 본떴지만, 전체적으로는 민법 시행 이전 1886년 호적제도를 많이 닮았다. 다만 처음부터 일본 호적제도와 병행해서 존재했던 기류제도만큼은 「민적법」에서는 완전히 빠져 있었고, 1942년까지도 조선에서는 시행되지 않았다.

민적법과 「집행심득」은 '호주'가 무엇이고 '본적'이 무엇인지를 비롯해서 신고해야 할 각 사항에 대해서 충분한 설명을 하지 않았을 뿐 아니라, 최초의 민적부 작성을 위한 전수조사에 대해서도 규정하지 않았다. 1909년 5월에 가서야 "일반 민중의 오해 등이 없도록" 내부대신 고유(告諭)로, "정부는 이제 순사나 일본헌병을 주로 하고 면장을 보조로 하여 민적의 현장조사를 행한다"고 발표했다.[89]

경무고문부 호구조사때처럼 민적실사에도 역시 경찰력을 이용하기로 됐다. 조사원으로 경찰관을 동원한 것은 1905년 타이완 호구조사에서도 마찬가지였는데, 일본의 1872년 호구조사때는 호장(戶長)·부호장이라는 최말단의 행정보조역을 새로 설정해서 구내의 조사를 맡겼던 것과는 좋은 대조를 이룬다.[90] 식민지의 현실상 주민들로부터 자발적 협조를 기대하기 어려운 상황에서, 당시 지방의 말단행정구역에서 지방행정기구보다 경찰조직이 더 조밀했고 주민에 대한 장악력이 더 우수했기 때문일 것이다. 그러나 1909년 대한제국의 경우 경찰력도 사실 충분한

---

89 內部警務局, 1910b, 위의 책, 25~26쪽.

90 佐藤正廣, 2002, 『國勢調査と日本近代』, 岩波書店, 69~81쪽.

수준이 아니어서, 서울과 개항장 등을 제외하고는 면·리 단위까지 경찰력이 촘촘히 배치되어 있지는 않았다. 또 하나의 난점은 조선인 상대의 조사를 위해서는 말이 통하는 조선인 순사가 꼭 필요했다는 점이었다. 게다가 치안 상황이 좋지 않았으므로, 의병투쟁이 치열하거나 주재소에 조선인 순사밖에 배치되지 않은 지역은 헌병대에 위탁해서 조사하게 됐다. 대개 전국 조사 구역의 3분의 2 정도를 경찰이, 3분의 1 정도를 헌병이 맡는 것으로 계획했다.

조사 기간은 4개월로 예상하고 애초 7월에 조사를 시작, 연말에 완료한다는 계획이었지만, 전국이 동일한 일정에 따르지 못하고 도별로 각기 다른 일정을 잡아 시행하게 됐다. 농번기에다 장마철 등을 끼고 있어서 인구조사의 시기로는 그리 좋지 않았다. 게다가 몇몇 지방은 의병투쟁으로 치안도 불안한 상태였다. 7월 10일 황해도를 시작으로 조사가 시작되어, 경시청이 담당한 서울은 그해 9월 내로, 가장 늦었던 평안남도는 이듬해 1910년 4월 30일로 조사를 종료했다.[91] 조사 대상이 될 실제 조선의 호구는 1907년 호구조사 결과인 232만여 호에 10%를 가산한 255만여 호를 예상치로 잡았으나, 조사가 진행되면서 은폐됐던 호구가 예상보다 훨씬 더 많다고 판단하여 1907년 호수의 1.5배인 348만 호로 수정했다.

(2) 민적실사의 진행

민적실사에는 조선 전역의 일본인 순사의 반수에 해당하는 1,082명, 조선인 순사 1,548명, 일본인 헌병 320명, 조선인 헌병보조원 960명, 총

---

91 조사시기에 대해서는 內部警務局, 1910b, 앞의 책, 29~30쪽; 「民籍實査着手期限」, 『황성신문』, 1909.7.18 등.

3,910명이 동원됐다. 순사 1명이 1일 평균 20~30호를 담당한다는 계산이었는데, 1907년 호구조사 때와 마찬가지로 실제로는 경찰·헌병이 '축호(逐戶)'하는 것이 아니라 면장·동장·통수 등이 미리 조사한 것을 점검·확인하는 방식으로 조사가 이루어졌다. 1909년 당시 경찰관으로 민적실사에 종사했던 한 인물의 회고에 따르면, 경찰관의 담당 구역을 정하고 구역 내의 면장·이장을 불러모아 그들에게 관내 주민들의 신상을 물어서 민적을 편제했다고 한다.[92] '축호'는커녕, 면장·이장과 주민들을 소집·호출하는 편의적 방식으로 조사를 했음을 알 수 있다.

그러나 다소 숙어지기는 했어도 민적실사가 시작된 1909년 가을은 여전히 의병투쟁의 국면이었다.[93] 각지 의병들은 민적법과 민적실사는 조선인민을 일본의 통치 대상으로 삼고자 실시하는 것이라면서 적극적 저지와 저항에 나섰다. 충청남도의 의병장 유종환은 금산읍내에 뿌린 격문에서 "흉한 저 왜의 우두머리가 도성을 점거하여 통감이라 칭하고 우리 임금을 위협하고 … 우리 인민을 민적에 편성"한다고 꾸짖었다. 충청북도의 이교영도 "우리 대한 3천리가 다 일본의 것이 되고 … 이제 대한 2천만의 동포는 어떻게 될 것인가? 인구조사 같은 것은 일본이 되게 하는 외에 무슨 필요가 있느냐?"라고 말했다. 황해도의 공태원은 격문에서 오랑캐가 "우선 강토를 빼앗은 뒤 민적을 거두어 그 나라를 부강케 하고자 한다. 심지어는 여성도 이름을 지어 민적에 등재하게 한 뒤 노비로 부리려 한다. 어찌 통한치 않겠는가?"라면서 해주군 금산면 일리를 내습,

92 1909년 당시 경찰관으로 민적실사에 종사했던 마쓰모토 유타카(松元殷)라는 인물의 회고다[「戶籍令施行二十周年座談會」, 『戶籍』 3(7), 1943, 40~41쪽].

93 이하 인민의 다양한 반응은 서호철, 2007, 앞의 글, 160~164쪽의 요약이다.

민적실사를 방해했다.

반대로 일본 군·경의 입장에서 보자면 민적실사 자체가 의병활동에 대한 정탐, 잠복한 의병용의자에 대한 수색의 성격을 띠기도 했다. 경찰·헌병이 지서나 주재소 소재지에 머무르는 것이 아니라, 소규모이기는 했지만 무장을 하고 의병들의 삶의 근거지인 마을을 뒤지고 다닌다는 것은, 의병세력에게는 심각한 위협이었다. 그래서 민적실사는 의병과 일본 군·경의 전투의 장이 됐다. 1909년 8월 전라남도 영광에서는 일본인 순사 2명과 조선인 순사 2명이 "민적실사를 겸한 적정(賊情) 정찰"에 나섰다가 의병들의 습격을 받았다. 10월에 강원도 경찰부장은 관내의 의병 출몰이 줄고 있는 데 대해, 각 수비대의 연합토벌이 이루어지고 "민적실사를 위하여 순사·헌병의 왕래가 빈번"한 덕분이라고 추측했다.

소극적인 조사의 기피·거부도 있었다. 많은 사람이 민적실사를 조선이 일본의 공식적 식민지가 되는 첫 단계라고 받아들여, 여러 가지로 거기에 저항했던 것이다. 부여의 유생 이철영은 일본이 조선을 병탄하기 위해 미리 인구를 조사하는 것이라면서 민적실사에 응하지 않았다. 일본인 순사가 억지로 편적하려 하자 그는 "차라리 죽어서 조선의 귀신이 될지언정 살아서 일본민이 되고 싶지 않다"면서 저항했다. 조사를 기피하고 협조하지 않는 소극적 저항 가운데, 정도가 심하기로는 민적실사와 일한병합에 즈음하여 일가가 아예 중국으로 이주한다거나, 민적실사를 나오자 한 마을 전체가 산으로 도망가 버리는 등의 일이 있었고, 자신들은 예수교 또는 구세군 신자이므로 민적부에 등록될 의무가 없다거나 혹은 천도교 신자이기 때문에 민적조사 따위와는 아무 관계가 없다면서 조사를 면하려 하는 사람들도 있었다.

여러모로 문제였던 것은 여성의 조사였다. 조사원이 찾아갔을 때 늘

집에 남자가 있다고 보장할 수 없다면, 남녀유별의 내외법을 목숨처럼 여기는 조선 여성들에게 직접 질문을 할 수 있는지부터가 문제였다. 여자들은 안방에 숨어서 조사원을 기피했고, 억지로 질문을 하면 남편의 나이는 물론 성명조차도 모르쇠로 일관했다. 게다가 이미 경무고문부 호구조사가 한 차례 있었음에도, 민적실사가 "조선 각지의 젊은 여성을 조사해서 일본으로 끌고 가 일본인의 처로 삼는 것이라는" 소문이 퍼져나가, 젊은 여성은 신고를 하지 않는다거나 열두세 살 먹은 소녀를 서둘러 결혼시키는 일이 벌어지기도 했다. 조선에서 여성을 이름으로 부르는 것은 종에게나 해당되는 일이었으므로, 여성도 이름을 조사하는 것은 곧 여성들을 종으로로 부려먹기 위한 것으로 여겨지기도 했다. 여성을 집안에 숨겨두고 엄격히 내외하는 것은 외국인들로부터 인류학적 관심을 살 만한 조선의 습속이기도 했지만, 여성의 조사를 둘러싼 그런 풍설은 또한 식민지 지배에 대한 성적 은유이기도 했을 것이다.

물론 천편일률로 부정적인 반응만 있었던 것은 아니다. 조사를 담당했던 경찰들은, 일단 민적실사의 취지가 이해되자 빨리 조사에 착수해 줄 것을 청구한 마을도 있었고, 여행자가 민적에 빠질 것을 염려해서 신고한 경우, 내외하던 부녀자들까지 툇마루에 정렬해서 인원이 몇 명인지를 보인 경우도 있었다고 썼다. 상민들이 민적부에 '신위(身位)'란이 있는 것을 보고 사민평등이 된 줄 알고 기뻐하기도 했고, 천민이었던 백정·무격(巫覡) 등은 민적에 등록되는 것을 매우 즐거워했다고 한다.[94] 정확한 신분등록보다는 총인구의 파악이 급선무였으므로, 경찰 당국은 여성의 이름을

94 內部警務局, 1910c, 『韓國警察一斑』, 219쪽. 민적부의 '신위'란 호주와의 관계를 적는 난이다.

비롯해서 신분 취득·변경의 사유 등이 분명치 않아도 일단 민적을 편제했다. 이름이 없다고 하면 없는 대로 적었고, '성녀(姓女)'나 '조이(召史)'처럼 일반적 호칭에 불과한 것도 이름으로 인정해서 적었다. 첩이나 조혼처럼 당시 일본 민법에서 인정하지 않는 관계나 사실에 대해서도 법률적 원칙과 근거를 따지기보다는 일단 호주가 신고하는 대로 기재했다.

민적실사의 결과가 최종집계되고 있는 동안, 8월 22일 '병합조약'이 조인되고, 29일에 발표됐다. 8월 말부터 9월 말까지 중앙과 지방에서 대한제국 행정기구의 정리가 어떻게 이루어져서 조선총독부로 어떻게 넘어갔는지, 우리는 잘 알지 못한다. 베버는, 관료적 장치는 권력을 쟁취한 혁명세력에게나 점령 적군에게나, 그 전까지의 합법적 정부에서와 똑같이 계속 기능하며, 문제는 항상 "누가 기존의 관료적 장치를 지배하는가?"하는 것일 뿐이라고 지적한 바 있다.[95] 나라도 망했고 내부 경무국도 문을 닫았지만, 『민적통계표』는 내부 경무국 편찬으로 경성 일한인쇄주식회사에서 9월 22일에 인쇄, 9월 25일에 간행된 것으로 되어 있다.

3. 근대적 민법과 관습조사

조선의 민사·상사 관련 관습조사는 1906년 부동산법조사부터 시작되어 식민지기까지 여러 부서를 옮겨다니며 계속됐고, 그 과정에서 잘

---

95 전성우, 1995, 「막스 베버의 지배사회학 연구」, 『막스 베버 사회학의 쟁점들』, 민음사, 289쪽.

알려진 『관습조사보고서』가 정리·간행되기도 했다. 그러나 그 조사는 애초 다양한 관습 자체의 조사를 목적으로 한 것이 아니라 부동산(토지) 소유 관련 법률의 제정, 조금 더 뒤에는 민법전 제정과 관련되어 관습법적 성격을 띠는 관습을 조사하기 위한 것이었다. 이런 조사는 1870년대 후반 일본 본국에서 이미 시행된 바 있었고, 비슷한 틀 안에서 비슷한 방식으로 일본의 모든 식민지·점령지마다 차례로 반복된 것이기도 했다.

1) 일본제국에서 구관조사의 연쇄

(1) 일본의 민법 제정과 '관례조사'

메이지유신 이후 일본 정부는 근대적 법률의 제정·시행을 서둘렀다. 일본사회의 내적 요구도 있었지만 현실적으로 더 급한 과제는, 서구 근대라는 표준에 비추어 일본도 어엿한 문명국임을 입증함으로써 불평등조약을 개정하는 일이었다. 특히 영사재판권은 서구 각국이 '근대적' 재판제도가 없는 곳에서 자국민을 보호하겠다는 명목으로 강요한 것이므로, 그것의 철폐를 열강에 요구하려면 일본도 빨리 서구식 법률과 재판소·재판관·사법절차를 갖추어야 했다. 그런데 형법과 달리 민법과 상법은 서구에서도 국가와 지역에 따라 성문법뿐 아니라 판례나 관습법에 의존하는 경우가 많았다. 일본 사법성에서는 1870년대부터 당시 민법전의 모범이던 프랑스민법전을 토대로 민법 초안을 마련하는 한편, 그것을 위한 참고자료로 친족·상속과 부동산·상거래 관행 등에 대한 전국의 '관례(慣例)조사'를 시작했다.[96] 이 조사는 1876년에 시작됐지만 이듬해 세이난전쟁

96 사법성의 관례조사에 대해서는 竹内治彦, 1989, 「明治期慣行調査からみる「慣行」と

(西南戰爭)으로 중지됐다가, 1878년부터 2차 조사가 진행됐다.

조사는 지역별로 현지 사정을 잘 아는 주민에 대한 '청취조사'로 진행됐다. 절차는 다음과 같다. ①조사 전에 미리 전국적으로 통일된 질문항목을 준비한다. 그 단계에서 문헌조사도 한다. ②조사원은 해당 현(縣)에 도착하면 먼저 현청에 가서 지역의 사정을 잘 아는 유력자(里老)를 추천받고, 조사지로 이동한다. ③그 유력자에게 호출장을 보내고, ④그가 도착할 동안 간단한 예비조사로 현지에서 자료 수집과 관찰을 진행한다. ⑤유력자가 도착하면 한나절 가량 질문항목에 따라 청취조사를 한 뒤, ⑥결과를 정리하고 정서(淨書)해서 우송한다.[97] 제1차 조사의 결과는 『민사관례유집(民事慣例類集)』(1877), 제2차 조사 결과는 『전국민사관례유집(全國民事慣例類集)』(1880)으로 간행됐다. 이 관례조사는 "조사자가 실제로 현지에 가서 면접조사를 한 것으로, 일본의 본격적 사회조사의 선구"라고 평가된다.[98]

그러나 관례조사의 결과는 정작 일본의 민법전 편찬에는 제대로 반영되지 않았다. 우선 근대적 (민)법전에 요구되는 것은 전국에 걸친 단일한 관습일 텐데, 관례조사를 나가서 확인할 수 있는 것은 지역별로 상당히 또는 조금씩 다른, 특수한 관행이었다.[99] 그 둘을 조화시키는 것은 어려운 과제였다. 그러나 일본 정부는 조약 개정을 목표로 민법 제정을 서

「近代」」, 『近代日本社會調査史(Ⅰ)』, 慶應通信; 일본 (메이지)민법의 제정 과정과 '민법전논쟁'에 대해서는 정종휴, 2007, 「일본민법전의 편찬」, 『법사학연구』 36; 법률취조위원회와 법전조사회에 대해서는 大庭裕介, 2015, 「初期議会期の法典取調と司法省権限の形成」, 『國士舘史學』 19.

97 竹內治彦, 1989, 위의 글, 39쪽, 42~45쪽.

98 竹內治彦, 1989, 위의 글, 33쪽.

99 여기 대한 비판적 견해로는 이 장의 주 139를 볼 것.

둘렀고, 프랑스·스위스·독일 민법전의 번역과 연구가 우선시됐다. 민법 편찬자들은 오히려 관례조사를 "입법사업을 위해서는 커다란 지장"이라고 생각할 정도였다.

프랑스와 스위스 민법전의 번역을 위주로 해서 만들어진 최초의 민법이 1890년에 공포됐으나, 민법의 내용이 일본의 전통·관습과 맞지 않는다는 여론이 일었다. 민법의 즉시 시행 대 시행 연기라는 '민법전논쟁'이 이어지는 중에, 민법 시행 반대론자인 호즈미 야쓰카(穂積八束)가 낸 논문 제목 「민법이 나와 충효가 망한다(民法出デテ忠孝亡ブ)」가 일약 유명해지기도 했다. 결국 이 민법은 시행이 일부 연기되고, 1893년에는 내각에 법전조사회가 설치되어 호즈미와 우메 겐지로(梅謙次郎) 등이 민법 수정 작업을 진행했다. 그러나 이때도 관례조사의 결과를 꼼꼼하게 검토할 시간은 없었다. 마침내 개정된 민법의 채권·물권편이 1896년에, 친족·상속편이 1898년에 시행되면서 일본의 민법전 편찬은 일단락된다.[100]

(2) 식민지에서의 '구관조사'

오호츠크해 일대에서 수렵·어로 생활을 하던 아이누는, 19세기 후반 러시아와 일본의 국경 협상에 따라 타의에 의해 국가 소속이 결정됐다.[101] '에조치(蝦夷地)'라고 불렸던 큰 섬은 1869년 '홋카이도(北海道)'로 개칭되고, 이후 일본의 과잉인구를 이식할 내국식민지로 상정된다. 더 북쪽의 사할린섬 남부는 러일전쟁 이후 일본의 식민지가 되어 '가라

---

100 竹内治彦, 1989, 앞의 글, 54쪽; 정종휴, 2007, 앞의 글, 110쪽, 139~140쪽.

101 일본어로는 아이누를 '에조(蝦夷)' 등의 이름으로 불렀고, 그들과 대조해서 일본인은 '와진(和人)'이라고 했다. 메이지 초기 일본 정부의 아이누 정책은 테사 모리스-스즈키 저, 임성모 역, 2006, 『변경에서 바라본 근대』, 산처럼, 77~82쪽.

후토(樺太)'라고 불리게 된다. 2만 명도 안 되는 아이누에 대해서는 강한 동화정책이 시행됐다. 1872년 일본 전국에 호적법이 시행될 때 아이누도 일본식 한자 이름을 부여받아 호적에 등록되고, 농경·정착 생활과 일본어 교육을 강요받았으며, 때로는 강제이주를 당하기도 했다. 이후 아이누는 인류학의 지속적인 관심의 대상이 되지만, 타이완이나 조선에서처럼 민법 적용의 예외가 되는 법적 관습을 확인하기 위한 아이누의 '구관'에 대한 조사 같은 것은 없었다.[102]

사쓰마(薩摩)번의 지배 아래 있으면서 중국과도 조공관계를 유지하던 류큐(琉球)왕국은 1872년 9월 군사적 압력 아래 류큐번으로 대체되고, 1879년 4월 오키나와(沖縄)현의 설치로 일본에 편입됐다.[103] 1903년 토지정리사업이 완성될 때까지 오키나와에 대해서는 이전의 지방·조세·토지 제도를 계속하는 '구관온존(舊慣溫存)' 정책이 시행됐다. 1880년대에는 현지 청취조사와 전적조사를 통한 구관의 조사가 이루어졌고, 촌락 관습법인 '내법(內法)'도 신고를 받아 내용을 확인해서 인가하는 형태로 성문화됐다.[104]

청일전쟁의 승리로 일본은 1895년 타이완과 펑후(澎湖)제도를 식민

---

102 北海道廳教育兵事課, 1919, 『舊土人ニ關スル調査』는 여러 곳에서 아이누 중에는 여전히 '구관'을 따르는 집단도 있다는 식으로 쓰고 있지만, 이것은 관습법을 의미하는 것은 아니라고 생각된다.

103 1890년 「대일본제국헌법」이 시행될 때 일본 영토였던 혼슈·시코쿠·규슈·홋카이도·오키나와 등은 '내지(內地, 나이치)', 이후 새롭게 획득한 타이완·가라후토·조선 같은 식민지와 관동주(조차지), 남양군도(위임통치령)는 '외지(外地, 가이치)'라고 불렀다.

104 오키나와의 구관조사에 대해서는 上地一郎, 2003, 「沖縄明治期の旧慣存置政策に関する一考察」, 『早稲田法學会誌』 53; 平良勝保, 2009, 「近代沖縄における旧慣調査とその背景」, 『地域研究』 5.

지로 획득한다. '할양(割讓)'이라고 했지만 실제로는 현지인의 격렬한 저항을 전투로 진압하면서 남부 지역을 점령해야 했다. 1898년 2월 고다마 겐타로(兒玉源太郎) 육군중장이 총독에, 내무성 위생국장을 지낸 고토 신페이(後藤新平)가 민정장관에 부임하면서 상황은 어느 정도 안정됐다. 고토는 의사 출신의 정치가·관료로, 일본에서 과학적 조사에 입각한 근대적 행정을 대표하는 인물이다. 그는 도미한테 넙치의 눈을 달아 줄 수는 없다는 말로 요약되는 자신의 '생물학 원칙'에 따라, (타이완의) 자치와 관습의 존중을 통치의 기본 방침으로 삼았다. 그러기 위해서 필요한 것은 타이완 '구관'의 과학적 조사였다.[105] 타이완은 200년 이상 청의 변방이었고 인구 대부분은 광둥(廣東)·푸젠(福建) 출신의 한인(漢人)이었다.[106] 따라서 '구관'은 일차적으로 한인 주민들 사이에 관습법처럼 통용되는 관습이라고 상정됐지만, 청의 (성문)법제와 원주민족의 관습도 조사의 대상이 됐다.

이 조사에서 중추적 역할을 한 것은 교토제국대학 법과대학 교수인 오카마쓰 산타로(岡松參太郎)다. 같은 대학의 오다 요로즈(織田萬)가 합류

---

105 고토의 '생물학 원칙'과 타이완 구관조사사업에 대해서는 北岡伸一, 2000, 『後藤新平』, 中公新書, 38~42쪽. 타이완에서의 구관조사에 대해서는 王泰升, 2012, 「일제통치 전기 대만에서의 민사법제의 변혁」, 『법사학연구』 46; 関口浩, 2012, 「『蕃族調査報告書』の成立」, 『成蹊大學一般硏究報告』 46; 春山明哲, 2019, 「法學者·岡松參太郎の臺灣經驗と知の射程」, 『植民地帝國日本における知と權力』, 思文閣出版; 中生勝美, 2019, 「領台初期の原住民調查」, 『植民地帝國日本における知と權力』, 思文閣出版.

106 1905년 임시호구조사에 따르면 전체 주민 약 300만 명 중 종족상 한인인 '본도인(本島人)'이 95%, 원주민족 중 평지에 살면서 다소 중국문명에 동화된 '숙번(熟蕃: 平埔族)'이 1.5%(4.6만 명), 산지에 살며 동화를 거부하는 '생번(生蕃: 高山族, 高砂族)'이 1.2%(3.6만 명) 정도였다[臨時臺灣戶口調査部 編, 1908, 『(明治三十八年)臨時臺灣戶口調査結果表』, 8쪽]. 뒤의 보고서 제목에서 보듯이 원주민족을 가리키는 '蕃'이라는 말은 '番'으로 쓰기도 했다.

해서 청국 행정법의 조사 책임을 맡았다. 먼저 일본 민법전의 틀에 따라 상세한 조사항목이 정해지면, 각 항목을 담당한 보조위원이 각종 문헌 자료를 수집·조사한 뒤 현지 동·리(街庄)에 대해 실상을 조사했다. 때로 타이완인 유력자를 촉탁해서 자문을 구하기도 했다.[107] 조사 결과는 『청국행정법(淸國行政法)』(6책), 『타이완사법(臺灣私法)』(6책+부록·참고서 7책) 같은 방대한 보고서로 간행됐다. 10년이 걸려 법제·구관조사가 대충 마무리된 1909년부터 오카마쓰는 조사된 구관에 입각해서 타이완민법전을 제정하는 작업에 착수했고,[108] 구관조사회 제1부에서는 원주민족의 관습에 대한 조사를 시작했다. 오카마쓰는 구관입법보다는 인류학적 조사에 가까운 것일 수밖에 없었던 원주민족 관습 조사에는 미온적이었고, 당시 원주민족 관리를 책임진 타이완 경시총장, 이후 번무총장(蕃務総長)으로 구관조사회 위원이었던 오쓰 린페이(大津麟平)가 실질적으로 조사를 주도했다.[109] 조사의 결과는 나중에 『번족조사보고서(蕃族調査報告書)』(8책), 『번족관습조사보고서(番族慣習調査報告書)』(8책)로 간행됐다.

랴오둥반도(遼東半島)는 1895년 타이완과 함께 일본에 '할양'됐지만 러시아·독일·프랑스의 간섭으로 청에 반환된 땅이다. 이후 러시아가

107 臨時臺灣舊慣調查會, 1903, 『臨時臺灣舊慣調查会第一部調查報告書 第一回報告書(上卷)』, 4쪽; 臨時臺灣舊慣調查會, 1910, 『臺灣私法 第一卷 上』, 2~7쪽.

108 이것을 '구관입법(舊慣立法)'이라고 불렀다. 그러나 1920년대 일본제국과 타이완총독부의 정책기조가 '내지연장(內地延長)'으로 바뀌면서 타이완 구관을 법령화하려는 움직임은 좌절되고, 일본의 법령이 상당 부분 타이완에 그대로 적용되게 된다.

109 고산족 거주지는 여전히 청대 이래의 '애용선(隘勇線)'이라는 경계선으로 분리되어 있었지만 산림 개간, 장뇌(樟腦) 채취 문제로 일본인과 고산족의 충돌도 계속 이어졌다. 번무총서는 원주민족 관리를 위해 1909~1915년 타이완총독부에 설치된 경찰기관이다. 1930년에도 시디그족의 습격으로 일본인 134명이 사망하는 유명한 '우서(霧社) 사건'이 일어날 정도로, 고산족의 관리는 어려운 문제였다.

청으로부터 다롄(大連)항 일대를 '조차(租借)'했다가, 러일전쟁에서 일본이 승리하면서 이곳의 조차권과 동청철도(東淸鐵道)의 경영권이 러시아에서 일본으로 넘어갔다. 일본은 이 지역을 '관동주(關東州)'라고 불렀다. 동청철도의 경영을 위해 1906년 11월 남만주철도주식회사(이하 '만철')가 설립됐는데, 타이완 민정장관을 지낸 고토가 초대 총재가 되면서 만주 일대의 구관조사와 일반경제조사의 중요성을 역설해서, 본사 5개부 중 하나로 조사부가 창설됐다. 조사부장으로 초빙된 오카마쓰는 만주 일대에서 토지관계를 중심으로 한 구관조사를 수행했고, 그 결과는 1913~1915년 만철 총무부 사무국 조사과 간행의 『만주구관조사보고』(9권)로 정리됐다.

남양군도는 일본이 제1차 세계대전 때 독일로부터 획득, 국제연맹에서 통치를 위임받은 위임통치령이다. 1923년 칙령으로 제정된 「남양군도재판사무취급령」은 도민(島民) 간의 민사사항으로 공공질서나 선량한 풍속에 위반되지 않는 것은 지방의 관례에 따라 심리·재판할 수 있게 했다(제2조). 이에 따라 1925년 「구관조사위원규정」을 마련해서 남양청법원의 판사·검사가 각 섬에 대한 구관조사를 수행했다. 넓은 해역에 작은 섬들이 흩어져 있고 언어와 습속이 서로 다른 다양한 종족들이 살았기 때문인지, 남양군도에서는 다른 식민지의 경우와 달리 점령·통치 초기에 일괄조사가 이루어지지 않고 1920년대와 1930년대를 거치면서 천천히 구관조사가 진행된다.[110]

만주국은 건국 초기 잠정적으로 중화민국 민법을 적용하면서 사법부

---

110 그 결과는 『南洋群島島民舊慣調査報告書』(1939), 『南洋群島に於ける舊俗習慣』(1939) 등으로 정리된다. 남양군도의 구관조사에 대해서는 西田真之, 2021, 「南洋群島の司法制度沿革史·序説(二·完)」, 『明治學院大學法學研究』 111.

에 민사법전기초위원회를 설치하고 도쿄제국대학 교수 호즈미 시게토(穗積重遠), 와가쓰마 사카에(我妻榮)를 고문(審核員)으로 하여 민법전 편찬작업을 진행했다. 그 결과 총론과 물권·채권편은 일본 민법전을 토대로 민법을 제정하여 1937년 6월에 공포했다. 그러나 친속·계승에 대해서는 일본이나 타이완, 조선의 경우와 마찬가지로 관련 관습을 조사했지만 법전을 만드는 데까지는 이르지 못했다. 심지어 만주국은 한인(漢)·만주인(滿)·몽골인(蒙)·일본인(日)·조선인(朝) 5족의 '협화(協和)'를 표방하고 급조된 괴뢰국가였다. 어떻든 그런 관습조사의 결과로 『만주가족제도관습조사 제1권: 하얼빈 및 연길지방』이 1944년에 간행됐다.[111]

일본은 중일전쟁으로 점령한 중국 북부, '화베이(華北)' 지역에서도 국책으로 '관행조사'를 실시했다.[112] 1938년 일본 기획원 산하에 재단법인으로 설립된 대규모 조사 기관 동아연구소가 '중국(支那)관행조사'를 계획하고 조사를 주관했다. 1939년 10월 동아연구소에 신설된 제6조사위원회 안에서 도쿄제국대학의 법학자들이 법적 관행조사를, 교토제국대학 경제학부에서 경제관행조사를 담당한다는 설계였다. 현지에서 조사를 담당한 것은 만철의 '대(大)조사부'였다.[113] 실제 화베이농촌관행조사를 지휘한 것은 도쿄제국대학 법학부 교수 스에히로 이즈타로(末弘嚴太

---

111 만주국에서의 관습조사와 민법전 제정에 대해서는 山室信一, 1991, 「「滿州國」の法と政治: 序説」, 『人文學報』 68; 고구치 히코타, 2003, 「일본 통치하의 '만주국'의 법」, 『법사학연구』 27.

112 화베이관행조사에 대해서는 石田眞, 2003, 「戰前の慣行調査が『法整備支援』に問いかけるもの」, 早稻田大學比較法研究所 編, 『比較法研究の新段階』, 成文堂.

113 당시 만철은 조사 업무의 비중이 커지자 기존 조사부에 동아경제조사국, 북중국(北支)사무소, 상해사무소 조사과, 중앙시험소, 만철자료관, 다롄도서관 등을 통합해서 이른바 '대(大)조사부'로 개편하고 있던 참이었다.

郞)였다. 스에히로는 이 조사의 대상이 '구관'이 아니라 '관행', 즉 "현재의 중국사회에 실효성을 갖고 있는 법규범"임을 강조했다.[114] 1943년 3월 사업이 중단될 때까지 3년간 시행된 조사의 결과는 일본의 패전 이후 이와나미서점(岩波書店)에서 『중국농촌관행조사』(6권)로 간행된다.

이렇게 일본의 관례조사는 이후 일본이 획득한 식민지와 점령지에서 차례로 반복된다. 그러나 일본에서 관례조사가 민법전을 제정하는 데 참고로 하기 위한 것이었다면, 식민지에서 조사는 원칙적으로 일본 민법전을 적용하면서 민·상사의 관습이 많이 다른 부분은 그곳의 관습에 따르게 하기 위해서였다. 또 한 가지, 조사 대상의 명칭이 일본에서는 '관례'였던 데 반해 타이완·조선 등 식민지에서는 '구관', 만주국에서는 '관습', 화베이에서는 '관행'으로 조금씩 달랐다는 점도 주목할 만하다. 큰 틀에서는 비슷하다 해도, 그런 조사들의 구체적 양상과 성과는 차이가 많았다. 가령 타이완의 구관조사는 무려 20년에 걸쳐 진행됐고, 여러 종류의 거질의 보고서로 정리됐다. 거기 비해 4~5년의 조사를 통해 『관습조사보고서』 한 권을 남긴 조선 관습조사의 성과는 훨씬 빈약해 보인다. 일본의 여러 식민지에 대한 조사를 살펴본 한 연구자는, 당시의 관행조사 중 "규모에서도 학문적 성과라는 점에서도 타이완구관조사, 만주구관조사 그리고 화베이농촌관행조사가 그 중심에 위치한다는 것은 틀림없을 것"이라고 썼다.[115] 조선은 조사와 정보의 수집이라는 측면에서 아주 모범적인 식민지는 아니었다.

114 石田眞, 2003, 앞의 글, 108쪽.

115 石田眞, 2003, 위의 글, 96쪽.

2) 조선의 민사관습 조사

통감부시기의 많은 법률·제도처럼 1906년의 부동산법조사회, 1907년 법전조사국은 형식적으로는 대한제국 정부의 기구였지만, 실제로는 일본인들에 의해 좌우되어 일본인을 위한 조사를 수행했다. 이 두 기관의 조사사업에 대해서는 상당한 선행연구가 있고, 이번 일제침탈사 연구총서와 자료총서에도 따로 이 주제를 다룬 책들이 있다. 여기서는 이들 선행연구에 의존하면서, 조사의 방법에 대해서만 간단히 살펴보기로 하겠다.[116]

(1) 부동산법조사회의 토지제도 조사

대한제국은 1898년 7월 양지아문(量地衙門)을 설치하여 1720년 경자양전 이래 170여 년만에 전국적 양전사업을 시작했다. 일차적 목표는 역시 수세지(收稅地)의 확보였겠지만, 갑오농민군의 토지제도 개혁 주장, 청일전쟁 이후 정부가 외국인의 토지소유를 금지한 중에도 외국인의 거주와 토지 침탈이 증가했던 것도 양전 실시의 배경이 됐다.[117] 1902년부

---

116 부동산법조사회와 법전조사국 관련 일차자료는 조선총독부, 2000, 『(개역판) 관습조사보고서』, 한국법제연구원; 朝鮮總督府中樞院, 1938, 『朝鮮舊慣制度調査事業概要』(번역본: 왕현종 외 편, 2019, 『일제의 조선 구관 제도 조사와 기초자료』, 혜안) 외에 왕현종 외 편역, 2021, 『관습조사(1)』, 동북아역사재단; 왕현종 외 편역, 2022, 『관습조사(2)』, 동북아역사재단에 정리되어 있다. 최근의 선행연구로는 이승일, 2008, 『조선총독부 법제 정책』, 역사비평사; 이승일, 2009, 「일제의 관습조사와 전국적 관습의 확립과정 연구」, 『대동문화연구』 67; 배성준, 2009, 「통감부 시기 관습조사와 토지권 관습의 창출」, 『사림』 33; 이영미, 2011, 『한국사법제도와 우메 겐지로』, 일조각; 이영학, 2017, 앞의 글 등이 있다.

117 왕현종, 2017, 『대한제국의 토지조사와 토지법제』, 혜안, 136~143쪽, 156~173쪽.

터는 지계아문(地契衙門)이 양전과 양안 작성, 토지소유권을 확인하는 문서인 지계 또는 관계(官契) 발급을 담당했다. 전국 군의 3분의 2에 해당하는 218개 군에서 양전이 시행됐으나, 이때의 양전사업은 인민의 반발, 정책 추진 동력의 상실에다 러일전쟁의 발발로 미완에 그쳤다. 지계아문을 대신해서 1904년 4월 탁지부에 신설된 양지국(量地局)은 지계 발급은 없이 행량(行量), 즉 토지 측량 사무만을 담당하게 됐다.[118]

한편 러일전쟁에서 승리한 일본은 조선을 '보호국'으로 삼아 통감부를 설치했다. 통감으로 부임한 이토 히로부미는 한국 대신들이 참여하는 '시정 개선에 관한 협의회'라는 것을 개최하여 내정에 개입했다. 제5회 협의회 이래 토지소유권을 증명할 지권(地券) 교부, 토지 관련 법률, 관습 조사와 토지측량이 필요하다는 논의가 진전됐다. 한국의 대신들이 토지 측량이 우선되어야 한다고 주장했던 반면, 이토는 토지소유에 대해 간단한 임시법을 먼저 제정하자는 입장이었다. 이토가 부동산 관련 법률제정을 서둘렀던 데는 조선 거주 일본인들의 불법적인 토지소유를 보호하려는 의도도 있었다.[119] 당장 재류 일본인들이 개항장에 거주지를 얻는 것도 문제였지만, 장차 일본의 과잉인구를 조선 내지에 본격 이주시켜 농업경영을 하려면 토지소유권 확보는 절실했다.

결국 조선의 토지제도 및 토지에 관한 권리를 전체적으로 조사하고 그것을 바탕으로 부동산 관련 법률을 제정하기 위해 1906년 7월 대한제국 의정부 산하에 부동산법조사회가 설립됐다. 이토는 이 조사회 회장으

118 왕현종, 2017, 위의 책, 300~303쪽.

119 이영미, 2011, 앞의 책, 71~77쪽; 최원규, 2022, 『한말 일제 초기 토지조사와 소유권 분쟁』, 동북아역사재단, 142~151쪽. 이 책 70~71쪽에서 본 일본 내각의 「대한시설강령」 등을 떠올려보자.

로 도쿄제국대학 법과대학 교수와 학장을 거쳐 호세이대학 초대 총장으로 있던 우메 겐지로를 초빙했다. 그는 1890년대 일본 민법·상법 제정 과정에서 중요한 역할을 한 인물인 동시에 이토의 측근이었다. 애초에는 탁지부 사세국장 이건영, 종2품 김양한, 정3품 정인홍, 이원긍, 전 참서관 김택, 법부 형사국장 김낙헌, 참서관 원응상, 석진형 등이 조사위원으로 임명됐지만,[120] 실제 조사를 담당한 것은 보좌관 나카야마 세이타로(中山成太郎), 보좌관보 가와사키 만조(川崎萬藏), 야마구치 게이치(山口慶一), 고(雇) 히라키 간타로(平木勘太郎) 같은 일본인이다.[121]

우메는 1870년대 일본의 (민사)관례조사 방식을 모방하여 관습조사를 진행했다. 우선 우메 스스로 1906년 7월 말부터 12일간 직접 서울과 인천·개성·평양·수원·대구·부산·마산 등지에 출장해서 〈표 1-2〉와 같은 조사사항에 대해 '청취조사'를 벌였다.[122]

인천 것을 빼고 나머지 조사 결과는 『한국 부동산에 관한 조사기록』으로 남아 있는데,[123] 석연치 않은 부분도 있다. 우메는 경성(서울)·인천·평양·부산·마산에서는 이사청을 방문해서 일본인 이사관을, 개성·

---

120 「부동산조사」, 『황성신문』, 1906.7.25.

121 나카야마는 도쿄제국대학 법대를 졸업하고 타이완총독부 참사관 겸 사무관으로 타이완구관조사에 관여했던 인물이다. 통감부서기관으로 통감관방에 근무하면서 부동산법조사회에 참여했고, 1910~1912년에는 조선총독부 취조국 서기관 (겸) 참사관으로 구관조사에서 중요한 역할을 했다. 가와사키, 야마구치, 히라키 등은 모두 호세이대학의 전신(前身)인 와부쓰(和佛)법률학교 출신이다(이영미, 2011, 앞의 책, 158쪽; 이영학, 2017, 앞의 글, 118~119쪽).

122 왕현종 외 편역, 2021, 앞의 책, 223~224쪽, 329~330쪽. 〈표 1-2〉에서 1의 4)는 토지소유권이 땅 위의 상공과 지하에도 미치는가 하는 뜻이다.

123 不動産法調査會, 1906, 『韓國不動産ニ關スル調査記錄』(왕현종 외 편역, 2021, 앞의 책, 324~377쪽).

〈표 1-2〉 부동산법조사의 조사사항

1. 토지에 관한 권리의 종류, 명칭 및 그 내용
   1) 인민의 토지소유권을 인정하는가? 만약 인정한다면 그 시기는 언제부터인가?
   2) 토지소유권의 제한 및 부담
   3) 국가는 어떤 조건 아래 인민의 토지소유권을 징수할 수 있는가?
   4) 소유권은 토지의 상하(上下)와 관련되는가?
   5) 토지의 경계와 양측 소유자 권리의 한계
   6) 공유지의 처분 및 관리에 관한 관습
   7) 차지권(借地權)의 종류, 명칭 및 그 내용, 그중에서도 건물소유자의 권리
   8) 지역권(地役權)이 있는가? 만약 있다면 그 종류 및 요약
   9) 입회권(入會權)이 있는가? 만약 있다면 그 종류 및 요약
   10) 질권, 저당권의 설정조건 및 효력
2. 관·민유(官民有) 구분의 증거
3. 국유와 제실유(帝室有)의 구분 여하
4. 토지대장 또는 이와 유사한 것이 있는가? 만약 있다면 그 장부에는 어떠한 사항이 기재되어 있는가?
5. 토지에 관한 권리의 양도는 모두 자유로운가? 또 그 조건과 절차는 어떠한가?
6. 지권(地券)과 가권(家券)이 있다고 들었다. 이는 모든 토지와 건물에 대해서 존재하는가? 또 그 연혁 및 기재사항은 어떠한가?
7. 토지의 경계는 항상 명확한가? 만일 명확하지 않은 곳이 있다면 동일한 토지에 대해 2명 이상이 동일한 권리를 주장하는 경우가 적지 않을 것이다. 이러한 경우에는 무엇을 표준으로 정당한 권리자를 정하는가?
8. 토지의 종목은 어떻게 이를 나누는가? [일본은 논, 밭, 택지, 산림, 원야(原野) 등]
9. 토지 장량(丈量: 측량)의 방법은 어떠한가?
10. 이상의 각 항목에 대해 시가지와 기타의 상이한 점이 있다면 그 차이. 기타 지방에 따라 관습이 다른 점이 있다면 그 구분

평양·수원·대구에서는 조선인 관찰사·부윤·군수 등을 만났다. 이사청은 1906년 2월 통감부가 설치될 때 종전의 영사관이 개편되어 재류 일본인에 대한 기존 영사 업무에다 조선 지방행정에 대한 간섭까지를 담당한 기관이다.[124] 그런데 부동산에 관한 조선의 관례가 일본인 이사관

에게 물어볼 사안일까? 아마 조사사항을 미리 각 지방에 발송했을 것이고, 또 지방의 나이 많고 박식한 자(老儒碩士)로 (부동산 문제의) 연혁이나 관습을 잘 아는 사람(解事人)을 한 명씩 조사 때 참석시키라는 지시도 있기는 했다.[125] 그러나 이 기록에는 그런 '조선인'은 등장하지 않는다. 지방에 따라서는 사정을 조금 더 잘 아는 일본인 경찰간부가 대답을 보충했다. 특이하게 평양에서 우메는 오전에 관찰사·군수·이사관을 함께 만나고 오후에는 다시 이사관만을 따로 만났는데, 오후 자리에서 통감부 통역관 다다 간(多田桓)은 (통역이 아니라) 조선의 관습에 대해 이사관보다 더 많은 이야기를 했다.[126]

이어서 9월 초순부터 1907년 8월까지 나카야마, 가와사키 등이 조선인 촉탁 등과 한 조가 되어 띄엄띄엄 전국 각지로 출장해서 같은 사항에 대해 같은 방식으로 조사를 했다.[127] 응답자는 대개 군수와 군의 서기·주사, 면장 등이다. 한편 히라키는 당시 한국 정부에서 편찬 중이던 『증보문헌비고』를 중심으로 해서 『삼국사기』, 『고려사』, 『문헌비고』, 『대전통편』, 『대전회통』, 『육전조례』 등에서 관련 자료를 뽑아서 『한국 토지 소유권의 연혁을 논함(韓國土地所有權ノ沿革ヲ論ズ)』(1907)을 집필하기도 했다.[128] 이런 문헌조사도 이후 지속적으로 이루어지지만, 문헌조사는 진

---

124 1905.12.20, (일본) 칙령 제267호, 「통감부 및 이사청 관제」 제24조, 제26조.

125 「부동산조사」, 『황성신문』, 1906.7.25; 이영미, 2011, 앞의 책, 78쪽.

126 반대로 수원·개성·대구에서 조선인 지방관과 문답했을 때는 통역 이야기가 없다. 이상 왕현종 외 편역, 2021, 앞의 책, 324~377쪽의 여러 곳.

127 不動産法調査會, 1907, 『韓國不動産ニ關スル慣例 第一綴』(왕현종 외 편역, 2021, 위의 책, 381~417쪽) 등; 이영미, 2011, 앞의 책, 82쪽.

128 不動産法調査會, 1907, 『韓國土地所有權ノ沿革ヲ論ス』(왕현종 외 편역, 앞의 책, 550~601쪽).

도가 더뎠다.

부동산법조사회의 이런 조사가 진행되는 가운데 1906년 10월 대한제국의 칙령으로 「토지가옥증명규칙」이 공포됐다. (외국인을 포함해서) 누구든 토지·가옥을 매매·증여·교환·전당(典當)했을 때는 군수·부윤의 증명을 받게 한 것으로, 외국인은 거기에 다시 일본이사관의 사증(査證)을 받도록 했다.[129] 이로써 일본인은 대한제국의 법령에 따라 토지소유를 보장받게 됐다. 12월에 「토지가옥전당집행규칙」, 1908년 7월에 「토지가옥소유권증명규칙」도 추가되어, 전당 잡힌 토지·가옥에 대한 경매나 기타의 방법으로, 또는 「토지가옥증명규칙」 시행 이전에 취득한 부동산에 대해서도 토지소유권을 취득하고 증명을 받을 수 있게 했다.

(2) 법전조사국의 민사·상사 관습조사[130]

1907년 여름 고종이 강제로 양위하고 순종이 즉위했다. 일본이 강요한 「한일신협약」은 시정개선에 대한 통감의 지도, 법령 제정 및 중요한 행정상 처분에 대한 통감의 사전승인, 사법과 행정 사무의 구별, 고등관 임명에 대한 통감의 동의권, 통감이 추천하는 일본인의 한국 관리 임명 등의 내용을 담고 있었다. 이토 통감은 한국의 내정 개선을 위해, 또 열강과 맺은 불평등조약의 일부인 영사재판권을 철폐하기 위해 근대적 재판제도 도입이 시급하다고 주장했다. '응급 조치'로 그해 말인 12월 23일에는 대한제국 법률로 「재판소구성법」, 「재판소구성법시행법」, 「재

---

129 1906.10.26, (한국) 칙령 제65호, 「토지가옥증명규칙」 제1조, 제8조.

130 이 부분은 이영미, 2011, 앞의 책; 이승일, 2008, 앞의 책; 이승일, 2009, 앞의 글에 크게 의존했다.

판소설치법」을 공포하여, 그때껏 관찰사·군수 등 행정관이 사법관을 겸하던 제도를 폐지하고 일본 제도를 모방한 구(區)재판소·지방재판소·공소원(控訴院)·대심원의 4급 3심제 재판소 제도를 도입했다. 조선인 법관의 양성에는 한참 시간이 걸린다는 핑계로 이와 함께 판사 165명, 검사 23명, 서기 213명 등 일본인 사법관 401명을 대거 고용했다.[131]

한편 근대적 법률의 제정을 위해 통감부는 부동산법조사회의 활동을 정리하고, 「재판소구성법」 공포와 동시에 한국 정부 내각에 '법전조사국(法典調査局)'을 설치하게 했다.[132] 당시 한국에는 조선시대의 「대명률(大明律)」과 갑오개혁 이후의 근대적 법령이 혼합된 「형법대전」(1905) 외에는 민·형사재판에 관한 근대적 성문법이 없었다. 일본인이나 외국인과 관련된 사안에는 일본 법률을 적용한다고 하면, 이제 부동산 관련 법률의 범위를 넘어 민법·형법·민사소송법·형사소송법·변호사법 등 조선인끼리의 민·형사 사안 전반에 적용할 법률 제정이 문제가 됐다.[133]

법전조사국 직원은 〈표 1-3〉과 같다.[134] 대한제국 법부차관이 된 구라토미 유자부로(倉富勇三郞)가 위원장, 우메 겐지로가 고문이 됐다. 위원은 새로 임명된 일본인 고위직 판·검사들과 법부의 조선인 국장들이고, 역시 와부쓰법률학교 출신인 오다 미키지로(小田幹治郞)가 조사과장으로 중요한 역할을 했다.[135] 그밖에 가와사키, 야마구치, 히라키 등 부동산법

131 문준영, 2010, 『법원과 검찰의 탄생』, 역사비평사, 385~391쪽; 도면회, 2014, 『한국 근대 형사재판제도사』, 푸른역사, 441~449쪽.

132 1907.12.23, (한국) 칙령 제61호, 「법전조사국 관제」 제1조.

133 이승일, 2008, 앞의 책, 67~70쪽.

134 왕현종 외 편역, 2022, 앞의 책, 220쪽의 표 7을 옮겼다.

135 오다 미키지로에 대해서는 이영미, 2011, 앞의 책, 224~272쪽; 이승일, 2013,

〈표 1-3〉 법전조사국 직원

1908년	위원	松寺竹雄, 安住時太郎(법부 서기관), 膳鉦次郎(대심원 검사), 國分三亥(검사총장), 中村竹藏(경성지방재판소장), 城數馬(경성공소원장), 渡邊暢(대심원장), 유성준(법제국장), 김낙헌(형사국장), 이시영(민사국장)
	조사과	小田幹治郎(과장, 사무관), 川崎萬歲(사무관보), 山口慶一, 渡邊次郎, 平木勘太郎, 八田岩吉, 岩谷武市, 下森久吉
	회계과	山口慶一(과장)
	서무과	최병상, 고정상, 유진혁, 平木勘太郎(번역관보?), 安藤靜(사무관보)
1909년	위원장	1908년과 같음
	위원	1908년과 같음
	사무관	小田幹治郎(서기관), 川崎萬歲(사무관)
	서무과	山口慶一(과장), 八田岩吉, 室井德三郎(이상 사무관보)
	조사과	川崎萬歲(과장), 安藤靜, 平木勘太郎, 下森久吉(이상 사무관보), 최병상, 고정상, 유진혁, 김동준, 방한복, 丹羽賢太郎(이상 번역관보)
	회계과	山口慶一(과장), 川原信義, 岩谷武市, 中州政美(이상 사무관보)

조사회 때부터 있던 인물들이 계속해서 조사 실무를 담당했다. 안도 세이(安藤靜)는 1901~1907년 임시타이완구관조사위원회 위원을 지내고 조선에 건너온 인물로, 식민지 구관조사끼리의 인적 연결고리를 이루는 한 명이다.[136]

법전조사국은 1908년 7월 임시적인 「민형소송규칙」을 제정하고, 기존의 「형법대전」을 개정했다. 구라토미 유자부로가 감독하고 젠 쇼지로(膳鉦次郎)가 기초하기로 한 형사소송법은 결국 기안되지 못했다. 형법도 대강의 방침만 결정되고 기안에 이르지 못했다. 민사소송법은 우메가 총 755조로 기안하여 법전조사국에서 검토 중이었지만, 1909년 7월

「오다 미키지로의 한국 관습조사와 관습법 정책」, 『한국민족문화』, 46쪽.

136 그의 이력에 대해서는 西英昭, 2009, 『『臺灣私法』の成立過程』, 九州大學出版會, 58~59쪽.

〈표 1-4〉 법전조사국의 관습조사 조사항목 수

(단위: 개)

제1편 민법			제2편 상법	
제1장	총칙	20	총칙	4
제2장	물권	30	회사	1
제3장	채권	54	상행위	11
제4장	친족	53	어음(手形)	1
제5장	상속	23	해상(海商)	9
소계		180		26

12일 한국의 사법권이 일본에 '위탁'되면서 보류됐다. 민법과 상법에 대해서 우메는 두 법률을 하나로 묶은 법전을 구상하고, 제정의 준비작업으로 민사·상사 관련 관습조사에 착수했다. 일본 민법을 기준으로 그것과 차이가 나는 조선의 관습을 1910년 말까지 조사해서 민법 기초에 착수한다는 예정이었다.

우메가 일본의 민법과 상법의 체계에 따라 만든 민사·상사 조사항목 수는 〈표 1-4〉에서 보듯이 모두 206개 항목이었다.[137] 각각의 조사항목은 '가독상속(家督相續)'이나 '가(家, 이에)', '호주(戶主)', '은거(隱居)', '후견인(後見人)', '수형(手形: 어음)' 같은 일본 민법·상법의 용어들을 그대로 사용했다. 조사는 현장조사와 문헌조사로 나누었는데, 조선 재래의 관습이 아니라 현행의 관습이 조사 대상이었기 때문에 현장조사가 중심이었다. '현장조사'라고 했지만 직접 풍속을 관찰한다는 것이 아니고, 일본인 조사관이 지방 관아에 출장해서 조사 대상자로 선정된 조선인에게 직접 질문을 하고 그 응답을 기록하여 지역별 조사서를 작성하는 방식으로

137 이영미, 2011, 앞의 책, 164쪽의 표 33을 옮겼다.

수행됐다. 당시 일본에서 쓰던 용어로는 '청취조사'다. 모두 2,400명 가까운 조사 대상자는 군수·면장·이장·주사·서기 등 지방관과 행정관료 그리고 조사문항과 관련이 있는 생업의 종사자(농민·상인 등) 등 다양한 계층으로 구성됐다. 문헌조사는 『경국대전』을 포함한 9종의 고법전과 4종류의 고문헌, 71종의 문서류를 대상으로 했다.

현장의 청취조사는 다시 일반조사와 특별조사로 구분됐다. 일반조사는 전국에서 48개 지역을 골라서 이 206개 항목을 모두 조사한 것이다. 일반조사지역으로 선정된 곳은 13도의 행정중심지(관찰부 소재지), 인천·부산·마산·목포·군산·원산 등 일본의 이사청이 설치됐던 개항장 그리고 상주·안동·경주·남원·원주·강릉 등 조선시대의 주요한 읍치(邑治) 등이다. 특별조사는 일반조사와는 별도로 9개 도 38개 지역을 선정(16개 지역은 중복)해서 보(洑)·양자·혼례·장례·노비·삼포(蔘圃) 등 일부 사항에 대해서만 집중적으로 조사를 실시했다. 조사는 1908년 5월 말부터 시작되어 그해에 경기도·충청남북도·경상남북도·전라남북도 등 남쪽의 7개 도 26개 지역(이른바 '제1관' 지역), 1909년에는 9월까지 황해도·평안남북도·함경남북도·강원도 등 나머지 6개 도 22개 지역('제2관' 지역)에 대해 이루어졌다. 대략 1개 지역당 1개월 정도의 기간에 걸친 조사였다.

경기도 안성, 함경남도 갑산, 평안북도 영변, 경상북도 대구, 경기도 삼포, 충청남도 공주 등 몇몇 지역에 대한 조사가 진행되던 1910년 8월 말에 '한일병합'이 발표됐다. 그 며칠 전인 8월 25일, 법전조사국 조사의 사실상의 책임자인 우메가 장티푸스에 걸려 사망했다. 법전조사국은 1910년 9월에 폐지됐다. 10월에 잔무(殘務) 정리 차원에서 최종적으로 한 권짜리 보고서가 편찬됐다. 위원장 구라토미 유자부로는 1910년

12월, 이것을 데라우치 총독에게 보고하고 인쇄·배부했다. 이 보고서는 우메가 처음 설정한 대로 206개의 항목으로 되어 있다.[138]

그런데 법전조사국의 관습조사는 일본의 관례조사와 마찬가지로 애초에 민법전 편찬을 목표로 했기 때문에, 지역별·계층별로 특수한 모든 관습들을 조사하고자 한 것이 아니었다.[139] 최종적으로는 전국에 걸쳐 통일된, 조사항목별로 단일한 관습법 같은 것이 도출되어야 했다. 최소한 지역별 보고서가 아니라 단일한 한 권의 보고서가 필요했다. 법전조사국은 지역별 보고서를 다시 206개 조사문항별로 필사해서 약 600여 책으로 정리했다. 특별조사서는 120여 책에 달했다. 이것을 기초로 해서 각지 관습의 같고 다름을 정리한 『각지관습이동표(各地慣習異同表)』를 작성했고,[140] 그런 비교를 통해서 최종적으로 한 권의 『관습조사보고서』를 완성한 것이다.

그런데, 전국 통일의 관습을 어떻게 만들어낸 것일까? 〈표 1-5〉는 『각지관습이동표』의 '성년' 관련 항목의 일부를 옮긴 것이다. 성년이 15세 이상이라는 지역, 17세 또는 20세 이상이라는 지역, 관례를 행하고부터 성년이라는 지역이 있었다.[141] 이 중에서 최종적으로 어떤 나이를

---

138 1912년 취조국에서 이 책을 정정·보충한 것이 오늘날 알려진 『관습조사보고서』다 [조선총독부, 2000, 『(개역판) 관습조사보고서』, 한국법제연구원].

139 이에 대해 심희기는 ① 동아시아에는 서구처럼 관습·민습(popular practice)과 구분되는 관습법(customary law, Gewohnheitsrecht)은 없었고, ② 지방적 관습을 배제하고 전국적인 관습만을 법적인 것으로 인정하는 것도 일본 법학자들의 오해였을 뿐 서구적 발상과는 거리가 있다고 지적한 바 있다(심희기, 2012, 「동아시아 전통사회의 관습법 개념에 대한 비판적 검토」, 『법사학연구』 46, 207~211쪽, 236쪽).

140 이때 만들어진 조사서 목록인 『구조사서표(舊調査書表)』는 왕현종 외 편, 2022, 앞의 책, 298~331쪽; 『각지관습이동표』는 위의 책, 335~500쪽에 실려 있다.

141 왕현종 외 편, 2022, 앞의 책, 338쪽, 340쪽. (3)의 ㈐에 대해서는 울산·창원·온

〈표 1-5〉『각지관습이동표』의 '성년' 관련 항목(일부)

제2. 성년의 규정이 있는가?

1. 행위능력의 성년

(1) 역년(曆年) 15년을 성년으로 한다.
[경성, 개성, 인천, 수원, 청주, 경주, 울산, 창원, 제주, 광주, 옥구, 전주, 온양(26의 13)]
(2) 역년 17년을 성년으로 한다. [안동(26의 1)]
(3) 역년 20년을 성년으로 한다. [안성, 충주, 진주, 공주, 예산, 은진(26의 6)]
(4) 가관례(加冠禮)를 행한 자를 성년으로 한다. [동래 무안(26의 2)]
* 관습 불명[영동, 대구, 남원, 상주(26의 4)]

(중략)

4. 행위능력 이외의 성년

(3) 병역

(ㄱ) 남자는 15세부터 병역을 부담할 수 있다.
[경성, 개성, 인천, 수원, 청주, 진주, 무안, 옥구, 예산(26의 9)]
(ㄴ) 남자는 20세부터 병역을 부담할 수 있다. [충주, 제주, 은진(26의 3)]
(ㄷ) 호패를 찬 자는 병역을 부담할 수 있다. [울산, 창원, 온양(26의 3)]
* 관습 불명[상주(26의 4)]

(조사 누락)[안성, 영동, 대구, 상주, 안동, 경주, 동래, 광주, 전주, 남원, 공주(26의 11)]

'전국적 관습'이라고 정할 수 있을까? 조사 결과는 조선에서 '성년'이라는 용어가 보편적으로 사용되지 않는다는 것, 법률행위를 단독으로 수행할 수 있는 연령의 기준이 확고히 정립되지 않았다는 것을 보여 주었다. 결국 『관습조사보고서』는 15세를 성년의 기준으로 조정했지만, 15세를 넘으면 법률행위를 단독으로 수행할 수 있는지에 대해서는 판단을 보류했다.[142]

양 모두 다른 항목에서 "남자는 15세가 되면 호패를 찬다"고 조사되어 있으므로, 결국 15세부터 병역을 부담한다는 것으로 볼 수 있다. 조선시대 군역의 대상 연령은 15~60세였는데, 20세부터 병역을 부담한다고 답한 지역도 있다.

142 이승일, 2009, 앞의 글, 389~391쪽.

선행연구들은 통감부와 총독부의 '관습조사'를 통해 조선의 관습이 조사·기록된 데 대해 여러 가지 다른 평가를 내렸다. ① 기존의 평가가 그 과정에서 조선의 관습이 왜곡되거나 무시됐다는 것이라면, ② 적어도 초기에 조선총독부는 조선 관습을 성문화하여 조선의 민법전을 만들고자 했다(法認)거나 ③ 식민지기에 인정된 '조선의 (신)관습'이란 식민지 권력에 의해 통제·조절되어 형성된 것이라는 주장, ④ 더 나아가 분야에 따라서는 새로운 관습의 '창출'이 있었다는 주장 등이 있다.[143] 그러나 더 큰 틀에서 보면, 조금씩 초점이 다르기는 하지만 ①~④는 대개 같은 점을 강조하고 있다고 생각된다. 통감부시기부터 이어진 '관습조사'가 그저 기존의 관습을 있는 그대로 수집하고 기록하기만 한 것이 아니라는 점이다.

143 심희기는 이상욱·윤대성·정긍식이 ①, 이승일의 『조선총독부 법제 정책』이 ②의 입장이라고 보고, ③의 입장을 새로 내세웠다(심희기, 2003, 「일제강점 초기 '식민지 관습법'의 형성」, 『법사학연구』 28). 이후 홍양희, 배성준은 상속이나 토지 관련 관습은 사실상 '창출'이라고 주장한다(홍양희, 2006, 「식민지시기 상속 관습법과 '관습'의 창출」, 『법사학연구』 34; 배성준, 2009, 「통감부 시기 관습조사와 토지권 관습의 창출」, 『사림』 33 등).

제2장
공식 통계의 생산과 유통

식민지기 공식 통계에 대해서는 상반된 평가가 있을 수 있다. 그 시대에 『통계연보』나 『조사월보』 등에 실린 수많은 통계를 생산한 것은 대단한 일처럼 보인다. 중앙에서 행정 일선까지, 때로는 관료기구의 범위를 넘어 각급 학교나 농회, 상공회의소 등 관변단체까지 포함해서 촘촘히 구축된 연락망, 여러 사업·기획과 일상 업무로 하루가 멀다하고 이루어진 갖가지 조사와 보고의 체계가 그 배경에 있다. 국세조사 같은 경우에는 공무원뿐 아니라 몇 만 명의 민간인 조사원도 훈련시켜서 동원해야 했다.[1]

그러나 막상 식민지기의 공식 통계를 분석의 자료로 쓰려고 보면 문제가 많다. 필수적인 정보나 범주가 빠진 것도 있고, 통계의 출처·수집 방법이 분명치 않은 것도 있다. 꼭 오늘날의 더 향상된 잣대에 비추어서만 그런 것이 아니다. 당시에도 조선총독부 통계는 엉성하다는 비판을 자주 받았다. 조선이 일본제국의 조사와 통계를 선도했다는 말은 들어본 적이 없다. 그런데도 조선총독부는 별로 신통치 않은 통계를 열심히, 지속적으로 생산했다.

이 장에서는 이런 성과와 문제점 둘 다를 염두에 두면서, 조선총독부의 공식 통계가 어떻게 생산되고 유통됐는지를 살펴보겠다. 조선총독부의 통계 담당 부서는 어디였으며 그 부서의 구체적인 사무와 역할은 무엇이었는가? 업무보고와 통계의 기본 양식은 어떤 것이었으며 각종 행정 관련 정보의 조사와 수집은 어떻게 이루어졌는가? 그런 보고를 통해

---

1 1930년 국세조사의 경우 전국 44,758개 일반조사구는 조사구당 조사원 1명, 특별수면(水面) 조사 구역은 조사구당 2명이 담당했다. 예비를 고려해서 이 수의 1.2배를 국세조사원으로 선발했다(朝鮮總督府, 1935, 『昭和5年 朝鮮國勢調査報告: 全鮮編 第2卷 記述報文』, 10~11쪽)

집계된 통계정보는 어떤 지면에 어떻게 공개됐는가? 조선총독부의 전체 행정 가운데서 조사와 통계는 어느 정도의 비중을 차지했는가?[2]

1. 전국적 통계체계의 도입·구축 과정

1) 일본의 통계체계: 내각 통계국의 역할과 한계

식민지기 조선의 통계체계가 어떤 것이었는지 알기 위해서는 메이지유신 이래 일본 정부의 통계체계에 대한 최소한의 검토가 필요하다. 19세기를 거치면서 서구 각국은 국가와 사회에 대해 주로 숫자로 된 통계 형태의 정보·지식을 대량으로 생산·축적했고, 정보를 얻기 위해 다양한 조사를 수행했다. 조사와 통계를 국가(정부)와 민간 부문이 어떻게 분담하는지, 조사와 통계를 담당하는 정부기구는 무엇인지, 정부 각 부서들 사이에 통계 정보는 어떻게 소통되는지는 각국의 역사적 경험과 사회적 상황에 따라 서로 달랐다. 그런 가운데 1805년 정부기구로 '왕

---

2 조선총독부의 통계체계와 『통계연보』에 대한 연구로 박명규·서호철, 2003, 『식민권력과 통계』, 서울대학교출판부; 송규진, 2015, 「조선총독부의 통계행정기구 변화와 통계자료 생산」, 『사림』 54; 송규진, 2016, 「조선총독부의 사회경제조사 내용분석」, 『역사와 담론』 80; 이명학, 2016, 「일제시기 조선재정통계서의 발행체계와 구성 변화」, 『한국사연구』 173; 이런 통계에 대한 당시 조선인들의 반응과 비판을 다룬 연구로는 한민주, 2014, 「불온한 등록자들」, 『한국문학연구』 46; 조명근, 2015, 「일제의 통계 조사와 조선인의 비판적 해석」, 『사림』 54; 김윤희, 2016, 「1920년대 초 '민족경제'와 통계지식」, 『역사와 담론』 80; 장문석, 2017, 「사회주의와 통계: 연구노트」, 『구보학보』 16 등이 있다.

립통계국'이라는 독립된 중앙통계기구를 맨 먼저 설립하고 공식 통계를 양적으로나 질적으로 한 단계 향상시킨 것은 근대화의 후발주자인 프로이센이었다.[3] 그것은 국가과학의 일부인 독일 통계학(Statistik)의 하부구조이기도 했다. 일본의 공식 통계체계는 프로이센의 모델을 많이 참조했다.

메이지유신 시기인 1871년 일본에서는 통계라는 새로운 사무를 담당할 두 개의 부서가 만들어졌다.[4] 당시의 최고행정기구 태정관(太政官)에는 종합통계서 간행을 주요 과업으로 하는 '정표과(政表課)'가 신설됐다. 일본 근대 통계의 비조(鼻祖)라고 불리는 스기 고지(杉亨二)가 1872~1885년에 걸쳐 이 부서를 이끌었다. 정표과는 초기에는 소속도 자주 바뀌고 다른 과에 딸린 계 수준으로 축소되기도 했으나, 1880년 회계부 통계과, 이듬해 통계원으로 개편됐다가 1885년 말 태정관이 폐지되고 내각이 설치될 때 내각의 외국(外局)인 통계국이 됐다.[5] 한편 1871년 민부성(民部省)을 병합하면서 규모나 위상에서 수위(首位) 부처가 된 대장성(大藏省)에는 '통계료(統計寮)'가 설치되어 재정·물산·수출입 통계는 물론 한때는 인구통계까지 담당했다. 그러나 1874년 내무성

---

3 이언 해킹, 2012, 『우연을 길들이다』, 바다출판사, 75~87쪽; 長屋政勝, 2002, 「プロイセン統計局の設立と國家統計表(1)」, 『經濟論叢』 169(5·6). 이 책 36~38쪽도 볼 것.

4 메이지기 일본의 통계부서에 대해서는 방광석, 2016, 「근대 일본의 '통계' 수용과 통계기관의 추이」, 『역사와 담론』 80.

5 島村史郎, 2008, 『日本統計發達史』, 日本統計協會, 13~35쪽. 이후로도 통계국은 한때는 통계과로 축소되기도 했고 1920년 국세조사를 전후해서 몇 년간 군수국과 합쳐져 '국세원'이 되기도 하지만, 20세기 전반 동안 대개는 '내각 통계국'으로 존재했다. '외국' 또는 '외청(外廳)'은 그 부처에 소속되지만 인사·예산·사무 등이 비교적 독립적인 기구를 말한다. 현재 대한민국의 검찰청은 법무부의, 통계청은 기획재정부의 외청이다.

이 신설되어 호적·권업(勸業) 등의 사무가 내무성으로 이관되면서 대장성 통계부서의 사무는 재정·경제 분야 통계로 한정됐다.

각 성(省)이나 성 아래의 국(局)에도 통계사무를 담당할 '통계과'나 '보고과'가 속속 설치됐다. 1883년에는 통계원에 통계위원회가 설치되어 각 성과 회계검사원·도쿄부·경시청에서 1~2명씩 위원을 임명해서 통계조사의 방법과 통계 재료의 양식에 대해 협의하게 됐다.[6] 1886년부터는 각 성·원(院)·청(廳)에 '통계주임'을 두고 통계국과 협의해서 사무를 처리하게 했다. 이로써 통계국을 중심으로 한 정부 전체의 통계체계가 구축됐다. 「내각소속직원관제」에 따르면 통계국은 통계 재료의 양식을 정해서 통계 재료를 모아 『일본제국통계연감』 등에 실릴 여러 통계표를 만들었다. 그것을 위해 통계국이 통계주임 회의를 통해 각 관청 통계주임에게 직접 지시를 할 수 있게 했다. 외국의 통계를 수집하고 일본의 통계를 국제사회에 공개하는 것도 통계국의 일이었다.[7] 이렇게 해서 내각 직속의 통계국이 공식 통계 생산절차의 시작과 끝인 조사표(票)·집계표(表)의 양식과 『통계연감』을 담당하면서, 공식 통계 전반을 종합·조정하는 중앙통계기구의 역할을 하게 됐다. 그러나 통계국은 전체 통계체계의 강력한 구심점은 아니었다.[8]

---

6 (일본) 總理府統計局, 1973, 『總理府統計局百年史資料集成: 總記 上』, 12~13쪽.

7 이상 통계국 사무는 1890.7.1, 칙령 제114호, 「內閣所屬職員官制」 제7조의 내용이다. 당시에는 통계를 흔히 그것이 최종 정리된 형태를 따라 '통계표(statistical table)'라고 불렀다. 통계 담당 부서의 「사무분장」 등에는 '(통계)표 만들기(製表)' 같은 표현에 자주 등장한다.

8 사토 마사히로는 내각 통계국의 『통계연감』 편성에 대해, 그것을 목적으로 하는 통일적인 의사결정이 있었던 것이 아니라, 각 관청은 각각의 업무와 관련해서 독자적으로 조사를 행했고 통계국은 그 자료에 독자의 조사 결과를 합쳐서 『통계연감』 등

공식 통계의 많은 부분을 차지한 것은 내무성·대장성·농상무성 등 각 소관 부서의 업무별로 집계한 보고통계다. 「내각소속직원관제」는 통계국이 조사표나 집계표 양식을 만들어 보내면 조사는 소관 부서나 지방관청에서 실시해서 통계국에 결과를 전달하는 방식을 상정했다. 그러나 실제로는 조사·집계에 필요한 양식도 대개 해당 업무를 관장하는 성에서 만들었다. 통계·보고 양식의 이름도 제각각이어서, 내무성과 도(道)·부(府)·현(縣) 등 지방관청, 경찰, 육군, 해군, 감옥 등은 '보고례(報告例)'라고 했지만, 대장성은 '통계대장', 농상무성은 '농상무통계양식', 문부성은 '학사연보 취조(取調)조항 및 제표(諸表)양식'이었다. 표 양식을 채우는 것은 대개 일선의 말단 지방관청이나 소관 부서의 '출선(出先)기관'이었고,[9] 그 보고는 소관 성·청으로 모였다가 통계국으로 넘어갔다.

통계국의 가장 큰 업무는 여러 부서와 관청의 이런 통계를 모아 『일본제국통계연감』 등으로 간행하는 것이었다. 초기에는 보고통계가 압도적이었지만 몇 가지 분야에서는 차츰 통계조사가 시도됐다. 관제상의 소관사무는 아니지만, 정표과 시절인 1879년 스기 고지는 현재의 야마나시현(山梨縣)에 해당하는 가이노쿠니(甲斐國)에서 근대적 총조사 방법으로 인구조사(現在人別調)를 수행했다. 통계국 시기가 되면, 장차 시행될 제국 전체의 '국세조사'(인구총조사)도 당연히 통계국 소관이라고 여겨지게 된다.

1920년 말에는 통계국이 잠시 재편된 '국세원(國勢院)'을 중심으로

을 편찬했다고 평가한다(佐藤正廣, 2014, 「兩大戰間期における地方官廳の統計編成業務」, 總務省統計研究所 발표문, 1~2쪽).

9 읍·면사무소나 경찰서·파출소, 우편국·우편소, 철도·전매·토목 출장소처럼 지역사회에 침투해 있는 말단의 행정·공공기관을 일본어로 '데사키(出先)' 기관이라고 부른다.

내각에 '중앙통계위원회'가 설치됐다. 이후 각 부처 고등관과 민간 전문가로 구성된 30명 이내의 위원들이 국세조사와 인구동태통계를 비롯해서 각종 통계조사에 관한 주요 사항을 조사·심의했다. 각 부처 통계직원의 양성도 통계국의 일이었다. 1919년 이래 매년 내각에서 한 달 정도의 통계강습회를 개최했고, 1920년 말에는 국세원에 정원 80명, 2개월 과정의 통계직원양성소가 설치됐다. 1923년의 경우 일본 정부의 각 부처와 지방관청뿐 아니라 조선·타이완 등 식민지에도 입소자 모집 공문을 보냈다.[10]

그러나 20세기 전반 일본 정부의 조사와 통계에는 전쟁을 위한 국가총동원의 계획과 준비라고 하는 또 하나의 강력한 벡터(vector)가 있었다. 1910년대의 제1차 세계대전은 국가가 그야말로 국력의 전부를 전쟁에 쏟아부어야 하는 '총력전'이라는 새로운 전쟁의 양상을 보였다. 독일을 모델로 했던 일본 육군은 독일의 패배에 큰 충격을 받았고, 평시의 국가총동원체제 구축을 최우선과제로 내세웠다. 1918년의 「군수공업동원법」을 거쳐 1929년 4월에는 「자원조사법」이 시행됐다. 자원조사는 군부, 특히 육군의 절대적 영향 아래 있었고, 육군·해군·대장·상공·체신·철도 등 각 성·청이 각각 소관 자원에 대한 조사를 하도록 규정됐다.

이로써 중앙통계위원회는 사실상 무력화됐다. 게다가 자원조사 결과는 비밀에 부쳐져 관련 성·청 사이에도 정보가 공유되지 않았으므로, 내각 통계국의 종합·조정 기능도 약화된다. 이렇게 해서 1920년대까지 내각 통계국과 중앙통계위원회를 중심으로 이루어졌던 일본의 통계

---

10 (일본) 總理府統計局, 1973, 앞의 책, 152~154쪽; 總理府統計局, 1990, 『總理府統計局百年史資料集成: 總記 下』, 380~381쪽, 390~391쪽.

체계는, 1930년대 국가총동원체제가 팽창하면서 와해되기 시작했다. 물론 내각 통계국은 계속해서 보고통계와 『통계연감』의 발행 등을 담당했고, 또 중일전쟁 이후 전시동원을 위한 인구·노동통계가 중요해지면서 직원과 예산 규모가 크게 팽창하기도 했다.[11] 그러나 1944년 6월부터는 일본 본토가 연합군의 공습을 받게 되면서 사실상 대부분의 통계조사가 중단되기에 이른다.

2) 대한제국의 공식 통계[12]

(1) '통계'의 소개와 수용

1882년, 메이지유신 이래 일본의 신식행정을 살펴본 조사시찰단 일행이 고종에게 올린 복명서에는 일본 각 성의 통계사무에 대한 소개도 포함됐다. 예컨대 박정양은, 내무성 위생국에서는 전국의 위생사무를 6월과 12월에 "통계해서 표를 만든다"고, 또 농상무성 농무국 보고과는 물산의 통계, 상무국·공무국·산림국에 각각 설치된 통계과는 소관 분야의 통계를 담당한다고 보고했다.[13] 그러나 이런 보고를 올린 조사(朝士)나 보고를 받은 고종이 과연 통계라는 것이 서구에서 도입된 지식·정보의 낯선 형태이자 국가행정의 새로운 과제라는 사실을 제대로 인식했을지는 의문이다. 복명서의 문맥에서 '통계'는 한자의 뜻 그대로 단순히 합

---

11 1941년 내각 통계국의 예산(259만 엔)과 직원 수(3,111명)는 1938년(53만 엔, 604명)에 비해 5배에 이르렀다(島村史郎, 2008, 앞의 책, 152쪽, 154쪽).

12 이 부분은 서호철, 2022, 「융희연간의 통계체계 구축과 농업통계」, 『사회와 역사』 134, 11~16쪽, 19~26쪽을 수정·보완한 것이다.

13 허동현 편, 1999, 『조사시찰단자료집』 1, 국학자료원, 35쪽; 허동현 편, 1999, 『조사시찰단자료집』 2, 국학자료원, 49~53쪽.

계·총계라고 해도 말이 통한다. 또 짧은 기간 일본에 머물렀던 조사들의 보고는 대개 실제 행정사무가 이루어지는 과정을 관찰한 결과가 아니라 일본 정부 각 성의 「관제」와 「분과규정」 등을 그대로 옮긴 것이다. 내각과 내각 통계국은 조사 일행의 조사 대상이 아니었다.

어떻든 이런 소개를 거쳐, 갑오개혁 때가 되면 일본 제도를 본떠 만든 '신식' 행정·문서체계와 함께 '통계'라는 말이 법령에 본격 등장했다. 의정부에는 "행정원고의 수록과 통계사무, 당안(檔案)의 작성·보존"을 담당할 기록국을, 각 아문에는 문서과·왕복과·보고과·기록과로 구성된 총무국을 설치한 것이다. 각 아문 보고과의 사무는 "국·과의 통계문안을 모아서 표를 만들어 대신이 사열(査閱)하도록 제공하고 또 (의정부) 관보국에 보내어 관보에 게재케" 하는 것이었다.[14] 기록국은 금방 과로 축소되고 이후 복잡다단한 기구 개편으로 소속과 명칭도 계속 바뀌지만, 내각에 정부 전체의 문서·기록과 '제반 통계표 편제(編製)'를 담당할 부서를 두고 각 부에는 대신관방이나 총무국에 부내의 문서 왕복과 정보 유통, '통계보고의 조사·조제(調製)'를 관장할 과를 둔다는 기본 얼개는 그대로 유지된다.[15] 적어도 법령상으로는 일본 것과 비슷한 중앙집중적 통계체계를 구축한 셈이다. 그러나 아무리 기본적으로는 업무보고의 집계라고 하지만, 통계는 새로운 방법, 새로운 기술이었다. 일본처럼 적극적으로 서양인을 고용하거나 유학생을 대거 파견해서 서구의 지식과 기

---

14 1894.6.28, 의안(議案) 「의정부관제」; 1894.7.14, 의안 「各府各衙門通行規則」 제29조, 제32조.

15 의정부와 내각에서 통계 사무를 담당한 과는 시기별로 내각 기록국 사적과(史籍課)(1895.3.25) → 의정부 총무국 기록과(1896.10.9) → 의정부 참서관실 기록과(1905.2.26) → 의정부 법제국 기록과(1907.1.11) → 내각 법제국 기록과(1907.6.14)다. 명칭으로 보면 기록·편찬이 중심이고 통계는 계(係) 수준의 사무임을 알 수 있다.

술을 수용하지 못했던 조선에, 과연 그런 새로운 업무를 담당할 인력과 노하우가 있었을까?

내각 기록과와 각 부 보고과는 1910년 대한제국이 멸망할 때까지 거의 아무런 통계도 생산·공간하지 못했다. 『독립신문』은 "나라마다 집과 인구와 국중(國中)에서 생기는 돈과 밭과 논과 전국에 있는 지면(地面)의 장광(長廣)·수효(數爻)들을 모두 사실(査實)하여 책에 박아 인민을 가르치는 법인데, 조선은 이런 일에 당하여 한 가지도 자세한 책이 없은즉 … 어찌 한심치 아니하리요"라고 비판했다.[16] 갑오개혁 때 창간된 조선의 『관보』는 1895년 「외보(外報)」란을 두어 스리랑카의 무역통계, 프랑스의 예산, 독일의 상선(商船)통계도 소개했다.[17] 그러나 정작 「관제」와 「분과규정」대로라면 각 부에서 작성해서 『관보』에 실었어야 할 통계, 내각 기록과가 만들었어야 할 '제반 통계표'는 싣지 못했다.

숫자로 된 정보 자체가 전혀 없었던 것은 아니다. 1895년 『관보』에는 여러 차례 지방별 콜레라(虎列剌) 발생 기사가 실렸다. 그러나 한 달간의 도별 합계라든지 1년간의 통계 같은 것은 다시 실리지 않았다. 1896년 9월 도입된 신식호적제도에 의해 1897년부터 매년 호구수가 집계되지만, 그것도 『관보』에는 단 한 번도 게재되지 않았다. 아관파천 그리고 '구본신참(舊本新參)'을 표방한 대한제국의 성립을 거치면서 통계에 대한 고종과 정부의 태도는 점점 더 보수화됐다. 1895년 잠시 『관보』

---

16 「논설」, 『독립신문』, 1896.5.30을 인용하면서 현대어로 고치고 괄호 안의 한자와 조사, 문장부호 등을 덧붙였다.

17 「錫蘭의 歲入及貿易」(1895.6.24), 「歐洲諸國語를 使用ᄒᆞᄂᆞᆫ 人口比較이라」(1895.8.16), 「世界諸國에서 小麥出產見積高 多ᄒᆞ미라」(1895.8.26), 「德國 商船統計라」(1896.5.12), 「法國 本年豫算이라」(1896.5.28) 등.

의「외보」란에 실렸던 해외의 통계도 곧 사라졌다.

그런 가운데 대한제국 정부는 1903년부터 영조 이래의『동국문헌비고』를 증보해서, 1908년 연활자본 50책 250권의 거질(巨帙)로『증보문헌비고』를 간행했다. 이것은 국가행정과 문물제도 전반에 걸친 유서(類書), 즉 백과사전이다. 그러나 이 책은 과연 당시의 격변하는 내외정세에 대한 적절한 대응 방편이었을까? 조선에 대한 전반적인 정보 부족을 메꿔 주었을까? 기본적으로『증보문헌비고』의 목적은 조선의 현상황에 대한 정확하고 풍부한 정보를 제공하는 데 있지 않았다.[18] 고종이『문헌비고』를 간행한 것은 대한제국이 중국과 동등한 '황제국'임을 선포했으므로, 조선에서 종래 받들었던 중국의『대명회전(大明會典)』을 대신할 법률·제도의 문헌이 있어야 한다는 이유에서였다.[19] '증보'라고 했지만 "왕호를 황제호로 고쳤다는 의식이 강조됐을 뿐" 개항 이래의 새로운 전례가『문헌비고』에 추가된 것은 별로 없다.[20]

예컨대『증보문헌비고』「호구고(戶口考)」는 18세기 정조대까지의 원고에 백 년 동안 다섯 식년의 호구를 추가했을 뿐이다. 호구에 대한 정보

---

18 『증보문헌비고』가 근대적 통계서 같은 것이 아니라는 점은, 전국의 시장 상황을 기록한「시적고(市糴考)」에서도 잘 드러난다. 이 책은 현존하는 시장이 아니라 역대 문헌에 나오는 시장을 총정리해서, 옛날에 사라진 시장까지 "지금은 없다. 읍지에는 예전부터 없었다고 한다"는 말과 함께 기재해 두었다(조형근, 2015,「통계 지식과 경제적 상상」,『사회와 역사』 107, 149~156쪽).

19 그것은 일본의 압력 아래 1896년 청의 시헌력 대신 태양력을 도입했다가 대한제국 선포와 함께 다시 시헌력과 역법상 똑같은 '명시력(明時曆)'을 '제정'한 것과 같은 맥락이다. 이후 태양력과 명시력이 병용되다가 고종의 강제양위 이후 1909년부터 명시력은 사용되지 않게 된다(김미화, 2016,「한국 달력체계의 근대적 전환」, 한국학중앙연구원 박사학위논문, 81~91쪽).

20 정구복, 2008,「『문헌비고』의 자료적 성격과 사학사적 의미」,『진단학보』 106, 182쪽.

가 없었던 것은 아니다. 1639년(인조17) 이래 서울과 8도의 식년호구는 『실록』에 거의 빠짐없이 기재됐다. 무슨 자료로 어떻게 집계했는지는 불명이지만 매년 말의 전국 호구가 '헌민수(獻民數)'라는 이름으로 110년에 걸쳐 『일성록』에 실리기도 했다.[21] 1897년 이래 신식제도로 조사된 호구도 『관보』에는 없지만 매년 민간 신문에는 실렸다. 그러나 『문헌비고』에 '증보'된 것은 각각 순종·헌종·철종·고종 즉위 초의 식년에 해당하는 1807·1837·1852·1864년 그리고 『증보문헌비고』 편찬 당시인 1904년의 호구뿐이다.

그나마 증보된 그 호구를 보면, 1786년 대략 736만 명이던 조선 인구는 1864년에는 683만 명, 1904년에는 593만 명으로 감소하고 있었다.[22] 조선은 여전히 '맬서스의 덫'에 갇힌 생존경제(subsistence economy) 수준의 사회였던가? 아니면 조선은 19세기의 이른바 '세도정치'를 거치면서 정체·퇴보하고 있었던가? 실제 조선 인구가 그보다 훨씬 많다는 것은 다들 짐작하고 있었지만, 대한제국 정부는 그것을 조사해 내지 못했다.

1907년 '헤이그 밀사 사건' 국면에서 일본의 강제로 고종이 양위하고 순종이 즉위하자, 나중에 다이쇼(大正) 천황이 되는 일본 황태자 요시히토(嘉仁) 친왕(親王)이 조선을 방문했다. 즉위 축하사절 겸, 열 살 난 황태자 이은(李垠)의 일본 '유학'이라는 기획을 완성하기 위한 한 수였다. 이 방문을 준비하면서 통감부는 친왕에게 보일 인구통계와 지도를 한국 정

21 '헌민수'에 대해서는 서호철, 2007, 「조선 후기의 인구와 통치」, 『사회와 역사』 74, 216~217쪽을 볼 것.

22 세종대왕기념사업회 편역, 1995, 『국역 증보문헌비고: 호구고』, 64~76쪽.

부에 요청했다. 「관제」상 호구적(戶口籍)과 지적(地籍)을 주관하는 부서인 내부 판적과(版籍課)는 여러 달째 이 일로 쩔쩔맸다. 시간에 맞춰 겨우 자료를 마련은 했던 듯, 10월 16일 서울에 도착한 친왕은 숙소에 들자 "즉시" 조선 지도와 인구통계표를 보았다고 한다.[23] 순종을 알현하거나 한국 정부 인사들과 만날 때를 대비한 사전학습이었을 것이다. 11월 말에는 다시 탁지부 인쇄국이 급하게 인구통계와 지방관제를 인쇄하고 있다는 기사가 신문에 실렸다. 이번에는 황태자 이은이 이토 히로부미를 따라 일본 유학길에 오르는 편에 그것을 들려 보내기 위해서였다.[24]

판적과가 한창 호구통계표와 씨름하고 있을 무렵 내각에서는 각 부(部)에, "「내각소속직원관제」 제5조 제7항에 (내각 법제국 기록과에서) 제반통계표 조제에 관한 사항을 담당한다고 명시되어 있는데 아직 준행치 못한 것은 매우 잘못된 일이다. 앞으로 실시할 것이니 … 귀부(貴部) 소관의 각종 통계표를 소상히 편집하여 올해 12월 중으로 관하 관청에 일체를 송교(送交)하고 신칙하여 빠짐없이 작성토록 하라"는 공문을 보냈다.[25] 이 공문대로라면, 갑오개혁 때 법령으로 제도화된 정부의 통계체

---

23 통계표 마련을 둘러싼 법석에 대해서는 「統函內部」, 『황성신문』, 1907.6.20; 「戶口道里表」, 1907.10.10; 「圖表觀覽」, 1907.10.18. "호구적·지적 사무를 보라고 만든 과가 평소에는 무엇을 했길래 인구통계표 하나 만드는 데 몇 달을 끌고 새로 임시직원까지 달라느냐" 하는 비판도 있었다(「地圖戶口査製紛忙」, 『황성신문』, 1907.10.16). 설마 통계표 하나를 만들지 못했던 것일까, 아니면 별것 아닌 정보지만 주기 싫었던 것일까? 그러나 제1장에서 본 것처럼 이미 통감부와 일본 정부는 조선에 대해 한국 정부보다 더 정확한 정보를 갖고 있었다. 1906~1907년 경무고문 마루야마가 지휘한 호구조사는 기존 신식호적 대비 65% 많은 인구를 파악했고, 일본 육군 육지측량부는 (비밀리에) 1:5만 지형도의 측량과 제도를 거의 끝낸 상태였다.

24 「戶表刊出」, 『대한매일신보』, 1907.11.27; 「印刷督促」, 『황성신문』, 1907.11.30.

25 「統計表飭送」, 『대한매일신보』, 1907.8.21.

계는 1907년 8월까지도 작동하지 않았던 셈이다. 그러나 이때의 지시대로 통계표가 수집되어 간행됐다는 소식은 없다. 내각 기록과는 『통계연감』 같은 간행물을 내놓지도 못했다. 이 시기에 그런 종합통계서를 간행한 것은 옛 재정고문부 출신의 일본인들이 대거 고용된 탁지부 그리고 차츰 식민지 지배기관이 되어가고 있던 통감부였다.

(2) 보호국의 통계체계

1904년에 설치되어 약 3년간 존속한 메가타의 재정고문부야말로 조선의 통계를 선도한 주체였다. 재정고문부는 일본 여러 관청의 통계양식을 수집·검토한 끝에 대장성의 '통계대장' 제도를 채택했다. 그러나 1907년 7월 이른바 「한일신협약」으로 일본이 직접 조선의 내정을 장악하게 되자, 재정고문부는 곧 폐지되고 메가타를 제외한 직원들은 대한제국 탁지부 관리가 됐다. 따라서 재정고문부가 마련한 보고통계 양식과 관련 규정이 실제 작동되고 통계 관련 출판물이 간행된 것은 탁지부의 이름으로였다. 1908년 봄 한국 정부 각 부의 「관제」와 「분과규정」이 전체적으로 개정됐다. 이때 다른 부와 달리 탁지부에서는 대신관방에 비서과·문서과·회계과 외에 따로 '통계과'를 설치했다. 통계과의 소관사무는 탁지부 통계사무의 통일, 탁지부 사무통계의 편성, 주보·연보·기타 보고서 발행 등이다.[26] 「탁지부통계사무처리규정」도 정했다. 통계대장에 수록될 탁지부 통계의 범위는 재정통계, 금융통계, 화폐통계, 무역통계, 기타 경제통계, 서무통계 등으로 정해졌다.

---

26 1908.1.27, 「탁지부분과규정」. '주보'는 곧 간행될 『재무주보』, '연보'는 이듬해 나올 『제1회 탁지부통계연보』를 가리킨다.

재정고문부(=통감부 재정감사청)는 1907년 4월 15일부터 『재무주보』를 발행했다. 10월 말 재정고문부가 폐지된 뒤로는 한국 탁지부가 『재무주보』를 발행했지만, 여전히 기사는 다 일본어였다. 같은 인물들이 탁지부 관리로 자리를 옮겨 주보 편찬을 계속했으리라고 생각된다.[27] 『재무주보』는 1908년 9월 28일까지 모두 73호가 나왔고, 『한국경제월보』를 비롯해서 조선의 도량형이나 수산업·주조(酒造)·염업(鹽業)·삼정(蔘政) 등 주로 재원 관련 조사 결과가 부록으로 간행됐다. 1908년 10월부터 탁지부는 기관지를 『탁지부공보』와 『재무휘보』 두 가지로 나누었다. 대신관방 문서과에서 낸 『탁지부공보』는 공문과 인사발령 등을 실었고, 통계과가 주관한 『재무휘보』는 보고·참고 자료·통계 위주였다. 『재무휘보』는 1910년 9월 25일 자 46호까지 발행되고, '한일병합' 이후에는 조선총독부 탁지부에서 3호가 더 간행됐다. 『한국경제월보』를 비롯하여 『재무주보』의 부록 체계도 그대로 유지됐다.

이런 매체들을 통해 탁지부는 대량의 조사보고와 통계를 공개했다. 『재무주보』와 『재무휘보』에 실리는 분량도 많았지만 부록 쪽은 더 대단했다. 매달 나온 부록 『한국경제월보』는 대개 50쪽 분량이지만, 임시재원조사국의 도별 조사보고서를 묶어서 『재무주보』 부록으로 낸 『한국염업조사보고 제1편』 같은 것은 무려 550쪽이 넘었다. 이들 부록의 전모는 아직 파악되어 있지 않은데, 확인된 것만 봐도 어떨 때는 2주 연속,

---

27 다만 탁지부 통계과에는 특별히 통계 전문가라고 할 인물은 보이지 않는다. 1908, 1909년 『대한제국직원록』에 따르면 통계과에는 과장 이도익(서기관) 외에 서기관 吉松憲郎(문서과장, 비서과·통계과 겸근), 사무관 吉田政治(세무과 겸근) 그리고 주사(主事)로 정인방, 홍종욱, 신규선, 中村勉三, 荻野七郎, 石井勘次郎, 澤西於菟雄 등이 있었다.

어떨 때는 한 주 걸러서 부록이 발행됐으니까, 탁지부는 당시 조선 최대 규모의 출판사였다고 하겠다.[28] 영향은 거기서 그치지 않았다. 1908년 11월에는 지금껏 「휘보」란에 인색했던 대한제국 『관보』가, 앞으로는 "일반의 참고가 될 만한 중요 사항은 빠짐없이 망라하도록 차차 개량" 한다는 방침을 밝혔다.[29] 1909년 말부터는 『재무휘보』의 통계나 조사 결과가 종종 『관보』의 「휘보」란에 옮겨졌다. 그것이 『관보』에 실린 몇 안 되는 통계표의 대부분을 차지한다.

또 탁지부는 1909년 3월에 제1회, 9월에 제2회의 『탁지부통계연보』를 발행해서 관공서와 은행 등에 배포했다. 휴대용 소책자인 '수진본(袖珍本)'으로 『한국재무통계요람』도 1908, 1909년도분을 발행했다. 이 『요람』에는 "Summarized Tables of Finance and Economy of Korea" 라는 영문 제목이 붙어 있고, 본문에도 영문이 부기되어 있다. 일본인들이 편집한 것이기는 해도, 한국 정부의 이름으로 나온 몇 안 되는 초기의 영어문헌 중 하나다.[30]

---

28 탁지부의 활발한 간행사업이 가능했던 것은 조선 정부가 지폐·우표 인쇄를 목표로 1887년 설치한 전환국과 농상공부 인쇄국을 1904년 메가타 재정고문이 탁지부 소속으로 만들었기 때문이다. 1908년에는 서울에서 영국인이 운영하던 인쇄소를 인수하면서 영문인쇄도 가능해졌고, 1910년부터는 『관보』도 탁지부 인쇄국에서 찍게 된다(朝鮮總督官房庶務部印刷所, 1921, 『朝鮮總督府印刷所要覽』, 1~4쪽, 16쪽).

29 1908.11.2, 관방발갑(官房發甲) 제589호, 「官報揭載事項에 關ᄒᆞᆫ 件」(1908.11.6, 『탁지부공보』 11, 34쪽).

30 당시 조선사정을 알리는 영어 간행물로는 통감부가 낸 『시정연보』류로 *Recent Progress in Korea*(1907), *Administrative Reforms in Korea*(1907), *The Second Annual Report on Reforms and Progress in Korea(1908-9)*(1909) 등이 있었다. 한국 정부 발행으로 된 것은 관세국의 무역통계 *Korea Reports on the Foreign Trade and Shipping for the Year 1908*(1908), 탁지부에서 낸 *General Condition of Korean Finance*(1909) 등이 있다.

〈그림 2-1〉 통감부시기 일본인 관리들이 편찬한 통계책자

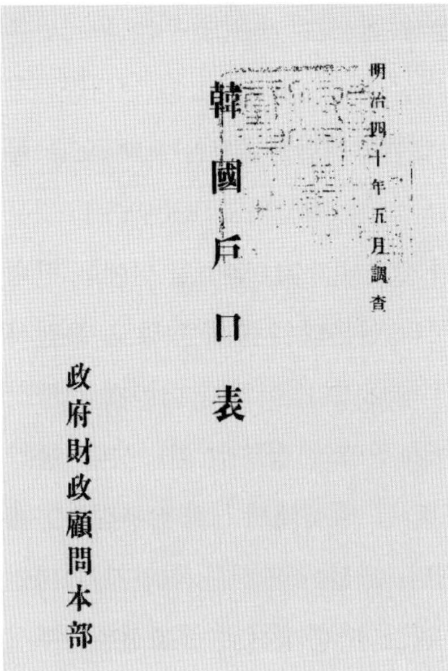

明治四十年五月調査

韓國戸口表

政府財政顧問本部

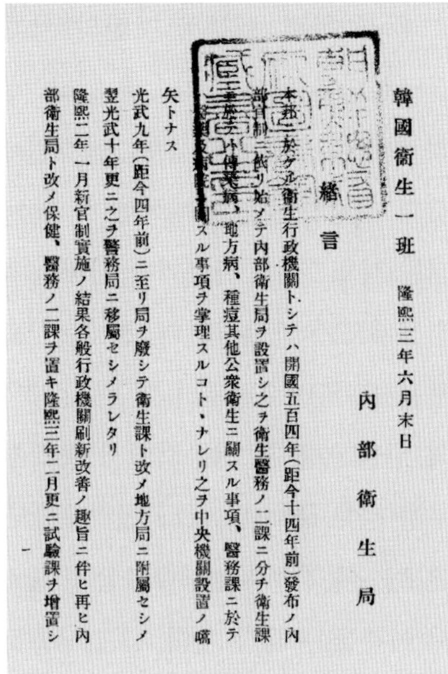

韓國衛生一班 隆熙三年六月末日

內部衛生局

緒言

本邦ニ於ケル衛生行政機關トシテハ開國五百四年(距今十四年前)發布ノ內部官制ニ依リ始メテ內部衛生局ヲ設置シ之ヲ衛生醫務ノ二課ニ分チ衛生課ニ於テハ傳染病、地方病、種痘其他公衆衛生ニ關スル事項、醫務課ニ於テ[illegible]スル事項ヲ掌理スルコト・ナレリ之ヲ中央機關設置ノ嚆矢トナス

光武九年(距今四年前)ニ至リ局ヲ廢シテ衛生課ト改メ地方局ニ附屬セシメ

翌光武十年更ニ之ヲ警務局ニ移屬セシメラレタリ

隆熙二年一月新官制實施ノ結果各般行政機關刷新改善ノ趣旨ニ伴ヒ再ヒ內部衛生局ト改メ保健、醫務ノ二課ヲ置キ隆熙三年一月更ニ試驗課ヲ增置シ

탁지부만이 아니다. 1907년 고종이 물러나고 일본인들이 대거 대한제국의 관리로 채용된 뒤로는 기다렸다는 듯이 여러 부서에서 분야별 통계서가 간행됐다. 관세국의 1907~1909년판 『한국외국무역요람』과 『한국외국무역연표』, 1909년 내부 경무국의 『제1회 한국경찰통계』, 내부 위생국의 『한국위생일반(韓國衛生一班)』, 농상공부의 제1회 『한국농무휘보』, 1910년 탁지부 사세국의 『제1회 세무통계』 등이다. 1906~1907년 경무고문부 호구조사의 결과표를 1907년 5월 재정고문부에서 간행한 『한국호구표』, 1910년 농상공부가 일본에 대한 조선 (이주) 안내서로 간행한 『한국통람』도 있다. 〈그림 2-1〉에서 보듯이 분명 대한제국 정부 부처가 발행하는 책인데 일본어로 되어 있거나, 표지나

관권장에 '메이지 40년'이라고 일본 연호가 표시되기도 했다.[31]

다른 한편, 이른바 조선의 '보호'를 위해 설치된 통감부는 외교만을 담당한다던 애초의 약속과 달리 '시정개선' 등의 명목으로 차츰 대한제국의 내정을 장악했고, 1907년 7월에는 「한일신협약」('정미7조약')으로 통감의 내정간섭을 법제화했다. 조선의 군대는 해산되고 1909년 11월부터는 사법·감옥 사무가 통감부에 '위탁'됐으며 1910년 6월 말에는 헌병경찰제도가 만들어졌다. 철도는 처음부터 일본의 수중에 있었고, 통신사무는 1905년 7월부터 일본에 '위임'된 상태였다. 이렇게 대한제국 행정의 상당 부분을 접수하면서 통감부는 사실상의 정부로 기능했다. 통감부는 관보(official gazette)인 『통감부공보』를 비롯해서 『(한국)통감부통계연보』, 『통감부시정연보』 등을 발행했다. 조선이 완전한 식민지가 되면서 이것들은 각각 그대로 『조선총독부관보』, 『통계연보』, 『조선총독부시정연보』로 이어진다. 이런 간행물에 대해서는 168~185쪽에서 살펴보겠다.

31 왼쪽은 1906~1907년 경무고문부 호구조사의 결과표인 『한국호구표』(국립중앙도서관 소장, 朝37-49)다. 발행자가 "정부 재정고문본부"라고 되어 있는데, 재정고문 메가타는 한국 정부에서 용빙했으므로 여기서 '정부'란 대한제국 정부를 말한다. 그런데 조사 기준일은 "메이지 40년 5월"이라고 되어 있다. 오른쪽은 대한제국 내부 경무국에서 낸 1909년 『한국위생일반』(국립중앙도서관 소장)의 본문 첫 장이다. 한국 정부에서 낸 한국의 위생 상황에 대한 책인데, 일본어로 되어 있다.

2. 총독부의 공식 통계체계

1) 중앙통계기구의 부재와 '총독관방 문서과 계열'

1910년 10월 1일 조선총독부가 사무를 개시했다. 총독부에는 기밀·비서·인사 등을 담당할 총독관방과, 내무부·탁지부 등 다른 부에 속하지 않는 포괄적 업무를 담당할 부처로 총무부를 두었다.[32] 총무부에 문서과가 설치되어 문서의 접수·발송·편찬·보존, 관보 발행, 통계 및 보고 등의 사무를 담당했다. 소관사무나 인적 구성의 면에서 조선총독부 문서과는 통감부 문서과를 계승하는 형태로 설치됐다. 『직원록』을 보면 총독부 총무부에 처음 설치된 문서과 직원 17명 중 7명이 이전 통감부 문서과에서 근무했던 인물인 반면, 1908년 대한제국 내각의 문서과나 기록과, 관보과 출신은 한 명도 보이지 않는다. 대한제국 관리 출신이든 아니든 문서과 직원록에 조선인의 이름이 등장하는 것은 1911년부터이다. 이들이 문서과에서 맡았던 정확한 업무가 무엇이었는지는 알 수 없지만, 아마 적어도 식민지 지배 초기에는 공문서상에서도 조선어 사용 내지 병용을 인정하지 않을 수 없었기 때문이 아닐까 싶다.[33]

32 관방(官房)은 일본 정부의 행정조직에서 총무·인사·회계와 비서·문서·기획·홍보·통계 같이 행정조직의 내부 관리와 행정사무의 종합 조정을 담당하는 부서다(ja.wikipedia.org/wiki/官房). 설치 당시의 조선총독부처럼 관방의 규모를 줄이고 나머지 사무를 총무부 같은 별개의 부서로 두는 것을 '소관방주의', 반대로 1912년 4월 이후처럼 총무부를 없애고 이런 사무를 모두 총독관방에 집중하는 것을 '대관방주의'라고 부른다.

33 1911~1924년에는 매년 평균 2명 정도의 조선인이 문서과 속(屬)으로 근무했다.

한편 내무부·탁지부·농상공부 같은 총독부 부처와 경무총감부·철도국·통신관서 같은 소속관서에는 서무과, 각 도의 장관관방에는 서무계 등을 설치하고 통계주임을 두어서, 각 부서들의 문서관리, 통계와 보고재료의 수집 같은 업무를 담당하게 했다.[34] 그러니까 총무부 문서과가 각 부처와 소속관서, 지방관청에서 올라오는 보고통계를 집계·정리·간행하는 중앙통계기구의 역할을 겸했고, 조사나 통계 사무를 담당하는 별도의 과는 없었다. 일본에서는 한때 내각 기록국·통계국·관보국이 각각 담당했던 사무 전체가 조선총독부에서는 문서과라는 하나의 과에 맡겨진 것이다. 조선총독부 전체가 일본 정부의 내무성·대장성이나 지방의 부청·현청과 같은 하나의 '관청'으로 규정됐으므로, 일본 정부의 성(省) → 국 → 과는 조선총독부에서는 부·국 → 과 → 계에 대응했다.[35]

문서과에는 아마 문서·조사·통계·발행 같은 사무 각각을 담당할 '계(係)'가 있었을 텐데, '계'는 「관제」나 「사무분장규정」, 『직원록』 등에 등장하지 않기 때문에 자세한 것은 알 수 없다. 물론 직제만이 아니라 인

이대용, 조한경, 유익수, 이보영, 윤관일, 최학기, 김병연 등이다. 자세한 명단은 송규진, 2015, 앞의 글, 27~28쪽을 볼 것(다만 國分哲, 松田甲, 都築肇는 조선인이 아니다).

34 1910.10.1, 조선총독부훈령 제2호, 「조선총독부사무분장규정」; 1910.10.1, 제3호, 「도사무분장규정」; 1910.10.1, 제4호, 「조선총독부경무총감부사무분장규정」 등. 소속관서는 경무총감부·임시토지조사국·철도국·전매국·체신국처럼 특수한 사무를 담당하고 예산항목이 따로 정해진 총독부 전체의 외청·외국이다. 식민지기에는 3권 분립이 이루어지지 않아 재판소도 총독부의 소속관서였다. 도(道)도 소속관서지만, 이 책에서는 '지방관청'이라고 부르기로 하겠다.

35 조선총독부 부처는 내무부·탁지부·사법부 하는 '부'였다가 1919년 8월부터 내무국·재무국·법무국 같은 '국'으로 개편되고, 이후 '부'는 총독관방에 설치된 서무부·토목부·철도부 같은 하위 부서나 산림부·토지개량부처럼 국보다는 작은 규모의 부처를 가리키게 된다. 일본에는 성마다 대신관방이 있었지만 조선총독부에서 '관방'은 총독관방 하나뿐이고, 각 부·국의 장관이나 국장으로 이루어진 내각 같은 것도 없었다.

력의 배치도 따져봐야 하지만,[36] 조선총독부에서는 문서·조사·통계·발행 등의 사무가 미분화된 채 비전문적으로 처리됐을 가능성이 크다고 하겠다.

그런 점에서 조선총독부의 행정체계가 일본제국 정부의 행정체계를 본으로 했다는 말은, 틀린 것은 아니지만 조금 더 한정되어야 할 필요가 있다. 그것은 일본 정부보다 오히려 다른 식민지 통치기구들과 비교해서 가늠되어야 한다. 하지만 여기에는 식민지의 규모 차이와 서로 다른 법적 지위 문제도 있다. 결국 조선과 비교할 만한 식민지는 타이완 정도인데, 1900년대 초 타이완에서 총독관방 문서과의 업무는 총독이 발하는 행정·사법에 관한 명령·고시의 공포, 부보(府報) 발간, 문서의 정리와 간행, 도서의 정리 등으로 되어 있었다. 통계는 본래 문서과 업무의 일부였지만 1908년 임시호구조사부가 폐지된 뒤 타이완 총독관방에 따로 통계과가 설치됐다.[37]

타이완과 달리 조선에서 통계과나 조사과의 설치는 훨씬 더 늦게 이루어졌고, 심지어는 문서과마저도 1912년 4월부터 1919년 8월까지, 1928년 3월부터 1929년 10월까지 그리고 1945년 4월부터는 인사과 등과 통합되어 '총무과'라는 거대 부서로 존재했다. 1912년 '행정정리'

---

36 『직원록』으로 보면 1912년 행정정리 때 문서·통계 사무가 모두 통합된 총독관방 총무국 총무과의 직원은 과장(서기관) 포함 18명이다. 일본의 내각 통계국은 국장 포함 14명, 서기관실 기록과는 과장 포함 6명의 규모다. 조직상 일본의 '통계국'과 조선총독부 총무과 '통계계'는 비교할 수도 없지만, 판임관 이상의 인력은 차이가 그렇게 극단적이지는 않았음을 알 수 있다. 문서과 계열의 직원 수는 송규진, 2015, 앞의 글, 11쪽을 볼 것.

37 『(臺灣總督)府報』란 타이완총독부에서 낸 관보의 명칭이다. 타이완총독부 문서과·회계과 등에 대해서는 臺灣總督府, 1909, 『(明治四十一年分)臺灣總督府民政事務成績提要 第十四編』, 45~51쪽.

는 조선총독부 초기 총독관방과 총무국에 대한제국·통감부 이래의 고등관이 너무 많은 것을 정리한 조치였고, 1920년대 말의 것은 행정적으로는 여러모로 파격적이었던 야마나시 한조(山梨半造) 총독 재임기(1927.12~1929.8)의 일, 1945년 것은 전쟁 막바지 총독부의 전시 대응책의 일부였다.

한편 조선에서 '통계과'는 1920년 일본제국 전체의 국세조사 준비로 1918년 5월 설치되어 1922년 10월까지 존속한 것이 전부인데, 그마저도 과장 이하 직원 상당수는 문서과·임시국세조사과와 겸직이었다. 국세조사를 위해서는 그때마다 임시국세조사과가 설치되는데, 1920년 국세조사의 불발로 1918년 통계과와 함께 증설됐던 임시국세조사과는 1920년 4월 폐지, 통계과에 흡수됐다. 1925년 간이국세조사는 문서과가 주관해서 시행했다. 1930년 국세조사를 앞두고 1929년 6월 임시국세조사과가 다시 설치됐다가 국세조사의 준비부터 결과 간행까지의 사무가 길어지면서 상설기구가 되고, 1937년 6월부터는 명칭도 '국세조사과'가 됐다. 이 국세조사과는 1943년 12월부터 '조사과'로 개칭된다.

조사과는 두 번 설치된다. 첫 번째는 1922년 10월 기존 통계과가 조사과로 개편된 것인데, 이때의 조사과는 통계뿐 아니라 제5장에서 보게 될 젠쇼 에이스케니 무라야마 지쥰이니 하는 촉탁들을 고용해서 '조선사정조사'라는 이름으로 다양한 분야에 걸친 조사를 수행했다. 이 조사과는 일본제국 전체의 재정긴축으로 1924년 말에 폐지되고 직원과 사무 대부분은 문서과로 이속된다. 1943년 9월에는 기존 국세조사과가 조사과로 개편됐다가 1945년 4월 문서과와 통합되어 '총무과'가 된다. 이때의 조사과 사무는 ①각종 통계의 정리, ②보고례, ③국세조사, ④인구동태조사, ⑤노동 및 기술통계조사, ⑥가계조사, ⑦다른 부서의 주관

〈그림 2-2〉 조선총독부 문서과 계열의 변천

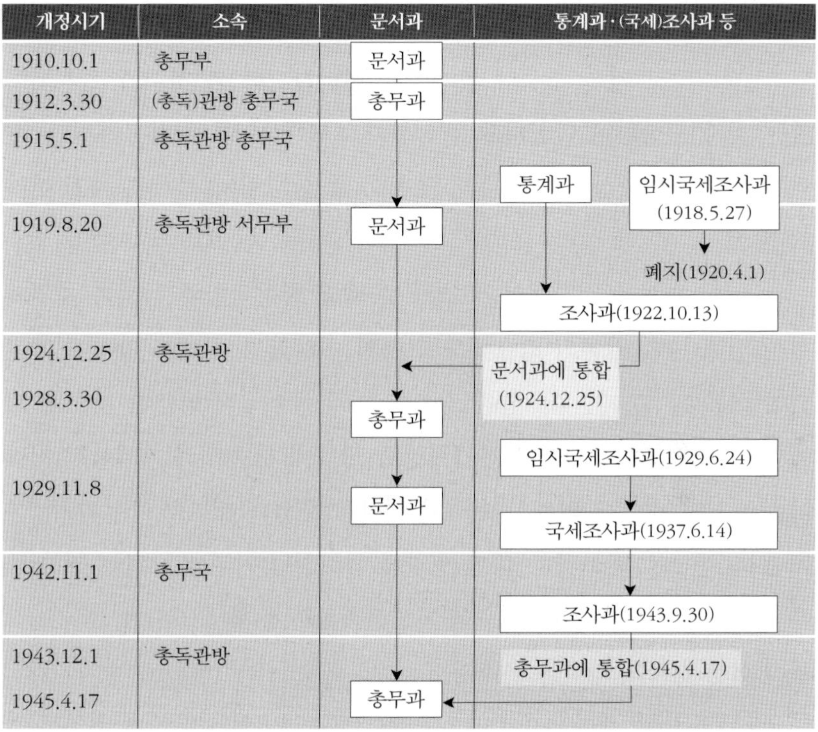

에 속하지 않는 각종 조사 등이다.[38] 조사·통계 사무가 비교적 상세하게 「사무분장규정」에 규정된 것은 이때뿐이다.

이런 변화를 정리하면 〈그림 2-2〉와 같다. 조선총독부에는 1918~1920년 약 2년간과 1943년 12월부터 1945년 4월까지의 약 1년 반 정도의 기간을 제외하고는 '과' 수준에서 독립된 중앙통계기구는 존재하지 않았던 셈이다. 나머지 시기 조사와 통계는 대개 총독부의 문서행정, 『관

---

38 1943.9.30, 조선총독부훈령 제71호, 「조선총독부사무분장규정」 개정. 이때는 문서과와 조사과가 총독관방이 아니라 총무국에 속해 있었다. ①, ②는 기존 문서과, ③~⑤는 국세조사과 사무, ⑥은 신설된 조사다.

보』 및 여타 간행물의 발행, 총독관방의 서무와 함께 문서과(나 총무과)에서 담당했다. 물론 이때도 문서과 안에 '통계계'나 '조사계'를 두었겠지만, 그렇더라도 역시 조사나 통계만을 전담하도록 과 하나가 설치되어 있는 것과는 상황이 달랐다고 생각된다. 어색한 이름이기는 하지만, 편의상 문서과를 중심으로 통계과·조사과 등을 합쳐서 '문서과 계열'이라고 해 보자.

그런데 과연 조선총독부의 조사·통계를 총독관방의 문서과 계열에서 독점했을까? 일본의 경우에도 그렇지는 않았고, 통계표 양식의 지정과 인구통계, 『통계연감』 편찬 정도를 내각 통계국이 담당한 것으로 되어 있다. 조선총독부에서는 정기적인 통계는 대개 문서과 계열에서 제정하는 보고례 양식에 의해서 수집되고 다시 문서과 계열로 보고되어 『통계연보』 등으로 편찬됐다. 다만 법령에 의하거나 기밀에 속하는 조사 등은 예외였다.[39] 그러나 아직 우리는 조선총독부 통계체계의 전모와 그 작동 방식을 정확히 알지는 못한다.

한 가지 예를 들어보자. 〈표 2-1〉은 1944년 5월 1일 현재 총독부 각 국·과에서 수집하고 있는 통계조사 자료를 정리한 『조선총독부조사자료목록』에서, 주로 제1심 형사재판과 관련된 내용 일부를 뽑은 것이다.[40] 비교를 위해 시기적으로 제일 가까운 1942년판 『통계연보』와 1941년판 『사법통계연보』에서 제목으로 해당 표를 찾아보았다. 연도도 다르고 내용을 일일이 본 것이 아니라서 비교가 정확하지는 않다. 두 개 이상의

---

39 1941.7.18, 조선총독부훈령 제82호, 「조선총독부 통계사무취급방법」(이 책 635쪽).

40 朝鮮總督官房調査課, 1944, 『(昭和19年版)朝鮮總督府調査資料目錄』(서울대학교 중앙도서관 원문). 이 자료에 대해서는 송규진, 2015, 앞의 글, 21~23쪽을 볼 것.

〈표 2-1〉 1944년『조선총독부조사자료목록』의 제1심 형사재판 관련 표

조사자료목록 번호	소관과	보고례 을*	통계연보 (1942년)	사법통계 (1941년)	취급
186. 형사사건 기제(旣濟) 기간별 건수표	총독관방 조사과	204	326	-	공표
187. 형사사건 재판결과표		205	325	-	〃
188. 형사유죄확정 재판인원 연령표		206	327	54	〃
189. 18세 미만자 제1심 형사죄명별 재판인원표		207	337**	63	〃
190. 은사를 받은 자의 범죄인원표		210	-	-	〃
191. 형사피고인(피의자) 구류기간별 인원표		211	330	57	〃
192. 형의 집행유예 및 동(同) 사고 인원표		212	331	58	〃
727. 제1심 형사공판사건 합계표	법무국 총무과	201	320	44	〃
728. 제1심 형사사건 미제건수 심리 기간표		-	-	-	〃
729. 형사약식에 의한 사건표		-	-	47	〃
730. 예심사건표		199	319	43	비
731. 제1심 사소(私訴)사건표		-	329	56	〃
732. 단순, 즉시 및 준항고 사건표		208	-	-	〃
733. 형사공조사건표		213, 214	333	60	〃
734. 제1심 형사, 기타 사건표		-	-	-	〃
735. 공판 및 예심사건 미제피고인 구류기간별표		-	-	-	〃
831. 형사사건 건수표	형사과	200	-	-	〃

* '보고례 을'은『조사자료목록』에 해당 보고례 번호가 기재되어 있는 것임
** 1942년판『통계연보』에는 20세 이하에 대한 표가 실려 있음

표가『통계연보』등에서는 하나로 합쳐지거나 할 수도 있다.

열거한 17개 표 중 5개를 빼고는『조사자료목록』에 '보고례 을' 제 몇 호 표라고 표시되어 있다. 뒤에 보겠지만 보고례 '갑'은 지방관청(도), '을'은 소속관서에서 보고할 내용이다. 이 17개는 모두 재판소, 그중에

서도 1심이니까 지방법원(과 검사국)에서 작성해서 보고할 내용이다. 그런데 그중 7개는 소관과가 총독관방 조사과, 9개는 법무국 총무과, 1개는 법무국 형사과로 되어 있다. 사법 관련 통계를 법무국 총무과에서 담당한 것은 재판 관련 서류 정리가 재판소 서기의 몫인 것과 같은 맥락에 있지 않을까 싶다. 그러나 조사과에서 담당할 표와 법무국 총무과·형사과에서 담당할 표가 어떤 근거에서 나뉘어졌는지는 모르겠다. 표 186~192는 비전문가도 쉽게 알 수 있는 내용이어서 지방법원이나 검사국에서 법무국을 거치지 않고 바로 조사과로 보내도 된다는 것일까?[41]

물론 최종적으로 이 표들이 실릴 『통계연보』를 편찬하는 것은 문서과니까, 조사과 소관이든 법무국 총무과·형사과 소관이든 결국은 문서과로 보내져야 했다. 또 여기에는 옮기지 않았지만 『조사자료목록』에서는 이 표들 모두가 현재 원고 상태이며 『통계연보』에 실어서 인쇄할 예정이라고 했다. 그런데, '취급상 주의' 항목을 보면 그중에서도 '공표(公表)'라고 한 것이 있고 '비(秘)'라고 한 것이 있다. 어차피 『통계연보』로 공간될 내용인데 '비'로 분류해 놓은 것은, 『통계연보』가 간행될 때까지 원고를 대외비로 한다는 뜻인지 모르겠다.

2) 통계 담당 직원의 문제

조선총독부 문서과와 통계과·조사과 등에서 근무한 직원 중에서 과연 통계 전문가라고 할 만한 사람이 있었을까? 일본 공식 통계의 기틀을

41 조금 더 이른 시기의 것인 朝鮮總督府, 1938, 「(朝鮮總督府報告例別冊乙號ニ依ル) 月別報告一覽」, 12쪽을 보면 『조사자료목록』의 표 182~192 중 190만 법무국 법무과 소관으로 되어 있다.

놓은 것이 스기 고지라면 타이완의 통계체계를 확립한 것은 그의 제자인 미즈시나 시치사부로(水科七三郎)다. 미즈시나는 1883년 스기가 설립한 3년제 공립통계학교의 제1회 졸업생으로, 1903년 7월 타이완총독부의 통계사무를 맡게 됐다. 일본이 '국세조사'라는 이름으로 1905년 최초의 인구총조사를 기획할 즈음이었다.

이듬해 러일전쟁 발발로 일본제국 전체의 총조사는 무산됐으나, 타이완만은 10월 1일에 '임시타이완호구조사'라는 이름으로 총조사를 실시한다. 일본의 영토가 된 지 10년만이었고, 한편으로는 타이완 원주민족인 번족(蕃族)과의 무력충돌이 계속되는 상황이었다. 미즈시나는 임시호구조사에 이어 총독부보고례를 정비하고『타이완총독부통계서』편찬, 총독부의 통계강습회 실시 등을 주도했으며, 1908년 7월에는 총독관방에 신설된 통계과의 과장이 됐다. 1915년 제2회 임시타이완호구조사까지를 마치고 1917년 6월 과장직에서 물러난 그는, 이듬해 일본으로 돌아가 통계국·임시국세조사국 등의 촉탁으로 1920년의 제1회 국세조사 준비를 거들었다.

스기나 미즈시나처럼 일본 조사·통계의 역사에 남을 만한 인물은 조선총독부 통계체계의 기틀이 마련되는 초기에도 없었고 이후로도 없었다. 조선총독부의 첫 번째 문서과장 오기타 에쓰조(荻田悅造)를 비롯해서 후임 과장들이나 문서과의 사무관급 이상은 대개 도쿄제국대학 법대 등을 나온 문관고등시험 출신들이다. 1918년부터 4년여를 존속했던 통계과의 과장들도 모두 통계의 전문가라고 할 만한 인물은 아니었다.[42]

---

42 통계과장을 역임한 네 명 중 다나카 미쓰오(田中三雄, 1920.6.30~1921.6.3)를 제외한 세 명은 문서과장이면서 통계과장을 겸직했다. 네 명 모두 도쿄제국대학 법대를 졸업한 문관고등시험 합격자다.

게다가 일본 정부에서는 관료들의 인사이동이 대개 처음 임용된 부처 내에 한정됐던 반면, 조선총독부에서는 사무관급 이상은 순환보직을 통해 여러 부서를 옮겨다녔다.

직제상으로 그나마 통계 전문가가 있을 만한 자리는 국세조사 실시를 위해 설치된 '통계관'이라는 직책이었다. 통계관은 1920년, 1925년에는 임명되지 못했고, 1930년 국세조사를 앞두고 임시국세조사과에 통계관 1명과 속(屬) 2명이 증원됐다.[43] 1918년부터 문서과·통계과·조사과 등에서 속으로 근무한 오우치 기요시(大內澄)가 통계관으로 승진했고, 그 뒤를 이어 마나베 한파치(眞鍋半八)가 1933~1940년 통계관으로 있었다. 1941년에 통계관이 2명으로 증원되어 스즈키 도라지로(鈴木虎次郎)와 와다 기소지(和田喜三次)가 1941~1942년 통계관으로 근무했다. 한편 통계관보(補) 자리는 1940년 신설되어 그해 6명, 1941년 8명, 1942년에는 11명이 된다. 통계관·통계관보는 모두 문서과 계열에서 속으로 오래 근무한 인물들이다.

마나베가 1897~1899년 가가와현립(香川縣立) 구리시마항해학교(粟島航海學校)를 다녔다는 것 외에, 하급관리인 이들의 배경은 알려져 있지 않다. 다른 사람들도 그런 정도의 기술학교 학력이 아니었을까 싶은데, 직무상 오랫동안 공식 통계를 취급했다는 것 외에 통계에 대한 저술을 남기거나 한 인물은 없다. 그 밖에는 도쿄제국대학 경제학과를 졸업한 조선인 육지수가 1936~1939년 문서과 촉탁으로, 또 경성제국대학 의학부(위생학·예방의학교실)에서 박사학위를 받은 하라후지 슈에(原藤周衛)

43 1929.5.21, 칙령 제130호, 「조선총독부 부내(部內) 임시직원설치제」 개정. 관리의 등급에 대해서는 보론 5를 볼 것.

가 1941년, 1942년 기획부 제1과(계획과) 촉탁으로 있었던 정도가 눈에 띈다.

전국의 통계를 전담하는 부서가 그 정도였으니 다른 곳은 말할 것도 없었다. 총독부 다른 부처, 소속관서, 도청 등에서 통계·보고를 담당하는 '통계주임'이란 관제상의 정원으로 정해진 직책이 아니고, 「조선총독부 통계사무취급 건」에 의해 부서장이 기존 직원 중 한 명을 임명한 것이다. 통계주임은 통계사무 전임(專任)이 아니고 다른 사무를 겸했다. 1911년 「통계사무취급 건」에서부터 총독부 각 부·국과 소속관서에서는 통계주임을 임명하고 관직·성명을 문서과로 통지하라고 했지만, 1916년에 가서도 정무총감은 각 소속관서에 통첩해서 아직도 이 일이 마무리되지 않아 정리상 지장이 있다고 언급했다. 한참 나중까지도 통계주임이 교체된 내역은 제대로 보고되지 않았다.[44]

통계주임은 부서별 통계 작성자가 아니고, 그 부서의 통계를 수합해서 검사·정리하고 총독부로 보고하는 직책이다. 통계의 작성은 주무 과·계나 하급관청에서 담당했다. 지방관청의 경우 서류를 뒤지든 현장조사를 나가든 실제로 통계숫자를 만들어 내는 것은 읍·면이었다. 통계사무는 도·부·군에서는 판임관인 속(屬), 읍·면에서는 서기에게 맡겨졌다. 규모가 작은 일선 관청으로 내려갈수록 사정은 열악했다. 몇 종류의 통계 교과서나 지침서가 있었지만 체계적인 교육은 부족했다.[45] 통계직원을 교

---

44 1911.2.22, 조선총독부훈령 제16호, 이 책 633~638쪽; 1916.3.16, 관통첩 제38호, 「통계주임에 관한 건」; 1930.7.12, 관통첩 제34호, 「통계주임 이동(異動)통지 여행(勵行)에 관한 건」.

45 물론 식민지기의 공식통계란 표준편차를 계산한다든지 하는 수리통계학이 아니고, 1년 동안의 출생신고 수나 사산아(死産兒) 수를 집계하는 등의 일이었다. 통계 지침서의 내용도 그런 것을 빠짐없이 헤아리기 위해 서류를 잘 정리해 두라거나 숫자는 아라

육·양성하는 기관은 없었다. 총독부가 개최하는 통계강습회는 국세조사 준비로 한두 차례 이루어졌을 뿐이다. 통계직원의 교육은 일본 내각 통계국의 2개월 과정 통계직원양성소와 1년에 한 차례, 여름에 있는 3주 정도의 통계강습회에 의존했던 것 같다. 『조선통계시보』의 「통계일지」를 보면, 1930년대 후반에도 통계직원양성소에는 2~3명, 통계강습회에는 9~15명의 총독부·소속관서·지방관청의 속을 파견하고 있다.[46] 그러나 1년에 전국에서 10명 내외의 직원을 교육하는 정도로는 한계가 있었을 것이다.

아래의 내용은 1938년 조선통계협회의 통계공적자 표창을 받은 면 서기의 이력과 공적으로, 식민지기 면 통계주임의 전형이라고 생각된다.[47] '통계주임'이라고 했지만 통계사무 전담자가 아니라 '내무'나 '서무'로 분류될 만한 사무를 담당하면서 '겸해서' 통계사무도 보고 있는 정도라고 하겠다.

- 인적 사항: 전라남도 해남군 화원면 서기 천학순
- 학력 및 경력: 1928년 3월 경성 중동학교 4학년 졸업, 1929년 6월

비아숫자로 쓰라거나 단위를 빠뜨리지 말고 기입하라는 정도였다(부록 1을 볼 것).

46 통계나 조사사업과 관련해서 일본 본국이나 타이완 등과 연락도 꽤 긴밀했다. 일본 자원국 주최 외지관계관회의에 조선총독부 통계직원이 참석하거나 조선자원조사위원회에 일본의 자원국 장관과 육·해군성, 척무성 관계관이 출석하는 것은 당연한 일이었다. 1937년 5월에는 인구동태조사, 1940년 국세조사 등에 대해 내각 통계국이 주최하는 (일본의) 도·부·현 통계과장 회의에 조선총독부에서도 국세조사과 통계관과 문서과 속이 참석했다. 또 타이완의 자원조사회의에 조선총독부에서도 이사관·속·기수 등 5명을 참석시켰다(이상 『조선통계시보』 1, 70~72쪽; 3, 73쪽; 4, 84쪽; 5, 84~85쪽; 6, 82쪽; 7, 73쪽 등).

47 朝鮮統計協會, 1938, 「第三回統計功績者及統計優良邑面表彰」, 『조선통계시보』 11, 36~37쪽의 내용을 요약했다.

사립 경성부기전수학교(京城簿記專修學校) 졸업. 그해 9월 화원면 서기, 통계주임으로 임명. 1936년 9월 군 주최 통계강습회 수강

- 담당 사무: 통계사무 외에 토목, 교육, 병사(兵事), 사사(社寺), 종교, 소작, 서무 일반, 문서 사무 등
- 공적: 통계주임이 되어 통계사무의 연구에 정려(精勵)해서 정확히 하고 정연한 통계표 작성에 힘씀. 특히 자료 수집에 대해서는 현장조사를 원칙으로 해서 솔선수범하고, 면 직원의 월례회, 기타 회합 등 기회 있을 때마다 일반 직원의 주의 환기에 노력함. … 달관적 조사의 폐해에 흐르기 쉬운 산업통계에 관해서는 도·군의 지시에 근거하여 전 직원 협력일치, 특히 주의를 기울인 결과 현저하게 개선시킴. 또 통계예규, 대장 등에 세심한 주의를 기울여 늘 그 개폐·정리에 노력, 집무상 참고의 편의를 꾀하고 있음

공식 통계체계의 부족한 부분을 메꾸기 위해 관변단체가 만들어지기도 했다. 1924년에는 이듬해 간이국세조사를 앞두고 총독부 통계사무의 개선·쇄신을 꾀하는 동시에 일반 민중에게 통계사상을 보급하기 위해 총독부 조사과를 중심으로 '통계연구회'가 결성됐다. 이 통계연구회는 곧 해체된 듯하다.[48] 10년이 지나 1935년에는 총독부 설치 25주년을 맞아 "통계사무의 쇄신·개선 및 통계지식의 보급·향상을 꾀"한다는 거의 같은 취지로 '조선통계협회'가 설립됐다. 총독관방 문서과장이 회장직을

---

48 「통계연구회」, 『동아일보』, 1924.8.23; 薄田美朝, 1924, 「統計研究會生る」, 『朝鮮』 113, 99~100쪽. 당시 총독부에서는 간이국세조사를 '제2회 임시호구조사'로 시행할 계획이었다. 통계연구회의 이후 활동에 대해서는 알려진 바가 없다. 『조선의 통계(朝鮮の統計)』라는 잡지도 냈다고 하는데, 남아 있지 않은 듯하다.

맡았고 사무소도 문서과에 두었으며, 통계에 관한 연구, 기관지 『조선통계시보』의 간행, 공적자 · 우량읍면의 표창 등의 활동을 했다. 특히 『조선통계시보』의 다양한 기사들은 보고례의 각 항목을 비롯해서 여러 가지 조사와 간행된 통계의 내용에 대해 조금 더 깊고 넓은 설명을 제공했다. 조선통계협회의 회원은 총독부와 소속관서, 지방관청의 통계사무 관계자 등으로, 사실상 공식 통계체계의 구성원과 외연이 같았다.[49]

3. 공식 통계의 집계와 간행

1) 보고례: 분야별 보고의 양식

(1) 보고례라는 정기보고 제도

조선총독부가 소속관서와 지방관청으로부터 보고통계를 수집하기 위해 사용한 보고의 양식이 「조선총독부보고례」다. 이 책 부록 1의 1)에서 보듯이 '보고례(報告例)'란 이름 그대로 각 보고를 누가, 누구에게 언제까지 어떤 양식에 어떤 내용을 채워서 하라고 정해둔 규정이다. 거기에 사안별 통계표 양식이 잔뜩 첨부되어 있다. 앞서 살펴본 것처럼 메이지기 일본에서는 정부 전체의 보고 양식이 통일되지 않아서, 내무 · 사법 · 지방행정 쪽은 '보고례', 대장성은 '통계대장', 농상무성은 '통신

49 조선통계협회, 1936, 「會報」, 『조선통계시보』 1, 70~76쪽. 『조선통계시보』는 간기가 조금 불규칙했지만 계간이었다. 국립중앙도서관에 1~15호(1936.3~1939.10)까지 남아 있다.

규칙'과 '통계보고규정' 등 다양한 규정과 양식이 있었다. 식민지에서는 1898년 타이완에서 보고례가 제정된 것을 필두로 해서 대개 '보고례'라는 명칭이 사용됐다.[50] 조선과 마찬가지로 타이완에서도 국세조사를 제외하면 총독부의 통계사무 대부분은 보고례 제도를 통해 이루어졌다. 그러나 이런 통계보고의 양식에 대해서는 거의 연구가 이루어지지 않아 보고례와 다른 양식들 사이에 어떤 차이가 있는지, 타이완에는 어떤 경로를 통해서 '보고례'라는 명칭과 제도가 도입됐는지, 그것과 일본의 내무 보고례나 부·현 보고례와는 어떤 관계가 있는지 등에 대해서는 알려진 바가 없다.[51]

조선에서 최초로 '보고례'라는 명칭이 사용된 사례는 아마 "경찰에 관해 이사관이 보고할 사항"을 규정한 1906년 4월 27일 통감부훈령 제7호, 「보통경찰보고례」일 것이다. 1906년 5월 8일 자 일본 『관보』에 실린 이 훈령에는 59개의 보고 사항 목록만 있고 양식은 생략되어 있다. 이후 경무총감부가 설치되어 1910년 7월부터 헌병경찰제도가 시행되면서, 일반 내무·지방행정과 별개로 존재한 경찰조직 내부의 보고제도로 경찰보고례가 조금씩 이름을 바꾸어가며 운용됐다.[52] 그중 몇 차례는 『조선총독부관보』에 표 양식 전체가 실리기도 했다.[53] 1910년대 전반까

---

50 1898.11.26, 타이완총독부훈령 제313호, 「臺灣總督府報告例」; 1911.4.7, 가라후토청훈령 제12호, 「樺太廳報告例」; 1927.6.18, 남양청훈령 제14호, 「南洋廳報告例」 등.

51 타이완의 보고례 제도에 대해서는 高橋益代, 2006, 「日治期臺灣の統計調査制度史(稿): 臺灣総督府の統計調査事業, に「報告例」について」, 一橋大學 발표문.

52 1909년 11월부터 대한제국의 사법과 감옥 사무가 통감부에 '위탁'된 뒤, 통감부는 민·형사 재판과 검사수사사건을 보고할 '보고례' 또는 '기재례(記載例)'를 정해서 통감부재판소와 검사국에 내려보내기도 했다.

53 1911.1.9, 경무총감부훈령갑(甲) 제1호, 「보통경무보고례」; 1912.1.24, 경무총감부

지는 제정과 개정이 분명히 구분되지 않다가 1916년 1월의 경찰보고례가 기준으로 정착됐다.[54] 1919년 '문화정치' 국면에서 경무총감부가 폐지되면서 경찰보고례는 없어지고, 보고 사항은 「조선총독부보고례」로 통합된다.

「조선총독부보고례」는 1911년 6월 15일 조선총독부훈령 제55호로 제정됐다. 보고례는 수백 개 양식을 담고 있다 보니 양이 많아 양식 부분은 별책으로 간행됐다. 보고 사항과 양식 하나하나는 수시로 신설·변경·폐지될 때마다 관통첩으로 전파되지만, 개정이 많이 축적되면 훈령을 발표해서 별책을 새로 간행했다.[55] 보고례 개정 훈령은 모두 22차례였다. 1922년까지는 매년 한 차례 개정되고 이후 1930년대 말까지는 2~3년에 한 차례, 1940년대 들어서는 다시 1년에 한 차례 정도 개정된 셈이다. 특이하게 1922년 개정 『보고례별책』 같은 것은 추가·개정된 양식만 모은 것인데, 각각의 표 양식을 한 장씩 뜯어서 기존 『보고례별책』에 붙여서 쓸 수 있도록 양식을 한쪽 면에만 인쇄하고 장마다 자르는 점선 구멍을 뚫어두었다(〈그림 2-3〉).[56]

훈령갑 제4호, 「경찰보고례」; 1914.1.22, 경무총감부훈령갑 제4호, 「경찰보고례」.

54 이전까지는 매번 보고례를 "다음과 같이 정함"이라고 하다가, 1910년대 후반에 "1916년 조선총독부 경무총감부훈령갑 제4호 경찰보고례 중 다음과 같이 개정함" 이라는 문구가 정식화된다. 1916년 「경찰보고례」 본문은 그해 2월에 나온 『警務彙報』 113, 20쪽 이하에 실려 있다.

55 〈그림 2-3〉은 서울대학교 중앙도서관 소장본을 필자가 촬영한 것이다. 『보고례별책』은 국립중앙도서관과 서울대학교 중앙도서관 등에 대부분 보관되어 있지만 온라인으로 원문이 공개된 것은 없다. 훈령으로 『보고례별책』이 개정될 때는 제국지방행정학회에서 별책을 냈고, 그사이에는 지카자와상점(近澤商店) 등에서 문서과의 교열을 거쳐 따로 별책을 간행·판매하기도 했다(『조선통계시보』 1, 78쪽; 2, 73쪽; 9, 앞표지 뒷면 광고).

56 일본어로는 'ミシン目加工'이라고 한다. 한국에서도 인쇄업계에서는 '미싱가공'이라는 말을 쓴다.

〈그림 2-3〉 1922년 개정 『보고례별책』과 자르는 선

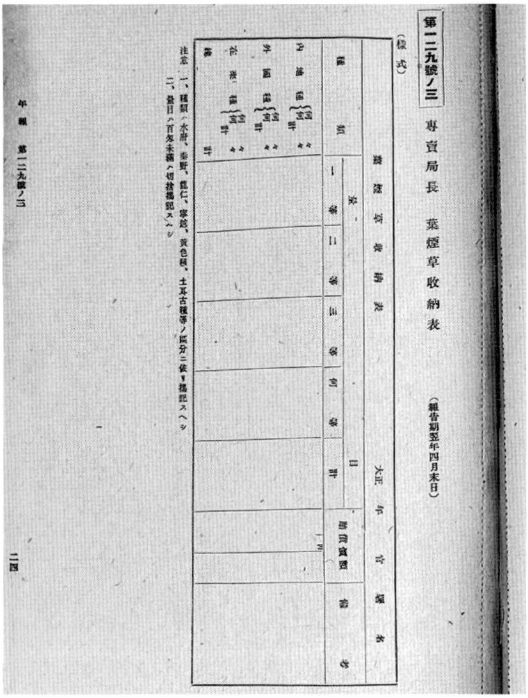

보고례에 따른 보고는 사안을 글로 기술하는 것과 통계표 양식을 기반으로 한 것 두 가지가 있는데, 양식을 따른 것이 압도적으로 많다. 보고의 종류는 보고 사항에 따라 기간을 나누어 즉보·일보·순보(旬報)·월보·계보(季報)·반년보·연보 등으로 구분했다. 1914년에 개정된 『보고례별책』을 보면 각 관서 직원의 사망, 체신사고와 철도사고, 경찰사항, 검사사무, 전염병 발생 등은 양식 없이 전보 등을 이용해서 즉시 보고해야 하는 '즉보'였다. 즉보나 일보, 월보로 보고된 사안은 나중에 가서 반년보나 연보로 다시 집계해서 보고하는 경우가 많았다. 일보는 곧 폐지됐다.

연보는 처음에는 역년별 조사(暦年調)와 연도별 조사(年度調)로 나누

어 전자는 이듬해 2월 말, 후자는 5월 말까지 보고하도록 했다가,[57] 나중에는 제 몇 표는 2월 말까지, 제 몇 표는 3월 말까지 하는 식으로 보고 사항별로 기한을 정했다. 가령 1934년 보고례에서, 「경지면적조사표」는 1월 말까지 도지사가 총독부 문서과를, 「쌀 생산가액표」는 3월 말까지 도지사가 총독부 농정과를 거쳐서 보고하도록 규정했다. 앞서 본 재판 관련 보고처럼 같은 농업통계인데도 주무과가 다르다. 『보고례별책』의 편제도 처음에는 즉보·일보·월보·연보 등 보고기한별 분류를 따랐다가, 1934년부터 각 도의 보고는 보고례 갑호, 소속관서의 보고는 보고례 을호로 나누었다.[58] 1938년의 『보고례별책』 체재는 〈표 2-2〉와 같다.[59]

보고 항목의 수도 시대에 따라 변동했다. 총독부 행정의 범위가 더 확대되고 새로운 사무나 사업이 추가되면서 항목이 늘기도 했지만, 사안별로 하나씩이던 양식들 여러 개가 서로 통합되거나 어떤 항목은 폐지되는 경우도 있었다. 마침내 아시아·태평양전쟁이 한창이던 1944년 6월 6일 총독부는 "보고 사무의 경감(輕減)을 꾀하여 전시(戰時) 행정의 철저한 간소화에 이바지"한다는 이유를 들어 보고례 양식을 대폭 축소하게 된다.[60]

---

57 '역년'이란 달력상의 한 해(1~12월)이고, '연도'란 회계연도를 말한다. 메이지기 일본에서 회계연도는 4월 1일부터 이듬해 3월 말까지다.

58 1933.11.29, 조선총독부훈령 제41호, 「조선총독부보고례」(개정).

59 조선총독부, 1938a, 『보고례별책 갑호』; 조선총독부, 1938b, 『보고례별책 을호』. 1919년 8월 이래 도는 내무부·재무부·경찰부 체제였다가 1934년 세무감독국과 세무서가 따로 설치되면서 재무부가 폐지되고(1934.4.28, 칙령 제112호, 「지방관관제」 개정), 1938년 모든 도에 산업부가 설치된다(1938.6.23, 조선총독부훈령 제35호, 「조선총독부 도 사무분장규정」 개정).

60 1944.6.6, 관통첩 제7호, 「조선총독부보고례에 따른 보고 정지에 관한 건」. 대표적인 「현주호구 부·군·도별」, 「현주호구 직업별표」를 포함해서 갑호에서 115개, 을호

〈표 2-2〉 1938년 『조선총독부보고례 별책』의 체재

<table>
<tr><th colspan="2">보고례별책 갑호</th><th>보고례별책 을호</th></tr>
<tr><td>제1편 내무</td><td>제1장 인구
제2장 토목 및 교통
제3장 교육 및 종교
제4장 사회사업
제5장 재정 및 금융
제6장 관공리
제7장 잡(雜)</td><td rowspan="3">제1장 각 관서
제2장 체신국 부(附) 해원심판소
제3장 철도국
제4장 전매국
제5장 세관
제6장 세무관서
제7장 재판소 부 공탁국
제8장 감옥
제9장 영림서
제10장 학교
제11장 기타 관서</td></tr>
<tr><td>제2편 산업</td><td>제1장 농업
제2장 임업
제3장 수산업
제4장 상공업</td></tr>
<tr><td>제3편 경찰</td><td>제1장 경찰
제2장 위생</td></tr>
</table>

(2) 보고례 제도의 운용과 지방의 사정

이런 보고례 양식에 따라 행해진 보고 자체는 현재 거의 남아 있지 않다. 따라서, 실제 행정 일선에서 어떻게 조사가 이루어졌으며 그 결과가 어떻게 수집·정리되어 상부에 보고되고 마침내 『통계연보』 같은 최종결과물로 간행됐는지, 자세히는 알 수 없다. 〈그림 2-4〉에서 보듯이 매년 말 현주호구 같은 것은, 보고례 양식과 『통계연보』에 실린 형태가 거의 같다.[61] 중간 단계에서 별다른 처리 없이도 이렇게 부·군 → 도 →

에서 66개의 보고를 '1년간 정지'시켰다.

61 1914년 『보고례별책』, 184쪽; 1914년 『통계연보』, 22~23쪽. 지면 관계로 보고례 양식에서는 '기타 외국인' 항목을, 『통계연보』 표에서는 '외국인' 부분과 1909~1913년 전국 누년통계를 삭제했다. 그림에서 보는 것은 1910년대 전반 헌병경찰의 경무총감부가 전국의 민적사무를 담당하면서 매년 말 현주호구를 집계하던 때의 것이어서, 최종적으로 문서과에 보고할 주체가 도장관이 아니라 경무총감부의 경무총장으로 되어 있다.

문서과로 모인 통계표를 그대로 합산하면 전국 통계를 얻을 수 있었을 것이다.

다만 이 책 머리말에서 보았듯이 일선 부·군이나 그 이하의 면, 동·리에서부터 〈그림 2-4〉의 위쪽 양식에 숫자만 채우는 식으로 현주호구를 집계한다면 여러 가지 문제가 생길 우려가 있었다. 어느 집(戶) 전체나 그 구성원 일부가 누락되거나 중복집계됐는지, 전수조사는 잘 이루어졌지만 집계 과정에서 계산에 오류가 있었는지 등을 확인할 길이 없는 것이다. 제대로 설계된 국세조사의 경우라면, 조사 자체는 〈그림 0-3〉의 조사표(票)를 사용하고, 나중에 지방에서든 중앙에서든 그 표(票)들을 헤아리면서 〈그림 0-4〉의 결과표(表)를 만들었을 것이다. 그러나 현주호구를 포함해서 보고례에 따른 보고는 대개 처음부터 집계표(表)에 기재하도록 되어 있었다. 이 책 240쪽과 256쪽에서 보겠지만 1930년대에 가서야 현주호구와 인구동태 조사에 소표(小票) 방식이 도입된다.

총독부보고례의 양식에는 지방관청이 보고할 사항은 모두 보고 주체가 '도지사'로 되어 있지만,[62] 도(청)는 조사의 주체가 아니었다. 보고례에 따라 조사·집계·보고하라는 지시는 총독부 → 도 → 부·군 → 읍·면으로 차례로 전달되고, 그 반대 경로를 통해 보고가 올라왔다. 도가 하는 일은 기한에 맞춰 부·군으로부터 보고를 받고, 그런 보고를 모아 도별 집계표를 정리하는 정도였다. 그런 것을 위해 이 책 부록 1의 5)에서 보듯이 도별 보고례도 정했다. 이것은 조선총독부보고례와 별개의 것이 아니고, 읍·면 → 부·군 → 도 → 총독부로 보고례 보고가 올라가는 과정에서 도청의 마감일자와 집계·검사의 담당 부서 등을 정해 놓은 것

62 1910년대에는 '도장관', 1919년 8월 이후로는 '도지사'다.

〈그림 2-4〉 1914년 『보고례별책』(위)과 『통계연보』(아래)의 지방별 현주호구

제200호 경무총장 **현주호구 부·군별표**

(양식)

현주호구 부·군별표												**다이쇼 년 12월 말일 현재**						
부·군명		내지인				조선인				중국인				합계				
		호수	인구			호수	인구			호수	인구			호수	인구			
			남	여	계		남	여	계		남	여	계		남	여	계	
○○도	○○부 ○○군 합계																	
총계																		
비고																		

각년 12월 말일

28. 현주호구 지방별

	내지인(内地人)				조선인				합계				1호 평균 인구
	호수	인구			호수	인구			호수	인구			
		남	여	계		남	여	계		남	여	계	
경기도	22,903	43,386	39,722	83,108	315,649	829,642	779,144	1,608,786	339,823	876,796	819,591	1,696,387	4.98
충청북도	1,759	3,111	2,483	5,594	140,289	362,375	336,172	698,547	142,149	365,688	338,672	704,360	4.96
충청남도	4,419	7,837	6,651	14,488	204,508	531,034	493,463	1,024,497	209,281	540,014	500,185	1,040,199	4.95
전라북도	4,972	9,519	8,242	17,761	216,089	550,572	502,861	1,053,433	221,276	560,720	511,138	1,071,858	4.85
전라남도	6,026	11,655	9,654	21,309	353,050	902,677	852,347	1,755,024	359,225	914,733	862,053	1,776,786	4.93
경상북도	6,375	11,826	9,766	21,592	364,867	966,584	884,974	1,851,558	371,351	978,722	894,783	1,873,505	5.05
경상남도	16,246	32,641	29,064	61,705	313,687	825,739	764,339	1,590,078	330,081	858,807	793,451	1,652,258	5.00
황해도	3,032	5,247	3,935	9,182	248,371	627,354	596,456	1,223,810	251,675	633,610	600,476	1,234,086	4.89
평안남도	5,239	9,885	8,380	18,265	203,318	532,131	507,835	1,039,966	208,932	543,835	516,369	1,060,204	5.05
평안북도	3,346	5,432	4,339	9,771	204,401	586,666	548,937	1,135,603	208,785	596,914	553,625	1,150,539	5.50
함경남도	2,067	3,203	2,397	5,600	198,225	547,377	492,993	1,040,370	200,371	550,754	495,400	1,046,154	5.23
함경북도	4,137	7,261	6,290	13,551	192,436	571,692	535,370	1,107,062	196,855	579,742	541,714	1,121,456	5.69
강원도	2,885	5,146	4,145	9,291	78,936	252,711	239,275	491,986	81,977	258,728	243,442	502,170	6.12
합계	83,406	156,149	135,068	291,217	3,033,826	8,086,554	7,534,166	15,620,720	3,121,781	8,259,063	7,670,899	15,929,962	5.10

이다. 도에서는 보고의 마감일자별 순서를 다시 짜기도 했다.[63] 『조선』이나 『조사월보』, 지방관청 직원들을 위한 『조선지방행정』 같은 월간잡지에도 그달에 보고할 사항이 실렸다.[64]

결국 보고례 양식을 채우는 것은 대개 읍·면이었다. 그러기 위해 읍·면에서는 읍·면사무소에 있는 서류를 뒤지거나 경찰관서, 각급학교, 회사·공장 등에 자료 제출을 부탁하거나 직접 직원을 보내 현장조사를 했을 것이다. 보고례에 특별히 조사 방법을 명기하지 않았다는 것은 행정의 하위수준으로 내려가면 큰 문제가 된다. 부·군이나 읍·면 직원 중에는 제대로 교육과 훈련을 받은 통계 전문가가 없었고, 통계사무를 전담하는 직원도 거의 없었다. 서기 한 명이 다른 업무에 더해서 통계업무도 떠맡아야 했다. 조사 대상이 무엇이고 어떤 방법과 기준에 의해야 하는지 정확한 지시가 없으면 행정 말단에서 생산된 통계의 질은 보장하기 힘들었을 것이다.

조사와 통계의 궁극적인 대상은 조선의 '경제'와 '사회', 주민과 각종 단체였는데, 민간에 어떻게 정보를 요구할지도 문제였다. 관료제 행정의 명령과 지시는 대개 관료제 조직 안에서만 유효하다. 아무리 식민지기 '관'의 힘이 강했다 해도 법령으로 정해진 근거 없이는 조사나 자료 제출

---

63 남아 있는 자료 중 지방관청의 것으로는 1921년 경상남도보고례에 따른 850쪽짜리 별책 慶尙南道, 연도 미상, 『朝鮮總督府慶尙南道報告例別冊』을 국립중앙도서관 원문으로 볼 수 있다(별책 자체는 1930년대 전반 것으로 추정된다). 또 『京畿道報』 호외 부록으로 나온 京畿道, 1916, 『朝鮮總督府報告例ニ依ル報告ニ關スル別冊』이 서울대학교에서 소장('조선경제문고') 중인 1916년 『보고례별책』 안에 합철되어 있다. 소속 관서에 대해서는 총독부에서 낸 『보고례별책 을호』에 따른 『월별보고일람』[朝鮮總督府, 앞의 책(1938)이 있다.

64 가령 1931년에 나온 『조선지방행정』 10(7) 같은 경우 147~148쪽의 색깔이 다른 종이에 「7월 중의 제보고 사항(七月中に於ける諸報告事項)」이 인쇄되어 있다.

을 민간에 '강요'할 수는 없었고, 조사 대상자가 협조를 거부해도 처벌할 방법이 없었다.

보고례는 정례적 보고를 규정한 것이고, 그밖에 수시로 총독부가 지방관청이나 소속관서에 요구하는 보고도 있었다. 1921년 일본 국세원이 지방관청에 대해 조사한 바에 따르면, 보고례를 포함해서 훈령에 의해 각 성이 정기적으로 보고를 요구하는 경우와, 필요에 따라 수시로 보고를 요구하는 조회(照會)가 있었다. 지방관청 입장에서는 예상 가능한 훈령보다 갑자기 요구되는 조회 쪽이 훨씬 부담스러웠다. 회답할 수 있는 기간도 짧았고, 심지어 최근 몇 년간의 통계자료를 달라는 요구가 오면 그 몇 년치를 다시 조사해야 하는 경우도 있었다.[65]

조선에는 지방별 조회의 원문서 같은 것은 거의 남아 있지 않다고 생각되지만, 경기도가 경성·인천 등 일부 부·군에 보낸 공문에서 사정을 조금 엿볼 수 있다. 1914년 3월 12일 경기도는 관하 모든 부·군에 「회사표에 관한 건」이라는 공문을 보내 총독부보고례 제458호 「회사표」에 대한 기입 주의 사항을 전달하고, 이미 보고를 마친 부·군은 급히 정정해서 제출하라고 지시했다. 회사표는 각 부·군이 경기도청 서무계로 2월 말까지 보고해야 하는 건이었다. 동시에 경기도는 경성·인천·고양·수원·진위·시흥·개성에 「회사의 영업보고서 제출 건」이라는 공문으로, 통계조사상 필요하니 관내에 본점·지점·출장소를 가진 은행 외의 상사·회사에 대해 1914년 상·하반기 영업보고서를 받아서 취합한 뒤 지급히 송부하고, 앞으로는 결산기마다 제출하도록 조처하라고 지시

65 佐藤正廣, 2014, 「兩大戰間期における地方官廳の統計編成業務」, 總務省統計研修所 발표문, 6~14쪽. 이 책의 576~580쪽도 볼 것.

했다. 그러니까 부·군의 담당자로서는 회사표의 작성·보고에 덧붙여 또 다른 일이 추가된 셈이다.[66]

2) 『통계연보』를 비롯한 통계 간행물들

이렇게 보고례에 의해 집계된 조선총독부와 소속관서의 주요 보고통계를 수록한 대표적인 간행물이 종합통계서 『통계연보』다. 그러나 이것이 전부가 아니다. 이 밖에도 총독부와 각 소속관서, 지방관청은 관련 분야의 통계를 수록한 여러 종류, 여러 가지 형식의 책자와 간행물을 내고 있었다.

(1) 종합통계서 『통계연보』

19세기 '통계'의 등장과 빠른 확산 속에 구미 선진국들에서는 각종 통계서의 발행도 보편화됐다. 여러 나라의 비교통계서도 등장했다. 1860년 후쿠자와 유키치(福澤諭吉)의 제자 후루카와 마사오(古川正雄)가 그런 비교통계서 중 하나를 번역해서 『만국정표(萬國政表)』라는 이름으로 간행했다.[67] 여러 국가에 대해 면적, 인구, 정치체제부터 상비병과 군

---

66 京畿道, 1916, 앞의 책, 39쪽. 꼭 통계를 요구한 것은 아니지만 1920년대 총독관방 조사과나 중추원의 각종 조사 역시 부·군·면 등 지방관청과 경찰관서에 대한 '조회'로 이루어졌다(이 책 386~387쪽, 402쪽, 415~418쪽을 볼 것). 식산국 농무과에서도 조선의 현행 소작관행을 조사하면서, 조사항목을 정해서 내려보내 면에서 조사서를 작성하고 군·도(島), 도(道) 순으로 그 결과를 취합·정리해서 보고하게 하는 '조회조사'를 했다[朝鮮總督府, 1934, 『朝鮮の小作慣行』(上), 「凡例」, 1쪽].

67 저본은 네덜란드인 더용(P.A. de Jong)이 편찬한 *Statistische tafel van alle landen der aarde*(1854)다. 『만국정표』의 번역·간행에서부터 『일본제국통계연감』에 이르는 종합통계서의 역사에 대해서는 藪内武司, 1995, 『日本統計發達史研究』, 法律文化社, 제6장을 요약했다. 이 책과 같은 방식으로 번역·간행된 조선의 『만국정표』(1886)에

함 수, 도량형까지 간단한 정보를 이름 그대로 '정표(政表)', 즉 통계표로 정리한 이 책은 일본의 근대적 통계서의 효시가 된다. 이후 서양에서 나온 비교통계서를 번역하고 거기에 일본의 정보도 슬쩍 끼워넣는 방식으로 몇 가지 비슷한 책자를 간행한 것은, 일본으로서는 문명국 반열에 오르려는 필사의 노력이었다. 머리말에서 보았듯이 세계 각국은 자국의 인구와 물산, 군사력 등을 기밀로 취급하던 시대에서 그런 정보를 적극 공개·간행하는 시대로 이행하고 있었다. 이제 그런 '기본적' 통계를 생산하지 못하면 국제사회의 번듯한 일원이 될 수 없었다.

1871년 일본 정부는 이와쿠라(岩倉) 사절단을 미국과 유럽에 파견하면서 일본을 서구에 소개하기 위해 급히 편찬한 『일본국세요람(日本國勢要覽)』이라는 책을 들려 보냈다. 통계와 글로 된 정보가 뒤섞인 책이었다. 또한 일본 정부는 종합통계서 간행을 위해 태정관에 정표과를 설치해서 『일본정표(日本政表)』라고 통칭되는 연보를 매년 간행했다.[68] 1882년 6월에는 『통계연감』이 창간되어 1886년부터 『일본제국통계연감』이라고 개칭된다.[69] 이것은 일본의 자연환경부터 산업, 경제·사회의 현황과 행정 전반, 식민지에 이르기까지, 그야말로 일본의 국정(國情) 또는 국세(國勢)를 일목요연하게 보여 주는 장치였다. 물론 이것 말고도, 지방(부·현)별로 또 행정의 각 분야별로도 여러 가지 통계서가 있었다.

대해서는 이 책 85쪽을 볼 것.

68 『신미정표(辛未政表)』(1872년판), 『임신정표』, 『메이지6년정표』, 『메이지7년정표』 그리고 그 이듬해부터는 『일본정표』라는 제목이었다.

69 제목은 처음에는 『제1회 통계연감』, 1886년부터는 『일본제국 제5통계연감』, 1922년부터는 『제44회 일본제국통계연감』, 1937년부터는 『제56회 대일본제국통계연감』이다. 1941년 제59회를 끝으로 전쟁 때문에 발행이 중단됐다.

일본의 각 식민지에서도 비슷한 방식으로 연간(年刊)의 종합 통계서를 속속 간행했다. 타이완 것은 『타이완총독부통계서』였고, 이것 역시 각 연도의 간행물을 『타이완총독부 제10통계서』 하는 식으로 이름지었다. 관동주도 마찬가지로, 식민지배기구의 명칭이 관동도독부 → 관동청(1919) → 관동국(1934)으로 변하면서 『관동도독부 제11통계서』, 『관동청 제15통계서』라고 명명됐다. 일본이 차지한 사할린섬 남쪽을 가리키는 '가라후토(樺太)'에는 『가라후토청통계서』가 있었고, 1922년에 설치된 남양청(南洋廳)은 1933년이 되어서야 『남양청통계연보』를 간행하기 시작했다.

조선총독부 역시 종합통계서 『통계연보』를 간행하는데, 그 시작이 무척 징후적이다. 갑오개혁 이후 법제화된 정부의 '통계' 사무가 10년 넘도록 제대로 이루어지지 않은 가운데, 1906년 2월부터 정식 사무를 개시한 일본 통감부는 1907년부터 『제1차 통감부통계연보』를 간행했다. 일차적으로는 통감부의 사무와 재조선 일본인 현황이 중심이지만, 한반도와 조선의 일반적 상황도 포함됐다. 1886년 『만국정표』 이래 정부가 시도하지 못한 종합 통계서를, 남의 땅에 와 있는 통감부가 내고 있는 서글픈 상황이었다. 게다가 재정·군사·사법·경찰까지 통감부의 대한제국 내정 침탈이 야금야금 확대되면서, 2차, 3차로 이어진 『통감부통계연보』는 그대로 한반도의 유일한 종합 통계서가 되어갔다.

1909년을 대상으로 하는 제4차 통계연보가 편찬되는 동안 '한일병합'이 강제되고 1910년 10월 조선총독부가 설치됐다. 이에 따라 1911년 3월에 나온 책은 『제4차 조선총독부통계연보』라는 이상한 이름을 갖게 된다. 설치된 지 반 년도 안 된 총독부의 '제4차' 통계연보라니? 이듬해부터 조선의 통계서는 『조선총독부통계연보(메이지43년)』 하는 식으로 제목이 매겨지게 된다. 1920~1924년에는 분야별 8편으로 분책되어 나오기도 했다. 공식적으로 『통계연보』는 1942년판까지 나왔다(1944년 3월 간행). 그리고 아마 1945년 해방 당시 책으로 완성되어 있었거나 조판이 끝나 있었던 1943년판은, 1948년 3월 이후 남조선과도정부에 의해 『단기 4276년(서기 1943년) 조선통계연감』이라는 이름으로 간행된다.[70]

『통계연보』에 실린 통계표를 하나하나 들여다보고 숫자를 따져보지 않아도, 매년 간행되어 서가를 채워가는 상당한 부피의 『통계연보』는 그 자체로 총독부 '통치'의 축도(縮圖)였다. 〈표 2-3〉에서 보듯이 『통계연보』의 항목 배열은, 총독부가 한반도와 그곳의 인구를 통치하면서 각종 산업을 조장하고 철도와 항만, 전신 등의 교통·통신 인프라를 구축했으며 주민들의 삶을 '경찰'(단속·관리)하고 그들의 건강과 위생을 보살피는 한편, 각종 교육기관과 사회복지시설로써 그들을 교화하고 있음을 웅변한다.[71]

『통계연보』에 실린 통계표는 대부분 보고례에 따른 보고통계를 집계한 것이다. 그러나 그중에는 〈그림 2-4〉의 현주호구처럼 보고례 양식과 『통계연보』에 실린 통계표가 거의 일치하는 것도 있지만, 그렇지 않은 것도 많다. 〈그림 2-4〉의 제200호 양식은 『통계연보』의 「현주호구 지방별」 표 말고도 「주요시가지 현주호구」 표의 자료이기도 하다. 그런가 하면 『보고례별책』의 표 여러 개가 『통계연보』에는 통합되거나 압축되어 실리기도 했고, 또 보고례에 따라 집계·보고됐지만 『통계연보』에

70 南朝鮮過渡政府(庶務處 調査硏究署 統計課), 1948, 『檀紀4276年(西紀1943年) 朝鮮統計年鑑』(국회도서관 온라인 원문 제공).

71 『통계연보』의 장별 구성과 항목 수의 변화는 송규진, 2016, 앞의 글, 6~11쪽을 볼 것.

〈표 2-3〉『통계연보』의 연도별 체재

<table>
<tr><th></th><th>1908년판(통감부)</th><th>표</th><th>1921년판</th><th>표</th><th>1934년판</th><th>표</th></tr>
<tr><td rowspan="24">항목</td><td>20항목</td><td>399</td><td>8편 25항목</td><td>508</td><td>22항목</td><td>512</td></tr>
<tr><td rowspan="2">1. 토지(부록: 건물)</td><td rowspan="2">6</td><td rowspan="2">제1편
토지·기상·호구</td><td rowspan="2">40</td><td>1. 토지·기상</td><td>21</td></tr>
<tr><td>2. 호구</td><td>21</td></tr>
<tr><td>2. 기상</td><td>16</td><td rowspan="3">제2편
농업·임업(부록: 수렵)
수산업·광업</td><td rowspan="3">66</td><td>3. 농업</td><td>40</td></tr>
<tr><td>3. 호구</td><td>40</td><td>4. 임업</td><td>18</td></tr>
<tr><td>4. 교육</td><td>21</td><td>5. 수산업</td><td>13</td></tr>
<tr><td rowspan="2">5. 절·사당(寺社)·교회</td><td rowspan="2">4</td><td rowspan="3">제3편
상업·공업·금융·물가와
임금(勞銀)·무역</td><td rowspan="3">85</td><td>6. 광업</td><td>7</td></tr>
<tr><td>7. 공업</td><td>10</td></tr>
<tr><td>6. 경찰</td><td>20</td><td>8. 상업·금융</td><td>30</td></tr>
<tr><td>7. 감옥</td><td>10</td><td rowspan="3">제4편
철도·수운·우편·토목과
축항(築港)</td><td rowspan="3">52</td><td>9. 무역</td><td>17</td></tr>
<tr><td>8. 재판</td><td>25</td><td>10. 물가·임은</td><td>8</td></tr>
<tr><td>9. 농업</td><td>13</td><td>11. 토목·수운</td><td>13</td></tr>
<tr><td>10. 수산</td><td>7</td><td rowspan="3">제5편
경찰·위생</td><td rowspan="3">31</td><td>12. 체신</td><td>15</td></tr>
<tr><td>11. 상업·공업</td><td>18</td><td>13. 철도</td><td>19</td></tr>
<tr><td>12. 은행·금융</td><td>45</td><td>14. 전매</td><td>14</td></tr>
<tr><td>13. 무역</td><td>37</td><td rowspan="3">제6편
재판·등기·감옥</td><td rowspan="3">84</td><td>15. 절·사당·교육</td><td>53</td></tr>
<tr><td>14. 철도</td><td>13</td><td>16. 종교·사회사업</td><td>19</td></tr>
<tr><td>15. 수운(水運)</td><td>19</td><td>17. 경찰</td><td>23</td></tr>
<tr><td>16. 통신</td><td>46</td><td rowspan="4">제7편
교육·절·사당·교회
자혜·구제·관공리·
은급</td><td rowspan="4">78</td><td>18. 위생</td><td>12</td></tr>
<tr><td>17. 위생</td><td>10</td><td>19. 재판·등기·공탁</td><td>59</td></tr>
<tr><td rowspan="2">18. 구육(救育)·
은상(恩賞)</td><td rowspan="2">10</td><td>20. 감옥</td><td>28</td></tr>
<tr><td>21. 재정</td><td>62</td></tr>
<tr><td>19. 재정</td><td>28</td><td rowspan="2">제8편
재정·전매</td><td rowspan="2">72</td><td>22. 관공리·은급</td><td>8</td></tr>
<tr><td>20. 관리</td><td>11</td><td>부록</td><td>2</td></tr>
</table>

실리지는 않은 통계도 있었다. 1916년의 경찰보고례와 총독부보고례, 『통계연보』의 목차를 비교해 보면, 내선결혼 수, '국어(일본어)'를 해득하는 조선인 수는 두 보고례에는 있으나 『통계연보』에는 없고, 묘지·분묘와 화장장 표는 경찰보고례에는 있지만 총독부보고례와 『통계연보』에

는 없다. 제6장에서 볼 학생들의 신체검사표는 1914년부터 총독부보고례에 포함되지만, 『통계연보』에는 1916년 자료가 한 번 실렸을 뿐이다. 1920년대 보고례에 추가된 「공장임금표」는 『통계연보』에는 실리지 않았다.[72]

한 가지 더 생각해 봐야 할 것은 『통계연보』의 유통 범위와 활용도이다. 오늘날 『통계연보』와 『시정연보』는 식민지기 연구의 가장 기본적인 자료다. 당시에 나온 이여성·김세용의 『숫자조선연구』에서도 『통계연보』는 가장 중요한 전거(典據)로 활용됐다. 그러나 식민지기 『통계연보』가 일반인들이 구매·소유하거나 도서관 등에서 쉽게 열람할 수 있는 자료였을까? 1920년대 초까지 『통계연보』는 비매품이었다.[73] 1930년대에는 제국지방행정학회에서 『통계연보』는 3원 15전, 『시정연보』는 1원 75전에 판매했다.[74] 총독부에서 『통계연보』를 시판용으로 바꾼 것인지 아니면 일본과 타이완에서처럼 민간의 수요가 많아지자 누군가가 번각(飜刻)해서 판매했는지는 알 수 없다.[75] 1930년대 후반 『통계연보』를

---

72 토목·건축이나 상업·운송업, 가사(家事) 관련 일용노동자 등의 임금통계는 제1차 『통감부통계연보』부터 「제용임전(諸傭賃錢)」이라는 제목으로 실렸다. 1920년대부터 공장노동자의 임금도 보고례를 통해 조사되지만, 이것은 이후로도 『통계연보』에는 실리지 않았다. 선행연구에 따르면 1921~1923년 통계는 『관보』에, 1924·1926·1928년 통계는 『조선의 상공업』에, 1929~1933년, 1936~1939년은 『조사월보』에 실렸다(김낙년·박기주, 2011, 「식민지기 조선의 임금수준과 임금격차」, 『대동문화연구』 74, 385쪽). 이런 경우 통계를 어떤 기준으로 선별하여 『통계연보』에 실었는지에 대해서는 아직 알 수 없다.

73 「신간소개」, 『부산일보』, 1915.5.19; 「신간소개」, 『매일신보』, 1922.3.7.

74 朝鮮總督府, 1930, 『主要刊行圖書目錄』, 18쪽; 「독서문의: 통계와 시정연보」, 『조선일보』, 1935.4.9.

75 『일본제국통계연감』은 도쿄통계협회에서 번각해서 회원들에게 배포했다고 한다(藪內武司, 앞의 책, 286쪽). 타이완총독부가 간행한 『臺灣總督府統計書』 역시 각 관공서

1,100부 찍었다는 기록이 있는데,[76] 매년 그 정도였다면 중앙과 지방의 주요 관공서에 배부하기도 턱없이 모자란 양이다.[77] 아마 이어서 볼 『통계요람』 같은 소책자가 필요했던 것은, 공무원들조차도 『통계연보』를 쉽게 볼 수 없어서였을 것이다.

(2) 기타 보고례 통계에 기반한 간행물들

『통계연보』는 대상연도 1년 동안의 전 분야 통계를 종합해서 간행하는 것이다. 1930년 12월 말 기준의 전국 보고례 통계는 대개 1931년 2월이나 3월쯤에 총독관방 문서과로 보고되니까, 그런 통계들을 다 모아서 1930년판 『통계연보』를 간행하는 것은 빨라야 1931년 말, 보통은 1932년이었다. 그러나 총독부에는 『관보』라는 일간지도 있었고 『조선총독부월보』 → 『조선휘보』 → 『조선』으로 이어진 종합 월간지, 1920년부터 총독관방 조사과 계열에서 낸 『조사휘보』, 『조사월보』도 있었다.[78] 각

에 배부되는 비매품이었지만, 일반의 수요에 응해서 1920년분인 제24회 통계서부터 臺灣時報社에서 번각본을 발행했다고 한다. 가격은 6엔이었으며, 당시 소학교 교원의 월급이 30엔이었다(橫路啓子, 2014, 「『臺灣総督府統計書』と現住戶数職業別統計」, 『日本語文學硏究』 1, 272쪽).

76 필자 미상, 1937, 「통계일지」, 『조선통계시보』 6, 82쪽; 필자 미상, 1939, 「통계일지」, 『조선통계시보』 13, 71쪽.

77 1935년 지방행정구역은 13도 17부 218군 2도(島), 48읍 2,342면이다. 경찰서와 우편국·전신국·전화국이 각각 100개쯤이었다. 철도국·전매국과 기타 소속관서들에다가 경성제국대학과 관립 전문학교를 비롯한 각급 학교도 있고, 일본 정부와 일본의 주요 제국대학 등에도 몇 부를 보내야 했을 것이다. 결국 읍·면사무소에서도 『통계연보』를 얻기는 힘들었다는 계산이 된다.

78 1930년 "확실한 자료에 의해 조선사정을 내외에 소개하고 또 제반의 통계 및 보고를 속보(速報)함으로써 관계 관공서의 집무상의 참고에 제공하기 위하여" 『조사월보』를 창간하면서, 다수의 통계를 『관보』에서 『조사월보』로 옮겨 게재하게 됐다

종 통계가 맨 먼저 실리는 곳은 『관보』의 「휘보」란이었다. 물론 어떤 통계속보는 나중에 『통계연보』에 실리면서 숫자가 수정되기도 했고, 『통계연보』에 실린 숫자도 이듬해에, 또는 몇 년이 지나서 수정되기도 했다. 따라서 『통계연보』만 가지고 총독부의 통계를 말하는 것은 섣부른 판단일 수도 있다. 『통계연보』 외에 다른 통계서들이 몇 종이나 되고 간행 기간은 어떻게 되며, 현재 그 자료들이 어디에 얼마나 소장되어 있는지는 아직도 제대로 조사되어 있지 않다. 또한 식민지기의 정기간행물은 창간과, 특히 종간에 대한 정보를 정확히 알 수 없는 경우가 대부분인데, 현재 남아 있는 것을 가지고 최대한 추측해 볼 수밖에 없다.

① 통계 소책자들

그동안 거의 주목받지 못했지만, 『통계연보』와 함께 총독부 문서과 계열에서 간행한 몇 가지 소책자들이 있다. 가장 오랫동안 간행된 소책자는 『조선총독부통계요람』이다. 1910~1912년판, 1926~1927년판, 1931~1941년판이 남아 있고, 1928~1930년판도 간행됐을 확률이 높다. 1935년판부터 제호가 『조선통계요람』(이하 『통계요람』)으로 바뀌었다. 1938년판을 보면 가로 10.9cm, 세로 15.1cm로 A6 용지 정도의 판형에 315쪽 분량이다. 그해 『통계연보』에 실린 통계표는 468개이고 『통계요람』에 수록된 통계표는 198개다. 「호구」를 예로 들면, 도별 현주호구, 부와 읍의 현주호구, 현주호구 직업별, 현주내지인 본적별, 현주외국인 국적별 표를 제시한 뒤에 인구동태통계는 최근 10년간의 혼인·이혼·출생·사

(1930.4.16, 관통첩 제16호, 「조사월보 발행에 관한 건」). 『조사월보』는 각급 기관에 무상으로 배포됐다.

산·사망 표 하나로 대폭 줄여 놓았다. 1930년 『통계요람』의 정가는 1원 20전이다.[79]

『통계연보』가 있는데 따로 이런 소책자를 낸 이유는 세 가지로 추측해 볼 수 있다. 첫째, 『통계연보』는 고급 장정의 부피가 크고 무거운 책이니까 주요 통계만 요약·발췌해서 공무원들이 휴대할 수 있는 소형 문고본으로 만든 것이 아닐까 싶다. 둘째, 『통계요람』을 그해 『통계연보』에서 발췌한다고 했지만 1920년대까지는 오히려 『통계요람』이 한두 달 먼저 간행되곤 했다.[80] 부피가 큰 『통계연보』는 간행에 시간이 꽤 많이 걸렸으니까, 조금이라도 더 빨리 『통계요람』을 간행한다는 측면도 있었던 것 같다. 셋째, 앞서 본 것처럼 일선 읍·면사무소나 경찰서, 세무서 등도 『통계연보』를 구비하기 힘든 상황에서, 『통계요람』이 그 대신으로 배포된 책일 수도 있다.

이것과 별개로 1920년대 전반의 『통계편람(統計便覽)』이라는 팸플릿 형태의 간행물도 남아 있다. 『통계편람 다이쇼10년』은 주로 1920년(다이쇼9)을 대상연도로 하는데, 일본국립국회도서관 웹 DB를 보면 두꺼운 긴 종이 한 장에 앞뒤로 인쇄해서 병풍처럼 접게 된 접책이다.[81] 당연히

79 朝鮮總督府, 1930, 앞의 책, 18쪽.

80 1910년판 『통계요람』의 「범례」에는 "이 책에 실린 사항에 대해 상세한 것을 알려고 하면 조만간(他日) 본부(本府: 조선총독부—인용자)에서 발간할 『제5차 조선총독부통계연보』를 참조"하라고 했다. 1926·1927년판 『통계요람』의 「범례」에는 그해 『통계연보』 중에서 중요 사항을 "발췌적록(拔萃摘錄)"한다고 했지만, 두 해 모두 『통계요람』이 『통계연보』보다 두 달쯤 먼저 간행됐다.

81 일본국립국회도서관 디지털 컬렉션에서 1921~1923년, 1925년 것을, 국립중앙도서관에서 1925년 것을 볼 수 있다. 접었을 때 가로 약 9cm, 세로 19cm 정도의 갸름한 판형이다.

내용은 『통계요람』과는 비교할 수 없을 정도로 간략해서, 50개 남짓한 표가 실려 있다. 『통계편람 다이쇼11년』부터 실린 「범례」에 "이 편람은 최근의 주요한 여러 통계를 가급적 빨리 공표하기 위해 편찬한 것"으로, 이후 내용의 숫자 중 변동이 생기는 것이 있으면 "올해 편찬될 통계연보에서 보완하기로" 한다고 썼다.

그 밖에 통계서라기보다는 조선 안내서에 통계가 포함된 책자로 『조선요람(朝鮮要覽)』이 있다. 1911~1922년판은 『최근조선사정요람』, 1923~1933년판 『조선요람』, 1934~1944년판 『조선사정』이라는 제호로 이어지는 책자로, 판형은 『통계요람』처럼 작지만 1910~1920년대의 것은 본문이 600쪽 가까이 되는 상당한 분량이다. 해마다 변경된 내용을 조금씩 수정·보완하면서 거의 매년 간행됐다. 1921년 『동아일보』의 한 기고자는 "조선총독부에(서) 조선의 모든 통계를 종합하여 발표한 대정10년(1921) 최근조선사정요람 중 산업에 관한 사항을 볼지라도"라고 썼다.[82] 『최근조선사정요람』은 통계서가 아니고 분야별로 아주 기초적인 통계만 실었을 뿐이니까 밑줄친 부분은 기고자의 오해다. 그러나 당시 『통계연보』는 제한된 부수만 인쇄해서 관공서와 주요 기관에 배포했으므로, 일반인이 총독부의 통계를 접할 수 있는 경로는 오히려 『최근조선사정요람』 같은 책이었으리라는 점을 미루어 짐작해 볼 수 있다.

② 총독부 각 부처와 소속관서의 통계서

『통계연보』는 조선총독부 행정을 망라한 종합통계서다. 그 밖에도

82 「산업조사위원회에 一問을 試하고 일반의 분기를 促하노라」, 『동아일보』, 1921.6.24. 밑줄은 인용자가 추가했다.

내무국·재무국·식산국·법무국 등 총독부 각 부서와 철도·체신·전매 등을 담당하는 소속관서에서는 각자 해당 분야의 통계서를 간행했다. 체신국에서 전기와 수력발전, 생명보험의 통계서를 각각 따로 낸 것처럼 한 부서 전체도 아니고 소관사무별로 월보나 연보를 내는 경우도 있었다. 사법이나 전매만 다루는 몇백 쪽짜리 통계연보라면 당연히 『통계연보』보다 훨씬 상세한 정보를 담았을 것이다. 이런 분야별 통계서가 간행되면서 『통계연보』가 해당 분야의 지면을 줄이기도 했다.[83] 따라서 조선총독부의 통계의 전모는 이런 통계서들 전체를 아울러서 말해야 한다.

문제는, 이런 소속관서·지방관청의 통계서는 발행 사항이 고르지 않은 경우도 많았고, 현재 남아 있는 자료에 대해서는 서지도 제대로 정리되어 있지 않다는 점이다. 『통계연보』처럼 식민지기 동안 지속적으로 간행된 통계서는 많지 않다. 창간과 종간 정보를 제대로 알 수 없기는 하지만, 현재 남아 있는 것으로 보면 짧게는 한두 해 발행되다가 만 것도 꽤 있다. 그중에는 겉표지와 속표지, 판권장의 제호가 다른 것도 있고,[84] 대상연도와 간행연도가 서로 다르다 보니 도서관마다 서지 기재가 제각각이어서 찾기 힘들다. 확인할 수 있는 범위 안에서 정리해 보면

83 1930년대 후반에 나온 『조선총독부재판소통계연보』의 「범례」 뒷면에는, 1934년부터 이 『재판소통계연보』를 간행하면서 『통계연보』의 「재판·등기·공탁」은 "내용을 줄여서 대강을 싣는 데 그친다"라는 일러두기가 인쇄되어 있다.

84 표에 실린 정보 중 제목이 불분명한 것으로 체신국의 『체신통계요람』의 경우, 표지에는 제목이 '조선총독부: 체신통계요람'이라고 행을 나누어 적혀 있는데, 「범례」에는 '조선체신통계요람'이라고 되어 있다. 식산국의 『임야통계』는 통계의 기준시점이 하나가 아니고 '1938년 12월 말 및 1939년 3월 말 현재'라는 식이다. 몇 년(도)의 연보나 요람, 통계라는 것이 대상연도인지 간행연도인지, 1929년에 나오지만 1930년에 사용할 수 있는 편람인지도 제각각이다.

〈표 2-4〉와 같다.[85]

1910년대 경무총감부에서 낸 『경찰통계』처럼 발행기간이 몇 년 되지 않는 것은 표에 싣지 않았다.[86] 그밖에도 식산국에서 낸 『조선의 농업(朝鮮の農業)』(1921~1941)이나 『조선의 임업(朝鮮の林業)』(1921~1941), 『조선의 수산업(朝鮮の水産業)』(1921~1941)처럼, 통계서라기보다는 줄글로 된 서술에 통계가 곁들여진 책들도 있다. 이런 경우에는 내용도 매년 새로운 것이 아니라 기존 원고에 그때그때 바뀐 내용과 새로운 통계를 첨삭하는 식이었고, 매년 간행되지 않은 것도 있는 듯하다. 또 한 가지 특이한 것은 1933~1937년 간행된 것으로 추측되는 『조선의 인구통계(朝鮮の人口統計)』 같은 경우다. 이 책은 현주호구부터 인구동태에 대한 간단한 설명과 부표(附表)로 이루어져 있는데, 부표는 『통계연보』의 「호구」 부분 그대로다. 매년 300부 정도를 발간했다는데, 『통계연보』가 널리 유통되지 않는 빈틈을 이런 종류의 책자로 메꾼 것 같다.[87]

③ 도별, 부·군별 통계서

지방 각 도에서는 따로 책자로 된 『통계연보』나 한 장짜리 큰 종이에 인쇄한 접책 『도세일반(道勢一班)』을 간행하기도 했다. '일반(一班)'이

85 국립중앙도서관, 서울대학교 중앙도서관 등 국내 도서관과 일본국회도서관, 일본의 대학도서관 통합검색 사이트인 CiNii Books 그리고 アジア經濟研究所, 1974, 『舊植民地關係機關刊行物總合目錄: 朝鮮編』 등을 이용했다. 본문에서 설명한 대로 〈표 2-4〉의 대상연도는 창간·종간연도인 것도 있지만, 현재 남아 있는 자료 가운데 최초·최후의 연도를 의미하는 경우도 있다.

86 1915~1917년판을 국립중앙도서관 원문으로 볼 수 있다.

87 필자 미상, 1936, 「통계일지」, 『조선통계시보』 1, 70쪽; 필자 미상, 1937, 「통계일지」, 『조선통계시보』 6, 82쪽.

〈표 2-4〉 총독부 부처와 소속관서의 통계서들

간행주체	제목	대상연도		비고
		부터	까지	
내무국	조선지방재정요람	1924	1941	
내무국 (토목과)	조선하천조사연보	1928	1940	
조선총독부 (재무국)	조선무역연표	1910	1941	영문 병기(Chosen Table of Trade and Shipping), 한국 관세국, 『한국외국무역연표』의 계속
	조선무역요람	1909	1931	한국 관세국, 『한국외국무역요람』의 계속
재무국	조선세무통계서	1935	1939	
	조선금융사항 참고서	1923 조사	1940 조사	
	조선금융연보	1941 조사	1943 조사	
조선총독부 (식산국)	농업통계표	1923	1940	
조선총독부 (식산국)	임야통계	1929 1930	1940 1941	『(쇼와13년 12월 말 및 쇼와14년 3월 말 현재) 임야통계』
식산국	조선광업의 추세	1927	1936	
토지개량부	조선토지개량 사업요람	1927	1940	1931년부터 농림국 간행
법무국	조선총독부 사법통계연보	1919	?	
	조선총독부 재판소통계연보	1934	1941	1940년이나 1941년부터 '조선총독부사법통계연보'로 개제(改題)
경무국	조선방역통계	1934	1941	1940년은 후생국 간행
	조선가축위생통계	1930	1942	1940·1941년은 농림국, 1942년은 농상국 간행
체신국	조선총독부 체신연보	1906	1938	1906~1908년 통감부통신사업연보 1901~1911년 (조선총독부)통신연보
	(조선)체신통계요람	1917	1938	제목: '조선총독부/체신통계요람', 「범례」에는 '조선체신통계요람'
철도국	연보	1910	1916	제목: 다이쇼□년도 연보
		1925	1937	
	조선철도상황	1911 간행	1938 간행	1919~1926년까지는 '조선총독부' 발행
철도국 (조사과)	철도요람	1925	1940	
전매국	조선총독부 전매국연보	1921	1938	제목: 조선총독부전매국 제○연보 (다이쇼□년도)
조선총독부 의원	조선총독부 의원연보	1911	1931	제목: 조선총독부의원 제○회 연보

란 '일반(一般)'과는 다른 말로, 일단(一端), 한 부분이라는 뜻이다. 이 책 부록 1의 4), 5)의 공문들에서 볼 수 있듯이 총독부가 도별 통계서의 간행에 대해, 또는 각 도가 부·군 이하의 통계나 현황 안내 간행물에 대해 형식과 내용을 획일적으로 규정하기도 했다.[88] 그러나 1920년대부터는 〈표 2-5〉에서 보듯이 그런 통일성은 조금씩 무너져 갔던 것 같다. 이런 종류의 지방 통계서 역시 아직 간행본과 현존본의 현황과 서지도 체계적으로 정리되지 않은 상태다.

도 아래의 부·군에서도 '부세일반(府勢一斑)'이나 '군세일반(郡勢一斑)' 등의 이름으로 띄엄띄엄 간행물을 냈다.[89] 현재 남아 있는 『부세일반』에는 두 가지 형식이 있다. 하나는 1910년대 『도세일반』에 대한 총독부의 규정처럼 한 장짜리 큰 종이에 한 면에는 부세 관련 통계, 반댓면에는 부 지도를 인쇄해서 접은 것이다. 다른 하나는 부피가 조금 더 큰 책자인 『조선요람』이나 『통계요람』이다. 또 국사편찬위원회 한국사데이터베이스에서 '군세일반'이라고 검색하면 '한국근대지지자료'로 종로도서관에 소장된 102종의 자료가 나온다. 대개 1928~1930년에 간행된 것으로, 역시 한 장짜리 큰 종이 접책과 여러 쪽으로 된 얇은 책자 형태가 섞여 있다. 읍이 있는 군에서는 여러 차례 지방지가 간행되기도 한 반면,

---

88 이 책 646~656쪽 그리고 이명학, 2016, 「일제시기 조선재정통계서의 발행체계와 구성 변화」, 『한국사연구』 173, 219~220쪽을 볼 것.

89 허영란에 따르면 식민지기 지방지(地方誌) 약 500종 중에서 전통적 읍지(邑誌)류와 관광안내서 등을 빼면 '군세일반' 등을 포함해서 도·부·군·읍·면 발행의 지방지가 327종이라고 한다. 1910년대부터 시작된 지방지의 간행은 1910년대 말에 일시 감소하지만 이후 1930년대 후반까지 계속 증가한다(허영란, 2014, 「재조선 일본인이 재현하는 '지방'」, 『지역과 역사』 34, 44~47쪽). 조선시대 형식을 답습한 읍지의 목록은 양보경·김경란, 2001, 「일제 식민지 강점기 읍지의 편찬과 그 특징」, 『응용지리』 22, 109~110쪽.

〈표 2-5〉 도별로 간행한 통계서들의 현황(국립중앙도서관 원문 기준)

지역	발행 기간	제목
경기도	1936	『경기도도세개요』
충청북도	-	-
충청남도	1923	『(충청남도)도세일반』
전라북도	1923~1929	『전라북도도세일반』
전라남도	1921~1931	『도세일반』
	1921	『도세개요』
	1924	『(전라남도)도세요람』
경상북도	1920~1930	『경상북도세일반』
경상남도	1922	『도세일반: 다이쇼11년도』
	1936~1938	『경상남도도세개람(槪覽)』
강원도	1922	『도세일반』
	1926~1928	『강원도도세요람』
황해도	1935~1936	『황해도도세일반』
평안남도	1924	『평안남도도세일반』
평안북도	1916~1929	『평안북도도세일반』
함경남도	1915	『함경남도세일반』
함경북도	1921~1940	『함경북도도세일반』

전국 220개 군 가운데서 절반 이상은 지방지를 편찬하지 않았다. 도시화나 일본인 주민의 세력, 관광의 발전 정도 등에 따라 양상이 달랐다고 생각된다. 또 1930년대에는 농촌진흥운동과 관련해서 지방에 대한 일괄적 정보 조사와 수집이 있었던 것 같다.[90]

부·군뿐 아니라 읍·면에서도 비슷한 종류의 간행물을 냈다. 실물로 남아 있는 것은 아주 드문 듯하지만, 젠쇼 에이스케는 『조선의 물산』의

90 허영란, 2014, 위의 글, 47~49쪽. 재조선 일본인들이 편찬한 지방사 목록은 최혜주, 2011, 「일제강점기 재조일본인의 지방사 편찬활동과 조선인식」, 『사학연구』 103, 166~167쪽.

참고도서로 조선시대의 전적, 『통계연보』나 『시정연보』, 『조사휘보』 같은 총독부의 간행물과 함께 각 도 도세요람, 각 도 산업통계, 각 부·군·도세일반, 각 면세일반을 제시했다.[91]

마지막으로 당시의 신문·잡지 기사에서 이런 종류의 지방별 통계서 또는 지지(地誌)가 당시 어떻게 유통되고 수용됐는지를 살펴보도록 하겠다. 1923년부터 『개벽』지는 "가장 잘 아는 사람이 아니고 가장 잘 감동되는 사람이 될 수 없으며 가장 잘 감동된 사람이 아니고 가장 위하는 사람이 될 수 없"다는 이유에서 "조선의 일반현상을 근본적으로 답사하여 그 소득을 형제에게 공개"한다는 계획을 세웠다. 2년 동안 이어질 '조선문화 기본조사'의 시작이었다.[92] 한 달에 한 개 도를 목표로 답사에 나선 조사자들에게 상당히 유용했던 자료는 각 군의 『군세일반』 종류였다. 이 책자들이 언급되는 몇 가지 일화를 보자.[93]

• 함경북도 조사를 시작하면서 조사자들은 "위선(爲先) 『청진급나남』 이란 참고서부터 꺼내들었다", "나남역전에서 김기철 씨가 준 『회

91 朝鮮總督府, 1927, 『朝鮮の物産』, 4쪽.

92 開闢社. 1923, 「朝鮮文化의 基本調査: 各道道號의 刊行」, 『개벽』 31, 102쪽, 105쪽. 이 조사에 대해서는 김태웅, 2018, 「차상찬의 지방사정조사와 조선문화인식」, 『역사교육』 148; 조형열, 2019, 「1920년대 개벽사의 조선지식 수집과 조선연구 토대 구축」, 『역사연구』 36.

93 『개벽』의 '조선문화 기본조사'는 총독부가 조선에 대한 정보와 통계를 독점하고 있는 데 대한 반발, 기사에 싣는 "통계는 모두 총독부의 손(手)으로 발표된" 것에 의할 수밖에 없는 것이 "마음에 깨끗하지 못"하다는 반성에서 시작된 것이었다(開闢社, 1922, 「編輯餘言」, 『개벽』 30, 69쪽; 장문석, 2017, 앞의 글, 352쪽). 아마 조사자들 역시 군세일반에 의지하면서도 마음이 개운치 않았을 것이다.

령급간도』 1책은 큰 참고품이었다"[94]

- 충청남도 천안군수 윤헌구는 "군세일반은 인쇄비 들까 봐 만들지도 않았다"[95]
- 경기도 포천군청을 찾은 조사자 일행은 군수, 과장 등이 군내 사정을 잘 모르는 것을 보고 『군세일반』이라도 보여달라고 했지만, 예산이 없어 단 40부를 만들었는데 벌써 다 없어졌다는 이야기를 듣고 어이없어 한다. "과연 대일본제국 총독부 관리되기에 적당한 심사(心思)들이다"[96]
- 평안남도 평원군에서는 군수가 "『군세일반』 한 권을 주는 데 서무과장에게 두 번씩이나 문의하고, 읍지는 재삼 간청한 후에야 겨우 보여 주며 초록(抄)할 것이 있다고 잠깐 빌려달라 한즉 관유물이 되야 절대로 빌려줄 수 없다 한다"[97]

1929년 11월 『조선일보』에는 신의주지국의 '월산생'이라는 인물이 국경 가까운 평안북도 창성에서 강연을 한 경험을 쓴 기사가 실렸다. 강연 자리에서 그가 조선인이 만주로 이주하는 원인을 언급하자 "임석(臨席) 경관은 돌연 기립하여 '주의(注意) 주의'를 연발"했고, 그는 다음날 아침 경찰서로 소환됐다. 형사가 어제 창성에 왔다면서 창성 인구, 교육,

---

94 朴達成, 1924, 「咸北縱橫四十有七日」, 『개벽』 43, 146쪽, 152쪽. 『청진급나남』이 『淸津と羅南』을 가리키는 것이라면 두 책 다 『한국지리풍속지총서(295): 會寧案內·會寧及間島·朝鮮夜話』(경인문화사, 1995)에 영인되어 있다.

95 靑吾, 1924, 「湖西雜感」, 『개벽』 46, 139쪽.

96 特派員, 1924, 「燈下不明의 近畿情形」, 『개벽』 47, 100~101쪽.

97 金起田·車相瓚, 1924, 「平南米倉인 平原郡」, 『개벽』 51, 104쪽.

술 소비, 연초 소비 같은 통계는 어떻게 어디서 그렇게 빨리 조사했냐고 물은 데 대해, 그는 "형사의 묻는 꼴이 퍽 이상히 여기는 모양인데 군(청)에만 가서 『군세일반』 하나면 그 통계는 다 알 수 있는 것을 아직까지 모르는 모양이다"라고 썼다.[98] 그런 종류의 간행물을 내지 않은 지역도 있고 배포·유통된 양이 충분치 않은 경우도 있었지만, 아무튼 군세일반 종류는 꽤 유용한 안내 책자였음을 알 수 있다.

4. 총독부 공식 통계의 실상

1) 농업생산통계의 방법: 표본조사와 추계

농업 관련 통계는 크게 두 가지로 나눌 수 있다. 먼저 '수확고(收穫高)'나 '생산고(生産高)'라고 불렸던 농산물 생산량을 중심으로 하는 농업생산통계, 농산(農産)통계가 있다. 다른 한편 농가별 경지 소유면적과 빈부, 지주·소작관계라든지 농가의 경영수지 같은, 농업의 생산관계에 대한 통계도 필요하다. 총독부보고례에서 『통계연보』로 이어지는 공식 통계는 경지면적, 농업자 호구 그리고 쌀·보리·밀·콩 등 주요 작물의 재배면적과 수확량 등 전형적인 농업생산통계로 구성됐다.[99] 농업생산통

---

98 「신의주에서 창성에까지(2)」, 『조선일보』, 1929.11.1.

99 일본에서는 1900년대 농정의 기조가 지주적 토지소유제를 당연시하면서 쌀의 증산·개량에 집중하는 생산제일주의로 고정됨으로써 농상무성의 통계 역시 생산량통계를 중심으로 하게 됐다는 지적이 있다(森博美, 2020, 「農業生産統計における表式調

계도 1년간의 경지·재배면적과 생산물 현황인 '정태통계'와 매년의 변동을 보여 주는 '동태통계'로 나눌 수 있다. '정태통계'는 역시 총조사 방식으로 구해야 했지만, 일본제국의 농업총조사는 국제농업기구가 제안한 1930년 세계농업총조사의 일환으로 추진되어 본토에서 1929년 경지조사만 실시된 것이 전부다.[100] 그러니까 제3장에서 볼 국세조사 이전의 '현주호구'처럼, 식민지기 조선의 농업통계란 총조사에 의한 정확한 정태통계가 없는 상황에서, 매년 반복된 표본조사를 가지고 추계를 거듭해서 전국 생산량을 도출하는 정도에 불과했다.

매년 생산량의 '동태'를 살필 수 있는 가장 과학적인 조사와 추정 방법은 권업모범장 안에서 이루어지는 시험재배의 작황일 것이다. 제1장에서 본 1904년 일본 농상무성의 조선 농사상황 조사의 또 다른 결과는 '권업모범장'이라는 자못 식민지 시설다운 이름의 농사시험장 설립이다.[101] 1906년 4월 한국 정부와 갈등을 빚으며 통감부에 설치된 권업모범장은 1년 뒤 그 조직과 인력 그대로 한국 정부에 양도되지만, 장장(場長) 혼다 고스케 이래 주요 직원은 그대로 모두 일본인이었다. 수원 본장(本場) 외에 평양과 대구 등에 지장(支場)을 둔 이 기관은, 선진적이라 믿어진 일본식 농법과 일본에서 개발된 다수확 품종을 조선에 보급하는 데 주력했다. 이곳에서는 1907년부터 『권업모범장보고』라는 연보

査の展開」, 『近代日本統計史』, 219~220쪽). 조선총독부의 농업통계 역시 본국 통계의 그런 특징을 그대로 가져왔다고 생각된다.

100 島村史郎, 2008, 앞의 책, 165~166쪽. 국제농업기구(International Institute of Agriculture, IIA)는 국제연맹의 전문기구로, 현재 국제연합의 식량농업기구(Food and Agriculture Organization, FAO)의 전신(前身)이다.

101 1929년 9월부터 '농사시험장'으로 개편된다.

를 냈고, 『관보』에도 각종 시험재배의 작황통계를 실었다. 그러나 권업 모범장 시험재배의 결과란 한반도 전체의 농업생산을 짐작하기에는 범위가 너무 한정적이었다.

농업생산통계의 어려움을 생각해 보자. 호적신고건수나 우편물 집배 건수, 재판건수와 유죄·무죄 판결건수 등은 자기 부서에서 수행한 업무만 빼먹지 않고 헤아리면 되지만, 동네 주민 수나 보리의 수확량 같은 것은 현장에 나가지 않고서는 알 길이 없다. 그런데 농산물의 계량은 사람 수를 세기보다 훨씬 어렵다. 현장조사라고 해서 군이나 면 전체에 걸쳐 집집마다 추수마당에 가서 벼가 몇 섬이고 콩이 몇 섬인지 직접 셀 수 있는 것은 아니다. 집집을 방문한들 농민에게 올해 작물별 수확량이 얼마인지 물어보는 '청취조사'에 그치든지, 그보다 좀 낫게는 몇 군데 논밭에서 '간평(看坪)'이나 '평예(坪刈)'로 알아낸 단위면적당 평균수확량에 지역 내 재배면적을 곱하거나 해서 추계를 해야 한다.[102]

농산물은 풍흉에 따른 작황의 차이가 컸고, 그에 따른 농산물의 수급과 가격변동에 대비하기 위해서는 많은 경우 수확 전에 예상수확량을 파악해야 했다. 일본의 곡물시장은 몇 달이나 1년 뒤의 곡물가격을 예상하거나 결정해서 미리 선물거래를 하는 '미두(米豆)' 같은 장치도 만들어 두고 있었다. 표본으로 삼을 논밭을 몇 군데 뽑아서 조사한 것으로 지역 전체의 생산량을 추산하려면 모집단과 표본, 표본의 추출과 조사 방법에 대한 다음과 같은 고민이 필요하다. 표본을 뽑아서 간평·평예를 해 본다면 어디서 누구의 어떤 논밭을 얼마나, 어떻게 뽑아야 하는가? 뽑은 표본에 대해

102 '간평'은 수확 전에 이삭을 보고 곡물의 수확량을 가늠하는 것이고, '평예'는 평균 정도 작황을 보이는 논밭 한두 평에 대해 시험적으로 추수를 해 보는 것이다.

작물별 재배면적은 어떻게 알아낼 것인가? 농민에게 물어서 확인하는가, 아니면 다시 측량을 하는가? 예상수확량과 가격은 어떻게 구하는가?

이렇게 까다로운 농업통계는 당시 공식 통계의 한 극점을 이룬다. 1909년까지도 엉성했던 농업통계의 조사·집계 방법은 1910년대 들어 상당히 세련되고 정교해졌다. 몇 가지 사례를 살펴보자. 1911년 총독부가 개최한 농업기술관회의에서 농상공부가 제시한 「작황 보고에 관한 건」에서 제시한 벼의 생육 상황 조사 방법이다.[103] 하지에 못자리, 대서·'210일'·추분에는 생육, 대설에는 (추수) 성적을 조사해서 5일 내에 보고하는데, 그 지방에 적당한 품종 3종류에 대해 품종과 경종법은 함부로 바꾸지 말고 김매기와 거름은 중간 정도로 이루어진 논을 선정할 것, 벼 다섯 그루씩을 측정해서 평균을 내되 그루당 포기 수는 미리 일정하게 해둘 것, 벼 그루를 한꺼번에 쥐어 이파리가 삐죽 솟아오른 것 한둘을 제외하고 비교적 가지런한 이파리 4, 5개를 골라 논바닥에서 잎 끝까지를 잴 것, 포기 수는 생육 초기에는 벌어진 포기 수를 쓰고, 그 뒤에는 이삭이 생길 가망이 있는 것만 산입할 것 등의 상세한 지시를 하고 있다.[104] 또 같은 자료 「농무통계에 관한 건」에서는 가급적 농업상의 지식·경험이 있는 자에게 조사를 맡기라고 요구했다.

---

103 朝鮮總督府, 1911, 『(明治44年3月) 農業技術官會議要錄』, 28~30쪽, 36쪽. 그러나 (도) 농업기술관이란 1910년대 전반에 각 도마다 1명씩 임명된 도 기사였다(1915년의 명단은 필자 미상, 1916, 「道農業技術官會同」, 『朝鮮彙報』 1, 185~186쪽). 이런 조사 방법이 그 이하 현장까지 전달·확산되는 데는 더 많은 시간과 노력이 필요했을 것이다.

104 모내기할 때 한 묶음으로 심은 벼를 '그루', 낱낱의 벼 개체를 '포기'라고 옮겼다. 대괄호 속의 숫자는 「작황 보고에 관한 건」의 주의 사항 항목이다. 일본의 잡절(雜節) 중 하나인 '210일(니햐쿠토카)'은 입춘에서 210일째 되는 날로, 대개 8월 말, 9월 초가 된다.

농업생산통계의 기본인 재배면적과 수확량은 어떻게 조사했을까? 조금 길지만, 1910년대 토지조사사업의 진행에 따라 가능해진 1916년 총독부의 「농업생산통계 작성에 관한 건」의 조사·계산 방법을 요약해 보자.[105]

1. 경작면적

농작물의 재배면적 및 수확고 통계를 확실하게 하려면 먼저 경작면적을 조사해야 함. 경작면적은 토지조사로 사정(査定)된 경지면적에서 거기 포함된 논·밭의 두둑(畦畔), 잡종지, 기타 경작불능면적을 뺀 면적을 적기(摘記)하도록 하고, 경작지의 면적은 다음과 같은 방법에 의해 산출함

(1) 모든 면의 구역을 평탄부·중간부·계곡부로 나누고 각각마다 표준이 될 만한 논·밭 각 3필 이상을 선정해서 실측하며, 그에 따라 1필당 토지조사 사정면적에 대한 불(不)경작지 면적의 비율을 산출해서, 평탄부·중간부·계곡부의 논·밭별로 평균할 것(비율은 몇 할·몇 푼·몇 리까지 계산)

(2) 1개 면의 논·밭 각각의 총면적 중 평탄부 몇 정(町), 중간부 몇 정, 계곡부 몇 정이라고 대략의 계산을 해 보고, 거기에 앞서 든 불경작지 면적비율을 곱해서 총불경작지면적을 산출하여 이것을 토지대장의 총면적에서 뺀 것을 경작면적으로 할 것

---

105 (日本) 農林省米穀局, 1937, 『(昭和12年10月)朝鮮米關係資料』, 163~165쪽(밑줄은 인용자). 경지면적은 원문에서도 '耕地面積'이지만 경작면적은 '耕作反別', 재배면적은 '作付反別'이다. 문맥상 '경지면적'은 토지대장에 경지로 분류된 땅의 면적, '재배면적'은 실제로 각각 농작물이 재배되는 땅의 면적이고, '경작면적'은 각 작물 재배면적의 합계를 가리키는 듯하다.

* 보고례의 「경지면적표」에는 토지대장에 의한 면적을 기재해야 하지만, 같은 표에 추가로 이 경작면적도 기재하도록 함

2. 농작물 재배면적 및 수확고 통계

(1) 농작물의 재배면적은 경지면적 중 불경작지를 뺀 순재배면적을 기재할 것. 다만 직접 면적을 조사하기 곤란한 경우에는 일단 두락 수를 조사하고, 그 면 전체 논·밭의 경작면적을 논밭별 관칭(慣稱) 두락 총수로 나눈 것을 그 면의 논·밭 1두락의 환산율로 삼아 그것을 재배 두락 수에 곱해서 재배면적으로 함[106]

(2) 농작물 수확고는 ①각 동·리장을 시켜 가급적 호별로 조사해서 면의 수확고를 산출하는 외에, ②면에서 따로 적당한 표준지를 선정해서 논·밭의 상·중·하 3등급에 대해 1면 각 3개소 이상, 1개소 10평에 대해 평예를 실시하여 상·중·하 논밭별로 1단보당 평균수량을 산출할 것. 그것을 상·중·하별 그 면의 재배면적에 곱하고 다시 합산해서 총수확고를 산출하여 앞의 조사 결과와 비교·심사한 뒤 수확고를 결정할 것

(3) 논밭의 상·중·하 등급 구분은 원칙적으로 토지조사로 사정된 등급을 표준으로 하지만, 토지조사의 등급사정은 경작불능지의 포함 정도, 수해·가뭄의 유무 등을 참작한 것이므로, 이들 사정은 도외시하고 온전히 작황의 좋고 나쁨에 따라 구분할 것

---

106 실제 재배면적을 측량할 수 없을 때는 민간에서 쓰는 '두락(마지기)' 단위로 면적을 물어본 다음, 그것을 절대면적으로 환산하라는 뜻이다. '두락'이라는 상대면적 단위에 대해서는 이 책 70쪽, 397쪽을 볼 것.

(4) 평예법으로 실제 수확고를 조사하는 것은 쌀·보리·콩·조에 한정할 것

(5) 쌀·보리·콩·조처럼 소작료를 가지고 수확고의 대세를 살필 수 있는 작물에 대해서는 그것을 단위면적당 수량을 어림해 볼 자료로 삼아 평예 성적과 비교·참조할 것

곡물의 수확량을 추정하는 기본적인 방법은 위 2-(2)-②와 같이 곡물별 재배면적에 단위생산량(1단보당 수확고)을 곱하는 것이다. 여기에 쌀·보리·콩 등의 수확량은 2-(2)-①과 같은 '청취조사'를 통해, 또 2-(5)의 지주와 소작인 간의 소작료 책정과 정산을 통해 확인할 수 있었다. 위 인용문에서는 이 세 가지 방식으로 수확량을 측정해서 서로 비교하고 교차검증하는 것까지를 고려하고 있다. 그러나 여러 가지로 당시의 상황을 고려해 볼 때, 여기서 소개한 이런 방법론은 그야말로 원칙에 그쳤고, 실제 현장에서 적용되기는 힘들었다고 생각된다. 가령 인용문 1의 밑줄 친 부분에서 경작면적은 경지면적에서 논·밭의 두둑 부분을 빼라고 했지만, 주 107에서 보듯이 선행연구의 추정에 따르면 실제 그렇게 두둑 부분을 빼고 추계가 이루어진 시기는 이 문건이 나온 1910년대 후반부터가 아니라 1930년대 후반에 가서다. 특히 초기에는 곡물별 재배면적과 단위생산량을 둘 다 파악하기 쉽지 않았다는 사실은, 총독부가 1910년대 여러 차례에 걸쳐 통계를 수정한 데서도 짐작해 볼 수 있다.

2) 문제점: 총독부 공식 통계의 수정과 불연속

여기서는 선행연구를 참조해서, 오늘날 우리가 남아 있는 식민지기의 통계자료를 이용하려 할 때 마주치게 되는 문제들을 한두 가지 살펴

보려고 한다. 문제를 해결해 보려는 것이 아니라, 이런 문제가 있을 수 있다고 소개하는 것이다.

(1) 농업통계의 두 가지 불연속 문제

① 1910년대 쌀 생산량 누년 통계의 수정

시기별로 조금씩 다르기는 하지만, 『통계연보』는 몇 가지 주요 통계에 대해서는 1910년 이래, 또는 이전 10년간의 누년(累年) 통계를 함께 제시하고 있다. 그렇다면 띄엄띄엄 8~10년 정도 간격으로 누년 통계를 모으면 식민지기 전체의 시계열도 쉽게 만들 수 있을 것 같다. 그런데 막상 『통계연보』를 꼼꼼히 들여다보면, 간혹 누년 통계 자체가 대폭 수정된다든지 하는 일이 벌어진다. 물론 집계에 문제가 있었다거나 계산이 잘못됐다거나 해서 작년 통계를 올해 수정한다든지 하는 일은 늘 있을 수 있다. 그런 것이라면 나중의 통계를 믿으면 된다. 그런데 식민지기의 농업통계에는 그렇지 않은, 악명 높은 경우들이 몇 가지 있다.

먼저 볼 것은 『통계연보』의 농업통계 중 누년 쌀 재배면적이 1914년에 한 차례 전면적으로 수정됐다가, 1918년과 1919년에 연거푸 크게 수정된 경우다. 이 수정 문제는 식민지기 농업과 '개발'에 관한 치열한 논쟁거리가 되기도 했다.[107] 그 논쟁 자체를 다시 옮길 필요는 없을 테니까,

---

107 총독부 농업생산통계를 '어떻게 수정할 것인가' 하는 문제의 근거는 크게 두 가지다. ① 지금 보는 것처럼 토지조사사업 진전에 따라 1910년대 전반의 통계가 두 차례 수정된 것이 있고, ② 1936년부터 총독부 농업생산통계가 논·밭 두둑 면적을 빼는 식으로 집계기준을 바꾸었다고 추정되는 부분이 있다. ②는 여기서 다루지 않는다. 식민지기 경제에서 농업이 차지하는 비중이 아주 크기 때문에, 농업생산통계를 어떻게 수정하는지는 당시의 국내총생산(GDP) 추정에도 영향을 미치게 된다. 농업통계와,

여기서는 1918년, 1919년 두 차례의 수정 내용 자체만을 잠깐 살펴보기로 하자. 쌀 이외의 다른 농산물들은 이것과 비슷하게 누년 통계가 수정된 것도 있고 아닌 것도 있는데, 밭작물은 통계로 잡히는 종류 자체도 시간이 가면서 점차 늘어나서 조금 더 사정이 복잡하다.

〈그림 2-5〉의 위 그래프는 1910년대의 쌀 재배면적 통계를 그려본 것이다. 점선은 경지면적, 나머지 세 개의 실선은 쌀 재배면적이다. 1917년까지의 쌀 재배면적은 경지면적보다 조금 작은 정도로 맞춰져 있었다 (맨 아래쪽 실선). (그 이전에도 몇 차례 크고 작은 수정이 있었지만, 그것은 1918년의 수정만큼 파격적인 것은 아니어서 여기에서는 다루지 않기로 한다.) 그런데 도별로 토지조사사업이 완성되어 토지대장이 정리되면서 1916~1918년에 걸쳐 파악된 (논)경지면적이 급증한다. 1918년 쌀 재배면적 역시 급증한 경지면적에 맞게 대폭 증가했는데, 총독부는 거기에 맞춰 1910년 이래의 누년 쌀 재배면적 통계를 수정했고, 이듬해에는 그것을 다시 더 평탄하게 수정했다.

새로 조사를 할 수 없는 몇 년 전의 통계인데 어떻게 수정했을까? 게다가 앞에서 보았듯이 농업통계는 총조사 방식이 아니라 표본조사를 해서 얻은 작물의 단위면적당 평균 생산량을 지역 내 전체 재배면적에 곱하는 방식으로 구해졌다. 심한 경우 책상머리에서 아무렇게나 숫자를 적어넣은 '달관적(達觀的)' 방법도 심심찮게 구사됐음은, 이를 비판하는 당시

나아가 GDP 수정 문제에 대한 선행연구와 논쟁은 박섭, 1995, 「식민지기 미곡 생산량 통계의 수정에 대하여」, 『경제학연구』 44(1); 박섭, 1999, 「1912~1940년의 한국농업생산통계」, 『경제학연구』 47(4); 박섭, 2015, 「식민지기 한국 농업통계 수정 재론」, 『경제사학』 59; 허수열, 2005, 『개발 없는 개발』, 은행나무, 54~76쪽; 허수열, 2011, 『일제초기 조선의 농업』, 한길사, 12~29쪽, 358~375쪽을 볼 것.

<〈그림 2-5〉 1910년대『통계연보』농업통계의 수정: 쌀 재배면적(위)과 단보당 생산량(아래)

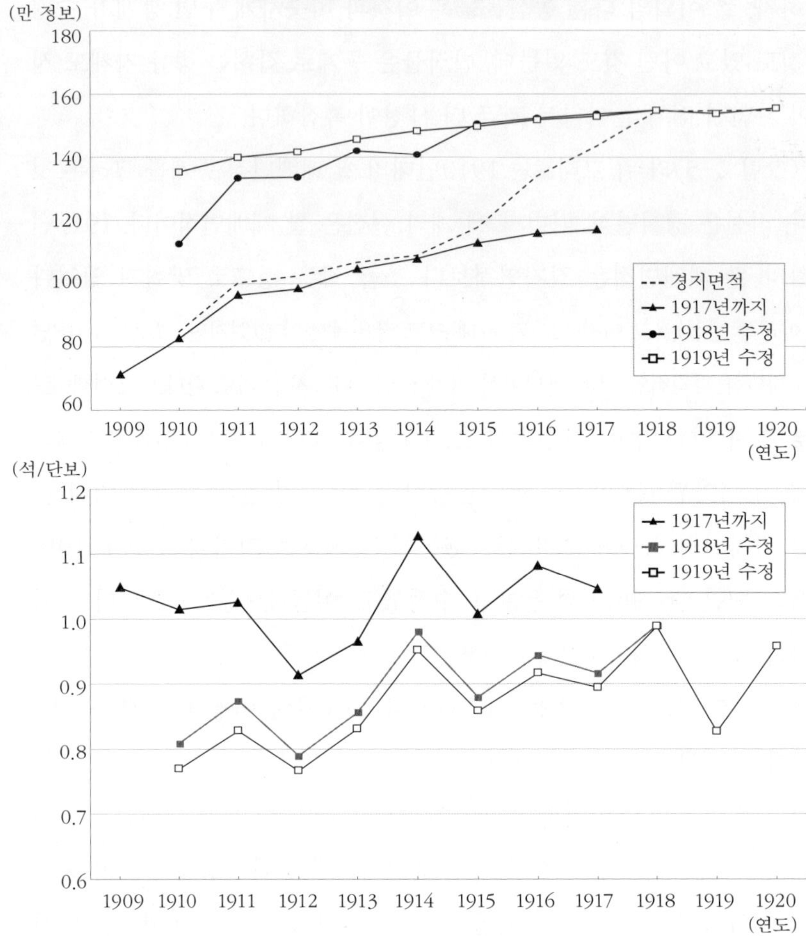

의 기사들에서도 짐작해 볼 수 있다. 대한제국 탁지부가 도입한 재무통계 대장부터 1910년대 총독부보고례에 이르기까지 말단의 면사무소 등에서 농업통계를 위해 사용한 양식은 조사표(票) 없는 지역별 집계표(表)였다. 요컨대 몇 년 전의 통계라도 제대로 조사된 '원자료'가 있으면 나중에라

도 어떻게든 다른 방식의 계산과 수정이 가능하겠지만, 1910년대 전반의 농업통계에 그런 원자료는 없었다. 1918년 수정이나 1919년 수정 모두 1918년의 값으로부터 추계했을 텐데, 두 차례 다 수정의 분명한 근거와 계산법은 제시되지 않았다.[108] 게다가 경지면적 통계는 1914년에 조금 조정된 것 외에는 수정되지 않았기 때문에, 1918년 이전은 경지면적보다 재배면적이 훨씬 많은, 이상한 통계가 됐다.

아래는 쌀의 단보당 생산량(석)이다. 여기서는 반대로 매년 그래프가 오르내리는 모양은 비슷하지만, 1917년까지 대개 1.0 이상으로 잡았던 생산량을 1918년, 1919년 두 차례에 걸쳐 점점 깎아내리고 있는 모습을 볼 수 있다. 선행연구에서는 이것을, 초기에는 표본조사 자체도 적었지만 단위면적당 생산량 조사는 더 드물었는데, 총독부가 비옥한 지역부터 우선적으로 관심을 가졌기 때문에 조사지가 넓어질수록 단위면적당 생산량이 감소한 것으로 해석했다.[109] 역시 『통계연보』 등에는 아무 설명이 없다. 따라서 이 둘을 곱해서 구해진 총생산량 역시 그림 왼쪽처럼 전체 수치가 증가하는 방향으로, 그러나 재배면적만큼 차이가 크지는 않게 수정된다.[110] 1917년까지의 수정 전 통계와 1919년의 수정 후 통계를 비교하면 1910~1914년의 재배면적은 1.4~1.6배 확대되고 생산량은 1.2~1.3배 증가했다.

---

108 『통계연보』에는 설명 따위는 전혀 없고, 1937년 조선농회에서 낸 『조선농업발달사』에 "1910년까지 거슬러 올라가 각종 작물의 재배면적 및 수확량을 수정·발표"했다는 언급이 있다(허수열, 2005, 위의 책, 55쪽 재인용).

109 박섭, 1999, 앞의 글, 85쪽.

110 다만 그림에는 전국 통계값만 제시했는데, 실제 계산은 지방의 부·면 단위에서 이루어지고 그 값이 합산되어 전국 수치가 나오는 것이어서 재배면적에 단위생산량을 곱한 값이 『통계연보』의 총생산량과 꼭 일치하는 것은 아니다.

이런 자료를 가지고 1910년대 농업생산량의 시계열적 변화를 그려 볼 수 있을까? 나중에 수정된 것이라고 해서 1919년의 숫자를 받아들여도 좋은 것일까? 문제는 여기에서 그치는 것이 아니다. 이처럼 총독부가 나중에 가서 재배면적을 확대하는 방향으로 수정한 것은 우선 한 가지 중대한 함의를 갖는다. 조선에는 미간지가 많다던 1900년대 초 식민·이민론자들의 담론을 총독부가 부정하는 셈이 되기 때문이다. 제1장의 69~71쪽에서 보았듯이 1900년대 초 사코 쓰네아키라는 조선의 경작면적을 180만 정보, 미간지를 140만 정보 이상으로 추산했고, 일본 정부는 이 주장을 조선에 대한 식민지화 정책의 근거로 삼았다. 그러나 〈그림 2-5〉에서 보듯이 총독부는 1919년에 가서 애초 82만 정이라던 1910년의 쌀 재배면적을 135만 정으로 수정했다. 박섭은 1910년의 모든 작물을 다 합친 경지면적을 426만 정보, 경작(作付)면적을 516만 정보로 추산한다.[111]

둘째로, 총독부 통계가 이렇게 오락가락하는 데다가 왜 그런 차이가 생겼고 수정이 필요했는지에 대한 상세한 설명이 없기 때문에, 우리는 식민지기 농업생산량과 그 변동에 대한 사실이 무엇인지 알기가 어렵게 된다. 우리는 각자의 입장에 따라 총독부가 제시한 여러 개의 통계 가운데 어느 하나를 믿든가, 아니면 또 다른 근거에 입각해서 별개의 추계를 하게 된다. 그러나 그런 추계란 날것 그대로의 현실이 아니라, 이전 시대에 대해 지금 우리가 알고 있는 정보를 모아서 그려본 그림일 뿐이다.[112]

---

111 박섭, 1999, 앞의 글, 99쪽, 부표 4.

112 물론 어느 시대, 어떤 대상에 대해서도 있는 그대로의 사실이란 없고, 오늘날의 추계에 비해서 당시의 조사 결과가 더 정확하다거나 믿을 만하다고 할 수도 없다. 215쪽 〈표 3-1〉에서 보듯이 인구통계의 경우에도 식민지기에 '조사'된 '현주호구' 시계열

그런데 식민지기 내내 조선 경제에서 농업이 차지하는 비중이 압도적이기 때문에, 농업생산통계를 어떻게 수정하고 어떻게 추계하는지는 당시의 1인당 국내총생산(GDP) 추정에도 영향을 미치게 된다. '식민지 근대화론' 계열의 식민지기 국민계정 추계에서는 1911~1918년 1인당 GDP가 가파르게 상승하는 것처럼 제시한다. 허수열은 1910년대 농업의 상황을 들어 이 점을 비판한다. 1910년대에는 농업 외에 이렇다 할 산업도 없었고, 농업 자체도 산미증식계획이라거나 우량품종과 개량농업의 보급 같이 빠른 성장세를 보일 요인이 없던 상황이었다. 그런데 1920년대나 1930년대 전반에 비해서 1910년대에 1인당 GDP가 더 급속한 성장을 보인 것처럼 그려진 것은, 반대로 1910년 농업생산이 지나치게 저평가됐기 때문이 아닌가 하는 비판이다.[113]

오래 이어져 고착된 논쟁이지만 양쪽의 입장 차는 좁혀지지 않았다고 생각된다. 뭔가 더 나은 자료가 있으면 돌파구가 생길지 모르지만, 현재로서는 얼마 안 되는 '자료'라는 것이 수정의 방향과 이유에 대한 제대로 된 설명도 없는 총독부의 통계뿐이다. 문제의 일부는 조선이 완전히 식민지가 되는 1910년 이전의 농업생산은 어느 정도였는지에 있는데, 앞서도 보았듯이 1909년이나 1910년까지의 농업통계는 훨씬 더 믿을 수 없는 것이다.

은 문제가 많고, 따라서 인구학자들은 여러 가지 추계를 시도해 왔다. 그러나 그런 추계들은 그것들대로, 전염병이나 대기근 같은 사건들을 제대로 반영하지 못한다거나 그 시대에 대한 다른 이론이나 역사적 지식, 심지어 연구자 본인의 기존 주장이나 가정과도 일치하지 않는다거나 하는 문제를 안고 있다.

113 허수열, 2011, 앞의 책, 17~29쪽.

② 농업경영 범주의 변화와 불연속 문제

식민지기의 농업, 농촌의 사회문제라고 하면 지주-소작관계가 맨 먼저 떠오르겠지만, 1912년까지는 그 사람이 지주인지, 자작농이거나 소작농인지도 조사되지 않았다. 당연히 지주·자작농·소작농별로 농가의 규모가 어느 정도이고 경작면적이나 생산량이 얼마인지를 다룬 통계도 없다. 그런 항목이 조사에 처음 도입된 것은 1913년이다. 1913년 농상공부는 각 도에 부·군별 논밭의 경작면적을 자작과 소작으로, 농가호수는 지주·자작·소작·자작 겸 소작으로 나누어 보고하도록 했다. 이 조치는 1914년부터 총독부보고례에도 반영됐다. 1926년 말에 가서 총독부는 『보고례별책』을 개정해서 「소작쟁의 발생건수표」를 신설하고, 「농업자수표」에 지주·자작·소작 … 외에 '화전민' 범주를 추가했다.[114] 경작면적별 호수는 간단한 통계일 것 같지만, 1938년에 가서야 처음으로 조사된다.[115]

〈그림 2-6〉은 1913~1942년 동안 지주·자작·소작 등 계급별로 농가호수가 얼마인지를 보인 그림이다.[116] 1913~1915년이 이후와는 다른 경향을 보이고, 1932년의 소작, 자작 겸 소작 호수가 크게 변동한 다음, 1933년에는 자작농 호수가 많이 증가한다. 원자료 『(쇼와14년) 농업통계

---

114 1913.8.27, 관통첩 제272호, 「농사조사의 건」; 1926.11.27, 관통첩 제65호, 「본부(本府) 『보고례별책』 개정에 관한 건」. 〈그림 2-6〉에서 이런 변화들이 통계에 어떻게 반영됐는지를 볼 수 있다.

115 (조선총독부) 農林局, 1938, 「耕地面積別農家戶口調」, 『조사월보』 9(11), 53~58쪽; 印貞植, 1943, 『朝鮮農村再編成の研究』, 人文社, 64~72쪽; 마쯔모토 다케노리, 2008, 「전시하 조선의 농민층 분화형태에 관한 분석」, 『경제사학』 45.

116 朝鮮總督府, 1941, 『(昭和14年)農業統計表』, 7~8쪽; 『통계연보(쇼와17년)』. 42쪽. 허수열, 2005, 앞의 책, 105쪽의 「계급별 농가호수」 그림에서 1943년 통계만 제외하고 비슷하게 다시 그려본 것이다.

〈그림 2-6〉 경영 형태(계급)별 농가호수

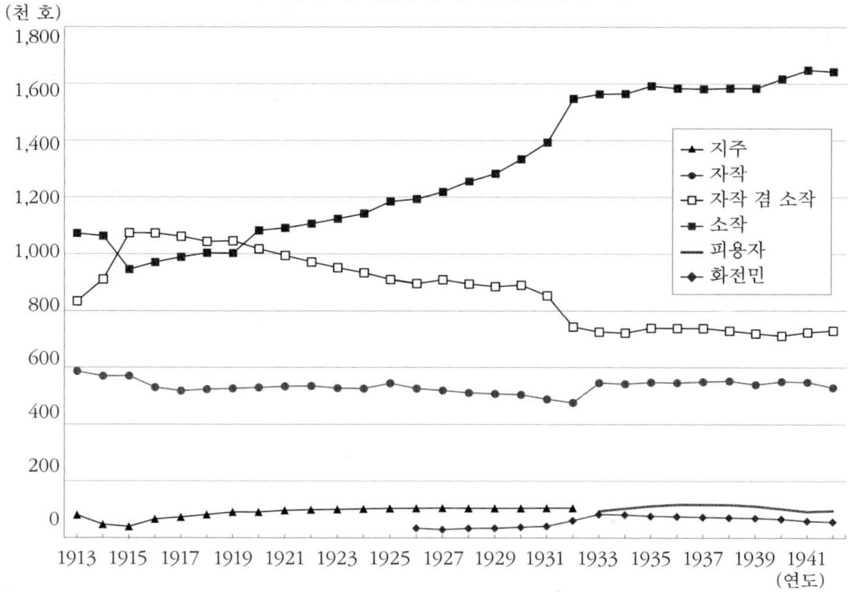

표』의 「농가호수표」 비고를 요약하면 다음과 같다.

1. 1917년 이전은 민적(民籍)의 정비가 불충분해서 이 표의 계수도 불완전함을 면할 수 없음
2. '지주 갑'이란 (부재지주 등) 소유 경지를 모두 소작시키고 스스로는 경작을 하지 않는 자, '지주 을'이란 소유지 대부분을 소작시키면서 일부를 스스로 경작하는 자. '겸화전민'이란 숙전(熟田)을 경작하면서 겸해서 화전식 경작법에 의한 경작에 종사하는 자로서 지주·자작·자작 겸 소작·소작 중에 계상되므로 합계에는 포함하지 않음
3. 1933년부터 조사방식을 변경해서 누년에 비해 호수 총계가 증가

한 것은, '지주 갑'을 제외하고 '피용자'를 더한 데 따름

4. '피용자'란 경지를 보유하지 않고 타인에게 고용되어 농업에 종사하며 독립된 세대를 세운 자를 말함
5. 누년비교의 경우 1932년까지의 '지주 을'은 '자작농'으로 하여 계산하고 인구는 1호당 5명으로 해서 계산함을 적당하다고 인정함

위 2에서 보듯이 화전민은 '순화전민'과 '겸화전민'으로 나뉘었는데, 이 그림에 1926년부터 등장하는 '화전민'은 순화전민이다. 1926년은 1910년대의 토지조사사업과 거기 이어진 임야조사사업이 끝나고, 조선총독부의 국유림 경영에 대한 '임정계획'이 시작된 해다. 그해 6월 식산국 산림과가 산림부로 확대개편되고, 영림창과 산림과출장소가 통합되어 지역별로 영림서(營林署)가 설치됐다. 동시에 요존(要存) 국유림 내의 화전민에 대한 관리가 본격화되면서 화전민 통계가 잡히게 된 것으로 보인다. 1925년 이전에는 화전민이 농가호수에 전혀 포함되지 않았는지 어땠는지 알 수 없다.[117]

원자료에서 '지주'는, 1913~1915년은 '지주'지만 1916~1932년은 '지주 갑'과 '지주 을'로 나뉘어져 있는데, 그 수가 적어서 그냥 '지주'로 합쳤다. '지주' 범주는 1932년을 끝으로 사라진다. 아마 '지주 을'은 1933년부터는 '자작' 범주로 합쳐졌을 것이다. 1932년 '지주 을'은 7만 2,000명 정도다. 1933년에는 자작이 6만 9,000명쯤 증가했다. 또

117 1920년대의 화전민 수 통계에 대해서는 강만길, 1987, 『일제시대 빈민생활사 연구』, 창작사, 127~131쪽; 총독부의 '임정계획'과 화전민 대책에 대해서는 최병택, 2012, 「조선총독부의 화전 정리 사업」, 『한국문화』 58, 159~174쪽. 1934년판부터는 『통계연보』에 「화전 및 화전경작자표」가 추가된다.

1932년에 '자작 겸 소작'이 크게 줄고 '소작'은 반대로 크게 늘었다. 공교로운 우연인지 모르겠지만, 바로 그해 가을부터 총독부의 '자작농 창정(創定)' 사업이 시작됐다. 또 1933년부터는 '피용자'라는 새로운 범주가 등장했다. 머슴 중에서 가구를 이룬 경우를 말하는 것일 텐데, 다른 자료를 보면 1930년 머슴은 53만 7,432명으로, 지주부터 소작농까지 모두 머슴을 쓰고 있어서 평균 호당 머슴 수가 1.2명이었다고 한다.[118]

한 가지 덧붙일 것은 당시에 이런 통계가 어떻게 알려졌는가다. 〈그림 2-6〉만 보면 1910년대부터 각종 간행물에 이런 통계가 실렸을 것 같지만, 그렇지 않다. 1928년까지 『통계연보』의 「농업(자)호구표」에는 재조선 일본인(內地人)·조선인·중국인(支那人)·기타 외국인 등의 민족별 범주뿐이었다. 1929년에 가서야 1916년부터의 지주 갑·지주 을·자작·자작 겸 소작·소작과 1926년부터의 겸화전·순화전 통계가 실린다. 1913~1915년 통계는 『통계연보』에는 실리지 않고 나중에 『농업통계표』에 등장한다. 그러니까 총독부는 이런 통계를 갖고 있으면서도 1928년까지 『통계연보』에 공개하지 않았던 것이다. 보고례 등을 통해 수집한 통계 중 어떤 것들이 공개되고 어떤 것이 공개되지 않았는지, 또 어떤 계기로 그런 원칙이 바뀌게 되는지 등은 앞으로 더 연구해야 한다.

(2) 수산업자 범주의 변경과 통계의 수정

『통계연보』의 누년 시계열이 나중에 수정된다든지 『통계연보』와 다

118 윤수종, 2010, 『농촌사회제도연구』, 전남대학교출판부, 424쪽. 朝鮮總督府, 1932, 『朝鮮の小作慣行』 下卷 續編, 88~90쪽. 참고로 일본에서는 1921년에 나온 제40회 『일본제국통계연감』에서 처음으로 1909년 이래 누년의 농가호수 통계를 실었다. 자작·소작·자작 겸 소작으로만 구분됐고, 이후로도 '지주'나 '피용자' 범주는 없다.

른 자료의 통계가 서로 맞지 않는다든지 하는 일은 농업통계의 경우만이 아니다. 물론 어떤 통계든 시간이 지나면서 조사·집계상의 범주나 기준은 바뀌게 마련이다. 한국에서 쌀은 대표적인 물가통계품목이고, 역사 연구자들은 『독립신문』의 한 달 구독료가 얼마였다거나 1920년대 활동사진관의 입장료가 얼마였다는 말을 들으면 으레 그때 쌀값은 얼마였는지를 찾아서 각종 상품의 상대적 가치를 상상해 보곤 한다. 하지만 지금처럼 1인당 쌀 소비량이 계속 줄고 쌀값이 하락하면 쌀값은 더 이상 시대를 초월한 척도가 될 수 없을 것이다. 그래도 주식인 쌀이니까 오래 버틴 것이고, 대다수의 물가통계품목들은 5년이나 10년을 주기로 교체된다.

하지만 식민지기의 통계자료를 이용해서 뭐라도 연구를 해 보려는 우리 입장에서는, 그렇게 통계숫자가 여러 번 바뀌거나 같은 시기를 다룬 통계값이 자료에 따라 서로 다른 것은 꽤나 성가신 일이다. 무슨 기준이 어떻게 바뀌어서 그런 수정이 필요했는지에 대한 설명이 없으면 더 답답하다. 식민지기 수산업자 호수(戶數)와 인구도 그런 경우 중의 하나다. 통계를 수정한 정확한 이유와 여기서 미처 다 설명하지 못하는 자료들 사이의 불일치 등은 앞으로의 연구과제로 남겨두고, 같은 종류의 통계라도 수록된 지면에 따라 어떻게 차이가 나는지에 대해서만 조금 살펴보기로 하자.

〈그림 2-7〉은 몇몇 자료에 따른 수산업자 호수 시계열이다. ① 먼저 짧은 점선으로 된 것은 1932년판 『통계연보』의 「수산업자 호구」의 호수다. 이 해까지는 『통계연보』에 1911년부터의 누년 통계가 기재되다가, 1933년판부터는 최근 10년간의 누년 통계가 기재된다. 그런데 그 과정에서 1932년판과 1933년판의 누년 통계의 내용이 바뀌었다. ② 맨 위쪽 동그라미 표시(●)를 붙인 선이 1933년판 『통계연보』에 실린

〈그림 2-7〉 수산업자 호수의 여러 시계열

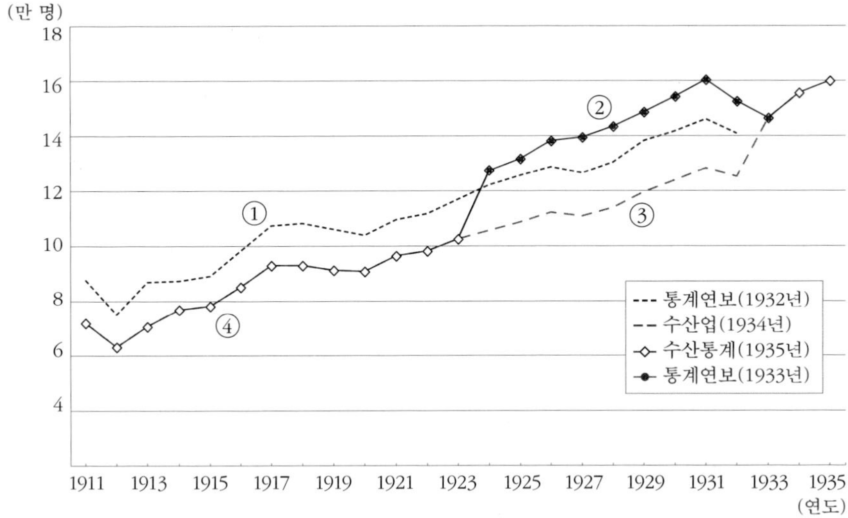

1924~1933년의 수산업자 호수다. 이 숫자가 왜 ①보다 더 크게 조정됐는지는 뒤에 설명하겠다.

『통계연보』가 아닌 두 가지 자료가 더 있다. ③ 아래쪽 긴 점선은 총독부(식산국 수산과)에서 낸 1934년판 『조선의 수산업』의 제1표 「수산업 생산고, 호수, 선박수표」에 따른 것이다.[119] 왼쪽 1923년 이전 부분이 ④ 의 선에 가려졌지만, 1911~1934년 시계열이다. 표 제목 아래에는 괄호 속에 "본부(本府) 통계연보에 의함"이라고 써 놓았는데, 보다시피 『통계연보』에 따른 ①, ② 모두와 차이가 난다. ④마지막으로 속이 빈 마름모(◇)로 표시한 것은 역시 총독부(식산국 수산과)에서 낸 1935년판 『조선수산통계』의 제1표 「총생산고·호구·선박 누년비교표」 자료다. 이것 역시 제

119 朝鮮總督府, 1935, 『(昭和9年)朝鮮の水産業』, 附表 1~2쪽. 제2표의 어업자 호수는 또 다른데, 이 문제는 여기에서 다루지 않는다.

목 옆 괄호 속에 "본부 통계연보에 의함"이라고 써 놓았다.[120] 1923년 이전 부분은 ③과 일치하고, 1924년 이후 부분은 ②와 일치한다.

1923년 이전의 ①과 ③ = ④의 차이는 ④를 보면 알 수 있다. '수산업자' 범주는 어로, 양식, 제조, 판매로 구성되는데, ①은 1923년까지 판매업자도 수산업자에 포함한 것이고, ③ = ④는 판매업자를 뺀 숫자다. 곡선의 모양으로 보아 ①은 1932년까지도 같은 방식으로 어로 + 양식 + 제조 + 판매를 다 집계했고, ③은 일관되게 판매업자를 뺀 것이라고 추측된다. 그렇다면 1924년부터 ② = ④의 값이 확 솟구친 것은 무엇 때문일까? 이것은 『통계연보』만으로는 알 수 없다. 1933년판 『통계연보』의 '개설'에서는, "1933년 말의 수산업자 호수는 14만 6천 호로, 전년과 비교해서 6천 호(4푼 1리) 감소했다"라고 쓰고 있다. 그러나 전년인 1932년 『통계연보』를 펼쳐서 볼 수 있는 그해 수산업자의 호수는 ①의 짧은 점선의 오른쪽 끝인 14만 952호다. 이 문제를 풀기 위해서는 이 통계가 처음 실린 『조사월보』를 찾아보아야 한다.

수산업자 호수는 1920년대까지는 「수산업자 호구조사(戶口調)」라는 제목으로 띄엄띄엄 『관보』에 실리다가, 1930년부터는 거의 매년 『조사월보』에 실리게 된다. 그런데 이 자료들을 찾아보면 『통계연보』에 실린 것 외에, 수산업자를 전업자, 겸업자, 피용자(被傭者)로 나누고 있음을 볼 수 있다.[121] 그중 1924년 말과 1925년 말의 통계로 계산을 해 보면, ①은

120 朝鮮總督府, 1937, 『(昭和10年)朝鮮水産統計』, 2~3쪽.

121 『관보』에 실린 1920년대까지는 전업자, 겸업자, 종업자 구분이었는데 1930년대 『조사월보』에 와서는 전체 수산업자를 '종업자'라 부르고 그것을 다시 전업자, 겸업자, 피용자로 나누게 된다. 1920년대의 '종업자'는 1930년대의 '피용자'와 같은 범주라고 추측된다.

〈그림 2-8〉『조선총독부관보』의 수산업자 호구 기사(1920년 9월 27일)

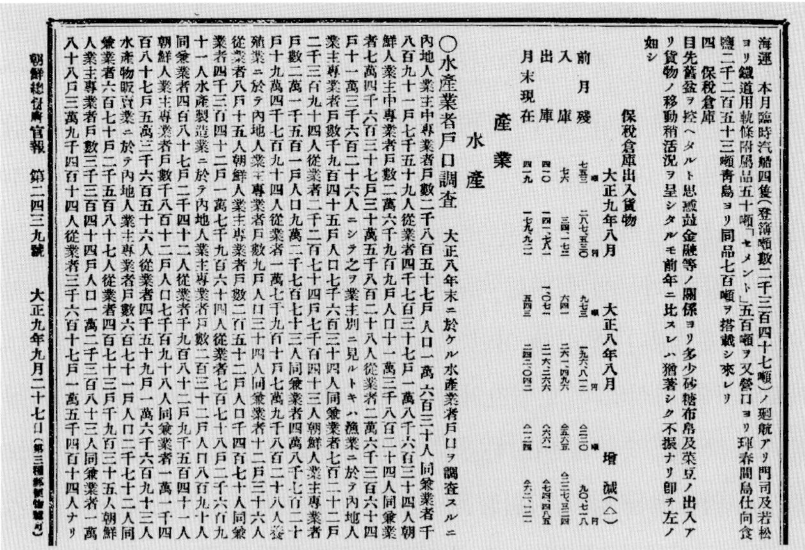
海運　本月臨時汽船四隻（登簿噸數二千三百四十七噸）ノ廻航アリ門司及若松ヨリ鐵道用軌條附屬品五十噸「セメント」五百噸ヲ又營口ヨリ琿春間島仕向食鹽二千二百五十三噸青島ヨリ同品七百噸ヲ搭載シ來レリ

四　保稅倉庫

目先舊盆ヲ控ヘタルト思惑並金融等ノ關係ヨリ多少砂糖布帛及菜豆ノ出入アリ貨物ノ移動稍活況ヲ呈シタルモ前年ニ比スレハ猶著シク不振ナリ卽チ左ノ如シ

保稅倉庫出入貨物

	大正九年八月		大正八年八月		增減（△）	
	噸	円	噸	円	噸	円
前月殘	七五三	二八七、五三〇	九七三	一九六、八一二	△二二〇	九〇、七一八
入庫	七六	三四、一七二	六四一	二六一、四九六	△五六五	△二二七、三二四
出庫	四二〇	一四一、六八一	一、〇七一	二一六、三六六	△六六一	△七四、四八五
月末現在	四一九	一七九、九二二	五四三	二四二、〇四二	△一二四	△六二、一二〇

產業

水產

○水產業者戶口調查　大正八年末ニ於ケル水產業者戶口ヲ調査スルニ內地人業主中專業者戶數二千八百五十七戶人口一萬六百三十人同兼業者千八百九十一戶七千五十九人從業者四千七百三十七戶一萬八千六百三十四人朝鮮人業主中專業者戶數二萬六千九百九戶人口十一萬三千八百二十四人同兼業者七萬四千六百三十七戶三十萬五千八百二十八人從業者二萬六千三百六十四戶十一萬三千六百二十六人ニシテ之ヲ業主別ニ見ルトキハ漁業ニ於テ內地人業主專業者戶數千九百四十五戶人口七千六百三十四人同兼業者七百二十二戶二千三百九十四人從業者二千二百七十四戶七千百四十三人朝鮮人業主專業者戶數二萬一千五百一戶人口九萬二千七百七十三人同兼業者四萬八千七百二十戶十九萬四千七百九十四人從業者一萬七千九百十戶七萬九千八百二十八人養殖業ニ於テ內地人業主專業者戶數九戶人口三十四人同兼業者十二戶三十六人從業者八戶十五人朝鮮人業主專業者戶數二百五十二戶人口千四百七十人同兼業者四千三百四十二戶一萬七千九百六十四人從業者七百七十八戶二千六百九十一人水產製造業ニ於テ內地人業主專業者戶數二百三十二戶人口八百九十人同兼業者四百八十七戶二千四十二人從業者千九百八十二戶九千五百四十一人朝鮮人業主專業者戶數千八百十二戶人口七千百九十八人同兼業者一萬一千四百八十七戶五萬三千六百五十六人從業者四千五十九戶一萬六千六百九十三人水產物販賣業ニ於テ內地人業主專業者戶數六百七十一戶人口二千七十二人同兼業者六百七十戶二千五百八十七人從業者四百七十三戶千九百三十五人朝鮮人業主專業者戶數三千三百四十四戶人口一萬二千三百八十三人同兼業者一萬八十八戶三萬九千四百十四人從業者三千六百十七戶一萬五千四百十四人ナリ

朝鮮總督府官報　第二四三九號　大正九年九月二十七日（第三種郵便物認可）

전체 호수에서 피용자는 빼고 판매업자는 포함시킨 숫자, ② = ③은 피용자는 넣고 판매업자는 뺀 숫자와 거의 계산이 들어맞는다.[122] 앞서 농업통계에서 1933년부터 '지주 갑'을 제외하고 '피용자' 범주를 더한 것을 보았는데, 수산업통계에서도 같은 시기에 와서 피용자를 공식 통계에 포함시키게 된 듯하다. 다만 수산업자에 대해서는 더 일찍부터 피용자가 범주화되어 조사됐기 때문에, 1924년 것부터 소급해서 시계열을 수정했던 것이다.[123]

---

122 『관보』, 1926.1.25; 『관보』, 1926.10.11. 다만 ④는 전체 호수에서 피용자, 판매업자 둘 다를 뺀 값과 맞지 않았다.

123 『관보』에 실린 통계를 보면 피용자가 범주화되어 조사된 것은 1918년부터인데(『관보』, 1919.9.20), 왜 1924년 것부터 수정했는지는 모르겠다.

자주 있는 일은 아니지만, 1919년 수산업자 통계가 『관보』에 실린 방식 역시 총독부의 통계 간행·유통방식에 대해 생각해 볼 거리를 남긴다. 〈그림 2-8〉은 1920년 9월 27일 『관보』의 지면 일부다. 왼쪽에 줄글로 빽빽하게 적힌 것이 수산업자 호구 통계다. 가운데 부분의 「보세창고 출입화물」처럼 선은 긋지 않았더라도 사실상의 표(表)로 처리할 수 있었을 텐데 그리고 그 이전에도 줄곧 그렇게 표로 제시해 왔는데, 이 해 것은 이렇게 가독성에 대한 배려라고는 찾아볼 수 없는 빽빽한 줄글 기사로만 제시됐다. 우리가 이런 줄글을 보면서 재조선 일본인과 조선인, 어로업자와 양식업자, 전업자와 겸업자 … 등등의 범주를 머릿속으로 정리하고 각각의 숫자를 비교하거나 셈하기란 불가능에 가깝다. 한자 세로쓰기에 익숙했을 당시 사람들은 달랐을까? 아니면 이것은 기사를 내기는 하지만 사실상 읽지는 못하게 하려는 심술이었을까?

제3장
식민지 지배와 인구조사

인구현상은 크게 인구정태(人口靜態)와 인구동태(人口動態)로 나눌 수 있다. 인구정태란 특정 시점에 한 지역 인구의 규모와 구조를 파악한 것이고, 인구동태란 일정 기간 동안의 인구 변동, 그런 변동의 원인이 되는 출생·사망과 인구이동을 말한다. 식민지기에 인구에 대한 관심은 주로 인구의 규모에 한정됐다. 19세기 말, 20세기 초에 일본은 자국의 과잉인구와 생존 문제를, 인접 지역을 침략하고 식민지로 삼는 핑계로 내세웠다. 1920년대 이래로는 조선 남부 농촌의 절대적·상대적 과잉인구를 한반도 서북지방이나 일본, 만주로 이주시킬지의 여부가 큰 관심사가 되기도 했다. 반면 인구의 성별·연령별 구성이라든지 출생률·사망률의 규칙성 같은 것은 제대로 이해되지 못했거나 부차적인 문제였던 듯하다.

총인구나 지역별 인구 규모를 파악하는 방법에는 총조사와 등록, 추계가 있다. 일본제국에서 총조사는 '국세조사(國勢調査)'라는 거창한 이름으로 1920년부터 5년마다 시행됐다. 인구정태와 인구동태 양쪽에 다 이용되는 등록장치로는 호적제도가 있었다. 일본 본국(內地)에서와 달리 조선에서 추계인구는 쓰이지 않았다. 이 장에서는 인구의 자료별로 식민지기의 인구조사에 대해서 살펴보고자 한다. 앞부분은 호적제도에 근거한 인구정태와 인구동태의 파악에 대한 이야기다. 265쪽부터는 식민지기 조사·통계의 담론과 실천에서 중심적 위치를 차지했던 국세조사의 시행과, 그것을 둘러싼 정치적·사회적 맥락에 대해 살펴보겠다.

1. 호적에 근거한 정태인구와 동태인구

1) 호적제도와 매년 말 '현주호구'

(1) 근대 일본의 호적제도와 다양한 인구 개념

식민지기 전국의 총인구는 두 가지 다른 방법으로 파악됐다.[1] 5년마다 국세조사(총조사)를 통해 얻은 '현재인구(現在人口, *de facto* population)'에 대해서는 280쪽과 부록 2에서 살펴볼 것이다. 다른 하나는 매년 12월 31일을 기준으로 하여 행정구역별 거주자 현황을 집계한 '현주호구(現住戶口)'다.[2] 이것은 일정기간 주소를 두고 생활하는 '상주지'를 기준으로 조사한 상주인구(常住人口, *de jure* population)에 가깝지만, 정확한 개념으로 정의되지도 않았고 엄밀한 방법으로 조사·집계된 것도 아니다. 그러나 각종 세금과 공과금을 부과하고 학령아동이나 징병 대상자를 파악하는 행정에는 현주호구가 더 많이 쓰였다. 현주호구는 매년 집계되고 늦어도 8~9개월 안에는 『관보』나 『통계연보』를 통해 공개되지만, 국세조

---

1 현재 한국의 총인구는 총조사인구, 주민등록인구, 추계인구 세 가지로 파악된다. 큰 틀에서 식민지기의 국세조사≒현재의 총조사, 현주호구≒주민등록인구라고 할 수 있다. 다만 현재의 총조사는 현재인구가 아니라 상주인구를 조사하고, 주민등록인구 역시 본적이 아니라 주소를 기준으로 한다. 한국의 공식인구는 통계청이 총조사인구에 출생·사망·인구이동 등을 가감해서 추정한 추계인구다(박경숙, 2017, 『인구학 방법』, 서울대학교출판문화원, 29쪽).

2 '호구'는 호수(戶數)와 인구를 합친 말이니까 '현주인구'가 더 정확한 개념이다. 그러나 '현재인구'와 '현주인구'는 한글로도 한자로도 헛갈리고 당시 『통계연보』에서도 그렇게 썼으니까, 이 책에서는 꼭 '인구'라고 해야 할 때가 아니면 대개 '현주호구'라고 쓰도록 하겠다.

사는 5년마다 한 번 실시되고 컴퓨터가 없던 당시로서는 최종 결과보고서가 나올 때까지 몇 년이 걸린다는 불편도 있었다.

이 책에서 내내 되풀이하는 현장조사, 조사표(票)와 집계표(表) 이야기를 다시 꺼내자면, 국세조사는 개인별·세대별 조사표(票)를 이용한 현장조사, 조사통계의 교과서적 사례다. 반면 조선의 현주호구는 처음부터 「조선총독부보고례」에 규정된 부·면별 집계표(表) 양식을 가지고 시작하는 보고통계의 대표적인 사례다. 집계표에는 한 개 면의 남녀 인구와 1년 동안의 혼인·출생·사망 수가 기재될 뿐, 그 이하 동·리별로, 또 집집마다의 인구상황이 어땠는지는 알 수 없다. 물론 현주호구라고 해서 반드시 담당자의 책상머리에서 서류만 가지고 보고통계로 집계하라는 법은 없다. 현주호구도 얼마든지 조사표(票)를 들고 현장조사를 해서 파악할 수 있고, 지역별로는 실제 그렇게 시행한 사례도 있었다. 그렇게 해야 한다는 권고는 훨씬 더 많았다. 그러나 반드시 현장조사를 해야 한다거나 조사표(票)를 이용하라는 전국 일률의 규정은 없었다.

조선에서 시행된 많은 제도가 일본이나 타이완 것을 모델로 했지만, 호적제도에 근거한 인구에 대해서는 조선과 일본의 사정이 꽤 달랐다. 1925년 이전 『일본제국통계연감』의 인구통계를 보면 본적인구, 현주인구, 추계인구 등 조선에서는 보지 못한 여러 가지 인구 개념에 대해 무척 긴 '일러두기'가 붙어 있는 것을 볼 수 있다. 어디에도 제대로 된 설명이 없는 조선의 '현주호구' 개념을 알기 위해서는 먼저 훨씬 꼼꼼한 일본의 여러 가지 인구 개념과 그 역사를 조금 들여다 보아야 한다.[3]

---

3 이하 각 인구 개념에 대한 설명은 『일본제국 제31통계연감』; 『일본제국 제35통계연감』; 內閣統計局, 1916, 『(大正2年12月31日)日本帝國人口靜態統計』를 참조했다. 1918~1920년 인구는 『일본제국 제40통계연감』 참조. 을종현주인구에 대한 평가는

① 본적인구

일본의 근대적 호적제도를 통해 지역별로 그곳에 본적을 둔 사람의 수를 집계한 것이다. 1871년 4월 제정된 「호적법」이 이듬해 2월부터 시행될 때, 전국에 걸쳐 호적부를 편성하면서 처음이자 마지막으로 집집의 인구를 실제로 조사했다.[4] 그때 각 집의 현재 거주지를 '본적지'로 등록했으므로, 1872년 본적인구는 현재인구에 가까운 것이기도 했다. 이후로는 전년 본적인구에 1년 동안의 출생·사망 수를 가감해서 매년의 본적인구를 계산했다.

② 현주인구

산업과 도시가 발전하면서 '데카세기(出稼ぎ)'라고 불린 이주노동이나 상업·학업 등으로 본적지를 떠나 다른 지역에 거주하는 인구가 차츰 증가했다. 당시 일본에서는 호(戶)의 구성원 전부나 일부가 본적지 아닌 곳에 일정 기간(90일) 이상 체류하는 것을 '기류(寄留)'라고 불렀다. 말 그대로의 기류, 즉 일시체류가 아니라 사실상 삶의 근거지를 다른 곳으로 옮긴 경우도 많았다. 기류자는 본적지에 출(出)기류, 기류지(거주지)에 입(入)기류 신고를 해야 했다. 신고를 받은 기류지와 본적지 관청은 서로 연락을 해서 인구이동을 관리했다.[5] 본적인구로는 이런 인구이동의 실상을 파악할 수

佐藤正廣, 2002, 『國勢調査と日本近代』, 岩波書店, 50~52쪽을 참조했다.

4 1872년이 임신년이라 이 호적을 '임신호적'이라고 부른다. 임신호적 편성 때 조사된 전국 인구는 3,311만여 명으로, 1920년 제1회 국세조사 인구로 계산한 1872년 인구추계치 3,481만여 명의 95%에 달했다.

5 근대 이전 '한(藩)'에 매여 있던 일본의 인민이 예외적으로 한을 벗어나는 것을 '기류', 그중에서 특히 행상이나 계절노동, 영주를 따라 에도(도쿄의 옛 이름)에 가서 머무르는 일을 '데카세기'라고 불렀다. 20세기 초에는 외국 이민이나 식민지로의 이주

없었기에, 지역별로 본적인구에 입기류인구를 더하고 출기류인구를 빼서 '현주인구'를 산출했다. 시간이 지나면서 가감할 이동인구는 출·입기류부터 외국행, 도망·실종, 육해군 근무, 감옥 수감 그리고 조선·타이완·가라후토(남사할린) 같은 식민지로 이주한 자까지로 확대된다.

③ 추계인구 A(= 을종현주인구)

그러나 출·입기류 신고는 완벽하지 않았다. 특히 입기류 신고에 비해 출기류 신고가 부실했다. 오늘날 한국에서처럼 이사간 곳의 동사무소에 전입신고를 하면 그 전까지 살던 곳의 전출신고가 자동으로 처리되는 식의 지방행정의 연락망은 존재하지 않았다. 학자들은 다음과 같은 계산으로 입기류와 출기류 신고의 차이를 보정해서, 이것을 '을종현주인구' 또는 '추계인구'라고 불렀다.[6] 여기에 대해 ②의 현주인구는 '갑종현주인구'라고 불렀다.

X 을종 = X 갑종 − (전국 입 − 전국 출) / (전국 입 + 전국 출) × (X 입 + X 출)[7]

그러나 전국 (현재)인구를 다시 조사하지 않는 한, ①, ②, ③의 정확성을 평가할 방법이 없었다. 1885년 가이노쿠니를 비롯하여 몇몇 지역에서 총조사 방식의 인구조사가 시행됐지만, 267~268쪽에서 보듯이

도 영구적인 것이 아니라 데카세기라고 생각됐다. 본적지, 기류지란 조선에서는 부·읍·면을 단위로 한다.

6 1920년 국세조사 시행 이전에는 ③을, 이후에는 ⑤를 '추계인구'라고 했는데, 여기서는 편의상 A, B로 구별해 보았다.

7 X 지역, 갑종·을종 현주인구, 입기류, 출기류를 줄여서 썼다.

1905년으로 예정됐던 국세조사는 러일전쟁으로 무기한 연기된 상황이었다. 인구이동이 심한 큰 도시의 상황은 심각해 보였다. 1909년 12월 말 기준 도쿄시 현주인구는 약 217만 명인데 같은 시점의 경시청 조사로는 147만 명, 10월 1일 기준의 도쿄시세조사(東京市勢調査) 인구는 167만 명이었다. 학자들은 갑종·을종 현주인구의 신뢰성에 의문을 제기하면서 국세조사 실시를 촉구했다.[8]

④ 현재인구

①에서 ③까지가 본적지나 생활근거지에 상주하는 인구를 파악한 것이라면, 266쪽, 280쪽에서 보듯이 20세기 전반에 일본 국세조사가 대상으로 한 것은 조사시점 '현재'에 그 지역에 있는 인구다.

⑤ 추계인구 B

1920년 국세조사 이후로는 국세조사인구에다 1908~1918년 현주인구의 연평균 남녀별 인구 증가율을 적용해서 지역별 추계인구를 구했다. 따라서 1920년대 『일본제국통계연감』에서는 현주인구는 사라지고, 국세조사인구와 나머지 해의 추계인구 B를 합친 '현재인구'와 ①의 본적인구가 실리게 된다. 1930년대가 되면 『일본제국통계연감』에서 '현주인구'라고 하는 것은 ②나 ③이 아니라 '현주호구'라는 이름으로 집계된 조선·타이완 등 식민지의 인구다.

8 하지만 전국적으로 보면 사정이 달랐다. 1920년 국세조사로 얻은 일본(內地) 총인구는 약 5,596만 명으로, 추계된 1920년 말 을종현주인구에 비해 90만 명 정도 많았다. 90만 명이라면 국세조사 총인구의 1.6% 정도니까 결과적으로 을종현주인구는 상당히 정확한 추계였다고 하겠다(佐藤正廣, 2002, 앞의 책, 49~52쪽).

요약하자면, 일본에서는 1870년대 호적제도 시행 이후 그것에 근거한 '본적인구'를 집계했고, 1920년 이래로는 국세조사의 현재인구를 인구학적으로 더 정확한 것으로 평가했다. 국세조사는 5년마다 실시되니까 그사이 연도는 국세조사 인구에 기반한 추계인구 B로 채웠다. 국세조사 시행 이전에 증가하는 국내외 인구이동을 파악하기 위해 개발한 '현주인구'나 추계인구 A는 국세조사 이후에는 쓰지 않게 됐다.

(2) 조선의 매년 말 현주호구

① 민적실사 이래의 '현주호구'

이 책 96~98쪽에서 보았듯이 일본식 호적제도는 1909년 민적제도로 조선에 도입되어, 1909~1910년 전국에 걸쳐 온 국민을 민적부에 등록하는 '민적실사'가 시행됐다. 「민적법」 자체는 이미 민적부가 있는 것으로 상정하고 혼인·출생·사망 등을 신고하라는 규정만을 두었지만, 최초의 민적부를 편성하기 위해서는 일단 전국 인민을 조사해야 했다. 조사와 등록의 대상인 조선인민들로서는 「민적법」의 내용과 거기서 말하는 '호'가 무엇인지보다, 나라가 망해가고 있고 자신들이 일본의, '왜(倭)'의 '적(籍)'에 등록된다는 것이 훨씬 더 큰 관심사였다.

아무튼 민적실사와 최초의 민적부 편성이 잘 이루어진다면 일본에서처럼 이것을 통해 조선의 인구를 최대한 정확하게 파악하고, 이후로는 매년의 출생·사망과 인구이동을 가감해서 본적인구나 현주인구를 집계할 수 있을 터였다. 그러나 조선에서는 일이 그렇게 풀리지 않았다. 무엇보다 최초의 민적실사 자체가 완벽하지 않았다. 물론 〈표 3-1〉에서 보듯이 1900년 대한제국의 신식호적 집계가 약 560만 명, 1906~1907년

〈표 3-1〉 1903~1925년 조선인 (현주)인구와 추계인구

기준연월	조사 내용	A 현주호구 (만 명)	B 추계인구 (만 명)	C 인구파악률 (A/B, %)	D 1호당 인원 (명)	E 남녀 비율 (남=100, 명)
1900	대한제국 신식호적[a]	560.8	1,708.2	32.8	4.0	80.8
1907.5	경무고문부 호구조사	978.1	-	-	4.2	85.2
1910.5	민적실사	1,293.4	-	-	4.7	88.5
1910.12	연말 현주호구	1,312.9	1,742.7	75.3	4.8	88.8
1915.12	〃	1,595.8	1,765.6	90.4	5.3	94.8
1920.12	〃	1,691.6	1,807.2	93.6	5.3	94.4
1925.12	〃	1,854.3	1,902.0	100.0	-	95.6
1925.10	현재인구 (국세조사)	1,902.0				

경무고문부 조사가 980만 명의 인구를 파악한 데 비하면 민적실사 1,290만 명은 대단한 성과다. 그러나 여전히 호 전체가, 또는 그 구성원 일부가 누락된 경우도 많으리라고 추측됐다.

과연 민적실사는 전국 인구의 얼마쯤을 파악했을까? 오늘날 인구학 연구자들은 민적실사 인구뿐 아니라 식민지기 『통계연보』에 실린 '현주호구' 시계열 전체를 믿지 않는다. 대신 비교적 정확한 조사가 이루어졌다고 평가되는 1925~1940년 국세조사 인구를 가지고 식민지기 인구를 '추계'하는 방법을 쓴다. 추계도 연구자에 따라 다르지만 대표적인 것 하나를 골라서 1925년 간이국세조사 때까지 주요 연도들의 현주호구와 비교해 보면 〈표 3-1〉과 같다.[9] 이 추계에 따르면 1910년 인구는 대략

---

9 A는 「광무4년도 국내인민호구총수」, 『황성신문』, 1901.1.10; 政府財政顧問本部, 1907, 『韓國戶口表』; 각 연도 『통계연보』; 朝鮮總督府, 1926, 『簡易國勢調査結果表』. B는 Tai Hwan Kwon et al., 1975, *A Population of Korea*, PDSC, p.7. 조금 다른

1,700만 명이었을 것으로 추측되고, 민적실사의 인구파악률은 75%쯤이 된다. 총인구의 4분의 1이 여전히 파악도 등록도 되지 않은 상태였던 것이다.

최초의 민적부가 갖춰진 이후로 출생·사망·혼인 등의 신고가 썩 잘 이루어진 것 같지도 않다. 최초의 민적실사 인구에 매년의 변동을 더해서 총인구를 집계한다는 설계는 제대로 작동하지 않았다. 그렇지만 총독부는 일본의 선례를 따라 민적실사 이후에 다시 전국적 호구조사를 시행하지 않았다. 그렇다면 매년 말의 인구는 도대체 무엇에 근거해서 어떻게 파악된 것일까? 상황은 지역별로 제각각이었다. 전국적 조사는 없었지만 지역에 따라서는 지방관청이나 경찰이 여러 가지로 호구를 조사하기도 했다.[10] 이에 대해서는 이 책 222쪽의 '현장의 호구조사'에서 살펴보겠다.

조선에서 '현주호구'라는 용어가 등장하는 과정은 다음과 같다. 1906~1907년 경무고문부 호구조사의 보고서인 『한국호구표』나 민적실사 결과인 『민적통계표』에서는 아무 설명이 없이 '호수'와 '인구'를 제시했다. 이때의 '인구'는 'population'의 번역어가 아니라 오래전부터 써오던 호구(戶口)·가구(家口)·식구(食口)·권구(眷口)·기구(寄口)와 같은

추계는 보론 2를 볼 것. 대표적인 식민지기 인구추계들에 대한 검토와 비판은 박이택, 2008, 「식민지기 조선인 인구추계의 재검토: 1910~1940」, 『대동문화연구』 63, 334~338쪽.

10 『통계연보』에 실린 '현주호구' 통계에는 '현주호구 지역별' 말고 '현주호구 직업별'도 있다. 그런데 민적부와 호적부에는 호주와 가족의 직업을 적는 난은 없으니까, 직업별 호구는 어떤 식으로든 따로 조사하지 않고는 파악이 불가능했을 것이다. 다만 민적실사 때는 부수적으로 직업을 조사했다고 한다(이헌창, 1997, 『민적통계표의 해설과 이용방법』, 고려대학교 민족문화연구소, 35쪽).

항렬의 한자어일 수도 있다.[11] 그런데 같은 시기에 나온 『통감부통계연보』에서는 개항장과 주요 도시의 한국인·일본인·외국인 호구를 '현주호구'라고 부르다가, 1910년판 『통계연보』에 가면 조선의 총인구를 현주호구라고 부르게 된다. 그것이 무엇이라는 설명은 없다. 조선인의 경우 경무고문부 조사와 민적실사를 통해 얻어진 인구가 제3차 『통감부통계연보』부터 그냥 '현주호구'라고 불리게 됐을 뿐이다.[12] 이후로 현주호구는 보고례를 통해 매년 말을 기준으로 집계되지만, 보고례 양식에도 '현주호구' 개념의 설명은 없다.[13]

관견(管見)으로는 '현주호구'에 대한 설명이 처음 나오는 것은 1925년 간이국세조사 때다. 간이국세조사 결과보고서에 보면 "종래의 연말 현재의 현주호구조사는 조사시기에 (어떤 사람이) 주소(지)에 있고 없고를 불문하고 주소에 있는 자로 (쳐서—괄호 속은 모두 인용자) 조사한 것이다. 그런데 국세조사는 조사시기에 주소의 유무를 불문하고 조선에 현재하는 자는 모두 조사한 것"이라는 언급이 있다.[14] '현주호구'는 상주

---

11 국사편찬위원회 조선왕조실록 DB에서 한자로 '人口'를 검색해 보면, 가령 일찍이 태조 때의 기사로, 요동에서 도망해 온 인구를 돌려보냈다(태조2.8.29), 폭풍우로 인해 강원도 9개 고을에서 익사한 인구가 108명이다(태조5.7.8). 각 도 호적에 데리고 사는(率居), 인구가 다 등록되어 있다는(태조6.2.11) 등의 기사를 찾아볼 수 있다. 이럴 때의 '人口'는 'population'보다는 '사람(들)'이라는 뜻이다.

12 '현주'라는 말에 굳이 의미를 부여하자면 두 가지 가능성을 생각해 볼 수 있다. ① 당시 조선에 와 있던 일본인은 고향에서 보면 모두 (출)기류자였으므로 (일본의) 본적에 대해 그들이 조선에 '현주'함을 강조했을 수 있다. ② 조선인에 대해서는, 조선 전래의 방법으로 조사된 인구는 그저 '호구', 일본식 방법으로 조사된 인구는 '현주호구'라고 구분했을 가능성이 있다.

13 이 책 165쪽의 〈그림 2-4〉를 볼 것.

14 朝鮮總督府, 1926, 「人口の槪況」, 『簡易國勢調査結果表』, 1쪽.

〈표 3-2〉 식민지기 인구 개념의 종류와 '현주호구'

범주	일본	조선
국세조사인구	현재인구(1920년 이래)	현재인구(1925년 이래)
등록인구	본적인구	'현주호구'
	현주인구 (본적인구에 기류를 가감)	- (기류제도 없음)
추계인구	추계인구 A(을종현주인구)	-
	추계인구 B	-

인구의 일종이라는 이야기인데, 조선에서는 기류제도가 제대로 시행되지 않았기 때문에, 〈표 3-2〉에서 보듯이 조선의 현주호구란 일본으로 치면 본적인구와 그나마 비슷한 것이 아니었을까 싶다.

조선의 현주호구에 대한 전문가들의 평가는 좋지 않았다. 경제학자 이훈구는 조선의 인구에 대한 글에서 현주호구는 "경찰관리의 호구조사와 민적 신고 등에 의한 것으로 그 정확성이 완전치 못"하다고 평가했다.[15] 경성제국대학 법문학부 통계학강좌 교수였던 오우치 다케지(大內武次)는 현주호구에 대해 "조사는 어떤 방법에 의한 것인지 불명이지만, 어쨌든 해마다 그 조사 결과는 공표되고 있"다고 썼다.[16] '어쨌든'이라는 말이 의미심장하게 느껴진다. 이렇듯 현주호구란 집계 기준도 없고 방법도 일관되지 않은 정체불명의 숫자였다. 이와 관련해서 전라남도 통계주임으로 있던 이심훈이라는 인물은 1937년에 "조선에서도 이미 … 국세조사를 세 번이나 실시한 지금이라면, 현행 연말 현재 현주인구조사를

15 이훈구, 「조선인구: 史的 발전의 연구(3)」, 『동아일보』, 1932.7.21.

16 朝鮮經濟硏究所, 1931, 『朝鮮統計總覽』, 14쪽.

전폐하고 국세조사 인구를 기초로 해서 추계인구를 공표하는 것으로 바꿀 것을 절실히 바라 마지않는"다고 썼다.[17]

② 현주호구의 쓰임: 행정의 기준인구

그러나 식민지기 국세조사가 일본제국 차원의 주기적인 큰 행사로 시행됐음에도, 실제 각종 행정에 더 많이 쓰인 것은 「조선총독부보고례」에 따라 집계되어 『통계연보』에 실리는 매년 말의 '현주호구'였다. 각 연도의 현주호구는 보론 2에 정리해 두었다. 현주호구는 매년 집계·발표된다는 점이 가장 큰 장점인 반면, 실제 행정 말단에서의 조사·집계 과정이 알려져 있지 않고 통제할 수도 없다는 것이 큰 문제로 지적됐다. 반면 1925년부터 5년마다 한 차례 시행된 국세조사는 보고서가 다 간행되는 데 몇 년이 걸렸다.

그보다 더 큰 문제는 국세조사의 대상이 그 지역에 삶의 근거를 두고 거주하는 인구가 아닌, 조사시점의 현재인구라는 점이었을 것이다. 가령 이 동네 사는 사람인데 하필 국세조사 기준시점인 10월 1일 0시 현재에 집을 비운 사람은 셈에서 빠지고, 다른 지방 사람이 그날 하루 이 동네 여관에 투숙했으면 이 지역 인구에 포함되는 방식이다. 과연 이런 현재인구를 지역의 주택과 도로, 상하수도, 학교 관련 정책을 세우는 데 쓸 수 있을까? 지금 같으면 도심의 업무 지역·번화가와 교외 주거 지역의 주간인구와 야간인구의 차이를 여러 정책에 반영하는 경우도 있지만, 식민지기에 현재인구와 '현주호구'의 차이가 그렇게 이용된 것 같지도 않다. 결국 자료의 정확도를 떠나서 각종 행정에 필요했던 것은 매년 말

---

17 李心勛, 1937, 「朝鮮統計の改善に就て」, 『조선통계시보』 5, 41쪽.

〈표 3-3〉 1920년대 부·면 인구 비례 협의회원 정원

부협의회		면협의회	
인구 기준	협의회원 수(명)	인구 기준	협의회원 수(명)
2만 미만	12	5천 미만	8
2만 이상, 3만 미만	14	5천 이상, 1만 미만	10
3만 이상, 5만 미만	16	1만 이상, 2만 미만	12
5만 이상, 10만 미만	20	2만 이상	14
10만 이상	30		

의 '현주호구'였다.

총독부와 지방청의 공문에서 직접 지역의 '인구'를 언급한 경우를 살펴보자. 지역 인구에 비례한 부·면별 협의회원과 면 서기의 정원 문제다. 총독부는 1914년 4월부터 도시에 해당하는 행정단위인 부를 법인으로 하여 제한적 자치권을 부여하는 '부제(府制)'를, 1917년 10월부터 면에 대해서도 비슷한 내용을 규정한 '면제(面制)'를 시행했다. 1920년대 부와 면에는 '협의회'를 두었다. 부와 일본인 인구가 많은 '지정면(指定面)'의 협의회 회원은 선거로 뽑았지만, 그 밖의 (보통)면 협의회원은 도지사가 임명했다. 1910~1920년대 부협의회원와 면협의회원의 인구비례 정원은 〈표 3-3〉과 같이 정해져 있었다.[18]

1920년 10월, 경기도지사는 경성부 인구를 24만 8,644명, 인천부는 3만 2,023명, 고양군 용강면 2만 2,272명, 연희면 9,252명, 은평면 7,026명, 숭인면 1만 5,470명, 둑도(뚝섬)면 1만 3,509명 등으로 인정

18 1920.7.29, 조선총독부령 제102호, 「부제시행규칙」 개정; 1920.7.29, 조선총독부령 제103호, 「면제시행규칙」 개정.

했다.[19] 이에 따라 부·면 협의회원 수는 경성부 30명, 인천부 16명, 고양군 14명, 연희면·은평면 10명, 숭인면·뚝도면 12명으로 정원이 정해졌을 것이다. 면 서기 정원도 인구비례에 따라 용강면 9명, 연희면과 은평면 6명, 숭인면 8명, 뚝도면 7명 등으로 결정됐다. 그런데 도지사가 인정한 경성부 24만 8,644명, 인천부 3만 2,023명, 고양군 합계 12만 4,565명이라는 인구는 『통계연보』에 실린 1919년 말의 지역별 '현주호구'다.

제1회 (간이)국세조사가 시행된 1925년 이후의 사정은 어떨까? 1926년 9월에 가서 경기도는 부·면 협의회원 정수를 조정하기 위해 새로 부·면별 인구를 인정했다. 부에 대해서는 경성부는 "인구 10만 이상", 인천부는 "인구 5만 이상, 10만 미만"이라고만 했지만, 면에 대해서는 고양군 용강면 3만 2,120명, 연희면 1만 1,847명, 은평면 8,268명, 숭인면 2만 2,435명 등으로 상세한 수치를 나열했다.[20] 이것 역시 『통계연보』에 실린 1925년 말 '현주호구'다. 참고로 1925년 10월 1일의 국세조사 '현재인구'는 용강면 3만 2,723명, 연희면 1만 2,079명, 은평면 8,334명, 숭인면 2만 3,371명이다. 이렇게, 부·면 협의회와 면 서기의 정원을 결정하는 데 쓰인 것은 국세조사 인구가 아니라 매년 말 '현주호구'였다.

---

19 「부제시행규칙」과 「면제시행규칙」에 따른 인구 인정은 1920.10.1, 경기도고시 제111호; 제113호. 고양군 숭인면 인구는 『관보』에 7만 5,470명으로 되어 있지만 오류임이 명백해서 1만 5,470명으로 고쳐서 계산했다. 면 서기 정원은 같은 날 경기도고시 제115호에서 확인했다.

20 1926.9.14, 경기도고시 제85호; 제86호.

2) 현장의 호구조사

민적실사 이후 전국적으로 가가호호를 방문하는 현장조사가 다시 시행되지는 않았으나, 지역별로는 민적의 등록률을 높이고 관내 거주자의 실태를 파악하기 위한 호구조사가 곳곳에서 이루어졌다. 경찰의 호구조사 자료를 부·면에서 건네받기도 하고 둘이 협조해서 조사를 하기도 했지만, 경찰과 부·면의 호구조사는 사실 조사의 목적과 방식이 다른 별개의 것이다.

(1) 경찰의 관내 순찰과 호구조사

민적실사가 시작될 때쯤인 1909년 6월 말, 신설된 헌병경찰이 대한제국의 경찰권을 장악했다. 경찰을 내무·지방행정에서 분리해서 경무총장(=주차헌병대 사령관)이 전국 헌병과 경찰을 일원적으로 지휘하는 별개의 조직으로 만든 것이다. 도에는 도청과 별개로 경무부를 두고 도청 소재지 주둔 헌병대의 헌병대장이 경무부장을 겸했다. 경찰 약 5,700명, 보통경찰 사무를 담당하는 헌병 약 2,000명의 인원이었다.[21] 조선을 식민지화하는 마지막 준비였다. 곧이어 8월 말에 '한일병합'이 이루어지고 10월 1일 조선총독부가 업무를 개시했다. 대한제국 내부 경무국이 담당하던 민적사무는 이제 경무총감부와 헌병경찰의 소관이 됐다. 재조선 일본인을 대상으로 영사 업무를 하던 이사청이 폐지되면서 일본인의 호

---

21 마쓰다 도시히코 저, 이종민 외 역, 2020, 『일본의 조선 식민지 지배와 경찰』, 경인문화사, 24~25쪽.

적사무까지 경찰 소관으로 통일됐다.[22] 면은 아직 지방의 최말단 행정기관으로서의 역할을 제대로 하지 못할 때로, 지방에서 민적제도를 운영할 인력도 헌병경찰밖에 없던 상황이었다.[23] 또 식민지 권력으로서는 경찰이 민적사무를 담당하는 것은 지방행정과 치안을 동시에 운영할 수 있다는 장점도 있었을 것이다.

1910년대 전반 민적사무의 최대 관건은 인구파악률, 즉 민적 등록률을 높이는 것이었다. 민적실사는 한 차례로 그쳤지만 경무총감부는 추가로 지역별 실사를 시행하라며 각지 헌병경찰을 독려했다. 경성부에서는 구역별로 경찰관이나 부청 공무원이 다시 일제조사를 벌이거나 관내 집집의 호주들을 차례로 소집해서 민적을 정리했다.[24] 관내 가가호호를 파악하고 경로를 정해 순찰을 돌면서 숙박자나 일시거주자를 단속하고 요주의 인물이나 지역 유력자의 동향과 민심을 탐지하며 방범과 치안을 담당하는 것은 경찰의 일상 업무이기도 했다.

현주호구의 집계가 문제된 것은 1915년 4월 민적사무가 부·면으로 이관되면서부터다. 행정 일선에서 민적 신고를 접수하고 등본을 떼어주는 사무를 폭력적 국가기관인 경찰이 아니라 지방행정관청이 하는 것은 당연하다. 그러나 당시 부·면은 여전히 인력이 충분치 않았다. 경찰은 경찰대로, 민적부를 부·면에 넘겨주고 나면 관내 거주상황을 파악할 자

---

22 1910.10.1, 조선총독부훈령 제22호(옛 이사청 사무의 인계).

23 1912년까지도 전국 면별 서기 인원은 0.9명, 서기가 없는 면도 348개나 됐다. 면 서기는 1910년대 후반에 급증해서 1918년에는 면당 4.6명에 이르게 된다(윤해동, 2006, 『지배와 자치』, 역사비평사, 145쪽).

24 『매일신보』에 실린 경성부의 경우들이다[「민적부를 수보(修報)」, 1912.6.30; 「중부 민적실시」, 1912.12.26; 「민적 원고지 분급」, 1912.12.26; 「호구조사: 셔대문분셔에서」, 1914.6.25 등].

〈그림 3-1〉 경찰의 호구조사부

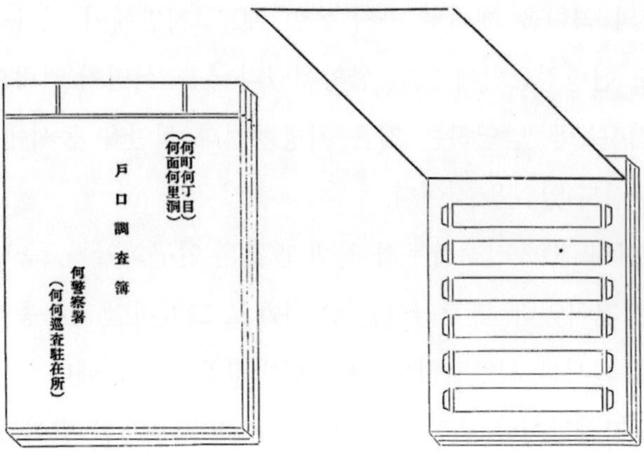

료를 새로 만들어야 했다. 민적사무 이관을 몇 달 앞둔 1914년 8월, 전국 민적부를 일제히 점검해서 수정·보완한 뒤 새 장부에 옮겨쓰라는 명령이 전국 경찰에 하달됐다. 민적실사 때 이래의 기존 민적부는 보조부로 하여 조사 자료로 쓴다는 방침이었다.[25] 아마 이런 과정을 통해 경찰은 민적부 사본을 확보하여 이후의 호구조사 등에 이용했을 것이다.

민적사무 이관과 함께 「보고례」 중 「현주호구 부·군별」, 「현주호구 직업별」, 「출생월별」, 「현주조선인 결혼연령별」 표는 도장관의 보고 사항이 되고, 「사망자 종류별」, 「사산(死産) 월별」, 「결혼·이혼·배우 수」, 「현주내지인 결혼연령별」 표는 경무총장의 보고 사항으로 규정됐다.[26]

---

25 1914.8.25, 내훈갑(內訓甲) 제19호 등[細谷定, 1915, 『(日鮮對照)朝鮮民籍要覽』, 斯道館, 297~301쪽].

26 1915.6.2, 관통첩 제113호, 「보고례에 따른 인구통계의 건」(경무총감 → 각 도장관).

같은 인구동태 중에서 출생과 조선인의 결혼은 지방관청에 넘기고 사망·사산과 이혼, 재조선 일본인의 결혼 통계는 헌병경찰 소관으로 남긴 이유는 알 수 없지만, 현주호구는 이제 지방관청의 소관으로 정해졌다.

민적사무 이관 직후인 1916년 1월, 경무총감부는 경찰의 호구조사 규정을 제정했다.[27] 각 경찰서에서는 호구조사 담당 구역을 나누어 외근 순사로 하여금 6개월에 한 차례 이상 호구조사를 실시하게 하라는 내용이었다. 호구조사에는 〈그림 3-1〉과 같은 호구조사부를 사용했다. 가로 15.8cm, 세로 23.3cm, A5와 B5의 중간 크기쯤 되는 이 장부는 1880년대부터 일본 경찰이 이용해 오던 장치다.[28] 예전에 사진 앨범 등에 쓰던 방식으로 두터운 바탕종이에 칼집을 내서, 앞뒤로 개인별 인적 사항을 써넣은 15.2×2.3cm 정도의 갸름한 삽입지를 끼웠다 뺐다 할 수 있게 한 것이다. 거주자가 사망하든지 호 전체가 관외로 이사를 가면 삽입지를 빼서 따로 제거부(除去簿)에 보관했다.[29]

〈그림 3-2〉는 호구조사부 기재 방식의 보기다. 바탕종이 한 장에 삽입지 5장을 꽂도록 되어 있다. 맨 오른쪽 첫 번째 삽입지에 "화원정(지금의 예관동) 3정목 55번지의 2"라는 주소가 적혀 있고, 그 다음은 호주인 일본인 가네야마 쓰루히코의 인적 사항이다. 읽어 보면,

---

27 1916.1.24, 경무총감부훈령갑 제5호, 「호구조사규정」.

28 아주 이른 예로 麻布警察署, 1884, 『警務要覧』, 畏三堂, 615쪽에서 거의 같은 호구조사부 형식을 찾아볼 수 있다.

29 아날로그 시대에 호(세대)별 정보와 개인별 정보를 함께 처리하기 위한 편리한 장치인 것 같지만, 일선 순사들의 체험담에는 호구조사부가 휴대하기도 펜으로 기재하기도 무척 불편하다는 말도 있다(필자 미상, 「戶口調査の改善」, 『警務彙報』 250, 45~46쪽).

〈그림 3-2〉 경찰의 호구조사부 기재례

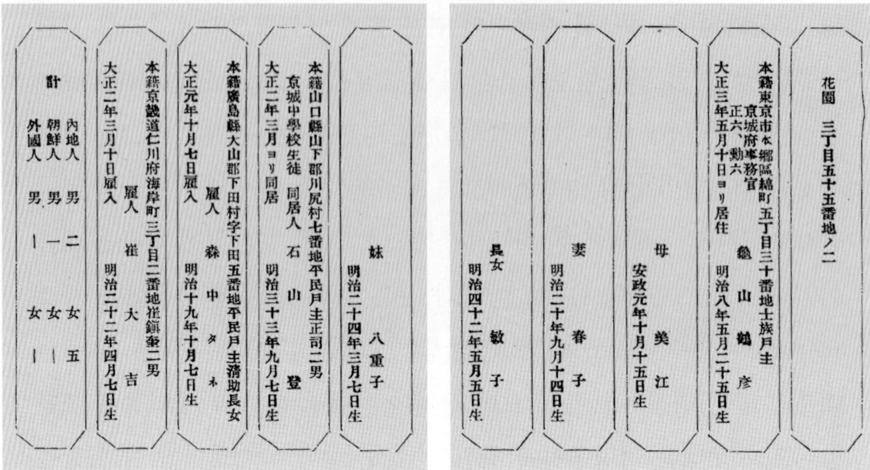
花園 三丁目五十五番地ノ二

本籍東京市本鄕區綿町 五丁目三十番地士族戸主
京城府事務官
正六、勲六 龜山鶴彦
大正三年五月十日ヨリ居住 明治八年五月二十五日生

母 美江 安政元年十月十五日生

妻 春子 明治二十年九月十四日生

長女 敏子 明治四十二年五月五日生

妹 八重子 明治二十四年三月七日生

本籍山口縣山下郡川尻村七番地平民戸主正司二男
京城中學校生徒 同居人 石山登
大正二年三月ヨリ同居 明治三十三年九月七日生

本籍廣島縣大山郡下田村字下田五番地平民戸主清助長女
雇人 森中タネ
大正元年十月七日雇入 明治十九年十月七日生

本籍京畿道仁川府海岸町三丁目二番地崔錫奎二男
雇人 崔大吉
大正二年三月十日雇入 明治二十二年四月七日生

計 內地人 男 二 女 五
朝鮮人 男 一 女 —
外國人 男 — 女 —

본적: 도쿄시 혼고구 와타마치 5정목 30번지, 사족(士族), 호주

경성부 사무관 정6위 훈6등, 가네야마 쓰루히코(龜山鶴彦)

1914(다이쇼3)년 5월 10일부터 거주, 1875년 5월 25일생

이어서 그의 어머니, 아내, 장녀 순이다.

왼쪽은 바탕종이의 다음 장이다. 호주 가네야마의 여동생과, 가족은 아니지만 이 집에 얹혀사는 사람들이다. 본적이 야마구치(山口)현이고 경성중학교 학생인 동거인 아무개 그리고 고용인(雇人)인 일본인과 조선인 등이다. 맨 왼쪽 삽입지에 재조선 일본인(內地人) 남 2명, 여 5명, 조선인 남 1명이라는 이 집의 거주자 통계가 적혀 있다. 만약 장녀가 도쿄로 유학을 가게 된다면 장녀의 삽입지를 뒤집어 "장녀 도시코, 1916년 3월부터 도쿄 메이지대학에 입학 중"이라고 써서, 그 면이 보이도록 끼워 놓는다.[30] 이 기재례에는 없지만 종두나 두창(痘瘡), 기타 경찰상 필요 사항도 삽입지에 기재해야 했다.

호구조사를 마치면 담당 구역 내의 일본인·조선인·외국인별 호수와 인구(남·여·합계)를 쓴 「현재호구조사표(表)」를 호구조사부 표지 안쪽에 붙여두게 했다. 또 「호구조사실시부」를 두어 몇 월 며칠에 누구 집을 조사했는데 호수와 남녀 인구가 얼마였고, 지난번과 비교해서 인구에 변동(異動)이 있는지, 어느 집은 부재중이어서 조사를 못했는지 등의 사정을 쓰도록 했다. 호적제도와 비교해 보면, 경찰의 호구조사부는 일단 가족·혈연관계와 상관없이 한 집에서 같이 사는 사람들을 모두 조사·기재했고, 특히 개인의 특성과 거주·이주 상황을 수시로 파악할 수 있게 한 장치라고 하겠다. 무엇보다 중요한 것은 "호구조사의 주지(主旨)는 주민의 성행, 내력, 생활의 상황 등을 살펴 알아서 경찰상 제반의 자료로 제공하는 데 있다"고 규정한 것이다.[31] 매년 말 현주호구조사와는 분명히 선을 그은 셈이다.

1919년 3·1운동 이후 사이토 마코토(齋藤實) 총독이 부임하면서 헌병경찰제도가 폐지되고 문관(보통)경찰제도가 시행됐다. 인원이 대폭 증원된 전국 경찰은 모두 도 소속이 되어 도지사의 지휘를 받게 되고,[32] 촘촘히 배치된 경찰력에 의한 지역의 정기적 순찰과 범죄예방이 경찰의 주요 목표가 됐다. 소속관서 경무총감부가 폐지되면서 총독부 본청의

---

30 부재자의 기재 방법은 『관보』의 같은 면 하단에 실린 그 다음 기재례의 것을 응용해 본 것이다.

31 1916.1.24, 경발(警發) 제14호, 「호구조사규정에 관한 건」(경무총감부 경무과장 → 각 도 경무부장, 『警務彙報』 113, 18쪽에 실려 있다).

32 1918년까지 5,000명대이던 전국 경찰력이 1919년 약 1만 5,000명, 1920년대 초에는 약 2만 명까지 팽창했다(마쓰다 도시히코 저, 이종민 외 역, 2020, 앞의 책, 24~25쪽).

한 부처로 전국 경찰사무를 총괄하게 된 신설 경무국은 1922년에 「호구조사규정」을 다시 공포했다.[33] 1916년 것과 같은 장치지만, 주민 외에 담당 구역 내에 60일 이상 체재하는 자와 선박 내 거주자도 조사하고(제1조),[34] 호구조사는 석 달에 한 번 시행하고 3·6·9·12월 말 기준으로 호구조사 결과를 집계해서 경찰서장을 거쳐 도지사에게 보고하며(제2·12조), 정기적 조사 때가 아니라도 호구의 변동이 발견되면 그때마다 호구조사부를 정리하라(제8조)는 등의 내용이 추가됐다. 3개월마다 경찰서별 호구조사표가 도지사에게 보고되면, 도에서는 그것을 부·면의 현주호구 통계를 평가·점검하는 데 활용할 수도 있었을 것이다.

그 밖에 주민을 호주의 성명 가나다 순으로 정리한 「호구색인표」를 작성해서 지번(번지) 순과는 다른 방법으로 호구조사부를 검색할 수 있게 했다.[35] 호구조사는 일출 이후부터 일몰 때까지 행할 것(제4조), (조사대상자에게–인용자) 간곡하게 (조사의) 취지를 전할 것, 노약자와 어린이, 여성, 기타 응답하기 어려운 사람에게 강하게 심문하지 말고 관혼상제나 기타 특수한 사정이 있는 자는 조사하지 말 것, 풍속·관습이 다른 것은 가급적 존중할 것, 가족·집사·고용인 등을 조사할 수 있으면 호주에

---

33 1922.7.13, 조선총독부훈령 제33호, 「호구조사규정」. 경무총감부에 비해서는 권한이 줄었다고 해도, 식민지기 내내 경무국은 내무국과 동등한 부처로 존재했다. 반면 일본(을 비롯한 대부분의 국가)에서 경찰은 내무성 소속의 외국(外局)이었다.

34 조선도 차츰 본적과 구별되는 '주소'가 일반화됐음을 알 수 있다. '주민'이란 그 지역에 생활의 근거인 '주소'를 둔 사람이다. 대개 세대(가구)를 이루어 거주하는 경우를 말한다. 주민 외의 사람이 일정기간 체재하는 것은 '거소'라고 할 수 있다.

35 원문은 '이로하(イロハ) 순'이다. 일본 가나 문자 48개를 반복되지 않도록 배열해서 외기 쉽도록 노래를 만든 것이다. 지금의 50음도 이전에 사전 등의 배열 순서로 많이 썼다. 또 '성명'이라고 한 것은 일본인의 경우는 당연히 '씨명(氏名)'이다.

대한 조사는 필요 없음(이상 제6조) 등, 필요 이상으로 주민들을 자극하지 않기 위한 주의 사항도 추가됐다.

각 도에서는 도별로 시행세칙을 제정해서, 경찰서장이 미리 호구조사 계획을 세우도록 하고 호구조사 때 함께 살필 "경찰상 필요한 사항"을 아주 상세하게 규정했다. 대표적으로 충청북도의 경우를 보면,[36] 우선 호구조사를 할 때 '살필(察知)' 사항으로 ①자산·소득·업무의 상황, ②성행·사상·당파·경력, ③가정·사교, ④표창할 만큼 행실이 돈독한 자나 구조해야 할 빈궁자, ⑤전염병, 기타 주의할 질환자, ⑥기타 경찰상 주의할 사항을 들었다(제1조). 이어서 다음과 같은 자는 특별히 호구조사부 삽입지 뒷면에 그 종류와 주의할 요강(要綱)을 기재하고, 앞면에는 오른쪽 위에 해당 부호를 붉은 글씨로 써 두라고 했다(제2조).[37]

㉠ 효자, 절부, 의복(義僕: 충성스러운 종—인용자), 기타 행실이 돈독한 자

㉡ 요시찰인, 유학생, 신문·잡지 기자와 통신원, 정치·시사를 논평하거나 과격하고 거친 언동을 하거나 기타 경찰상 주의할 자

㉢ 형사시찰인, 가출옥자, 형 집행유예자, 형 집행정지자, 기소유예자, 훈계방면자, 상습도박자, 무산자로 정해진 직업 없이 놀고 먹는 자, 신분에 어울리지 않는 생활을 하는 자, 갑자기 부유해졌거나 가난해졌는데 이유가 불명인 자, 기타 범죄의 우려가 있는 자

㉣ 불량소년, 방탕·음일하거나 가정이 문란한 자, 상습적으로 여성

---

36 1922.8.8, 충청북도훈령을 제16호, 「호구조사규정시행세칙」.

37 요시찰인은 여러 가지 이유로 경찰이 지속적으로 관찰·감시해야 할 인물을 말한다(장신, 2003, 「일제하의 요시찰과 『왜정시대인물사료』」, 『역사문제연구』 11, 145~149쪽).

을 유괴하여 밀매음, 기타 남녀의 만남을 알선하는 자, 영리 목적으로 젖먹이를 보육하거나 기타 지방의 미풍양속을 어지럽힐 우려가 있는 자

㉤ 모르핀, 코카인 등의 밀매 또는 유사 의업(醫業) 행위를 할 우려가 있는 자, 금지된 기도·주문이나 정신요법을 하거나 기타 위생상 주의할 자

㉥ 구조해야 할 환과고독(鰥寡孤獨), 극빈자, 기타 곤궁자

이만큼 상세하지는 않지만 비슷한 규정은 다른 도 시행세칙에도 다 포함되어 있다. 그 밖에 출생·혼인·이거(移居) 사실이 있는데 신고를 게을리한 자를 발견했을 때는 "간절히 타일러서" 신고를 하도록 해야 한다거나, 주소 말고도 경찰서에서 '경번호(警番號)'를 집집마다 매기라거나, 호구조사를 나갈 때는 용모를 단정히 하고 조사 대상자에게 불쾌감이나 수치심을 품게 하지 않도록 주의하라는 규정도 있다.[38] 이렇게 해서 경찰서별로 〈그림 3-3〉과 같은 복잡한 표 양식이 만들어졌다. 관내의 인구정태와 인구동태, 가옥, 경찰상 주의해야 할 인물들 그리고 주요 기관까지 망라한 표다.[39]

1931년에 경무국은 연 4회였던 경찰 호구조사의 시기를 "3개월 내지 6개월에 한 번"으로 하되 경찰상 주의할 자는 한 달에 한 번 이상 조

38 1922.9.16, 강원도훈령 제31호, 「호구조사규정시행세칙」 제3조; 제10조.

39 江原道警察部, 1924, 『江原道警察例規集』, 236~237쪽; 1922.9.16, 강원도훈령 제31호, 「호구조사규정시행규칙」에 딸린 '제3호 양식'이다. 조선에서는 거의 의미가 없었던 화족·사족·평민이라는 '족칭(族稱)'으로 사람들을 구분한 것이 흥미롭다. 조선인 '화족'이란 '조선귀족'을 가리킬 것이다.

〈그림 3-3〉 1922년 강원도의 경찰 '호구표'

다이쇼 년 월 호구표

종별		본적			거주			합계		
		호수	남	여	호수	남	여	호수	남	여
화족(華族)	내지인									
	조선인									
사족	내지인									
평민	내지인									
	조선인									
외국인										
합계										

구분		남	여	계		
					신축가옥	
출생	내지인				폐절(廢絶)가옥	
	조선인					
	외국인					
	계					
사망	내지인				공가(空家)	
	조선인					
	외국인					
	계					

호구비교	본기(本期)		전기(前期)		증(增)		감(減)	
	호수	인구	호수	인구	호수	인구	호수	인구

주의인물	요시찰인	전과자	가출옥자	형 집행 유예자	형 집행 정지자	형사 시찰인	무엇무엇	무엇무엇

잡	관청	공소(公所)	신사	사원	제조소	공장	회사	은행	학교			병원		
									관립	공립	사립	관립	공립	사립

사하도록 유연하게 조정했다.[40] 역시 각 도 시행세칙의 개정이 이어졌는데, 경상북도 것을 보면 이름 외에 '통칭, 예명, 별명, 어릴 적 이름, 이명(異名), 전명(前名), 옥호(屋號)'와 '종교(유사 단체를 포함)의 구별'도 삽입지

40 1931.9.23, 조선총독부훈령 제36호, 「호구조사규정」 개정.

이름 위쪽에 기재하도록 했다.[41] 범죄 용의자들은 이름을 바꾸거나 여러 개의 가명을 쓰면서 법망을 피해 다녔다. 조선인이 아명과 관명, 자(字)와 호(號) 등 많은 이름을 쓰는 것도 경찰은 무척 신경에 거슬렸던 모양이다. 경찰의 호구조사부란 이런 모든 정보를 작은 종이에 깨알같이 적어넣은 장부였다.[42]

1930년대 초 천안 '원터'를 배경으로 한 이기영의 장편소설 『고향』은, "흰 장갑을 낀 한 손으로 호구조사 명부 같은 술이 두터운 책을 겨드랑 밑에" 낀 순사가 마을로 호구조사를 나오는 장면으로 시작한다. 그런데 그는 마을의 집집을 도는 대신 마름 안승학의 집으로 간다. 모자와 군도(軍刀), 웃옷까지 벗어놓고 안승학과 마주앉아 부채질을 하면서 그는 마을 인구 중 단 하나의 변동, 김희준이 도쿄 유학에서 돌아온 일을 캐묻는다. "그 사람 집에 있을까요?", "도쿄 가서 뭐 하고 있었나요?", "그 사람 집이 어렵지 않은 게군요?"라는 질문을 통해 안승학으로부터 대강의 대답을 들은 그는 "자기의 직무를 다 끝낸 것처럼 가뜬한 표정을 지으면서 비로소 담배를 피워 문다".[43] 순사의 관심은 마을의 인구 한 명이 늘었다는 것이 아니라 김희준의 출신 성분이 무엇이고 사상이 어떤지, 그가 요즘 무슨 일을 꾸미고 있는지에 있었을 것이다. 그러나 그는 아마 그날로 당장 김희준의 집을 찾아가지는 않을 것이며, 가더라도 직접 김희

41 '통칭'은 본명이 아니지만 통상 부르는 이름이고, '예명'은 기생의 이름 같은 것이다. '아다나(綽名)'란 생김새나 행동거지의 특징을 따서 붙인 별명이다. '어릴 적 이름(幼名)'이란 조선의 아명 같은 것을 가리킬 것이다. '야고(屋號)'는 유야(湯屋: 목욕탕집), 가지야(鍛冶屋: 대장장이)처럼 직업에 따른 호칭일 수도 있고, 어쩌면 조선의 '부산댁', '목포댁' 하는 택호(宅號)를 말하는 것일 수도 있겠다.

42 穴原信吉, 1935, 『(判例通牒書式挿入)警務必携』, 新光閣, 29~31쪽.

43 이기영, 2005, 『고향』, 문학과지성사, 11~14쪽.

준을 불러내기보다는 댓돌에 놓인 신발짝의 수나 기대놓은 우산 손잡이에 찍힌 상표 따위를 눈여겨보고 올 것이다.

(2) 1920년대까지 부·면별 호구조사의 양상

1915년 4월 민적사무가 헌병경찰에서 부·면으로 이관된 뒤로는 연말 현주호구도 부·면에서 집계하게 됐다.[44] 민적사무 이관에 즈음해서 총독은 경무총장과 각 도 경무부장에게 "경찰관서가 호구조사에 대해 부·면에 수시로 적당한 도움을 제공함으로써 민적 사무의 완벽을 기하라"는 훈령을 내렸다.[45] 그러나 서로의 사무와 권한에는 경계가 있었고, 관심 사항도 서로 달랐다. 경찰의 호구조사는 인구동태의 파악보다는 전과자나 우범자, 부랑자, 유학생과 사회운동가 등에 대한 감시와 사찰 등 '경찰상 필요한 사항'을 더 중시하는 쪽으로 발전했다. 부·면에서는 경찰 호구조사 결과를 받더라도, 민적부의 기재 상황이나 지난 1년 동안의 민적 신고 집계와 아귀를 맞추어야 했다.[46] 게다가 인구이동이 증가하는 중에도 기류제도는 도입되지 않았으므로 민적은 주민의 실제 거주실태와 차츰 멀어졌다. 1923년부터는 「조선호적령」 시행으로 민적제도가 호적제도로 개편되면서 신분등록의 성격이 한층 짙어졌다.

---

44 첫해에는 현주호구 지역별·직업별 등 인구정태와 출생통계는 지방관청, 사망·사산·결혼·이혼 등 인구동태통계 대부분은 경찰 소관으로 분담됐다(1915.6.2, 관통첩 제173호, 「보고례에 의한 인구통계의 건」).

45 1915.4.1, 조선총독부훈령 제21호.

46 조금 나중의 것이기는 하지만 1938년 「보고례」의 「현주호구 부·군·도(島)별 표」에 붙은 주의 사항에는 "주거, 세대 및 인구는 전년의 계수(計數)에 올해의 출생과 사망, 전입(來住)과의 증감분을 더하고 뺀 수와 부합해야 함"이라고 되어 있다[朝鮮總督府, 1937, 『(昭和十三年一月)朝鮮總督府報告例別冊甲號』, 1쪽].

「조선총독부보고례」는 현주호구에 대해서는 매년 12월 말일을 기준으로 집계한다는 것 외에 현주호구가 무엇인지, 행정 일선의 실무자가 어떻게 그것을 집계할지는 규정하지 않았다. 직접 가가호호 방문조사를 하든 12월에 가서 호적부를 검토하고 모아둔 출생·사망 신고서를 헤아리든 집계표(表)만 채워서 내면 됐다. '12월 31일 현재'라는 기준시점도 국세조사처럼 엄격하지 않았다. 이 연말 현주호구 집계를 '조사'라고 부르기도 했지만, 정말 현장조사를 했는지는 알 수 없다.[47] 조사·집계방식은 지역마다 달랐다. 많은 지역에서 경찰의 도움을 받았다. 1917년 경성부에서는 현주호구 집계를 위해 "경찰관서의 호구조사와 검세위원(檢稅委員)의 조사를 종합"했다고 하고, 개성군 송도면과 부산부에서는 면 직원들을 보내서 집집마다 조사를 했다는 기사도 있다. 면사무소의 일상 사무와 겹치지 않도록 쉬는 날 직원들을 동원했다. 부산부에서는 호구조사표(票)도 사용했다고 한다.[48]

인구이동은 민적제도를 가지고는 아예 파악할 수 없었다고 생각된다. 「민적법」에는 본적지 아닌 곳에 거주하는 '기류'에 대한 정의와 출·입기류 신고에 대한 규정이 없다. 총독부는 1911년 재조선 일본인과 외국인 중 호(戶 = 세대)를 이루어 어떤 지역에 거주하거나 호를 이루지 않더라도 20일 이상 거주하는 자는 관할 경찰서에 거주 사실을 신고하라는 내용의 「숙박 및 거주규칙」을 제정했다. 1913년 7월부터는 조선인도 거주신고

---

47 가령 "작년 말 현재 경성부 관내 총호수 및 인구를 조사(「경성부의 총호구: 총인구 26만 1천여」, 『동아일보』, 1922.2.19)"했다는 말은, 꼭 나가서 현장조사를 했다는 말이 아니라 작년 말 기준으로 현주호구를 집계했다는 뜻으로 이해해야 할 것이다.

48 「경성부의 호구조사」, 『매일신보』, 1917.2.9; 「경성 호구조사」, 『매일신보』, 1917.2.23; 「개성 송도면 호구조사」, 『매일신보』, 1917.8.9; 「釜山府 戶口調査: 七日より着手す」, 『釜山日報』, 1918.1.9.

의 대상에 포함됐다.[49] 그러나 일본의 기류제도와 달리 조선의 「숙박 및 거주규칙」은 호적제도와 연동되지 않았다. 거주를 신고할 때 호적의 등본을 제출하라는 것도 아니고, 반대로 누가 거주신고를 제출하면 그 사람의 본적지에도 알려서 그 사실을 호적에 옮겨 적게 하는 장치도 없었다. 1915년부터 부·면의 민적 사무는 지방재판소, 중앙에서는 총독부 사법부의 감독을 받게 되지만, 숙박신고는 지방 경찰관서, 거주신고는 부·면의 사무로만 머물렀다.[50] 또 숙박·거주 신고는 「보고례」에 따른 보고와 집계의 대상도 아니었다. 이 책 580~582쪽에서 보듯이 조선에 기류제도가 시행되는 것은 한참 나중인 1942년 10월부터다.

본적지 아닌 곳에 사는 인구는 얼마쯤이었을까? 1925년 10월 1일 간이국세조사 결과 집계 과정에서 나온 보도를 보면, 경성부의 총세대 7만 192세대 중 경성에 민적을 둔 경우가 6만 8,342세대, 그렇지 않고 거주하는 경우가 1,850세대라고 했다. 인구는 총 33만 6,349명 중 민적부에 등록된 사람이 31만 9,354명, 거주신고를 한 사람이 1만 6,995명(남자 1만 3,318명, 여자 3,677명)이라고 한다.[51] 세대의 2.6%, 인구의 5%

49 1911.6.20, 조선총독부령 제75호, 「숙박 및 거주규칙」; 1913.7.10, 조선총독부령 제71호, 동(同) 개정. 호를 이루지 않고 거주할 때의 신고 기준은 20일에서 2달로 조금 느슨해졌다. "호를 이루어"라는 말은 호적상의 호 전체가, "호를 이루지 않고"는 그중 일부 구성원이 본적지 아닌 곳에 거주한다는 뜻이다.

50 1923년 「조선호적령」이 시행된 뒤에도, 「숙박 및 거주규칙」 관련 사무에 대해서는 재판소의 감독권이 없고, 매장인허증 교부 역시 호적사무가 아니라는 것이 법무국의 유권해석이었다[朝鮮總督府法務局, 1929, 『(改訂)朝鮮戶籍例規』, 朝鮮司法協會, 691~693쪽].

51 「대경성의 총인구: 삼십삼만육천여」, 『조선일보』, 1925.12.1. 공식적인 최종 결과는 보통세대 6만 8,715명, 준세대 1,913명, 총 7만 628명, 총인구 34만 2,626명으로 다소 차이가 있다.

가 타지 출신자라는 이야기인데, 이 숫자는 이후 서울의 팽창과 함께 점점 증가할 터였다. 1920년 12월에 경성부청에서 발송한 납세고지서 중 수신자 이름이 맞지 않거나 퇴거하고 없다고 해서 반송된 것이 1,000여 통이라는 신문기사도 있다.[52] 세금의 종류도 여러 가지고 발송된 고지서가 몇 통이었는지도 알 수 없지만, 1921년 경성부 호별세 납세자는 조선인 약 2,700명, 재조선 일본인 8,000명, 외국인 300여 명으로 모두 1만 1,000여 명이었다고 한다.[53] 어떤 세금이든 고지서 1,000여 통이 반송됐다는 것은 상당히 큰 문제였다.

이런 상황에서 부청이나 면사무소에 앉아서 호적부만 가지고 현주호구를 집계할 수는 없었을 것이다. 그렇다고 부·면 직원들이 틈을 내서 방문조사를 나가기도 쉽지 않은 일이었다. 부청 창구의 호적사무도 양이 만만치 않았기 때문이다. 혼인·출생·사망의 신고도 받아야 했지만 등·초본 발급도 있었다. 복사기가 없던 시절에 호적의 '등본'이란 문자 그대로 호적부의 내용을 등본 용지에 한 자 한 자 베껴쓴 것이라, 등본 한 통 만들기도 보통 일이 아니었다. 경성 같은 도시에서는 입시철이 되면 호적등본 발급으로 며칠 동안 호적창구가 북새통을 이루었다. 게다가 식민지기 경성은 구(區)로 구분되지도 않아, 부청 한 곳에서 많지 않은 직원들이 전 주민의 사무를 취급했다.

경성부는 1924년부터 경찰 호구조사와는 별개로 '현주조사'를 실시했다. 각종 세금·공과금 납입고지서와 공문서의 정확한 송달을 위해 재

---

52 「부청은 납세로 두통: 작년 데ᄉ긔에 발송한 고지셔 중 쳔여통이 도로 왓다고」, 『매일신보』, 1921.3.17.

53 「호별세로 본 경성의 조선인」, 『동아일보』, 1924.7.4.

무과에 현주조사계를 설치, 부내를 27개 구로 나누고 조사원 20여 명을 동원해서 조사를 하며, 그 결과 부내 거주 상황이 정확히 파악되면 납입 고지서 등은 우편으로 보내지 않고 부청에서 직접 배달한다는 것이다.[54] 거의 동시에 경기도 전역에 새로운 '문호표찰(門戶標札)', 즉 문패 제도도 도입됐다. 세로 약 15cm(5치) 이상, 가로 약 6cm(2치) 이상의 나무나 금속, 도기(陶器)로 만든 표찰 두 개에 하나는 주소, 하나는 호주의 이름을 써서 집집마다 대문의 잘 보이는 곳에 걸게 한 것이다.[55] 그러나 관련 기사 내용이나 문호표찰의 기재 항목으로 보면 이 현주조사 역시 각 집(건물)의 주소(번지)와 사람의 거주 여부, 호주(세대주)의 성명 정도에 대한 것일 뿐이다. 국적·민적별, 직업별 현주호구라든지 재조선 일본인의 부·현별 본적지 그리고 인구동태 등 『통계연보』의 현주호구 항목을 다 채울 수 있을 조사는 아니었다고 생각된다. 무엇보다 이 '현주조사'는 꼭 12월 말일을 기해 실시하지도 않았다.

(3) 조사표(票)와 현장조사: '통계소표'(1932)와 '인구조사표'(1938)

제도가 크게 바뀐 것은 1932년 총독부가 현주호구의 정확한 집계를 위해 '통계소표(統計小票)'를 이용한 현장조사를 전면 도입하면서부터다.

---

54 「현주조사기관: 경성부의 신계획」, 『동아일보』, 1924.6.5; 「경성부공문: 직접배달 개시」, 『동아일보』, 1924.8.10; 「대도시의 기관으로: 현주조사 완비」, 『동아일보』, 1925.3.31 등.

55 1924.5.27, 경기도령 제10호, 「문호표찰에 관한 건」(필자 미상, 1934, 「困難を感ずる府の戶口調査」, 『京城彙報』 158, 41쪽에 실려 있음). 이태준의 소설 속 주인공 손거부가 화자에게 와서 사륙배판(B5)만한 널판에다 써 달라고 한 것도 이 문호표찰이다. 그는 번지도 없고(국유지에 무허가주택을 짓고 산다) 아내의 이름도 빼 버린("에펜네가 사람값에 갑니까") 묘한 문패를 만들어서 간다(이태준, 1935, 「孫巨富」, 『신동아』 11, 217~222쪽).

'소표'란 작은 크기의 조사용지(카드)를 말한다. 이 제도는 1931년 황해도에서 시작됐다가 1932년 하반기에 전국으로 확대됐다. 총독부 법령으로 시행된 것이 아니라 총독부(문서과)의 통첩에 따라 도별로 비슷한 내용의 '도 훈령'을 제정하는 방식이었다.[56] 읍·면장이 관내를 몇 개의 조사구로 나누고 읍·면 직원 중에서 담임조사원을 지정하면, 조사원은 매년 12월 10~20일 사이에 소표를 가지고 담당 조사구 내의 집집을 찾아다니며 ①현주호구, ②현주호구 직업별, ③결혼·이혼 및 배우(配偶) 수, ④조선인으로 국어(일본어-인용자)를 해득(解得)하는 자의 수, ⑤현주내지인 본적별, ⑥현주외국인 국적별, ⑦출생, ⑧농업자 수, ⑨수산업자 호구 등을 조사한다는 내용이다. 일본인에 대해서는 검은색, 조선인은 붉은색, 외국인은 푸른색으로 인쇄된 소표를 사용해서 구분하고, 12월 말에 조사 결과를 집계하여 연말 통계를 내게 했다.[57]

그러나 통계소표 제도의 도입 이후 지역별로 호구조사가 어떻게 이루어졌는지는 분명치 않다. 경성부의 경우만 이런저런 자료를 통해 조금 엿볼 수 있을 뿐이다. 이 제도가 도입된 첫해인 1932년, 경성부는 세무과에서 조사원 146명을 채용하고 부내를 27개 구로 나눈 다음 국세조사처럼 준비조사와 본조사, 이동(異動)조사로 나누어 조사를 실시했다. 12월 10일부터 이루어진 준비조사는 각 집(호)에 '세대번호찰(世帶番號札)'을 붙여 조사 대상 호수를 확인하는 것이고, 12월 15일부터의 본조

56 1932.7.7, 문(文) 제55호 통첩은 다음 주 61의 통첩에 언급되어 있다. 그해 8월 경기도를 최초로 9월 말까지 황해도, 평안남도, 충청남북도, 전라남도, 강원도, 함경북도에서 「통계소표규정」을 발포했다. 1932.10.7, 평안북도훈령 제11호, 「평안북도인구통계조사규칙」도 같은 내용이다. 『관보』에 수록되지 않은 다른 도에서도 이 제도를 도입·시행했을 것이다.

57 1932.8.5, 경기도훈령 제9호, 「통계소표규정」.

사 기간에 세대별로 정해진 사항을 조사하여 소표를 작성했다. 그것이 경찰에 의존하지 않고 경성부가 실시한 '제1회 호구조사'였다.[58] 그렇게 조사한 결과를 1933년부터 『호구통계』라는 소책자로도 간행했다.

그런데 왜 내무과 호적계가 아니라 세무과에서 호구조사를 한 것일까? 1934년에도 호구조사를 앞두고 문호표찰을 제대로 달자는 기사에서 "우리 부 세무과에서는 해마다 시행하는 호구조사를 위해 계원을 파견해서 각 세대를 조사 중"이라고 했다.[59] 조사를 위한 예산의 규모도 크지 않았다. 1926년 경성부 경상예산 세출 부문에는 '현주조사비'가 새 항목으로 등장했고, 통계소표 제도가 도입된 뒤인 1933년에는 임시예산 중에 '호구조사비' 4,874원이 편성됐다가 1934년부터는 경상예산으로 정착된다. 그러나 현주조사비가 1926~1936년 평균 2만 3,000여 원인 데 반해 호구조사비는 매년 5,000원 내외에 불과하다.[60] 호구조사는 앞서 본 현주조사보다 더 소규모로 이루어졌던 것일까? 두 조사 사이에는 정보의 교환·공유가 있었을까? 자세한 것은 알 수 없다.

인구동태통계의 정비를 위해 1937년 10월 「조선인구동태조사규칙」을 공포·시행한 총독부는, 이듬해 통계소표 제도를 폐지하고 새로 「인구통계조사규정준칙」을 제정, 각 도에 통첩했다.[61] 아마 중일전쟁 이후 조선의 인구통계를 정비하기 위한 조치였을 것이다. 보고례의 「현주호

---

58 필자 미상, 1932, 「戶口調査」, 『京城彙報』 135, 22~23쪽; 京城府, 1933, 『(昭和八年) 戶口統計』.

59 필자 미상, 1934, 「困難を感ずる府の戶口調査」, 『京城彙報』 158, 41쪽.

60 1937년부터는 부역 확장으로 각각 3만 5,000여 원, 9,000여 원으로 증액된다. 경성부 예산의 세목은 『경성휘보』 매년 4월호나 5월호에 실렸다.

61 1938.9.23, 문(文) 제86호, 「인구통계조사에 관한 건」(『조선통계시보』 11, 68~78쪽).

〈그림 3-4〉 1938년 (조선인용) '인구조사표' 양식의 앞면[62]

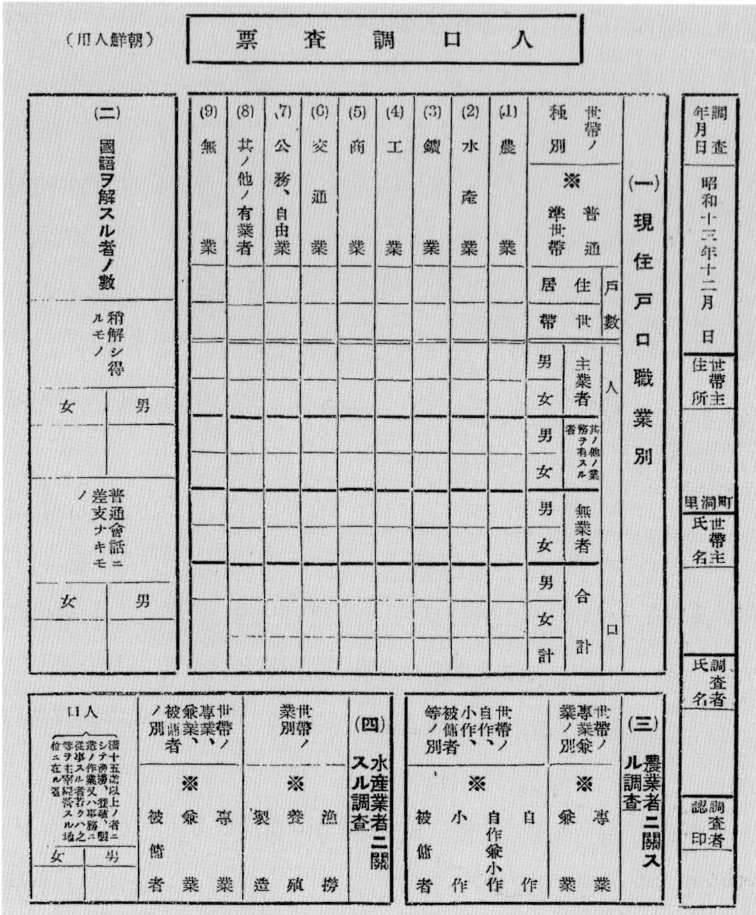

人口調査票 (朝鮮人用)

(一) 現住戸口職業別

世帯ノ種別: (1)農業 (2)水產業 (3)鑛業 (4)工業 (5)商業 (6)交通業 (7)公務、自由業 (8)其ノ他ノ有業者 (9)無業

※ 普通 準世帯

戸數: 住居 世帯

人口: 主業者 男 女 / 其ノ他ノ業務ヲ有スル者 男 女 / 無業者 男 女 / 合計 男 女 計

(二) 國語ヲ解スル者ノ數

稍解シ得ルモノ 男 女

普通會話ニ差支ナキモノ 男 女

(三) 農業者ニ關スル調査

世帯ノ專業、兼業ノ別 ※ 專業 兼業

世帯ノ自作、小作、被傭者等ノ別 ※ 自作 自作兼小作 小作 被傭者

(四) 水產業者ニ關スル調査

世帯ノ業別 ※ 漁撈 養殖 製造

世帯ノ專業、兼業、被傭者ノ別 ※ 專業 兼業 被傭者

人口 男 女

調査年月日 昭和十三年十二月 日

世帯主住所 町洞里

世帯主氏名

調査者氏名

調査者認印

구 부·군·도별」, 「현주호구 직업별」, 「현주내지인 본적별」, 「국어(일본어-인용자)를 해득하는 조선인」, 「외국인의 혼인·이혼·사망」, 「농업호수」, 「수산업자호수」 7개 표는 〈그림 3-4〉와 같은 양식의 인구조사표

62 『조선통계시보』 11, 73쪽(국립중앙도서관 소장).

〈표 3-4〉 1944년 『조선총독부조사자료목록』의 몇 가지 인구통계 관련 기록

자료명	36 현주호구 부·군·도(島)별 표	37 현주호구 직업별 표
조사사항	부·군·도별로 내지인, 조선인, 만주인, 중국인 및 외국인별로 주거·세대·인구(남녀별)를 조사함	농·광·공·상 등 9종목의 직업에 따라 호구, 인구(남녀별)를 조사하고 내지인, 조선인, 외국인별로 조사함
조사 방법	본부(本府) 보고례에 따라 각 부·읍·면에 조사구를 설정, 인구조사원을 시켜 각 세대의 조사를 하게 하고, 부·읍·면에서 집계한 것을 도에서 모으고 다시 각 도의 것을 본부에서 집계함(보고례갑 제36호)	왼쪽과 같음(보고례갑 제37호)
조사 연월일	쇼와18년 12월 말일	왼쪽과 같음
인쇄·등사의 구별	원고(『통계연보』에 기재, 인쇄 예정)	왼쪽과 같음
취급상 주의	공표	공표

(票)를 가지고 매년 12월 10~20일에 부·읍·면에서 현장조사를 해서 보고하라는 내용이다. 조사원은 부·읍·면 직원으로 충당하게 했다.

조사표는 통계소표와 마찬가지로 민족별로 다른 색으로 인쇄했다. 〈그림 3-4〉는 조선인용으로, 왼쪽의 二가 "국어를 해득하는 자"로 되어 있다. 재조선 일본인용은 이 자리가 (일본의) "본적지방별"이고, 외국인용은 전체 양식이 많이 다르다. 또 표에서 보듯이 직업 분류도 1930년 국세조사의 대분류와 같은 9개 범주로 조정됐다. 이로써 드디어 현주호구는 일관된 조사표 양식에 따른 '조사통계'로 자리매김했다. 조선인과 재조선 일본인의 출생·사망과 혼인·이혼 등은 「조선인구동태조사규칙」에 의해, 외국인의 해당 사항은 이 「인구통계조사규정준칙」에 의해 '조사'되므로, 보고례에서는 해당 표를 삭제했다. 1944년 총독관방 조사과에서 발행한 『조선총독부조사자료목록』에서는 '현주호구'조사에 대해 〈표 3-4〉와 같이 규정하고 있다.

(4) 간헐적인 조사들: 검병적 호구조사와 가옥조사

전염병 유행이라는 예외적 상황에서 있는 일이지만, 식민지기 위생 사무를 담당한 경찰은 '검병적(檢病的) 호구조사'라는 훨씬 더 철저한 조사를 시행하기도 했다. 검병적 호구조사의 원형이라고 할 17세기 서구의 페스트 방역은 엄격한 공간적 분할과 봉쇄, 이동 금지 그리고 환자 색출로 이루어졌다. "동장이나 읍장은 매일 자기 담당 구역을 다니면서, 집집마다 그 앞에 멈춰 서서 온 가족을 창가에 불러 모으고 한 사람 한 사람 호명하여, 모든 사람들의 상태를 개별적으로 조사"했다.[63] 백신이나 치료제가 없는 상황에서는 이런 조사를 통해 환자나 시신을 빨리 찾아내는 것이 더 이상의 전염을 막을 수 있는 관건이었다. 이런 방법은 일본을 거쳐 20세기 전반 식민지 조선에도 적용됐다.

검병적 호구조사의 시행과 절차 등을 규정한 총독부의 법령은 찾지 못했지만, 그것의 법적 근거로는 「전염병예방령」(1915.6.5, 제령 제2호)의 여러 조항을 들 수 있다.[64] 여기 따르면, 법정 전염병 환자가 있거나 있다고 의심되는 집과 장소에 대해서는 호주나 관리인이 의사나 담당 이원(吏員)의 지시를 따라 청결·소독을 행해야 했다(제5조).[65] 담당 이원은 전염병 예방상 필요하다고 인정될 때는 그 사유를 호주나 관리인에게 고지하고 가택, 선박, 기타 장소에 진입할 수 있었다(제13조). 환자가 발견되면 전염병원이나 격리병사에 입원시켜야 했다(제7조). 도 경무부장은

---

63 미셸 푸코 저, 오생근 역, 2020, 『감시와 처벌』, 나남, 359~361쪽.

64 조선 「전염병예방령」의 제정 과정과, 이 법령이 민간의 위생조합 등을 배제하고 헌병경찰의 일방적이고 강권적인 조치를 허용했다는 점에 대해서는 이형식, 2012, 「1910년대 식민지제국일본의 전염병 방역대책」, 『일본학보』 92, 300~305쪽을 볼 것.

65 '이원'에 대해서는 보론 5를 볼 것.

전염병이 유행하거나 유행할 우려가 있을 때는 건강진단이나 사체검안, 시가·부락 전부나 일부의 교통차단과 인민의 격리, 청결·소독 시행, 우물·상수·하수·도랑·쓰레기통·변소의 신설·개조·변경·폐쇄를 명령할 수 있었다(제17조).

일본 (지방) 경찰의 규정으로는 1905년의 「검병적호구조사심득(心得)」을 들 수 있다.[66] 이에 따르면 검병적 호구조사로 조사해야 할 곳은 ① 전염병이 발생한 집, 병독이 퍼졌을 의심이 있는 집 및 (그 집과) 왕래한 집, ② 위 ①의 집의 사방 이웃집 및 통로·하천 등으로 이어진 장소, ③ 다수인이 모일 만한 장소, ④ 싸구려 숙소와 빈민부락, ⑤ 기타 필요하다고 인정되는 장소 등이다(제2조). ①에 대해서는 교통차단 기간(기간이 정해지지 않은 경우는 5일간) 동안 이틀에 한 번 이상 의사가 동행해서 검진해야 했고(제3조), 조사할 때는 ㉠ 호주·가족·고용인·동거자·숙박자의 건강상태, ㉡ 병독을 은폐하는 자가 있는지, 특히 잠복·외출·도주한 자, ㉢ 배설물·오물·변소, ㉣ 그 밖에 전염병 종류별로 경찰서장이 지시하는 사항을 살펴서 확인해야 했다(제4조). 많은 경찰 관련 세부 규정처럼, 조선 경찰도 이런 일본의 선행규정을 참조해서 검병적 호구조사를 실시했을 것이다.

인구조사가 목적인 보통의 호구조사나 국세조사라면 조사원이 가가호호를 방문하더라도 호주·세대주나 건물주에게 이 집에 남녀가 각각 몇 명이고 나이와 직업은 무엇인지 등을 묻거나 조사표(票)에 적어달라고 하는 정도였다. 경찰 목적의 호구조사도 인구현황보다 더 많은 정보

---

66 阿部善蔵, 1911, 『現行衛生法令彙纂』, 下野新聞社, 319~320쪽. 그 밖에 1911년 개정된 도쿄 경시청의 「檢病的調査手續」(경시청훈령갑 제43호)도 있다(三浦史郎·福島喜市, 1912, 『醫事衛生法令新書』, 金原商店, 1,131~1,133쪽).

<그림 3-5> 1919년 콜레라 유행 때의 검병적 호구조사

를 캐기 위해서는 간접적인 탐문 등 더 은밀한 방법을 택해야 했다. 그러나 전염병이 발생했다면 이야기가 달랐다. 경찰은 그 구역을 봉쇄하고 교통을 차단해서 인구이동을 통제한 뒤, 집집마다 직접 방문을 열고 들어가서 환자나 시신이 있는지를 확인해야 했다.[67] 조선인들의 큰 금기였던 여성들의 '안채'나 '안방'도 이때만큼은 예외가 아니었고, 우물이나 변소·하수도도 확인하고 청소를 시키거나 소독을 했다.

<그림 3-5>는 1919년 콜레라(虎列剌) 유행 당시 전라남도 영광군에서의 검병적 호구조사 장면이다.[68] 가운데의 닭우리처럼 보이는 구조

67 소설 『삼대』에서 경찰이 쫓는 '주의자(主義者)' 피혁을 막 빼돌린 홍경애의 집에, 호구조사를 가장해서 "장부를 손에 펴든" 순사가 들어온다. 그가 안방과 건넌방 문을 열어 보라고 하자 경애는 호구조사하는 데 손님 선도 보냐면서 비꼰다. 순사는 "호구조사는 유행병 때문에 하는 거니까요"라고 궁색한 변명을 하지만, 경애는 겨울철 감기도 전염병처럼 취체(取締: 단속)하냐고 빈정거린다(염상섭, 2023, 『삼대』, 지만지한국문학, 636~638쪽). 여자 혼자 있는 집이든 남녀가 단둘이 있는 집이든, 검병적 호구조사라면 방문을 열고 "두리번두리번 자세히" 보는 일이 용납됐음을 알 수 있다.

68 朝鮮總督府, 1920, 『大正八年虎列剌病防疫誌』, 권두화보(국립중앙도서관 소장).

물을 등지고 왼쪽에서 순사모를 쓴 사람이 이 집 구성원들을 조사하고 있다. 가운데 뒤쪽에는 부엌문 앞에 선 여성들도 보인다. 오른쪽에서는 조사원이 집 안을 들여다보고 있다. 그해 콜레라 환자의 58.1%가 검병적 호구조사를 통해 발견됐다고 한다.[69]

한편, 도시 지역에서는 1919년부터 도세(道稅)로 분류된 가옥세 부과를 위한 가옥조사도 이루어졌다. 가옥의 소유자와 과세면적을 확인하기 위한 이 가옥조사는 도시별로 간헐적으로 실시됐다. 경성부에서는 1922년과 1929년에 전수조사가 있었고,[70] 다른 해에는 과세면적을 새로 결정해야 할 신축가옥을 조사하는 데 그친 것 같다. 경성부 구역이 세 배 정도 대폭 확장된 1936년에는 새로 편입된 지역에서 가옥 신축이 증가했지만 세무과 가옥계(家屋係) 조사원이 8명뿐이라 조사가 늦어졌다는 기사가 있다. 1936년 경성부의 가옥 소유권 이동은 2만 4,698건, 신축은 5,512건이었다.[71]

가옥조사와 관련된 경기도의 공문이 남아 있는 1929년의 경우를 살펴보자.[72] 1929년 4월부터 약 4개월에 걸쳐 경성부를 비롯해서 인천부, 개성부와 수원군 수원읍, 시흥군 영등포읍에서 가옥조사가 실시됐다. 당시 경성부 내의 가옥은 5만 3,000여 호였다. 조사는 크게 현장조사인 '외업'과 조사표 정리·집계 및 가옥대장, 가옥세 명기장(名寄帳)의 집계·대

---

69 박윤재, 2020, 「방역에서 강제와 협조의 조화?」, 『역사비평』 131, 171쪽.

70 「가옥조사 개시: 금18일부터」, 『동아일보』, 1922.2.18; 「가옥조사 착수」, 『조선일보』, 1929.4.26.

71 「일평균 60호!: 빈빈(頻頻)한 시내 가옥이동」, 『조선일보』, 1936.12.6; 「대경성 팽창상: 신축가옥 5천건」, 『조선일보』, 1937.6.15.

72 京畿道, 1934, 『道稅關係例規』, 141~166쪽에 가옥조사의 근거 공문과 조사표 양식 등이 실려 있다.

조 같은 서류 작업인 '내업'으로 나뉘었다. 현장조사는 지역 상황에 따라 조사지구를 나누고 2인 1조의 조사원을 파견하여 가옥을 측정하는 것이었다. 조사를 마친 가옥에는 가옥조사표(票)를 주어 눈에 잘 띄는 곳에 붙이게 했다. 조사 결과는 가옥실지조사표(家屋實地調査票)로 정리했다. 표에 기재할 내용은 가옥 소유자의 이름과 주소, 가옥의 지번, 토지·가옥의 등급, 가옥의 구조와 종류, 연(延)평수와 과세평수, 독립생계자의 이름, 가옥의 용도, 임대가격 등이었다. 뒷면에는 가옥 구조의 대강을 그리고 삼사법으로 면적을 산정하게 했다.[73]

검병적 호구조사나 가옥조사는 인구의 조사를 목표로 하는 것은 아니지만, 경찰의 호구조사와 마찬가지로 결과적으로는 관내 호구의 파악에도 도움이 됐다고 생각된다. 특히 매년 전수조사가 이루어진 것은 아니나, 경성부의 가옥조사는 1920년대의 '현주조사'와도 비슷한 데가 있다.

3) 인구동태조사

(1) 식민지 조선에서 호적 신고의 실상

한 지역의 인구동태통계는 지난 1년 동안의 출생·사망과 전입·전출을 집계한 것이다. 그러려면 그런 사건이 생길 때마다 당사자나 가족이 성실하게 신고하고 지방관청에서는 신고 내용을 철저히 등록·보관하는

73 가옥의 종류는 석조·벽돌조·콘크리트조는 '갑종', 목조는 '을종', 그 밖의 것은 '병종'으로 분류했다. 6척 평방을 1평(坪), 한옥은 1간을 1평으로 쳤고, 연면적을 합산할 때 2층 이상과 지하는 2평을 1평으로 환산했다. '독립생계자'란 1개 가옥에 2호(세대 = 가구) 이상이 거주할 때 각각의 가구를 가리킨다. '삼사법(三斜法)'은 불규칙한 다각형을 몇 개의 삼각형으로 쪼개서 대략의 면적을 계산하는 방법이다.

체계가 필요했다. 중세 이래 인구 대부분이 기독교를 믿었던 서구에서는 아기가 태어나면 교회에서 (유아) 세례를 받았고, 누가 죽으면 교회에서 장례를 치렀다. 기독교 신자들에게 그것은 구원과 관련된 문제였으므로 세례와 장례·매장의 기록과 증명은 꼼꼼하게 이루어졌다. 혼인도 마찬가지다. 프랑스혁명 이후 세속국가는 기독교회의 이런 기록체계를 물려받아 국가적 인구동태의 등록체계를 만들었다.[74] 교회의 '교구대장(教區臺帳, parochial registration)'이 '민사신분등록(civil registration)'으로 대체됨으로써 종교의 사목권력이 세속적 국가권력으로 이어졌다. 일국의 영토 안에서는 국민국가가 가톨릭과 다양한 프로테스탄트 종파, 유대교 등의 분열을 통일했다. 이후로 국가가 혼인·출생·사망 등을 등록하는 데는 경찰과 의료기관이 큰 역할을 하게 된다.

조선에서는 사정이 달랐다. 조선 후기까지는 3년마다 전국 호적이 새로 편성됐다. 혼인·출생·사망이나 전입·전출 같은 사건이 생길 때마다 그것을 관청에 신고하고 등록하는 제도는 없었다. 1896년 신식호적제도는 「호구조사세칙」에서 "가옥을 새로 짓거나 증축하거나 (가옥이) 무너지거나 불타거나 물에 떠내려가거나 인구가 태어나거나 사망하는" 때는 20일 안에 그 지역 관할 관청에 "보명(報明)하여 개적(改籍)"하라고 규정했다(제9·10조). 그러나 이 규정은 1년마다 호적을 편성하는 신식호적제도와는 어울리지 않았고, 거의 지켜지지 않았을 것으로 보인다.

---

74 Gérard Noiriel, 2001, "The Identification of the Citizen," in Jane Caplan and John Torpey(eds.), *Documenting Individual Identity*, Princeton University Press, pp.28~31. 한편 영국에서는 '총등록국(General Register Office)'이 만들어져 국민들의 혼인·세례·장례를 등기했고, 1841년부터는 인구총조사도 주관하면서 1832년 설치된 상무성 통계부(Statistical Department, Board of Trade)와 함께 영국 공식통계의 두 축을 이루었다.

한편 민적제도는 경찰관서 또는 부청·면사무소에 영구보존문서인 민적부를 비치해 두고 호(戶) 구성원의 출생·사망과 혼인·입양 같은 사건이 생길 때마다 그것을 거기에 덧쓰게 한 장치다. 1909년 「민적법」은 처음부터 끝까지 인구동태의 신고만을 규정했다. 제1조는 출생·사망부터 이거(移居)·개명(改名)까지 15가지 사건이 발생하면 10일 이내에 신고하라는 것이고,[75] 제2조는 각각의 사건에 대한 신고의무자, 제3조는 특히 혼인·이혼·입양·파양에는 호주의 동의가 필요하다는 내용의 규정이다. 오히려 1909~1910년의 민적실사 쪽이 「민적법」이나 「민적법 집행심득」에는 근거가 없이, 전국에 걸쳐 최초의 민적부를 작성하는 단계에서 이루어진 예외적 사건이었다.

이후 1912년 4월부터 「조선민사령」이 시행되면서 「민적법」은 실체법인 「조선민사령」에 대한 절차법이 됐다. 민적부는 일차적으로 근대 민법에서 요구하는 '사람'의 민사신분, 즉 그의 이름과 존재 여부(출생·사망), 생년월일, 본적·주소와 가족관계 등을 등기하고 증명하는 장부로 규정된 것이다. 이에 따라 헌병경찰이 관리하던 민적사무는 1915년 4월부터 부청·면사무소로 이관됐다. 1923년부터는 「조선호적령」이 시행되어 민적제도가 호적제도로 개편되면서 신분·가족관계 등록의 성격이 더 강화됐다. 반면 1909~1910년 민적실사 이래 호적제도에 입각한 전국적 호구조사는 다시 없었고, 대신 1925년부터 국세조사가 실시된다. 물론 한편에서는 원칙상 민적실사 때의 인구에 매년의 출생·사망을 가

75 1923년 시행된 「조선호적령」에서는 '출생은 14일 이내, 사망은 7일 이내, 실종과 재판에 의한 이혼은 판결 후 10일 이내' 하는 식으로 사건별로 신고기한이 다르게 규정된다. 또 혼인은 결혼식 등을 통해 이미 성립한 사건을 사후에 신고하는 것이 아니라 신고를 통해서 성립하는 것이 됐다.

감하는 방식으로 매년 말 '현주호구'도 집계됐고, 실제 행정에는 더 많이 이용됐다.

그러나 호적제도는 많은 문제가 있었다. 최초의 민적실사도 완벽하지 않았지만, 민적부가 갖춰진 뒤로도 조선인의 출생·사망·혼인 등의 신고는 제대로 이루어지지 않았다. 전통적 관습으로 출생·사망·혼인은 관청에 문서로 신고될 사항이 아니라 친족과 지역공동체가 함께 의례(儀禮)로 '쇠어야' 할 사건이었다. 그런 의례에는 축하와 재계(齋戒)가 동시에 요구됐다. 아이가 태어나는 것은 큰 기쁨이지만, 동시에 삼칠일 동안은 금줄을 쳐서 외부인의 출입과 부정(不淨)을 막아야 했다. 아이의 이름도 어릴 때는 아명(兒名)을 부르다가 '어른'이 되어서야 관명(冠名)을 새로 지었다. 아명은 역병 귀신을 피하기 위해 일부러 천하게 짓기도 했다. 이런 관습 속에서 살아온 사람들에게 아이가 태어나면 열흘 안에 평생부를 이름을 지어서 출생신고를 하라는 민적법의 규정은 아주 낯설었을 것이다.[76] 말이 열흘 안이지, 시골의 벽지에서는 면사무소까지 걸어가서 출생신고를 하려면 하루는 생업을 쉬어야 했다. 농번기에, 가령 남의 머슴살이를 하는 사람이 쉽게 그럴 수 있었을까?

따라서 출생의 경우, 출생 후 10일 이내의 신고는커녕 아예 신고를 하지 않거나 몇 달, 몇 년씩 늦춰지는 경우는 허다했다. 1929년에 한 일본인 경찰관은, 실제로 마을에 호적부를 들고 가서 확인해 본다면 호적부에는 형과 동생이 바뀌어 있다거나 남자가 여자로 신고된 경우가 드물지 않을 거라고 기록했다. 시골 사람들은 출생신고도 대개 구장(區長)

---

76 출생등록의 원형인 기독교의 '세례'는 등록인 동시에 '성사(聖事, sacrament)'라고 불리는 하나의 의례였다. 혁명기 프랑스에서는 출생신고를, 새로운 공화국의 일원을 맞이하는 시민적 의례로 지내려는 시도도 있었다(Noiriel, 2001, 앞의 책, 28~31쪽).

에게 부탁했는데 구장이라고 남의 호적신고 때문에 일부러 면까지 갈 수는 없었다. 구장회의 등으로 한참만에 면사무소에 가서 신고를 할 때쯤이 되면 그게 사내애였는지 계집애였는지, 둘째인지 넷째인지도 알 수 없게 되고 부모가 가르쳐 준 이름도 가물가물해서 대충 아무렇게나 신고를 한다는 것이다.[77]

어떻게 조사했는지 모르겠지만 1931년 전라남도 함평군 함평면에서 출생신고를 하지 않아서 호적에서 빠진 자가 300여 명이라는 기사가 있다.[78] 1930년 국세조사의 함평면 조선인 인구는 1만 1,826명이다. 세대 평균인원을 5.1명으로 치면 대략 2,300세대인데, 그런 지역에서 누적자(漏籍者)가 300여 명이라는 것은 상당한 비율이다. 또 1933년 군산지방법원지청에서 관할인 전라북도 군산부와 옥구·김제·익산, 충청남도 서천까지 4개 군을 조사했더니 무적자(無籍者)와 출생·사망 미신고(未濟) 건수가 2만 7,547건이었다고 한다.[79] 이 지역의 그해 연말 조선인 현주호구는 대략 9만 4,500호, 인구는 50만 명이다. 출생신고 미비는 서울이라고 다르지 않았다. 1930년대 초 경성부의 호적신고 '실기(失期)사건'은 매년 1,900건에 이르렀는데 대부분이 출생미신고였다고 한다.[80] 그

---

77 森本留治郎, 1929,「如何にして種痘實施の完全を期すべきか」,『警務彙報』 273, 부록(전라북도판) 5쪽. 구장은 동·리의 장으로 면 행정과 동·리 사이를 매개하는 존재였다. 1917년 '면제(面制)' 시행과 함께 무급으로 동·리에 대해 면 사무를 보조하는 존재로 규정됐다(1917.6.9, 조선총독부령 제34호,「면제시행규칙」 제4조). 실제로는 대개 동·리에서 얼마간의 수당을 추렴해서 지급했다(구장에 대해서는 윤해동, 2006,『지배와 자치』, 역사비평사, 227~243쪽을 볼 것).

78 「무지한 농촌의 누적자에게 과료」,『조선일보』, 1931.5.23.

79 「군산법원지청 관내 누적자 무려 3만」,『조선일보』, 1933.11.23.

80 洪祐完, 1933,「戶籍に就ての話」,『京城彙報』 137, 28쪽. 이것은 1월 16·17일 경성방송국(D.K.)의 라디오 방송원고다. 홍우완이라는 인물은 당시 경성부 내무과 호적계장이었다.

나마 '실기'라는 것은 뒤늦게나마 호적신고를 하게 되어 알려진 경우다.

사망의 경우는 매장·화장을 하려면 부윤·면장으로부터 '인허증'을 받아야 했기 때문에,[81] 출생보다는 신고 누락이 적지 않았을 것으로 추측된다. 시골에서는 인허증 없이 매장할 가능성도 있지만 서울처럼 부역(府域) 안에는 묘지를 쓸 수 없는 도시 지역에서는 사망신고가 비교적 엄격하게 이루어졌을 것이다. 다만 영유아 사망의 경우에는 조선의 관습상 제대로 된 장례도 치르지 않고 정식 묘지에 매장하지도 않는 경우가 많았다.[82] 하층계급일수록 그런 경향이 심했을 것이다. 이태준의 1940년 소설 「밤길」 마지막 장면에서, 인천 월미도 근처로 공사장 품팔이를 나가 있던 황 서방은 아직 숨이 붙어 있는 젖먹이 아들을 안고 쏟아지는 빗속을 한참 헤맨 끝에 어디쯤인지도 모를 곳에 아이를 대충 묻고 돌아선다.[83] 그는 일주일 안에 본적지를 찾아가 아이의 사망을 신고했을까?

그 결과 조선의 영유아사망률, 특히 태어난 지 1년 미만인 영아의 사망률은 기이하게 낮게 나타났다.[84] 1920년대 일본의 영아사망률이 13~15%, 서구 선진국들도 6~8% 정도였는데, 『통계연보』 자료로 구해

---

81 「묘지, 화장장, 매장 및 화장 취체규칙」 제12조, 1912.6.20. 조선총독부령 제123호에서는 경찰이나 헌병경찰이 인허증을 발급하게 했던 것이 1919년 개정(1919.9.30, 조선총독부령 제152호)되어 부윤·면장이 발급하는 것으로 바뀌었다.

82 한국에서는 태어난 지 1년 미만의 아기를 '영아(嬰兒)', 만 1~4세를 '유아(幼兒)'라고 부른다. 일본에서는 영아를 '유아(乳兒)'라고 하므로, 이 책에서 '영아', '영유아'라고 한 것은 식민지기 원자료에서는 '유아(乳兒)', '유유아(乳幼兒)'라고 되어 있다.

83 이태준, 2006, 『까마귀: 이태준 단편선』, 문학과지성사, 151~154쪽.

84 어느 사회에서나 영아는 사망에 아주 취약한 연령층이다. 이후 사망률은 급격히 떨어져 5~10세에 가장 낮은 수준이 되고, 이후 점차 올라가 50~60세가 되면 사망 위험은 급증한다(권태환·김두섭, 2002, 『인구의 이해』, 서울대학교출판문화원, 137쪽). 따라서 영아사망률은 그 사회의 보건 수준을 보여 주는 중요한 지표이다.

본 조선의 영아사망률은 5~7%에 불과했다. 숫자로만 보면 조선의 보건 수준은 세계 최고여야 했다. 조선의 인구현상을 다룬 많은 사람들은 그것을 신고의 누락 때문일 것이라고 의심했지만, 신고 누락의 실상 자체가 또 다른 통계로 입증되지 않는 한 공식 통계의 숫자를 완전히 무시하기도 힘들었다. 19세기 산업도시의 위생 상황은 열악하기로 유명했으므로, 혹시 조선 인구의 대다수가 농촌에 산다는 사실, 조선인과 일본인의 체질적 차이 같은 것들이 작용하지 않았을까 하는 의심도 있었다.[85] 그런가 하면 세브란스병원의 서양인 선교의사들은 이와 같은 받아들일 수 없는 숫자를 여러 가지 방법으로 '수정'해서 18%까지 부풀려보기도 했다.[86] 1930년대 말에 가서 이 문제는, 조선인의 생명표를 둘러싼 논쟁으로 이어지게 된다.

이렇게 출생이나 사망이 제대로 신고되지 않거나 하는 경우는 허다했다. 식민지 지배에 대한 반감도 있었겠지만, 그런 신고·등록이 왜 필요한지를 사람들이 이해하고 체감하지 못했던 것이 더 직접적인 이유가 아니었을까 싶다. 국가권력이야 여러 가지 이유로 인구에 대한 정확한 정보를 필요로 하지만, 조사와 등록의 대상이 되는 사람들에게는 아직 그것에 대한 실감나는 반대급부는 없었다. 가령 조선시대 호적은, 적어도 양반 입장에서 보면 '유학(幼學)' 등의 직역 기재를 통해 군역을 피

---

85 李覺鍾, 1931, 「乳幼兒死亡率調」, 『朝鮮社會事業』 9(5); 生江孝之, 1931, 「朝鮮に於ける乳兒死亡率に對する疑問と考察」, 『朝鮮社會事業』 9(4); 善生永助, 1935, 『朝鮮の人口問題』, 朝鮮總督府 등(그 외 조선인 영아사망률 문제에 대해서는 구병준, 2020, 「조선총독부의 인구관리와 영아사망률 통계 문제」, 『역사문제연구』 44호를 볼 것).

86 田中友佳子, 2018, 『植民地朝鮮の兒童保護史』, 勁草書房, 66~70쪽.

하게 해 주는 장치이자 과거 응시에 필요한 신분증명 장치였고,[87] 효력이 있든 말든 소유 노비를 등록해 두는 장치이기도 했다. 오늘날 신분등록은 헌법과 법률이 보장하는 모든 권리와 복지혜택을 누리는 데 필수적이므로, 2023년에도 생각보다 많은 '출생미등록 아동'이 존재한다는 사실은 한국사회에 큰 충격을 주었다. 그러나 국가에 대해 의무교육이나 복지혜택, 선거권이나 적극적 보호를 요구할 일도 없고 반대로 병역의무도 없었던, 또 사인(私人) 간의 계약관계를 국가가 등기·공증하는 데도 익숙지 않던 사람들에게 인구의 조사·등록, 신고의 의무화란 무엇이었을까?

그나마 출생신고가 필요했던 것은 학교 때문이었다. 19세기 말 이래 단발과 신식 복장을 요구하는 신식교육에 반감을 가졌던 조선 사람들은, 1920년대 중엽을 지나면서 '교육열'로 불타올랐다. 일본에서는 1910년경이면 초등학교 의무교육이 시행되지만 조선총독부는 조선인을 위한 학교교육 보급에는 인색했다. 초등학교 입학부터 입학경쟁이 치열할 수밖에 없었다.[88] 소설 『삼대』에서 몇 년만에 옛 남자 조상훈을 다시 만난 홍경애는 돈도 사랑도 아닌, 독감에 걸려 위독한 딸애의 민적 등록을 요구한다. "민적이 그렇게 급한가"라는 조상훈의 물음에 홍경애는 이렇게 답한다. "급하지 않으면, 이따 죽어도 당장 파묻을 수가 없고 요행히 살아나서 유치원에라도 보내고 남과 같이 학교에라도 보내려면 민적 없이

87 과거 응시에 필요한 문서였던 '사조단자(四祖單子)'에 대해서는 이 책 87쪽을 볼 것.

88 오성철은 1926년이 되면 도시 지역인 부에서는 이미 조선인 아동의 보통학교 취학률이 50%(남학생은 70%)를 넘었을 것으로 추정한다. 반면 농촌에서는 1930년대 중엽까지도 '1면 1교' 설치운동이 전개되고 있었다(오성철, 2000, 『식민지 초등 교육의 형성』, 교육과학사, 67쪽, 133쪽).

되나요".[89] 이것이 1920년대 서울 사람의 생활 감각이었다.

(2)「조선인구동태조사규칙」

〈그림 3-6〉은 식민지기 『통계연보』와 『조선인구동태통계』에 실린 조선인의 출생과 사망을 그래프로 그린 것이다. 이것을 실제 출생과 사망이 아니라 '신고'된 출생과 사망의 집계라고 보더라도, 전체적으로 출생신고는 상승세가 뚜렷한 반면 사망신고는 그렇지 않다. 또 출생신고는 국세조사가 있었던 1925년과 1930년에 조금씩 더 증가하는 경향을 보이지만, 사망신고에는 그런 것이 없다. 또 한 가지 특이점은 통계소표가 도입되는 1932년부터 출생신고 수가 급감했다가 「조선인구동태조사규칙」에 의해 인구동태가 집계되는 1938년부터 다시 출생신고가 급증했다는 점이다. 특별히 이 시기 실제 출생아 수가 감소할 만한 원인이 있었던 것 같지는 않은데, 그렇다면 이것은 혹시 통계소표 제도 시행에 따른 부작용이었을까? 이에 대해서는 당시 신문·잡지 기사 등에서도 별다른 언급을 찾지 못했다.

아무튼 총독부는 1937년 10월 27일 조선총독부령 제161호, 「조선인구동태조사규칙」으로 새로운 제도를 도입했다. 여기서는, 부·읍·면에서 혼인·이혼·출생·사망·사산 등의 인구동태사건에 대해 건별로 '인구동태조사표'(이하 '조사표')를 만들어 매월 도(지사)를 거쳐 총독부에 제출하도록 규정했다. 〈그림 3-7〉은 그중의 '출생표(票)'다.

중요한 것은 이때 처음으로 인구동태의 집계가 연말의 현주호구 집

89 염상섭, 2023, 앞의 책, 372쪽. 민적제도가 호적제도로 바뀐 뒤에도 사람들은 입에 익은 '민적'이라는 말을 쓰곤 했다

〈그림 3-6〉 조선인의 출생과 사망(1911~1943년)

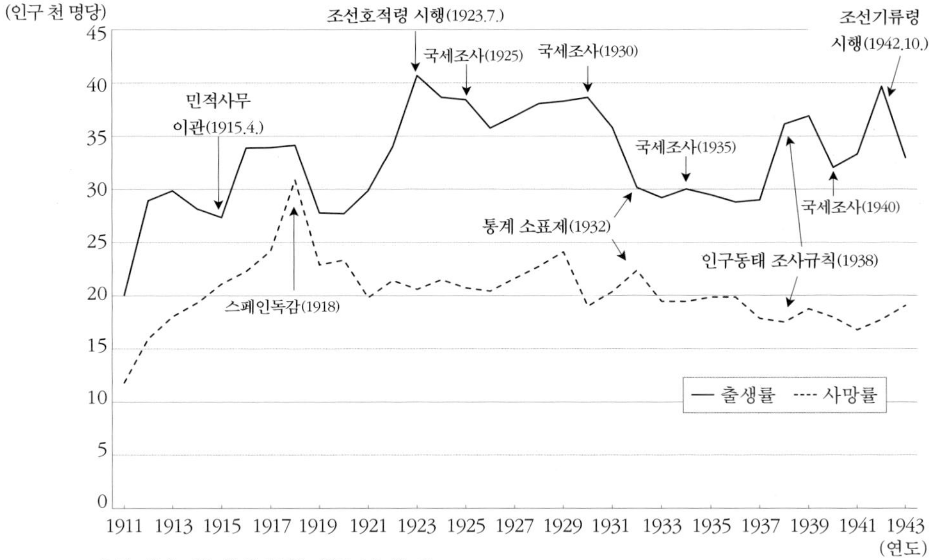

출처: 원자료(숫자)와 출처는 부록 3을 볼 것

계와 분리되어 매달 이루어지게 됐다는 점과, '중앙집사' 방식이 도입됐다는 점이다. 사실 1937년 「조선인구동태조사규칙」은 총 21개 조 중 17개 조항이 조사표 용지의 교부와 작성된 조사표의 수합, 순차적 제출(송치), 검사, 보존 등에 대한 것이다. 전국의 조사표는 최종적으로 조선총독에게 제출하게 했는데, 중앙의 '집사(集査)'는 총독관방 국세조사과에서 담당하게 됐다.[90]

이에 따라 기존에는 『통계연보』의 「호구」 항목에 현주호구와 함께 실렸던 인구동태통계는, 1938년부터 별개의 『조선인구동태통계』라는

90 1937.6.14, 조선총독부훈령 제38호, 「朝鮮總督府事務分掌規程」 개정.

〈그림 3-7〉 1937년 조선의 출생표 양식과 기재례

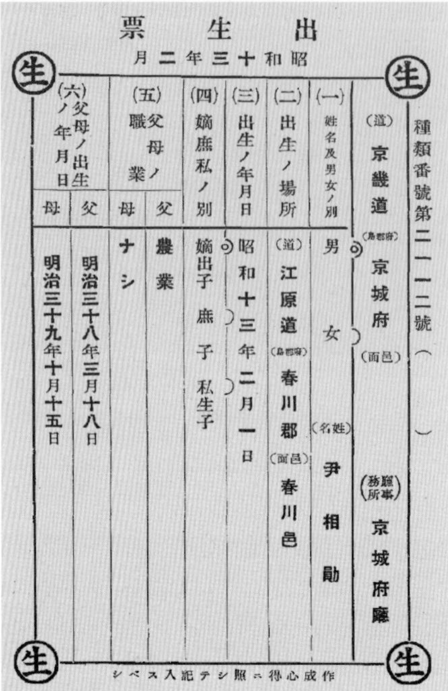
出生票
昭和十三年二月
種類番號第二一一二號（　）
(道)京畿道 (島郡府)京城府 (面邑)
(廳事務所)京城府廳
(一)姓名及男女ノ別　男 女　(名姓)尹相勛
(二)出生ノ場所　(道)江原道 (島郡府)春川郡 (面邑)春川邑
(三)出生ノ年月日　昭和十三年二月一日
(四)嫡庶私ノ別　嫡出子 庶子 私生子
(五)父母ノ職業　父 農業　母 ナシ
(六)父母ノ出生ノ年月日　父 明治三十八年三月十八日　母 明治三十九年十月十五日
作成心得ニ照シテ記入スヘシ

제3호 양식 (세로 5치 2푼, 가로 3치 1푼)

출 생 표

쇼와 년 월

종류 번호 제 호 ( )

(도) (부·군) (읍·면) (청·사무소)		
(1) 성명 및 남녀별		남 여 (성명)
(2) 출생장소		(도) (부·군) (읍·면)
(3) 출생연월일		쇼와 년 월 일
(4) 적·서·사 구별		적출자 서자 사생자
(5) 부모의 직업	부	
	모	
(6) 부모의 출생 연월일	부	년 월 일
	모	년 월 일

작성지침에 비추어 기입해야 함

보고서로 매년 간행됐다.[91] 당연히 보고서의 항목도 크게 늘고 통계표도 훨씬 상세해졌지만, 특히 주목할 점은 이것이 일차적으로 '조선인'의 인구동태현상에 대한 보고서라는 점이다. 재조선 일본인, 즉 '내지인'의 인구동태사항은 애초에는 이 보고서의 부록으로 기재됐다. 국세조사 보고서의 지역별 인구에서는 조선인·일본인·외국인을 구분해 두지 않았던 것과 대조적인 조치다. 또 '중앙집사' 방식을 도입한 이후로는 인구동태

91 1938년분 이후의 『통계연보』에는 1938년까지의 출생·사망·사산·혼인·이혼 등만 기재되고 그 이후 것은 없다. 『조선인구동태통계』는 1938~1942년 5년간의 것이 남아 있고, 1943년 이후의 발행 여부는 알 수 없다.

의 파악률도 크게 향상됐거나, 적어도 1930년의 수준을 회복한 것으로 보인다.

그러나 특히 시행 첫해의 경우, 지방관청의 조사와 집계는 여전히 많은 문제점을 드러냈다. 1938년 6월까지 혼인·이혼·출생·사망·사산에 대해 문제가 있어서 국세조사과에서 해당 지방관청으로 조회한 것이 5,929건, 일련번호가 되어야 할 종류별 번호가 연속되지 않은 것이 147건으로 총 6,076건이었다. 1938년 지방행정구역은 19부, 218군, 2도(島), 74읍, 2,277면이다. 부·읍·면을 단순합계하면 2,370개니까, 부·읍·면마다 평균 2~3건의 오류가 있었다는 이야기다.

출생표의 경우 신생아의 이름부터 시작해서 출생연월일 등의 기재를 빼먹은 것이나 남/여, 적출자/서자/사생자 구분에 동그라미 표시를 빼먹은 것도 있지만, 기재가 된 것 중에도 내용상 말이 안 되는 것이 많았다. 쌍둥이인데 쌍둥이라고 표시하지 않은 것, 그 지역에 본적이 있는 자만 신고하라고 했는데 '비본적(非本籍)'이라고 적어서 제출한 것, 출생날짜가 신고날짜보다 뒤인 것,[92] 모의 나이가 60세가 넘거나 부의 나이가 100세가 넘는 것, 부모의 생년월일이 똑같은 것, 부가 모보다 40세 이상, 모가 부보다 20세 이상 나이가 많은 것, '적출자'라고 했는데 부모의 나이가 법정혼인연령에 미달하는 것 등이다.[93] 해를 거듭하면서 이런 점들은 시정됐을 것이다. 이런 지적들은 오히려 「조선인구동태조사규칙」 이전까지의 실상을 엿볼 수 있는 자료가 될 수 있을 것 같다.

---

92 국세조사과에서는 이런 것은 이른바 '실기(失期)'한 신고로, 이를테면 1935년 10월에 태어난 아이를 1938년 5월에 신고하면서 출생날짜를 "1938년 10월 1일"이라고 잘못 적었기 때문이라고 추측했다.

93 國勢調査課動態係, 1938, 「人口動態調査事務に就いて」, 『조선통계시보』 12, 24쪽, 28~31쪽.

(3) 조선인 생명표의 작성과 논쟁

생명표(生命表, life table)는 현재의 연령별 사망수준이 그대로 유지된다는 가정 아래 출생 코호트(cohort) 같은 특정한 연령층·성별의 인구가 연령이 많아짐에 따라서 소멸되어 가는 과정을 정리한 표다. 즉 특정 연령층의 남녀별 인구가 평균적으로 더 살 수 있는 기간인 '평균여명(平均余命)'과 연령별 사망확률 등을 보인 것이다.[94] 이것은 기존 인구정태·동태통계의 결과를 가공하여 만든 가공통계의 일종인데, 한 인구집단 전체의 건강상태 여하를 단적으로 보여 줄 뿐 아니라, 연금·생명보험 등의 납입금 계산의 기초가 되는 것이어서 실용적 가치도 크다. 인구학에서 사망의 연구는 일찍부터 생명표를 중심으로 이루어져 왔다.

유럽에서 생명표는 일찍이, 총조사에 의한 정확한 인구자료도 없던 시기에 만들어졌다. 출생·사망 같은 인구현상의 규칙성이 지식인들의 주목을 끌게 된 것은 17세기 후반이다. 아직 유럽 어느 국가에도 전국 인구에 대한 충분한 자료가 없는 가운데, 몇 가지 통계와 조사 자료에 과감한 추론을 더해서 인구와 국부(國富)를 추계하는 '정치산술(political arithmatics)'이라는 방법이 생겨났다.[95] 정치산술은 이름 그대로 중상주의 국가의 재정과 인구, 국민소득, 군사력, 식민지 경영의 손익계산에 대한 추정이 주목적이었지만, 특히 출생·사망 문제는 자본주의의 확대와

94 이승욱, 2016, 「생명표」, 한국인구학회 편, 『인구대사전』, 통계청, 257~260쪽; 박경애·김태헌, 2016, 「생명표: 한국인」, 한국인구학회 편, 『인구대사전』, 통계청, 260~265쪽.

95 가장 단순한 사례는, 주민들이 인구조사에 반감을 보이는 지역은 멀리서 굴뚝 수를 세어 집(가옥) 수를 알아낸 다음 추정된 평균 가구원수를 곱해서 대략의 인구를 추계한다는 것이다(버나드 코언, 2005, 『세계를 삼킨 숫자 이야기』, 생각의 나무, 56~67쪽). 이 책 69쪽에서 본 조선의 미간지 추정 같은 것도 '정치산술'이라고 할 수 있다.

함께 성장하던 민간의 여러 가지 연금이나 생명보험(종신보험)의 요율(料率) 계산이라는 실용적 목적과도 관련되어 있었다. 연령별 평균여명과 사망확률이 대충이라도 계산이 되어야, 보험회사로서도 1인당 납입금과 지불금을 정할 수 있는 것이다.

1662년 영국의 존 그란트(John Graunt)는 당시 런던에서 매주 발행되던 『사망표(*Bills of Mortality*)』 자료를 가지고 특정연령의 생존비율을 계산했고, 30년 뒤에 천문학자 에드먼드 핼리(Edmond Halley)가 브레슬라우 주민의 생명표를 작성했다. 핼리의 생명표는 오늘날의 생명표와 관련된 거의 모든 개념을 포함하고 있었다고 평가받는다. 다만 문제는 믿을 수 있는 인구자료의 확보였다. 유럽 각국이 근대적 총조사를 도입하고 행정통계를 적극 공표하기 시작한 것은 19세기에 들어서였다.

일본에서는 도쿄제국대학 교수인 후지사와 리키타로(藤澤利喜太郎)의 주도로 내각 통계국이 1891~1898년 본적인구를 가지고 제1회 생명표를 작성했고, 1930년대 후반까지 제5회까지의 생명표를 발표했다. 1916년부터는 이런 생명표를 기반으로 체신성이 주관하는 간이생명보험제도도 시행됐다. 타이완에서도 1931년에 1926~1930년 사망을 자료로 한 제1회 생명표가 만들어졌다. 그러나 조선에서는 그때까지도 생명표가 작성되지 못했다. 생명표를 만드는 데 필요한 정확하고 상세한 인구통계가 없었기 때문이다. 조선에서도 1929년부터 일본 제도를 본뜬 조선간이생명보험을 시행했으나, 보험금 요율 계산을 위한 생명표는 1899~1903년 자료에 따른 일본의 제2회 생명표를 그대로 가져다 사용할 수밖에 없었다.

조선인의 생명표가 만들어진 것은 1938년이다. 그것도 총독부의 통계담당 부서나 간이생명보험을 운영한 체신국이 아니라, 대학의 연구자

〈그림 3-8〉 생명표에 따른 조선인 남자의 연령별 평균여명

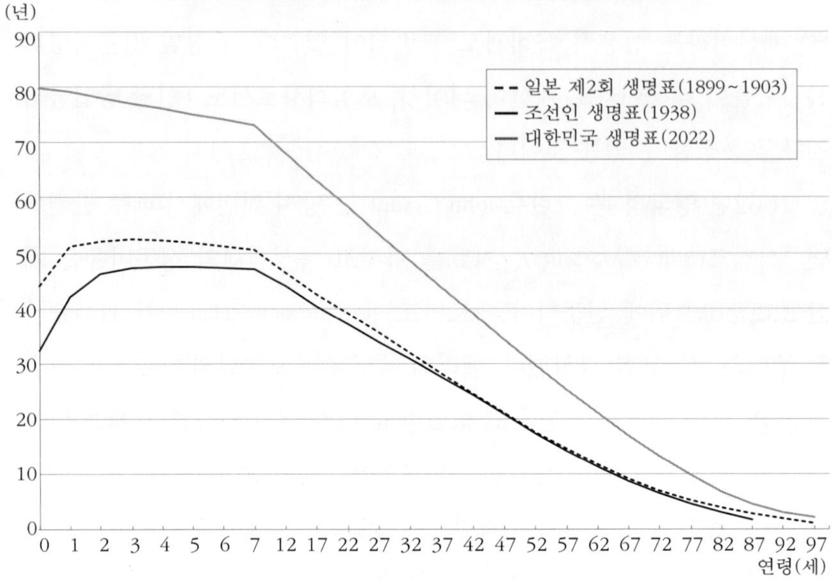

에 의해서였다. 경성제국대학 의학부 위생학·예방의학교실 교수 미즈시마 하루오(水島治夫)가 『조선주민의 생명표(朝鮮住民の生命表)』를 경성 지카자와서점(近澤書店)에서 간행한 것이다.[96] 1세별로 모든 연령에 대한 완전(complete) 생명표가 아니라, 0~7세는 1세별 그리고 이후로는 12세, 17세, 22세 등의 5세별로 남녀별 생존수, 사망확률, 평균여명을 제시한 5세 계급별 간이(abridged) 생명표다.

〈그림 3-8〉은 그중에서 남자 평균여명을 그래프로 그려본 것이다.

---

96 미즈시마 하루오는 1923년 도쿄제국대학 의학부를 졸업하고 조선총독부의원 내과에 부임했다. 1927년 경성제국대학 조교수가 되고 1928~1930년 미국 존스홉킨스 대학의 위생학 및 공중보건학 대학원에 유학, 인구통계학을 전공했다. 미즈시마와 그의 생명표 연구에 대해서는 박지영, 2020, 「민족의 생명력: 미즈시마 하루오의 인구통계학 연구와 우생학」, 『한국과학사학회지』 42(1); 구병준, 2023, 「전시체제기 조선인 생명표 작성과 소아보험 제도 실시」, 『역사문제연구』, 27(1)을 참조했다.

검은색 실선이 미즈시마가 만든 조선인 생명표의 남자 연령별 평균여명이다. 가로축 눈금이 7세까지는 1세 간격, 7세 이후로는 5세 간격이라는 점을 참작하고 보아야 한다. 그 위의 점선은 1899~1903년 인구자료에 따른 일본의 제2회 생명표에 따른 남자 평균여명이다. 조선간이생명보험의 근거자료라는 점에서 비교해 본다면, 영아·소아의 평균여명은 꽤 큰 차이가 있지만 연령이 높아질수록 그 차이가 점점 좁혀지는 것을 볼 수 있다. 보험 가입연령이 30~60대라면 일본의 생명표를 가지고도 큰 문제 없이 운용할 수 있었을 것 같다. 훨씬 위쪽의 회색 실선은 대한민국의 2022년 생명표에 따른 해당 연령 남자의 평균여명을 참고삼아 넣어 본 것이다. 위생상태와 생활수준의 엄청난 차이를 볼 수 있다.[97]

이 생명표 작성 과정에 대한 미즈시마의 설명을 요약하고 부연하면 다음과 같다.[98] 완전 생명표를 만들기 위해서는 정확한 1세별 사망통계가 있어야 하는데, 『통계연보』에 실린 것을 비롯해서 조선의 사망통계는 0세, 1세, 2~4세 그리고 5~39세는 5세 계급, 40~79세는 10세 계급, 80세 이상이라는 식으로만 되어 있다.[99] 사망통계가 불완전하면 두 시점의 인구정태통계를 가지고 각 연령대의 생잔율(生殘率, survival rate)을 계산하는 방법이 있다. 조선 같으면 1925년, 1930년 국세조사 결과로 연령코호트별 생잔율을 계산하면 되는데, 문제는 국세조사 보고서에도 연

---

97 1938년 조선인 생명표 자료는 水島治夫, 1938, 『朝鮮住民の生命表』, 京城: 近澤書店, 37쪽; 일본 제2회 생명표 자료는 內閣統計局, 1930, 『(昭和5年7月)第4回 生命表』, 25쪽; 2022년 대한민국 생명표 자료는 국가통계포털(kosis.kr)에서 확인할 수 있다.

98 水島治夫, 1938, 앞의 책, 4~6쪽. 1935년에도 간이국세조사가 실시됐지만 이때까지 아직 집계가 완료되지 않아서 미즈시마는 그 이전의 국세조사 자료를 사용했다.

99 식민지기 인구통계의 연령 구분 문제에 대해서는 이 책 288~291쪽을 볼 것.

령 1세별 민족별 통계는 없다는 점이다. 결국 최대한 만들어 볼 수 있는 것은 5세 계급별 간이 생명표다. 다만 어느 사회에서나 영아사망률은 중요한 지표이므로, 0세와 1세 사망률은 따로 계산해야 한다. 미즈시마는 인구는 1925년, 1930년 국세조사 결과를, 사망은 1926~1930년의 인구동태통계를 사용했다. 일본 내각 통계국의 제5회 생명표, 타이완의 제1회 생명표와 대상 시기가 일치한다.

그 과정에서 미즈시마는 조선인 영아사망률이 이상하게 낮다는 문제, 더 나아가 조선의 사망통계 자체를 신뢰할 수 없다는 문제에 다시 부딪혔다. 앞서 보았듯이 총독부 통계로 구해 본 1920대 조선의 영아사망률은 거의 일본의 절반 수준이었고, 서구 선진국들과 비슷했다. 미즈시마는 조선인의 생활상태를 고려할 때 유아사망이 그렇게 적을 리는 없고, 조선의 영아사망률이 낮은 이유는 조선에서 영유아가 사망하면 암매장하는 일이 많기 때문이라고 추측했다. 여기서 그는 경성부의 조선인 영아사망률이 조선 전체 영아사망률의 3배 이상이라는 점에 주목하고, 경성부는 도시 지역이라 암매장이 어렵고 또 경찰제도가 엄중해서 영유아의 사망신고 누락이 적다고 해석했다. 미즈시마는 경성부의 1929~1931년 화장·매장 인허증을 입수해서 경성부 주민의 생명표를 작성하고, 그것과 비교해서 조선인 전체에 대한 영유아사망률 등을 조정했다.[100] 그가 산출한 1926~1930년 조선인 영아사망률은 25.2%다.[101]

---

100 '화장·매장 인허증'은 1912.6.20, 조선총독부령 제23호, 「묘지, 화장장, 매장 및 화장 취체규칙」 제12조에 의해 도입된 장치다. 매장·개장(改葬)·화장을 하려는 자는 경찰관서의 인허증을 받아야 했다.

101 水島治夫, 1938, 위의 책, 37쪽. 이것은 젠쇼 에이스케가 총독부 통계로 수정 없이 계산한 1930년 조선인 영아사망률 5.9%의 4배가 넘는 숫자다(朝鮮總督府, 1935, 『朝鮮の人口問題』, 153쪽).

여기 따라 〈그림 3-8〉에서 일본인과 조선인 영아의 평균여명은 10세 정도의 차이를 보이게 된다.

미즈시마에 이어 1939년에는 그의 제자인 최희영이 제2회 조선주민의 생명표를 발표했다.[102] 미즈시마의 것은 1926~1930년 자료에 따른 5세 간격 간이 생명표인데, 최희영의 것은 1931~1935년 국세조사 자료에 따른 완전 생명표였다. 그리고 이듬해 최희영은 이 생명표에 관한 논문으로 경성제국대학 의학부에서 박사학위를 받는다. 한편 일본 체신성이 1931년 간이보험에 만 12세 미만의 소아를 대상으로 한 '소아보험'을 신설하자, 조선총독부도 같은 제도를 도입해서 보험사업을 확충하고자 했다. 1940년 간이보험 사업을 주관하는 총독부 체신국이 1930년과 1935년의 국세조사 그리고 「조선인구동태조사규칙」에 의한 1938년 인구동태조사 결과를 활용해서 조선인 사망률 조사를 수행했고, 1940년 6월 미즈시마 등의 것과는 별개로 조선인 생명표를 작성했다. 체신국은 미즈시마처럼 경성부 자료에 따라 영유아사망률을 보정하거나 하지는 않았지만, 개정된 제도에 따른 인구동태조사에 입각했으므로 자신들의 생명표가 더 정확하다고 주장했다.

〈그림 3-6〉에서 보았듯이 「조선인구동태조사규칙」 시행 첫해인 1938년의 조선인 출생률은 확 솟구쳤다. 그러나 여전히 조선의 연령별 사망의 구조는 일본과는 양상이 달랐다. 새로운 인구동태조사제도가 얼마나 잘 작동하고 있는지는 더 따져 보아야 할 문제였다. 1940년 8월에는 미즈시마의 또 다른 제자인 하라후지 슈에가, 역시 1938년 인구동태

102 이하에 대해서는 구병준, 2023, 「전시체제기 조선인 생명표 작성과 소아보험 제도 실시」, 『역사문제연구』, 27(1)에서 상세히 다루었다.

통계를 활용한 영유아사망률 연구를 발표했다. 조선인과 일본 거주 일본인의 사망률을 비교해 보면 0세 사망률은 조선인이 크게 낮고 반대로 1세는 조선인이 크게 높다는 내용이었다. 하라후지는 이것이 조선인 영아사망자의 암매장으로 출생·사망 신고가 누락되고, 또 조선인은 만 나이를 사용하기 때문에 0세 사망이 1세로 잘못 기재된 탓이라고 추측했다. 조선 특유의 영유아사망률 패턴은 약해지기는 했지만, 완전히 사라지지는 않았던 것이다.[103]

체신국도 결국 자신들의 생명표에서 영아사망률이 지나치게 낮게 계산됐다는 사실을 시인할 수밖에 없었다. 기존 일본 내각 통계국의 제2회 생명표를 그대로 쓴다면 0세와 1세 사망과 관련된 보험요율 산정에 문제가 생길 수 있었다. 그렇다고 미즈시마처럼 0세, 1세 사망률을 조정하는 것도 체신국으로서는 쉽지 않았던 것 같다. 결국 체신국은 소아보험의 가입연령을 만 3세부터 12세 미만까지로 정하는 방식으로 이 문제를 피해 갔다.

103 『조선의 인구문제』에서 제시한 방식대로 전체 사망자 수에 대한 소아 연령별 사망자의 비율을 구해 보면 다음과 같다. 0세 사망의 비중이 많이 늘기는 했지만 여전히 일본에 비해서는 작고, 반대로 1세 사망의 비중은 크다는 것을 알 수 있다[鮮總督府, 1935, 앞의 책, 151~152쪽; 朝鮮總督府, 1940, 『(昭和13年)朝鮮人口動態統計』; 朝鮮總督府, 1941, 『(昭和14年)朝鮮人口動態統計』].

	0세	1세	2~4세	5~9세
조선 1929~1934년 평균	12.4%	12.0%	14.1%	6.6%
일본 1929~1933년 평균	22.7%	6.3%	6.6%	2.8%
조선 1938년	20.9%	11.7%	11.4%	4.3%
조선 1939년	20.5%	12.7%	12.4%	4.4%

2. 국세조사: 최대 규모의 전수조사[104]

1) 첫 번째 국세조사에 이르기까지

(1) '국세조사'라는 문명개화의 이벤트

20세기 전반에 일본에서는 인구총조사가 '국세조사(國勢調査)'라는 거창한 이름으로 시행됐다. 이 책에서 다루는 여러 가지 조사들 중에서 국세조사가 차지하는 위치는 각별하다.

5년에 한 차례 돌아오는 국세조사는 전 국민이 참여하는 떠들썩한 일대 행사였다. 국세조사는 전국 인구를 조사 대상으로 할 뿐 아니라 대개 세대주가 신고서를 작성해야 했다. 집집마다 신고서 양식을 배부하고 작성된 신고서를 회수하면서 조사 내용을 확인할 국세조사원도 주민 중에서 뽑았다. 따라서 주민의 협조와 참여가 필수적이었다. 행정당국은 그야말로 홍보의 총력전을 펼쳤다. 신문·잡지에 관련 기사와 광고를 실었고 선전탑을 설치하고 곳곳에 포스터를 붙였으며, 일반인 대상의 표어 짓기 대회도 개최했다. 라디오 방송과 활동사진(영화) 상영, 비행기를 이용한 전단 살포도 이루어졌다. 〈그림 3-9〉처럼 초등학교 학생들을 통해 이런 사항을 각 가정에 전달하는 것도 당시에는 중요한 홍보수단이었다.

국세조사는 애초 일본에 도입될 때부터 문명개화의 이벤트로 상상됐다. 서구 선진국들에서도 전국 인구의 전수조사를 도입한 것은 19세

---

104 이 부분은 박명규·서호철, 2003, 『식민권력과 통계』, 서울대학교출판부의 총조사 관련 서술을 대폭 수정·보완한 것이다.

〈그림 3-9〉 1925년 국세조사 선전용 책갈피 겸 시간표[105]

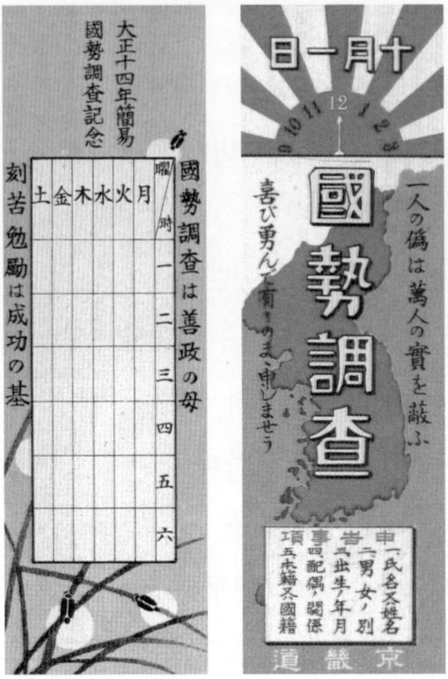

기 들어서다. 미국이 1790년, 영국과 프랑스가 1801년에 첫 번째 총조사를 시작했다.[106] 211쪽에서 본 대로 일본은 1870년대부터 정비한 근대적 호적제도를 바탕으로 '본적인구'를 집계해서 행정에 활용하고 있었다. 그러나 인구이동이 많아지면서 통계학자들은 '개표(個票)', 즉 개인별·세대별 조사표(票)를 이용한 총조사를 통해 '현재인구'를 조사할 필요가 있다고 주장했다.

---

105 오른쪽 태양과 겹쳐진 시계는 조사 기준시각인 10월 1일 오전 0시를 가리키고 있다. 한반도 지도 양쪽으로는 "한 사람의 거짓은 만인의 진실을 덮는다", "기쁘고 용감하게 있는 그대로를 신고합시다", 그 아래에는 조사사항이 적혀 있다. 왼쪽 시간표 위에는 "다이쇼14년 간이국세조사 기념", 양 옆으로는 "국세조사는 선정(善政)의 어머니", "각고면려(刻苦勉勵)는 성공의 기초"라는 글귀가 적혀 있다[京城府 編, 1926, 『(大正14年)第1回國勢調査』, 28쪽(국립중앙도서관 소장)].

마침 1895년 스위스에서 개최된 국제통계회의에서는, 1900년부터 회원국들은 10년마다 비슷한 시기에 총조사를 실시할 것을 결의했고, 일본에도 그 제안이 전달됐다.[107] 당시 일본은 개항 과정에서 서구 열강과 맺었던 불평등조약의 개정에 부심하고 있었다. 헌법과 각종 법률의 제정부터 로쿠메이칸(鹿鳴館)에서 열린 서양식 무도회까지 일본이 추진한 대개의 근대화·서구화 정책에는 "조약 개정을 위해서"라는 꼬리표가 달려 있었다. 끈질긴 노력 끝에 1894년 이래 영국을 시작으로 각국과 조약을 개정하면서 치외법권(영사재판권)은 철폐되지만 관세자주권은 여전히 실현되지 못한 채였다. 1895년 일본은 청일전쟁의 승리로 손에 넣었던 랴오둥(遼東)반도를 한 달만에 러시아·독일·프랑스의 간섭으로 포기해야 했다. 아직 서구 열강과의 힘의 차이는 여실했고, 일본은 어떻게든 스스로가 남들 못지않은 강대국·문명국임을 안팎으로 과시할 필요가 있었다. 그럴 때 총조사가 문명국의 필수 아이템으로 등장한 것이다.

일본의 통계학자들은 총조사 실시를 주장하면서 총조사를 '국세조사'라는 조금 과장된 어휘로 번역했다. 물론 인구 외에 주택이나 경제상황도 총조사 방식으로 조사될 수는 있으니까, 일본의 관료나 학자들로서는 당장은 아니라도 언젠가는 명실상부한 '국세(國勢)'를 조사하겠다는 포부를 가졌을 수도 있다. 그러나 인구학과 통계, 사회조사를 잘 모르는 일반인들에게 '국세조사'라는 말은 단순한 인구총조사보다는 훨씬 더 큰 함

106 김민경, 2000, 『인구센서스의 이해』, 도서출판 글로벌, 4~5쪽.

107 이것은 이미 1853년 제1회 국제통계회의를 주도한 케틀레가 제안한 바였다. 이 회의는 이후 국제통계협회라는 조직으로 발전한다. 다수 국가가 끝자리가 0이나 1인 해에 총조사를 실시하고 그 결과를 국제통계협회를 통해 공유하는 '센서스 라운드(census round)'의 전통은 지금도 이어지고 있다.

의를 가졌을 것이다.[108] 재정적 부담도 만만치 않았고, 중앙과 지방의 행정조직과 통계 업무의 정비, 조사원의 훈련 등을 짧은 시간 안에 도저히 해결할 수 없는 상황이었는데도, 일본 정부는 1900년 센서스 라운드를 염두에 두고 국세조사 준비를 시작했다.

1902년 말에 가서야 「국세조사에 관한 법률」이 제정됐다. 제1회 조사는 1905년, 제2회는 1910년에 시행하고(제3조), 이후로 "국세조사는 10년마다 한 차례 제국판도 안에서 시행(제1조)"한다는 것이 법률의 내용 전부였다. 국세조사의 범위와 방법, 예산 문제 등은 따로 정한다고 했다(제2조). 그러나 1904년 러일전쟁의 발발로 계획한 국세조사는 시행되지 못하고 무기한 연기됐다.[109] 다만 고토 신페이가 민정장관으로, 미즈시나 시치사부로가 통계 책임자로 있던 타이완에서는 '임시호구조사' 라는 이름으로 1905년, 1915년에 총조사 방식을 도입한 인구조사가 시행된다. 개인의 성별, 나이, 배우관계 등 기본적 인적 사항 외에 직업(본업/부업), 장애('불구')의 종류와 원인, 읽고 쓰는 정도, 아편 흡연과 전족(纏足)의 여부, 상용어(常用語)까지 상당히 많은 문항으로 이루어진 조사였다.[110]

---

108 머리말의 〈그림 0-2〉에서 말하는 국세(=국력) 개념을 생각해 보라. 일본에서 총조사가 '국세조사'로 번역된 과정에 대해서는 佐藤正廣, 2015, 『國勢調査: 日本社會の百年』, 岩波書店, 33~43쪽에서 상세히 다루었다. 한편 메이지 초기에는 인구학(demography)이 '민세학(民勢學)'이라고 번역됐고, 총조사 방식의 지역별 인구조사는 '민세조사'라고 불렸다.

109 1905.2.15, 법률 제13호, 「국세조사에 관한 법률」을 개정, "제1회 국세조사를 행할 시기는 칙령으로 정한다(제3조)"고 했다.

110 고토에 대해서는 이 책 108~110쪽, 미즈시나에 대해서는 153쪽을 볼 것. 타이완 '임시호구조사'에 대해서는 佐藤正廣, 2002, 『國勢調査と日本近代』, 岩波書店, 69~81쪽을 참조.

(2) 1920년 조선 국세조사의 차질

이렇게 연기된 일본제국의 국세조사가 다시 본격적으로 추진된 것은 1918년 5월부터다. 그사이 일본의 공식적 식민지가 된 조선도 이제 '제국판도'의 일부를 이루고 있었다. 일본 내각에는 기존 통계국 외에 국세조사 사무를 담당할 기구로 임시국세조사국과 국세조사평의회가 설치됐다. 그것을 축소한 형태로 조선총독부에도 통계관 1명과 속 3명이 증원되어 실무부서로 총독관방에 임시국세조사과가, 부서 간 협의기구로 정무총감을 회장으로 하는 조선국세조사평의회가 설치됐다.[111] 총독부와 소속관서, 지방관청의 통계사무를 정비·통일하기 위한 '통계과'도 신설됐다. 마침 조사 예정일인 10월 1일은 1910년 조선총독부가 공식적으로 업무를 시작한 지 10주년이 되는 기념일이기도 했다.

하지만 1919년 1월 고종이 승하하고, 인산(因山: 장례)을 앞두고 3월 1일에 시작된 만세 시위가 전국으로 번져가면서 상황이 급변했다. 게다가 여름부터 충청 이북 전 지역에 심한 가뭄이 들었다. 하세가와 요시미치(長谷川好道) 총독은 헌병경찰은 물론 조선 주둔 일본군까지 동원해서 전국 각지의 시위를 진압했지만, 8월에 경질됐다. 해군대장 출신의 정치가 사이토 마코토가 총독, 내무대신을 지낸 미즈노 렌타로(水野錬太郎)가 정무총감으로 부임했다.[112] 이들은 1910년대 육군 군벌의 '무단적(武斷的)' 통치와 대비해서 이른바 '문화정치'를 표방했으나, 그 출발은 험

---

111 실제로는 이때 통계관은 임명되지 않았다(154~155쪽 참조).

112 이때 「조선총독부관제」에서 총독은 육·해군대장 중에서 임명한다는 조항이 삭제되지만(1919.8.19, 칙령 제386호 개정), 1916년 예비역으로 편입됐던 사이토는 현역 해군대장으로 '복귀'하여 조선총독이 됐다. 그 이외의 조선총독은 모두 육군대장으로, 결국 식민지기 내내 조선에는 문관 총독제는 실현되지 않았다.

난했다. 9월 2일 서울 남대문역(지금의 서울역)에 도착한 총독과 정무총감 일행을 맞은 것은 60대 노인 강우규가 북간도에서부터 숨겨온 폭탄이었다. 기존 공무원이 대거 경질되고 헌병경찰이 폐지되면서 일본인 관공리와 경찰의 사기는 바닥에 떨어졌다. 새로 조선의 치안 책임자가 된 경무국장 아카이케 아쓰시(赤池濃)는 일단 경성과 도청 소재지의 치안에 주력하고 나머지 지역은 방임한다는 입장을 정했을 정도였다.[113]

그런 상황에서 떠들썩하게 국세조사를 준비할 수 있었을까? 1919년 가을에도 조선인 학생들은 천장절(天長節) 축일을 기해 만세 시위를 계획했다.[114] 국세조사 같은 이벤트가 또 다른 '소요'를 자극하지 않는다는 법은 없었다. 더 큰 문제는 실무상의 곤란이었다. 첫째는 예산 문제였다. 총독부는 국세조사비로 1919년 12만 원, 1920년 25만 원을 계상(計上)했으나, 당장의 치안 확보를 위한 경찰력 확대, 그런 지출을 충당하기 위한 연초(담배) 전매제 실시 등이 더 급했다. 둘째는 조사원 선발 문제였다. 1919년의 조선인 인구를 대략 1,700만 명, 평균 1세대에 5인이라 치면 예상 조사 대상은 340만 세대다. 조사원 1명이 80~100세대를 담당하려면 전국적으로 4만 명에 가까운 조사원이 필요했다. 얼마쯤 학식이 있고 지역에서 영향력을 가진 그리고 일본의 통치에 협조적인 조선인을, 그 시점에 그만큼 구할 수 있었을까? 조사원을 구할 수 없으면 경찰력이라도 동원해야 하겠지만, '문화정치'로 본국에서 대거 증원된 일본인 경찰관들은 조선어도 지역 사정도 잘 몰랐다. 일본인 경찰관에게 조사를 맡긴다면 다시 전국적으로 4만 명에 가까운 통역자를 구해야 할

113 이충호 편역, 2012, 『조선 통치 비화』, 국학자료원, 77~83쪽.

114 '천장절'은 천황의 탄생일이다. 다이쇼 천황의 탄생일은 8월 31일이지만 그날은 제사만을 행하고, 10월 31일을 '천장절 축일'로 정해서 국민적 축하 행사를 거행했다.

판이었다.[115]

1919년 가을쯤이 되자, 한편에서 국세조사 강습회가 실시되는 중에도 국세조사 연기설이 커졌다. 1920년 3월 8일 내각총리대신은 조선총독에게 국세조사가 불가능하면 임시호구조사를 시행하라는 조회를 보냈다.[116] 4월 1일 총독부는 임시국세조사과를 폐지했다. 최종적으로 "제1회 국세조사는 조선에서는 시행하지 않는다"는 것이 8월 4일 법률 제35호로 공포됐다. 대신 조선에서는 임시호구조사를 시행하기로 됐다. 그러나 1905년, 1915년 타이완의 임시호구조사가 일본제국 전체를 위한 총조사 방식의 연습이었던 데 반해,[117] 조선의 1920년 '임시호구조사'는 기존의 연말 현주호구를 10월 1일 기준으로 집계한 것에 불과했다. 조사는 크게 두 갈래였다.[118]

① 일단 조선인, 재조선 일본인, 외국인을 포함한 전체 인구에 대해 부·군·도(島)에서,[119] 보고례 제178호, 「현주호구 부군별 표」와 제180호, 「현

115 국세조사에 불리했던 여러 정황에 대해서는 「조선의 국세조사: 내각통계국 고문 柳澤保惠伯 談」, 『매일신보』, 1919.6.21; 「국세조사 중지 이유」, 『동아일보』, 1920.7.15; 「연기되는 국세조사: 政費 多端과 민심의 불안으로」, 『매일신보』, 1919.10.22; 「국세조사 관제 폐지: 조선에 불시행ᄒᆞ게 됨으로」, 『매일신보』, 1920.2.20.

116 (日本) 總理府統計局 編, 1983, 『總理府統計局百年史資料集成 第二巻 人口 中』, 116~117쪽. 여기 대한 조선총독의 4월 22일 자 회신은 같은 책, 118쪽에서 확인할 수 있다.

117 1905년 2월에는 일본 내각 통계국장이 타이완을 방문해서 임시호구조사 준비 상황을 시찰하기도 했다(佐藤正廣, 2002, 앞의 책, 72쪽).

118 이하 1920년 '임시호구조사'에 대한 내용은 필자 미상, 1920, 「臨時戶口調査の施行」, 『朝鮮』 9; 필자 미상, 1921, 「臨時戶口調査事務の完成」, 『朝鮮』 4에서 정리했다.

119 1915년 4월 30일 총독부는 「지방관관제」를 개정해서 도(道) 아래 행정단위로 부와 군 외에 '도(島)'를 추가하고, 제주도와 울릉도를 '도(島)'로 지정했다. 강화도는 행정단위상 경기도 강화군, 남해도는 경상남도 남해군이지만, 제주도는 전라남도 제주

주호구 직업별 표」에 따라 10월 1일에 임시호구조사를 실시했다. 현장조사의 방법이 따로 지정되지는 않았고, 부·군·도에서 요계표(要計表)를 작성해서 도에 보내면 도별로 결과를 집계하고 통계표(表)를 작성해서 총독부에 송부하는 '지방분사(地方分査)'식이었다. 경상남도에서는 세대별로 구성원의 이름, 나이, 직업 등을 간단한 '세대표(票)'에 열기(列記)하게 했다거나, 경성부 등 일부 부·군·도에서는 면직원이나 구장, 정·동 총대(町洞總代) 등을 훈련시키고 1인당 100호 정도의 구역을 정해서 10월 1일 전후로 며칠에 걸쳐 가가호호 조사를 실시했다는 기록이 있다.[120]

②재조선 일본인에 대해서는 추가적으로, 국세조사와 비슷하게 "10월 1일 오전 0시 조선에 현재하는 자에 대해" 씨명(氏名), 남녀별, 나이, 배우관계, 직업 및 직업상의 지위 5개 항목을 조사했다. 그러니까 재조선 일본인에 대해서는 현주호구와 현재인구에 대한 이중의 조사가 이루어진 셈이다. 각지 경찰관을 조사원으로 삼아, 조사원 1인당 60~70세대를 담당하도록 구역을 나누어서 9월 20일부터 신고서용지를 배부하고 기입방법을 지도하는 준비조사를 한 뒤, 10월 1일에 신고서를 수합했다. 수합한 조사표(票)는 모두 총독관방 통계과로 보내면 통계과에서 그것을 집계하는 '중앙집사'식이었다. 아직 자동계산기가 도입되지 않아서, 연인원 약 1,000명이 투입되어 신고서 한 장 한 장에 대해 연령별, 배우관계별, 직업별 인구를 일일이 "획선법으로 집계"하는 대사업이었다.[121]

도, 울릉도는 경상북도 울릉도가 됐다. 도의 행정책임자는 '도사(島司)'다.

120 「임시호구조사의 조사법」, 『동아일보』, 1920.9.5; 「준비호구조사」, 『동아일보』, 1920.9.16 등. 도시 지역인 부(府)에는 '정(町)'과 '동'이 설치됐다. 정·동에서 구장과 비슷한 역할을 한 것이 '총대'다(서현주, 2014, 「일제하 경성부 행정조직과 운영의 식민지성」, 『향토서울』 86, 141~144쪽).

121 임시국세조사과는 폐지됐으므로 중앙의 사무를 처리한 것은 총독관방 통계과였다.

지역별로는 집집을 방문해서 현장조사도 실시했다지만 1920년 임시 호구조사는 예년의 연말호구조사에 비해 특별하지 않았다. 보론 2의 그래프를 보면, 10월에 국세조사가 있었던 1925·1930·1935·1940년은 연말 현주호구가 전해에 비해 70만 명 이상의 대폭 증가를 보인 반면 1920년의 경우는 13만 명 증가에 불과하다. 그것은 1910년대 중엽까지의 가파른 현주호구 증가에 비하면 오히려 낮은 수치다.[122] 이로써 일본제국의 문명개화 이벤트는 상당한 손상을 입은 셈이 됐다. 국세조사를 대대적으로 선전하고 공식적 '제국판도'가 아니던 관동주·칭다오·남양군도에서까지 임시호구조사를 실시했지만,[123] 정작 가장 중요한 식민지이자 인구로도 일본제국 인구의 3분의 1에 이르는 조선에서 '제1회'의 국세조사가 차질을 빚은 것이다.

국세조사 대신 실시된 임시호구조사는 총독부 당국으로서도 애매한 행사가 됐다. 국세조사를 시행하지 못하게 된 마당에 임시호구조사를 크게 선전·홍보할 수도 없고, 그렇다고 전혀 선전을 하지 않을 수도 없었다. 국세조사든 임시호구조사든 인구를 조사하는 것은 증세나 징병,

---

'획선법'이란 正 자를 쓰거나 卌 같은 기호로 표시해 가면서 숫자를 헤아리는 것을 말한다.

122 이 책 67~68쪽에서 본 것처럼 20세기 초 일본이 매년 40만 명의 인구 증가로 과잉인구론, 식민·이민론을 주장할 때 일본 인구는 4,000만 명에서 5,000만 명 사이였다. 2,000만 명이 채 못되는 조선인구에 대해 1년에 30만 명이 넘는 격증이란 자연증가가 아니라 호적에 누락되어 있던 인구의 색출일 것이다. 그러나 1920년 임시호구조사는 그런 역할도 제대로 해내지 못했다.

123 중국 랴오둥 반도 남부를 가리키는 '관동주(關東州)'는 1905년 러일전쟁의 결과 획득한 '조차지(租借地, leased territory)'다. 독일의 조차지였던 산둥(山東)반도의 칭다오(靑島)는 제1차 세계대전에 뒤늦게 참전한 일본이 점령하고 이권을 획책했다. 독일 영토였던 남양군도는 제1차 세계대전 이후 국제연맹(League of Nations)이 일본에 부여한 위임통치령(mandate)이다.

범죄 수사를 위해서라는 유언비어는 매번 있었다. 조선어로는 '국세조사'의 '국세(國勢)'가 '국세(國稅)'와 발음이 같기도 했다.[124]

경성부에서는 민적계가 임시호구조사를 담당하면서 정·동 총대를 동원해서 집집의 방문 조사를 시행했다.[125] 그러나 총독부는 국세조사를 포기하면서, 그 예산을 임시호구조사로 돌리지는 않았던 모양이다. 조사 준비니 강습회니 하면서 며칠씩 정·동 총대들을 동원하면서도, 경성부는 정작 조사에 들어가는 실비(實費)나 점심값도 주지 않았다. 정·동 총대나 국세조사원이나 모두 '명예직'이었는데, 총대들은 "원래 부당국은 정·동 총대를 명예직다운 대우도 하여 주지 아니하면서 사회상으로 무슨 지위를 인정하여 주느냐 하면 그런 것도 아니요, 무슨 일이 있을 때면 부릴 생각만 하는 것이 아닌가요" 하고 불만을 토로했다.[126]

'명예직'이라는 말 자체가 '무급(無給)'의 완곡한 표현일 텐데 "명예직다운 대우"를 해달라는 것은 말꼬리를 잡는 코미디다. 그러나 이것이 총독부 지방행정의 최말단을 담당하고 있는 정·동 총대의 말이라면 분위기는 달라진다. 그 직책을 강제로 떠맡은 것이 아닌 이상, 정·동 총대라면 그나마 식민지 통치에 동조적인 인물들이 아니었을까? 그런 사람들의 협조도 이렇게 순순하지 않고 퉁명스러웠다. 결국 1925년 국세조

---

124 「임시호구조사에 대ᄒᆞ야 一般世人의 오해」, 『매일신보』, 1920.9.30.

125 타이완에서도 총독부 소속 행정관아 관리, 학교 직원, 각종 공공단체 직원 및 공의(公醫) 중에서 조사위원을 선발했던 것과 비교하면 다소 파격적인 조치였다[臺灣總督官房臨時國勢調查部, 1924, 『第一回臺灣國勢調查(第三次臨時臺灣戶口調查) 顛末書』, 61쪽].

126 「雙分의 예산도 업시: 됴사위원의 졈심갑도 안주고 건성구리로 인구됴사를 계획」, 『동아일보』, 1920.9.18.

사부터 경성부는 국세조사원에게 약간의 수당을 지급하게 된다.[127]

이런 반응은 일본에서와는 사뭇 딴판이었다. 일본 국민들은 사재를 털어 선전포스터를 만들고 자진해서 선전연설에 나서는가 하면 국세조사원으로 임명된 데 대해 감격의 눈물을 흘리고, 국세조사를 잘 치르게 해 달라고 온 가족, 온 마을이 신사에 나아가 기도를 올리는 등 열렬한 지지를 보냈다.[128] 엄밀하게 말하자면, 물론 그런 감격어린 반응들도 있었겠지만, 관(官)에서 특별히 그런 반응들을 하나하나 수집하고 정리·보존해 둔 것이라고 하겠다. 그것은 관제(官製)의 공식적인 기억이다. 그러나 조선에서는 불발된 제1회는 물론이고 다음번에도, 총독부는 국세조사에 대해 그런 관제의 기억도 만들지 않았다.[129]

(3) 1925년, 최초의 (간이)국세조사

국세조사에 대한 태도가 미적지근했던 것은 조선인 인민만이 아니었다. 1922년 일본 정부는, 10년마다 시행되는 대규모 국세조사 사이

127 국세조사원이 명예직이라는 것은 매회의 「국세조사시행령」(칙령)에 규정되어 있었다. 물론 명예직은 급여가 없다는 것이지 수당은 받을 수 있다. 경성부는 1925년에는 1원, 1930년부터는 5원의 수당을 지급했다[京城府 編, 1926, 『(大正14年)第1回國勢調査』, 30쪽 등].

128 1920년 제1회 국세조사를 기념해서 일본 전국 부·현에서는 '일본국세조사기념록(日本國勢調査記念録)'이라는 비슷한 체재의 전말서(顚末書)를 간행했다. 제1·2권은 전국 공통이고 제3권은 도쿄부, 교토부, 오사카부(大阪府)를 비롯해서 부·현별로 책을 따로 묶었다. 일본국회도서관 디지털 컬렉션에서 검색하면 약 40개 부·현의 전말서를 볼 수 있다.

129 식민지기 일본의 관민은 이런 행사가 있을 때마다 '전말서(顚末書)' 같은 것을 만들어 두곤 했다. 주 125에서 본 것처럼 타이완총독부도 1920년, 1925년 국세조사에 대해 '전말서'를 남겼다. 그러나 조선에서는 경성부가 매번 국세조사의 전말을 정리한 기록 정도가 있을 뿐이다.

5년째 되는 해에 간이국세조사를 시행하기로 결정했다. 그런데 1925년 첫 번째 간이국세조사 준비가 시작될 무렵인 1924년 2월, 조선총독부에서 1925년 간이국세조사도 시행하지 않겠다는 의견(법률안)을 일본 정부에 전했다는 소식이 들려왔다. ①조선인 중에 일본어를 아는 자가 드물어서 결국 조사원이 대신 조사표를 기재하게 될 텐데, 관·공리를 모두 합쳐도 3만여 명에 지나지 않아 조사원을 충당할 수 없고, ②작년 가을의 수해 복구도 아직 마치지 못했으며 기타 개발이 필요한 시설도 재원 궁핍으로 중지할 수밖에 없는 형편에 막대한 경비를 들여 국세조사를 하기는 어렵다는 이유였다.[130]

심지어는 아리요시 쥬이치(有吉忠一) 정무총감까지 나서서 국세조사를 하는 것이 하지 않는 것보다는 낫겠지만 일본 본국의 제1회 국세조사를 봐도 "하등 적극적으로 산업개발상 현저히 큰 이익을 가져 왔다고는 생각키 어렵다"고 말했다. 조선은 예산도 없는 데다가, 국세조사가 무엇인지 모르는 인민의 호구를 관리가 조사하는 것은 쓸데없이 의심만 부추기니, 국세조사 불시행 법률안을 제출하겠다는 발언이다.[131] 정말 국세조사를 하지 않겠다는 의미인지 본국 정부나 의회에 예산 증액을 요구하기 위한 핑계인지는 모르겠지만, 국세조사의 결과를 봐도 큰 도움이 되는 것 같지는 않다는 정무총감의 발언은 충격적이다.

당연히 일본 정부는 위와 같은 의견을 받아들일 수 없었을 것이다. 이후 일본 정부와의 협상 과정에서 총독부는 간이국세조사 대신 조금 다른 방식의 '임시호구조사'를 시행한다는 쪽으로 입장을 바꾸었다. 조

---

130 「조선과 국세조사: 간이조사 不行」, 『매일신보』, 1924.2.13.

131 「국세조사: 조선은 불시행」, 『매일신보』, 1924.5.5.

사를 '축소'한다는 보도도 있지만, 〈표 3-5〉에서 보듯이 1925년 일본의 간이국세조사는 조사항목이 4개밖에 없어서 축소할 것도 없는 조사였다. 1924년 말에서 1925년 초가 되면 총독부는 '단명표(單名票)'라는 개인별 조사표를 사용하는 국세조사 방식까지는 수용하지만 일본과는 달리 세대주가 아니라 조사원이 신고서를 기입하는 '타계식'에 '지방분사식'으로 하겠다는 입장을 취했고, 여전히 그것을 '임시호구조사'라고 불렀다. 결국 1925년 3월 일본 정부에서 '제국판도에서 조선만 제외하는 것은 균형이 맞지 않고 조사의 정신을 몰각하는 일'이라는 점을 지적한 뒤에야, 조선에서의 '간이국세조사' 시행이 공식화됐다.[132]

1925년에 첫 번째 간이국세조사가 실시됐다. 조선에서는 처음 실시되는 총조사였다. 『(다이쇼14년) 제1회국세조사』라는 전말서를 남긴 경성부를 보면, 그해 여름에 한강 홍수로 많은 지역이 수해를 입었지만, 8월 14일에 국세조사평의원 촉탁, 18일 제1회 타합회(打合會), 21일 경성부에 설치한 간이국세조사조사부 직원 타합회, 30일 690여 개의 조사구 설정과 조사원 임명을 거쳐, 9월 21일부터 준비조사 그리고 10월 1일 본조사라는 빠듯한 일정을 소화했다.[133] 이후 1930년, 1935년(간이), 1940년 국세조사는 때에 맞춰 정상적으로 실시됐고, 태평양전쟁으로 인해 정식 보고서가 끝내 간행되지 못한 1940년 국세조사를 제외하면 상당한 분량의 보고서도 제대로 간행됐다.

식민지기 국세조사는 같은 날, 같은 방식으로 '제국판도' 전체에 걸쳐

132 「조선의 국세조사: 임시호구만 조사」, 『매일신보』, 1924.6.8; 「임시호구조사: 全道 일제히 개시」, 『동아일보』, 1925.1.11; 「全鮮に亘って一齊に簡易國勢調査を行ふ」, 『京城日報』, 1925.4.12; 「國調 준비 거의 완료: 來初부터 선전」, 『조선일보』, 1925.8.10.

133 京城府, 1926, 앞의 책, 111~112쪽.

〈표 3-5〉 일본, 조선, 타이완의 국세조사 조사항목(1920~1940년)

	1920년	1925년(간이)			1930년			1935년(간이)			1940년		
	일본	일본	조선	타이완	일본	조선	타이완	일본	조선	타이완	일본	조선	타이완
성명(氏名)	◎	◎	◎	◎	◎	◎	◎	◎	◎	◎	◎	◎	◎
세대 내 지위	◎			●	◎	◎	◎				◎	◎	◎
남녀별	◎	◎	◎	◎	◎	◎	◎	◎	◎	◎	◎	◎	◎
출생연월일	◎	◎(월)	◎(월)	◎	◎	◎	◎	◎	◎	◎	◎	◎	◎
배우관계	◎	◎	◎	◎	◎	◎	◎	◎	◎	◎	◎	◎	◎
민적·국적	◎		●	●	◎	◎	◎		●	●	◎	◎	◎
종족				●			●			●			●
출생지					◎	◎	◎				◎	◎	◎
상주지				●			●	◎	◎	◎			
본적지											◎	◎	◎
직업·산업	◎				◎	◎	◎				◎	◎	◎
실업					◎	×	◎			●			●
지정기능											◎	◎	◎
병역관계											◎	◎	◎
읽고 쓰는 정도						●							
일본어 보급 정도							●						●
세대의 종류		▣	▣										
세대 인원	◎			●(현재자)	▣	▣	▣	▣	▣	▣	▣	▣	▣
준세대의 종류·명칭	▣			●	▣	▣	▣	▣	▣	▣	▣	▣	▣
부재자				●			●			●			●
주거 종류							●						
주거의 권리관계							●						
주거 실수					▣								
조사표		단명표		+세대	세대표			세대표			세대표		
기입할 자	세대주	세대주	조사원		세대주			세대주			세대주		

◎는 공통 항목, ●는 일본에는 없었지만 조선이나 타이완에서는 조사한 항목,
×는 그 지역에서만 조사되지 않은 항목, ▣는 난외에 기재된 항목

시행되는 것이지만, 특히 그 조사항목에서는 '내지'와 각 식민지별로 조금씩 차이가 있었다. 매회의 국세조사는 그때마다 따로 칙령으로 공포되는 「국세조사시행령」과 그에 따라 차례차례 정해지는 조사의 세부 규정들에 근거하여 이루어졌다. 조선에서는 「국세조사시행규칙」 이하 세부 규정들을 조선총독부령·훈령·통첩 등으로 제정·발포했다. 조선에서 국세조사를 주관한 중앙기관은, 1925년은 총독관방 총무국 문서과, 1930·1935년은 총독관방 임시국세조사과, 1939년 '물(物)의 국세조사'와 1940년은 총독관방 국세조사과, 1944년은 총독관방 조사과였다. 총독부의 관제가 자주 변한 데 따라 그 이름은 제각각이지만, 앞서 본 문서과 계열처럼 실제로는 상당히 연속적이고 일관된 전문가 집단이었다.

지방에서는 도(청)에 임시국세조사부를 설치하고(도 내무부장이 임시국세조사부장을 겸임했다), 이하 부·군, 읍·면 단위로 담당 직원을 두었으며, 최말단에서는 조사구별로 국세조사원을 임명, 조사를 담당하게 했다. 국세조사원은 명예직으로, 조사구 내의 사정에 정통한 공무원이나 공공단체 직원, 그 밖에 적당하다고 인정되는 자를 지방관청을 거쳐 도지사가 내신(內申)하고 조선총독이 임명하도록 했다. 1940년 경성부의 경우를 보면 경성에서는 주로 '정회(町會)'의 사무원들을 동원했음을 알 수 있다.[134] 1920년 임시호구조사 이후 국세조사는 경찰의 힘을 빌리지 않았다는 점이 눈에 띈다. 현장에서 실제 조사를 담당할 국세조사원들과 그들을 관리할 지방공무원들은 결코 통계의 전문가라고 할 수 없었으므로, 그들이 조사를 수행하는 데 필요한 정도의 통계지식과 조사 방법, 사무 절차, 주의 사항 등은 각종 강습회, 타합회 등을 통해 반복적으로 교

134 京城府, 1941, 『朝鮮昭和十五年國勢調査事務概要』, 108쪽.

육·홍보됐고, 『국세조사원필휴(國勢調査員必携)』와 같은 매뉴얼이 만들어지기도 했다.

조사의 대상은 기준시점의 '현재인구'였다. 국세조사 실시를 건의하는 단계에서부터 국세조사가 호적에 근거한 본적인구나 상주인구 조사와는 성격이 다름을 부각시키기 위해 '현재주의'가 적극 강조됐다. 조사시점을 10월 1일로 정한 것은, 이때가 봄이나 여름에 비해서는 비교적 인구의 이동이 적다는 까닭에서였다. 그러나 10월 1일 오전 0시에 마치 전 국민의 '얼음땡' 놀이처럼 모든 사람을 '현재 그가 있는 곳에서' 조사하기란 번잡하고 까다로운 일이었다.

물론 실제로 조사가 10월 1일 자정에 이루어진 것은 아니다. 일정한 거처가 있는 사람들에 대해서는 '준비조사'라고 하여 9월 20~30일에 국세조사원이 담당조사구 내의 각 세대를 방문하여 세대마다 '세대번호찰(世帶番號札)'을 붙이고 세대별 인구 등을 조사했다. 1925년 조선의 간이국세조사는 조사원이 신고서를 기입했지만, 세대주가 기입하는 경우라면 세대주에게 국세조사신고서 용지를 배부했다. 10월 1일의 '본조사' 때는 조사원이 구내를 순회하면서 신고서를 확인하고 회수했다. 기숙사·병원·여관·유치장 등에 머무는 사람은 그 건물 하나를 하나의 '준(準)세대'로 해서 조사했다. 특별한 지역에 있는 사람들, 여러 가지 이유에서 조사시점에 출타해서 준세대도 아닌 건물이나 옥외에 있을 것이 예상되는 사람들에 대해서는 부록 2처럼 온갖 장치를 만들어 두었다.

다만 일정한 거처가 없는 거지·부랑자 등에 대해서는 예외적으로 한밤중에 조사를 하기도 했다. 경성부에서는 간이국세조사부장과 국제조사감독원, 부 서기 등을 총동원해서 10월 1일 오전 0시를 알리는 시보(時報)와 함께 파고다공원 부근 등 시내 52개 지점에서 일제조사에 착수,

〈그림 3-10〉 1935년 국세조사 때의 특별수면조사[135]

오전 5시에 종료했다.[136]

조사구는 조사원 한 명이 하루에 구내를 돌면서 각 세대에 대해 신고서 용지를 배부하거나 신고서 수집을 완결할 수 있을 정도의 크기로 정했는데, 원칙적으로 한 조사구는 80~90세대 정도를 기준으로 했고 가급적 행정구역이나 자연적 경계를 따랐다. 그 안에서 숙식이 가능한 선박은 하나의 세대로 쳤으므로, 인천·부산 등 선박 출입이 잦은 큰 항구에는 별도로 '수면조사구'를 두었다.[137] 〈그림 3-10〉은 1935년 국세조사 때 마포에서 이루어진 수면조사의 모습이다. 왼편에 흰색 모자에 양복

135 京城府, 1936, 『朝鮮昭和10年國勢調査』, 권두화보(국립중앙도서관 소장).

136 京城府, 1926, 앞의 책, 100쪽.

137 1925년 경성에서 수면조사구는 설정되지 않았지만, 작은 배 한 척과 선부(船夫) 2명을 고용하고 용산 의용소방조에서 발동기선 1척을 지원받아서, 마포부터 이촌동 인도교 아래에 이르는 한강 연안 1리 사이에 정박한 선박에 대해서 수면조사를 실시했다. 이때 59세대, 162명을 조사했다고 한다(京城府, 1926, 위의 책, 99~100쪽).

〈그림 3-11〉 1930년 조선국세조사 집계에 쓰인 천공카드

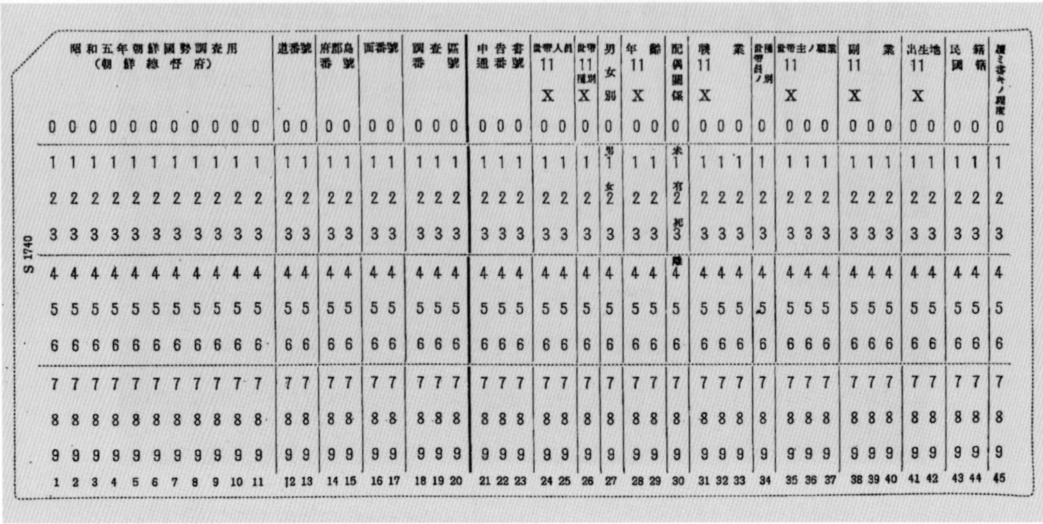

차림의 조사원이 뱃전에 걸터앉아 배에서 생활하는 사람들을 조사하는 모습이 보인다.

조사 결과의 집계방식은 읍·면 → 부·군 → 도의 각 수준에서 해당 지방행정구역 안의 신고서를 집계, 결과표를 작성하고 나중에 각 도의 결과표를 모아 총독부에서 최종 집계를 하는 '지방분사' 방식과, 수집된 신고서를 중앙에서 일괄 집계하는 '중앙집사' 방식으로 나뉜다. 조선에서는 1925년 조사를 지방분사식으로 실시했고 1930년 조사부터 중앙집사식을 도입했는데, 이것은 중앙통계기구의 업무처리능력이 상당히 향상됐음을 뜻한다. 중앙집사는 꽤 큰 규모의 중앙통계기구를 필요로 하는데, 당시 조선총독부의 (임시)국세조사과 인원이 10명 내외였으므로, 아마 임시직원을 증원하여 전국의 자료를 집계·처리했을 것이다.

1930년 조사 때부터 '계패(計牌)'라고 불린 〈그림 3-11〉의 천공카드

와 천공기, 자동분류집계기 등을 이용한 기계집계가 이루어졌다.[138] 개괄적인 절차는 다음과 같다. ①세대·인구 개수(槪數)의 속보(速報)는 도·부·군에서 신고서를 정리하면서 작성해서 먼저 제출한 '요계표(要計表)'를 가지고 집계한다. ②조사원이 신고서를 걷을 때 확인한 내용인 '조사표(照査表)'와 요계표, 조사구별 인구표를 대조·검사해서 확정인구통계표(通計表)를 작성한다. 천공카드는 그 나머지, 「배우관계별·연령별」 같은 두 개 이상의 변수의 교차표를 만드는 데 썼던 모양이다. ③가령 '배우관계' 응답의 '미혼'은 1, '유배우'는 2, '사별'은 3, '이별'은 4라는 식으로, 신고서의 응답 내용을 아라비아숫자로 부호화한다. ④응답자 1명마다 천공카드에 부호대로 구멍을 뚫고, 그것을 천공검사기에 걸어 천공에 잘못이 있는지 검사한다. 검사가 끝난 카드는 여러 장을 군(群)천공기에 걸어서 한꺼번에 행정구역과 조사구 번호를 뚫는다. 이어서 카드를 상자에 담아 부·군별로 분류집계기에 건다. 카드가 집계기를 통과할 때 천공카드의 구멍별로 (예컨대 배우관계 1에 구멍이 뚫린 카드가 몇 장인지) 카드 매수가 표시되는데, 그것을 집계표에 기재해서 검산한 뒤 결과표 원표에 옮긴다.[139]

그래도 최종집계에는 상당한 시간이 걸렸다. 각 도·부·군의 '요계표'로 산출한 『국세조사속보』는 재빨리 발표됐지만, 신고서를 일일이 다시

---

138 국립중앙도서관 소장, 朝鮮總督府, 1935, 『昭和五年 朝鮮國勢調査報告: 全鮮編 第二卷 記述報文』, 12~13쪽. 미국에서는 1890년 센서스 때부터 허먼 홀러리스(Herman Hollerith)가 개발한 천공카드를 이용한 자동집계기를 사용했다. 오늘날의 OMR 카드는 사인펜으로 검게 칠한 번호를 광학적으로 판독하는 것인데, 홀러리스 집계기는 사인펜으로 칠할 자리에 펀치로 구멍을 뚫은(천공) 것을 스프링이 달린 탐침(探針)으로 판독했다. 일본은 1920년 국세조사부터 홀러리스 집계기를 도입했다.

139 臨時國勢調査課, 1936, 「申告書の整理に就いて」, 『조선통계시보』 2, 42~43쪽.

집계하여 전국 편의 최종 보고서가 간행되기까지는 4~5년이 소요됐다. 그 때문에 1940년 국세조사부터는 속보 외에 제대로 된 보고서도 남아 있지 않다.

2) 국세조사와 인구

(1) 조선에서의 조사항목

일본에서의 조사항목은 칙령인 「국세조사시행령」에 정해졌지만, 조선과 타이완 등 식민지에서는 각자 형편과 특수한 관심에 따라 일부 조사항목을 더하거나 빼서 시행했다. 법령에 정해진 조사항목과 실제 국세조사신고서에 실린 항목은 조금 다를 수도 있었다.[140] 예컨대 1930년 국세조사의 직업 항목은 「국세조사시행령」에는 '직업'이라고만 되어 있지만, 일본의 신고서에서는 본업과 부업을 나누고, 본업에 대해서 (ㅂ) 직업, (ㅅ) 소속산업, (ㅇ) 실업, (ㅈ) 종업장소 그리고 (ㅊ) 부업까지 모두 5개 항목을 두었다. 반면 조선에서는 '본업과 본업상의 지위', '부업과 부업상의 지위' 두 항목이다. 식민지기 국세조사의 조사항목은 〈표 3-5〉에서 본 대로이다.

---

140 식민지기 일본의 국세조사신고서 양식은 히토츠바시(一橋)대학 경제연구소 人文學·社会科學データインフラストラクチャー構築推進事業 중 公的統計調査票様式 > 國勢調査(d-infra.ier.hit-u.ac.jp/Japanese/census-survey/b001.html)에 모아져 있다. 조선의 것은 대개 『관보』에 실렸다(1925.5.28, 부령 제66호, 「다이쇼14년 간이국세조사에 관한 건」; 1935.5.27, 고시 제322호; 1940.6.20, 고시 제629호). 1930.5.9, 고시 제225호의 '별지' 양식이 『관보』에 생략된 것은 朝鮮總督府, 1930, 『昭和五年朝鮮國勢調査』(서울대학교 고문헌자료실 Y68 157), 88~89쪽에서 확인할 수 있다. 타이완의 것은 1925년 것밖에 확인하지 못했다(臺灣總督府官房臨時國勢調査部, 1927, 『大正十四年國勢調査顚末書』, 54~55쪽).

1925년 간이국세조사는 '단명표'라고 불렀던 개인별 조사표, 다른 조사는 세대 구성원 전체를 한 장의 표에 모아서 기입하는 '세대표'를 사용했다.[141] 원칙적으로 신고서는 세대주나 세대 대표자가 직접 작성해야 했고, 일본에서는 계속 그렇게 했다. 이것을 당시 용어로 '자계식(自計式)'이라고 한다. 하지만 1925년 조선과 타이완에서는, 일반 인민이 일본어를 모르거나 조사 방법을 이해하지 못한다고 보아서 조사원이 세대주에게 물어서 대신 신고서를 기입하는 '타계식(他計式)'으로 조사를 했다. 물론 조선 전체의 문자(일본어) 해득률로 미루어 보면, 1930년 조사나 그 이후에도 조사원이 조사서 기입을 도와주거나 대신 신고서를 작성하는 경우가 많았을 것이다.

보통 국세조사의 조사항목을 말할 때 잘 구분하지 않지만,[142] 신고서에는 공식적인 조사항목이 있고, 이에 더해서 신고서 난외에 빠짐없이 조사를 하고 또 조사 결과를 처리하는 데 이용하기 위해 만들어 놓은, 조사원이나 감독자(부윤, 읍·면장 등)가 기입하도록 한 정보들이 있다. 〈표 3-5〉에서 '回'로 표시한 것은 난외에 기록되는 정보다. 사람들의 이름과 주소는 조사 결과의 분석에 투입되는 변수가 아니라 조사 대상자를 확인하고 중복이나 누락 없이 조사가 이루어졌는지를 확인하는 데 필요한 항목이다. 성명은 늘 첫 번째 조사항목이었고, 주소는 조사하지 않지만 난외에 이 세대가 제14조사구의 5번째 세대라거나, 준세대의 경우 종

141 다만 타이완에서는 1925년에도 단명표 여러 개를 한 장에 인쇄하고 거기에 세대표와 부재자 표까지 덧붙인 '세대조사서'라는 것을 쓰기도 했다(臺灣總督府官房臨時國勢調査部, 앞의 책, 54~55쪽).

142 한국의 1925~1955년 총조사 조사항목은 김민경, 2000, 『인구센서스의 이해』, 도서출판 글로벌, 115쪽; 일본의 1920~2010년 총조사 조사항목은 佐藤正廣, 앞의 책, 권말표 8~12쪽을 참조했다.

류가 병원이나 기숙사라는 것과 그 명칭이 '○○병원'이나 '□□학교 기숙사'라는 것도 적도록 되어 있었다. 나이는 직접 적게 하지 않고 출생연월일을 쓰게 해서, 집계 과정에서 만 나이로 환산했다. 하지만 당시 사람들이 생일을 양력으로 말했는지 음력으로 말했는지는 알 수 없다.

1930년과 1940년의 조사항목인 '세대 내 지위'는 세대주와의 관계를 묻는 것이었다. 세대주는 '주인'이라고 쓰고 다른 가족은 '처', '장남' 하는 식으로 세대주와의 관계를 썼다. 동거자와 고용인은 '직업고용'(상점 종업원, 농가의 머슴 등)이나 '가사고용'(유모, 하녀 등), 손님은 친척이라도 '내객(來客)', 준세대에서는 기숙사의 '기숙인', 병원의 '환자', 숙박업소의 '여객', 하숙집의 '하숙인', 선박의 '선객' 등으로 기입했다. 배우관계는 미혼, 기혼, 사별, 이별의 네 범주로 구분했다. 각 개인이 미혼인지 기혼인지를 물은 것이지 배우자가 누구인지까지는 묻지 않았다.[143] 1925년 조사를 보면 일본에서는 본적·국적 조사가 없는데 식민지에서는 '민적 또는 국적' 등으로 조사를 했다. 일본인은 기입하지 않고 조선인, 타이완인은 '조선', '타이완'이라고 기입하며, 외국인은 자기 국적을 기입했다. 타이완에서는 타이완에 본적(민적)을 갖는 '본도인(本島人)'에 대해서는 푸젠성(福建省) 출신, 광둥성(廣東省) 출신, 기타 한인(漢人), 숙번(熟蕃), 생번(生蕃)으로 나누어 '종족'도 조사했다.[144]

---

143 1925년 간이국세조사 결과 남성과 여성의 유배우 응답에 상당한 차이가 났고, 그것이 첩이 얼마나 되는지를 알려주는 것이라고 추측한 젠쇼는 '첩의 실황 조사 계획'을 세우기도 했다(이 책 404쪽, 674쪽을 볼 것).

144 청은 타이완을 지배하면서 '교화'와 납세의 여부에 따라 원주민을 문명화된 '숙번'과 문명화되지 않은 '생번'으로 나누었다. 그리고 청의 영토로 간주된 지역과 그렇지 않은 지역 사이에 '번계(蕃界)'라는 경계선을 설정했다. 타이완이 일본의 식민지가 된 뒤에도 번계와 숙번·생번의 구분은 당분간 유지됐다(궈팅위 등, 2021, 『도해 타이완사』,

사실 타이완의 국세조사 항목은 대개 일본 본국보다도 훨씬 더 많아서, 〈표 3-5〉에 다 정리하지 못했을 정도다. 식민지기 일본의 국세조사는 '현재인구'를 조사했지만, 타이완총독부는 매번 '부재자라도 상주자로 인정할 만한 자에 대해서는' 기본적인 사항을 조사하고, 또 일시현재자에 대해서는 상주지를 조사하게 했다. 1930년에는 일본과 똑같은 문항으로 직업·실업 관련 사실을 조사했고, 종족계통과 상주지뿐 아니라 농아·맹인·백치, 정신질환(瘋癲) 같은 불구, 전족의 여부, 일본어 보급정도, 일본인에 대해서는 타이완에 산 지 몇 년째인지 그리고 주거의 종류와 주거의 권리관계까지를 조사했다.[145] 반면 조선에서는 그해 일본어(가나)와 조선어(언문)를 '읽고 쓰는 정도'라는 항목을 하나 추가했지만, 직업 조사는 일본이나 타이완보다 훨씬 간략하게 시행했고, '실업' 항목은 제외했다.

(2) 국세조사 결과의 활용 가능성

조사 항목이 있어서 조사·집계된 결과도, '얼마나 상세하게 공개됐는가' 하는 문제가 있다. 예컨대 총독부의 『통계연보』에는 매년의 '현주호구'가 실려 있지만, 재조선 일본인, 조선인, 중국인, 기타 외국인으로 구분한 민족별 지역인구는 도별 그리고 부·군·도(島)별까지만 제시되어 있다. 읍·면에 대해서는 연도에 따라 인구 1만 명이 넘는 읍·면의 통계가 있을 뿐이다. 물론 국제조사 보고서는 인구정태·인구동태 통계를 통

글항아리, 115쪽, 131쪽, 283~287쪽). 1925년 국세조사는 원주민들이 거주하는 산악지역인 '번지'에서는 시행되지 않았다.

145 1930.5.23, 타이완총독부령 제21호, 「쇼와5년 국세조사시행규칙」 제2조.

틀어도 몇 십 쪽에 불과한 『통계연보』에 비해 훨씬 상세한 지역별 인구 통계를 보여 준다. 1930년 보고서의 경우 전국(全鮮編)과 13개 도별을 합쳐 14권에 이른다. 그러나 막상 내용을 들여다보고 그것을 가져다 분석해 볼라치면 그 분량만큼의 기대에 미치지 못하는 경우가 많다. 깊게 들어가지 않더라도 국세조사 보고서를 펼쳐보면 당장 느껴질 두 가지 문제점을 생각해 보자.

첫째 '지역별'의 범위 문제다. 정말 당혹스러운 것 한 가지는, 당시에는 서울(경성부) 같은 큰 도시도 부 아래에 '구(區)'라는 행정단위가 없었기 때문에 대부분의 통계에서 경성부는 하나로 묶여 있다는 점이다. 1925년 국세조사 보고서를 보면 인구 5만 명의 김포군이나 파주군도 그 아래 면별 통계가 제시되어 있는데, 인구 34만 명의 경성부는 더 하위의 지역별 인구 같은 것은 없다. 청계천 또는 을지로(황금정) 이북의 '북촌'에는 조선인이 많이 살고 이남의 '남촌'은 일본인 구역이었다거나, 1920년대 중엽 조선총독부와 경성부청 청사의 건립 이후로는 그런 경계와 구분이 많이 허물어졌다거나 하는 이야기를 실증할 만한 통계는 국세조사 보고서에서는 얻을 수 없다.[146]

둘째, 생명표와 영유아사망률 문제와 관련해서도 살펴본 대로 연령 1세별 인구 정보가 없고, 연령 구분이 애매하며 복잡하다는 문제다. 연령은 본인에게 직접 물은 것이 아니라 출생연월일을 물어서 집계 과정에서 환산했다. 당연히 원자료는 1세별 만 나이로 모두 분류되어 있었을 텐데, 놀랍게도 결과 중 연령 1세별로 구분된 통계표는 많지 않다.

146 물론 경성부가 낸 경성부 호구에 대한 여러 가지 자료가 있기는 하다. 이에 대해서는 서울역사박물관, 2017, 『각정동직업별호구조서』의 해제(서호철, 「각정동직업별호구조서에 대하여」)를 볼 것.

1925년 조사는 '연령 및 배우관계별' 표에서만 1세 계급의 표를 제시했다. 그러나 그것은 그것대로 민족별 정보는 없다는 문제가 있다.

〈표 3-6〉은 1925년의 이 「연령 및 배우관계별 인구 전국총괄표」 중 0~19세 부분을 옮긴 것이다. 우선 이것을 통해 당시까지 악명이 높았던 조혼 문제를 들여다 보자. 10세 이하의 '유배우'와 심지어 '사별'이나 '이별'은 진짜일까? 예컨대 12세 남아를 보면 5,550명, 여아 중 1만 640명이 배우자가 있고, 113명이 배우자와 사별했으며 30명은 이별(이혼)한 것으로 되어 있다. 이것은 정말 당시의 조혼의 실상일까, 아니면 조사과정에 생긴 각종 오류의 합일까? 이런 경우는 모두 조선인인가? 민족별×배우관계별 집계는 없기 때문에 알 수 없다. 여성의 연령별 결혼 비율은 12세에 12.5%, 13세 23.8%, 14세 41.5%, 16세 60.2%, 17세 76.4%, 18세 86.0%, 19세 92.0%로 급증한다. 반면 남성의 결혼 비율은 14세에 11.5%, 15세 17.3%, 16세 23.3%, 17세 31.2%, 18세 38.9%, 19세 46.9%로 그보다는 완만하게 증가했다.

연령 구분 문제로 돌아가서 1930년 조사의 결과보고서 전국 편에 실린 66개 통계표 중에서 연령을 찾아보자.[147] 연령이 여러 가지 계급(구간)으로 구분되어 있는데, 그조차도 일관되지 않는다. 위에서 보았듯 1세별 계급으로 된 것은 연령별 · 배우관계별 하나뿐이다. 〈표 3-7〉에서 15구분, 17구분이라고 한 것은 기본적으로는 5세 계급인데, 14세 이하와 80세 이상을 뭉뚱그린 것이다. 3구분은 계급구분의 기준연령은 다르지만 오늘날의 용어로 치면 미성년, 생산활동가능인구, 노년에 해당한다.

147 朝鮮總督府, 1935, 『昭和5年 朝鮮國勢調査報告: 全鮮編 第1卷, 結果表』.

〈표 3-6〉 1925년 국세조사의 연령 및 배우관계 인구 전국총괄표(부분)

연령	미혼		유배우		사별		이별		총수		
	남	여	남	여	남	여	남	여	남	여	계
0	385,228	377,548	-	-	-	-	-	-	385,228	377,548	762,776
1	319,904	309,127	-	-	-	-	-	-	319,904	309,127	629,031
2	294,640	288,597	-	-	-	-	-	-	294,640	288,597	583,237
3	309,217	296,846	-	2	-	-	-	-	309,217	296,848	606,065
4	284,495	270,590	2	2	-	-	-	-	284,497	270,592	555,089
5	261,581	246,985	3	9	-	-	-	-	261,584	246,994	508,578
6	234,279	220,532	9	12	-	-	-	-	234,288	220,544	454,832
7	230,897	216,835	24	64	-	-	-	-	230,921	216,899	447,820
8	254,275	237,783	55	148	-	-	-	1	254,330	237,932	492,262
9	242,331	223,294	185	461	2	7	2	1	242,520	223,763	466,283
10	224,450	206,522	694	1,715	6	13	-	-	225,150	208,250	433,400
11	235,126	216,539	1,937	4,161	18	21	4	3	237,085	220,724	457,809
12	221,056	202,323	5,550	10,640	43	70	10	20	226,659	213,053	439,712
13	207,881	181,142	13,890	25,898	145	201	64	96	221,980	207,337	429,317
14	200,376	159,121	26,083	49,870	214	301	166	238	226,839	209,530	436,369
15	163,916	107,824	34,328	77,052	288	424	235	508	198,767	185,808	384,575
16	165,295	79,370	50,517	122,601	449	763	468	938	216,729	203,672	420,401
17	135,283	41,323	62,077	142,241	628	1,164	716	1,414	198,704	186,142	384,846
18	104,598	19,873	67,858	142,604	965	1,551	942	1,784	174,363	165,812	340,175
19	103,289	10,635	93,943	173,965	1,342	2,098	1,594	2,344	200,168	189,042	389,210

특이한 것은 '특수연령별'이다. 0세는 영아, 1~5세는 유아, 6~13세는 학령아동이다. 14세는 형법상 형사책임연령의 기준선이다. 여성의 경우 15세 어름부터 45세 또는 50세 정도까지를 가임기라고 할 수 있다. 17세는 남성의 민법상 혼인연령인 동시에 병역의무가 시작되는 연령이다. 남성 20세는 징병적령기, 남성 25세는 선거권이 주어지는 나이(정치연령), 남성 40세는 병역의무가 끝나는 나이이다. 60세 이상은 노년

〈표 3-7〉 1930년 조선국세조사의 여러 가지 연령 구분

연령 구분	계급	연령 구분이 적용된 통계표
3구분	0~14세, 15~59세, 60세 이상 (상세하게는 남녀별 다른 구분)	연령(3구분)별 인구
특수연령별	남: 0세, 1~5세, 6~13세, 14세, 15~16세, 17~19세, 20세, 21~24세, 25~39세, 40~59세, 60~64세, 65세 이상 여: 0세, 1~5세, 6~13세, 14세, 15~19세, 20~24세, 25~44세, 45~59세, 60~64세, 65세 이상	특수연령별 인구
15구분	0~14세, 15~19세, 19~24세, [⋯] 75~79세, 80세 이상(15~79세는 5세 계급)	연령(15구분)별 및 배우관계별 인구 읽고쓰는 정도 및 연령(15구분)별 인구
17구분	15구분에서 0~14세도 0~4세, 5~9세, 10~14세로 5세 계급 구분	연령(17구분)별 및 출생지별 인구 민적국적별 연령(17구분)별 인구 연령(17구분)별 본업유업자
1세별		연령(각 세)별 배우관계별 인구

기다.[148] 교차표를 만들기가 쉽지 않았으므로 대개의 교차표를 1세 계급별로 하지 못하고, 행정상 특히 중요한 몇 가지 연령을 적시하는 것이 관행이 되었던 모양이다.[149]

148 더 자세한 설명은 戸田貞三, 1933, 『社會調査』, 時潮社, 373~376쪽; 內閣統計局, 1918, 『日本帝國第三十六統計年鑑』, 23쪽 「본적인구 연령별 其の二」를 볼 것. 이 표에서는 학령아동(6~14세), 병역의무연령(17~40세), 범죄연령(14세 이상), 가임연령(여) 15~50세라고 명시해 놓았다.

149 천공카드와 자동집계기를 이용해도 교차표 작성은 번거로웠고, 손 계산이나 주판, 획선법으로 교차표를 만들기란 지난한 일이었다(이 책 38~39쪽, 282~283쪽).

3) 전쟁과 국세조사

1937년 중일전쟁을 일으킨 이후 일본은 전선의 확대와 전쟁의 장기화에 따라 전시에 동원할 온갖 자원의 조사를 실시했다. 기존의 조사사업들도 차츰 전시동원을 위한 것으로 바뀌어 갔다. 국세조사 역시 예외는 아니었다. 이 시기에는 아시아·태평양전쟁으로 인해 국세조사가 설계부터 왜곡됐을 뿐 아니라, 조사된 결과 역시 전쟁의 소용돌이 속에서 제대로 정리·간행되지 못했다.

(1) 1939년 '물(物)의 국세조사'

20세기 전반의 국세조사 가운데 특이한 예외가 1939년 8월 1일 시행된 '임시국세조사'다. 이것은 다른 국세조사와 달리 인구총조사가 아니고 상업경영체 총조사다. 당시에는 각종 홍보물이나 심지어는 국세조사보고서에서 '물(物)의 국세조사', '소비의 국세조사'라고 불리기도 했다. '물(物)'이란 물건, 물자, 상품이라는 뜻이다. 일본에서는 지금도 인구·주택 총조사를 '국세조사'라고 하지만, 1939년 조사는 그 계보에서 빠져 있다. 1939년 국세조사는 주워 온 자식인 셈이다.[150]

이 특이한 조사의 발단은 중일전쟁 이전인 1935년으로 거슬러 올라간다. 1935년 간이국세조사가 끝나고 1940년 조사를 준비하면서 내

---

150 일본 총무성(總務省) 통계국의 '국세조사의 발자취(國勢調査のあゆみ)' 페이지를 보면 1939년 국세조사는 빠져 있다(www.stat.go.jp/data/kokusei/2015/kouhou/ayumi.html). 사토 마사히로는 일본 국세조사의 역사를 쓰면서 1939년 조사를 "총동원체제의 오니고(鬼子)"라고 불렀다(佐藤正廣, 2015, 『國勢調査 日本社会の百年』, 岩波書店, 110쪽). 오니고는 '부모를 닮지 않은 자식', '밉게 생긴 아이'라는 뜻이다.

각 통계국은 "원래 국세조사는 국세의 기본이 되는 온갖 사항에 걸치는 것이 제도 창설 이래의 본의"이므로, 앞으로는 "인구 및 직업 등에 관한 사항에 한정될 것이 아니라 국가 제반의 정세에 비추어 산업조사를 포함하는 대조사를 행"하자고 제안했다.[151] 이 제안에는 산업에 대해서도 전수조사를 시행해 보고 싶은 욕심, 이른바 '황기 2600년'에 해당하는 1940년 국세조사를 더 성대한 행사로 만들려는 계획 등이 작용했던 것 같다.[152] 이렇게 해서 1940년 국세조사는 기존의 인구총조사에다, 1931~1936년 사이 일본 주요 도시들에서 이루어진 '임시상업조사'를 확대한 상업경영체 총조사가 덧붙여진 이원적 형태로 준비됐다.

그러나 1937년 7월 일본은 중일전쟁을 일으켰고, 애초의 기대와 달리 중국의 적극 항전으로 전쟁의 장기화가 전망됐다. 생활필수품 배급제 시행까지를 염두에 둔다면 시급히 생활필수품의 현재 생산량과 소비량을 파악해야 했다. 1937년 말까지도 인구조사와 농업·공업·상업 경영조사가 통합된 1940년 국세조사 계획을 다듬고 있던 내각 통계국은, 이듬해 7월에는 "지나사변(중일전쟁) 발발에 의해 우리나라는 급거 전시상태에 들어가게 됐으므로 위 자료를 가능한 한 급속히 정비해서 국가의 필요에 응하는 것이 긴요"해졌다면서 1939년에 상업경영자 조사만 따

151 1931.6.25, 「쇼와15년 국세조사(산업조사 포함) 계획요강」, (日本) 總理府統計局 編, 1983, 『總理府統計局百年史資料集成 第二卷 人口 中』, 522쪽. 내각 통계국의 이 주장은 사실 견강부회다. 애초 인구총조사를 19세기 말 일본에서 '국세조사'라는 거창한 말로 번역해 놓은 것인데, 그 한자 조어를 '국세(國勢)'를 이루는 모든 것을 조사하는 것이 국세조사라는 식으로 풀이한 것이다.

152 佐藤正廣, 앞의 책, 98~100쪽. '황기(皇紀)'란 신화상의 진무(神武)천황 즉위년을 1년으로 하는 일본의 기년이다. 일본에서는 메이지, 다이쇼, 쇼와 등 천황별 연호를 주로 썼지만, 1930년대 후반 '황국사관(皇國史觀)'이 유행하면서 '황기 2600년'이 특히 주목을 받게 됐다. 조선에서도 황기 2600년을 맞아 '부여신궁' 조성이 추진되기도 했다.

로 '임시국세조사'로 시행하는 방안을 내놓는다.[153] 이 조사를 위해 국세조사에 대한 법률을 개정해서(1939.3.27, 법률 제33호), 10년마다 국세조사를, 그사이 5년마다 간이국세조사를 실시하게 한 규정에 "필요할 때는 임시로 국세조사를 시행할 수 있다"는 단서를 덧붙였다(제1조). 조사시점은 1939년 8월 1일로 정해졌고, 조사는 일본제국 전역에서 시행됐다.

조사 대상자, 즉 신고서 작성자는 상업경영주지만, 조사 대상은 크게 두 가지였다. ㉮ 해당 상업경영체의 현상황, 즉 점포의 명칭, 개업 시기, 기업의 조직, 법인인 경우에는 불입(拂入) 자본금 또는 출자액, 영업의 종류, 종업원 수, 매상금액 등과, ㉯ 상업경영체별 '지정물품'의 1년간 도매·소매 판매량과 금액 그리고 지정물품 중 '특정물품'의 현재 재고량이다. 지정물품이니 특정물품이니 하는 것은 일본에서는 내각총리대신, 조선에서는 조선총독이 지정했다. 그런데, 다음 설명에서 보듯이 국세조사 설계과정에서 더 비중을 두었던 것은 ㉯의 조사였던 듯하다.

> 국민의 각종 물품의 소비를 조사하는 데는 ① 국민의 세대(世帶)에 대해 1년간의 물품의 소비량을 조사하는 방법과, ② 물품의 생산량, 이동 및 그 재고량부터 조사하는 방법, ③ 소매된 물품은 모두 소비됐다는 전제 아래 물품판매자의 소매량을 조사하는 방법이 있습니다. (중략: 그런데 ①은 거의 불가능하고 ②도 아주 번잡하므로—인용자) 가장 조사가 용이한 최후의 방법을 채택하기에 이른 것입니다[154]

---

153 總理府統計局 編, 1983, 앞의 책, 575~581쪽; 總理府統計局 編, 1984, 『總理府統計局百年史資料集成 第三卷 經濟 上』, 951~954쪽.

154 1938.12.6, 제35회 중앙통계위원회 총회에서 히라키 내각 통계국장이 설명한 내용이다(總理府統計局 編, 1984, 앞의 책, 954~955쪽). 위 ①, ②, ③의 번호와 괄호 속 내

1939년 임시 국세조사에서는 조사 대상인 ㉯의 소비재를 1. 음·식료품, 2. 피복류, 3. 신변용품, 4. 가구·가재도구류(什器類), 5. 연료, 6. 약품·위생용품·화장품류, 7. 종이류·문구류, 8. 인쇄물, 9. 운동용구, 10. 완구, 11. 취미·오락용품으로 대분류하고, 그것을 다시 중분류, 소분류했다. 피복류의 경우는 세분류까지 했다.

조사는 각 상업경영체 경영주가 ㉮와 ㉯ 각각에 대한 신고서를 작성해서 제출하는 방식이었다. ㉮의 조사 대상은 1. 물품판매업을 하는 자, 2. 물품매매의 중개업을 하는 자, 3. 법인, 조합 그 밖에 물품의 판매 또는 매매의 중개를 하는 자, 4. 여관, 요리점, 음식점, 그 밖에 그것에 준하는 자였다. 일본에서는 대규모 공장이나 기숙사가 있는 공장·병원·선박, 그 밖에 노점과 행상까지 조사했지만, 이런 것은 조선에서는 빠졌다.[155] 지역별 조사 준비는 육군특별지원병으로 동원됐다가 7월 7일 조선인 최초의 전사자가 된 이인석 관련 보도가 이어지는 가운데 마무리됐다. 평안남도에서는 "세계 최초의 물(物)과 상점의 동향을 기록할 임시국세조사"를 맞아 "평양 4개소, 진남포 2개소의 영화관에 협력을 구하여 그 취지를 상영, 최종적 선전"을 했고, 여러 백화점을 비롯한 오복점과 양품·잡화 동업조합 등에서는 "31일에 임시휴업을 행한 후 8월 1일 오전 0시 현재의 재고품을 기입하기로 자발적 협의"를 했다고 한다.[156]

용은 인용하면서 추가했다.

155 도매·소매 상점(1,2)과 유통회사(3) 외에 여관과 음식점(4), 일본의 경우 기숙사까지 포함시킨 것은 그런 곳에서도 음식의 판매 같은 형태로 소매업이 이루어지고 있다고 보았기 때문일 것이다. 이상 일본과 조선의 조사 대상 등에 대해서는 1939.4.17, 칙령 제209호, 「쇼와14년 임시국세조사시행령」, 1939.5.13, 조선총독부령 제76호, 「조선 쇼오와14년 임시국세조사시행규칙」.

156 「평남 국세조사준비로 각상점 일일휴업」, 『매일신보』, 1939.7.30. '고후쿠(吳服)'는

8월 1일이 지나자 이 조사는 더이상 언론의 관심사가 아니었다. 이전의 국세조사 때도 마찬가지였지만, 한두 편의 속보 외에 전체 조사 결과의 보고서가 나오려면 몇 년쯤 시간이 걸릴 터였다. 그러나 이후 전쟁이 확대되고 국가총동원법에 의한 다른 자원조사들이 속속 이어지면서, 1939년의 임시국세조사의 결과는 제대로 정리·간행되지 못했다. 일본 내각 통계국은 6대 도시의 점포 수를 정리한 속보 하나를 내었을 뿐이다.[157] 조선총독부는 총 다섯 권 분량의 『국세조사참고통계표(國勢調査參考統計表)』를 냈다.[158] 다음에서 보듯이 ㉮의 내용을 다섯 종류의 표로 정리한 것이다. 「예언(例言)」에서는 "반도 국민의 일상생활에서 소비물자의 상황"과 "배급기관의 상황도 밝히"기 위해 국세조사를 시행했다고 했지만, ㉯에 대한 내용은 없다.

1. 영업 종류 및 경영 형태에 따라 나눈 점포 수, 종업자 및 매상금액
2. 영업 종류 및 경영 형태에 따라 나눈 점포 수, 종업자 종별 및 매상금액
3. 영업 종류에 따라 나눈 점포 수 및 종업자의 연령 및 교육 정도
4. 영업 종류 및 종업자의 계급에 따라 나눈 점포 수, 종업자 종별 및 매상금액
5. 영업 종류, 영업 계속연수 및 기업의 조직에 따라 나눈 점포 수

우리가 보통 '기모노(着物)'라고 부르는 일본의 전통의복을 만드는 데 쓰는 천이다. 그러니까 '오복점'은 일종의 포목점인데, 일본에서는 이 오복점이 서구식 '디파트먼트 스토어'의 영향으로 변형·발전되어 '백화점'이 됐다.

157 內閣統計局, 1940, 『昭和14年 物の國勢調査 第1回 速報』, 國勢社.

158 국립중앙도서관 서지에 1939년이라고 했지만, 이 보고서들이 정식의 간행물인지, 발행연도가 언제인지는 확실하지 않다.

(2) 1940년 국세조사: 군인과 기능공의 조사

1939년 '물의 국세조사'가 따로 시행되면서 1940년 국세조사는 다시 10년마다 실시되는 인구총조사로 돌아왔다. 그러나 전쟁은 또 다른 방식으로 이해의 국세조사에 영향을 미쳤다. 첫째는 조사 대상이다. 식민지기 일본 국세조사는 상주인구가 아니라 '현재인구'를 대상으로 했고, 그 때문에 조사시점인 10월 1일 오전 0시 현재에 자기 집이 아닌 여관이나 유곽에 있는 손님, 열차에 타고 있는 승객, 수상생활자, 제국의 항만에 기항한 외국 군함에 대한 조사 같은 번잡한 문제가 생겨났음은 앞에서 본 대로다. 반면, 1940년 5월 24일 칙령 제143호, 「쇼와15년 국세조사시행령」의 제2조는 다음과 같다.

> 제2조 쇼와15년 국세조사는 앞 조에 정한 시기에 다음 각호의 하나에 해당하는 자에 대해 실시한다
>
> 1. 제국판도 안에 현재하는 자로서 현역군인 또는 응소(應召) 중인 재향군인이 아닌 자
> 2. 현역군인 또는 응소 중인 재향군인
> 3. 육·해군 선박의 승무원으로 현역군인 또는 응소 중인 재향군인이 아닌 자
> 4. 종군 중인 군속, 종군 보도반원, 종군 신관(神官)·신직(神職)과 종군 종교가로서 제국판도 밖에 현재하는 자

1이 종전까지의 '현재인구' 원칙에 따랐다면, 2~4는 조사시점에 제국판도 밖에 있어도 본래의 소속 가구에서 조사한다는 상주인구 원칙을 보완적으로 도입한 것처럼 보인다. 그러나 그 이전에, 1~3에서는 인구

를 군인과 군인 아닌 자로도 나누고 있다. 즉 1935년 조사까지는 "제국판도 안에 현재하는 자"를 일차적으로 민간인이라고 생각하는 것이 당연했고 부대나 함선이라는 '특별지역'에 있는 군인이 특별한 조사 대상이었던 반면,[159] 여기서는 논리적으로 군인(2)과 군인 아닌 자가 나누어지고, 군인 아닌 자가 다시 제국판도 안에 있는 민간인(1)과 군함의 승무원(3), 제국판도 밖에서 종군하는 자(4)로 구분되고 있는 것이다. 아니, 군인이든 아니든 군대에 속한 자(2~4)와 기타 민간인을 구분하는 것이 더 분명할지도 모르겠다. 실제 일본에서 나온 『국세조사원필휴』에서는 총후 일반인의 기입방법과 현역군인, 응소군인, 군인 아닌 함선승조원 및 재외종군자의 기입방법을 나눠두고 있다. '총후'는 후방이라는 뜻이다.[160]

조사 방법으로 보더라도 1935년까지는 각 가구에서는 가구에 현재하는 자만을 신고서에 기재하고, 제국판도 안에 있는 부대나 함선에서는 그곳에 현재하는 인원을 조사해서 제출했다. 그러나 1940년 조사에서 2~4는 그가 본래 속했던 가구의 가구주가 신고서에 기재해서 제출해야 했다. 당연히 중복조사나 탈루에 대한 염려가 커졌고, 조사의 방침, 바뀐 원칙, 조사항목 등에 대해서 더 많은, 더 적극적인 홍보가 필요해졌다. 왜 이런 복잡한 구분을 도입했을까? 조사 대상이 이렇게 정해진 것은 1940년 3월 내각 통계국과 육군성, 해군성이 협의한 결과인 듯

159 1935년까지 국세조사의 '특별지역'에 대해서는 부록 2를 볼 것.

160 總理府統計局 編, 1983, 앞의 책, 649~658쪽. 『국세조사원필휴』는 국세조사원이 반드시 휴대(必携)해야 할 지침서다. 각종 관련 법령과 신고서 기입방법의 지침, 참고사항 등이 실려 있다.

하다.[161] 통계국은 명확한 이유 대신, "피조사자의 범위를 확대해서 국방의 제일선에 있는 사람들도 포함하여 전선·총후를 통해 맥락일관된 조사"를 한다는 알쏭달쏭한 설명을 내놓았다.[162] 아마 전쟁 때문에 많은 인구가 일본제국 판도 내에 '부재'하게 되어 이전의 조사와 일관성이 없어지고 인구 규모와 구성의 큰 차이를 보이게 되는 것을 막기 위한 조치가 아니었나 싶다.

그리고 이 1940년 국세조사의 조사항목에는 '소속산업과 직업' 외에 조선총독이 지정한 '지정기능', '병역관계' 등이 추가됐다. 소속산업과 직업도 '현재 소속된 산업과 직업', '1937년 7월 1일에 소속된 산업과 직업'으로 나누었다. 이것은 전시체제하에서 응소나 기타 이유로 산업 간에 인구가 이동한 것을 감안해서, 중일전쟁 이전의 노동력의 배치를 함께 조사한 것이다. 493항목으로 이루어진 직명표(職名表)가 발표되어, 조사 대상자들은 그것에 근거해서 신고를 하도록 되어 있었다. 또 '지정기능'이란 이 직명표에서 다시 388종의 지정기능표를 만든 것이다. 이 조사는 군사적 필요에 응해서, 어떤 기능을 가진 자를 얼마만큼이나 동원할 수 있는지를 알아내고자 했다. 또는 특정 기술을 가진 생산연령인구의 남자가 병력으로 소집되어 생산현장을 이탈한 자리를 신속하게 메꾸기 위한 기본자료를 정비하는 것이기도 했다.

이렇게 특정직업을 '지정기능'으로 정한 것은 금방 1939년 1월 6일의 칙령 제5호, 「국민직업능력신고령」과 5월 15일의 조선총독부령

---

161 總理府統計局 編, 1983, 위의 책, 608~610쪽.

162 總理府統計局 編, 1983, 위의 책, 668쪽. 1940년 7월 『週報』에 실린 「昭和十五年國勢調査について」라는 글이다.

제77호 동 「시행규칙」을 떠올리게 한다. 「국민직업능력신고령」에 따른 조사에서는 조선총독이 정한 기술자 13종, 기능자 121종, 총 134종의 직업능력에 대해 신고하게 한 데 비해, 1940년 국세조사에서는 기술자 30종, 기능자 96종, 총 126종의 '직업에 관한 지정기능'과 세 가지 종류의 '학력에 관한 지정기능'에 대해 총조사 방식으로 조사를 했다.

제4장
한반도의 자연 조사

머릿말에서 본 빈대의 분포상황과 마찬가지로, 조선총독부와 일본인들의 조사라고 할 때 한반도의 기상이나 지형, 식생, 천연기념물, 마을숲 조사 같은 것이 먼저 떠오르지는 않을 것이다. 바로 그런 이유에서, 이 장에서는 한반도의 자연에 대한 조사의 몇 장면을 꼽아보려고 한다. 토지조사사업이나 국세조사와 함께 기억되지는 않지만 그런 조사도 있었다는 뜻도 있고, 조금 낯선 방향에서 조선에 대한 조사란 무엇이며 총독부 조사(사업)의 특징은 무엇인지를 생각해 볼 수도 있지 않을까 싶어서다. 물론 자연에 대한, 자연과학으로 분류되는 조사라고 해서 당대의 정치와 경제, 권력관계와 인간의 욕망에서 자유롭다는 것은 아니다. 아니 반대로, 현지 주민의 존재를, 그들의 역사와 문화를 무시하고 지배의 구도를 정복자·식민자 대 원주민·식민지민이 아니라 '문명 대 자연'으로 치환한 것이야말로 근대(=식민주의)의 가장 큰 폭력일 것이다. 공식적인 식민지 지배가 끝난 뒤에도 그런 폭력은 세계 자본주의의 거시적 구조로, 또 자연에 대한 우리의 인식과 마음의 구조로 강고하게 남아 있다. 이런 자연에 대한 조사까지도 아울러서 총독부 조사사업 전체의 큰 그림을 그릴 수 있다면 좋겠지만, 그것은 아직 역부족이다. 여기 소개하는 것은 그저 몇 개의 일화일 뿐이다.

1. '과학적' 시선과 조사의 절차

1) 이해관계와 무관한 조사와 연구?

인구와 영토 그리고 영토 내의 각종 자원과 산업은 국가가 성립·지속하기 위한 물질적 토대다. 모든 국가권력은 능력의 한계 안에서 맨 먼저, 또 최대한으로 그런 사항들을 파악하기 위해 노력해 왔다. 근대로 이행하면서 생긴 큰 변화라면 그런 조사의 대상과 범위가 극적으로 확대되고 그 결과가 수량화됐다는 점일 것이다. 자연과학과 공학기술의 발전으로 자연을 통제하거나 그것을 자원으로 개발하고 국부(國富)로 바꿀 수 있는 범위도 크게 넓어졌다. 그 넓어진 범위의 변두리 어디쯤에서 당장 산업과 국가의 수입으로 변환되지 않을 분야까지도 '과학적' 관심의 대상이 된다. 이해관계와 무관한 학문과 예술의 자율성이나 순수성이라는 꿈이 생겨나는 것도 그곳에서다.

예컨대 식민지기 지질조사가 일차적으로 한반도 지하자원의 탐사와 개발, 식민지적 수탈이라는 실용적 목적을 위해 수행됐다고 해도, 그 과정에서 한반도의 용암대지·구조곡·활성단층·습곡·카르스트 지형의 분포에 대한 기초지식이 생산되고 구축된 것도 사실이다. 이후로 많은 부분이 수정되고 갱신됐지만, 그 지식의 기본 틀은 여전히 유효하다. 한반도의 지질이나 식생의 조사는 행정 목적의 조사이면서 또한 과학적 연구이기도 했던 것이다.[1] 많은 비판을 받으면서도 여전히 사용되는 한

1 조선총독부의 지질조사에 대해서는 다테이와 이와오, 1996, 양승영 역, 『한반도지질

반도의 '산맥' 체계를 정립한 도쿄제국대학의 지질학자 고토 분지로의 한반도 여행기를 예로 들어보자.[2] 이 기록은, 아마 개항 이래 외국인들이 남긴 숱한 여행기 중에서 가장 이채로운 종류에 속하지 않을까 싶다.

여느 여행기에서 우리가 기대하는 조선 사람의 흰옷, 나지막하고 둥글둥글한 초가지붕, 잠을 잘 수 없을 정도로 뜨거운 주막의 온돌방, 여성들의 장옷 같은 풍경은 이 책에 전혀 없다. 나주는 다른 읍과 비교하면 위상이 아주 높지만 갑오농민운동의 후유증으로 성(城) 안은 텅 비고 주민들은 풀이 죽어 있다는 정도가, 조선의 현재에 대한 최대의 관심이다. 당시의 일본인 여행자·조사자들이 대개 그랬듯이 발이 닿는 각 지역의 역사에 대한 그의 언급은 주로 조일전쟁(임진왜란)과 관련된 것에 한정되어 있다. 1901년 1~2월의 1차 여행에서 그는 부산에서 진주를 거쳐 "히데요시의 원정 때 일본군이 조선 사람들과 격전을 벌였던 황대치(280m)"를 오르는데, 역사에 대한 언급은 이것이 끝이다. 섬진강 너머 "서쪽 경관은 환상적"이고 북서쪽으로는 "정상에 눈을 하얗게 이고 있는 지리산"이 보였지만, 풍경에 대한 언급도 그것으로 그만이다. 그는 "내려오는 길에 흑운모를 많이 함유한 완벽한 형태의 박리를 보이는 편마암을" 본다. 이제 서술은 온통 거기에 집중된다.

학의 초기연구사』, 경북대학교출판부; 김성용·이재욱·박정규, 2015, 「일제강점기 일본인 지질학자 다테이와 이와오의 한반도 지질연구 성과고찰」, 『자원환경지질』 48(5) 등을 볼 것.

2 고토 분지로, 2010, 『조선기행록』, 푸른길. 번역의 저본은 그가 영문으로 써서 1909년 도쿄제국대학에서 발행하는 학술지에 게재한 *Journeys through Korea*다.

(황대치를 내려오다가 발견한 편마암은—인용자) 현미경으로 보면 전단 변형을 받은 정편마암으로 판정된다. 흑운모 화강암의 모든 조암광물이 부서져서 입단화됐고, 현재 탄성이 있는 흑운모는 녹니석질 물질로 변해 물결무늬나 복잡한 세맥을 이루고 있다. 이처럼 압쇄암화 작용을 받은 정편마암이 거대한 지리산 매시프(massif)의 경계인 이곳에서 발견되는 것은 아주 당연한 일이다. 왜냐하면 쐐기 모양의 매시프가 밀려 올라갔거나, 돌출한 지괴, 즉 아래로 내려앉은 주변 저지 뒤에 있는 지루로 남겨졌기 때문이다. … 오르막과 정상에 있는 각섬석 정편마암은 기존 암석을 관입한 것이며, 압력을 받고 전단변형을 받아 모두가 편마암상으로 변했다. 조산운동 기간 동안 기계적 힘, 수화학적 힘 그리고 결정작용이 결합되는 과정에서 압력을 받아 변형된 거대한 지질구조체의 주변전단대가 바로 여기 우리들 눈앞에 펼쳐져 있다.[3]

물론 우리는 그의 조사여행의 배경이 당시 조선에 대한 열강의 최대 관심이었던 지하자원, 특히 금광의 이권이었음을 잘 알고 있다. 대한제국 선포 이후 고종은 주요 광산 소유권을 궁내부로 이속시켰지만, 열강은 집요하게 한반도의 광물자원 관련 이권을 얻어내려 했다. 조선의 지하자원에 대해 가장 치밀한 조사를 수행한 것은 일본이다. 일본은 1904년 러·일전쟁의 승기를 잡고부터 본격적으로 조선의 광물자원 침탈에 나섰다. 육군성이 평양 일대의 탄광과 평안북도의 금광을 조사했고, 농상무성은 한반도 전역을 5개 지역으로 나누어 10여 명의 기사를

3 고토 분지로, 2010, 위의 책, 62~64쪽(황대치), 108쪽(나주).

투입, 1906년 1월까지 전반적인 지질조사를 수행하고 『한국광업조사보고』라는 일련의 보고서를 간행했다.[4]

여기서도 일본제국의 행정력·군사력과 도쿄제국대학의 전문인력이 결합했고, 그런 조사 결과를 바탕으로 일본은 조선의 지하자원 침탈에 착수했다. 대표적으로 평양 탄광은 식민지기 내내 일본 해군의 연료 보급기지로 활용된다. 일본 지질조사소 소장을 지낸 고치베 다다쓰네가 1905년 대한제국 농상공부 고문으로 고빙되어, 외국인에게도 광산권을 부여할 수 있게 한 「광업법」 제정에 관여했다.[5] 1907년 한일신협약 이후로는 한국 농상공부 광무국의 이름으로 일본인들의 조사가 이어졌다.

고토 스스로 서론에서 밝히고 있듯이, 이렇게 그의 여행을 전후해서 일본에서는 여러 '원정대'가, 때로는 "군대의 호위를 받으면서" 조선과 만주의 지하자원과 지질을 조사하기 위해 파견됐던 것이다.[6] 고토도 이듬해 같은 잡지에 같은 제목으로 이 여행기의 속편을 실으면서는, 자신은 가 보지 못한 유명한 황해도 수안의 홀골금산(笏洞金山)에 대해 썼다.[7]

그러나 다시 고토의 여행기를 펼치면, 거기에는 여전히 주변에 아무도 없이 혼자서 태고의 자연을 마주한 듯한 순간이 있다. 예컨대 고토의 글은 한반도의 화성암·변성암·퇴적암을 통해 최소 수만 년, 길게는 몇

---

4 『한국광업조사보고』라는 공통된 표제 아래 「개설」, 「황해도·경기도·충청남도·평안남도」, 「전라도·경상도」, 「강원도·충청북도」, 「평안도」, 「함경도」의 6권으로 되어 있다.

5 국사편찬위원회, 2000, 『한국사 44』, 109~118쪽; 최혜주, 2019, 『정탐』, 성균관대 출판부, 44~50쪽.

6 고토 분지로, 2010, 앞의 책, 15~16쪽.

7 B. Kotô, "Journeys through Korea(contribution Ⅱ): The Geology and Ore Deposits of the Hol-gol Gold Mine, Su-an District, Korea," *Journal of the College of Science, Imperial University*, vol. XXⅦ,art. 12. (CiNii Research에서 원문을 볼 수 있다.)

십 억 년에 이르는 지질학의 '깊은 시간(deep time)'을 연다. 다음 인용문에 나오는 '최근'은 도대체 얼마 전일까?

> 장흥으로 내려가면서 화강암 기반 위에 자갈이 퇴적된 진정한 의미의 하안단구를 조선에서 처음으로 보았다. 최근에 해안이 미약하나마 상승한 것은 아닌가? 어찌 됐든, 그것이 홍적층이 아님을 밝혀야만 할 것이다. 조선에서는 진정한 홍적층을 본 적이 없다. 점토질 토양이나 홍적층이 없다는 것은 조선 지질에서 두 가지 특이한 사항으로 설명되어야 할 것이다[8]

이런 대목에서 우리는 제국의 지질학자가 조만간 식민지가 될, 어떻게든 식민지로 삼고자 제국의 관민이 획책하고 있는 땅을 탐사하면서 이 글을 썼다는 점을 잠시 잊고, 농업도 광업도 전쟁도 인간도 없던, 한반도조차 아직 지금의 산과 바다로 존재하지 않았던 먼먼 과거의 세상을 그려보게 된다. 아니면 적어도 한반도에 홍적층이 없다는 진술은, 한반도에는 140만 정보의 미간지가 있다는 진술과는 다른 객관적이고 중립적인 '사실'이라고 믿고 싶어진다.

고토의 여행기가 나온 지 40년이 지나서 조선인 경제학자 인정식은 한 책에서, 한반도 총면적 중 편마암 토양이 38.8%, 화강암 토양이 27.2%, 고생층 토양이 11.1%, 중생층 토양이 8.9%이고, 농업상 가장 중요한 제4기 신층, 즉 충적층 토양은 8.6%에 지나지 않으며 하천 유역

8 고토 분지로, 2010, 앞의 책, 79쪽.

에 분포하고 있다고 썼다.[9] 그가 맑스주의자였을 때는 거들떠보지 않던 일본 지질학의 성과를, 일본 사법기구의 강압에 의해 '전향'한 뒤에 새삼 참조하게 된 것은 아닐 것이다. 편마암과 화강암 토양이 한반도 총면적의 3분의 2를 차지한다는 것은 한반도에 인류가 살기 이전부터의 사실이며, 한반도의 식생과 농업을 결정짓는 근본적인 자연적 조건이다. '선진적'이라고 자부한 일본의 농법을 한반도에 이식하겠다는 일본 농학자들의 포부를 좌절시킨 것도, 일본과는 다른 조선의 기후와 토양이었다.[10]

그러나 자연은 과연 중립적일까? 최소한 '학계' 안에서는 어떤 이해관계와도 무관하게 사실만을 추구하고 그 사실을 있는 그대로 말로 옮길 수 있을까? 서로가 학문에만 매진하는 한 국적과 계급, 문화의 장벽을 넘어서 연구자들끼리의 합리적 의사소통이 이루어질 수 있을까? 논문과 학술지, 대학, 연구소 등으로 이루어진 유토피아적 온실이 그런 가냘픈 객관성·합리성을 지킨다. 근대의 자연과학과 예술 역시 자기 이외의 세계 전부를 대상화·자연화하는 계몽과 제국주의·식민주의의 부산물, 그것의 주변적인 일부라는 것을 알면서도, 여전히 우리는 학문의 객관성이나 자율성이라는 깨어지기 쉬운 환상을 버리지 못한다. 어떤 사람들은 출세나 영달이 아니라, 심지어는 민족이나 계급의 해방도 아니라 바로 그런 환상을 좇아서 제국의 중심으로 달려갔을 것이다.

---

9 印貞植, 1943,『朝鮮農村再編成の硏究』, 人文社, 5쪽.

10 권업모범장 서선지장장(西鮮支場長)이었던 다카하시 노보루(高橋昇)의 경우가 대표적이다(가와타 히로시 저, 김용권 역, 2010,『다카하시 노보루』, 동아일보사, 95~102쪽, 154~159쪽, 190~198쪽).

2) 유량의 측정법

고토 분지로의 '연구'에 비길 수는 없겠지만 과학적 방법으로 한반도 주요 하천의 지형과 유량(流量)을 조사한 것으로 1915~1928년의 제1기 조선하천조사사업과, 그보다는 한정된 목적으로 수행된 1922~1929년의 제2차 발전수력조사가 있다.[11] 총독부 토목부서에 하천계(河川係)를 설치하여 시행한 전자는 고질적 홍수 피해를 예방하기 위해 14개 주요 하천 연안의 위험지역에 대해 제방 축조를 위주로 하는 '개수(改修) 계획'의 기초조사로 시행한 것으로, '치수조사'라고도 불렸다. 조사 결과를 바탕으로 1927년 1월 하천 관리에 관한 기본법령인 「조선하천령」을 공포했고, 이후 몇 개 하천을 추가해서 제2기 하천조사사업을 계속했다. 한편 총독부는 1925년 한강·낙동강·용흥강·대동강 4개 하천의 개수공사에 착수한 이래 1930년대에는 '궁민구제사업'을 활용한 개수공사를 이어갔으나, 1934년과 1936년에 남부지방의 대홍수를 겪으면서 소하천과 지류의 개수로 방향을 전환하게 된다. 한반도 하천의 특성과 유역 생태계를 제대로 고려하지 않은 직강화(直江化) 위주의 개발주의적 개수사업에 대한 평가는, 예나 지금이나 그다지 긍정적이지 않다.[12]

---

11 이하 제1기 하천조사에 대해서는 조선총독부 저, 한국건설기술연구원 역, 2010, 『조선 하천 조사서(1929년)』, 국토해양부; 이후의 하천조사는 朝鮮總督府, 1940c, 『朝鮮河川調査年報(昭和14·15年度)』; 제2차 발전수력조사에 대해서는 조선총독부 체신국 저, 한국건설기술연구원 역, 2010, 『조선 수력 조사서 총론(1930년)』, 국토해양부의 여러 곳을 요약했다. 특별한 대목을 빼고는 인용 면수는 따로 표시하지 않고, 번역도 적당히 고쳤다.

12 개발주의적 사업방향도 문제였지만, 그것이 넓은 지역의 '수리(水利)'와도 관련된 대규모 토목사업인 만큼 관청과 토목업체 등의 각종 비리, 하천 개수로 인한 이익과 피해를 둘러싼 그리고 당연히 민족차별을 포함하는 지역 내 갈등 등이 얽혀 있기

발전수력조사는 이름 그대로 수력발전소 건설에 적합한 지점을 찾는 조사다. 1920년대까지 도시 지역 일반 가정의 전기 사용이란 전등이나 켤 정도였다. 대부분의 시골에는 훨씬 나중까지도 전기가 들어오지 않았다. 지역별로 전력을 독점공급한 것은 민간 전기회사의 소규모 화력발전소였고, 전기에 대한 총독부 행정은 주로 전기사업을 허가제, 전기요금은 인가제로 하는 사업의 '감독'에 그쳤다.[13] 그러니까 지금처럼 대규모 국영기업이 전국의 전기를 공급하는 방식이 아니었고, 강원도나 함경도 산간의 대규모 수력발전소에서 서울이나 평양까지 송전탑이 줄을 서는 풍경도 이때까지는 아직 없었다.

수력발전이 본격 모색된 것은 공업용 전력 공급을 위해서였다. 식민지기 총독부의 전기사업을 담당했던 체신국에서는 1911~1914년 제1차 발전수력조사를 수행한 바 있었다. 그때는 민수(民需), 즉 가정용 전기 수요를 염두에 두고 도시에 가까우면서도 수력발전에 적합한 지형, 게다가 전등용 전기를 위해 갈수기(渴水期)에도 일정한 공급발전량이 확보되는 곳을 찾다 보니 후보지가 제한적일 수밖에 없었다. 그러나 제1차 세계대전을 거치면서 전기화학공업이 비약적으로 발전하자, 제2차 조사 때는 민수용 전기가 아니라 대용량의 산업용 전력 공급을 위한 수력발

도 했다[최병택, 2018, 「일제강점기 하천개수사업의 전개와 그 문제점」, 『인문논총』 75(2); 고나은, 2022, 「일제시기 낙동강 하천개발공사로 인한 개발재난과 구제동원」, 『지역과 역사』 51]. 여기서는 다만 사회·문화 영역의 조사들과 대비되는 하천·발전수력 조사의 몇 가지 기술적 측면에 주목하려는 것이다.

13 1920년대 후반 평양부가 처음으로 전기사업을 부에서 운영하게 됐다. 이것을 '부영화(府營化)'라고 했는데, 비슷한 시기 경성(서울)과 부산의 전기 부영화 운동은 결국 성공하지 못했다.

〈표 4-1〉 발전수력조사의 종류 또는 단계

종류/단계	내용
예찰(豫察)	지도와 참고서류를 가지고 조사할 수력지점이나 수위·기상·우량(雨量) 관측소 등 설비 위치를 미리 선정
답사	예찰 결과에 따라 하천을 실제로 시찰하여 수력지점의 가치를 대략 결정하고, 수위·기상·우량 관측소 등 설비 위치를 현장조사
관측	수위표, 우량계, 기타 장비를 가지고 수위, 우량, 기상 조사를 실시
실측	답사 결과 선정한 수력지점에 대해 낙차, 수로의 위치, 기타 발전수력 이용을 위해 필요한 사항을 측량·조사

전 적지를 찾아서 오지까지 조사가 이루어졌다.[14]

발전수력조사는 수력지점의 선정, 각 지점의 지형적 요소 및 유량 조사 그리고 부대(附帶)조사인 기상조사와 이용방법 조사 등으로 구성됐다. 수력지점의 근본요소는 낙차(지형)와 수량(유량)인데, 지형은 대체로 불변이라고 보아 낙차에 대한 정밀한 지형 측량(실측)은 구체적인 발전소 계획을 수립하는 뒷날로 미루고, 당장은 기간별로 변동이 심해 비교적 장기간의 관측이 필요한 유량 조사에 주력했다. 분수령으로 둘러싸인 유역 내의 강수(降水)는 결국 그 지점으로 흘러들어 유량에 영향을 미치게 될 터이므로 유역 내의 강우·강설과 기상도 관측해야 했다. 보고서에서는 '조사'를 〈표 4-1〉과 같이 네 가지 종류 또는 단계로 구분했다.[15] 실제 『조선수력조사서』 '총론'의 대부분을 차지하는 것은 '관측'의 기술

14 1929년 일본질소주식회사의 부전강 수력발전소가 완공된 뒤 1930년대 후반부터 1940년대 초에 걸쳐서 장진강, 허천강, 압록강(수풍)에 대규모 수력발전소가 건설된다. 남조선에는 운암, 보성강 등에 소규모의 수력발전소가 있었다. 수풍댐을 제외하면 모두 유역변경식 발전소다. 이에 대해서는 오선실, 2008, 「1920~30년대, 식민지 조선의 전력시스템 전환」, 『한국과학사학회지』 30(1)을 참조했다.

15 조선총독부 체신국, 2010, 앞의 책, 9쪽, 13쪽.

적 측면에 대한 서술이다.

하천의 구조는 〈그림 4-1〉과 같이 구분되고 이름이 붙여졌다.[16] 우리에게도 익숙한 '고수부지'라는 이름이 등장하는 것은 여기서다. 일본어로 '고스이지키(高水敷)'는 그림과 같은 단면을 갖는 하천의 제방 안쪽 구조에서 늘 물이 흐르는 '저수로'와 대비되는, 평소에는 마른 땅이지만 홍수 때는 물에 잠기는 부분을 말한다.

다음은 기본적인 측정을 수행하고, 그렇게 해서 얻은 측정값을 여러 가지로 계산해서 2차적인 값을 만들어내는 일이다. 발전수력조사에서 특히 중요한 유량은 하천의 단면적에 그 지점에서의 유속을 곱해서 얻는다. 〈그림 4-1〉을 가지고 보면 제방 안쪽에 '홍수위'까지 물이 찼다고 할 때 홍수위 면과 제방 사면, 그 아래 고수부지와 저수로 등이 이루는 폐곡선의 면적이 홍수 때 하천 유수(流水)의 단면적이다. 이 단면적을 구하고 유속계 등으로 측정한 유속과 곱하면 되는데, 실제로는 이 단면을 여러 개의 수직선으로 자르고 구간별로 적당한 수심에서 유속을 측정한 뒤 구간별 단면적과 유속의 곱을 구해 합산한다. 『조선수력조사서』에서는 "실측작업은 유량측정지점의 상황에 따라 배 위, 뗏목 위, 다리 위, 얼음 위에서, 또는 걸어서 물을 건너면서 유량측정지점의 (하천) 횡단선을 따라 실시한다. 실측점은 (하천 횡단선상의) 수평거리 약 2m마다 해당 점에서 수직으로 수심 0.15~0.3m에서 유속을 측정한다"고 했다.[17]

홍수로 물이 넘칠 때는 배나 뗏목을 띄워 물을 건널 수 없는데 어떻

---

16 국립중앙도서관 소장, 朝鮮總督府, 1929, 『朝鮮下川調査書』, 428쪽(조선총독부, 2010, 위의 책, 306쪽) 그림을 수정했다.

17 조선총독부 체신국, 2010, 위의 책, 127쪽. 괄호 속의 설명은 인용자가 덧붙였다.

〈그림 4-1〉 개수된 하천의 구조: 각 부의 명칭

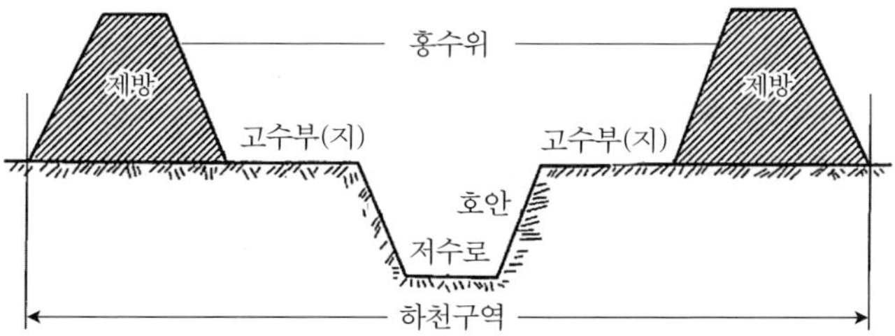

게 할까? 총독부의 기술관료들은 '우키(浮子)', 즉 부표를 이용하는 방법을 고안했다. 홍수 때의 하천 폭보다 조금 넓게 하천에 상하 두 개의 횡단선을 정해서 관측자의 맞은편 하천변에 전봇대 크기의 통나무를 각각 세워 표시해 놓고, 다른 사람이 화약을 이용한 발사통으로 검은 칠을 한 지름 15cm의 구형 부표를 물 가운데로 쏘면, 관측자는 하천변에 서서 경위의(經緯儀)를 가지고 부표가 상류 횡단선, 이어서 하류 횡단선을 통과하는 순간의 방위각을 측정해서 부표의 평균속도를 구하는 것이다.[18]

이렇게 복잡한 측정법과 계산, 게다가 주기적인 유량계 검정 등 상당한 지식과 기술이 필요한 부분이 있나 하면, 수위나 기상 관측 같은 것은 일단 수위표와 우량계, 백엽상 등을 설치하고 나면 비교적 단순한 작업이었다. 그러나 수위와 기상의 관측은 몇 달에 걸쳐 장기적으로 이루어져야 했는데 수력지점으로 선정된 곳이 대개 인적이 드문 산간벽지였으므로, 조선인 현지 주민을 관측자로 임명해서 일을 맡길 수밖에 없었다. 따라서 소수점 아래 둘째 자리까지 수위표와 우량계의 눈금을 정확하게 읽는 법뿐만 아니라, 아주 상세한 지시들이 관측자를 위한 수칙에 포함

18 조선총독부, 2010, 위의 책, 192~194쪽.

됐다. 수면이 고요할 때는 수면에 수위표 눈금의 그림자가 비쳐 측정할 수면의 위치를 알기 어려운데 그럴 때는 풀잎이나 나무조각을 눈금판 가까이에 띄워 보라거나, 날이 추워 물이 얼었을 때는 수위표 근처의 얼음을 깨고 정지한 수면을 관측해야 한다는 노하우 같은 것이다.[19]

이렇게 수위는 수위표의 눈금으로 잴 수 있고 그렇게 직관적이지 않은 유량은 유수의 단면적과 유속을 곱해 얻을 수 있었다. 과학적인 관측기구, 조사의 정확하고 상세한 규정과 지침, 절차와 매뉴얼이 문제를 상당 부분 해결해 주었다. 이런 조사에서는 최종적으로 요구되는 것이 현상에 대한 길고 복잡한 설명이 아니라 간단한 한두 개의 숫자였으므로 일본인 기술관료와 그가 협조를 구하는 식민지민 사이의 의사소통에도 큰 문제는 없었으리라고 생각된다. 그러나 조선인의 삶과 사회적 관계, 조선인의 역사와 문화, 관습과 제도에 대한 조사는 그렇지 않았다. 말과 글 외에 별다른 관측기구도 없고, 조사 결과 중에는 숫자로 표현될 수 없는 것이 훨씬 많았다. 어떨 때는 조사 대상이 무엇인지조차도 불분명했다. '관습'이나 '풍속'도 수위나 유량처럼 존재하고 또 측정 가능한 대상일까? 그런 것들은 어떻게 조사할 수 있는 것일까?

---

19 조선총독부 체신국, 2010, 위의 책, 54쪽, 200쪽.

2. 총독부의 조사사업과 개인적 연구

1) 근대 과학의 중층적 식민주의

총독부는 1913년부터 도쿄제국대학 교수 나카이 다케노신(中井猛之進)에게 촉탁해서 조선의 식물조사를 시행했다.[20] 나카이는 이후 1942년까지 30년 동안 한반도 여러 곳을 탐사하고 식물을 채집해서 4,000종 이상의 조선 식물을 동정(同定, identification)하고 근대적 분류체계에 따라 분류했다. 그중 1,000종 이상이 그가 최초로 보고한 새로운 종이었고, 조선 식물 연구를 통해 그는 일본 식물학계를 대표하는 학자가 됐다. 조선총독부 임업시험장의 기사 이시도야 쓰토무(石戸谷勉)와 고원·기수를 지낸 정태현이 그를 보조했다.[21]

이 사업을 통해 채집된 수천 종의 식물은 표본으로 만들어져 정본은 청량리 임업시험장에, 부본은 도쿄제국대학 이과대학에 보관됐다. 사업이 10년쯤 진행된 1924년에는 하버드대학 아놀드수목원(The Arnold Arboretum)에서 이 사업이 "조선의 임업·농업에 매우 중요할 뿐 아니라

---

20 조선총독부 『직원록』에 그가 촉탁으로 실려 있는 것은 1923년(임업시험장 식물조사 사무)뿐이지만, 1910년대 중엽 그가 쓴 『조선휘보』 기사 등에는 '총독부 식물조사촉탁'이라고 표시되어 있다(한국사데이터베이스 '中井猛之進' 검색). 나카이의 한반도 식물채집 행적에 대해서는 김휘·장계선·장진성·최병희, 2006, 「외국인의 한반도 식물 채집행적과 지명 재고(II)」, 『식물분류학회지』 36(3)를 참조했다.

21 동정은 생물의 종·속을 식별·결정하는 일이다. 이하 나카이와 조선 식물조사에 대해서는 이정, 2012, 「식민지 조선의 식물 연구(1910~1945)」, 서울대학교 박사학위 논문의 제3장과 제4장에 크게 의존했다. 정태현에 대해서는 조민제 외, 2021, 『한국 식물 이름의 유래』, 심플라이프, 1,839~1,840쪽을 볼 것.

널리 인류의 지식에 공헌"했다면서 조선총독에게 감사장을 수여하기도 했다.[22] 이 사업의, 또 나카이의 대표적 성과 중 하나는 한반도 북부에서 새양버들이라는, 새로운 종(species)일 뿐 아니라 독자적 속(genus)을 이루는 식물을 발견한 것이다. 조금 길지만 총독관방에서 내던 종합잡지 『조선』 1921년 4월호에 실린, 조선의 버드나무에 대한 이시도야의 글 첫 부분을 읽어보자.

> 조선에 자생하는 버드나무과 목본(木本)에는 사시나무속 4종, 버드나무속 약 30종, 조세니아속 1종이 있다. … 조세니아속 게쇼야나기는 종래 세계에 알려진 버드나무과 2속에 새로 1속을 (발견해서) 추가한 것이라는 점에서 돋보이고, 높이가 10여 간(間)에 달해 북선(北鮮)에서 삼림을 이루는 교목이므로 임업상 특히 주목할 만한 것이다. … 1914년 8월 당시 산림과장 사이토 오토사쿠(齋藤音作) 씨는 함경남도에 시찰출장할 때 그곳 오지에 줄기가 곧게 자란 버드나무가 있음을 지적하면서 나에게 종명(種名)을 물은 적이 있다. 나카이 박사는 북선 식물조사 때 이 나무를 특이한 모양에 따라 '게쇼야나기(化粧柳)'라고 명명하고 *Salix acutifolia*라는 학명을 붙여 『노봉식물조사서』(1916)에 발표했고, 『금강산식물조사서』에서는 게쇼야나기, *Salix rorida*로 소개했다. 나카이 박사는 1917년 영림창 관내에서 수집한 표본과 1918년 내가 함경남도에서 채집한 표본 중 수꽃이 있는 재료로 감정해서 수술에 분비샘이 없는 것을 확인하고 이

22 사업의 개요와 감사장 내용에 대해서는 (總督官房) 調査課, 1924, 「朝鮮の植物調査事業: 今回米國ハーヴァード大學アーノルド殖林部より感謝狀を寄せらる」, 『朝鮮』 109, 149~151쪽을 볼 것.

것이 버드나무속의 다른 종과 현저히 다른 특징을 갖는다는 것을 지적, 1918년 『식물학잡지』 제32권 제295호에 *Salix splendida*라고 새로 명명해서 발표했다. 그 뒤 이 식물의 암꽃이 포함된 표본을 입수하려고 노력했지만, 이 식물은 북선에서 자라는 것으로 이른 봄에 개화하는 까닭에 경성에 있는 우리는 기회를 얻지 못했다. 1919년과 1920년 봄에 나는 북선의 지인들에게 편지를 수십 통 써서 이 식물의 암꽃이 포함된 표본의 채집을 부탁했으나 끝내 목적을 이루지 못했다. 1920년 5월 영림창 기수 이와타 쇼이치(岩田照一) 씨가 북선 삼림조사를 위해 함경북도 오지에 들어가는 길에 경성에 들렀기에, 나는 이 식물의 암꽃 채취를 간절히 부탁했다. 떠난 지 1주일만에 그가 편지를 보내 왔는데 그 안에 바로 게쇼야나기 암꽃 네 점이 들어 있었다. 보니 꽃싸개, 암술대, 암술머리 등은 있지만 꽃턱이 없는 것이 수꽃과 같은 모양이었으므로, 그중 두 점을 나카이 박사에게 보냈다. 이 자료를 가지고 나카이 박사는 … 그해 5월 『식물학잡지』 제34권 제401호에 '조세니아'라는 새로운 속을 설정하여 학계에 발표했다[23]

---

23 石戸谷勉, 1921a, 「朝鮮ニ於ケル柳屬及上天柳屬ノ分布(上)」, 『朝鮮』 4월호, 37~38쪽(밑줄은 인용자가 덧붙임). 『조선노봉식물조사서』는 원문에서 1915년이라고 했지만, 『조선휘보』 1916년 6월 특별호에 「鷺峯(平安北道咸鏡南道界)の植物調査」로 실렸다가 1917년에 따로 발간됐다. 인용문 마지막 문장의 "그해 9월 『식물학잡지』 제39권"도 분명한 오류여서 수정했다(잡지의 표지, 영어와 라틴어로 된 나카이의 논문 "CHOSENIA, A New Genus of Salicaceae"는 일본의 논문 검색 사이트 J-STAGE에서 찾아볼 수 있다). 글 앞쪽 나무 높이를 말할 때의 1간은 대략 1.82m다. 나카이 논문에서는 30m 이상 자란다고 썼다.

버드나무과(Salicaceae)는 크게 사시나무속(Populus)과 버드나무속(Salix)으로 나뉘는데, 압록강·두만강·대동강 상류 지역에서 키가 크고 줄기가 곧은 버드나무가 새로 '발견'됐다. 그 지역 사람들이 부르는 이름이 있었지만, 나카이는 그것을 일본어로 '게쇼야나기'라고 '명명'했다.[24] 그런데 1910년대 후반에 가서 나카이와 이시도야 등은 이 나무의 수꽃 표본을 보고서 다른 버드나무과 나무들과 달리 이것이 풍매화가 아닐까 생각하게 된다. 암꽃의 구조까지 확인을 해야 했지만 제때에 암꽃을 구하지 못해 애태웠던 사정이, 짧은 글에서도 꽤나 곡진하게 전해진다. 마침내 1920년에 확보된 암꽃을 보고 나카이는 이 종은 버드나무속이 아닌 별개의 속으로 보아야 한다고 판단, '조세니아(Chosenia)'라는 새로운 속을 따로 설정한다. '조세니아'는 조선을 일본식으로 읽은 '조센'을 가지고 만든 라틴어 파생명사로, '조선의 것' 정도의 뜻이다.[25] 조세니아속의 유일한 종인 게쇼야니기는 이제 *Chosenia splendida* Nakai로 명명됐다.

식물분류학의 선구자 린네(Carl von Linné)가 버드나무과를 두 개 속으로 나눈 지 200년만에 버드나무과의 새로운 속을 발견했다는 것은 중요한 업적이 될 수 있었다. 암꽃 표본을 받자마자 (세 쪽 반짜리 짧은 것이기는 하지만) 논문을 완성해서 일본 학술지에 투고했던 나카이는, 서구학

24 게쇼야나기의 한국 이름은 石戸谷勉, 1921b, 「朝鮮ニ於ケル柳屬及上天柳屬ノ分布(下)」, 『朝鮮』 8월호, 102쪽. 이 글 제목에서 이시도야는 특이하게 조세니아속을 '상천류속'이라고 했다. 정태현의 『조선식물향명집』에서는 이 나무는 평안북도에서는 '새양버들', 함경북도에서는 '채양버들'이라 하며, '채양버들', 중국명 '鉆天柳'는 모두 키가 크다는 데서 왔다고 했다. '게쇼야나기'는 작은 가지가 붉은 색을 띠어서 화장(化粧, けしょう)을 한 것 같다는 뜻으로 붙인 이름이다(조민제 외, 2021, 앞의 책, 401~402쪽).

25 '조센'은 'ちょうせん', 당시 표기로는 'てうせん'이다. 'Chosenia'는 한자로 음차해서 '朝鮮爺' 또는 '朝鮮也'라고도 썼다.

계에서 별 반응이 없자 1927년 다시 버드나무과 식물 분류에 대한 논문을 서구 학술지에 투고했다. 그러나 논문의 심사 과정에서 이 나무는 한반도뿐 아니라 만주와 시베리아에도 있는 것으로(나중에 일본에서도 발견된다), 이미 러시아 학자들이 몇 차례 발견·명명한 바 있음이 밝혀졌다. 결정적 문제는 이것이 과연 새로운 속인가 하는 것인데, 그렇게 인정하는 학자도 있었지만, 러시아를 대표하는 식물분류학자로 그 자신도 이전에 이 나무를 발견하고 명명한 바 있던 코마로프(V.L. Komarov)는 부정적 입장이었다. 1957년에 가서 게쇼야나기의 학명은 *Chosenia arbutifolia* Pallas로 새로 정해졌다.[26] 조세니아속이 인정됐지만, *arbutifolia*라는 종명과 명명자는 나카이보다 100년도 더 전인 1788년에 이 나무를 발견하고 *Salix arbutifolia*로 명명했던 러시아 학자 팔라스(Peter Pallas)의 우선권을 인정한 것이다.[27]

이 이야기는 서구 과학에 내재한 식민주의를 잘 보여준다. 제국의 탐험가·학자·전문가들은 자기네 지도의 공백인 '미지'의 먼 변방으로 여행한다. 거기서 그들은 낯선 자연경관과 동식물을 '발견'하고, 새양버들이라는 본래 이름이 있든 말든 자신들의 언어와 라틴어로 그것을 '명명'한다. 틀림없이 누군가 현지인이 길을 안내하고 동식물에 대해 이런저런 정보를 제공했겠지만, 그런 내용은 논문에 남을 만한 발견의 본질이 아니라 여행·탐험의 일화로 취급된다. 그런 의미에서 수백, 수천 년 동안

26 동식물의 학명은 "속명+종명+명명자" 형식으로 되어 있다. 316~317쪽 인용문에 나오는 학명도 정식으로는 끝에 'Nakai'가 붙는다.

27 나카이 이후의 조세니아속의 인정과 새양버들의 학명 문제에 대해서는 石戸谷勉, 1928, 「朝鮮産有名植物發見の歷史と朝鮮植物標本の保管に就て」, 『朝鮮』 7월호, 25쪽; Irina Kadis, 2003, "Chosenia I: A Long Way to the West"(172.104.19.75/articles/Chosenia1.html).

그곳에 살아온 현지인은 "말할 수 없다".[28] 그들은 (아메리카의 원주민처럼) 존재하지 않거나, 현지의 경관이나 생태계의 일부일 뿐이다.

그 식물에 이름을 부여하고 그것에 대해 말할 권리와 명예는 현지에서 그것을 먹고 이용하고 재배해 온 사람들이 아니라, 서구 근대 식물학에서 정한 방법과 절차대로 그것을 채집해서 표본을 만들고 식물학의 분류체계와 명명법, 정해진 논문 형식에 따라 국제학술지에 논문을 발표하는 '학자'에게 돌아간다. 때로 학자는 현장에도 가지 않고 남들이 구해준 표본만 보고도 논문을 쓴다. 그리고 이것은 일본과 식민지 조선에서만 나타나는 특수한 상황이 아니라, 지금 우리가 알고 있는 '보편적인' 바로 그 과학의 문법이다.

식민주의는 중층적이다. 크게 제국과 식민지가 나뉘지만, 제국 본국의 학자와 식민지의 기술관료, 원주민 제보자라는 더 세분화된 층위도 있다. 나카이가 거의 매년 한반도를 방문해서 현지답사와 식물채집을 했다고 하나, 정태현의 도움이 없었다면 나카이의 한반도 탐방과 식물 채집은 불가능했을 것이다. 그러나 발견한 식물을 동정해서 명명하고 『식물조사보고』와 『조선삼림식물편』 같은 보고서, 또 서구 학계에 보낼 논문을 쓸 수 있는 것은 도쿄제국대학 출신의 박사이자 같은 대학 교수인 나카이뿐이었다. 삿포로(札幌)농학교를 나온 이시도야는 당시는 조선총독부의 기술직 관료였고, 정태현은 대한제국 농상공부 농림학교의

28 인디아 출신의 평론가 가야트리 스피박(Gayatri Spivak)은 남편이 죽으면 아내를 함께 화장하는 인디아의 'sati' 풍습과 그것에 대한 서구의 담론을 다루면서, 서구인·백인·남성·부르주아·지식인이 담론을 독점하는 상황에서 식민지의 하층 민중인 '서발턴'은 "말할 수 없다"고 결론짓는다(로절린드 모리스 편, 2013, 『서발턴은 말할 수 있는가?』, 그린비출판사, 490쪽).

1년제 임학 속성과를 나와 대한제국 농상공부 기수로 일하다가 그마저도 '한일병합'과 함께 산림과 고원으로 강등된 상태였다.[29] 나카이 입장에서 정태현은 동료 연구자가 아니라 원주민 제보자나 안내인, 통역자 정도에 지나지 않았을 것이다.[30]

나카이와 이시도야의 관계는 더 미묘하다. 분명치는 않지만 앞서 본 이시도야의 인용문은 새양버들 수꽃과 암꽃에 먼저 주목한 것이 자신임을 강조하고 있는 듯하다.[31] 현장과 멀리 떨어진 대학과 연구소의 식물학자들은 채집해서 신문지 사이에 끼워 말린 표본을 가지고 연구를 하지만, 크기가 작은 버드나무의 수꽃과 분비샘의 특징은 말린 표본을 보고는 알 수 없다니까,[32] 1918년 그가 함경남도에서 채집해서 나카이에게 건네준 수꽃은 생화였을 것이다. 1919년과 1920년에도 그는 암꽃 생화를 구하려고 그렇게 애를 썼다. 그런 그의 노력이 아니었으면 과연 나카이의 발견이 있었을까?

또한 식민주의는 구조적인 것이다. 『동아일보』는 사설에서 나카이의 업적을 소개하면서 조선의 식물에 대해 정작 조선인에 의한 연구는 없

---

29 세 사람의 이력에 대해서는 이정, 2012, 앞의 글, 70~76쪽, 113~115쪽, 156~158쪽을 참조했다. 삿포로농학교는 식민지농업 경영을 염두에 두고 1876년 종래의 삿포로학교를 개편해서 일본 최초로 학사위를 수여하는 고등교육기관으로 만든 것이다. 1907년 도후쿠제국대학 농과대학을 거쳐 1918년 홋카이도제국대학이 된다.

30 나카이가 오랜 세월 자기의 채집여행을 도와준 정태현을 전혀 무시했던 것은 아니다. 1921년 발견한 줄댕강나무, *Abelia Tyaihyoni*(태현) Nakai는 정태현의 (성이 아니라) 이름을 땄고, 1926년의 맹산댕강나무, *Abelia mosanensis* Chung은 정태현을 발견·채집자로 인정했다(이정, 앞의 글, 163~164쪽). 'mosanensis'는 아마 지명 (평안남도) '맹산'의 일본식 발음 '모산(もうさん)'으로 만든 라틴어 형용사일 것이다.

31 이정, 2012, 앞의 글, 123~126쪽.

32 石戸谷勉, 1921b, 앞의 글, 91쪽.

는 현실을 두고 "다만 게으름(荒怠)에서 비롯하는 치욕의 한 낙인"일 뿐이라고 썼지만,[33] 그것은 식민지의 원주민이 더 부지런해진다고 해결될 문제가 아니었다. 나카이도 권력 피라미드의 정상에 서 있지 않았다. 최종적으로 새양버들이 새로운 속인지 아닌지를 판정하는 것은 나카이나 일본학계가 아니라 서구학계의 학술지와 동료 심사자들이었다. 그들을 향해 나카이는 영어와 라틴어로 논문을 썼다.

애당초 나카이가 조선으로 눈을 돌리게 된 것부터가 일본인들이 서구 과학을 수용해서 연구를 시작한 19세기 말에는 일본의 식물 연구는 벌써 서구인들에 의해 거의 완성되어 있었기 때문이다. 일본이 아직 서구와의 교역을 나가사키(長崎)의 데지마(出島)로 한정하고 있던 18세기에 툰베리(C.P. Thunberg), 지볼트(P.F.B. von Siebold) 등이 교환·증여·구매를 통해 일본의 식물을 대거 수집했다. 그때 서구 유수의 박물관·식물원으로 전해진 표본들이 기준표본이 된 뒤로는, 일본 학자가 미기재종으로 보이는 식물을 찾아도 서구의 박물관·식물원으로 보내서 동정해야 하는 상황이었다.[34] 일본이 온전히 차지할 수 있었던 것은 본국이 아니라 식민지와 점령지의 식물상(植物相)이었다.

---

33 「사설: 학술적 자주(하)」, 『동아일보』, 1927.3.18.

34 이정, 2012, 앞의 글, 71~72쪽. 툰베리의 일본 식물 채집에 대해서는 제임스 포스켓 저, 김아림 역, 2023, 『과학의 반쪽사』, 블랙피쉬, 215~225쪽; 지볼트에 대해서는 정하미, 2022, 「지볼트의 식물원 조성」, 『일본근대학연구』 76을 참조했다.

2) 정책적 조사와 학술 연구의 거리

서구 과학의 식민주의 이야기는 접어두고 조선총독부와 관련된 지점으로 눈을 돌려 보자. 조선의 식물조사는 어떻게 시작됐을까? 스승인 마쓰무라 진조(松村任三) 교수의 '명령'으로 조선의 식물을 연구 분야로 선택한 나카이가, 학위논문을 마무리하고 조선으로 신혼여행을 왔던 길에 데라우치 마사타케 총독을 만나 그를 설득했다는 이야기도 있다. 총독이 그의 식물조사 제안을 선뜻 받아준 데 대한 감사의 표시로 나카이는 조선에서 발견한 백합과의 '지모(知母)'라는 식물을 그에게 헌명(獻名)하기도 했다.[35] 한편, 총독관방 조사과의 공식 설명에는 데라우치 총독이 도쿄제국대학 식물원(원장 마쓰무라 진조)을 방문했을 때 이 조사 계획이 발의됐고, 총무부장 고타마 히데오(兒玉秀雄)가 나카이를 경성으로 불러 조사방침을 정했다고 되어 있다.[36]

그런데 같은 기사에 따르면 총독부가 본래 원했던 보고서는 삼림식물편, 식용·구황식물편, 공업식물편, 유독·약용식물편, 사양(飼養: 재배)식물편 등이었다. 실용감이 넘치는 제목들이지만, 나카이가 주력한 것은 1939년까지 제22집을 낸 『조선삼림식물편』뿐이다. "*Flora Sylvatica Koreana*"라는 라틴어 제목이 붙은 이 시리즈는 일본어(한자 혼용)·영어·라틴어로 되어 있으며 권말에 식물의 잎과 꽃, 열매 등의 세밀화가

---

35 이정, 2012, 위의 글, 73~75쪽; 이순우, 2004, 『테라우치 총독, 조선의 꽃이 되다』, 하늘재, 277~279쪽. 나카이는 지모를 *Terauchia anemarrhenaefolia*라고 명명했다. 그것을 새로운 속이라고 생각했을 리는 없고, 그저 과도한 정치적 제스처였을 것이다. 지금의 학명은 *Anemarrhena asphodeloides*다.

36 (總督官房) 調査課, 1924, 앞의 글, 149쪽.

첨부된 호화스러운 학술서다. 외국 기관과 학자들도 매년 수십 건씩 주문을 해서 총독부가 골머리를 앓았다고 한다.[37] 총독부는 매권 앞머리 간행사에서 "학술 및 산업상 참고가 되도록" 이 책을 간행한다고 했지만, 대체로 보면 나카이는 총독부의 후원으로 자기 연구를 진행했다는 느낌이다.

식물조사가 애초 총독부가 구상한 실용적 방향으로 가지 않았고 많은 비용이 소모되는 『조선삼림식물편』이 정책에는 거의 쓸모가 없었다 해도, '시정(施政)'의 성과를 대외적으로 홍보하고 싶었던 총독부로서는 세계적으로 인정받는 나카이의 학문적 성과가 반가웠을 것이다. 더구나 순수한 학술서적이기 때문에 한층 은근하고 고급스러운 홍보가 됐을지도 모른다.[38] 나카이의 능력과 야심이 총독부의 필요와 잘 맞아 떨어진 셈이다. 이렇게 새양버들의 발견에 따른 과학적 명예가 나카이의 것이었다면, 산림과와 임업시험장 기수였던 이시도야는 앞서 본 『조선』 기고문에서 새양버들의 임업상의 가치에 주목했다(이 책 316쪽의 밑줄친 곳).[39] 한반도에 자생하는 식물의 직접적 쓸모와 관련된 구황식물이나 약용식

---

37 이정, 2012, 앞의 글, 76쪽. 앞서 본 1924년 하버드대학 아놀드수목원의 감사장에서도 특별히 이 책을 언급하고 있다[(總督官房) 調査課, 1924, 위의 글, 151쪽].

38 조선총독부는 식민지 지배에 대한 국제사회의 반응에 예민했고, 스스로 영어 매체를 만들어 여론전을 전개했다. 총독부는 1937년 5월까지 영문일간지 『서울 프레스(*Seoul Press*)』를 발행했고, 매년 『시정연보』의 영문판을 '*Annual Report On Reforms And Progress In Chosen*' 등의 이름으로 간행했으며(시기별로 제목이 다르다), 홍보용 영어 소책자도 여러 편 제작했다. 그런 선전·여론전과 조금 다르게, 관측소(기상대), 권업모범장(농사시험장), 임업시험장, 철도국 등 기술 분야 부서에서는 영문판 보고서나 연보 등을 내기도 했고, 의학이나 자연과학 분야에서는 연구자들이 영어나 독일어, 라틴어로 논문을 쓰는 경우도 있었다.

39 이정은 이시도야가 이 연재 기사를 쓴 일차적 목적이 현장의 임업기사들을 위해 버드나무 분류검색표를 제공하는 것이었다고 추측한다(이정, 2012, 앞의 글, 127쪽).

물의 조사, 천연기념물 조사,[40] 그리고 뒤에 볼 치산치수나 마을 숲에 관한 조사보고서 등도 이시도야와 정태현을 비롯한 산림과·임업시험장 직원들의 몫이었다.

대학의 연구자들이 총독부의 정책적 조사에 참여하는 것은 일반적이었다. 총독부로서는 행정관료들만으로는 감당할 수 없는 분야에서 전문적 인력을 활용할 수 있고, 연구자들은 그런 조사를 통해 새로운 연구 분야와 연구 대상, 막대한 자료를 얻을 수 있었다. 통감부시기부터 1920년대 전반까지는 우메 겐지로(법학), 세키노 다다시(건축학), 도리이 류조(인류학), 구로이타 가쓰미, 이마니시 류(이상 역사학) 등 주로 도쿄제국대학의 연구자들이 관습조사, 고적조사, 학무국 사료조사의 고문이나 촉탁이 되어 현해탄을 오갔다. 조선 유일의 대학인 경성제국대학이 설립될 즈음부터는 그곳의 연구자들이 중추원의 구관·제도조사, 조선사편수사업 등에 참여했다. 이렇게 총독부 각 부서나 소속관서가 계획·시행한 조사사업에 연구자들이 개인적으로 참여했는가 하면, 1930년대가 되면 경성제국대학 쪽에서 먼저 '만몽(滿蒙)'이나 '대륙'에 대해 역사와 사회·문화와 자연과학까지를 아우르는 총체적인 정책적 연구를 제안하기도 했다.[41]

---

40 구황식물 조사로는 당시 수원농림전문학교 교수로 뒤에 임업시험장 기사를 겸하게 되는 우에키 호미키(植木秀幹)가 『조선휘보』 1919년 10·11월호에 연재한 「조선의 구황식물」, 약용식물에 대해서는 이시도야가 정태현의 도움을 받아 쓴 『조선한방약료식물조사서』(1917)와 그것을 보완한 임업시험장 기사 하야시 다이지(林泰治)와 촉탁 정태현의 임업시험장보고 제22호 『조선산야생약용식물』(1931), 천연기념물 관련 조사로는 이시도야가 조사를 담당한 『조선거수노수명목지(朝鮮巨樹老樹名木誌)』(1919) 등이 있다.

41 이에 대해서는 정준영, 2022, 『경성제국대학 법문학부와 조선 연구』, 사회평론아카데미, 247~253쪽. '만몽(滿蒙)'은 만주와 몽골을 가리킨다. 1931년 만주사변을 일으킨 일본은 이듬해 만주지역에 괴뢰국가 만주국을 수립했다. 1937년 중일전쟁 발

그러나 대학의 연구자들이 총독부의 정책적 조사에 참여한 것을 두고 한쪽은 정책 담당의 '권력', 다른 쪽은 '지식'이라고 잘라 말할 수는 없다. 때로 관료와 연구자, 정책적 조사와 학문적 연구 사이의 경계는 흐릿했다. 보론 6에서 보듯이 관료 출신으로 대학·전문학교의 교수가 된 경우가 있었나 하면, 일본의 제국대학 교수였지만 본업보다 타이완총독부나 조선총독부의 조사사업에 더 전념했던 것처럼 보이는 인물도 있다. 나카이의 경우는 조선총독부의 식물조사 사업이 곧 자기 연구이기도 했다. 그리고 말장난 같지만, 제국대학은 그 자체가 국가기관이고 그곳의 교수와 조교수는 칙임관이나 주임관이라는 관리 신분이었다. 20여년간 관료 123명을 세계 각국에 유학시킨 조선총독부의 '재외연구원' 제도도 주로는 경성제국대학과 각종 관립전문학교 교원의 양성과 확보를 위한 것이지만, 철도 분야 같이 유학에서 돌아와 학교로 자리를 옮기지 않는 예외도 있었다.[42] 또 경성제국대학 이공학부는 1941년에야 생기게 되니까, 그전까지 조선에서 고급 과학기술인력이 몸 담을 만한 곳은 농사시험장, 임업시험장, 수산시험장, 중앙시험소, 연료선광연구소, 지질조사소 같은 총독부의 각종 연구기관뿐이었다. 그런 기관들의 보고서나 정기간행물은 때로 전문 학회의 학술지와 잘 구별되지 않았다.

발 이후 일본이 점령한 나이멍구(내몽골) 차하얼성(察哈爾省)·쑤이위안성(綏遠省)에 또 다른 괴뢰정권이 수립되는데, 이 지역은 '몽강(蒙疆)'이라고 불렀다. 조선은 이런 일본의 대륙 진출을 위한 교두보로 간주됐고, '선만(조선과 만주)'이나 '선만몽' 같은 말도 자주 사용됐다.

42 최현우, 2013, 「일제강점기 조선총독부의 재외연구원제도 운영과 추이」, 『역사교육』 128, 265쪽, 285쪽.

3. 자연 조사와 고문헌의 활용

1) 140년 강우량 시계열의 문헌조사

식물 연구의 나카이 다케노신 말고도 일찍이 조선을 연구해서 명성을 얻은 과학자가 있다. 와다 유지(和田雄治)는 도쿄제국대학 이학부 물리학과를 졸업하고 프랑스에서 유학한 뒤 일본 중앙기상대 예보과장(내무기사)으로 있다가, 1904년 러일전쟁이 발발하자 3월 5일 한반도 파견 근무를 명령받았다.[43] 이후 그는 1915년까지 인천 관측소의 소장으로 근무했다. 통감부에서 대한제국으로, 다시 조선총독부로 소속은 거듭 바뀌었지만 1904년 이래 인천 관측소는 와다가 계속 소장이었던 기관이다.[44]

와다는 1910년 2월 관측소에서 내는 학술보고서에 「세종·영조 양조(兩朝)의 측우기」, 「경주 첨성대 이야기」, 「누각(漏刻)」 세 편의 글을 실었다. 권말에는 프랑스어(측우기), 영어(첨성대, 누각) 요약문도 실렸다.[45]

---

43 이하 와다 유지의 약력 등은 미야가와 타쿠야, 2010, 「식민지의 '위대한' 역사와 제국의 위상」, 『한국과학사학회지』 32(2), 164~169쪽.

44 조선의 관상감은 갑오개혁 이후 학부 관상소로 개편됐다가 1907년 12월에 폐지된다. 당시 한국 정부가 와다 등을 기사로 고빙하고 측후소를 설치하여 일본의 인천 관측소를 인수하려 했지만 일본 정부는 관측소를 통감부에 소속시켰다. 헤이그밀사사건 이후 '정미7조약'으로 일본이 한국의 내정을 장악하게 되면서 이듬해 봄 통감부관측소는 대한제국 농상공부 관측소로 대체된다. 그러나 이런 소관 싸움은 문서상의 다툼일 뿐, 관측소는 하나였다(김미화, 2016, 「한국 달력체계의 근대적 전환」, 한국학중앙연구원 박사학위논문, 149~152쪽).

45 (대한제국) 農商工部 觀測所, 1910, 『韓國觀測所學術報文 第一卷』. '누각'이란 물시계인 자격루(自擊漏)를 말한다.

그 내용이 이듬해 『네이처(*Nature*)』지와 영국의 『계간 왕립기상학회지(*Quarterly Journal of the Royal Meteorological Society*)』에 소개되면서, 과학혁명의 본고장인 유럽에서보다 훨씬 먼저 조선에서 강우량 측정이 이루어졌다는 사실이 서구학계의 큰 관심을 끌었다. 1912년에 와다는 『관측소 학술보문』에 한반도의 (과거) 지진 연구를 실었고, 그 논문으로 이듬해 도쿄제국대학에서 박사학위를 받았다.

1917년 와다는 위에 언급한 글들도 포함해서 그때까지의 연구를 집대성한 『조선고대관측기록조사보고』를 간행했다.[46] 책에 실린 글 중 「조선 고대의 우량관측 보유(補遺)」와 「최근 140년간의 경성 우량」은 새로 쓴 것으로, 처음 측우기에 대한 글을 쓸 때까지만 해도 그가 볼 수 없었던 역대 『실록』과 『승정원일기』, 『일성록』, 『서운관지(書雲觀志)』 등의 많은 자료를 섭렵한 결과다. 와다는 연대기 기록에서 추출한 1770~1907년의 강우량 통계를 미터법 단위로 변환하고, 서울 강우량의 (그가 '구식'이라고 부른) 전통적 관측기록과 러시아공사관, 일본인 재정고문부 등에 의한 근대적('신식') 관측기록이 병존하는 1888~1907년 사이 5년치의 기록을 대조하여 '구식' 기록을 '바로잡았다(更正)'. 그리고 그는, 비록 조선 전기의 측우기 강우량 기록은 없어지고 영조대 이래 140년 것만 남았지만, 그것만 해도 유럽을 훨씬 앞선 "세계 유일의 자료로서 우리나라로서는 크나큰 자랑으로 삼기에 족한 바이다"라고 썼다.

46 朝鮮總督府觀測所, 1917, 『朝鮮古代觀測記錄調査報告』(번역본은 와다 유지 저, 김일권 외 역, 2020, 『조선기상관측기록조사보고』, 민속원)이다. 앞서 본 『조선치수치산사고』와 마찬가지로 표지와 판권장에는 저자가 '조선총독부관측소'로 되어 있고, 본문 첫 장에 실제 저자가 와다 유지라고 표시되어 있다.

와다의 '우리나라'란 물론 일본이다.[47]

와다는 자연과학자지만, 측우기 강우량 시계열이나 과거 한반도의 지진도 그렇고, 그의 연구 대상은 그가 직접 관측한 한반도의 자연현상이 아니라 그것에 대한 과거의 기록이다. 그는 방대한 조선의 연대기 자료와 관상감의 각종 문헌을 섭렵해서 자료를 추출했다. 미야가와 타쿠야는 다음과 같이 평가했다. ① 와다는 식민지를 통치하는 제국의 관료였기 때문에 그렇게 방대한 사료를 수집하고 정리할 수 있었다. ② '근대' 기상학적 관점에서 수정을 가하기는 했지만, 와다는 조선시대의 우량 관측자료를 전반적으로 신뢰했다. ③ 와다는 조선의 과거 기상관측(기록)과 일본의 근대 기상관측을 연접시켜 조선시대 기상관측을 '근대 과학'의 눈으로 평가했다. ④ 앞의 밑줄 그은 '우리나라'라는 말과 관련해서, 와다는 "스스로를 표상할 줄 모르는" 조선인을 대신해서 그들의 존재를 서구에 알리는 것이 문명화에 한발 앞선 일본인의 역할이라고 생각했던 것 같다.[48]

①의 지적은 착잡하다. 예컨대 조선시대에는 사고(史庫)에 비장(秘藏)되어 임금도 볼 수 없었던 『실록』이 식민지기에는 총독부 취조국으로 또 어디로 이리저리 옮겨져 연구자들의 자료가 되고, 도쿄제국대학으로 반출된 오대산 사고본은 1923년 간토(關東) 대지진으로 대부분 불타버리

47 와다 유지 저, 김일권 외 역, 2020. 앞의 책, 312쪽. 밑줄은 인용자가 추가했다. 번역본은 '우리나라'라는 말을 옮기지 않았다. 「조선측후사략(朝鮮測候史略)」이라는 글은 와다가 1913년에 쓴 것이다.

48 미야가와 타쿠야, 2010, 앞의 글, 170쪽, 177쪽. 스스로를 표상할 수 없다는 것은 이 장의 주 28에서 본, "(서발턴은) 말할 수 없다"라는 말과 같은 뜻일 터이다.

기도 했던 것이다.[49] 와다도 대한제국이 존속한 동안에는 당연히 그런 자료를 보지 못했다. 대한제국 관상소가 폐지되어 그곳에 소장된 자료들이 모두 와다가 소장으로 있던 관측소로 이관되고, 또 총독부가 『실록』과 『승정원일기』 등을 장악한 뒤에야 그는 그 방대한 자료를 확보할 수 있었다. 그리고 1910년에는 쓸 수 없었던 「조선 고대의 우량관측 보유」와 「최근 140년간의 경성 우량」을 1917년에 상재(上梓)했던 것이다.

②와 ③에 대해서는 다른 선행연구들도 대개 비슷한 입장이다. 『승정원일기』에 기록된 측우기 강우량은, 본래의 맥락 속에서 보면 오늘날의 기상관측 기록 같은 것이 아니다. 농사와 관련된 '강우'만 측정·기록했지 겨울철의 '강설'은 도외시했고, 매일 날씨를 적고 비가 온 날은 강우량도 기록했지만, 그런 것을 모아 월별 강우량 통계를 낸다든지 과거 몇 년간의 경향에서 올해의 강우량을 예측한다든지 하는 시도는 없었다. 측우기로 정확한 우량을 측정할 것을 요구한 임금은 기우제를 지내는 임금, 일식과 월식 때에 단식하고 재를 지내는 임금과 같은 임금이었다. 때 아닌 천둥번개는 단순한 자연현상이 아니라, 자연의 재이(災異) 앞에서 임금이 두려워하면서 스스로의 도덕성과 통치를 반성하는 '공구수성(恐懼修省)'의 계기여야 했다.[50] "그러므로 와다의 작업은 전혀 다른 상징정치 체제에 속한 조선 시대의 강우 담론에서 오직 우량 기록만을 추출해 근대 기상학의 언어로 '번역'한 것이었다".[51]

---

49 취조국의 조사사업과 도서 수집·정리사업에 대해서는 345~349쪽을 볼 것.

50 영조와 정조가 측우기를 어떻게 정치에 이용했는가에 대한 연구로는 임종태, 2015, 「조선 후기 우량 측정의 정치」, 『역사학보』 225, 고종대의 '공구수성' 사례에 대해서는 서호철, 2022, 「고종시대 조보의 간행과 그 의미」, 『역사비평』 141, 278~279쪽을 참조했다.

51 서민우, 2016, 「민족의 경계, 과학의 경계」, 『마르크스주의 연구』 13(4), 245쪽.

근대 과학의 입장에서 보자면 바로 그 점에서 와다의 연구는 의미를 갖게 된다. 와다는 단순히 과거의 강우 기록을 발굴해서 정리하기만 한 것이 아니다. 『승정원일기』의 측우기 강우량은 오늘날의 강우량 자료처럼 숫자나 표나 그래프로 기록되어 있지 않다. 눈이 내린 날의 강설량도 기재되지 않았고, '하루' 동안의 강우량이 아니라 밤낮을 따로 하거나 비가 내린 시간 동안의 강우량이라는 식으로 기재됐다.[52] 와다가 여러 가지 가정과 계산을 통해 그것을 근대적 기상관측 기록과 비교 가능한 매월의 평균강수량으로 바꿔놓기 전에는, 엄밀한 뜻에서의 조선 후기 측우기 강우량 시계열이란 존재하지 않았다. 마치 나카이가 표본과 함께 새양나무, *Chosenia splendida* Nakai에 대한 논문을 발표함으로써 비로소 서구 근대 과학의 세계 안에 그런 나무가 소개되고 존재하게 되는 것처럼 말이다.

하지만 와다의 자료는 새양나무 암꽃 표본 같은 사물 자체가 아니라 말(글)이다. 사물을 직접 마주 대할 때와 달리 말은 번역을, 해석을 요구한다. 와다는 글 속에서 사물의 정확한 기호인 숫자만을 추출함으로써 말에 휘말리지 않고 사실 자체에 도달하려 했을 것이다. 그러나 '개동(開東)'은 몇 시쯤인가? 기계시계가 없었던 조선에서 낮과 밤의 한 시각의 길이가 서로 같았을까? 초경·이경·삼경과 자시·축시·인시는 시계의 문자반에서 서로 호환이 가능했을까? 조선의 관원들은 측우기의 눈금을 어떻게 읽었을까? 앞서 하천·수력조사에서 본 것처럼 물 높이를 잴 때는 물에 의한 빛의 굴절과 물의 계면장력을 고려해서 눈금을 어떻게 읽

---

52 가령 정조 20년(1796) 6월 7일(음) 『승정원일기』에는 "밤에 오경부터 초7일일 개동(開東)까지 비가 왔다. 측우기 수심 9푼. 개동부터 유시(酉時)까지 비가 왔다. 측우기 수심 2촌 6푼"이라고 되어 있다. 밤 시간인 새벽 4시쯤(오경)부터 '개동'까지와, '개동'부터 저녁 6시쯤(유시)까지 낮 동안 내린 비를 나눠서 적어둔 것이다.

으라든지 하는 지침과 통일된 방법이 있었던가? 과거의 숫자를 읽어내는 데도 마찬가지로 '해석'이 필요하다. 와다는 어떻게 했던 것일까? 일찍부터 와다의 경정우량표를 검토해 온 한상복과 『조선고대관측기록조사보고』를 번역한 김일권은 『승정원일기』 강우량 기록의 특성, 와다가 그것을 하루 강우량으로 합산할 때의 오류, 경정계수의 문제, 『승정원일기』에서 시각을 표시한 어휘들의 해석 문제 등을 검토해서, 와다의 경정우량표에 많은 문제가 있음을 지적한 바 있다.[53]

이 책이 감당할 수 있는 범위를 넘어서버린 이야기들은 그냥 남겨놓고, 마지막으로 조선 '고대'의 관측기록에 대한 조사보고라는 와다의 책 제목에 잠깐 눈을 돌려 보자.[54] 이 '고대'란 대체 언제인가? 이 책에는 신라의 첨성대에 대한 언급도 있지만 여기서 다루는 측우기 우량관측 기록은 1907년까지 내려온다.[55] 그해 와다가 처음 대한제국의 관상소를 찾았을 때 조선의 기상관측에 대한 그의 질문들을 무시하거나 피했던 인물들도 이 책이 나올 때까지 생존해 있었다.[56] 그런데 그는 그 모두를

---

53 한수당연구원 블로그 「1770년이후 최적화된 서울월강수량 시계열자료」(blog.naver.com/hahnsudang/221692582412); 김일권, 2018, 「『승정원일기』 영정조대 30년간(1770~1779) 측우기록과 우량주척 고찰」, 『조선시대사학보』 84(『조선고대관측기록조사보고』 번역본에 부록으로 재수록되어 있다).

54 와다의 '우리나라'와 마찬가지로, 이 책의 번역자들은 번역본 제목에서 이 당혹스러운 말('고대')을 빼버렸다.

55 『승정원일기』에 측우기 수심이 마지막으로 기재된 것은 1908년 2월 28일(양)이다. 그때까지는 와다가 인천 관측소에서 근대적 방법으로 매일의 온도와 강수량을 재고 있는 동안에도, 『승정원일기』에는 의연하게 측우기 수심이 기록됐다.

56 1907년 12월로 대한제국 관상소는 폐지되고, 역서 편찬만 학부 편집국이 담당하게 됐다. 관상소장 이돈수와 유한봉은 1912년 3월 말까지는 총독부 관측소 기사로 근무했다. 이돈수는 1920년 7월 30일에 사망한다.

싸잡아 '고대'라고 부르고 있는 것이다.

물론 대한제국이라는 국가는 소멸했고, 조선뿐 아니라 중국과 일본도 공유했던 전근대 동아시아의 정치질서와 상징체계 모두가 이제 역사 속으로 사라져갈 터였다. 한반도와 그곳의 주민을 손에 넣은 일본은 곧 과거로부터 당시까지의 조선을 통틀어 '고(古)'나 '구(舊)'라고 지칭했다. 대한제국은 '구(舊)한국'이 되고 민법의 친족·상속편 대신 적용할 조선의 관습(법)은 '구관(舊慣)'이라고 불렀다. 거기에 대비되는 '신한국'이나 '신관습'은 없다. 그것은 서구식 근대와 서구식 근대가 아닌 것의 구분이기도 했다. 공식적인 명칭은 아닐 수 있지만 그때까지의 조선의 학문은 '구학(舊學)', 조선의 서적은 '고서', '고문헌'이 됐다. 그렇게 현실에 대해 더 이상 유효하지 않은 것으로 규정되고 나서야, 조선의 역사와 전통은 조사와 연구의 '대상'이 될 수 있었다.

2) 오래전 마을 숲이 있던 곳

그런데 자연과학자의 고문헌 연구는 와다만의 특이한 경우도 아니었다. 조선총독부 지질조사소에서 간행한 시리즈인 『조선광상조사요보(朝鮮鑛床調査要報)』는 대부분이 실제 현장에서 이런저런 광물의 매장지에 대해 수행된 지질학적 조사의 결과물이지만, 가와사키 시게타로(川崎繁太郎)가 편찬한 제9권은 부제가 '고문헌에 나타난 조선광산물'이다.[57] 그 서문 앞 부분은 길지만 읽어볼 필요가 있다.

---

57 가와사키는 1902년 도쿄제국대학 이과대학 지질학과를 졸업하고 광산감독서 기사 겸 가라후토민정서 기사, 농상무(성)기사 등을 거쳐 조선총독부기사로 부임, 지질조사소장을 지낸 인물이다.

광물의 조사를 하는 데는 먼저 그 조사하는 토지에 대해 종래 어떤 일이 있어 왔는지, 예전에 알려져 있던 광물의 종류와 광산지(鑛山地)로 지금 사람들은 완전히 잊어버리고 있는 것은 없는지 등을 미리 알아두는 편이 비용의 낭비과 헛수고를 줄일 수 있다는 것이 물론 이 글의 중요한 목적이었다.

필자는 1910년(메이지43) 말 조선총독부로 전임하자마자 무엇보다 먼저 과거와 현재의 문헌(조사)부터 서둘러 조선광산지 표의 편찬에 착수해서 이듬해 1911년 5월에 『조선광산지』(농상공부 상무국 광무과 편찬)로 그것을 인쇄·배포했다. 그로부터 1918년(다이쇼7)에 이르기까지 고(故) 우에노 가게아키(上野景明) 씨는 더 널리 고문서를 뒤져 9월의 지질학회 예회(例會)에서 강연했다. 그것은 이듬해 1월의 동회(同會) 잡지에 「고문서에 드러난 조선광물」로 실렸다. 다음 달에 필자와 함께 농상공부에 있던 나카무라 교수는 조선광업회지에 「문헌에 보이는 조선의 광산」을 발표했다. 그것은 뒤에 다소 증보되어 『조선 광상론의 편린(朝鮮鑛床論の片鱗)』이라는 단행본 안에 편입됐다.[58]

한편, 1920년 말 임업시험장 기수에서 기사로 승진한 이시도야 쓰토무는 1924년 말 조선총독부를 떠났다가, 1926년 경성제국대학 의학부 약물학교실의 강사가 됐다. 산림과와 임업시험장에서 근무하면서 나카이의 식물 분류도 돕곤 하던 그는, 그사이에 『동의보감』이나 『산림경

---

58 朝鮮總督府地質調査所, 1930, 『朝鮮鑛床調査要報 第9卷: 古文獻に顯はれたる朝鮮鑛産物』, 5쪽. '나카무라 교수'란 1910년대 조선총독부 기사로 재직하다가 1919년 교토제국대학 조교수가 된 나카무라 신타로(中村新太郎)를 가리킨다.

제』, 『방약합편(方藥合編)』, 『의방신감(醫方新鑑)』 등의 조선 본초학(本草學) 문헌을 공부해서 한약재에 대한 전문가가 되어 있었다. 여기에는 정태현의 도움이 컸다고 한다.[59] 서구 자연과학의 전문가로 교육받은 이시도야가 조선에 와서 본초학이라는 동아시아 전통의 식물 분류체계 쪽으로 건너갔다는 점은 흥미롭다. 전자는 라틴어와 영어, 독일어로 된 '원서'를 읽고 그런 언어로 논문을 쓰는 세계고, 후자는 '한문'의 세계다. 물론 그때는 일본이나 조선이나 여전히 다들 어려서부터 집에서 한문을 배우거나 서당에도 다니거나 하던 시절이기는 했다. 프랑스에서 유학한 와다가 『승정원일기』와 『서운관지』 등을 읽을 수 있었던 것도 어린 시절의 한학 소양 덕분이었다.[60] 받는 사람의 이름과 주소를 마구 휘갈긴 편지도 문제 없이 오갔으니 당시의 우편물 집배원도 요즘의 웬만한 인문사회과학 연구자보다 초서에 더 능했을 것이다.

이시도야가 그만둔 지 한참 뒤에 임업시험장에서 나온 두 편의 조사보고서를 살펴보자. 두 편 모두 임업시험장에서 촉탁과 기수로 근무했던 도쿠미쓰 노부유키(德光宣之)라는 인물이 편찬한 것이다. 먼저 1935년 7월 '임업시험장 특보(特報)'로 간행된 『조선치수치산사고(朝鮮治水治山史考)』는 제목 그대로 조선 역사상 치산치수의 사례를 모은 책인데, 구성이 특이

---

59 이시도야의 본초학·약물학, 정태현의 도움에 대해서는 이정, 2012, 앞의 글, 제4장을 볼 것. 경성제국대학 약물학교실은 1931년 '약리학교실'로 개칭된다. 이시도야는 계속해서 조선·만주 등지의 약용식물을 채집하여 경성제국대학 생약연구소에 약 1만 5,000여 점의 '이시도야 컬렉션'을 남겼고 1941년 교토제국대학에서 이학박사 학위를 받았으며, 1942년 중국 베이징대학 의학원 교수가 된다.

60 일본 최초의 노벨상(물리학) 수상자인 유카와 히데키(湯川秀樹)는 와다나 이시도야보다 한두 세대 뒤의 인물이지만, 역시 어릴 때부터 한학을 배웠다. "그의 아버지는 유카와에게 물리학과 화학을 가르쳤고, 그의 할아버지는 중국 고전을 암송하도록 했다(제임스 포스켓 저, 김아림 역, 2023, 앞의 책, 376쪽)"고 한다.

하다.[61] 전체 101쪽 중에서 본문은 17쪽뿐이다. 「집록도서 및 해제」라고 해서 『삼국사기』, 『고려사』부터 『지봉유설』, 『목민심서』까지 이 글의 전거가 된 각종 자료를 소개한 것이 5쪽, 그 나머지는 모두 그런 전적에서 뽑아온 후주(後註)다. 본문의 삼국시대 첫 부분을 보면 다음과 같다.[62]

> 널리 전야(田野)를 개척하고[2] 저수지를 축조[4] 내지 수리해서[2·3·5·6] 유민은 이로써 농사로 돌아가게 하고[5] 또 오래전에 수해를 입은 논밭을 복구시키는[1] 등 …

작은 글씨로 표시된 숫자는 후주 번호다. 후주는 모두 고문헌의 발췌이고, 위 인용문에서 숫자 2와 5가 두 번씩 나오는가 하면, '수리해서' 다음에는 후주 2·3·5·6이라고 표시된 것처럼, 본문 구절과 참조할 후주는 일대일이 아니라 다대일, 일대다로 대응됐다. 인용문에서 두 번 인용된 후주 2를 찾아보면 "2 신라. 일성이사금. 11년 2월에 영(令)을 내리기를, 농(農)은 정치의 근본이요, 먹는 것(食)은 백성의 하늘이니, 여러 주·군(州郡)은 제방을 수축하고 전야를 널리 개척하라(224년)"고 되어 있다. 후주의 내용은 『삼국사기』의 「연표」 일성이사금조에서 가져온 것인데, 도쿠미쓰가 덧붙인 부분을 밑줄로 표시해 보았다. 치산치수를 위한 삼림의 조성과 관리는 분명히 틀림없이 임업시험장의 일이지만, 그것을 위해

61 朝鮮總督府林業試驗場, 1935, 『林業試驗場特報』. 표지와 판권장에는 '임업시험장 특보'라는 제목이 적혀 있고 '조선치수치산사고'라는 실질적 제목과 저자가 도쿠미쓰라는 사실은 본문 첫머리에 밝혀져 있다. 당시 임업시험장에서는 '보고', '시보(時報)'를 시리즈로 간행하고 있었는데, '특보'는 이것 한 권뿐인 듯하다.

62 朝鮮總督府林業試驗場, 1935, 위의 책, 1쪽, 22~23쪽.

임업시험장의 기수가 이렇게 옛날 문헌을 읽고 해석하고 주를 달아야 하는지는 모르겠다.

또 다른 조사보고서는 1938년에 나온 『조선의 임수』다.[63] 도쿠미쓰는 '임수'를 "산기슭 이하부터 물가(수변)에 이르는 평지대의 수림"으로 정의하고, "이 글은 임수에 대해 문헌에 근거하고 구비(口碑)를 고찰해서 각지에 존재하는 숲이나 숲이 있던 터(實體址蹟)를 조사하고, 그 발생·경과·현상 사례를 밝혀서 임학과 여러 분야의 자료로 제공하고자" 한다고 썼다.[64] 전국을 5개 구역으로 나누어서 108개 항목을 수록했는데 한 항목에서 숲 여러 곳을 다룬 경우가 있어서, 번역자 해제에 따르면 총 81개 부·군의 220개 숲이 수록되어 있다고 한다.[65] 각 항목은 문헌, 현황, 비설의 체재로 되어 있다. '문헌'은 『조선치수치산사고』에서처럼 옛 전적의 인용이고, '현황'은 (숲의) 명칭, 소재지, 주변 상황, 숲의 상황, 기타 등 주로 현장조사한 내용이다. '비설(卑說)'은 거기 덧붙인 편찬자 도쿠미쓰 자신의 의견을 겸손하게 말한 것인데, 문헌과 현황에 대한 부연 설명 끝에 해당 숲의 주요한 목적이나 용도를 종교, 교육, 풍치(風致), 위생, 교통, 보안, 농리(農利), 수렵·목축, 군사, 공용(供用) 등 10가지 중 한두 가지로 규정했다.

---

63 朝鮮總督府林業試驗場, 1938, 『朝鮮の林藪』. 이 책의 「머리말(緒言)」에 보면 '수변보안림(水邊保安林)'이라는 부제가 달려 있다. 이하 대개 번역본(생명의숲국민운동 역주, 2007, 『(역주) 조선의 임수』, 지오북)을 따르면서 필요한 곳은 번역을 조금 고치는 방식으로 인용하겠다.

64 朝鮮總督府林業試驗場, 1938, 위의 책(번역본), 37쪽. 밑줄은 모두 인용자가 덧붙인 것이다.

65 朝鮮總督府林業試驗場, 1938, 위의 책, 해제, 7쪽.

그런데 여기 제시된 220개 숲 중에는 이 보고서가 간행될 당시에는 이미 사라지고 없었던 것들이 적잖이 섞여 있다. 보고서에 첨부된 경주 북천의 오리수 터 사진을 보면 숲은 온데간데 없고 그야말로 돌투성이의 하천부지뿐이다. 오리수는 그래도 19세기 전반까지는 존재했던 모양이지만, 심하게는 15세기 전반에 개수했으나 곧 허물어졌다는 벽골제나 1530년대에 이미 소실됐다는 전라도 광주 석서정의 숲도 항목으로 실려 있다.[66] 그러니까 이 보고서를 쓰기 위한 조사는 현재 전국에 남아 있는 중요한 마을 숲을 파악해 놓고 그 숲들의 역사를 옛 문헌에서 뒤져보는 방식이 아니라, 위 「머리말」 인용의 밑줄친 부분 그대로 문헌자료를 뒤져서 숲 관련 기사를 다 정리해 놓고, 그 숲들이 현재 어떻게 되어 있는지를 알아보는 순서로 진행됐을 것이다. 발전수력조사에서는 문헌조사를 '예찰(예비조사)', 현장에 가서 실태를 살피는 것을 '답사'나 '실측'이라고 했지만, 『조선의 임수』에서 문헌조사는 예찰 수준이 아니다. 여러 가지가 궁금해진다. 이런 조사가 어떻게 가능했을까? 왜 이런 방식으로 조사를 했을까? 이런 방식으로 조사되는, 이런 조사를 통해 전모가 그려지는 대상은 도대체 무엇이었을까?

게다가 이 책을 펴낸 곳은 조선의 역사나 풍속조사를 담당한 조선사편수회나 중추원 조사과가 아니라 '이과' 계열의 임업시험장이다. 편찬자인 도쿠미쓰 노부유키라는 인물에 대해서는 알려진 것이 없지만, 일본 『관보』와 총독부 『직원록』을 종합해 보면 그는 1916년 4월 가고시마농학교 임학과를 졸업했고, 1924년 전라남도 내무부 권업과 산업기수로 총독부 공무원 생활을 시작해서 1933년 임업시험장의 기수,

66 朝鮮總督府林業試驗場, 1938, 위의 책, 110~111쪽, 570쪽, 605~607쪽.

1934~1937년 촉탁, 1938~1942년 다시 기수로 일했다. 경력으로 보면 버드나무의 식재(植栽)나 병충해 방지를 다룰 사람이지 『경국대전』이나 역대 『실록』 등을 뒤지고 있을 사람 같지는 않다. 역시 한문이야 어려서 가학(家學)으로 배웠을 수도 있고, 이시도야에게 정태현이 있었듯이 옛 전적 읽기를 도와준 숨은 조선인 조력자가 있었는지도 모른다. 아니면 이미 구관·제도조사와 조선반도사 편찬사업 등으로 몇 차례 『실록』, 『일성록』 등을 섭렵한 중추원에서는 『실록』 기사에 대한 주제별 색인카드 같은 것을 만들어 놓고 있었던 것일까?[67]

이렇게 '동문(同文)'의 식민지에서는 자연과학의 영역에서조차도 고문헌조사가 우선적으로 행해졌다. 구체적으로 도쿠미쓰가 『조선의 임수』를 어떻게 썼는지는 모르겠지만, 어떻든 조선에 대한 총독부와 일본인들의 조사는 겉보기보다 훨씬 많이 조선인 정보원이나 현지안내인에게, 또 조선의 옛 문헌에 의존했다. 조선의 역사와 문물제도, 관습과 풍속에 대한 조사야 당연히 조선의 문헌, 지방의 유력자와 노인들의 구술을 일차적인 자료로 삼았겠지만, 자연과학이나 기술로 분류될 만한 영역에서도 사정은 크게 다르지 않았다. 『조선의 임수』처럼, 그중에는 지나치다 싶을 정도로 조선의 고문헌에 의존한 것도 있다. 이것은 전혀 새로운 지적이 아니다. 식민지기의 각종 조사보고서는 조선의 고문헌에 의존했다는 사실을 숨긴 적이 없다. 대개의 조사나 연구가 문헌조사를 주된, 또는 보조적인 방법으로 사용했다고 썼고, 때로는 감탄스러울 정도로 길고 치밀한 서지를 실었다.

---

67 이에 대해서는 이 책 365~367쪽을 볼 것.

문제는 총독부의 각종 조사보고서나 이시도야의 연구가, 거기 인용된 『서운관지』나 『산림경제』, 『방약합편』 등과 과연 같은 평면 위에 있었는지의 여부일 것이다. 와다라면 조선의 고문헌은 어디까지나 '일차자료'이자 조사와 연구의 '대상'이고 자신은 서구 근대 과학의 조사·연구 '방법'을 통해 그것을 해독하고 분석하고 해석했다고 말할 것이다. 그러나 과연 그럴까? 1938년에 나온 『조선의 임수』에는 1908년에 완간된 『증보문헌비고』에서는 도저히 상상할 수 없었던 분석과 해석의 방법이 있었을까? 이시도야의 본초학은 19세기 말, 20세기 초에도 계속 이어지고 있던 조선의 본초학 또는 '한의학'과 과연 얼마만큼 멀리 떨어진 것이었을까?[68]

이 장에서는 '자연과학'에 속하는 분야들에서 이루어진 몇 가지 조사에 대해서 살펴보았다. 필자가 잘 알지 못하는 분야지만, 그것과 비교해서 조선의 역사와 문화, 사회에 대한 조사는 과연 무엇이었고 어떤 성격의 것이었는지를 생각해 보고 싶었다. 조선의 풍속과 사회에 대한 조사에도 하천과 발전수력 조사에 동원된 과학적·객관적 절차와 방법이 있었고, 그 방법이 보편적으로 또 일관되게 적용됐던가? 지질조사나 식물조사가 대학의 전문가를 촉탁하는 방식으로 수행된 데 비해, 인구조사와 통계는 얼마만큼이나 인구학·통계학 전문가들의 지원을 받았는가? 중추원과 총독관방 조사과에서 '풍속'이나 '조선사정' 조사를 담당한 촉탁들의 보고서와 관련 분야 전공의 학자들, 이를테면 경성제국대학 종교학·사회학 강좌 교수들의 연구결과물 사이에는 얼마만한 거리가 있을까?

---

68 334~335쪽에서 언급한 책들 중에서 『방약합편』이 간행된 것은 1884년, 한병련의 『의방신감』이 간행된 것은 1914년의 일이다. 학문의 패러다임(paradigm)으로 보면 과거에 속하는 것 같지만, 실은 나카이, 이시도야와 거의 동시대의 저작들이다.

마지막으로 총독부의 여러 조사는 조선의 '옛' 문헌에 얼마만큼 의존하고 있는 것일까, 그들의 '문헌조사'는 과연 무엇이었을까 하는 물음을 던져보았다. 각종 보고서에 쓰인 대로 그것은 조선의 옛 문헌, 옛 기록을 말이 아니라 사물처럼, 그저 조사와 연구, 분석과 해석의 '대상'으로 이용한 것일 뿐일까? 아니면 당시 일본의 자연과학 연구자들은 여전히 동아시아의 전통적 학문세계에 한쪽 발을 담그고 있었을까? 아마 지질학의 '깊은 시간' 같은 것은 그때까지 조선 사람들이 꿈에도 상상하지 못한 차원이었을 것이다. 토지조사사업의 삼각측량이나 국세조사의 상주인구와 현재인구, 조사시점의 개념 등도 무척 새롭고 낯선 방법적 장치였다고 할 수 있겠다. 그러나 그 나머지, 현장에서 직접 대상을 헤아리거나 추계하거나, 아니면 업무의 부산물로 얻은 통계가 과연 그토록 새로운 것이었을까? 이런 것들이 앞으로 연구해야 할 과제다.

제5장

조선의 풍속과 생활 조사

이 장에서는 세 가지를 묶어보았다. 하나는 통감부시기 부동산법조사회와 법전조사국의 관습조사에서 이어진 중추원의 관습·제도·풍속 조사사업이다. 통감부시기 관습조사가 민사·상사 분야에서 관습법적 성격을 갖는 조선의 관습을 찾거나 만들어 내려는 것이었다면, 중추원은 그런 테두리를 넘어서서 조선의 역사와 문화, 제도 전반에 걸친 조사를 계획했다. 그러나 재정적 제약을 포함한 여러 가지 이유에서 중추원 조사는 만족할 만한 결과를 낳지는 못했다. 다른 한편 1920년대 초 총독관방에는 조사과가 신설되어 '조선사정'의 조사를 담당했다. 어떻게 보면 중추원의 풍속조사 중 일부가 조사과로 옮겨진 것 같기도 하다. 조사과 자체는 오래 이어지지 못하고 1924년 말에 폐지되지만, 그 사무는 문서과 계열에서 계속 이어가게 된다. 이 두 부서가 수행한 조사는 조선에 대한 총독부의 조사라고 할 때 맨 먼저 떠오를 만한 것으로, '관제(官製) 조선학'이라고도 할 수 있다. 마지막으로는 부정적인 측면에서 조선의 특징을 그려내는 조선의 범죄통계를 살펴보겠다. 여기에는 당시에 그런 내용으로 알려졌던 것도 있고, 지금에 와서 그것을 재구성하면서 비판해 본 부분도 있다.

1. 중추원 계열의 관습·제도·풍속 조사

1) 1910년대 전반의 관습조사와 풍속·민속 조사

(1) 관습조사의 계승[1]

① 취조국(1910년 10월~1912년 3월)

통감부시기 대한제국 정부에 설치되었던 부동산법조사회와 법전조사국의 관습조사 사무를 이어받은 것은 조선총독부에 소속관서로 설치된 취조국이다. 「취조국관제」에서는 취조국의 사무를 다음과 같이 규정했다.[2]

1. 조선에서 온갖(各般) 제도 및 일체의 구관(舊慣)을 조사하는 일
2. 총독이 지정한 법령의 입안 및 심의를 하는 일
3. 법령의 폐지·개정에 대해 의견을 갖추어 올리는(具申) 일

1에서는 '관습'이 아니라 '구관'이라는 말을 쓰고 있다. 그러나 '구관'이란 옛날의 관습이 아니다. 법전조사국 이래 관습조사의 일차적 대상은

---

1 이 부분은 朝鮮總督府中樞院, 1938, 『朝鮮舊慣制度調査事業概要』(번역본은 왕현종 외 편, 2019, 『일제의 조선 구관 제도 조사와 기초자료』, 혜안); 김태웅, 1994, 「1910년대 전반 조선총독부의 취조국·참사관실과 '구관제도조사사업'」, 『규장각』 16에 크게 의존했다.

2 1910.9.30, (일본) 칙령 제356호, 「취조국관제」. 지금 한국에서 '취조'는 검찰·경찰 등의 범죄 수사에만 쓰는 말이지만, 일본어로 '取り調べ'는 조사 일반을 가리키는 말이다.

조선에서 민사·상사 분야에서 현재 행해지고 있는, (관습)법적 효력을 갖는 관습이었다. 그러나 이제 대한제국이 멸망하고 이민족에 의한 식민국가가 들어서면서 조선인의 관습은 '구관'이라고 불리게 된 것이다. 이 책 112쪽에서 보았듯이 일본제국은 식민지의 관습을 모두 '구관'이라고 불렀다. 조선에서도 이후 참사관실, 중추원, 구관 및 제도 조사위원회 등과 관련된 법령에 등장하는 말은 '구관'이다.[3] 한편, 뒤에 보겠지만 '제도'란 조선시대의 성문법을 말한다.

이토 히로부미 통감은 조선의 관습을 조사해서 부동산법부터 민법·상법까지 법전을 제정하고자 했고, 그런 정책에 따라 1906년 우메 겐지로가 초빙되고 조선의 관습조사가 시작됐다. 조선총독부도 초기에는 그것을 계승해서 조선에 적용할 민법전(민사령) 안을 만들고자 했다. 그러나 당시의 일본 정부는 조선에도 일본 민법·형법을 적용하기를 원했다.[4] 그 결과, 총독부의 독자적인 민사령 안은 거부되고, 1912년 3월 원칙적으로 일본 민법을 조선에 적용한다는 내용의 「조선민사령」이 제정·공포된다. 취조국이 존속한 것은 그사이, 1년 반 정도의 기간이었다.

위의 「관제」 규정만 보면 취조국의 사무는 조선의 제도·구관을 조사하고 그것에 기반해서 조선의 특별한 법령 형식인 '제령'을 입안하거나 심의하는 일이었을 것 같다.[5] 하지만 실제로는 이 시기 법령의 입안·

---

3 이 책 332~333쪽에서 와다 유지가 조선 후기 측우기 강수량 기록을 '고대(古代)'의 것이라고 부른 것을 생각해 보자.

4 이승일, 2008, 『조선총독부 법제 정책』, 역사비평사, 100~106쪽.

5 식민지 조선은 일본의 법률이 당연히 적용되지는 않는 '다른 법역(異法域)'으로, 조선에서 "법률이 필요한 사항은 조선총독의 명령으로 규정할 수 있"게 되었다 [1910.8.29, (일본) 칙령 제324호]. 이렇게 조선에서 법률에 해당하는 조선총독의 명령을 '제령'이라고 했다. '이법역' 문제에 대해서는 이승일, 2008, 앞의 책,

심의는 총독관방 비서과의 참사관들이 담당했다.[6] 이것도 총독부의 애초 계획처럼 관습조사를 통해 조선의 민법전이 만들어지지 않았던 일과 관련된 것이 아닌가 싶기도 하다. 취조국의 전임 직원으로는 장관(칙임관)과 서기관 2명, 사무관 4명(이상 주임관), 속·통역생 12명(판임관)을 두고, 그 밖에 학식·명망 있는 조선인 중에서 총독이 30명 이내의 위원을 임명했다.

일본 법제국 참사관 출신으로 타이완총독부 참사관장을 역임하고 통감부 총무장관(사무취급)으로 있던 이시즈카 에이조(石塚英藏)가 장관이 됐다. 부동산법조사회나 법전조사국에 관여했던 인물로는 나카야마 세이타로가 취조국 서기관(겸 총독부 참사관), 오다 미키지로가 사무관, 안도 세이가 속으로 임명됐다. 김돈희, 송영대, 정병조, 김한목 등과 중추원의 유맹, 의서, 이왕직의 정만조 등이 위원이 됐다. 1911년 2월에는 이왕직 사무관이던 니나가와 아라타(蜷川新), 동양협회전문학교 경성분교 교두(教頭)로 있던 가와이 히로타미(河合弘民)가 촉탁으로 임명된다.[7]

취조국은 법전조사국의 제도·구관조사를 물려받아, "행정상 제반 시설에 자료를 제공하거나 사법재판의 준칙이 될 만한 관습을 제시하고, 동시에 조선인에게 적합한 법제의 기초를 확립하기 위하여 조선 전역에

144~146쪽; 제령에 대해서는 전영욱, 2022, 「식민지 조선의 제령 연구를 위한 예비적 고찰」, 『법사학연구』 66을 볼 것.

6 참사관의 사무 역시 "상관의 명을 받아 심의·입안을 관장하거나 각 부·국의 사무를 돕는" 것으로 규정됐다(1910.9.30, (일본) 칙령 제354호, 「조선총독부관제」 제14조). 당시 전임 참사관의 정원은 2명이었다.

7 가와이도 조선 연구에 중요한 자취를 남긴 인물이다. 그에 대해서는 박양신, 2016, 「가와이 히로타미의 식민지 조선에서의 행적과 조선 연구」, 『역사교육』 139를 볼 것.

걸쳐서 각지의 관습을 조사했다".[8] 조사할 관습의 범위는 토지, 친족, 지방제도, 종교, 서방(書房)과 향교, 양반·상민, 사색(四色), 사례(四禮), 상민(常民)의 생활 상태, 구빈(救貧), 농가경제, 관개(灌漑) 등으로 정했다. 조선의 통치에 참고할 구미 각국의 속령지·식민지 제도 연구도 요구됐다. 민법·상법 중심의 법전조사국의 조사보다는 범위가 확대된 것이다. 이렇게 해서 취조국은 지방제도, 소작관습, 수리(水利) 등 일부 사항에 대해서 보고서를 냈고, 법전조사국의 『한국관습조사보고서』(1910)를 정정·보충해서 『관습조사보고서』(1912)로 다시 간행했다.[9]

종전처럼 각지에 출장해서 그 지방의 관습을 잘 아는 사람들을 면접하는 청취조사 외에, 각종 전적(典籍)의 조사, 즉 문헌조사도 확대됐다. 취조국은 조선왕조실록의 발췌작업을 벌여 1911년 10월까지 187책을 완료했고, 대한제국기의 공문서 조사도 행했다. 『경국대전』 이래 조선의 기본법전을 종합한 『대전회통』의 번역과 조선어사전 편찬도 계획됐다. 제도·관습조사와 관련된 조선의 옛 전적, 특히 국가와 왕실이 소유했던 도서의 수집·정리도 취조국의 일이 됐다. 1910년 8월 '한일병합' 직전에 대한제국 궁내부와 홍문관·규장각·집옥재·시강원, 전국 4대 사고(史庫)에 소장되어 있던 조선 도서 약 15만 권이 궁내부로 이관되었는데, 1911년 6월 그 전부를 취조국에서 인수했다. 취조국에서는 사무관 오다 미키지로 등이 이들 도서의 정리·수선을 담당했다. 그러나 취조국이 존속한 것은 1년 반 정도 되는 짧은 기간이었으므로 관습조사를 비롯한 여

8 왕현종 외 편, 2019, 앞의 책, 196쪽.

9 정긍식, 2000, 「일제의 관습조사와 그 의의」, 『(개역판) 관습조사보고서』, 한국법제연구원, 41~42쪽.

러 사업은 계획에 비해 많은 진척을 보이지는 못했다. 이들 사업은 모두 미완성인 채 참사관실로 인계된다.

② **참사관실**(1912년 4월~1915년 4월)

설치 초기 대한제국과 통감부의 사무와 인원을 상당 부분 그대로 물려받았던 조선총독부의 기구는, 사무에 비해 고등관이 너무 많아 지나치게 비대하고 비효율적이라는 평가를 받았다. 1912년 4월 총독부 전체에 걸친 행정정리가 이루어지면서 취조국은 1년 반만에 폐지되고, 미완의 사무들은 신설 총독관방 참사관실로 이관된다. 총독부 설치 당시 법령의 심의·입안 사무를 담당한 참사관 2명은 총독관방 비서과에 소속되었는데, 이제 참사관 정원을 3명으로 늘리면서 '참사관실'을 독립시킨 것이다.[10]

한편 독자적인 민법전 제정을 추진했던 총독부와 거기 반대한 일본 정부 사이의 삐걱거림은, 1912년 3월 18일 「조선민사령」의 제정·공포로 종결됐다.[11] 조선민사령은 형식상으로는 조선에만 적용되는 '제령'이지만, 내용은 아래에서 보듯이 몇 가지 예외를 제외하고는(제10~12조) 일본의 민법, 상법, 민사소송법 등 23개 법률을 조선에 적용한다는 것

10 아키야마 마사노스케(秋山雅之介)와 나카야마 세이타로, 오타 데루쓰구(太田輝次)가 전임 참사관이었고, 취조국 직원이 거의 그대로 참사관실로 이동했다. 참사관실에는 따로 실장을 두지 않았고, 사무는 법령의 심의·입안, 법령의 해석·적용 및 중요한 처분의 심의, 조선의 제도·구관 조사로 규정됐다.

11 같은 날 「조선민사령」을 비롯하여 「조선민사소송인지(印紙)령」, 「조선부동산등기령」, 「민사쟁송조정에 관한 건」, 「조선형사령」, 「조선감옥령」 등 일련의 법령이 제정·공포된다.

이다(제1조).[12] 이렇게 제령을 통해서 일본의 법률을 식민지 조선에 적용하는 것을 당시의 법률 용어로 '의용(依用)'이라고 했다.

제1조 민사에 관한 사항은 이 제령(本令), 그 밖의 법령에 특별한 규정이 있는 경우를 제외하고는 다음 법률에 따름

1. 민법
2. 메이지35년 법률 제17호(연령계산에 관한 법률)

(중략)

7. 민법시행법
8. 상법

(중략)

13. 민사소송법

(중략)

22. 공탁법
23. 경매법

제10조 조선인 상호 간의 법률행위에 대해서는 법령 중 공공질서에 관한 것이 아닌 규정과 다른 관습이 있는 경우에는 그 관습에 따름

제11조 제1조의 법률 중 능력, 친족 및 상속에 관한 규정은 조선인에게는 적용하지 않음

제12조 부동산에 관한 물권의 종류 및 효력에 대해서는 제1조의 법률에 정한 물권을 제외하고는 관습에 따름

---

12 1912.3.18, 제령 제7호, 「조선민사령」.

따라서 이제 민법전과 관련된 관습조사의 범위는 조선인의 능력, 친족과 상속 그리고 부동산에 관한 물권의 종류·효력 등에 관한 것으로 한정됐다.[13] 참사관실에서는 부동산법조사회 이래의 방식을 따라 먼저 조사문제를 작성하고 그것에 따라 조사를 진행했다. 조사문제는 일본의 민법과 상법 규정을 토대로 작성해서 조선의 사정에 맞게 수정했다. 이렇게 해서 능력 관련 8항 18문제, 친족 8항 46문제, 상속 10항 51문제, 유언 2항 11문제, 물권 9항 38문제, 채권 24항 62문제, 기타 6항 21문제, 총 67항 247문제가 정리됐다. 조사는 문헌(전적)조사와 현장조사로 나누었다. 1912~1913년에는 주로 중국과 조선의 예의(禮儀)·법제에 관한 문헌을 섭렵·발췌해서 기초자료를 만들었고, 서울 이외의 도청 소재지 12곳, 기타 지점 12곳에서 능력·친족·상속 등에 대한 대강을 조사했다. 1914년에는 2년 동안 행한 조사를 보완하는 작업이 주로 진행됐다.

관습조사와 관련해서 참사관실이 작성한 보고서는 현지조사 보고서 123책, 문헌조사 자료 83책에 달한다. 별도로 『조선왕조실록』 중에서 요점을 발췌해서 법전·친족·상속·유언·호구·화폐(錢幣)·호패·노비·양역(良役) 등의 항목에 대한 색인을 작성하기도 했다. 또 참사관실 조사에서는 서적 못지않게 금석문이나 고문서도 역사자료로 취급됐다. 1913년 2월 정무총감 통첩 「조선 고서 및 금석문, 탁본 수집에 관한 건」이 각 도장관 앞으로 발송된 뒤 그해 말까지 고도서 약 56종 191책, 금석문(탁본과 필사본) 1,040종이 수집됐다. 이를 바탕으로 1919년 상·하 2책의 『조선금석총람(朝鮮金石總覽)』이 간행된다. 참사관실 안에는 따로

13 이영미, 2011, 『한국사법제도와 우메 겐지로』, 일조각, 227쪽.

'참사관분실'을 두고 도서 정리를 전담케 했다. 1,500종에 가까운 도서를 해제하고 금속활자와 판목(版木) 등을 조사했으며, 1913년에는 오대산사고에 있던 실록 439책을 도쿄제국대학에 기증하기도 했다. 그중 일부는 1923년 간토 대지진으로 소실된다.

1915년 다시 한번 총독부의 관제와 사무분장규정이 개편되면서 제도·구관 조사는 중추원으로 이관되고, 이제 참사관실은 법령의 심의·입안 등만 담당하게 된다.[14] 1924년 말에는 재정긴축에 따른 총독부 직제 개편으로 참사관·감찰관·감사관(鑑査官) 등의 직책이 폐지되고, 참사관실은 총독관방 심의실로 개편된다.

(2) 다른 부서·사업과 관련된 관습·풍속 조사

이 책에서는 1938년 중추원에서 펴낸 『조선구관제도조사사업개요』를 따라서 취조국·참사관실에서 중추원으로 이어지는 계보를 따라가겠지만, 조선의 풍속이나 민속, '조선학'과 관련지을 수 있는 연구나 조사가 꼭 그 계보에 한정된 것은 아니다. 총독부의 여러 사업은 서로 씨줄과 날줄처럼 얽혀 있었다.

예컨대 토지조사사업 과정에서도 준비조사로 감사원이 각 면에 가서 동·리의 강계(疆界)를 답사하고 신고서를 취합할 때, 면장이나 동·리장, 지주총대나 지역 사정을 잘 아는 사람에게 물어서 지방경제와 관습을 조사하게 했다. 지방경제에 관해서는 지세(地勢)의 개황, 교통, 지질, 수리, 인구, 생산 상황, 경작 방법과 난이도, 임금의 종별, 쌀의 도정 비율, 수확물 가격, 토지매매 가격, 이자, 각 면의 품등, 토지전당대금 비율

---

14 1915.5.1, 조선총독부훈령 제26호, 「조선총독부사무분장규정」 개정.

및 이자, 그 밖의 대금이자 등을 면별로 조사했다. 관습에 관한 조사사항은 토지의 매매·양여·상속 및 전당과 임야에 관한 관습, 지주-소작인 관계, 분묘지(墳墓地), 공동우물, 도량형기, 화폐, 토지면적 등이었다. 취조국·참사관실의 '관습조사'가 일단락됨에 따라 토지조사사업의 지역별 관습조사는 1912년 12월로 폐지된다.[15]

그런가 하면 1910년대 초에 전국의 지명을 조사한 것으로 추정되는 『조선지지자료(朝鮮地誌資料)』 필사본(원고) 54책이 국립중앙도서관(고문헌)에 소장되어 있다. 도와 군별로 산 이름, 골짜기 이름, 하천 이름, 마을 이름 등으로 '종별(種別)'을 나누어 한자 지명과 한글 지명을 수록하고, 비고란에 그 위치를 적어둔 것이다. 중앙의 어느 부서 소관이었는지는 알 수 없지만, 이 자료는 1911년 우사미 가쓰오(宇佐美勝夫) 내무부장관이 각 도에 의뢰해서 조선지명사전의 자료를 수집하게 한 조치와 관련된 것으로 추측된다.[16] 현재 남아 있는 도별 자료를 보면 수록된 지명이 대개 1914년 행정구역 통폐합 이전 또는 1911년까지의 지명이라고 한다.[17] 이런 시도는 1920년대 중추원에서 시도했던 『조선지지』 편찬사업, 1930년대의 조선지명사전 편찬사업과도 이어질 것이다.[18]

---

15 朝鮮總督府臨時土地調査局, 1918, 『朝鮮土地調査事業報告書』, 69~70쪽.

16 이하 『조선지지자료』에 대해서는 임용기, 1996, 「『조선지지자료』와 부평의 지명」, 『기전문화연구』 24; 박병철, 2019, 「일제강점기 이후의 지명 관련 자료집 편찬과 지명」, 『지명학』 30의 해당 부분을 요약했다.

17 그러나 충청북도의 경우 1914년 이후 통폐합된 면의 지명이 수록된 것도 있어서, 이 자료가 지역(도)별로 시기를 달리해서 편찬되었거나, 1911년 편찬된 뒤 지역별로 추후 개정되었을 가능성도 제기되고 있다[김순배, 2013, 「필사본 『조선지지자료』 충청북도편 지명 자료의 시론적 분석」, 『한국지역지리학회지』 19(1), 34쪽].

18 왕현종 외 편, 2019, 288~293쪽.

한편 1915년의 총독부 시정(始政) 5년 기념 조선물산공진회에는, '교육' 부문에 각 도에서 부·군별 향토사를 진열했다. 이것은 주로 부·군의 공립보통학교 교원들이 편찬한 것이다. 그중 『인천향토자료조사사항』은 인천공립보통학교 교장 등이 작성한 것인데, 서문에 보면 1914년 12월에 이 책을 편찬하라는 명을 받고 이마이를 포함하여 교원 9명이 조사·집필하여 1915년 7월에 탈고한 것으로 되어 있다.[19] 그밖에도 전라남도, 전라북도, 경상남도, 경기도, 황해도 등의 필사본 향토사료 또는 향토자료가 서울대학교 중앙도서관과 국립중앙도서관(고문헌) 등에 남아 있다.[20] 체재는 지역별로 조금씩 다르지만, 부·군의 연혁과 지리부터 관공서와 행정, 교육과 산업, 풍속, 재류 일본인의 상황까지가 수록되어 있다. 이것과 별도로 각 도와 개성·마산·군산 등 주요 도시에서는 관광과 일본인 이주 유치의 목적으로 인쇄된 '안내(기)'를 제작하기도 했다.[21]

한편 1910년대 다카하시 도루(高橋亨)를 비롯해서 여러 개인이 조선의 설화나 속담 등 구비문학을 정리해서 책으로 내는 중에,[22] 내무부 학

---

19 이마이 이노스케 외, 2007, 『인천향토자료조사사항 상』, 인천학연구원, 5~7쪽.

20 김광식, 2013, 「일본 문부성과 조선총독부 학무국의 구비문학 조사와 그 활용」, 『연민학지』 20, 244쪽의 목록 참조.

21 이에 대해서는 이동훈, 2020, 「재조일본인 사회의 '발전사' 간행과 일본의 향토 연구」, 『일본학』 50, 265쪽. 이 글은 전체적으로 재조일본인들의 '자치적'이고 (특히 1914년 거류민단 해체와 관련해서) '반관적(反官的)'인 지역사를 주목하지만, 이 '안내기'만큼은 관민 협조의 산물이라고 서술하고 있다.

22 다카하시는 1902년 도쿄제국대학 문과(한문과)를 졸업하고 이듬해 조선에 건너와 중등학교 교사·교장, 경성전수학교(경성법학전문학교) 교장 등으로 재직했고, 1920년대 전반 학무국 시학관을 지냈다. 1926년 경성제국대학 교수(조선어·조선문학)가 된다. 『조선의 이야기집(朝鮮の物語集)』(1910), 『조선의 속담집(朝鮮の俚諺集)』(1914)을 냈고, 1920~1930년대에는 전국 민요조사를 수행했다[박미경, 2006, 「다카하시 도루(高橋亨)의 조선속담연구 고찰」, 『일본문화학보』 28; 구인모, 2018, 「다카하

무국도 조선의 구비문학 조사와 편찬에 착수했다. 모델이 된 것은 일본 문부성의 구비문학 조사였던 것 같다. 문부성 보통학무국은 '통속교육', 즉 사회교육·대중교육을 위해 1905년 말 각 부·현의 보고를 통해 동화·전설·속요·속담(俚諺) 등을 조사했고, 1914년 속요·민요를 정리해서 『이요집(俚謠集)』을 간행했다.[23] 더 많은 분량을 차지했던 동화 등은 1923년 간토 대지진으로 조사·수집했던 자료가 소실되었다고 한다. 통감부시기부터 조선에서도 똑같이 "통속교육상에 참고"한다는 명분을 내세워 비슷한 종류의 조사가 시작됐다. 1908년 대한제국 학부는 '사찰(査察)'이라는 이름으로 각 공립학교를 통해 지방의 속담과 동요 등 구비문학을 조사했다.

1912년에는 총독부 내무부 학무국 편집과에서 속담·동요 등을 조사했고, 이듬해 1913년에는 다시 전설과 동화 등을 조사했다. 당시 편집과장이던 오다 쇼고(小田省吾), 또 편집과 속(屬) 겸 편수서기로 나중에 향가 연구로 유명해지는 오구라 신페이(小倉進平) 등이 조사에 영향을 미쳤거나 직접 조사를 담당했을 것으로 추측된다.[24] 다시 1916~1917년에 걸쳐 편집과 촉탁인 다나카 우메키치(田中梅吉)의 주도로 조선 동화·민

시 도루(高橋亨)와 조선민요의 발견」, 『동방학지』 183 등].

23 이하 학무국의 구비문학 조사에 대해서는 김광식, 2013, 「일본 문부성과 조선총독부 학무국의 구비문학 조사와 그 활용」, 『연민학지』 20; 김광식, 2015. 「조선총독부 학무국 '전설 동화 조사' 보고서를 활용한 『조선동화집』의 개작 양상 고찰」, 『고전문학연구』 48을 볼 것.

24 오구라는 도쿄제국대학과 대학원에서 언어학을 전공하고 1911년 총독부 학무국 속이 되어 조선에 왔다. 1919년 총독부 편수관이 되고, 1910년대 후반 경성의학전문학교 교수(겸임)와 1924~1926년 구미 유학을 거쳐 1926년 경성제국대학 문학과(조선어학·조선문학) 교수가 된다.

요·속담·수수께끼 조사가 이루어졌다.[25] 이때 조사된 내용은 일부 보통학교 교과서에도 실렸지만, 1920년대 학무국 편집과가 다음과 같은 책으로 펴내게 된다.[26]

[1]『(조선민속자료 제1편) 조선의 수수께끼(朝鮮の謎)』, 1919

[1]-1 다나카 우메키치,『수수께끼의 연구: 역사와 그 양식(謎の研究: 歴史とその様式)』, 1920(위 [1]의 부록)

[2]『(조선민속자료 제2편) 조선동화집(朝鮮童話集)』, 1924

[3]『(조선민속자료 제3편) 조선속담집(朝鮮俚諺集)』, 1926

그러나 총독부가 이런 것들을 조사했다고 해서, 총독부가 조선인들의 풍속이나 전통문화에 대해 우호적이었던 것은 아니다. 가령 조선인들의 민간신앙이나 무속 같은 것은 뒤에서 다룰 '심전(心田) 개발' 등으로 동원의 대상이 되지 않는 한, 대개는 전근대적이고 비과학적인 '미신'으로 취급됐다.[27]

---

25 다나카는 1909년 도쿄제국대학 독문학과를 졸업하고 1916년 11월 총독부 임시교과용도서편집사무 촉탁이 되어 조선에 건너왔다. 1921~1924년 유럽 유학을 거쳐 경성제국대학 예과 교수, 1927~1944년 법문학부(미학·미술사강좌) 조교수를 지냈다.

26 김광식, 2015,「조선총독부 학무국 '전설 동화 조사' 보고서를 활용한『조선동화집』의 개작 양상 고찰」,『고전문학연구』48, 36~38쪽.

27 이방원, 2006,「일제하 미신에 대한 통제와 일상생활의 변화」,『동양고전연구』24.

2) 중추원의 관습·제도·풍속 조사

1915년부터 1940년대까지 이어진 중추원 조사사업의 최대 범위는 ① 민사·상사 관습조사, ② 제도조사, ③ 풍속조사 그리고 ④ 조선반도사(朝鮮半島史) 편찬계획까지 네 가지다. 1922년 이래 조선사 편찬으로 바뀌었다가 1925년 조선사편수회로 이관되는 ④에 대해서는 이 총서의 다른 권에서 다룰 것이다. 여기서는 관습조사, 제도조사, 풍속조사에다, 덧붙여서 풍속조사의 부대조사였던 1920년대 초의 부락조사를 살펴보기로 하겠다.

(1) 중추원의 조사기구

1898년 독립협회와 만민공동회 시기에 대의제 입법기관이 될 뻔했던 중추원은 이후 황제의 형식적 자문기구로 유지되다가, '한일병합' 이후로는 조선총독의 자문기구가 됐다. 말이 자문기구지 실제로는 총독부의 시정 홍보와 각종 관제행사에 동원되는 들러리에 불과했다. 1910년대의 의원인 찬의(贊議)·부찬의, 1920년대 이래의 참의(參議)는 대개 조선의 식민지화에 협력한 대한제국의 친일 고위관료와 민간 유력자들이다. 1915년 5월 총독관방 참사관실의 구관·제도조사 관련 사무가 중추원으로 이관됐다. 찬의·부찬의로 이루어진 기존 중추원의 구성·기능과 별개로, 1916년부터 다수의 속(屬)과 촉탁이 증원됐다. 사안에 따라 찬의·부찬의 중 일부가 구관·제도조사에 관여하기도 했다. 1918년부터 중추원에 조사과와 편찬과가 설치되었으나, 편찬과는 1922년 10월에 가서 폐지된다. 사업과 인력 일부는 조사과로 통합되고, 일부는 신설된 조선사편찬위원회 등으로 옮겨졌다. 중추원 조사사업에 대한 기본자료는 1938년 중추원에서 펴낸『조선구관제도조사사업개요』라는 책이다.

통감부시기 부동산법조사회와 법전조사국의 관습조사는 식민지기 취조국과 총독관방 참사관실을 거쳐 중추원으로 계승된다. 같은 분야에 대한 비슷한 내용의 조사가 확대된 것 같지만, 시기별로 조사의 초점과 성격은 상당히 다르다. 법전조사국의 관습조사는 조선만의 민법전·상법전을 염두에 두고 법적 성격을 갖는 조선의 현행 관습을 조사해서 그것을 성문화하려는 것이었다. 반면 그 조사 결과가『관습조사보고서』로 간행되고 또「조선민사령」이 제정된 이래, 특히 참사관실 시기에 관습법적 관습 자체에 대한 조사는「조선민사령」제11조 유보조항에서 조선의 관습에 따르도록 한 조선인의 능력과 친족·상속 등에 대한 것으로 한정될 수 있었다. 중추원으로 조사사업이 이관된 뒤 1918년에 구관심사위원회, 1921년 4월부터는 그것을 대체한 구관 및 제도 조사위원회를 설치해서, 재판이나 행정에서 맞닥뜨린 애매한 관습을 심사하여 확정하곤 했다. 1930년대 초까지의 그런 유권해석을 모아 편찬한 것이『민사관습회답휘집(民事慣習回答彙集)』(1933)이다.

그러나 다른 한편,「조선민사령」제정 이후로는 민법전에 한정되지 않고 조선의 관습 일반에 대한 더 폭넓고 자유로운 조사도 가능해졌다. 급하게 민법전을 제정할 필요에서가 아니라면, 더 넓은 지역에 걸쳐 개별 관습들의 다양한 변이에 집중하거나 문헌조사를 통해 관습의 연원과 역사적 변화를 살필 수 있을 터였다. 물론 식민지 사회에 대해 그런 정도의 관심을 갖는다는 것은 사치였을 것이다. 그러나 조선을 식민지로 삼은 이래 대규모 저항이나 반대운동 없이 10년 가까이 세월이 흘러 조선의 통치 체제가 어느 정도 자리잡았다고 자평(自評)하던 시점에 3·1운동이 일어나자, 총독부로서도 조선 사회의 실상, 조선의 민심, 조선인의 사고와 감정에 대한 다른 차원의 조사가 필요하게 됐다. 1920년대 들어서 중추원이 '풍속' 조사에 착수한 것은 그런 배경에서라고 추측된다.

중추원의 조사사업을 담당한 기구와 인력에 대해 상세하게 알려진 바는 없다. 1918년 1월부터 1922년 9월까지 조사과장은 서기관 오다 미키지로, 편찬과장은 학무국 편집과장 오다 쇼고가 사무취급 촉탁으로 겸직했다. 1922년 10월부터 오다 미키지로가 중추원 서기관장이 되고, 조사과장은 잠시 서무과장 김동준이 겸직하다가 1923년 4월부터 1924년 말까지는 후카가와 덴지로(深川傳次郎)가 재직했다. 이후로는 『직원록』에 누가 과장인지 기재되지 않는다.[28]

『직원록』에 따르면 가장 규모가 컸던 1924년 중추원 조사과의 직원은 〈표 5-1〉과 같다. 업무의 특성상 중추원 조사과의 속이나 촉탁은 오래 재직한 사람이 많고, 중추원이나 다른 부서에 재직하다가 퇴직하고 중추원 촉탁이 된 사람도 있었다. 〈표 5-1〉의 속 중에서는 와타나베 교시(渡邊業志), 가쓰라기 스에하루(葛城末治), 아소 다케키(麻生武龜) 등이 중추원에 오래 머물렀다.[29] 촉탁 중에는 이와타니 부이치(岩谷武市)가 법

28 오다 미키지로에 대해서는 이 책 119쪽 주 135를 볼 것. 오다 쇼고는 1899년 도쿄제국대학 문과를 졸업한 뒤 일본에서 중등학교 교수(교사)로 근무하다가 1908년 11월 대한제국 학부 서기관이 되어 조선에 왔다. 총독부 설치 이후 학무국 편집과장, 중추원 서기관장을 거쳐 1924년 경성제국대학 교수가 된다(부록 8 참조). 후카가와는 1902년 도쿄제국대학 법대를 나와 1906년 이래 조선에서 이사청 부이사관부터 시작해서 부윤 등 지방관을 지냈다.

29 와타나베는 1913~1914년 참사관실 판임관견습으로 시작해서 1915~1930년 중추원 속, 1931~1939년 중추원 촉탁; 가쓰라기는 1915년 참사관실 판임관견습, 1916~1937년 중추원 속(겸해서 1926~1936년 조선사편수회 수사관보, 1937년 수사관); 아소는 1914~1920년 임시토지조사국 서기를 거쳐 1921~1929년 중추원 속, 1930~1939년 중추원 촉탁을 지냈다.

〈표 5-1〉 1924년 중추원 조사과의 직원들

서기관(2)		深川傳次郎(과장), 金東準(겸 서무과장)
속(6)		寺澤德三郎, 波邊業志, 葛城末治, 麻生武龜, 管野銀八, 今井三喜治
촉탁	구관·제도 조사(20)	大原利武, 小田内通敏*, 岩谷武市, 齊藤利三郎, 江原善槌(임시), 金敦熙, 朴正銑, 尹喜求, 金聖睦, 朴承章, 沈鍾舜, 洪奭鉉, 金明秀, 李寅洙, 張行遠, 鄭鳳時, 趙範夏, 趙漢克, 金定鉉, 柳鎭爀(임시)
	사료 수집·편찬(1)	瀨野馬熊

* 오다우치 미치토시(小田内通敏)는 당시 와세다대학 강사로, 1920년 7월~1924년 3월 '부락조사'에 촉탁되어 1년에 몇 차례 조선을 방문해서 조사를 수행함

전조사국 사무관보 출신이고, 오하라 도시타케(大原利武), 에하라 요시즈치(江原善槌), 사료 수집·편찬 담당의 세노 우마쿠마(瀨野馬熊) 등이 오래 근무했다.[30] 조선인으로는 이능화, 지석영 등도 잠깐씩 촉탁되었지만, 오래 근무한 사람으로는 김돈희, 김명수, 김성목, 박승장, 박정선, 심종순, 윤희구, 홍석현 등이 있다.[31] 남아 있는 '중추원조사자료'에 필자로 이름이 기재된 경우나 잡지 『조선』 등에 기명(記名)으로 글을 남긴 사람도 있지만, 이들 각각이 구체적으로 어떤 업무를 담당했는지는 알 수 없다. 촉탁들의 담당업무 기재도 1926년부터는 『직원록』에서 사라진다.

---

30 이와타니는 1918~1922년 중추원 속, 1923~1929년 중추원 촉탁; 오하라는 1922~1933년 중추원 촉탁; 에하라는 총독관방 속을 거쳐 1923~1929년 중추원 촉탁; 세노는 1917~1925년 중추원 촉탁, 1926~1934년 조선사편수회 촉탁으로 있었다.

31 김돈희는 1910~1911년 취조국 위원, 1916~1936년 중추원 촉탁; 김명수는 1910~1911년 중추원 부찬의, 1923~1939년 촉탁을 지냈다. 김성목은 1921~1939년; 박승장은 1921~1928년; 박정선은 1918~1934년; 심종순은 1918~1933년; 윤희구는 1917~1928년(겸 1926~1928년 경학원 부제학); 홍석현은 1922~1929년 중추원 촉탁이었다.

(2) 민사·상사 관습조사

법전조사국의 『관습조사보고서』가 간행·개정되고 1912년 조선민사령이 공포·시행됨으로써 민법·상법 관련 관습, 식민지기의 용어로는 '관습'이나 '구관'에 관련된 조사는 일단락된 셈이었다. 그러나 법전조사국의 관습조사는 전국에서 70개 정도의 지역을 뽑아 수행한 일종의 표본조사였다. 그것이 최선의 표본이었을까? 조선 전체로 보면 아직 조사되지 않은 지역이 많이 남아 있었다. 게다가 취조국·참사관실 때부터 본격화된 문헌조사는 "고래(古來)의 법제와 관습을 적당히 분류하여 기술하며 그 연원과 변천의 자취를 밝히는" 더 큰 과제를 만들어냈다. 실록과 일성록부터 개인의 문집에 이르기까지 조사해야 할 문헌자료는 산처럼 쌓여 있었다.

1915년 참사관실의 제도·구관조사 사무를 넘겨받은 중추원은 총독의 결재를 거쳐 다음과 같은 방침을 세웠다.[32] 아래 1은 종래의 민사·상사 관습 조사를 완결하고 편찬하는 것을 일차적 과제로 제시하지만, 2와 3은 다른 방향을 가리키고 있다.

1. 사법(민사·상사)에 관한 관습조사를 완결하고 편찬을 할 것
2. 구래(舊來)의 제도를 널리 조사할 것
3. 행정상이나 일반의 참고가 될 만한 풍속과 관습을 조사하여 편성할 것

그런데 그 다음부터 『조선구관제도조사사업개요』의 서술은 종잡을 수 없어진다. 대강을 따라가 보자. 1의 방침대로 중추원은 1910년대 후

32 왕현종 외 편, 2019, 앞의 책, 223쪽.

반 부동산법조사회 이래의 예를 따라 현장조사(청취조사)와 조선왕조실록 등에 대한 문헌조사를 수행했고, 1919년까지로 1차 조사를 마무리했다. 1920년, 각 도를 3~4개의 조사구로 나누어 순차적으로 전국에 걸친 보충조사를 실시한다는 2차 현장조사 계획을 세웠다가, 현장조사는 필요에 따라 수시로 실시하는 것으로 계획을 변경했다. 1923년 중추원은 조선민사령에서 예외적으로 조선의 관습에 따르도록 조선인의 능력·친족·상속 등뿐 아니라, 총칙·물권·채권·친족·상속이라는 일본 민법의 체제에 따른 종합적인 민사관습 조사항목을 새로 편성했다. 상사관습도 따로 떼어서 일본 상법의 편(編)별로 상업단체·상인·상업사용인 … 어음·해상(海商) 등으로 조사항목을 만들었다.

이후 민사·상사 관습조사는 대개 이렇게 더 많은 지역을 현장조사하고 보다 많은 문헌을 뒤지는 방식으로 외연을 넓혀간 것 같다. 그러나 1923~1924년 일본제국 전체의 예산감축 등으로 사업이 지체되거나 중단되었고, 부분적으로 모인 보고서는 수정하고 출판하기까지 시간이 많이 걸렸다. 1930년에 앞으로 10년 이상에 걸쳐 친족·상속·물권·채권·총칙 순으로 민사관습조사보고서를 서술한다는 계획을 세웠다가, 1933년에는 일본 민법의 적용을 받는 사항에 대해서는 조사를 일시 중단하고 관습법이 적용되는 사항만 조사하기로 다시 방침을 변경했다. 상사관습조사는 1932년에 중지됐다.

난감한 문제는, 이 민사·상사 관습조사의 조사서로 간행된 것이 거의 없다는 점이다. 『조선구관제도조사사업개요』는 민사관습조사 부분에서 그때그때 자료나 조사서를 정리했고 보고서를 편찬해서 원고를 탈고했다, 언제까지 인쇄를 마칠 예정이(었)다는 말을 여러 번 되풀이한다.[33] 그러나 정작 『조선구관제도조사사업개요』에서 들고 있는 중추원의 관련

〈표 5-2〉 중추원 민사·상사 관습조사의 결과물

	제목	간행연도	편저자
[1]	소작에 관한 관습조사서 (小作ニ關スル慣習調査書)	1930	와타나베 교시
[2]	민사관습회답휘집 (民事慣習回答彙集)	1933	노무라 쵸타로, 기토 효이치
[3]	이조의 재산상속법 (李朝の財産相續法)	1936	기토 효이치
[4]	조선제사상속법론 서설 (朝鮮祭祀相續法論 序說)	1939	노무라 쵸타로

간행물은 〈표 5-2〉의 네 권뿐이다. 그것도 [2]는 1909년 이래로 재판소나 기타 관청에서 '관습'에 대해 의문시되는 것을 조회하면 법전조사국·취조국·참사관실·중추원에서 회답한 내용을 모은 것이라, 엄밀하게는 '조사'의 결과는 아니다.[34] [3], [4]는 주로 문헌자료를 정리한 것이다. 다른 조사 결과들은 다 어디로 간 것일까?[35] 또 [1]은 중추원 속 와타나베 교시가 편찬한 것이지만, [2]~[4]의 편저자 노무라 쵸타로(野村調太郎)와 기토 효이치(喜頭兵一)는 둘 다 현역 판사였다. 중추원에서 제공한 조사 자료를 가지고 노무라와 기토가 집필한 것으로 생각된다.

33 예컨대 왕현종 외 편, 2016, 위의 책, 225쪽을 볼 것.

34 민사관습에 의한 조회와 회답의 절차에 대해서는 이승일, 2013, 「오다 미키지로(小田幹治郎)의 한국 관습조사와 관습법 정책」, 『한국민족문화』 46, 13-17쪽.

35 국사편찬위원회(한국사데이터베이스, 일제강점기>중추원조사자료) 등에 인쇄·간행되지 않은 필사본 보고서가 다수 남아 있지만, 『민사관습회답휘집』과 마찬가지로 그 이전 법전조사국이나 취조국, 참사관실 때의 것이 섞여 있고, 그것들을 가지고 중추원의 민사·상사 관습조사의 전모를 그려보기는 힘들다고 생각된다. 이 필사본 보고서들에 대해서는 이승일, 2012, 「일제 강점기 한국관습조사 자료의 소장 현황과 분류·기술」, 『법사학연구』 46을 볼 것.

(3) 제도조사

'구관'이 민사·상사 분야의 관습이라면, '제도'란 조선시대에도 성문법으로 존재했던 국가와 행정, 각종 사회제도를 말한다. 사인(私人)들끼리의 민사·상사 관습은 오래 지속했는지 몰라도, 성문법 쪽은 갑오개혁 이래 '한일병합'에 이르는 동안 전면적인 변화가 이루어질 수밖에 없었다. 법제로는 대한제국의 1905년 「형법대전」이 근대적 법률의 형식을 취하면서도 내용으로는 상당 부분 조선시대의 「대명률(大明律)」을 계승했는데, 그런 「형법대전」의 몇몇 조항이 1917년까지 시행된 것이 조선의 마지막 흔적이라고 하겠다.[36] 따라서 관습조사가 여전히 "현행의 관습"을 조사했던 것과 달리 제도조사는 "병합 전의 구제도를 밝히는 것을 목적으로", 전적, 즉 문헌의 조사를 주로 하고 필요하면 '현장'에 가서 청취조사도 하는 방식으로 진행됐다.[37] 그러나 여기서도 본래 계획과 최종 간행된 결과물의 차이가 크다.

『조선구관제도조사사업개요』에 따르면 제도조사는 애초 일정한 계통 없이 구관조사의 일부로 그때그때 필요한 사항을 조사하는 식이었다가, 1922년경에 국제(國制), 왕실, (지방행정)구역, 관직, 관원, 내무, 외교, 군제(軍制), 재판, 재무, 지방자치 등 11개 조사항목을 편성해서 1924년 말까지 조사를 완료하기로 계획했다. 조사항목 제5편 '관원'의 하위항목들은 대부분 『경국대전』의 「이전(吏典)」과 일부 「호전(戶典)」에 있는 것들인 반면, 제6편은 조선시대에는 존재하지 않았던 '내무'라는 근대적 개념을 가지고 이것저것을 묶은 것이다. 그래도 전체적으로 보면 이미 성

36 도면회, 2014, 『한국 근대 형사재판제도사』, 푸른역사, 302~305쪽, 493~496쪽.

37 왕현종 외 편, 2019, 앞의 책, 245쪽.

문규정으로 존재하는 내용들이 대부분이라 조사와 편찬은 쉽게 끝날 것 같았다. 그러나 일은 그렇게 풀리지 않았다. 분야에 따라 원고가 완성된 것도 있고 조사가 지지부진한 것도 있어서, 1923년 말에 실록과 승정원일기, 일성록부터 각 관청의 사례 등록, 야사·문집류까지 원자료의 분류 목록을 만들고 항목별로 자료를 분류·발췌하는 식으로 근본적인 조사를 하기로 했다.

그래서 1925년에는 실록 1,700여 권을 분류·등사(謄寫)한 것과 그것을 편년(編年)한 것 각각 300여 책, 1927년에는 일성록 2,300여 책의 분류·등사와 편년 각각 200여 책이라는 대단한 작업실적이 이어진다. 조선사편수회의 작업방식에 대한 기존연구를 참조해서 추정해 보자면, 원자료인 실록을 뒤지면서 '제도'와 관련된 기사를 찾아 베껴썼다가(등사), 연대를 비정하거나 시대순으로 정리(편년)했던 것 같다.[38] 원자료를 읽다가 필요한 부분을 발췌해서 독서카드나 공책에 베껴둔다든가 하는 것은, 전자복사기가 없던 시절 인문·사회과학의 가장 기본적이고 당연한 연구절차였다. 그러나 많지 않은 인력을 가지고 올해는 실록, 내년에는 일성록, 그 다음해에는 비변사등록 하는 식으로 방대한 자료들을 섭렵하기란 힘든 작업이었을 것이다.

제도조사에 한정된 것은 아니지만 실록·일성록 기사의 발췌·정리는 1910년대 중추원에서 '조선반도사' 편찬을 추진하면서부터 이루어졌다. 그러나 고대로부터 조선 말에 이르는 수천 년 통사의 편찬을 위한 자료수집과 조선시대 제도·관습의 조사를 위한 자료수집은 목표나 필요로

38 정상우, 2018, 『조선총독부의 역사 편찬 사업과 조선사편수회』, 아연출판부, 54~56쪽, 331~332쪽.

하는 기사가 달랐을 것이다. 국사편찬위원회 전자사료관에 있는 1920년 2월의 중추원 서류 『실록발췌기입부(實錄拔萃記入簿)』가 아마 제도조사와 관련된 것이 아닐까 싶다. 실록의 대출·반납 상황과 조사의 진척 사항을 함께 기록한 것이다. 그 3분의 2 정도는 2~3월에 걸쳐 이필균·이철규 등 조사원 14명이 태종부터 예종까지 실록 266권을 훑어서 친족·상속·유서·토지 등의 주제와 관련된 기사를 발췌했음을 보여준다. 각자 실록 1권을 2~6일에 걸쳐 읽고 2~9매 정도를 발췌하는 식이었다.[39]

같은 서류의 뒤쪽에는 조사자 김환이 2~4월에 걸쳐서 태조실록부터 인조실록까지 경제육전·경국대전·교서·제전(諸田)·양역·노비 관련 기사를 발췌한 기록도 있다. 여기서, (1) 너무 당연한 말이지만 『직원록』에 실린 속(屬)이나 촉탁 외에 이런 일을 담당한 계약직 조사자들이 꽤 많이 있었다는 것과, (2) 실록 기사의 발췌작업은 각각 일정 범위의 주제군 조사를 담당하는 여러 팀이 실록 전체를 몇 번이고 다시 뒤지는 방식으로 이루어졌음을 알 수 있다. (3) 다만 뒷부분의 김환의 조사는 실록 권수도 제대로 기록되어 있지 않고, 왕대를 건너뛰거나 성종실록 조사를 하루만에 마치는 등 뭔가 어수선하고 이상하다. 체계적 조사가 이루어지지 않은 것인지, 아니면 기존의 발췌록 등을 참조할 수 있어서 빨리 작업을 마칠 수 있었던 것인지는 알 수 없다.

어떻든 이렇게 해서 1930년까지 실록, 일성록, 비변사등록과 각 군·

39 60일 동안 14명이 266권을 읽는 것이니까 1명이 3.2일에 1권을 처리한 셈이다. 실제로는 14명이 성종실록 30권까지를 조사했지만, 성종실록은 한 달에 1권이라는 구성이어서 다른 실록과 비교하기 힘들어 빼고 계산했다. 또 그 뒷부분에는 김환·조동호라는 다른 조사자 2명이 1월 하순부터 2월 초순까지 성종실록 뒷부분과 연산군일기까지를 조사한 것으로 되어 있지만, 그것이 1920년인지 이듬해인지도 알 수 없어서 그것도 제외했다.

읍지 사례, 『치평요람』, 『경국대전』, 『삼국사절요』 등 방대한 자료에 대해 제도 관련 기사의 발췌·등사를 마쳤다고 한다. 1933년에는 전체 항목을 관제, 행정, 형정(刑政), 민정, 군제, 재정과 경제, 산업, 예제(禮制), 국교(國交)와 사회 등 9개로 재편하고, 향후 6개년에 걸쳐 조사서와 자료를 출판하기로 계획했다. 눈길이 가는 것은 그 집필·편찬은 중추원 내부의 인력이 담당하지 않고 "경성제국대학 총장과 고등법원장한테 의뢰해서 전문 학식이 있는 사람을 촉탁하기로" 했다는 말이다.[40]

그렇다면 제도조사를 통해 1945년까지 간행된 책들은 어떤 것이 있을까? '조사서'라고 할 만한 것은 단 세 권이다. 모두 중추원 촉탁 아소 다케키가 편집했다.[41] 『이조법전고』는 그 시기 중추원에서 활발하게 번각·간행한 경국대전, 속대전 등 조선시대 법전의 편찬과정과 체재 등을 정리한 것이다.

조사서에 비하면 1930년대 (후반) 주요 법전의 간행은 훨씬 활발했다.[42] 〈표 5-3〉을 보면 중추원에서 간행한 제도 관련 자료 10권 중 7권이 법전이고, 『이조법전고』에서 그렇게 분류한 대로 『만기요람』도

---

40 왕현종 외 편, 2019, 앞의 책, 250쪽의 번역을 수정했다. 1933년 당시 경성제국대학(4대) 총장은 법학 전공의 야마다 사부로(山田三良)였다. 외부 전문가에게 집필을 의뢰한 것은 〈표 5-2〉, 〈표 5-5〉에서도 마찬가지다.

41 『이조의 재산상속법』(1936), 『조선 제사상속법론 서설』(1939)도 제도조사의 일부라고 할 수 있지만, 『조선구관제도조사사업개요』에서는 전자를 '구관조사' 중 민사관습에 관한 조사서로 분류해 두었다.

42 조선총독부의 고법전 정리 간행은 두 차례에 걸쳐 집중적으로 이루어졌다. 1차로 1919~1923년에는 주요 고법전을 소개하고 해설하는 데 주력했고, 2차로 1934~1939년에는 주로 경성제국대학 교수를 담당자로 위촉하여 텍스트를 교정하고 훈점을 다는 등의 연구 성과를 담아냈다(장경준, 2015, 「花村美樹의 대명률직해 교정에 대하여」, 『규장각』 46, 178~179쪽).

〈표 5-3〉 중추원의 제도조사로 간행된 조선의 주요 전적

<table>
<tr><th colspan="2">구분</th><th colspan="2">제목</th><th>연도</th><th>편저자</th><th>비고</th></tr>
<tr><td rowspan="3">조사서</td><td>1</td><td colspan="2">(구관제도조사서)
사환미제도(社還米制度)</td><td>1933</td><td>아소 다케키</td><td>사창·상평창부터 환곡에 이르는 비황·구휼제도</td></tr>
<tr><td>2</td><td colspan="2">이조법전고(李朝法典考)</td><td>1936</td><td>〃</td><td>조선시대 법전의 정리·소개</td></tr>
<tr><td>3</td><td colspan="2">조선전제고(朝鮮田制考)</td><td>1940</td><td>〃</td><td></td></tr>
<tr><td rowspan="11">자료</td><td>1</td><td colspan="2">(역문)대전회통</td><td>1921</td><td>(불명)</td><td>법전. 일본어로 직역</td></tr>
<tr><td>2</td><td colspan="2">경국대전</td><td>1934</td><td>나이토 기치노스케</td><td>법전. 사고본(史庫本)을 원본으로 6개 판본 대조(교주번각본)</td></tr>
<tr><td>3</td><td colspan="2">속대전</td><td>1935</td><td>〃</td><td>법전</td></tr>
<tr><td>4</td><td colspan="2">대전속록 및 주해
(大典續錄及註解)</td><td>1935</td><td>〃</td><td>법전. 번각본. 『대전속록』, 『대전후속록』, 『경국대전주해』 합본</td></tr>
<tr><td>5</td><td colspan="2">(교정)대명률직해</td><td>1936</td><td>하나무라 요시키</td><td>법전. 교주번각본</td></tr>
<tr><td rowspan="2">6</td><td rowspan="2">만기요람
(萬機要覽)</td><td>재용편
(財用編)</td><td>1937</td><td rowspan="2">시카타 히로시</td><td rowspan="2">필사본 간행</td></tr>
<tr><td>군정편
(軍政篇)</td><td>1938</td></tr>
<tr><td>7</td><td colspan="2">(교주)대전회통</td><td>1939</td><td>노세타니 간료</td><td>법전. 교주번각본</td></tr>
<tr><td>8</td><td colspan="2">국조방목 (國朝榜目)</td><td>1939</td><td>(불명)</td><td>조선시대 문과급제자 명부</td></tr>
<tr><td>9</td><td colspan="2">추관지(秋官志)</td><td>1939</td><td>하나무라 요시키</td><td>'추관(秋官)·추조(秋曹)'라고 불린 형조의 사례집. 필사본을 간행</td></tr>
<tr><td>10</td><td colspan="2">수교집요(受敎輯要)</td><td>1943</td><td>나이토 기치노스케</td><td>법전. 『각사수교』, 『수교집록』, 『신보수교집록』의 합본</td></tr>
</table>

법전으로 치면 8권이다. '번각본(飜刻本)'이라고 한 것은 조선시대 활자본이나 목판본으로 간행된 것을 근대 활자로, 그러나 행 갈음과 1행당 글자수 등 체재는 원본과 비슷하게 맞추어 간행한 것이다. 일본식으로 구두점과 해석순서를 표시한 훈점(訓點) 등을 표시했고, 판본이 여럿 있는 것은 서로 대조하여 정본을 만들었다. 『만기요람』과 『추관지』는 필사본으로 전해오던 것을 이때 비로소 활자화했다. 〈표 5-3〉의 책들은 표지나 판권장에는 대개 '중추원'이나 '중추원 조사과'라고 했지만, 상당 부

분 외부 필자에게 의뢰해서 편찬한 것이다. 교정·훈점을 담당한 이들 중 노세타니 간료(野世溪閑了)만이 중추원 서기관이고,[43] 나이토 기치노스케(內藤吉之助), 하나무라 요시키(花村美樹), 시카타 히로시(四方博)는 모두 경성제국대학 법문학부 교수였다.

(4) 풍속조사

앞서 본 것처럼 1915년 참사관실의 구관·제도조사 사무가 중추원으로 옮겨질 때 구관과 제도 이외의 '풍속'의 조사도 이미 계획되어 있었다. '구관'이라고 불린 것이 민사·상사 관습법의 법원(法源)이 될 만한 관습이라면, 그 나머지 관습·관행·습속 등이 '풍속'이라는 말로 묶였을 것이다. 그런 풍속이란 그야말로 일상생활의 모든 면을 가리킨다. 〈표 5-4〉는 중추원이 여러 차례 만들고 또 수정했던 풍속조사 항목 중 하나다.[44] 이것도 대강의 계획이고, 실제 조사에 착수하기 위해서는 '절'에 있는 항목을 더 세분화하든가, 아니면 지역별로 조사계획을 짰을 것이다. 그런데 법전조사국의 민사·상사 관습조사처럼 전국 통일의 관습 찾기나 만들기가 아니라면, 도대체 이렇게 넓은 분야에 걸친, 지역별로 또 계급별로 다양한 변이를 보일 풍속을 어떻게 정리할 수 있을까?

여기서도 『조선구관제도조사사업개요』는 이루어지지 않은 계획만을 나열할 뿐, 중추원이 만들어낸 결과를 보여 주지 않는다. 『조선구관제도조사사업개요』에 따르면 ① 1910년대 풍속은 주로 구관·제도의

---

43 노세타니는 1922년 도쿄제국대학 법대를 졸업하고 문관고등시험에 합격해서 조선총독부에 들어갔다. 1934년까지 주로 중앙과 지방의 경찰관료로 일했고 1934년 말부터 1938년까지 중추원 서기관으로 재직했다.

44 왕현종 외 편, 2019, 앞의 책, 260~263쪽.

참고사항으로 조사되었는데, 일단 그것을 17개 범주로 묶어서 간행하기로 했다. ②1921년에 방침을 바꾸어 "현재와 과거에 걸쳐서" 풍속의 "연혁·변천을 구명(究明)"한다는 본격적인 조사 계획을 세우고, 현재의 풍속을 먼저 조사하기로 했다. 전체 항목을 몇 개로 할지를 최소 13개에서 최대 34개까지 10여 차례 방침을 바꾸면서 고심하다가 25개 항목을 최종 확정했다(〈표 5-4〉). ③1923년에 가서, 전체 조사의 완성에는 시간이 많이 걸리니까 우선 17개 장으로 구성된 '조선풍속개요'를 편찬하기로 했다. 1923년 말까지 전 항목에 대한 자료수집을 완료하고 1925년부터 차례로 편찬한다는 계획이었다.

④'조선풍속개요'는 원고의 마감이 계속 늦춰진 끝에 1931년 "17장 전 항목에 걸쳐 기술을 종료"했다. 그러나 이런 제목의 17개 장으로 된 책은 간행되지 않았다. ⑤그리고 중추원 조사과는 25개 항목 조사를 부활·속행했고, 그중 일부로 1934년에 『조선의 성명·씨족에 관한 조사연구』를 출판했다. 나머지 25개 항목은 632책의 방대한 원고를 줄이고 목차를 만들었으며, 1930년대 후반에는 이것을 다시 "56개 항목으로 구분해서 서술의 통일과 자료 정리에 착수"했다. 1938년에 나온 『조선구관제도조사사업개요』의 서술은 여기서 끝나지만, 결국 몇 년을 굴러다녔을 '원고' 중 단 하나의 항목도 출판되지 않았다. ⑥한편 1936년에는 조선왕조실록 중에서 풍속에 관한 사항을 발췌하기 시작했고, 이와 별도로 '조선풍속자료집설'을 발간하기로 해서 이듬해에는 제1권을 출판했다.

결국 중추원이 풍속조사와 관련해서 간행한 책은 〈표 5-5〉의 다섯 권이다. (ㄱ) 하나만이 애초 설정했던 25개 항목 중 하나에 해당할 뿐, 나머지는 그 25개 항목의 정리·간행이 지지부진한 상황에서 1930년대 후반 갑자기 설정된 '조선풍속자료집설'과 '풍속관계자료촬요' 시리즈다.

〈표 5-4〉 1921년 중추원의 풍속조사 항목(계획)

장	절
1. 복장	1) 일반인의 복장, 2) 왕가의 … 11) 궁녀의, 12) 하예(下隸)의, 13) 승려의, 14) 춤출 때(舞)의, 15) 보부상의 … 19) 남녀의 결발(結髮)과 화장
2. 음식	1) 먹을 것, 2) 음료, 3) 그릇
3. 주거	1) 가옥의 종류, 2) 가옥의 제도와 제한, 3) 가옥의 구조와 명칭, 4) 궁전, 5) 공해(公廨), 6) 묘사(廟祠), 7) 사찰과 당우(堂宇)
4. 수레·가마·배	1) 수레, 2) 가마, 3) 배
5. 출생	1) 산부(産婦)와 출생아의 위생, 2) 출산의 준비와 출생아 돌보기, 3) 출생의 의식과 명명
6. 관혼상제	1) 관례, 2) 계례(笄禮), 3) 혼례, 4) 상례, 5) 분묘(墳墓), 6) 제례
7. 예속(禮俗)	1) 일반인의 예식, 2) 왕가의 예식
8. 직업	1) 농업, 2) 상업, 3) 공업, 4) 공무와 잡업
9. 학문	1) 학교, 2) 과거
10. 속담(俚諺)	
11. 예의	1) 가정의 예의, 2) 일반의 예의
12. 가정의 일상	1) 남자의 일상, 2) 여자의 일상
13. 종교	1) 불교, 2) 유교
14. 미신	
15. 절행	1) 충, 2) 효, 3) 열(烈)
16. 의약(醫藥)	
17. 미술	
18. 음악·노래·춤	1) 악(樂)·노래·춤의 변천과 발달, 2) 노래, 3) 춤
19. 오락과 놀이	1) 오락, 2) 놀이
20. 족보	
21. 농업과 어업	1) 농업, 2) 어업
22. 무와 술객	1) 무복(巫卜), 2) 술객(術客)
23. 성명	1) 성, 2) 명, 3) 본관
24. 연중행사	1) 1월 행사, 2) 2월 행사 … 12) 12월 행사
25. 잡(雜)	1) 액일(厄日), 2) 전설, 3) 동요, 4) 각지 산물, 5) 기타 야담

그리고 다섯 권 모두 편저자는 이마무라 도모에(今村鞆)다. 이마무라는 1940년에 칠순을 맞았고, 1943년에 사망했다. 아무리 촉탁이라지만

1934년에 이미 60세가 넘은, 당시로서는 노인이었다.

이마무라는 경찰 출신의, 굳이 따지자면 아마추어 조선 민속 연구자다. 경성제국대학 법문학부 사회학강좌 교수로 역시 조선 민속을 연구했던 아키바 다카시가, 조선으로 건너오는 연락선 객실에 있던 이마무라의 『조선풍속집』(1914)을 읽고 조선 민속에 눈을 뜨게 되었다는 회고담은 유명하다.[45] 거기에 이렇게 노령의 이마무라가 중추원 풍속자료 편찬을 어떤 식으로든 마무리지었다면, 조금 과장해서 식민지기 조선 민속 또는 풍속의 연구는 이마무라에서 시작해서 이마무라로 끝난다고 해도 좋을 정도다. 하지만, 60대 노인이 짧은 기간 동안 이렇게 여러 권의 책을 펴낼 수 있었다면, 그때까지 중추원의 풍속자료 편찬작업은 왜 그렇게 지지부진했던 것일까?

한편, 1930년대에 〈표 5-4〉에 있는 것과 같은 여러 항목을 혼자서 거뜬히 채워냈던 또 다른 필자로 총독관방 조사과의 촉탁 무라야마 지쥰이 있다. 무라야마는 본래 중추원이 풍속조사의 부대사업으로 시도했던 '조선사회사정조사'의 촉탁으로 채용되었지만 중추원 사업이 축소되면서 조사과로 옮겨간 인물이다. 그에 대해서는 조사과 부분에서 다루기로 하고, 풍속조사의 또 다른 부대사업인 부락조사를 잠깐 살펴보기로 하자.

---

45 이마무라는 경찰감옥학교와 호세이대학 법률학과를 나와 일본과 타이완에서 경찰로 일하다가 1908년 조선으로 건너왔다. 통감부·총독부 경시, 제주도사(島司), 원산부윤, 이왕직사무관(서무과장) 등을 거쳐 1925년 퇴직했고, 이후 체신국·전매국·조선사편수회 등의 촉탁을 지냈다. 학자나 연구자는 아니지만, 조선의 풍속에 대해 많은 저술을 남겼다(그의 경력에 대해서는 주영하, 2009, 「조선인의 미풍과 풍속교화」, 『제국 일본이 본 조선민속』, 한국학중앙연구원, 65~71쪽). 아키바의 일화에 대해서는 아키바 다카시, 1993, 『조선민속지』, 동문선, 23쪽.

〈표 5-5〉 1930년대 후반 이마무라 도모에가 중추원에서 펴낸 풍속자료

번호	범주	제목	간행연도
(ㄱ)	② 25개 항목의 제23장	조선의 성명·씨족에 관한 연구조사 (朝鮮の姓名氏族に關する研究調査)	1934
(ㄴ)	⑥의 '조선풍속자료집설'	(조선풍속자료집설) 부채·금줄·타구·바가지 [(朝鮮風俗資料集說) 扇·左繩·打毬·匏]	1937
(ㄷ)	'풍속관계자료촬요'	(이조실록) 풍속관계자료촬요 [(李朝實錄) 風俗關係資料撮要]	1939
(ㄹ)	〃	(고려 이전의 문헌) 풍속관계자료촬요 [(高麗以前の文獻) 風俗關係資料撮要]	1941
(ㅁ)	〃	(이조 각종문헌) 풍속관계자료촬요 상·하 [(李朝各種文獻) 風俗關係資料撮要 上·下]	1944

(5) 오다우치 미치토시와 곤 와지로의 부락조사

1920년대 전반, 총독관방 조사과는 비슷비슷한 이름의 보고서를 세 권 간행했다. (a)『조선부락조사예찰(豫察)보고 제1책』(1923), (b)『조선부락조사보고 제1책: 화전민·이주중국인(來住支那人)』(1924), (c)『조선부락조사특별보고 제1책』(1924)이다. 이 보고서에서 저자는 모두 '조선총독부'로 되어 있지만, (a)·(b)는 와세다대학 강사이던 지리학자 오다우치 미치토시(小田內通敏)가, (c)는 역시 와세다대학의 건축학과 교수 곤 와지로(今和次郎)가 쓴 것이다.[46] 이 세 권은 조선총독부가 낸 수많은 조사보고서 중 특이한 위치를 차지한다. 이 책들은 여느 보고서처럼 딱딱하고 객관적인 문체가 아니라 "나(余)는 어디를 갔다", "나는 이렇게 느꼈다"는 식의 1인칭 서술로 화자의 개인적 체험과 일화, 감상까지를 담고 있다. 특히 (c)에는 〈그림 5-1〉과 같은 아주 모던한 스케치가 여러 장 실려 있기도 하다.

46 두 사람의 부락·민가 조사에 대한 선행연구로 김태웅, 2010, 「일제강점기 小田內通敏의 조선 통치 인식과 '조선부락조사'」, 『한국사연구』 151; 최석영, 2010, 「일제 하 곤 와지로의 조선 민가 조사방법과 인식」, 『사림』 35 등이 있다.

앞서 본 것처럼 풍속조사의 대상인 '풍속'이란 사람살이 전체를 포괄하는 것이다. 전국에 대해 〈표 5-4〉와 같은 방대한 항목을 채워가기란 많은 시간과 노력을 요한다. 그럴 때는 조사지역을 비교적 좁은 공동생활의 기초단위로 한정해 놓고 그 소우주 안에서 사람들의 삶을 종합적으로 살펴보는 것도 한 방법이다. 1920년, 중추원은 일본의 '향토지리학자' 오다우치에게 조선의 부락(마을)조사를 촉탁했다. 지리학과 인류학·민속학을 결합한 방법으로 현장조사를 통해 도쿄 근교의 도시화과정을 파악한 오다우치의 『제도와 근교(帝都と近郊)』(1918)라는 책이 높은 평가를 받고 있을 때였다.

오다우치는 전국에서 서로 다른 특징을 갖는 마을(부락)을 몇 개 뽑아서 입지의 자연적 조건부터 마을의 종족(성씨) 구성, 산업과 경제, 사회관계, 종교와 문화 등을 종합적으로 조사하고자 했다. 조사의 방법론적 장점도 장점이지만, 조선총독부가 조선의 '마을'이라는 단위에 주목하게 되었다는 사실도 큰 의의를 갖는다. 그때까지 총독부가 조선인의 삶에 행정적으로 침투·도달할 수 있었던 최말단은 면 수준이었다. 1910년대 총독부는 면에 면사무소를 세우고 면장, 면서기 등 공무원을 배치했다. 경찰 주재소나 우편소도 면 단위로 설치됐다. 그러나 조선인의 일상생활에서 가장 중요한 단위는 행정구역인 면이 아니라 그보다 작은 전통적 생활 단위인 동·리, 즉 '마을'이었다.

그러나 1년에 몇 달을 조선에서 머물면서 조사를 수행한다는 빠듯한 일정상, 오다우치의 표본추출은 그다지 모범적인 것이 될 수는 없었다. 그는 크게 조선인 고유의 마을, 일본인이 있는 마을, 중국인이 있는 마을이라는 세 개의 범주를 나누고, 조선인 마을은 경제적·사회적·종교적·자치적(內治的)·역사적 특성에 따라 세분했다. 남부지방(南鮮)과 북부지방(北鮮)의 대비 속에 양반이 지배적인 마을, 유교나 시천교로 뭉친 마을, 농업이나 어업을 주로 하는 마을, 역사적인 마을 등을 선정했다.[47] 1921년 10~12월에 걸쳐 이렇게 뽑은 전국 16개 마을을 방문해서 조사했다. (a)는 그 기록이다. 일정상 각각의 마을 조사에 할당된 시간은 하루 이틀에 지나지 않았다. 그렇게 한정된 조사 기간도 상당 부분은 사진 촬영과 그가 중시한 주제별 지도 그리기에 소비되었되므로, 실제 사람들을 만나서 그들의 실생활과 풍속을 살펴볼 시간은 많지 않았다.

(b)는 당시 총독부가 사회문제로 파악하고 있던 화전민과 이주 중국인의 증가에 대응한 조사다. 그러나 오다우치의 조사 기간은 두 달에 불과했으므로, 보고서의 내용은 많은 부분 토지조사사업이나 뒤에 볼 조사과의 '조사자료'인 『조선의 중국인』 등 기존 조사된 자료를 활용했다. 다만 책 뒷부분에는 그가 직접 개마고원의 화전민 마을, 인천·신의주 등지의 다양한 직업별 중국인 가옥을 방문해서 찍은 사진과 가옥의 평면도, 지도 등이 다수 실려 있다.

한편 도쿄미술학교에서 디자인을 전공한 곤 와지로는 일본의 식민정책학자 니토베 이나조(新渡戶稻造)를 중심으로 한 '향토회(鄕土會)'를 통해 오다우치와 인연을 맺었고, 그 끈으로 조선의 부락 조사에도 참여했다. 그는 1922년 9~10월에 걸쳐 평양·개성·함흥·전주·김천·대구·경주의 몇몇 마을을 조사했다. (c)에서 특히 흥미로운 것은 그가 남긴 스케치들이다. 그는 마을보다는 조선 집(민가)의 구조, 특히 대들보와 서까래가

47 박현수는 오다우치가 '마을'을 조사·연구의 단위로 설정한 점은 높이 평가하면서도, 그의 마을 분류는 일관된 기준에 따른 망라적 범주화가 아니고 행정편의주의까지 개입되어 있었다고 비판한다(박현수, 2000, 「도야미 마을과 경주」, 『한국 문화인류학의 이론과 실천』, 소화, 461쪽).

〈그림 5-1〉 곤 와지로의 스케치: 평양 중류층 사랑방(좌)과 오막살이(우)

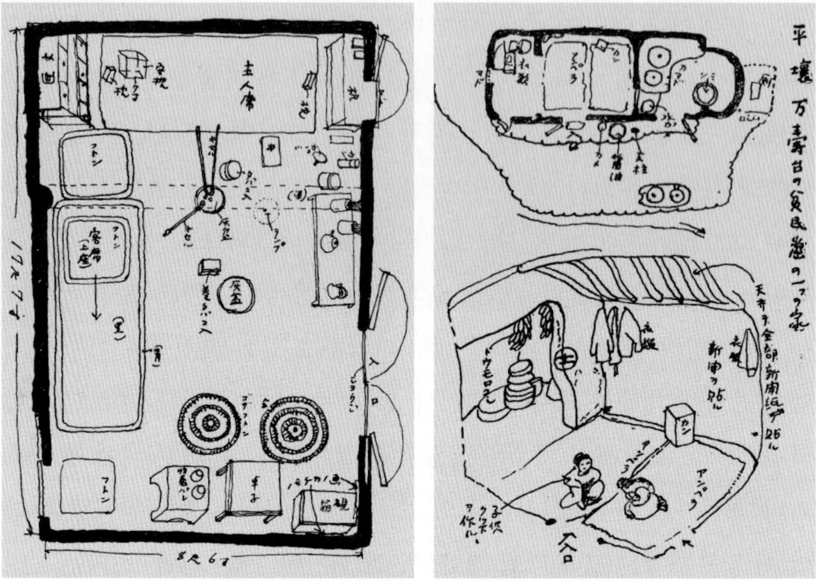

그대로 노출된 천장과 온돌, 굴뚝 그리고 방의 배치 등에 훨씬 많은 관심을 보였고, 당시 일본인들이 비위생적·비효율적이라고 폄하했던 온돌을 높이 평가했다.[48]

〈그림 5-1〉은 1922년 9~10월 곤이 조선의 민가를 조사하면서 남긴 스케치다.[49] 왼쪽은 평양 중류층 집 사랑방의 평면도다. 위쪽 주인 자리

48 곤은 1923년 간토 대지진 이래 재건 과정을 통해 변모하는 도쿄의 순간순간을 스냅사진처럼 포착하는 작업에 몰두했고, 자신의 작업을 유물을 통해 과거를 탐구하는 '고고학'에 유비해서, 일상의 사물이나 풍경을 통해 현재를 탐구하는 '고현학(考現學)'이라고 이름붙였다. 「소설가 구보씨의 일일」이나 『천변풍경』에서 박태원이 여러 차례 이 '고현학'을 언급한 바 있다.

49 『朝鮮部落調査特別報告 第1冊: 民家』, 5쪽(오른쪽); 圖版 第18(왼쪽)(국립중앙도서관 소장).

양쪽의 책상(우)과 문갑(좌), 왼쪽 손님 자리의 방석들, 주인 자리 앞의 화로와 방 한복판의 재떨이 등 각종 기물의 배치가 그려져 있어서, 생활의 모습을 사진보다 더 생생하게 전해 준다. 오른쪽 그림에는 세로로 "평양 만수대 빈민굴의 한 집"이라고 써 두었다. 위쪽 평면도의 가운데 방을 확대해서 입체적으로 보여준 것이 아래 그림인데, 천장과 벽은 신문지로 발랐고 바닥에는 거적이 깔렸으며, 앞 왼쪽의 여성으로 추정되는 인물은 아이의 양말을 만들고 있다는 등의 설명도 붙였다. 가구라고는 뒤쪽 벽에 붙여 놓은 석유깡통 하나가 전부다. 벽에는 옷이, 창고 같은 뒷방에는 옥수수가 걸려 있다.

중추원의 풍속조사가 축소되면서 1920년대 초에 중추원이 추진했던 '조선부락조사'는 이 세 권의 보고서로 종료 또는 중단됐다. 조사는 중추원에서 발주한 것인데, 보고서는 총독관방 조사과에서 나왔다. 세 권 모두 제목 아래 '제1권', '제1책'이라고 덧붙였지만 결국 어느 하나도 후속 보고서는 나오지 않았다. 무라야마의 경우와 마찬가지로 이것도 중추원 풍속조사의 성과와 좌절을 잘 보여 주는 사례라고 하겠다.

2. 1920~1930년대 총독관방의 '조선사정' 조사

총독관방에 '조사과'가 설치된 것은 두 차례다. 두 번 다 조사과가 존속한 기간은 길지 않다. 두 번째 조사과(1943년 10월~1945년 4월)부터 보자면, 그것은 기존의 국세조사과가 확대·개편된 것으로,[50] 국세조사와 인구동태조사, 노동기술통계조사 외에 「조선총독부보고례」를 비롯한 각종 통계 그리고 신설된 가계조사까지 '통계조사'를 담당했다. 더 많이 알려진 첫 번째 조사과는 통계보다는 '조선사정'의 조사와 홍보가 중심이었는데, 1922년 10월부터 1924년 말까지 2년쯤 존속했다. 이 절에서는 주로 이때의 조사과부터 1930년대 말까지 이어진 조선사정 조사를 살펴보려고 한다. 재무국이나 식산국, 학무국이 아니라 총독관방의 조사과라면 특정 분야가 아니라 모든 행정 분야에 참고가 될 범용 자료를 얻기 위한 조사를 했거나, 아니면 총독부 전체의 조사사업을 조율·총괄했던 것인가 하는 생각이 든다. 그러나 과연 그랬을까?

1) 1920~1930년대 문서과 계열의 조사사업

(1) 문화정치와 '내외사정의 조사·소개'

1920년 일본 제국 최초의 국세조사를 위해 조선총독부도 1918년 5월 총독관방에 임시국세조사과와 통계과를 설치했지만, 3·1운동의 영향 등으로 인해 조선에서는 국세조사가 이루어지지 못했다. 총독부는 1920년 4월 임시국세조사과를 폐지한 데 이어, 1922년 10월에는 통계과와 문서과 정보계를 합쳐서 조사과를 설치했다. 조사과 설치는 사이토 마코토 총독 재임기의 두 번째 정무총감인 아리요시 쥬이치의 아이디어였다고 한다.[51] 1924년 『직원록』에 따르면 당시 조사과에는 과장 포함

50 총독부는 1930년 국세조사를 위해 '임시국세조사과'를 설치했지만, 국세조사의 사전준비와 집계·정리에 시간이 많이 걸리면서 이 과가 상설화되어 1937년 '국세조사과'로 개칭됐다.

51 하타다 다카시 편, 2020, 『심포지엄 일본과 조선』, 소명출판, 185쪽. 사이토 총독과 함께 부임했던 정무총감 미즈노 렌타로가 내무대신이 되고, 효고현 지사 아리요시가 1922년 6월부터 1924년 7월까지 정무총감으로 재직했다. 아리요시는 '한일병합'

사무관 3명, 통역관 1명, 속 14명, 기수 2명, 촉탁 15명의 꽤 많은 직원이 있었다.[52]

그러나 1910년대 말부터 계속된 불황에다 1923년 간토 대지진으로 일본제국 전체에 걸쳐 재정긴축과 함께 대규모 행정정리가 이루어지고 있었다. 먼저 중추원의 조사사업이 축소되면서, 중추원에서 '사회사정조사'를 담당하던 무라야마 지쥰이 1924년부터 조사과 촉탁으로 자리를 옮겼다. 법령을 통한 공식적인 사무 이관은 없었지만, 이렇게 해서 중추원의 풍속조사 인력과 자료가 조사과로 옮겨진 듯하다. 앞서 본 대로 중추원의 의뢰로 오다우치와 곤이 수행한 부락조사의 결과도 조사과에서 간행됐다.[53] 그러나 조사과도 오래 버티지 못했다. 정무총감 아리요시는 1924년 7월 시모오카 쥬지(下岡忠治)로 교체되었고, 조사과장 오니시는 1924년 4월부터 1년간 구미 출장으로 자리를 비운 상태였다. 조사과는 활동사진반을 제외한 다른 사업을 대폭 축소했다가,[54] 1924년 말에는 과 자체가 폐지되고 사무는 문서과 조사계로 축소된다. 외국어 담당 촉탁들은 모두 해촉됐다.

그러니까 직제로 따지자면 1920~1930년대 조선사정의 조사를 담

당시 통감부 총무장관을 역임한 데 이어 1911년 3월까지 총독부 총무부장관을 지냈던 인물인데, 역대 정무총감 중에서는 가장 '약체'로 평가된다(李炯植, 2013, 『朝鮮總督府官僚の統治構想』, 吉川弘文館, 132~133쪽).

52 총독관방의 핵심부서인 문서과의 직원은 1924년에 사무관 1명(과장), 통역관 1명, 속 8명, 통역생 1명이었다. 조사과가 문서과보다 더 큰 부서였던 셈이다. 조사과가 문서과로 통합된 뒤의 '조사계' 인원도 촉탁을 위주로 7~8명이었다고 한다(하타다 다카시 편, 2020, 앞의 책, 193쪽).

53 김태웅, 2010, 앞의 글, 345~346쪽.

54 「조사과 축소」, 『조선일보』, 1924.9.9.

당한 것은 대개는 문서과(의 '조사계')다. 심지어 한때(1928년 4월~1929년 10월)는 그 문서과도 비서과와 통합되어 '총무과'가 되기도 했다. 제2장에 이어서 여기서도, 잠시 따로 존재했던 조사과를 문서과와 뭉쳐서 '문서과 계열'이라고 부르기로 하겠다. 조사과는 통계의 조사·감독, 각종 보고와 인쇄물 그리고 새로운 관심사로 떠오른 '내외사정의 조사·소개' 사무를 담당했다. 사실 1920~1930년대 문서과 계열의 사무에서 통계보다 더 돋보인 것은 내외사정, 그중에서도 조선사정에 대한 조사와 소개다.

당시의 정세와 사회적 분위기, 총독부 통치정책의 변화가 배경을 이루었다. 제1차 세계대전 이후 그때까지의 서구 '문명'에 대한 반성에서 '개조(改造, reconstruction)'의 사상이 세계적 유행이 됐다. 러시아혁명을 통해 자본주의에 대한 강력한 대안으로 부상한 사회주의는 일본과 조선에도 영향을 미쳤다. '사회문제'로 부각된 빈곤과 실업, 노동문제에 대응하기 위해 일본제국도 사회정책·사회사업을 도입했다. 1918년 일본의 '쌀 소동'은 전통적 민중봉기가 아니라 '사회운동'으로 이해되었고, 1919년 내무성 지방국 구호과는 '사회과'로 개칭됐다. 비슷한 시기 조선에서는 3·1운동이 일어났고, 새로 부임한 사이토 총독은 1910년대 육군 군벌의 '무단(武斷)통치' 대신 '문화정치'를 표방했다.

내외사정의 조사·소개란 그런 사이토 총독기의 홍보와 선전 정책이다. 조선인민에게 총독부의 시정 방침을 널리 알리는 동시에 일본 '내지(內地)'의 발전상을 홍보하고, 반대로 일본과 외국에는 조선사정을 소개한다는 것이다. 조선의 민심을 안정시켜 사회적 동요를 방지하고 일본과 조선의 상호이해를 꾀해서 '내선융화(內鮮融和)'를 촉진하기 위함이었다. 대외적으로는 3·1운동 이후 총독부에 쏟아진 국제사회의 불신을 불식할 필요도 있었다. 덧붙여서 조선과의 비교를 위해 서구 열강의 식민지들에 대한 조사도 요구됐다. 총독부는 이런 목적을 위해 1920년 11월 정무총감을 위원장으로 하는 조선정보위원회를 설치하고, 총독관방 문서과에 사무관 1명, 통역관 1명, 속 5명, 촉탁 4명으로 정보계를 설치해서 실무를 담당하게 했다.[55] 1922년 10월 조사과가 설치되면서 조선정보위원회 관련 사무는 조사과 담당이 된다.

특히 총독부에서는 활동사진(영화)의 가능성에 주목하고 1920년 4월 문서과에 활동사진반을 설치했다. 활동사진반은 직접 선전용 활동사진을 제작하기도 하고, 조선 각지를 순회하면서, 또는 일본에 건너가서 내외사정을 소개하는 활동사진 상영회를 열었다. 총독부의 직제개편에 따라 활동사진반은 1922년 10월 조사과로 옮겨졌다가, 1924년 말 조사과가 폐지되면서 내무국 사회과로 이관됐다. 1932년 2월 사회과가 학무국으로 옮겨질 때 '내외사정 소개'는 다시 총독관방 문서과 사무로 통합됐다.[56]

활동사진은 새로운 매체라서 많은 주목을 받았지만, 비중으로 보면 문서과 계열의 조선사정 '소개'의 중심을 이룬 것은 여전히 활자매체였다. 단행본은 따로 치더라도, 당시 총독관방에서 매년 내고 있던 간행물은 『통계연보』와 『조선총독부통계요람』, 『조선총독부시정연보(施政年報)』 외에 『조선요람』 등이 있었다. 1911년 6월 창간된 월간 『조선총독부월보』는 1915년 3월 『조선휘보』, 1920년 7월 『조선』으로 바뀌었다.

55 조선정보위원회에 대한 최근의 선행연구로는 조성운, 2007, 「1920년대 초반 조선정보위원회의 선전활동」, 『한국민족운동사연구』 51이 있다.

56 활동사진반의 활동 전반에 대해서는 朝鮮總督官房文書課, 1939, 『朝鮮總督府キネマ』; 조선총독부, 2018, 『(국역) 조선총독부30년사』, 민속원, 314~316쪽; 김정민, 2009, 「1920년대 초반 조선총독부의 활동사진에 대한 인식과 활용에 대하여」, 『인문과학연구』 27을 참조했다.

『조선』은 1944년 11·12월의 통권 354호까지 발행됐다.[57] 『조선총독부월보』는 법령·통계·관청소식 등을 실은 딱딱한 기관지였고 『조선휘보』도 비슷했지만,[58] 『조선』은 논문 성격의 글이나 시·소설·수필 같은 문예와 신변잡기까지 실리는 '종합잡지'였다. 일본인들이 냈던 『조선공론(朝鮮公論)』이나 『조선급만주(朝鮮及滿洲)』, 조선인들의 『개벽』, 『신동아』 같은 민간잡지 지면과도 크게 다르지 않다.[59] 1921년 『조선』은 "1. 실익(實益)이나 취미가 있는 기사(조선 관계), 2. 한시·와카·하이쿠 등, 3. 조선사정·풍속·풍경 등을 소개하는 사진"이나, "1. 조선인의 미담·선행·미풍양속, 2. 내선인(內鮮人) 관계의 미담, 3. 일본인이 명심할 조선의 관습·작법(作法)" 등의 원고나 자료를 모집한다는 광고를 냈다.[60]

지방관청의 조선인 이원(吏員)과 일반인을 위한 『조선』의 조선어판도 간행됐다. 조선어판은 1917년 『조선휘보』의 '지방호(地方號)'로 시작했다가, 『조선휘보』가 『조선』으로 바뀌면서 『(언문) 조선』, 『(조선문) 조선』 같

---

57 『조선』의 발행 사항과 조선어판에 대해서는 정근식, 2011, 「조선문 『조선』 해제」, 『조선문 조선』(영인본), 문현을 볼 것.

58 『월보』에 게재할 사항은 ①주요 기술(記述), ②조사 자료, ③잡록, ④서임·사령, ⑤통계, ⑥판결례, ⑦법령·통첩 등이다. 『조선휘보』는 외국사정, 지방통신, 질의응답, 일선어(日鮮語) 연구까지 포함해서 조금 더 지면을 다양화했지만, 그래도 기본 성격은 『월보』와 거의 같았다(1913.11.21, 조선총독부훈령 제58호, 「조선총독부월보에 관한 규정」; 1915.2.24, 훈령 제5호, 「조선휘보에 관한 규정」).

59 이 책 316~317쪽에서 본 이시도야의 논문도, 곧이어 볼 젠쇼의 100쪽이 넘는 「조선의 인구문제」도 『조선』에 실렸다. 한국문학사에서는 이상(김해경)의 소설 「12월 12일」, 「지도의 암실」 등이 1930년대 조선어판 『조선』에 연재된 일이 유명하다. 『경무휘보』, 『조선지방행정』, 『문교의 조선(文教の朝鮮)』 등 총독부와 지방관청·소속관서 직원들이 소속된 외곽단체의 잡지들도 지면 구성은 다 비슷했다.

60 『朝鮮』(1921) 1월호 책머리; 8월호, 170쪽(국립중앙도서관 소장). '와카(和歌)'와 '하이쿠(俳句)'는 일본의 정형시 양식이다.

은 이름으로 간행된다. 조선어판은 일본어판과 많은 기사가 겹쳤지만, 일본어판의 단순한 번역은 아니었고, 발행일도 달랐다. 〈그림 5-2〉는 일본어판 『조선』에 실린 조선어판 『조선』의 광고다.

조사과가 신설된 뒤 1923년 12월부터는 월간 『조사휘보』를 발간했다. 그중 남아 있는 한 편의 목차를 살펴보면 〈그림 5-3〉과 같다. 『조사휘보』는 총독부 재정긴축에 따른 예산 부족으로 1925년 3월 제16호를 마지막으로 폐간되었다가, 1930년대가 되면 총독관방 문서과에서 다시 『조사월보』로 간행된다. 1930년대의 『조사월보』 지면과 비교해 보면, 『조사휘보』에는 인도나 필리핀, 독일 등 해외사정을 다룬 기사가 꽤 비중이 크다는 점이 눈에 띈다.

여기서 두 가지가 궁금해진다. 하나는 크게 통계, 각종 보고와 인쇄물, 내외사정의 조사·소개로 범주화된 조사과 사무 각각의 비중은 어느 정도였는가 하는 점이다. 위에서 살펴보았듯이 당시 총독부 수뇌부의 관심사는 내외사정의 소개였고, 그것을 위해 활동사진과 각종 인쇄물이 동원됐다. 그렇다면 '조사'는? 다른 물음은 조사과가 총독부 전체의 조사사업 안에서 어떤 위치에 있었고 어떤 역할을 했던가 하는 것이다. 조사과를 대표하는 촉탁이었던 젠쇼는 여기에 대해, 1963년에 있었던 일본 내 한국근대사 연구자들과의 심포지움에서 매우 흥미로운 증언을 남기고 있다. 일방적인 증언일 수도 있지만, 정리해 보자.[61]

61 이하 하타다 다카시 편, 2020, 앞의 책, 「조선총독부의 조사사업」의 여러 곳에서 인용했다. 번역은 일부 수정했고, 쪽수는 번거로워서 일일이 표시하지 않는다.

〈그림 5-2〉 조선어판 『조선』에 대한 광고(1921년)

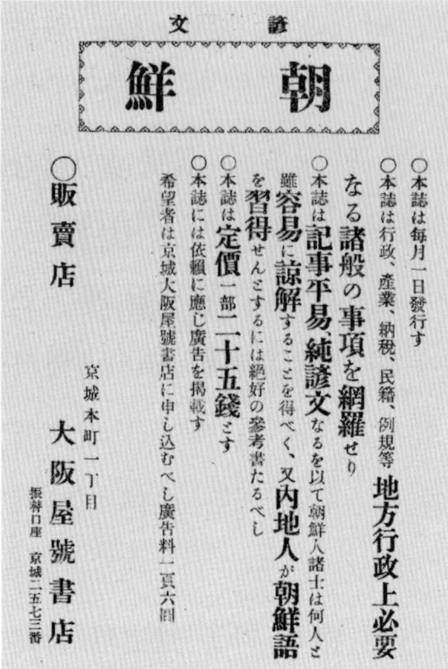

언문 **조선**

- ○ 본지는 매월 1일 발행함
- ○ 본지는 행정, 산업, 납세, 민적, 예규 등 지방 행정상 필요한 제반의 사항을 망라함
- ○ 본지는 기사가 평이하고 순언문이므로 조선인 제사(諸士)는 누구든 용이하게 이해할 수 있을 것이며, 또 일본인이 조선어를 습득하려고 하는 데는 절호의 참고서가 될 것임
- ○ 본지는 정가 한 부 25전으로 함
- ○ 본지에는 의뢰에 따라 광고를 게재함
희망자는 경성 오사카야고서점에 신청할 것
광고료 1쪽 6원
- ○ 판매점 경성 본정 1정목 오사카야고(大阪屋號) 서점

① 1920년대 초의 총독관방 조사과는 유명한 남만주철도주식회사(만철) 조사부처럼 조사에 특화된 기관도 아니고, 총독부의 조사사업 전체를 전담하거나 통합·조정하는 부서도 아니었다. 만철 조사부에 비해 총독부 조사과는 체계적·종합적 조사를 기획하기에는 규모가 너무 작았다. 총독관방 조사과와 중추원 조사과(1918~1924년)는 어떤 관계였는가, 또 거의 동시에 조사과와 중추원, 식산국 농무과가 각각 소작관습을 조사한 데는 어떤 종합적 구상이나 역할분담 같은 것이 있었는가 하는 물음에, 젠쇼는 "중추원에서는 구관조사를, (농림국·학무국 등) 각 국은 각기 소관사항에 관련된 조사를 한다, 조선 통치 전체의 것은 총독관방 조사과에서 행한다는 취지"였다고 증언했다. 각 부서의 조사사무 사이에 "특별히 모순이나 중복은 없었다"고 해도, 그렇게 각자 알아서

〈그림 5-3〉『조사휘보』 제12호(1924년 11월) 목차

조사

경성의 조선인 위탁판매업
조선 쌀의 생산비 조사
인도 경찰과 국경 경비
필리핀 독립 문제

잡보

조선 사정: 조선의 사제(私製) 소금 생산, 민유 비과세지 상황,
작년 말 현재 황무지 조사, 영림창의 유벌(流筏), 조선 대(對)외국 무역 개황
해외 사정: 독일 해운업의 10년간, 독일의 수림(樹林)학교, 노동복역의무

통계

조선 중요품 소비통계(5회)
면화 수익 사용처 조사

소관 분야의 조사를 하는 것이 가장 효율적인 방식은 아니었을 것이다.

② 인력의 선발과 배치 역시 조사보다는 조선사정의 소개에 치중했다. 젠쇼는 조사과 시기에 '일반 경제·사회조사'를 담당한 자신과 무라야마를 제외한 촉탁들은 "특별히 조사기관에 소속되었던 사람을 수용한 것이 아니"고, "중학교에서 영어나 독일어 등을 가르치다 올라온 듯싶"은 사람들, 그저 외국어를 할 줄 아는 사람들이었다고 말한다. 그런 이들이 주로 외국 자료를 번역해서 1920년대 전반 '조사자료' 중에서 외국사정을 소개한 책들을 만들었을 것이다.

③ 조사의 계획과 실행은 거의 전적으로 촉탁들에게 맡겨져 있었다. 조사 대상의 선정부터가 총독부 각 실무부서의 요구나 무슨 위원회의 심의·결정에 따라 과장이 명령하는 것이 아니라, 촉탁들이

"모두 각자가 정"해서 과장의 허락을 받는 방식이었다. 상부에서 입법 참고의 목적으로 조사를 명령한다거나 경성제국대학 같은 기관에서 조사를 요청하는 경우도 없었다.[62]

④ 젠쇼 자신을 포함해서 조사과의 촉탁들은 조사 대상이 된 각각의 사안에 대해 (때로는) '비전문가(素人)'였다. 젠쇼는 인원이 몇 명 되지도 않는 조사과에서 '조사자료'를 비롯해서 많은 성과를 낸 것을 두고 "비전문가들이 서둘러 한 것"으로, "각 분야 전문가가 본다면 아주 서둘러 만든 조사였으니까 대단한 것은 아닐지도 모른다"고 말한다. 물론 이것은 젠쇼의 겸양이거나 조사과와 다른 부서 간의 갈등을 에둘러 말한 것일 수도 있다. 하지만 전체적으로 보면 당시 조사과의 조사가 아주 잘 설계된 것은 아니었음은 분명하다.

⑤ 조사 방법 역시 마찬가지다. 젠쇼나 무라야마에 대한 최근의 연구는 거의 한결같이 조사 방법의 조잡함을 지적하고 있다. 젠쇼는 그의 대표적인 조사·연구인 '생활상태조사' 시리즈의 경우에도 ⓐ부·군·면이나 경찰관서에 문서로 조회하는 '조회조사', ⓑ지역 유력자에 대한 '청취조사'를 활용했다고 말한다. ⓐ는 조회하는 쪽에서 질문을 정확히 기술하고 조사에 대한 상세한 지시를 하지 않으면 지역별로 응답에 큰 차이가 있을 수 있다. ⓑ는 젠쇼 등

---

62 그래도 독립저술가나 대학의 연구자가 아닌 이상, 촉탁들의 조사·연구에는 유형·무형의 테두리가 있었을 것이다. 총독부의 정책과 관련된 시급한 업무상의 요구도 있었음은 말할 것도 없다. 그저 인사치레인지 몰라도 젠쇼는 자신의 역작 『조선의 취락: 후편』 머릿말에서도 "상사의 명을 받아" 조사에 착수하게 되었다고 썼다[朝鮮總督府, 1935, 『朝鮮の聚落(後篇)』, 「はしがき」 1쪽].

이 직접 출장해서 조사를 하는 것이기는 하지만, 그 실상은 친분이 있는 부윤·군수에게, 직원들을 모아놓고 "이러이러한 사람들이 (조사를 위해) 와 있으니, 언제까지 해당 답변을 해 주라"는 말만 좀 해 달라고 부탁하는 정도였다. 여기 대해 하타다가 문답에 조사표(票)를 사용했는지 물었지만, 젠쇼는 그런 것도 없었다고 답한다.[63]

요컨대 1920~1930년대 조선총독부 문서과 계열의 '조사'란 조사의 방법론으로 보면 그다지 모범적인 것은 아니다. 조선사정의 소개와 홍보를 위해 많은 간행물을 냈다는 것 외에, 그런 조사의 결과가 총독부 정책에 어떻게 얼마나 반영되었는지도 불분명하다. 그래도 『조선』과 『조사휘보』 같은 잡지, 가벼운 읽을거리인 『조선요람』이나 『조선의 풍습』에다 전문적인 '조사자료'까지, 각종 간행물은 어떻게든 지면을 채워서 내야 했다.[64] 당시 조선사정의 조사·소개에 투입된 예산은 연간 20만 원 정도였다고 한다.[65] 머리말의 〈표 0-1〉에 실린 부서별 조사·시험비 예산과 비교해 보면 꽤 많은 돈이다.

---

63 게다가 통역자를 거치다 보면 '생활상태조사'라고 말한 것이 '민정(民情)조사'로 전달되기도 했다. 또 그들의 생활을 '있는 그대로' 파악하려는 조사자 쪽의 의도가 조사 대상자에게 제대로 전달되지 않거나, 조선의 부정적인 면에 천착하는 것 자체를 조선인들이 거부하는 일도 있었다.

64 하타다 다카시, 2020, 앞의 책, 194쪽.

65 하타다 다카시, 2020, 위의 책, 191쪽. 생활상태조사에만 20만 원이라고 읽힐 수도 있는데, 조사계 전체 예산이라고 해도 많은 편이다.

(2) 조사과와 문서과의 간행물

① 조선총독부조사자료

1923년부터 1941년까지 조사과와 문서과가 낸 간행물 중 대표적인 것이 전 47권의 '조선총독부조사자료'다. 그 목록은 〈표 5-6〉과 같다.[66] 그동안 역사와 인류학·민속학 분야에서 이 '조사자료'를 많이 언급했지만, 주된 관심은 젠쇼나 무라야마에게 있었다고 생각된다. 그러다 보니 '조사자료' 47권 전체를 소개하거나 분석한 경우도 없었고, 조사과·문서과와 중추원의 조사사업이 잘 구분되지 않기도 했다. 처음 2년 동안의 [1]~[10]은 조사과 이름으로 나왔다. 조사와 집필에 걸리는 시간을 고려하면 그 뒤 1925년에 나온 [13]까지를 조사과 시절에 기획된 것으로 추측해 볼 수 있다. 각 권의 제목을 보면 이 시기는 정책보고서 성격이 강하고, 외국사정과 조선사정에 관한 것이 거의 반반을 구성한다. 대조적으로, 그다음 10년 동안의 [14]~[41]은 너댓 권을 빼고는 젠쇼와 무라야마가 '조사자료'의 집필을 도맡았다. 1935년 여름에 젠쇼가 문서과를 떠나면서, [42] 이후로는 무라야마의 저작이 중심을 이루게 된다.

전체적으로 보면 외국사정과 관련된 것은 [1], [3], [4], [5], [9], [13], [30], [33], [43], [46]으로 총 10권이다. 영국의 식민지로 당시 모한다스 간디(Mohandas Gandhi)의 비폭력 불복종운동과 그것에 대한 영국의 대응이 세계의 관심을 끌었던 인디아에 대한 것이 [3], [30], [33], [43]으로

---

66 허영란, 2007, 「식민지 구관조사의 목적과 실태」, 『사학연구』 86, 227~228쪽 등 기존의 목록에 '취급'과 '가격'을 덧붙였다. '취급'은 직접 표지를 확인했고, '가격'은 조선총독부 『주요간행도서목록』(1930·1932·1934·1936년판)에 따랐다. 난이 비어 있는 것은 거기 실려 있지 않은 자료다.

총 4권이다. 그 밖에 이집트([1]), 폴란드([9], [13]) 그리고 세계의 식민지 현황을 정리한 책([4])이 있다. 이 책들은 대개 외국어 담당 촉탁인 아이카와 도미사부로(相川富三郎), 나카오 게이타로(中尾啓太郎) 등이 외국자료를 번역한 것이다.[67] [33]을 번역한 기요미즈 겐이치(淸水賢一)는 도쿄제국대학을 졸업하고 고등시험에 합격, 1930년 토지개량과 속(屬)부터 관리 경력을 시작한 인물이다. 신입에게 과외로 '조사자료'의 번역을 맡겼던 것일까?

취급상 비밀 자료로 분류되어 표지에 '비(秘)'라는 표시가 인쇄되어 있는 책은 모두 11권이다.[68] 그중 여섯 권은 이집트·인도·폴란드 등에 대한 것이고, 『한신·케이힌 지방의 조선인 노동자』([6]), 『조선의 독립사상 및 운동』([10]), 『조선의 군중』([16]), 『조선인의 사상과 성격』([20]), 『조선의 언론과 세태(世相)』([21]), 다섯 권이 조선에 대한 것이다. [6]은 젠쇼가, [10], [16], [20]은 무라야마가 집필했고, [21]은 집필자를 알 수 없다. 이렇게 '비'로 분류된 책을 빼고 나머지는 모두 시판(市販)했던 것으로 보인다. 그러나 인쇄 부수가 대개 1,000부 정도였다니까, 조선과 일본의 주요 관

67 일본은 서구 열강의 식민지에 대해서 일찍부터 관심을 보여왔다. 가령 조선에서도 '한일병합' 이전 대한제국 경무국장 마쓰이 시게루는 이집트의 경찰제도를 조사했고(마쓰다 도시히코 저, 이종민 외 역, 2020, 『일본의 조선 식민지 지배와 경찰』, 경인문화사, 103~135쪽), 조사과가 생기기 직전에는 조선정보위원회에서 필리핀에 대한 조사를 수행했다(朝鮮情報委員會, 1921, 『比律賓人問題』; 조성운, 2007, 앞의 논문, 165쪽). 참사관 겸 경무국 사무관 도키나가 우라조(時永浦三)가 민족주의 정당인 Sinn Fein 결성 이후 치열한 독립운동이 전개되고 있던 아일랜드를 방문하고 작성한 보고서 『愛蘭問題』(1921)도 있다.

68 '비(秘)' 표시는 겉표지에만 있는데, 국립중앙도서관 원문은 겉표지가 포함되지 않은 것들이 많아 확인이 쉽지 않다. 이 '비' 표시 외에 뒤에 볼 '극비' 도장도 있는데, 이 표시의 정확한 의미가 무엇인지, 출판과 배포, 도서관 소장(所藏)의 어느 단계에서 누가 어떤 기준에 따라 취급의 비와 극비를 판정하는지도 아직은 알 수 없다.

〈표 5-6〉 '조선총독부조사자료'의 발간 현황

간행연도	통권	제목	집필자	취급	가격(원)
1923	[1]	1919년의 이집트(埃及) 대폭동	아이카와 도미사부로 역	㉥	
	[2]	조선의 일본인(內地人)	야마우치 엔죠		비매(×)
1924	[3]	인도 통치에 대한 비판	아이카와 도미사부로 역	㉥	
	[4]	세계 식민지 현세(現勢)	아이카와 도미사부로 역		비매(-)
	[5]	독일의 경제적 및 재정적 상태	나카오 게이타로 역(추정)		비매(×)
	[6]	한신(阪神)·케이힌(京濱) 지방의 조선인 노동자	젠쇼 에이스케	㉥	비매(×)
	[7]	조선의 중국인(支那人)	야마우치 엔죠		비매(×)
	[8]	조선의 시장	젠쇼 에이스케		3.00
	[9]	옛 독일령 폴란드 통치개관(전편)	나카오 게이타로 역	㉥	
	[10]	조선의 독립사상 및 운동	무라야마 지쥰	㉥	
1925	[11]	조선인의 상업	젠쇼 에이스케		비매(×)
	[12]	내선문제에 대한 조선인의 목소리(內鮮問題に對する朝鮮人の聲)	무라야마 지쥰		
	[13]	옛 독일령 폴란드 통치개관(후편)	나카오 게이타로 역	㉥	
1926	[14]	시가지의 상권	젠쇼 에이스케		비매(×)
	[15]	화전의 현상(現狀)	〃		비매(×)
	[16]	조선의 군중	무라야마 지쥰	㉥	비매(-)
	[17]	조선의 계(契)	젠쇼 에이스케		비매(×)
	[18]	조선의 요업(窯業)	〃		비매(×)
1927	[19]	조선의 물산	〃		비매(×)
	[20]	조선인의 사상과 성격	무라야마 지쥰	㉥	
	[21]	조선의 언론과 세태	(불명)	㉥	
	[22]	조선의 인구현상	젠쇼 에이스케		5.00
1928	[23]	조선의 범죄와 환경	〃		비매(×)
1929	[24]	조선의 재해	〃		비매(×)
	[25]	(민간신앙 제1부) 조선의 귀신	무라야마 지쥰		上 2.50 並 2.00
	[26]	조선의 소작관습	젠쇼 에이스케		0.30
	[27]	조선의 시장경제	〃		1.65
1929	[28]	(생활상태조사 1) 수원군	젠쇼 에이스케		비매(×)
	[29]	(생활상태조사 2) 제주도	〃		비매(×)

간행 연도	통권	제목	집필자	취급	가격(원)
1930	[30]	영국령 인도의 민족운동	(불명)	(비)	
1931	[31]	(민간신앙 제2부) 조선의 풍수	무라야마 지쥰		上 2.50 並 2.00
	[32]	(생활상태조사 3) 강릉군	젠쇼 에이스케		1.65
	[33]	영국령 인도의 민족운동 속편 1	기요미즈 겐이치 역	(비)	
1932	[34]	(생활상태조사 4) 평양부	젠쇼 에이스케		2.00
	[35]	외국인(外人)이 본 최근의 조선	(불명)		0.25
	[36]	(민간신앙 제3부) 조선의 무격(巫覡)	무라야마 지쥰		2.20
1933	[37]	조선의 점복과 예언	〃		1.90
	[38]	(생활상태조사 5) 조선의 취락(전편)	젠쇼 에이스케		2.00
	[39]	(생활상태조사 6) 조선의 취락(중편)	〃		1.50
1934	[40]	(생활상태조사 7) 경주군	〃		
1935	[41]	(생활상태조사 8) 조선의 취락(후편)	〃		3.20
	[42]	조선의 유사종교	무라야마 지쥰		2.70
1936	[43]	영국령 인도 통치의 현상과 영국의 이민족 통치정책의 비판	무라야마 미치오		비매(×)
1937	[44]	(조선의 향토신사 제1부) 부락제	무라야마 지쥰		1.90
1938	[45]	(조선의 향토신사 제2부) 석전·기우·안택(釋典·祈雨·安宅)	〃		2.10
	[46]	관세동맹을 중심으로 한 관계상의 특수관계에 관한 연구	재무국 편		
1941	[47]	조선의 향토오락	무라야마 지쥰		

청·기관·학교와 저명인사 등에게 보내고 나면 시판할 분량은 많지 않았을 것이다.[69] 1930년대의 총독부 『주요간행도서목록』에서 찾아보면 '조사자료' 중 정가가 표시된 것이 있고 '비매(非賣)'라고 한 것이 있는데, '비매'의 대부분은 '여분 없음'이다. 즉 본디 비매품인 것이 아니고 품절 또는

69 하타다 다카시, 2020, 앞의 책, 205쪽.

〈그림 5-4〉『조선의 언론과 세태』의 표지(좌)와 본문 211쪽(우)[70]

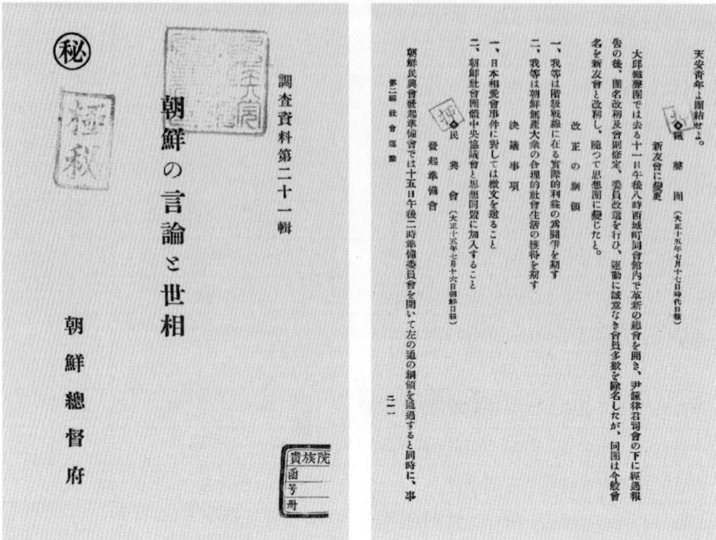
㊙

極秘

調査資料第二十一輯

朝鮮の言論と世相

朝鮮總督府

貴族院 函 号 冊

天安青年よ團結せよ。

◇鐵　壁　團（大正十五年七月十七日時代日報）

新友會に變更

大邱鐵壁團では去る十一日午後八時西城町同會館内で革新の總會を開き、尹鍾律君司會の下に經過報告の後、團名改稱及會則修定、委員改選を行ひ、運動に誠意なき會員多數を除名したが、同團は今般會名を新友會と改稱し、隨つて思想團に變じたと。

改正の綱領

一、我等は階級戰線に在る實際的利益の爲鬪爭を期す

二、我等は朝鮮無産大衆の合理的社會生活の獲得を期す

決議事項

一、日本相愛會事件に對しては檄文を送ること

二、朝鮮社會團體中央協議會と思想同盟に加入すること

◇民　興　會（大正十五年七月十六日朝鮮日報）

發起準備會

朝鮮民興會發起準備會では十五日午後二時準備委員會を開いて左の通の綱領を通過すると同時に、事

第二編　社會運動　二一一

절판된 것을 '비매'라고 표시한 것이다. '비'로 분류된 책은 이 목록에는 거의 실려 있지 않다. 이쪽은 확실한 비매품일 것이다.

[21]에 대해서는 몇 마디 덧붙여 두어야겠다.[71] 이 책은 조선어 신문·잡지에 실린 기사·논평을 모은 것인데, 일부는 사전검열 과정에서 압수된 기사다. 본래 조선어로 된 것을 일본어로 번역한 것이고 특히나 압수된 기사는 시중에 간행·유통되는 신문·잡지에는 실릴 수 없으니까, 이 책의 자료의 출처는 여느 일본인 관리나 촉탁이 아니라 경무국의 검열 담당 부서라는 이야기가 된다. 경무국에서 문서과로 자료를 넘겨준 것인지

70 『朝鮮の言論と世相』[(日本) 國立國會圖書館 Digital Collections].

71 이 책에 대한 내용은 모두 정근식 선생님께서 알려주신 것이다.

경무국의 검열 담당자가 직접 책의 편찬을 담당한 것인지는 알 수 없다.

온라인 원문 중 가장 완전한 판본은 일본국회도서관 소장본이다. 〈그림 5-4〉의 왼쪽에서 보듯이 표지의 '비'라는 표시 아래 다시 네모난 '극비(極祕)' 도장이 찍혀 있고, 첫 장에 '押' 도장을 찍은 기사는 당국에서 치안방해의 우려가 있다고 인정하여 발매·반포의 금지 및 차압의 처분을 한 것임"이라는 주의가 붙어 있다.[72] 오른쪽 그림이 본문 기사에 '押' 도장을 찍은 예다. 인쇄할 때 '押' 표시를 넣은 것이 아니라 인쇄를 마친 뒤에 일일이 '押' 도장을 찍었다. 여기는 싣지 않았지만 이 책에는 몇 군데 기사의 필자 이름 등을 검은 잉크로 지운 흔적도 있다. 활판을 가지고 하는 사전검열이었으면 활자를 빼거나 "×××" 같은 복자(伏字)로 처리했을 텐데, 이미 인쇄가 끝난 뒤에 검열을 하면서 잉크로 지운 것이다. 검열에 관련된, 그것도 조선총독부에서 낸 보고서가 다시 검열을 받은, 흥미로운 사례다.

번역서 아닌 것들을 저자별로 살펴보면 젠쇼 에이스케가 22권, 무라야마 지쥰이 12권을 썼다. 1925년 『직원록』에만 문서과 조선사정 조사 담당 촉탁으로 잠깐 등장하는 야마우치 엔죠(山内宛助)라는 인물이 재조선 일본인([2])과 중국인([7])에 대한 보고서를 남겼다. 저자를 알 수 없는 것은 [21], [35] 등인데, [21]은 이미 보았다. [35]는 조선을 방문한 외국인들의 원고를 번역한 것과 총독관방 외사과와 학무국 통역관을 겸직했던 오다 야스마(小田安馬)가 수집한 자료 등을 묶어서 엮은 것이다. [43]은 재무국 세무과 사무관 무라야마 미치오(村山道雄)의 해외출장 보고 강연원고를 가필한 것이고, [46]은 재무국에서 편찬한 것이다. 앞서

72 서울대학교 중앙도서관 소장본(도서번호 6543 26)을 보면 '극비' 도장은 붉은색 스탬프로 찍었고, 표지 안쪽에는 1928년 2월 경성제국대학 부속도서관에서 붙인 「학생 열람금지(差止)」 첨지(籤紙)가 붙어 있다.

번역서 [33]도 그렇지만, 뒤쪽으로 가면서 필자가 문서과 계열의 소속이 아닌 경우가 간혹 보인다.

② 촉탁 마쓰다 고의 통속 조선학

그러나 여전히 '조사자료'의 성격은 분명하지 않다. 두 가지 남은 문제가 있는데, 하나는 총독부 다른 부서에서도 비슷한 성격의 조사 보고서를 냈다는 점이다. 그런 것들과 구별되는 조사과의, 또 이 '조사자료'의 특징은 무엇일까? 뒤에 젠쇼와 무라야마 지쥰을 다룰 때 보겠지만, 젠쇼가 조사한 조사 자료 [26] 외에 중추원, 농무과도 각각 소작관습에 대한 조사 보고서를 냈다. 1934년 젠쇼가 '조사자료'가 아닌 국세조사과의 조사보고서로 『조선의 성(姓)』을 낼 때, 중추원에서는 이마무라가 쓴 『조선의 성명·씨족에 관한 연구조사』를 간행했다.[73] 젠쇼가 조선의 시장과 상업에 관심을 갖고 [8], [11], [14], [27] 같은 조사보고서를 냈다면, 사회과에서도 『조선의 공설시장』이라는 보고서를 냈다. 계에 관한 [17] 보고서가 나온 지 한참 뒤에는 농촌진흥과에서도 『농·산·어촌의 계』라는 보고서를 간행했다.[74] 현재의 사회문제에서 젠쇼의 마을 조사나 무라야마의 민간신앙 조사로 눈을 돌리면, 조선의 관습·풍속 조사는 오랫동안 중추원의 몫이 아니었던가 하는 문제도 있다. 앞서 본 것처럼 젠쇼는, 문서과 계열은 조선사정과 관련된 일반적인 조사를 담당했고 각각의 부처에서는 소관사무와 관련해서 각자 조사를 수행했다는 막연한 설명을 남겼다.

---

73 朝鮮總督府中樞院, 1934, 『朝鮮の姓名氏族に關する研究調査』.

74 朝鮮總督府 內務局 社會課, 1930, 『朝鮮に於ける公設市場』; 朝鮮總督府(農林局 農村振興課), 1938, 『農山漁村に於ける契』.

둘째, 문서과 계열에서도 '조사자료' 외에 비슷한 성격의 다른 간행물을 냈다. 그래서 문서과 계열 촉탁으로 젠쇼나 무라야마 지쥰 못지않게 대단한 생산력을 과시했지만 '조사자료'에는 전혀 참여하지 않은 경우도 있었다. 젠쇼와 무라야마보다 한 세대 앞의 인물인 마쓰다 고(松田甲)라는 인물이다. 그는 육군 참모본부 측량기사로 청일·러일전쟁에 종군했고 1906년 이후로는 임시측량부 주임으로 타이완·조선·만주를 답사했으며, 1911년 조선총독부 임시토지조사국 기사가 됐다.[75] 1918년 임시토지조사국이 해산된 뒤로는 체신이원양성소 교원으로 재직했고 1923년에 퇴직, 1924년 8월경 56세의 나이로 총독관방 조사과 촉탁이 됐다. 조사과가 폐지되고 문서과로 흡수된 뒤인 1925년 『직원록』에는 그가 '조선사정 및 시정자료 조사사무'를 담당하는 촉탁이라는 기록이 남아 있다.[76] 그는 1931년까지 문서과 촉탁으로 근무했다.

그런데 그가 조사과 촉탁이 된 것은 측량기사로서의 이력 때문이 아니라, 젊은 시절부터 인정받았던 한시(漢詩) 실력 때문이었다. 젠쇼의 증언에 따르면 "역대 총독들이 지은 시를 첨삭해 줄 사람이 필요해서"였다고 한다.[77] '조사자료' 47권 중 마쓰다가 집필한 것은 한 권도 없다. 그의 저작들과 비교해 볼 때, '조사자료'의 필자가 불명인 책들 중에도 그가 집필했을 만한 것은 보이지 않는다. 다만 그는 총독부에서 낸 월간지

---

75 개항 이래 육군 참모본부 간첩대의 조선 측량과 지도 제작에 대해서는 이 책 60~63쪽에서 다루었다.

76 젠쇼와 무라야마, 호소카와 데이노스케(細川貞之丞)가 조선사정 조사, 고바야시 후사노스케(小林房之助)가 경제사정 조사, 요시다 유조(吉田猶藏)와 조대호가 잡지 『조선』의 편찬 담당이었다.

77 하타다 다카시, 2020, 앞의 책, 197쪽.

『조선』에만 조선의 역사나 조선·일본의 관계사에 대한 글을 60편 넘게 실었고, 『조선공론』, 『조선급만주』 등 민간잡지에도 비슷한 주제로 많은 글을 실었다. 한시는 제외하고다.

그리고 마쓰다는 그런 글들을 모아서 1926~1931년에 무려 14권의 책을 간행했다. 조선통신사 등 조선·일본의 관계사를 중심으로 분량이 꽤 되는 글들은 『일선사화(日鮮史話)』 총 6편(1926~1930년), 『속 일선사화』, 총 3편(1931) 그리고 『한일관계사연구』(1929)라는 책으로 묶었다. 『한일관계사연구』는 650쪽이 넘고, 나머지는 모두 분량이 150쪽이 못 되는 얇은 책이다. 그 밖에 조선의 역사와 풍속에 대한, 문고본 판형으로도 한두 쪽에 지나지 않는 짧은 글은 『조선잡기(朝鮮雜記)』(1926), 『조선만록(朝鮮漫錄)』(1928), 『조선총화(朝鮮叢話)』(1929) 3부작으로 묶었다. 고대부터 '한일병합'까지 조선의 역사를 개관한 『조선의 금석: 역대편(朝鮮の今昔: 歷代篇)』(1927)이라는 책도 있다.

불과 6, 7년 사이에 그토록 많은 글을 쓰고 14권의 책을 펴냈다는 것도 대단하지만, 이 책들이 모두 조선총독부 발행으로 되어 있다는 사실은 더 놀랍다. 예산이 투입되었는지 어떤지는 모르지만, 젠쇼와 무라야마가 '조사자료'로 낸 책들이 표지와 판권장에서 저작자를 '조선총독부'로 했던 것과 달리, 그의 책들은 겉표지와 속표지에 저자를 '마쓰다 고'라고 밝혀두고 있다.[78] 『주요간행도서목록』에 보면 '편저·역술자(編著譯述者)'는 마쓰다, 간행관서는 총독관방 문서과로 되어 있다.

78 다만 판권장에는 저작자·발행자·인쇄소를 구분하지 않고 '조선총독부'라고만 했다. 판권장에는 그의 이름이 없다.

그러나 한일관계사와 한문학에 대한 마쓰다의 역량과 지식이 얼마나 대단했는지와는 별개로,[79] 당대 조선의 풍속에 대한 그의 서술은 체계적 조사에 의한 것도 아니고 깊이도 없다. 『조선총화』에 실린 「1두락·1일경(一斗落·一日耕)」이라는 한 쪽짜리 글의 절반쯤을 인용해 보자.[80]

- 먼저 논(畓), 즉 일본의 수전(水田)의 평수(坪數: 넓이—인용자)에 대해 몇 두락이라고 한다. 1두락이란 1두(斗: 말)의 벼를 싹틔워 그것을 심을 만큼의 넓이다. 다만 되의 크기에도 옛날부터 몇 차례 변경이 있었다. 따라서 두락이라는 것도 실제로 차이가 있을 수 있지만, 약 150평 정도에 해당한다
- 그다음 1일경이란 밭(田), 즉 일본의 전(畑)의 평수에 쓴다. 종래 조선에서는 경작에 소를 부린다. 아니, 소를 부린다기보다도 소가 경작한다고 하는 모양새다.[81] 1일경이라고 하는 것도 소가 하루에 쟁기질할 수 있는 넓이다

실제로는 꼭 여기 쓴 대로 논은 '두락(마지기)', 밭은 '일경'이었던 것이 아니라, 지역에 따라 '두락'을 쓰기도 하고 '일경'을 쓰기도 했던 것 같다. '두락(마지기)'은 논뿐만 아니라 밭에도 쓰는 단위이고, 그 절대면적은 지방마다 달랐다. 임시토지조사국 측량기사를 거쳐 문서과 계열 촉탁

---

79 마쓰다의 한문학에 대해서는 박영미, 2010, 「일제 강점기 松田甲의 한문학 연구에 대하여」, 『한문학보』 22를 볼 것.

80 松田甲, 1929 『朝鮮叢話』, 朝鮮總督府, 126쪽. 두락과 일경에 대해서는 이 책 70쪽에서 다룬 바 있다.

81 소를 제대로 부리지 못하고 농부가 소에 끌려다니다시피 한다는 뜻이다.

이었던 사람의 글치고는 너무 가볍고 소략하다.

가볍고 소략한 것은 마쓰다 자신이 지향한 바였다. 그는 『조선총화』의 「머리말」에서 자기가 보고들은 바를 쓴 '수필'을 100편씩 모아 『조선잡기』·『조선만록』·『조선총화』 3부작을 냈다면서, "처음으로 조선의 사정에 관해 알고자 하는 사람들에게 얼마쯤 참고가 되기를 기대했을 뿐, 감히 박식한 인사한테 보일 만한 것은 아니"라고 썼다. 문서과 촉탁에서 해촉되지 않았다면 수필도 얼마든지 더 쓰고 책도 얼마든지 더 냈을 기세다. 『일선사화』 제1편에서도 "애초 감흥에 편승해서 붓을 잡았으므로 각 제목은 관련도 없고 시대를 따라 서술한 것도 아니다. … 요컨대 믿을 만한 사승(史乘), 문집류 그리고 내가 현장의 조사에서 얻은 수필에 지나지 않는다"라고 했다. 『조선의 금석』에서는 한술 더 떠서 "이 책은 기차 안에서 잠시 한가할 때, 여행지에서 무료할 때 조선사정의 대강을 알고자 하는 사람에게 편의를 제공할 목적에서 … 고증이라든가 연구라든가 하는 방면까지는 가지 않고 다만 보통 널리 알려진 설에 의거해서 쉽고 간략하게 서술"한다고 썼다.[82]

쉽고 간략하게 쓰든 어렵고 번잡하게 쓰든 개인의 자유겠지만, 잊지 말아야 할 것은 그의 책들이 모두 총독부(문서과)에서 출판되었다는 사실이다. 총독들의 한시 선생님이었던 만큼 뒷배가 든든했던 것일까? '조사자료'는 아니지만 마쓰다 고의 저작도 문서과 계열의 조선사정 조사·소개의 일환으로 간주되었던 것 같다. 아니, 어쩌면 '조선사정의 소개'라는 점에서 오히려 이런 책들이나 『조선의 풍습』, 『조선요람』 같은 가벼

---

82 松田甲, 1926, 『日鮮史話: 第1篇』, 朝鮮總督府. 「はしがき」; 松田甲, 앞의 책, 「はしがき」; 松田甲, 1927 『朝鮮の今昔: 歷代篇』, 朝鮮總督府, 「緖言」.

운 책들이 더 효과적이었을지도 모른다. 1926년에 나온 『조선잡기』는 1928년까지 4판을 찍었다.[83]

2) 촉탁 젠쇼와 무라야마의 조사와 연구

조사과와 문서과의 '조사자료' 47권 중에서 촉탁 젠쇼가 거의 절반에 가까운 22권, 무라야마가 4분의 1에 해당하는 12권을 썼다. 둘이 쓴 것이 4분의 3 가까이 되는 셈이다. 게다가 이 두 사람의 저작은 기관의 보고서이면서도 주제의 성격이나 글의 체재와 내용이 개인적 학술연구에 가깝다는 느낌이다. 1933년 손진태는 잡지 『민속학』에 「무라야마 지쥰 씨의 조선민간신앙 4부작을 읽고」라는 서평을 실었다. 2, 3년 전까지만 해도 존재조차 막막하고 의심스러웠던 조선 민속학계가 근래 갑작스럽게 생기를 띠게 된 것이 대부분은 이 4부작 덕분이라는 찬사였다.[84] 최길성은 무라야마와 경성제국대학 법문학부에서 사회학강좌를 담당했던 인류학자 아키바 다카시의 무속 연구를 비교하면서, 무라야마의 학문적 독창성을 오히려 높게 평가한다.[85] 한편 젠쇼는 '조사자료'의 일부로 간

---

83 '조사자료'가 아니면서 비슷한 성격을 갖는 책으로는, 문서과 계열 촉탁으로 오래 있었던 조선인 오청이 쓴 『조선의 연중행사(朝鮮の年中行事)』도 있다. 이 책은 1931년에 처음 간행되었고, 국립중앙도서관 소장본으로 보면 1937년까지 7쇄를 찍었다. 발행처는 '조선총독부'라고 되어 있다. 오청에 대해서는 서연호, 2009, 「식민지시대 오청의 민속조사 및 민속선양 활동」, 『어문논집』 60을 볼 것.

84 孫晋泰, 1933, 「村山智順氏の朝鮮民間信仰四部作を讀みて」, 『民俗學』 5(10), 937쪽; 남근우, 2008, 『'조선민속학'과 식민주의』, 동국대학교출판부, 111~112쪽. 그런데 무라야마의 4부작이라는 것은 모두 공식적으로는 조선총독부(문서과)가 발행한 것으로 되어 있는 '조사자료' 시리즈다.

85 최길성, 2011, 「무라야마 지쥰과 아키바 다카시의 무속 연구」, 『한국무속학』 23.

행된 『조선의 취락』으로 1942년 교토대학에서 박사학위를 받았다.

1990년대 이래 한국에서는 두 사람에 대해 꽤 많은 연구가 이루어졌고 이들의 저작들도 다수 번역되거나 영인됐다. 젠쇼와 무라야마가 남긴 저작의 내용은 선행연구에 맡기고, 여기서는 그들이 수행한 '조사'에 대해서만 조금 살펴보겠다.

(1) 젠쇼 에이스케와 사회 · 경제 조사

젠쇼 에이스케(善生永助)는 1923년 7월부터 1935년 말까지 12년 반 동안 조사과와 문서과 촉탁으로 재직했다.[86] 그는 1910년 와세다대학 전문부 정치경제과를 졸업한 뒤 언론계에서 활동했고, 젊은 시절에는 중국에 관심을 가져 중국 진출을 꿈꾸었다고 한다. 친구인 오니시 이치로(大西一郎)가 총독관방에 신설된 조사과의 과장이 되면서 젠쇼를 추천했다.[87] 젠쇼는 촉탁으로 있는 동안 총독부의 다른 촉탁들과는 비교가 되지 않을 정도로 많은 수당을 받았고, 그 이상의 성과를 냈다. 그는 '조사자료' 중 22권을 집필했고, 그 밖에도 다수의 단행본과 논문을 남겼다.[88]

---

86 젠쇼가 본인의 업적을 정리한 것으로 善生永助, 1968, 「朝鮮社會經濟の硏究」, 『朝鮮學報』 48; 1963년 그가 조사과 촉탁 시절을 회고한 것은 하타다 다카시 편, 2020, 앞의 책; 젠쇼에 대한 연구로는 임경택, 2009, 「조선의 사회경제와 '취락'」, 주영하 등, 『제국 일본이 그린 조선민속』(제2판), 한국학중앙연구원; 이대화, 2021, 「조선총독부의 조선 취락에 관한 연구」, 『문화와 융합』 43(3); 임학성, 2022, 「일제강점기 젠쇼 에이스케의 '조선인구' 연구」, 인하대학교 한국학연구소 편, 『일제 강점기 일본 한국학의 형성과 양상』, 민속원 등이 있다.

87 오니시는 도쿄제국대학 법대(정치과)를 졸업하고 내무성에 들어갔다. 1922년 가을에 조선으로 건너와 그해 10월부터 1924년 12월까지 조사과장으로 재직했다(다만 1924년 4월부터는 1년간 구미 출장).

88 임경택은 젠쇼의 저술을 ('조사자료'를 포함해서) 단행본 31권, 논문 228편으로 헤아렸는데, 같은 글이나 비슷한 내용이 재수록된 것도 많다(임경택, 2009, 앞의 글,

그의 저작은 크게 ①조선의 시장과 경제, ②조선의 인구, ③조선의 사회문제, ④마을과 생활상태조사의 네 가지로 묶어볼 수 있다.

① 조선의 시장과 상업

1920년대에 젠쇼는 조선의 시장에 대해 [8]의 『조선의 시장』(1924), [14]의 『시가지의 상권』(1926), [27]의 『조선의 시장경제』(1929), 세 권의 '조사자료'를 집필했다. 조선의 상업관습을 다룬 [11]의 『조선인의 상업』(1925)도 비슷한 관심에서 나온 것으로 묶을 수 있겠다. 이 저작들에서 '시장'은 경제학에서 말하는 추상적 시장, 수요와 공급에 의한 가격의 결정기제 같은 것이 아니라 구체적 장소로 존재하는 시장, 시골의 재래 정기시장인 '장시(場市)'나 곡물·가축시장이나 어시장을 말한다. 젠쇼의 저작이 대개 그렇듯, 이 네 권은 서로 독립된 책이 아니다. 예컨대 『조선의 시장경제』는 「서문」과 목차에서 보듯이 『조선의 시장』의 증보판 같은 것이다.

『조선의 시장』을 가지고 자료와 조사 방법을 살펴보자. 「서문」에 보면 이 보고서의 "재료는 각 방면에서 구했는데, 그중 식산국의 조사 자료에 의거한 것이 가장 많고, 또 각 부·면과 경찰관헌을 번거롭게 해서 조사한 것이 적지 않다"고 했다. 후자는 당시의 용어로 '조회조사'다. 제1장 「시장의 연혁」과 제2장 제1절 「시장의 구관(舊慣)」 부분은 오다 쇼고의 「조선시장자료관견(朝鮮市場資料管見)」, 대한제국 탁지부 사세국과 1910년대 임시토지조사국의 조사 결과, 1920년 중추원이 조사·수집한 미정리 자료를 이용했다. 시장의 분포, 시장 거래고, 가축시장 등 통계는 대부분

107쪽; 임학성, 2022, 앞의 글, 155~157쪽).

『통계연보』에 실린 자료다. 이런 것들을 빼고 나면 『조선의 시장』을 위해서 조사과가 수행한 본격적인 조사는, 1924년 7월 각 부와 지정면 그리고 연액(年額) 50만 원 이상의 거래가 있는 보통시장과 연거래 1만 두(頭) 이상의 우(牛)시장이 있는 면에 11개 항목을 조회해서 회답을 수집한 정도다.[89] 1,300개가 넘었다는 장시나 서울·대구·강경 등의 큰 시장들 중 젠쇼가 몇 군데나 방문해서 현장조사를 했다는 말은 없다.

② 조선의 인구

임학성에 따르면 젠쇼는 조선의 인구라는 주제에 대해 3권의 저서와 39편의 논문을 남겼다.[90] 시장에 대한 저술이 모두 '조사자료'로 간행된 반면, 인구에 대한 책자 형태로 된 주요 저술의 간행 사항은 다음과 같다.

ⓐ 젠쇼 에이스케, 1925, 『조선의 인구 연구』, 조선인쇄주식회사출판부

ⓑ 조선총독부, 1927, 『(조사 자료 제22집) 조선의 인구현상』

◉ (총독부 촉탁) 젠쇼 에이스케, 1935, 「조선의 인구문제」, 『조선』 236, 4~117쪽

ⓒ 조선총독부, 1935, 『(쇼와10년 4월) 조선의 인구문제』(별쇄본)

ⓓ 조선총독부 임시국세조사과, 1934, 『조선의 성(朝鮮の姓)』

---

89 이상 朝鮮總督府(庶務部調査課), 1924, 『朝鮮の市場』, 「서문」 2쪽, (본문) 14쪽, 20쪽, 29쪽, 271~272쪽, 517~518쪽 등. 각각의 자료들에 대해서는 허영란, 2009, 『일제시기 장시 연구』, 역사비평사, 52~56쪽. 식민지 초기 지방제도에서 도시 지역인 12개 '부(府)' 외에는 모든 지역이 '면'이었으나, 지역별 중심지로 일본인이 많이 거주하는 면은 '지정면(指定面)'으로 정했다. 1930년까지 43개에 이른 지정면은 「읍면제(邑面制)」(1930.12.1, 제령 제12호) 시행과 함께 순차적으로 읍으로 승격된다.

90 임학성, 2022, 앞의 글, 163~165쪽에 목록이 실려 있다. ⓐ, ⓑ, ⓒ를 저서로 쳤다.

1925년 8월에 나온 ⓐ는 젠쇼의 개인 저작이다. 「범례」에서는 이 책은 조선 최초의 총조사인 1925년 10월의 간이국세조사를 앞두고 조선시대부터 그때까지 기존의 인구통계를 정리한 것이면서, 본인이 구상하는 『조선경제지지(朝鮮經濟地誌)』의 일부라고 썼다. '조사자료' 제22집인 ⓑ는 새로운 책이 아니라 『조선의 인구 연구』를 수정·증보한 것에 가깝다. ◉와 ⓒ는 같은 것인데, 총독부에서 내는 잡지 『조선』에 젠쇼 개인의 저술로 실린 ◉를 '별쇄본'으로 낸 것이 ⓒ다. '조사자료' 종류와 마찬가지로 본문 첫머리에 '젠쇼 에이스케'라고 저자의 이름이 밝혀져 있지만, 표지에는 '조선총독부'라고만 되어 있다.[91] 내용은 역시 완전히 새로운 것이 아니라 ⓐ와 ⓑ의 연장이다. ⓑ가 대개 1925년까지를 다룬 데 반해 ◉ = ⓒ는 1924년 이후를 다루었다.

인구에 대한 그의 저술은 대개 조선시대의 문헌과 총독부의 『통계연보』 등에 실린 통계를 모아서 정리하고 간단한 설명을 붙인 정도에 불과하다. 인구학에 대한 그의 지식은 사실 조금 의심스럽다. 예컨대 그는 호적의 완전성, 출생·사망신고의 누락 문제를 도외시하고 매년의 출생수에서 사망수를 뺀 것을 단순히 인구의 자연증가라고 치기도 하고, 조선인의 낮은 영유아사망률 역시 주로는 출생·사망신고의 누락 때문일 것이라고 의심되는 상황에서도 총독부의 공식 통계에 대한 믿음을 거두지 않는다.[92]

---

91 한국학중앙연구원 소장본(춘보문고)을 보면 ⓒ는 스테이플러 제본에 판권장은 없고 표지 책등에도 아무 글씨가 없다. ⓒ의 본문은 ◉와 완전히 같은 내용에 쪽수만 다르게 매겨져 있다. ◉의 활판을 그대로 활용해서 인쇄하고 문서과장의 서문과 표지만 덧붙인 것 같다. 『조선』 104호(1923.12)에 실린 佐々木忠右衛門의 「副業の盛なる道也味里」, 이각종의 「朝鮮の特殊部落」 등이 별쇄본으로 만들어졌다(국립중앙도서관 朝17-18; 朝17-5). 총독부의 『주요간행도서목록』에도 실려 있다.

ⓓ는 인구에 대한 것은 아니지만, 1930년 국세조사 결과를 이용해서 조선인 성의 연혁·종류·분포와 '동족부락' 등을 정리한 것이다. 본래는 1925년 국세조사의 배우관계별 통계에서 '배우자 있는' 남자와 여자 인구의 차이가 너무 큰 것이 첩의 실상을 알려주는 것이 아닐까 하는 착안에서 첩제도를 조사하려 했다고 한다.[93] 그러나 당시의 '이왕(李王)'을 비롯해서 조선귀족 상당수가 첩의 자식이라는 이야기가 나오게 되면 곤란하다는 이유로 첩제도 조사가 불허되자,[94] 그 대신으로 시도한 것이 조선인의 성에 대한 조사였다는 이야기다.

'조선의 성' 조사는 1930년 국세조사의 부대(附帶)조사로 계획됐다. 조선인의 성은 본관과 뗄 수 없는 관계지만, 예산상 본관은 빼고 성만 조

---

92 善生永助, 1930, 「併合後の人口自然增加」, 『調査月報』 1(6), 1쪽; 善生永助, 1932, 「朝鮮の小兒死亡率」, 『朝鮮』 204, 99~108쪽. 1940년대 초까지도 호적의 누락이 상당히 많았다는 데 대해서는 이 책 584~587쪽, 영유아사망률 문제에 대해서는 251~252쪽, 262~264쪽을 볼 것.

93 배우관계별 인구는 미혼·유배우·이혼·사별로 나누어 조사했다. 1925~1935년 국세조사 결과는 다음 표와 같다. 당시 일본이나 2010년 대한민국의 총조사 결과와 비교해 보면 식민지기 조선에서 유배우 여성이 유배우 남성보다 훨씬 많았다는 것은 흥미로운 현상이기는 하다.

조사시점	유배우 남자(A) (명)	유배우 여자(B) (명)	차(C=B-A) (명)	C의 비중(C/B) (%)
1925년	4,419,923	4,463,516	43,593	0.98
1930년	4,713,085	4,877,283	164,198	3.37
1935년	5,016,503	5,194,592	178,089	3.43
(1935년 일본)	13,133,831	13,174,225	40,394	0.31
(2010년 한국)	11,605,892	11,608,062	2,170	0.02

94 하타다 다카시, 2020, 앞의 책, 199쪽. '한일병합'과 함께 일본의 황실제도에 준해서 순종은 '이왕', 고종은 '이태왕(李太王)'이라는 신분을 부여받았다. 1926년 순종이 사망하자 그의 배다른 동생인 영친왕 이은이 '이왕' 신분을 계승했다. 조선귀족은 일본의 화족(華族) 제도를 본떠서 가까운 종친과 '한일병합'에 기여한 친일 고위관료에게 후작·백작·자작·남작 등의 '작위(爵位)'와 은급(恩給)을 준 것을 말한다.

사했다. 어차피 신고서에 세대주 성명을 적게 되어 있으니까 신고서 양식에 덧붙일 것은 없었고, 세대주의 성을 추출해서 '획선법'으로 세면 됐다. 그러나 그 정도만 해도 상당한 시간과 인원이 필요했다. 국제조사 이후 1933~1934년에 걸쳐 특히 동성이 많은 부·읍·면을 지정해서 조회조사로 부락 내 동성의 본관별 조사를 실행했다.[95]

③ 조선의 여러 가지 사회문제

시장·인구와 생활상태조사가 각각 여러 권의 저작을 낳게 한 젠쇼의 큰 관심사였다면, 그 밖에 각각 한 권씩의 '조사자료'로 정리된 주제들이 있다. 『조선의 범죄와 환경』은 이야기가 조금 길어지니까 420쪽 이하에서 따로 다루도록 하겠다. 『화전의 현상(火田の現狀)』에 대해서는 젠쇼 스스로, 시장의 조사·연구를 위해 각지를 다니다가 알게 된 화전과 화전민이라는 조선 특유의 현상에 주목한 것이라고 언급했다.[96] 『조선의 계』(1926)와 『조선의 요업』(1926), 『조선의 물산』(1927)은 시장·상업에 대한 관심이 옆으로 번져간 것으로 볼 수 있다. 그 밖에, 그때그때 총독부의 현안과 관련된 보고서가 몇 편 있다. 일본에 출장을 다녀와서 쓴 『한신·케이힌 지방의 조선인 노동자』(1924)는 1920년대 조선인의 일본 노동이주 문제,[97] 『조선의 자연재해』(1929)는 1919년 하반기 중북부의 큰 가뭄과 1925년 한강·낙동강 대홍수를 계기로 한 것이다.

---

95 朝鮮總督府 臨時國勢調査課, 1934, 「序」; 朝鮮總督府, 1935, 『昭和5年 朝鮮國勢調査報告: 全鮮編 第2巻, 記述報文』, 15.

96 하타다 다카시, 2020, 앞의 책, 189쪽.

97 '한신(阪神)'은 오사카(大阪)과 고베(神戶), '케이힌(京濱)'은 도쿄(東京)과 요코하마(橫濱)를 말한다.

1920년대 말 소작쟁의가 격해지면서 소작제도가 사회문제로 부각되자, 젠쇼는 "종래의 문헌자료, 토지조사 때의 것으로 미발표된 것, 거기에 약간 청취조사 등도 행해서", "역시 사무의 필요상 『조선의 소작관습』이라는 것을 아주 서둘러서" 만들었다. 1930년에는 중추원에서 법전조사국 이래의 관습조사 결과 중에서 소작에 관한 것들을 추려서 『소작에 관한 관습조사서』를 냈고, 1932년 농림국 농무과에서는 상·하 두 권으로 된 『조선의 소작관행』이라는 방대한 보고서를 간행했다. [26]과 농림국 조사와의 관계를 묻자 젠쇼는 둘 사이에는 "전혀 관계가 없다"고 증언했다.[98]

④ 마을과 지역, 생활상태의 조사

1920년대 말이 되면 젠쇼는 조선 전체의 상업과 인구, 사회문제로부터 지역, 특히 '취락(聚落)'으로 관심을 돌리게 된다. '취락'은 사람이 모여 사는 것을 총칭하고 그것을 다시 수십 집 정도 작은 규모의 '부락(部落)'과 훨씬 큰 '도회(都會)'로 나누기도 했지만,[99] 그가 말하는 취락·부락은 대개 촌락, 마을을 가리킨다. 〈표 5-4〉에서 보듯이 이 조사의 보고서는 '조사자료' 중에서도 '생활상태조사'라는 전 8권의 하위 시리즈를 이룬다. 이것은 1920년대 전반 중추원 풍속조사의 부속사업으로 추진된 오다우치의 부락조사를 이어받은 것이다.[100]

98 하타다 다카시, 앞의 책, 202쪽. 농무과는 1932년 7월 식산국에서 신설 농림국으로 이속된다.

99 朝鮮總督府, 1933, 『朝鮮の聚落(前篇)』, 「はしがき」 1쪽.

100 朝鮮總督府, 1933, 위의 책, 191~192쪽. 이하 생활상태조사에 대해서는 『생활상태조사』 각 권의 머리말 등과 이대화, 2021, 앞의 논문에 주로 의존했다.

애초 젠쇼는 생활상태조사를 종합조사(총괄적 조사)와 지역조사의 두 갈래로 진행하고자 했다. 종합조사는 취락, 의식주, 관혼상제, 생계비, 사회조직, 가족제도, 문화·사상, 경제기구 전반을 순차적으로 조사할 계획이었지만, 결국 취락 부분만 '조사자료' 제38집·39집·41집 『조선의 취락』(전편·중편·후편)으로 간행됐다. 전편은 취락의 발생·명칭·종류 …와 농촌·산촌·어촌·도읍이라는 일반적 취락을, 중편은 이민부락·모범부락·특수부락·신흥부락·온천부락·광산부락 같은 특수한 취락을 다룬다. 후편은 '동족부락'에 대한 것이다.

지역조사는 전국에서 10곳 이상을 뽑아서 조사할 예정이었는데, 수원군[28], 제주도[29], 강릉군[32], 평양부[34], 경주군[40]의 5개 지역 것만 간행됐다. 통영과 의주도 조사는 했지만 보고서로 간행은 되지 못한 듯하다. 젠쇼는 지역조사 보고서 첫 권인 수원군의 첫머리에 부·면·부락 단위로 또 개인을 대상으로 조사할 상세한 내용의 계획을 적어두었다.[101] 실제로는 조사가 진행되면서 지역별로 조사항목은 조금씩 달라졌다. 수원군·강릉부·경주군의 경우 농가경제조사 또는 가계조사 비슷한 것도 포함되어 있는데, 이런 것도 지역에 따라 가용(可用)한 갖가지 방법과 자료를 동원하고 있다.[102] 앞서 본 것처럼 젠쇼는 일찍이 『조선의 인구 연구』가 자신이 구상하는 조선의 '경제지지(經濟地誌)'의 일부가 될 것이라고 말한 바 있다. 생활상태조사, 특히 지역조사는 그런 경제지지

---

101 朝鮮總督府, 1933, 『朝鮮の聚落(前篇)』, 「はしがき」 1쪽; 朝鮮總督府, 1929, 『生活狀態調査 1: 水原郡』, 2~31쪽.

102 경주군의 경우 '군내 5개 면 경제갱생5개년계획 수립농가 107호의 기본계획', '내남면 율리 영세농가 29호에 대한 근농(勤農)공제조합기본조사', '안강공립보통학교의 지도생 10인의 가족에 대한 조사' 등을 제시했다(朝鮮總督府, 1934, 『生活狀態調査 7: 慶州郡』, 525~558쪽).

같은 것이 아니었을까 싶다.

특히 주목할 것은 『조선의 취락』의 후편인 '동족부락'이다. 앞서의 『조선의 성』(1934)에서 '동족부락'을 한 장(章)으로 포함시켜 간단히 소개한 데 이어, 그것을 발전시켜 스스로 대표작으로 꼽는 책을 쓴 것이다. '동족마을'이나 '동성마을' 등으로 표현은 바뀌었지만 지금까지도 한국사의 중요한 개념이자 연구 주제로 남아 있는 '동족부락'이라는 개념을 처음 고안한 것은 젠쇼라고 알려져 있다.[103] 그는 "한 부락이 동성동본의 일족 또는 그 관계자만으로 구성되거나 동족 호수(戶數)가 부락의 대부분을 차지하고 있는" 경우를 '동족부락'이라고 보았다. 또 그는 이런 동족마을은 대개는 과거에 사회상 유력한 지위를 차지했던 양반·유림의 마을이며, 마을이 만들어진 역사도 오래되었다고 썼다.[104]

그런데 젠쇼의 이 책이 흥미로운 것은, 역사적 관심이나 인류학적 현지조사가 아니라 국세조사와 지방관청에 대한 조회를 통해 동족마을의 현재 상황에 대한 전국적 '통계'를 가지고 접근하고 있다는 점이다. 국세조사에서 조사한 약 1만 5,000개의 동족마을 중에서 다시 저명한 마을 1,685곳을 추출해서 마을의 연혁부터 가옥의 건축연대까지 여러 가지를 부·군과 읍·면 등에 조회했던 것이다. 물론 지방관청에서는 다시 해

---

103 김필동, 1998, 「서론」, 김일철 외, 『종족마을의 전통과 변화』, 백산서당, 37쪽. 그러나 1920년대 초에 부락조사 계획을 세우고 '예찰(豫察)'을 한 오다우치도 "가장 먼저 조사할 것은 … 가족제도와 맺어진 부락 예컨대 양반부락 같은 것, 또는 한 성이 한 부락의 중심을 이루는 부락"이라고 한 바 있다(小田内通敏, 1922, 「朝鮮部落調査の過程」, 『朝鮮』 86, 125쪽). 그 속에 살고 있는 조선인들에게야 당연한 현실이었다 해도, 동족부락은 분명 외국인 관찰자들의 시선을 끌었을 것이다. 조금 더 연구가 필요한 부분이다.

104 朝鮮總督府 臨時國勢調査課, 1934, 『朝鮮の姓』, 145~147쪽.

당 마을에 자료와 답변을 요구했을 것이다. 그런데 동족마을 조사는 다른 조사와 달리 조사 대상이 되는 동족마을과 문중에서도 조상과 가문을 현창(顯彰)할 기회로 생각했기 때문에, 족보와 각종 집안 문서, 도면, 사진 등을 적극적으로 제공했다고 한다.[105]

그러나 『조선의 취락』의 후편 '동족부락'은 젠쇼가 낸 '조사자료'의 마지막 권이 됐다. 1935년 말, 자의인지 타의인지 모르지만 젠쇼는 조선총독부를 사직했고, 이듬해 만철 경제조사국의 촉탁으로 옮겨갔다.[106] 전체적으로 보면 그의 장점은 깊이나 정확성보다는 이슈의 빠른 선점과 많은 자료의 소개에 있었다고 생각된다. 젠쇼는, "조사 자료는 학술연구와 달리 시정(施政)의 참고나 연구의 자료가 될 것들을 가능한 한 빨리, 많이 세상에 소개하는 것이 좋다고 생각해서 … 자꾸자꾸 낸다는 방침"이었다고 증언했다. 또 조선인 문제나 일본과 조선의 관계, 즉 식민지 지배와 같은 큰 문제를 다루거나 특정한 결론을 내리기도 힘드니까, "자료는 어쨌든 통계를 많이 넣어서" 그저 실태나 동향을 보여 주는 방식을 취했다고 한다. 민족 문제는 절대 금기였다.[107]

---

105 朝鮮總督府, 1935, 『朝鮮の聚落(後篇)』, 「はしがき」 2~3쪽.

106 젠쇼 본인은 총독부를 사직한 데 대해 조사보다 '선전'을 더 중시한 우가키 가즈시게(宇垣一成, 1931.6~1936.8 재직) 총독의 방침과 맞지 않았고 만주사변 발발로 인한 정세 변화에, '조사자료'에 대한 학계의 평판도 좋지 않았다는 식으로 말했다(하타다 다카시, 2020, 앞의 책, 191~192쪽). 반면 1934년 말부터 문서과장이 된 시오다 마사히로(鹽田正洪)가 젠쇼 등 고참 촉탁들을 가차없이 잘랐다는 이야기도 있다(홍양희, 2017, 「'동성동본' = '동족'이라는 상상」, 『한일관계사연구』 58, 379쪽).

107 하타다 다카시, 2020, 앞의 책, 187쪽, 194~195쪽.

(2) 무라야마 지쥰의 조선인의 사상 조사

무라야마 지쥰(村山智順)의 본명은 '도미하루(富治)'다. 어려서 이치렌종(日蓮宗) 묘광사(妙光寺)에 들어갔고, 30대 주지 무라야마 지젠(村山智全)으로부터 '지쥰'이라는 계명(戒名)을 받았다. 도쿄의 제1고등학교를 거쳐 1919년 도쿄제국대학 문학부 철학과(사회학 전공)를 졸업하고 조선으로 건너와 중추원 촉탁이 됐다. 그는 50세 때인 1941년 일본으로 돌아갔고, 1943년 은사인 지젠이 입적한 뒤 1945년 4월 묘광사의 32대 주지가 된다.[108] 따라서 무라야마의 학문적 경력은 조선에 머물던 시기로만 한정된다.

단행본을 중심으로 무라야마의 주요 저작을 정리해 보면 〈표 5-7〉과 같다. 무엇보다 먼저, 젠쇼가 그토록 많은 책을 썼어도 그중에서 한국어로 번역된 것은 한 권도 없는 데 반해, 무라야마의 저작은 상당히 많이 번역되어 있다는 점을 지적해야겠다. 특히 조선의 민속과 민간신앙에 대한 저작은 『석전·기우·안택』 한 권을 빼고는 모두 번역되어 있다. 이것은 무라야마 저작의 학문적 수준과 중요성 때문이기도 하겠지만, 두 사람의 조사 분야가 다른 데서 오는 차이도 있다고 생각된다. 같은 무라야마의 저작이라도 [c], [d], [f] 같은 것은 번역되지 않았다는 점에서도 그

---

108 무라야마에 대한 주요한 선행연구로는 주영하, 2009, 「무라야마 지쥰의 『석전·기우·안택』 연구」, 『제국 일본이 그린 조선민속』, 한국학중앙연구원; 최길성, 2011, 「무라야마 지쥰과 아키바 다카시의 무속 연구」, 『한국무속학』 23; 노무라 신이치, 2014, 「무라야마 지쥰론」, 『조선인의 생로병사 1920~1930년대』, 신아출판사 등이 있다. 묘광사 부분은 아사쿠라 토시오, 2014, 「해제」, 『조선의 장시연구』, 민속원, 209~210쪽을 볼 것. 참고로, 경성제국대학 법문학부 사회학강좌 교수였던 인류학자 아키바 다카시는 나이는 무라야마보다 많지만, 도쿄고등사범학교, 도쿄외국어학교 등을 거쳐 도쿄제국대학의 같은 전공을 1921년에 졸업했다.

렇다. 해방 이후 한국 인문·사회과학의 입장에서 보자면 식민지기보다 더 이전의 과거는 식민지 행정기구의 조사기록이라도 긁어모아 재구성해야 할 대상이지만, 식민국가가 당대의 조선사회를 어떻게 파악했는지는 큰 관심거리가 아니었던 것이다.

① 1920년대의 저작들: 조선인의 민족성 탐구

총독부 『직원록』에서 보면 중추원 편찬과 촉탁은 1919년까지 '구관조사' 담당이 11명, '사료 수집·편찬' 담당이 4명인데, 1920년 무라야마가 '사회사정조사' 담당으로 추가되어 있다. 앞서 본 대로 이 신참 촉탁은 풍속조사의 부속사업으로 5개년 예정의 '조선사회사정조사'를 계획했고 1923년 5월까지 일부 원고를 탈고했으나, "얼마 되지 않아 행정정리로 직원이 감축되어" 중추원의 조선사회사정조사는 중단됐다.[109] 그리고 1924년에 무라야마는 총독관방 조사과의 '조선사정조사' 담당 촉탁이 되어 있다. 무라야마가 조사과로 자리를 옮기면서 중추원의 조선사회사정조사도 조사과로 통합되었던 것 같다.

〈표 5-7〉의 [a]와 [b]는 단행본은 아니나, 초기 무라야마의 관심 분야를 보기 위해 함께 실었다. [a]는 중추원 촉탁 시절의 '조선사회사정조사' 계획이다. 국사편찬위원회 한국사데이터베이스에 웹문서로 번역되어 있다.[110] [b]는 관변 학술단체인 조선사학회의 강의록에 실린 두 편의 글이다. 「사회제도사」는 '사회'를 협동생활체로, '사회제도'를 그 생활양

109 왕현종 외 편, 2019, 앞의 책, 266~267쪽.

110 국사편찬위원회 한국사데이터베이스 일제강점기 > 중추원조사 자료 > 조선사회조사강목(中 C14B 12). 원문이미지와 번역문을 함께 제공하고 있다.

식으로 정의하고 그런 이론틀로 조선의 역사를 살펴본다는 야심찬 기획이지만, 통일신라·고려·조선으로 된 각론 부분은 매우 소략하다. 조선사 전공자가 아닌 무라야마가 조선에 와서 그때껏 쌓은 조선사에 대한 지식이 그 정도였을 것이다. 「풍수에 대하여」는, 무라야마가 나중에 그의 주된 조사·연구 분야가 되는 민간신앙에 대해 이른 시기부터 관심을 갖고 있었음을 보여 준다.[111]

[c]~[q]는 조사과와 문서과 시기에 무라야마가 쓴 것이다. [d]와 [g], 유고인 [q]를 제외하고는 모두 '조사자료'다. 1924년 처음 간행된 대중용 소책자인 [d]는 『조선의 풍습』이라는 이름으로 거의 매년 조금씩 개정되다가, 1934년부터 『조선의 습속』으로 개제(改題)됐다.[112] [g]는 '조사자료'처럼 총독관방 문서과장의 「서문」에 필자가 무라야마라는 사실이 밝혀져 있다.

'조사자료'로 간행된 저작들 중 앞의 네 편, 3·1운동의 전개양상([c])이나 조선인들의 현실 인식과 불만사항([e]), 소작쟁의·노동쟁의·동맹휴교·형평운동 같은 군중행동([f]), 현재 조선인의 성정(性情)과 사회경향, 정치·경제·신앙·문화의 '사상'([h]) 따위를 다룬 것들은, 널리 알려진 민간신앙과 민속의 연구자 무라야마의 이미지와는 일견 맞지 않는다.

---

111 村山智順, 1924, 「社會制度史」, 朝鮮史學會, 1924, 『朝鮮史講座: 分類史』; 村山智順, 1924, 「風水に就て」, 朝鮮史學會, 1924, 『朝鮮史講座: 特別講義』. 낱개의 강의록들을 묶은 책들이라, 쪽 번호는 글마다 따로 붙여져 있다. 조선사학회와 이 강의록에 대해서는 조범성, 2015, 「일제강점기 조선사학회의 활동과 근대사 인식」, 『한국민족운동사연구』 84를 참조했다.

112 저자 표시가 없는 책인데, 노무라 신이치(野村伸一)는 이것이 무라야마의 작품이라고 추정한다(노무라 신이치, 2014, 앞의 글, 246~247쪽). 여기서는 1925년 이 책이 처음 간행되었다고 했는데, 1924년판(남산도서관 소장본)을 국립중앙도서관 원문으로 볼 수 있다.

〈표 5-7〉 무라야마 지쥰의 주요 저작 목록

번호	제목	간행 연도	민속	번역	비고
[a]	조선사회조사강목(조선사회조사행정안)	~1920		○	중추원 문서
[b]	사회제도사	1924			『조선사강좌』 강의록
	풍수에 대하여	1924	○		〃
[c]	조선의 독립사상 및 운동	1924			[10]
[d]	조선의 풍습(→조선의 습속)	1924~	○	○	거의 매년 개정
[e]	내선문제에 대한 조선인의 목소리(聲)	1925			[12]
[f]	조선의 군중	1926			[16]
[g]	조선의 복장	1927	○	○	-
[h]	조선인의 사상과 성격	1927		○	[20]
[i]	(민간신앙 제1부) 조선의 귀신	1929	○	○	[25], '4부작'
[j]	(민간신앙 제2부) 조선의 풍수	1931	○	○	[31], '4부작'
[k]	(민간신앙 제3부) 조선의 무격	1932	○	○	[36], '4부작'
[l]	조선의 점복과 예언	1933	○	○	[37], '4부작'
[m]	조선의 유사종교	1935		○	[42]
[m]	(조선의 향토신사 제1부) 부락제	1937	○	○	[44]
[o]	(조선의 향토신사 제2부) 석전·기우·안택	1938	○		[45]
[p]	조선의 향토오락	1941	○	○	[47]
[q]	조선 시장의 연구	~1933		○	유고[1930년대 초(추정)]

조사의 방법은 신문·잡지 등의 발췌와 약간의 면접조사 등이고, 특히 [h]는 모두 인용문으로만 구성된, 그야말로 '자료집'이다. 그때까지는 문서과 계열의 체계적 조사 계획 같은 것이 있어서 촉탁들의 자율에 맡기지 않고 필요한 조사를 배당했던 것일까? 무라야마는 하고 싶지 않은 조사를 억지로 수행했던 것일까? 그러나 반대로 생각해 보면 무라야마를 어디까지나 민간신앙 연구자로 규정하는 것은 해방 이후 인류학·민속학의, 한국학의 시선이다.

[c], [e], [f], [h]가 그가 업무상 수행해야 했던 조사라면, [i] 이하의 종

교·민속 관련 저작 역시 똑같이 그가 '업무상' 작성한 조사의 보고서다. 물론 문서과 계열의 사업이 더 느슨해지고 촉탁들에게 더 많은 자유가 주어진 뒤에 나온 [i] 이하가 무라야마가 더 하고 싶었던 조사였겠지만, 그렇다고 전기의 고등경찰 보고서 비슷한 것은 전혀 무라야마의 관심 사항이 아니었다고 할 수는 없다. 그런 점에서, "무라야마의 조사 작업이 주로 민속종교에 집중되어 있다고 해서 그의 연구를 이른바 민간신앙에만 초점을 맞춰 살펴보는 것은 재고의 여지가 있다. 심지어 무라야마의 민속종교에 대한 … 조사 자체가 하나의 도구에 지나지 않았을 가능성도 염두에 두어야 한다"는 주영하의 지적은 중요하다. 무라야마의 전체 조사를 관통하는 관심이 '조선인의 사상을 이해'하는 데 있었던 것은 아닐까?[113]

무라야마는 민간신앙·민속 조사의 첫 번째 책인 [i]의 「머리말」에서도 "조선의 문화를 올바르게 파악하기 위해서는 조선인의 사상을 이해해야만 될 것이다. 조선인의 사상을 이해하기 위해서는 민간신앙으로부터 출발하는 것이 그 순서이고 자연스러운 방법"이라고 쓴다. 그 전의 [d]의 「머리말」에서도 그는 "풍속·습관은 국민성의 한 반영이라고도 볼 수 있"을 것이라며, "현재 조선에 거류하는 일본인이 50여만 명 … 또 조선인 30여만 명이 일본의 도시는 물론 벽지로까지 진출하여" 있는 상황에서 "일본인으로서 조선이 어떠한지 — 그 민정·풍습이 어떠한지 — 를 아는 것은 이미 학자, 호사가만의 취미 문제가 아닌, 실로 국민 전체로서 필요한 실정인 셈"이라고 썼다.[114]

---

113 주영하, 2009, 앞의 글, 158~159쪽.

114 무라야마 지쥰, 1990, 『조선의 귀신』, 동문선, 11쪽; 朝鮮總督府, 1924, 『朝鮮の風習』, 「はしがき」; 장두식·김영순 역, 2014, 『조선의 습속』, 민속원, 23~24쪽.

② 조선인의 '심전'과 '유사종교'

1929년에 나온 [i]『조선의 귀신』을 시작으로, 1930년대 전반에 무라야마는 조선의 무속과 민간신앙에 대한 '4부작'의 조사를 수행했다. [i]『조선의 귀신』은 각종 옛 문헌에 실린 귀신과 귀신 쫓기 기사를 모은 책이다.[115] [j]의 『조선의 풍수』 또한, 풍수의 이론에 대해서는 『금낭경(錦囊經)』, 『청오경(靑烏經)』 등 동아시아 전래의 풍수서들을, 풍수의 실제 역시 옛 전적을 뒤져 정리한, 이른바 '문헌조사'의 산물이다. 다만 제2부 제4장 묘지풍수의 지방별 사례는 1912년 이래 말썽이 많았던 「묘지규칙」과 그 개정에 관련된 지방별 조사와 신문기사,[116] 또 묘지와 주택의 풍수에 대해서는 1929년 6월에 도별로 경찰 계통에서 행한 조사의 결과를 추려서 싣고 있다. 중앙의 입장에서 보면 이른바 '조회조사'다. 지역명 뒤에 '출장조사'라고 한 것은 무라야마 본인이 아니라 해당 도청에서 누가 나가서 조사를 했다는 뜻일 것 같다.[117]

경찰 계통을 이용한 조회조사와 무라야마 자신의 현지조사가 더 본격적으로 이루어진 것은 [k] 『조선의 무격』에서다. 이 책은 이론이나 민

115 그러나 귀신 그 자체나 사람들이 귀신들을 어떻게 느끼고 대했는지는 그의 관심이 아니었다. 노무라는 그런 점에서 "무라야마는 … 귀신에 관해서는 조사조차 하지 않았다"고 평가한다. 그것은 "맹인이나 무당을 위에서 내려다보는, 자신과는 직접적으로 전혀 관계없는 세계로 바라보는" 태도다. 무라야마는 그보다는 "풍수사상과 같은 음양오행 등의 사상에 뒷받침된 것에 더 공감을 갖고 있었던 듯하다(노무라 신이치, 2014, 앞의 글, 249쪽, 261쪽)".

116 1912년 6월 20일 조선총독부령 제123호, 「묘지, 화장장, 매장 및 화장 취체규칙」은 지방관청·공공단체 등에서만 (공동)묘지를 신설할 수 있게 하고 개인 묘지나 일족의 선산(先山) 등을 금지함으로써 조선인들로부터 엄청난 반발을 샀다. 이 법령은 결국 3·1운동 이후 개정된다.

117 '출장조사'는 무라야마 지준, 1990, 『조선의 풍수』, 민음사, 480~481쪽, 509쪽 등을 볼 것.

음, 과거의 사례에 대한 것이 아니라 무당의 지역별 분포와 '무당', '단골·당골', '만신' 같은 호칭, 신분과 성별, 무당이 되는 과정, 무당의 기도와 의례, 무당에 대한 수요 등 현재의 상황에 대한 것이다. 무라야마는 1927~1928년 일부 지방에서 행한 현지조사를 바탕으로 조사항목을 작성하여 전국의 경찰관서에 조사를 의뢰했다. 각급 지방관청과 소학교 교원 등을 활용하기도 했다. 1930년 8월쯤에 경찰관서의 회답이 대개 수합되었고, 그해 8월에 함경북도 길주, 10월, 11월에 전라남도와 경상남도, 이듬해 3월 함경북도 북청, 10월에 제주도에서 더 상세한 현지조사를 행했다.[118] [l]『조선의 점복과 예언』은 다시 문헌조사로 돌아가지만, 점집의 간판이나 점복업자의 광고지 사진을 모아 싣기도 했다(〈그림 5-5〉).[119]

그런가 하면 1930년대 후반의 [m]『조선의 유사종교』와 [n]『부락제』는, 보기에 따라서는 극적인 태도의 전환을 보여 주고 있다. 그사이에 끼어 있는 것은 우가키 가즈시게 총독 시기의 '심전개발(心田開發)' 사업이다. 우가키 총독은 '농촌진흥'과 '자력갱생'을 주된 사업으로 내세웠다. 사업의 핵심은 농민·농가 스스로 갱생의 길을 찾도록 한다는 것이었고, 그러기 위해서는 물질에 치우치지 않는 "정신의 작흥(作興), 농민의 자각과 분발(自憤)"이 필요했다.[120] 그런 '작흥'과 '자각'을 위해 총독부가 동원한 것이 종교와 신앙심이다. 우가키의 주창에 따라 종교 부흥, 신앙심 향

118 이 책을 위한 경찰 조사와 무라야마 본인의 현지조사의 상세한 일정은 박호원, 2014, 「해제」, 무라야마 지쥰, 『조선의 무격』, 민속원, 24~25쪽; 1927~1933년 무라야마와 아키바 다카시의 현지조사에 대해서는 최길성, 2011, 앞의 글, 196쪽에서 볼 수 있다.

119 朝鮮總督府, 1933, 『朝鮮の占卜と豫言』, 도판 6~7쪽(국립중앙도서관 소장).

120 조선총독부, 2018, 『국역 조선총독부 30년사 중』, 민속원, 689쪽.

〈그림 5-5〉 점집의 간판(좌)과 광고 전단지(우)

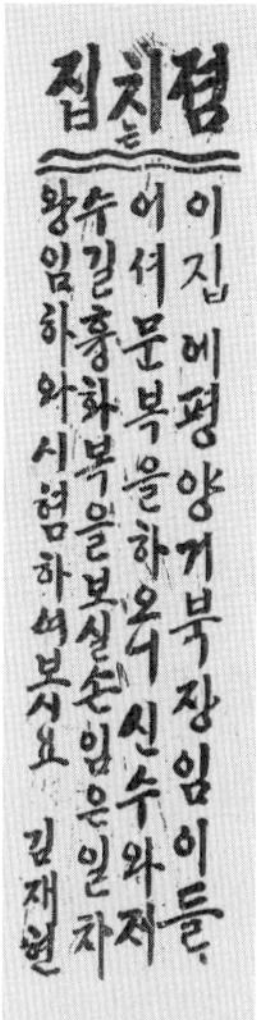

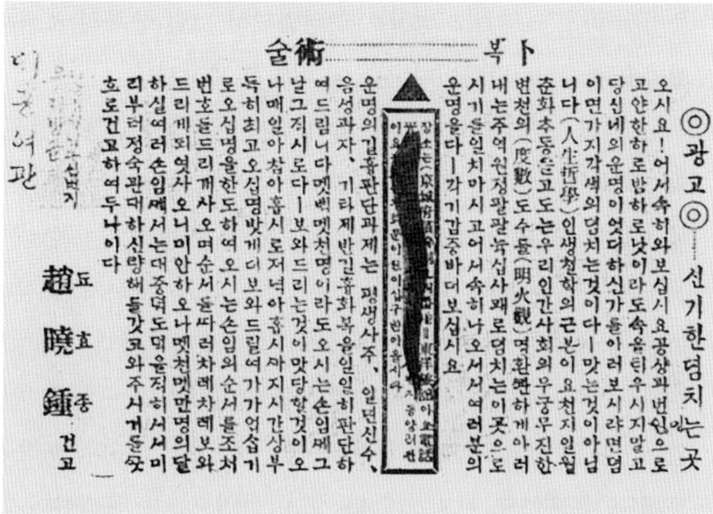

상은 '심전'의 개발이라고 불렸다.[121]

조선총독부는 1915년 「포교규칙」에서 신도(神道)·불교·기독교만을 '종교'로 규정했다. 무속은 척결해야 할 '미신'이 되었고, 각종 신종교들은 경찰의 단속 대상인 '유사종교'라고 분류된 상황이었다. 무라야마의 [m]은 동학계, 흠치계(증산), 불교계, 숭신(崇神)계(무속), 유교계, 계통불명으로 분류된 조선의 신종교에 대한 조사다. "원래 이들 유사종교가 대개는 비밀결사적 성질을 가진 것이기 때문에 정확한 기록류가 부족하고 또 실제에 대해 조사하는 것도 … 진상을 은폐하려고 하는 일도 적지 않"아서 조사는 쉽지 않았다. 무라야마가 직접 교단 본부에 가서 조사한

121 총독부의 '심전개발', 이하 무라야마의 조사를 그것과 관련해서 해석한 자료는 아오노 마사아키, 2017, 『제국신도의 형성』, 소명출판, 117~130쪽, 343~355쪽에서 볼 수 있다.

것도 있지만 전반적인 교세의 연혁과 변동에 관해서는 경무국의 출판물을 참조하고 또 각 도 경찰부에 의뢰해서 그런 종류의 조사보고를 부탁했다고 한다. [k]만큼이나 경찰에 의존한 보고서다.

그런데 1930년대 중엽에 와서 총독부는 농촌진흥사업을 위해 조선의 고유신앙 중에서 일본 신도의 형식에 합쳐질 수 있는 것, '심전개발'에 도움이 될 만한 것을 가려내고자 했다. 무라야마는 최남선과 함께 조선 고유신앙을 조사·평가하는 일에 참여했고, '조사자료' 시리즈로 마을의 동제(洞祭)를 비롯한 각종 제사의 조사에 착수했다. 그것이 '조선의 향토신사' 연작이다. '신사(神祀)'는 신에게 제사드리는 일을 말하고, 그 첫 권 [n]은 동제(洞祭) 또는 성황제, 당굿에 관한 조사다. 무라야마는 이제 동제를 '미신'으로 보지 않는다. 역시 한편으로는 무라야마가 직접 현지조사를 실시했고, 다른 한편으로는 도(청)에 조회해서 1936년 5월쯤에 각 도로부터 수집·조사된 자료를 회답받았다. 문헌은 송석하의 『조선팔도민속개황』만을 참고했다.[122] [o]는 여러 가지 제사를 모은 것이다. '석전(釋奠)'은 유교 문화에 따른 양반 중심의 문묘와 사원(祠院)의 제사다. 관민 공통의 또 다른 공동 제사로는 기우제와 수호(守護)·방역(防疫)을 위한 제사, 시장의 제사가 있다. 그 밖에 안택(安宅)과 고사, 각 가족 중심의 제사들을 그는 '개인제'로 묶었다. 동제 조사와 마찬가지로 [o]의 조사 역시 역시 문헌조사와 조회조사, 현지조사가 뒤섞인 방식으로 수행됐다.[123] [p] 향토오락도 마찬가지다.

---

122 박호원, 2016, 「해제」, 무라야마 지쥰, 『부락제』, 민속원, 17~21쪽.

123 주영하, 2009, 앞의 글, 166~167쪽.

오늘날 무라야마 지쥰은 1920년대의 조선인의 사상과 독립운동에 관련된 비밀 보고서들이 아니라 1930년대의 민간신앙과 민속 조사와 연구로 잘 알려져 있다. 그러나 무라야마에게 두 가지는 전혀 다른 것이 아니었다. 처음부터 끝까지 그가 알고자 한 것은 조선인의 '사상'이었고, 민간신앙에 대한 관심 역시 1930년대 총독부의 '심전개발'과 연결된 것이었다고 하면 1920년대 그의 조사에서 크게 멀리 떨어진 것은 아니다. 덧붙여서 노무라는 무라야마가 조선의 민간신앙이나 향토오락을 다루면서도 거기에 감정적으로 그리 공감하는 모습을 보이지는 않았다고 지적한다. 그런 점에서 "무라야마의 모든 지적 영위(營爲)는 공적인 것이었으며, 개인의 책임하에 드러나는 작품이 아니고, 어디까지나 내선일체화를 바라보는 식민지 경영을 위한 조사에 불과"했다는 것이다.[124]

거기에는 아마 언어의 장벽이라는 근본적 문제도 있었을 것이다. 젠쇼나 무라야마를 포함해서 식민지기 대부분의 일본인 조사자들은 조선어를 아주 능숙하게 구사하지는 못했다. '관(官)'에서 나온 사람이 통역을 끼고 하는 조사가 아주 섬세한 데까지 닿기는 힘들었을 것이다. 게다가 조사 대상이 인구나 경제 같이 '수'나 행정적 언어로 일차 번역된 사상(事象)이 아니라 무가(巫歌)나 무당의 공수 같은 것이었다면, 젠쇼든 아키바든 과연 그것을 제대로 알아들었을까?[125]

---

124 노무라 신이치, 2014, 앞의 글, 248~250쪽, 256쪽, 261~271쪽 등.

125 최길성, 2011, 앞의 글, 208쪽.

3. 식민지의 범죄통계

1) 수사·재판의 각 단계와 범죄통계

(1) 경찰의 범죄통계: 높은 검거율

19세기 전반 이래 서구에서는 통계라는 새로운 방법과 자료가 사람들을 매료시켰다. 인구나 무역, 세금처럼 본디 숫자로 존재했던 분야 말고도, 인간 삶의 온갖 것들이 헤아려지고 숫자로 환산됐다. 특히 사람들의 이목을 끈 것이 자살과 각종 범죄였다. 전통적으로 자살과 범죄는 합리적 계산보다는 격렬한 감정(passion)이나 광기, 사악한 충동에 지배되는 행위라고 여겨졌지만, 막상 통계를 내자 여러 가지 패턴과 규칙성이 드러났다. 한 인구집단의 1년간 자살 건수는 매년 비슷하거나 조금씩 증감했다. 성별과 연령, 계급, 종교에 따른 자살율과 자살 방식의 차이도 보였다. 서구에서는 자살·이혼·성매매와 각종 범죄에 대한 통계를 '도덕통계(moral statistics)'라고 불렀다. 그것은 사회의 어두운 면을 보여 주는 중요한 지표였다.

구체적으로 무엇을 헤아려서 도덕통계를 어떻게 집계하는가 하는 문제는 간단치 않았다. '범죄'란 무엇일까? 범죄는 경찰·검찰·재판소·감옥 등 여러 기관이 관련된 수사·재판·처벌의 절차를 거치면서 정의되고 집계된다.[126] 모든 보고통계가 그렇듯이 범죄통계는 한 사회의 모습을

126 식민지기 경찰·검찰·재판소·감옥 통계는 대개 『통계연보』에 실렸다. 그 밖에 법무국에서 『조선총독부사법통계연보』를 몇 차례 따로 냈다(이에 대해서는 180쪽 〈표 2-4〉를 볼 것). 경찰 통계는 1930년대의 『조선경찰개요』 뒤에도 실려 있지만, 여기 실

비추는 거울이기 전에, 관련된 공무원들이 밥값을 제대로 하고 있는가에 대한 실적의 척도이기도 하다. 각각의 기관과 절차마다 범죄에 대한 규정과 기준은 서로 조금씩 달랐다. 맨 먼저 범죄를 접하게 되는 경찰의 통계로는 범죄 발생건수와 검거건수가 있다. 이것으로 총인구나 지역별 인구에 대한 범죄 발생건수인 '범죄율'와 범죄 발생건수에 대한 검거건수인 '검거율'을 계산해 볼 수 있다.

그러나 범죄 발생건수란 무엇이며 어떻게 집계되는 것일까? 우리가 신(神)이 아닌 이상 실제 발생한 모든 범죄사건 수를 알아낼 도리는 없다. 결국 범죄 발생건수란 그런 사건이 있다는 것을 경찰이 '인지(認知)'했거나 '입건(立件)', 즉 형사사건으로 정식 접수한 사건수다. 검거율은 분자인 검거건수가 늘어도 높아지지만, 분모인 발생건수가 줄어도 높아진다. 경찰 입장에서는 범죄율을 낮추고 검거율을 올리려면, 경미하거나 '해결불가(未濟)'로 남을 가능성이 큰 사건은 처음부터 입건하지 않으면 된다.[127]

젠쇼 에이스케가 집필한 총독부조사자료 제23집 『조선의 범죄와 환경』은 서론격인 「총설」과, 「빈부와 범죄의 관계」, 「문화와 범죄의 관계」, 「범죄의 연차적 증감」, 「범죄의 지리적 고찰」 등 본문 4개 장으로 되어 있다. 젠쇼는 「총설」에서 용모·골격·언어·필적·체질·감각 등에서 남들과 구별되는 '범죄인(l'uomo delinquente)' 유형이 있다는 체자레 롬브로조(Cesare Lombroso)의 범죄인류학설을 소개하지만, 그 스스로는 범죄의

린 통계표는 『통계연보』 것보다 오히려 소략하다(1937년판을 제외하고 1930~1939년판이 서울대학교 중앙도서관 등 국내외 여러 곳에 소장되어 있다).

127 21세기의 사례지만 절도 범죄의 검거율이 어떻게 조작될 수 있는지에 대한 흥미로운 연구로, 탁종연, 2011, 「경찰의 정책결정이 절도범죄통계에 미치는 영향」, 『형사정책연구』 22(4)가 있다.

사회적·환경적 요인에 더 주목한다. 이 책에서 그가 맨 먼저 제시한 통계는 1912~1925년 조선의 범죄 발생건수·검거건수와 검거자 수에 대한 것이다(〈표 5-8〉).[128]

이 표에 대해 젠쇼가 언급하는 것과 빠뜨린 것을 살펴보자.[129] 첫째, 젠쇼는 이 기간에 범죄 발생·검거 건수가 모두 크게 증가해서 1912년에 비해 1925년은 범죄 발생은 약 3배, 검거는 약 4배가 된다고 말한다. 검거율 이야기는 하지 않지만, 계산해 보면 1910년대 전반에는 70%대 후반, 1925년에는 90%가 넘는 대단한 실적이다. 위 표에 실리지 않은 1926년 이후의 통계를 매년 『통계연보』의 「범죄건수 및 검거건수, 인원 죄명별」 표에서 찾아보면, 검거율은 1928년 최고 96.7%를 기록하고, 1930년대 내내 90%대를 유지하다가 1939년부터 80%대로 떨어진다. 그러나 앞서 본 것과 같은 이유로 이런 검거율은 믿을 수 없다.

둘째, 젠쇼는 검거자 수로 보면 재조선 일본인은 4,300명에서 6,500명, 중국인은 500명에서 790명, 조선인은 3만 2,000명에서 12만 8,000명으로 늘었다고 지적한다. 일본인과 중국인은 1.5배 증가인데 조선인은 4배라는 대폭의 증가다. 그러나 민족별 검거자 수를 〈표 5-8〉처럼 구성비로 바꿔놓고 보면 어떨까? 표의 맨 오른쪽 세 열은 『통계연보』에 실린 매년 현주호구의 민족별 구성비다. 둘을 비교해 보면 1912년에 비해 1925년 조선인 검거자 수가 대폭 증가한 것은 사실이지만, 그래도 구성비로 보면 여전히 조선인보다는 일본인이나 중국인 쪽이 더 우려스럽다.

---

128 朝鮮總督府, 1928, 『朝鮮の犯罪と環境』, 4~5쪽의 표에서 민족별 검거자 수를 구성비(%)로 바꾸고 현주호구 민족별 구성을 덧붙였다.

129 이하 두 단락은 주로 朝鮮總督府, 앞의 책, 15~16쪽의 내용이다.

〈표 5-8〉 조선의 범죄 발생·검거 건수와 검거자의 민족별 구성

연도	건수			검거자 (명)	검거자 민족별 구성(%)			현주호구 민족별 구성(%)		
	발생	검거	검거율		일본인	조선인	중국인	일본인	조선인	중국인
1912	43,297	32,782	75.7	37,609	11.4	84.6	1.3	1.6	98.2	0.1
1913	51,543	39,345	76.3	43,404	11.7	87.3	1.0	1.8	98.1	0.1
1914	55,568	43,407	78.1	47,191	10.4	88.3	1.2	1.8	98.1	0.1
1915	59,080	47,849	81.0	52,477	9.1	89.8	1.1	1.9	98.0	0.1
1916	70,147	58,407	83.3	65,675	9.1	89.9	1.0	1.9	98.0	0.1
1917	83,051	69,298	83.4	79,620	7.5	91.8	0.7	2.0	97.9	0.1
1918	84,725	71,481	84.4	82,903	6.9	92.3	0.8	2.0	97.9	0.1
1919	74,289	60,906	82.0	83,962	5.1	94.5	0.4	2.0	97.9	0.1
1920	80,568	65,458	81.2	87,409	5.4	94.0	0.5	2.0	97.8	0.2
1921	82,901	73,909	89.2	96,490	5.3	94.1	0.6	2.1	97.7	0.2
1922	89,735	77,676	86.6	97,187	6.0	93.4	0.6	2.2	97.6	0.2
1923	100,603	88,053	87.5	108,135	5.8	93.4	0.8	2.3	97.6	0.2
1924	120,106	104,786	87.2	121,410	4.9	94.5	0.6	2.3	97.5	0.2
1925	133,330	121,557	91.2	135,649	4.8	94.6	0.6	2.2	97.5	0.3

논의를 더 진행하기는 어렵다. 가령 1912년에 조선의 총인구 중 일본인이 1.6%인데 범죄로 검거된 자 중에서 일본인이 11.4%라는 것은 일본인 중에 나쁜 사람이 많았다는 뜻일까? 그럴 수도 있겠지만, '범죄 발생건수를 어떻게 집계하나' 하는 앞서의 물음으로 돌아가 본다면, 그것은 얼마쯤은 일본인 거주지의 방범과 각종 단속이 더 철저했기 때문일 수도 있다. 경범죄를 철저히 단속·검거하는 지역일수록 범죄율이 더 올라가 치안 상황이 나빠 보인다는 이야기는 통계 교과서에 자주 나온다. 이것을 확인하려면 살인과 좀도둑, 재판까지 갈 범죄와 경미한 범죄를 나누어서 그것을 일본인 거주지와 조선인 거주지별로 살펴봐야 한다.

젠쇼는 이 문제를 더 깊이 파고들지 않는다. 다만 재조선 일본인의 범죄율이 높다는 것을 의식해서, "어느 국민이라도 해외나 식민지로 이주한

자나 돈 벌러 간 자(出稼人)는 본국에 있는 자보다 진취적 기상이 높아 원기활발(元氣潑溂)한 반면 범죄가 많은 경향이 있"으며, "이주자 중에는 왕왕 사회환경에 순응하지 못하고 일이 뜻대로 되지 않아 실망·낙담, 마침내는 자포자기에 빠진다거나 기후·풍토에 적응하지 못하고 건강을 해친다거나 해서, 빈곤해진 결과 범죄자가 되는 자가 많은 것"이라고 썼다.

(2) 기소·재판에서 적용된 죄목들

〈그림 5-6〉은 식민지기 경찰의 '입건'으로부터 경찰·검찰의 수사를 거쳐 1심 판결에 이르는 과정을 간단하게 그려본 것이다.[130] (사법)경찰관은 사건을 입건하지 않거나, 입건하여 용의자를 검거한 사건은 수사해서,[131] 경미한 것은 훈계·방면하고,[132] 경범죄나 가벼운 도박죄 정도는 구

---

130 伊藤憲郎, 1930, 「朝鮮の犯罪統計を見る」, 『朝鮮』 176, 7~8쪽의 설명을 그림으로 그려본 것이다. 경찰에서 입건했으나 검거하지 못한 사건, 검거했지만 미해결된 사건, 예심, 또 지방법원(1심)에서 유죄 판결이 나더라도 상소해서 상급심에서 무죄로 판결이 바뀌는 경우 등은 포함시키지 않았다.

131 사법경찰관은 검사·도지사 등의 지휘를 받아 범죄를 수사하는 경찰관으로, 도(道) 경찰부장(=제3부장) 이하 경시·경부·경부보까지 '형사'에 도의 삼림주사(森林主事)가 포함된다(1920.3.19, 제령 제2호, 「조선형사령」 개정, 제5조). 1919년 8월부터 모든 경찰관은 도 소속이었다. 여기에 '사법경찰관의 직무를 하는 자'로 감옥의 전옥(典獄)과 간수, 국유림 관리를 담당하는 영림서(營林署)의 직원 등이 추가된다[1924.5.31, 조선총독부령 제33호, 「사법경찰관리의 직무를 행할 자 및 그 직무의 범위」, 1926.6.14, 부령 제53호 동(同) 개정 등]. 도의 삼림주사와 영림서 직원을 사법경찰관으로 삼은 것은, 사람들이 '무단으로' 국유림에 들어와서 식량과 땔감을 구하는 것을 단속하기 위한 조치였다.

132 1912.4.1, 훈령 제45호, 「사법경찰관집무규정」 제46조 "피고사건이 경미해서 처벌의 실익이 없다고 사료(思料)한 때는 피고인에게 훈계를 하고 사건을 송치하지 않을 수 있음. 다만 고소 또는 공무원의 고발에 관련된 것은 이 규정을 적용받지 아니함".

〈그림 5-6〉 수사와 재판의 각 단계에서의 유죄·무죄 판결

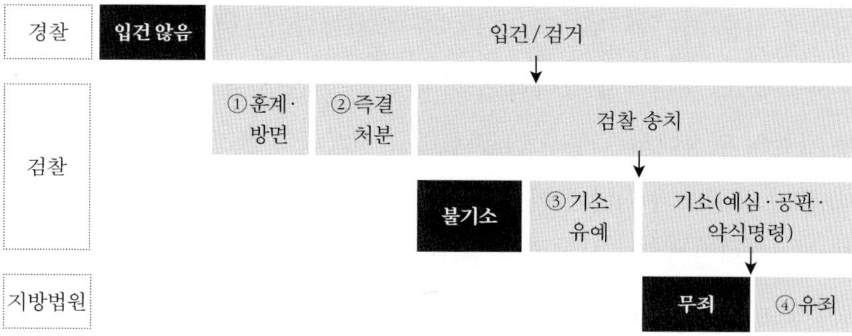

류·과료·태형 등으로 즉결처분했으며,[133] 중한 범죄는 지방법원 검사국으로 송치했다. 검사는 송치된 사건에 대해 다시 수사를 해서, 기소하지 않거나(불기소), 기소유예로 처분하거나, 벌금형 정도를 구형할 것은 약식기소를 하거나, 더 사안이 중한 것은 예심이나 재판에 회부할 수 있었다. 예심·약식기소·공판을 통해 최종적으로 피고의 유죄와 무죄가 가려졌다. 각 단계의 처분 중 ①+②+③+④가 '유죄'가 되고 검게 칠한 것이 '무죄'가 된다. 오늘날 같으면 이런 과정에서 검사에게 송치된 사건 중 기소된 건수(기소율)나, 재판에서 유죄 판결이 난 비율(유죄율) 같은 것도 계산해 볼 수 있겠다.

그러나 이런 형식논리는 범죄와 형벌의 경중을 전혀 고려하지 않은

---

133 즉결처분이란 검찰 송치나 재판 없이 경찰서장이 「범죄즉결례」(1910.12.15, 제령 제10호)에 따라 3개월 이하의 징역·금고·구류 또는 100원 이하의 벌금·과료를 부과하거나, 「조선태형령」(1912.3.18, 제령 제13호)에 따라 태형을 집행한 것이다. 태형은 1920년 4월부터 폐지된다. 「경찰범처벌규칙」(1912.3.25, 조선총독부령 제40호)도 87종의 (경)범죄자를 구류나 과료에 처한다는 것이니까 ②에 해당되었을 것이다. 식민지기의 즉결처분에 대해서는 이종민, 2015, 「가벼운 범죄, 무거운 처벌」, 『사회와 역사』 107을 볼 것.

것이다. 3·1운동 만세 시위에 한 번 참가했다가 훈계·방면되거나 즉결 처분을 받은 사람과, 주모자급의 인물로 지목되어 1년여 동안 감금되어 수사를 받고 재판까지 갔다가 무죄 판결을 받은 사람을 비교하면, 총독부 경찰의 입장에서는 누가 더 위험하고 경계해야 할 인물일까?

그냥 유죄냐 무죄냐가 아니라, 어떤 혐의에 대해 어떤 법률의 어떤 죄목이 적용되었는지도 문제였다. 1919년 3~6월의 시위를 조선 사람은 '독립운동'이라고 말하지만, 총독부나 재조선 일본인의 입장에서 보면 그것은 범죄였다. 그런데 어떤 범죄였을까? 3·1운동은 수사와 재판 과정에서 여러 개의 사건으로 쪼개졌는데, 그중 독립선언서를 작성하고 서명해서 공표한 손병희 등 '민족대표'는 이른바 '48인 사건'으로 묶였다. 수사를 마무리한 총독부 검찰은 이들을, 그때껏 실효(失效)되지 않았다고 간주된 대한제국의 출판법과 보안법을 위반했다는 혐의로 예심에 회부했다.[134] 그런데 경성지방법원(이하 '경성지법') 예심판사는 이들을 출판법과 보안법 위반이 아니라, 그보다 훨씬 무거운 처벌을 받을 수 있는 일본 형법 제78조 내란의 예비·음모죄 혐의로 고등법원에 기소했다.[135] 이 사건 피의자들에게 최대한 엄벌을 적용하고자 한 데서 비롯된 무리수였다.

---

134 조선총독부는, '한일병합'으로 효력을 상실해야 할 대한제국과 통감부의 법령을 당분간 제령 등 조선총독의 명령으로 취급한다는 조치를 취했다(1910.8.29, 제령 제1호, 「조선에서의 법령의 효력에 관한 건」). 이로써 이후 명시적으로 제령을 선포하거나 일본의 법령을 적용해서 폐지·대체하지 않은 대한제국과 통감부의 법령은 식민지기에도 그대로 효력을 갖게 됐다. 1907년 이래 일본의 압력으로 제정된 대한제국 「보안법」과 「신문지법」, 「출판법」 그리고 일본인에게만 적용되는 통감부령 「보안규칙」, 「신문지규칙」, 「출판규칙」 등이다.

135 鈴木敬夫, 1989, 『법을 통한 조선식민지 지배에 관한 연구』, 고려대 민족문화연구소, 181~183쪽. 식민지기 조선의 재판소는 지방법원 → 복심(覆審)법원 → 고등법원의 3급 3심제고, 지금과 달리 예심제도가 있었다. 내란죄는 1·2심 없이 최고법원에서 다루게 되어 있었다.

〈표 5-9〉 3·1운동 참가자에게 적용 가능한 죄목

법률	적용 가능한 죄목		형량
1907.7.27 대한제국 법률 제2호「보안법」	제7조 정치에 관하여 불온의 언론과 동작 또는 타인을 선동과 교사 혹은 사용하며 또는 타인의 행위에 간섭하여 치안을 방해한 자		징역 2년 이하
1909.2.23 대한제국 법률 제6호「출판법」	제11조1 국교(國交)를 저해하거나 정체(政體)를 변괴(變壞)하거나 국헌을 문란하는 문서·도화(圖畵)를 출판했을 때		징역 3년 이하
1907.4.23 일본 법률 제45호「형법」	제78조(내란죄) 내란의 예비나 음모를 한 자		징역 1~10년
	제106조(소요죄) 다중(多衆)을 취합해서 폭행 또는 협박을 한 자	수괴(首魁)	징역 또는 금고 1~10년
		타인을 지휘·솔선한 자	징역 또는 금고 6개월~7년
		"덩달아 따라다닌(附和隨行)" 자	50엔 이하의 벌금
1919.4.15 제령 제7호 (정치범처벌령)	제1조 정치의 변혁을 목적으로 다수공동하여 안녕질서를 방해하거나 방해하려 한 자, 앞 항의 행위를 하게 할 목적으로 선동을 한 자		징역 또는 금고 10년 이하

당시 3·1운동의 시위 가담자에게 적용 가능할 것으로 검토된 죄목과 법률조항은 〈표 5-9〉와 같다. 독립선언서를 작성·인쇄·배포한 자에게는 대한제국의 출판법과 보안법을, 폭력시위를 한 자에게는 일본 형법상의 '소요죄(騷擾罪)'를 적용할 수 있었다.[136] 표에서 보듯이, 비슷한 혐의에 대해 보안법을 적용하면 최고 2년형, 소요죄의 '수괴' 항목에 해당된다면 최고 10년형이라는 계산이었다. 3월 이래 전국이 시위로 들끓자 총독부는 4월 16일 급히, 보안법 제7조에서 규정한 것과 비슷한 행위에 대해 훨씬 무거운 처벌을 규정하고 또 미국·중국·러시아 등에서 독립운동을 한

136 3·1운동의 시위 양상은 무척 다양했으므로, 그 밖에 사안에 따라 구체적 혐의가 있는 경우에는 살인·방화·협박·범인은닉·증거인멸 등의 죄목이 적용되었다(장신, 2007,「삼일운동과 조선총독부의 사법 대응」,『역사문제연구』 18). 허헌의 변론 부분은 한인섭, 2012,『식민지 법정에서 독립을 변론하다』, 경인문화사, 73~109쪽을 볼 것.

자에게도 이 법률을 적용하도록 한 제령 제7호를 공포·시행했다. 하지만 통칭 '정치범처벌령'이라고 불린 이 제령은 4월 16일 이전의 행위에 소급 적용할 수 없었다. 여기서 총독부가 꺼낸 카드가 형법상의 '내란죄'였다.

그러나 고등법원은 내란 예비·음모는 성립하지 않는다고 보았다. 고등법원은 "경성지방법원을 본건의 관할재판소로 지정함"이라고 판결해서 사건을 경성지법으로 돌려 보냈다. 이렇게 해서 1920년 7월에 경성지법에서 열린 공판에서 피고측 변호사 허헌은 바로 이 점을 문제삼았다. 고등법원이 사건을 경성지법으로 '송치'한다고 하지 않았으므로 현재 이 사건은 고등법원에 계류 중이며, 따라서 경성지법에서 심리할 수 없다고 주장한 것이다. 놀랍게도 재판부는 이 주장을 받아들였다. 물론 검찰은 바로 항소했고, 경성복심법원은 경성지법의 원심을 취소하고 37명에게 출판법과 보안법 위반으로 징역 1~3년을 선고했다. 11명은 무죄 판결을 받았다. 범죄통계 이야기로 돌아가면, 3·1운동의 시위 가담이 조선총독부가 보기에는 범죄였다고 치더라도, 모여서 만세를 부르거나 횃불시위를 한 행위가 구체적으로 어떤 명목의 범죄였는지는 이렇게 기소와 재판 과정에 따라, 총독부의 정책방침에 따라 달라질 수 있었다.

또 다른 예는 1920년대 후반 이래 제령 제7호(정치범처벌령)와 치안유지법 위반 피검자 수의 길항관계다. 1925년 "국체(國體)를 변혁하거나 사유재산제도를 부인하는 것을 목적으로 해서 결사를 조직하거나 그런 사정을 알고서 거기 가입한 자"를 처벌하는 치안유지법이 제정·시행됐다.[137] 1928년에는 긴급칙령으로 이 법이 개정되어, 국체 변혁을 꾀

137 각 연도 『통계연보』; 朝鮮總督府警務局, 1933, 『朝鮮の治安狀況』.

〈그림 5-7〉 정치·사상 관련 적용 법률별 피검자 수(1920~1933년)[137]

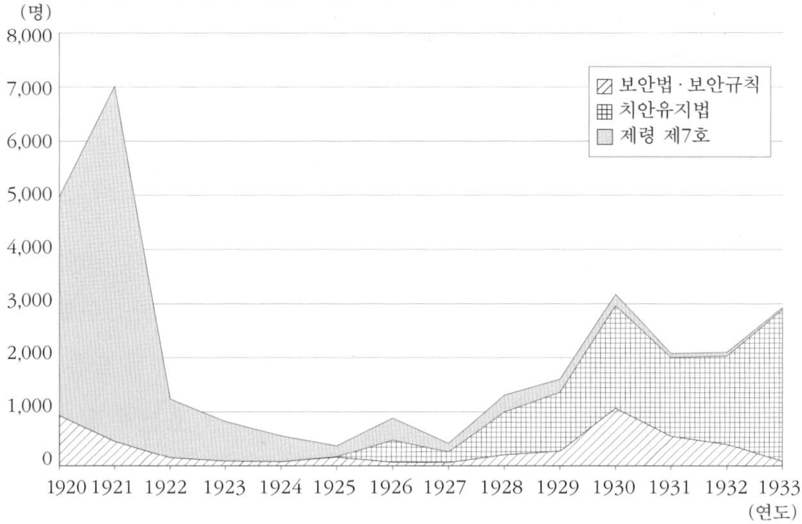

한 자에 대한 처벌 수위가 최고 징역 10년에서 사형으로 높아졌다.[138] 일본에서 치안유지법 위반사건은 대개 '사상사건'이라고 불렸지만, 조선에서는 독립운동도 국체의 변혁을 목적으로 한 것이라고 해석되어 치안유지법이 적용됐다. 공산주의 사건도 어떻게든 '민족해방'과 관련되어 있었다.[139] 이에 따라 〈그림 5-7〉처럼 1920년대 후반부터 1930년대로 가면서 치안유지법 위반 피검자(▦)가 급증했고, 반비례해서 1920년대 전반 무척 많았던 제령 제7호 위반 피검자는 극적으로 줄어들었다(맨 위 실선 아래 흰색 부분 면적). 실제 범죄의 성격이 바뀐 것이 아니라, 비슷한 종

---

138 1925.4.21, 법률 제46호, 「치안유지법」; 1925.5.7, 칙령 제175호, 「치안유지법을 조선, 타이완, 가라후토에 시행하는 건」; 1928.6.29, (긴급)칙령 제129호, 「치안유지법 개정」.

139 미즈노 나오키, 2002, 「조선에 있어서 치안유지법 체제의 식민지적 성격」, 『법사학연구』 26, 50~51쪽.

류의 범죄(독립운동)에 대해 경찰과 검찰이 더 처벌수위가 높은 법을 적용했기 때문에 생긴 변화일 것이다.

2) 범죄통계에 드러난 조선사회의 특징

(1) 가벼운 범죄의 큰 비중

치안유지법 사건을 전담한 '사상검사'로 유명한 이토 겐로(伊藤憲郎)는 1930년 잡지 『조선』에 일본과 조선의 범죄통계를 비교한 글을 실으면서, 조금 다른 측면에 주목했다.[140] 하나는, 1927년 조선과 일본에서 1심 유죄확정판결을 받은 인원수를 총인구로 나눈 일종의 범죄비율을 구해서 비교해 본 것이다. 편의상 이것을 '유죄율'이라고 해 보자.[141] 식민지가 치안이 훨씬 더 불안하고 범죄율이 더 높으리라는 것이 일반의 통념이었을 텐데, 이런 비교를 통해 그는 "일본 본국(內地) 인구의 약 3분의 1에 해당하는 인구를 가진 조선이 범죄비율에서는 약 4분의 1이라는 것은 결국, 조선에 범죄가 많다는 잘못된 생각을 일소(一掃)하기에 충분하다"는 결론을 내렸다.[142]

이토의 논의를 확장해서, 같은 방법으로 1925~1933년 조선과 일본의 제1심 유죄확정 인원을 가지고 인구 10만 명에 대한 범죄 인원수를

---

140 伊藤憲郎, 1930,「朝鮮の犯罪統計を見る: 附, 內鮮の比較」,『朝鮮』176, 5~27쪽. 이토 겐로에 대해서는 임경석, 2014,「일본인의 조선 연구」,『한국사학사학보』29를 볼 것. 그의 이름을 어떻게 읽는지는 분명치 않은데, 당시『인사흥신록(人事興信錄)』에 게재된 순서를 보면 '겐로'라고 읽지 않았나 싶다.

141 경찰의 범죄율은 보통 인구 10만 명당 범죄발생 '건수'를 말하는데, 여기서는 이토의 계산을 따라 건수 대신 유죄 인원수를 구했다.

142 伊藤憲郎, 앞의 글, 13쪽.

〈그림 5-8〉 제1심 유죄확정 인원 죄명별(1925~1933년)

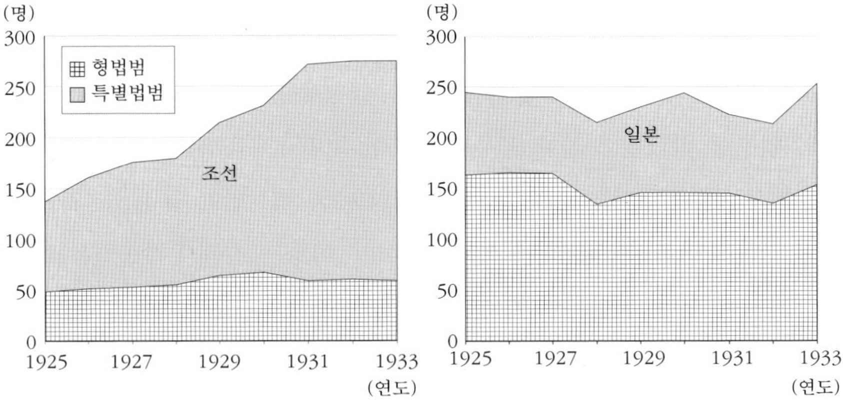

구해 보면 〈그림 5-8〉과 같다.[143] 좌우 두 그래프의 위쪽 실선의 값을 보면 조선은 1925년 140명 정도에서 1930년 230명대, 이후로는 270명대에 이르고 있는 반면, 일본은 내내 200~250명 사이를 오르내리고 있다. 이토의 말대로 1930년까지는 조선의 유죄율이 더 낮았지만, 1931년부터는 그것이 역전되고 있음을 볼 수 있다. 그러나 그림에는 넣지 않았지만, 같은 1심 유죄라고 해도 조선은 일본보다 정식 재판의 비율이 낮고 약식명령의 비율이 아주 높아서 잘라말하기 어려운 면이 있다.

여기서 또 한 가지 놓칠 수 없는 것이, 일본에 비해 조선에서는 '특별법범'의 비중이 무척 높았다는 사실이다. '특별형법'은 기본적인 범죄를 다루는 (보통)형법 외에 제령 제7호나 「치안유지법」처럼 특수한 범죄와 처벌을 규정한 법률 그리고 「관세법」이나 「상표법」, 「삼림령」, 「주세령」, 「조선연초전매령」처럼 각각의 행정적·경제적 사안을 다룬 법률에 그 법

143 조선 것은 매년 『통계연보』의 「제1심 형사 죄명별 재판인원」 표, 일본 것은 몇 년치 『日本帝國司法省刑事統計年報』의 「刑事統計要旨」 중 「第一審有罪被告人ノ罪名別累年比較」 표를 이용했다. 연도별로 표의 이름은 조금씩 다르다.

률의 위반에 대한 처벌 규정이 포함되어 있는 것들을 말한다. 1929년의 「자원조사법」도 신고를 하지 않거나 허위신고를 한 개인과 법인(제5조), 조사업무를 제대로 하지 않거나(제6조), 조사를 통해 알게 된 개인·법인의 업무상 비밀을 누설한 공무원에 대한 처벌규정을 정해 두었다. 총독부에서 낸 역서(曆書)에 대한 「조선민력(朝鮮民曆) 발매 규정」도 위반하면 처벌을 받을 수 있으니까 특별형법이다. 이토는 조선의 특별법은 모두 85가지나 되며, 위반자 수가 많은 순으로는 「조선연초전매령」 위반 1만 4,342명, 「주세령」 위반 5,544명, 「관세법」 위반 664명, 「조선아편취체령」 위반 600명, 「삼림령」 위반이 512명이라고 나열했다.

이토가 나열한 법령은 모두 인민의 고단한 삶과 직결되어 있었다. 술은 일정 규모와 기준 이상의 시설을 갖추고 면허를 받은 양조장에서만 만들어야 한다는 법이 생기고 나면, 제사나 잔치에 쓰려고 집에서 술 한 단지 담그는 것도 불법이다. 그것이 「주세령」이 시행된 1916년 9월 이래 1980년대까지 이 땅에서 벌어진 일이다.[144] 담배가 국가의 전매품목이 되고 나면, 자투리 땅에 자기가 피울 담배를 조금 재배하는 것도 불법이다. 이 역시 1921년 7월 「조선연초전매령」이 시행된 뒤 지속되고 있는 상황이다.[145] 주세나 전매수익을 챙기려는 국가 외에는 그 술 한 동이

---

144 1909년 2월에 대한제국 법률로 「주세법」이 제정·시행되었지만, 소규모의 자가용 술 제조도 면허제로 하면서 판매용보다 고율의 주세를 부과한 것은 그것을 대체한 1916년의 「주세령」(1916.7.25, 제령 제2호)부터다. 1934년에 가서는 자가용 술 제조가 원천금지된다(1934.6.25, 제령 제22호, 「주세령」 개정).

145 1921년 7월부터 시행된 「조선연초전매령」에서는 자가(自家) 소비를 위한 소규모 경작을 허용했다가 1927년 개정으로 예외조항을 삭제, 1930년부터 사적인 경작은 완전히 금지된다. 이 문제에 대해서는 윤서인, 2023, 「1920년대 조선총독부 연초전매권 확립에 따른 범역(犯域) 확대와 '위법' 행위의 의미」, 『역사와 현실』 127.

나 담배 몇 포기 때문에 피해를 입는 사람은 없다. 법이 있으니까 '불법'이 생길 뿐이다. 여전히 주민 대다수가 나무를 땔감으로 하는 상황에서 국유·사유 임야에 대한 엄격한 단속은, 예전처럼 동네 뒷산에서 나무를 하고 버섯을 따고 도토리를 줍는 모든 행위를 '절도'로 만들었다. 그 때문에 총독부는 특별히 도 삼림기사며 영림창 직원 등 국유임야와 관련된 직원들을 모두 사법경찰관이나 '사법경찰관의 직무를 하는 자'로 지정해둔 참이었다. 심지어 화전민들은 이제 모든 생업이, 그들의 존재 자체가 불법이 됐다.

물론 위 법령의 위반자 모두가 빈곤층이라고 할 수는 없고, 당연히 그중에는 대규모 밀수업자나 밀주 제조업자, 불법으로 담배를 대량 제조·판매한 자도 섞여 있었다. 하지만 이런 조치로 가장 고통을 당하는 것은 하층의 빈민이었다. 이토도 그런 사실을 잘 알고 있었다. 그는 특히 「조선연초전매령」과 「주세령」 위반자가 많은 데 대해서는 법규 자체를 사회적으로 고찰할 필요가 있다고 썼지만, 총독부 검사의 신분으로는 "국가의 재정이라는 것도 고려하지 않을 수 없으니까, 이 점에 관한 더 많은 고찰이 필요하다"는 정도로 얼버무릴 수밖에 없었다.

게다가 사법경찰관으로까지 지정되지는 않았지만, 「주세령」과 「조선연초전매령」의 사무를 담당하는 세무·전매와 지방관청 쪽은 또 나름대로의 단속체계가 있었다. 식민지기 신문에는 밀주나 담배 단속을 나온 부청·군청 직원과 세무관서·전매국 직원의 행패를 고발하는 기사가 자주 실렸다. 한두 가지 예를 들자면 다음과 같다.[146]

---

146 「불평」, 『동아일보』, 1924.2.3; 「일방으로 발포: 一洞을 강제수색」, 『동아일보』, 1926.11.30.

- 부산부청 직원들이 밀주 조사를 나와 … 온 집안과 벽장까지 뒤졌다는 불평에 대해, 부산부 재무과장이 "주인의 양해를 얻은 후에 조사할 뿐만 아니라 신을 신고 함부로 남의 안방에 들어간다든지 난폭한 행동을 하지 않도록" 엄중히 주의시키겠다고 답함
- 경상남도 진주군 … 하영진의 집에 양복 입은 청년 두 명이 침입하여 사랑방과 안방의 자물쇠를 부수고 수색하므로 주재소에 강도라고 신고했으나 … 그들은 대구전매국 진주출장소원이었음. 이튿날도 군청 서기 2명과 전매국원 5명이 밀주를 단속한다고 그 동네 전부를 수색함

따라서 관세나 밀주, 「조선연초전매령」 위반 등으로 단속·처벌되는 경우는 앞서 본 경찰의 통계에 다 잡히지 않았다. 「조선연초전매령」 위반의 경우 전매국에서 낸 『조선총독부전매국연보』에 보면 「연초전매령 위반자 처분표」라는 통계가 있다.[147] 〈표 5-10〉은 그 일부를 뽑은 것이다. 1921년의 「조선연초전매령」에서는 위반자의 단속은 전매국·전매지국·출장소 직원이 하되, 자가용 연초 경작의 단속은 부윤·군수·도사(島司) 이하 부·군·도(島) 세무관리가 할 수 있도록 되어 있다(제40조). 범칙피의인원 '검거' 중 (A)는 그런 경우이고,[148] (B)의 '타(他) 관서'라고 한 것은 경찰관서에 검거된 자를 인수한 것이다. '검거'에는 포함되지 않지만 현장에서 훈계로 그친 사례(경찰관에게 발견된 것도 포함)의 수도 제시되어

147 朝鮮總督府 專賣局, 1937, 『朝鮮總督府專賣局第16年報(昭和11年度)』, 209~210쪽. 〈표 5-10〉의 1921~1924년은 (A)와 (B)의 구별 없이 (C)만 제시되어 있다.

148 표에서는 생략했지만 원자료에는 '검거(A)' 중에서 세무서와 세관 겸임 속(屬)이 검거한 건수가 따로 표시되어 있다.

〈표 5-10〉 조선연초전매령 위반자의 단속과 처분(1921~1935년)

(단위: 명, %)

연도	범칙피의인원				처분	유죄율 (D/C)
	검거			현장훈계	고발·유죄 (D)	
	(A)	타 관서(B)	계(C=A+B)			
1921	-	-	634	-	13	2.1
1922	-	-	1,503	-	508	33.8
1923	-	-	5,800	-	1,651	28.5
1924	-	-	15,499	-	3,845	24.8
1925	27,473	3,063	30,536	-	10,457	34.2
1926	18,710	1,857	20,567	57,556	12,545	61.0
1927	19,587	2,742	22,329	33,413	14,919	66.8
1928	23,049	3,839	26,888	28,900	12,064	44.9
1929	23,554	3,484	27,038	34,604	15,158	56.1
1930	35,558	3,023	38,581	25,232	15,804	41.0
1931	22,478	2,998	25,476	23,365	21,237	83.4
1932	25,072	3,370	28,442	23,985	22,929	39.0
1933	18,238	2,553	20,791	22,381	17,764	85.4
1934	11,741	2,534	14,275	19,417	11,271	79.0
1935	9,398	2,282	11,680	-	6,665	57.1

있다. '처분'은 심증 없음(不得心證), 불문(不問), 통고 이행, 즉시 고발, 불이행 고발, 공소권 소멸·기타로 나뉜다. 죄가 중한 것은 즉시 고발했고 그보다 가벼운 것은 피의자에게 범칙금을 통고했다. '통고 이행'은 범칙금을 납부한 경우이고, '불이행 고발'은 범칙금을 내지 않아서 고발된 경우다. 고발된 경우는 다시 유죄와 불기소·면소(免訴)·무죄로 나뉘었다. 〈표 5-10〉에는 그중에서 고발해서 유죄가 된 경우만 포함시켰다.

이토 겐로가 조선과 일본의 유죄율을 비교했던 1927년의 경우를 『통계연보』에서 찾아보면, 「조선연초전매령」 위반으로 그해 검사가 수리한 것이 약 1만 5,900건, 1심 재판에 회부된 수가 전년 이월사건 포함 약 1만 4,700건, 1만 4,615명이다. 위 표 (D)의 1927년 1만 4,919명과 얼추 비슷하다.[149] 그런데 그해 경찰의 검거건수 통계에는 「조선연초전매령」 위반자가 429건, 516명으로 되어 있는데, 〈표 5-10〉에 따르면 검거인원이 2만 2,329명, 현장에서 훈계방면한 것이 3만 3,413명이다. 경찰이 검거한 것만 해도 2,742명이다. 『통계연보』의 경찰통계 516명와 위 표의 1927년 (B) 2,700여 명과의 차이를 어떻게 설명해야 할지 아직 모르겠지만, 「조선연초전매령」 위반사건의 대부분은 경찰이 아니라 전매국에서 처리했음을 알 수 있다.

(2) 조선 특유의 범죄?

이렇게 범죄통계는 기관별로 기준이 다 달랐다. 통계를 통해 당시의 조선사회를 살핀다고 해도, 그중 어떤 것을 선택하느냐에 따라 큰 차이가 날 수 있다. 조선의 범죄 종류별 특징은 어떨까? 굳이 민족별로 나누지 않아도 인구의 대다수가 조선인이니까, 이것은 곧 조선인 범죄의 특징이기도 하다. 젠쇼의 글에서 몇 대목을 뽑아보자.[150]

> ⓐ 조선의 범죄 중 가장 건수가 많은 것은 절도죄인데, 이것은 조선의 경제력이 빈약해서 생활에 궁박되는 빈곤자가 많다는 증거다.

---

149 형사사건의 수사·재판은 해를 넘기기도 하고 해서 통계표마다 숫자가 조금씩 다르다. 재판의 결과는 벌금 판결 119명, 벌금 약식명령 1만 2,200명, 과료 판결 17명, 과료 약식명령 2,232명, 무죄 21명, 형 면제·면소 2명, 공소기각 1명 등이다.

150 앞의 책 『조선의 범죄와 환경』의 요약인 善生永助, 1929, 「朝鮮の犯罪現象」, 『警務彙報』 277, 39~41쪽에서 뽑았다. 동그라미 번호와 밑줄은 인용하면서 붙인 것이다.

… 1921년에는 절도죄 총건수가 2만 7,206건이었는데, 그 후로 해마다 증가해서 1925년에는 4만 8,471건이라는 놀랄 만한 격증을 보이고 있다

ⓑ 강도죄는 빈곤에 근거한 범죄지만 문화의 정도가 낮은 시대에는 왕왕 참인(慘忍)한 범죄의 발생을 보인다. 최근에 이르러 경비기관의 정돈과 문화의 보급에 따라 이 종류의 범죄는 점차 감소해서, … 불령단(不逞團)의 침입을 받는 평안북도를 제외하면 각 도 모두 그 건수는 많지 않다

ⓒ 조선의 많은 범죄 중에서 문화에 지배되는 바가 가장 많은 범죄로는 … 문서위조죄, 사기죄 등은 문화의 진보, 인지의 발달에 따라 다른 사회환경의 변화, 주로 생활난과 합쳐져서, 점차 그 발생건수가 증가해 가는 경향이다

ⓓ 특히 조선에서는 여자의 남편 살해(本夫殺)의 범죄가 많은데, 그 원인은 주로 유년의 남자가 연장(年長)의 여자를 아내로 맞는 조혼의 관습에 근거한 폐해로 인식된다

직접적으로 말하지는 않았지만, 젠쇼가 염두에 두고 있는 것은 살인·폭행·강도 등의 '흉악범죄'와 사기·위조·횡령 같은 '지능범죄'의 구별 또는 '신체를 대상으로 하는 범죄'와 '재산을 대상으로 하는 범죄'의 구별이다. 19세기 유럽의 범죄학자들은 문명이 진보할수록 폭력은 감소하고 지능범죄가 증가한다는 등의 설명을 한 바 있다. 그런 틀을 두고 일본과 비교할 때, 또 과거와 비교할 때 현재 조선의 범죄상황은 어떤가 하는 것이 그의 본래 물음이었을 것이다. 1921~1925년의 기간에도 강도는 많이 줄어든 반면 절도·횡령·도박은 2배 가까이 증가했다는 것은,

범죄라는 부정적인 렌즈를 통해서지만 식민지 지배에 의한 '문명화'를 보여 주는 간접적 증거일 수도 있었다.

그러나 실제 통계는 지방별로도 복잡다단한 양상을 보였다. 형법상 범죄의 범죄율(인구 10만 명당 범죄건수)을 보면 살인은 전국 평균이 13.6건인데 도별로는 최고 42.3건(평안북도), 최저 7.7건(전라남도)으로 차이가 컸다. 강도도 전국 평균 56.8건에 최고인 평안북도(252.4건)와 최저인 함경북도(24.6건)가 10배나 차이가 났다.[151] ⓑ에서 젠쇼는 이것을 '불령단'의 침입 탓으로 돌리고 있다. 상하이(上海)에 있던 대한민국임시정부나 서·북간도의 독립운동세력들이 국내로 잠입해서 군자금을 모집했던 일을 말한다. 한때 진짜로 임시정부나 독립군의 요인들이 국경을 넘나들기도 했지만, 그런 것을 참칭한 강도나 좀도둑도 있었을 것이다. 그러나 평안북도의 두드러진 살인·강도 사건 비율이 과연 전적으로 그것 때문인지는 알 수 없다.

다른 범죄들을 보면 상해는 최고 448.1건(경상남도), 최저 182.8건(충청북도), 절도는 최고 2,331.1건(경기도), 최저 435.5건(강원도), 사기는 최고 546.2건(경기도), 최저 226.6건(함경남도), 도박은 최고 468.2건(경상북도), 최저 41.1건(전라북도), 문서위조는 최고 76.4건(경상남도), 최저는 35.5건(충청북도)이었다. 도별로 범죄의 차이가 크다는 것은 아주 흥미로운 현상이지만, 왜 이런 차이가 났는지는 알기 어렵다. 가령 경상남도에 문서위조 범죄가 많았던 것은 일본 '도항(渡航)'에 호적등본이나 도항증 등 각종 서류가 요구되었던 것과 관련이 있지 않을까 하는 생각도 들지

151 善生永助, 같은 글, 42~43쪽. 원자료에는 '인구 1만 명당'인 것을 '10만 명당'으로 바꾸었다.

만, 통계에도 '문서위조'라는 큰 범주 말고 더 상세한 정보는 없다.

젠쇼는 현상을 더 상세히 분석하는 대신 다음과 같은 일반론으로 이 문제를 대충 얼버무린다. "민심에 현저한 영향을 주는 사상범 같은 것은 문화의 진보, 세태변천에 따라 점차 증가하는 것이다. 인심의 살벌, 풍의(風儀)의 퇴폐에 기인하는 살인죄, 상해죄, 외설·간음죄 및 중혼죄 등은 사회문화의 보급과 개인 이성의 발달에 따라 당연 감소할 성질의 것이다. 그러나 … 범죄는 주로 경제적 원인, 기타 사회환경의 힘에 의해 지배되는 바가 커서, 문화와 범죄의 관계는 예컨대 일본과 조선, 또는 일본인과 조선인, 혹은 조선 내의 시가지와 촌락, 산간지대와 연해(沿海), 병합 전과 오늘날 하는 식의 상당한 거리를 둔 비교에서 관찰하지 않으면, 아마 그 근본 원인을 밝히는 것은 곤란할 것이다".[152]

ⓓ는 식민지기 조선(인)의 특유한 범죄로 가장 많이 다루어진 것이다. 이토 겐로도 이 문제에 주목했는데, 그는 이 문제를 이렇게 소개하고 있다. 대개 1년 동안 살인죄로 유죄 확정되는 자가 일본에서는 약 600명인데 조선에서는 약 200명이다. 그런데 사형에 처해진 수는 조선이 더 많다. 조선의 재판관이 특별히 사형을 더 많이 더 쉽게 언도하는 것이 아니라면, 조선에서의 범죄가 더 극악한 것이라고 보아야 한다. 한 가지 간과할 수 없는 것은 조선 여성의 살인죄와 사형과의 관계다. 원래 여성은 어느 나라에서도 사형에 처해지는 경우가 드문데, 조선에서는 그렇지 않다. 통계에는 나타나지 않지만 그 살인죄는 모두 남편 살해라는 것이다.[153]

152 朝鮮總督府, 앞의 책, 120~121쪽.

153 伊藤憲郎, 앞의 글, 17~18쪽.

아내의 남편 살해 문제에 가장 먼저 주목한 것은 1910년대 고등법원 검사장 겸 사법부장관을 지낸 고쿠부 산가이(國分三亥)였다.[154] 그에 이어서 1907년 이래 서울에서 산부인과의원을 개업했던 의사 구도 다케키(工藤武城)라는 인물이, 1920년대 후반부터 총독부의 잡지 『조선』 등에 길게 기사를 연재했다.[155] 이 글에서 그는 여성의 월경·폐경 등 여성의 신체적 특징 및 생리적 변화와 범죄와의 관계, 조선인의 인류학적 체질이나 '민족성'과 범죄와의 관계 등을 폭넓게 검토했지만, 그런 선천적인 요인보다는 '조혼'이라는 조선의 사회적 폐습과 모순을 원인으로 지적했다. 초경(初經)도 겪지 않은 어린 나이에 결혼을 경험한 여성들에게 강요된 "극히 부자연한 부부관계"가 문제였고, 이혼이 거의 불가능하다는 현실도 한몫 거들었다는 것이다. 구도의 논의는 일견 합리적이고 온건해 보이지만, 선행연구들은 조선의, 특히 여성의 범죄율이 높지 않은 중에 남편 살해가 과연 그토록 주목할 현상이었는지, 그것을 '조선 특유의 범죄'로 규정한 것은 정당한지 의문을 제기한 바 있다.

---

154 고쿠부는 1908년 대한제국 대심원 검사총장, 1909년 11월 통감부 고등법원 검사장을 거쳐 1910년 10월부터 1920년 9월까지 총독부 고등법원 검사장을 지냈다. 고등법원은 식민지기의 최고법원이고, 고등법원 검사장은 지금의 검찰총장에 해당한다. 1913년 10월부터 사법부장관, 총독부 직제가 개편되는 1918년 8월부터 그해 말까지 법무국장을 겸직했다.

155 구도 다케키, 2016, 『조선 특유의 범죄』, 영남대학교출판부. 이 남편 살해 문제에 대한 선행연구는 홍양희, 2011, 「식민지 조선의 "본부살해" 사건과 재현의 정치학」, 『사학연구』 102; 소영현, 2016, 「야만적 정열, 범죄의 과학」, 『한국학연구』 41에 잘 정리되어 있다.

제6장
조선인의 신체측정과 개인식별

이번 장에서는 인간 신체의 측정과 개인식별(identification)이라는, 조금 다른 이야기를 해 보려고 한다. 신체측정은 다양한 맥락과 관심에서 이루어졌는데, 이 장에서는 조사 결과의 처리 방법에 따라 그것을 세 갈래로 묶어서 다룰 것이다. (1) 대량의 측정 자료를 통해 '조선인'이나 '일본인'이라는 인간집단의 신체적 특징을 확인하려 한 체질인류학적 조사, (2) 경찰·검찰의 수사에서부터 재판을 거쳐 행형(行刑)에 이르는 과정에서 개인별 신체적 특징을 이용해서 범죄자 개인을 식별하기, (3) 특히 영유아와 청소년 개인에 대해 성장과정의 신체발달을 추적하는 한편, 개인의 측정값을 전체의 평균과 끊임없이 비교해서 '평가'하려 한 시도다.

위 (1)과 (3)은 목적이 다를 뿐 거의 비슷한 기술이다. 그러나 (1)의 영역에서는 '생체계측', (3)에서는 '신체검사'라는 말을 주로 썼기 때문에, 여기서도 그런 용어들을 그대로 쓰기로 하겠다.[1] 애초 (2)의 영역에서도 같은 기술의 도입이 검토되었지만, 지문의 해독(解讀)과 분류라는 다른 기술이 지배적이 됐다. 또 (2)는 총독부의 형사사법절차, (3)은 공립학교 교육의 장에서 주로 일어난 일인 데 반해, (1)은 대개 개인 연구자의 관심이었다. 세 가지 모두 총독부의 '조사사업' 같은 것은 아니었다. 그러나 결국 (1)~(3) 모두 '조선'과 '조선인'에 대한 새로운 지식의 구축에 한몫씩을 담당했다.

---

1 의학과 체질인류학, 우생학 분야에서도 학자들마다 '인체계측(anthropometry)', '생물계측(biometry)', '생체계측(somatometry)' 등 비슷하지만 조금씩 다른 표현들을 사용했다. 이 장의 제1절에서는 1930년대 경성제국대학 해부학교실 팀의 용례를 따라 전체를 '생체계측'이라고 부르기로 한다. 다만 'biometrics'는 biometry와 같은 어원에서 왔지만, 이후 신체 부위의 측정보다는 안면·지문·홍채·음성 등 신체적 특징을 이용해서 개인을 인식·식별하는 기술이라는 뜻으로 쓰이게 된다.

1. 조선 민족의 체질인류학

1) 인류학자 도리이 류조의 '인종학적 조사'

(1) 1910년대 학무국의 '사료조사'와 도리이 류조

개항 이래 조선을 찾은 서구인 여행자들은, 조선인이 중국인이나 일본인보다 체격이 크고 잘 생겼다고 전했다.[2] 몽골인종이지만 중국인이나 일본인과 달리 얼굴 모습에 유럽인종 같은 느낌이 섞여 있다고도 했다.[3] 중국과 조선, 일본이라는 오랜 지리적·역사적 경계를 염두에 두고 보면 세 나라 사람들은 상당히 달라 보였던 모양이다. 그러나 조선인은 과연 하나의 집단이었을까? 같은 조선인이라도 키가 큰 사람은 크고 작은 사람은 작았을 테고 어쩌면 양반과 천민, 남쪽 사람과 북쪽 사람 사이에 차이가 있을지도 몰랐다. 조선인 개인들 사이의 차이, 하위집단 사이의 차이보다 조선인과 일본인·중국인의 평균 또는 전형 사이의 차이가 과연 더 큰지는 대량의 계측과 분석을 기다려봐야 했다. 인류학자 에밀 부

---

2 대표적으로, 조선인들은 "그들의 가장 가까운 이웃인 중국인이나 일본인과는 현저하게 달랐다. … 조선 사람들은 분명히 잘 생긴 인종이다. 체격도 좋다(이사벨라 버드 비숍 저, 신복룡 역, 2019, 『조선과 그 이웃 나라들』, 집문당, 2~3쪽)". 또 "처음 보기에 조선인은 꽤 커 보이고 체격도 훌륭하다. … 대단히 지적인 눈을 반짝이는 부드럽고 선량한 표정에 놀라게 된다(에밀 부르다레 저, 정진국 역, 2009, 『대한제국 최후의 숨결』, 글항아리, 33쪽)".

3 A. H. 새비지-랜도어 저, 신복룡·장우영 역, 1998, 『고요한 아침의 나라 조선』, 집문당, 53~54쪽.

르다레(Émile Bourdaret) 등의 선구적 시도가 있었지만,[4] 조선인의 생체계측에 본격적으로 착수한 것은 청일전쟁과 러일전쟁에서 차례로 승리하면서 조선을 수중에 넣은 일본인들이었다.

서구의 압도적 무력에 굴복해서 개항한 동아시아 각국은 이후 서구 근대를 적극 수용·모방했고, 우승열패와 적자생존의 원칙이 지배한다고 이해된 세계 속에서 서구를 기준으로 한 '문명'의 사다리를 오르려고 애썼다. 일본은 1877년 도쿄제국대학에 이어 1897년에 교토제국대학을 설립하고 외국인 학자의 초빙과 해외 유학생 파견을 통해 빠른 속도로 서구 학문을 체화(體化)해 갔다. 서구 열강이 그랬듯이 일본의 경우에도 지식의 축적은 식민지의 확장과 병행했고 그 덕분에 가능했으며, 반대로 그렇게 축적된 지식이 제국의 통치에 도움을 주었다. '식민정책학' 같은 노골적인 이름을 내걸지 않더라도 법학과 인류학, 고고학, 역사학부터 농학, 공학에 이르기까지 모든 학문이 직간접으로 제국에 봉사했다. 일본이 식민지를 하나씩 새로 획득할 때마다 아이누, 오키나와인, 타이완 원주민족 같은 다른 '인종', 그들의 습속·문화와 역사가 차례차례 학문적 조사와 연구의 대상이 됐다.

청일전쟁을 거치면서 일본에서 조선에 대한 대중적 관심이 높아진 가운데, 조선에 대한 고고학·인류학 조사의 첫 발을 뗀 것은 도쿄제국대학이었다. 1902년에는 공학부 조교수 세키노 다다시(關野貞)가 조선

---

4 샹트르(E.Chantre)와 부르다레는 서울 근처에서 103명의 조선인 남자의 키와 두개골, 눈·코·입 등을 측정했다. 1902년 프랑스 리용 인류학회지에 실린 논문 일부를, 도리이 류조가 번역해서 1904년 『도쿄인류학회잡지』에 실었다[鳥居龍藏, 1904, 「朝鮮人の體質」, 『東京人類學會雜誌』 20(225)]. 이 글 142쪽에도 조선인이 유럽인을 조금 닮았다는 내용이 실려 있다.

에 파견되어 문화재적 가치가 있는 고건축물과 고적을 조사했다. 이후 세키노는 1909년 대한제국 탁지부 건축소의 고건축물 조사 촉탁이 되고, 1910년 조선총독부가 설치되자 내무부 지방국 제1과의 촉탁으로 1914년까지 한반도 전역의 고건축물을 포함한 '고적(古蹟)' 조사를 담당하게 된다.[5]

세키노의 문화재 조사와 병행해서, 교과서 편찬을 담당한 대한제국 내무부 학무국 편집과에서는 도쿄제국대학 이학부 인류학교실의 도리이 류조(鳥居龍藏)를 촉탁으로 임명하여 선사시대와 고대의 '사료조사'에 착수했다. 도리이는 1911~1917년 7차례에 걸쳐 한반도는 물론 동간도와 북간도까지 오가면서 왕성한 조사활동을 벌였다. 총조사 기간은 30개월에 달했다. 도리이가 주력했던 것은 조선인의 생체계측이다. 그가 그토록 많은 지역을 방문했던 것도 유적의 발굴이나 문헌자료의 확보가 아니라 생체계측을 위해서였다고 추측된다.[6]

여기까지 말해 놓고 보면 뭔가 앞뒤가 맞지 않는 느낌이다. 조사를 발주한 것은 대한제국의 (역사)교과서 편찬을 담당한 부서이고, 사업명은 '사료조사'다. 이마니시 류(今西龍)나 구로이타 가쓰미(黑板勝美) 등 학무국 편집과에 촉탁된 다른 학자들은 조선의 선사시대와 고대사에 대한 유적·유물 조사를 진행했다. 그런데 정작 가장 조사에 열심이었던 도리이의 관심은 동시대 조선인의 생체계측이었다. 물론 도리이도 유적·유물 발굴을 병행했고, 평양의 유적·유물이 고구려 것인지 낙랑군 것인지

---

5 이후 조선총독부의 문화재 조사에 대해서는 이순자, 2021, 『일제강점기 문화재 정책과 고적조사』, 동북아역사재단에서 상세히 다루었다.

6 최우석, 2016, 「도리이 류조(鳥居龍藏)의 식민지 조선 조사와 일선동조론」, 『동북아역사논총』 53, 413쪽.

논쟁하기도 했다.[7] 이렇게 언뜻 서로 관련이 없어 보이는 선사시대·고대의 유적·유물 조사와 동시대 조선인의 생체계측을 하나로 이은 것은 일본과 조선의 인종 또는 민족에 대한 관심이다.[8]

서구 열강들이 그랬듯이, 일본은 홋카이도(北海道)와 가라후토(樺太: 남사할린) 등 북방의 섬들, 오키나와, 타이완, 조선 등 식민지를 하나씩 획득할 때마다 다른 민족과 마주치게 됐다. 일본의 인류학은 식민지 주민들에 대한 조사와 연구를 통해 발전했다. 그러나 일본의 식민지란 지구 반대편의 낯선 대륙이 아니라, 오래전부터 일본과 교류해 왔던 '동문동종(同文同種: 문자와 인종이 같은)'의 인접 지역들이었다. 따라서 식민지 주민에 대한 인류학 연구의 뒷면에는 일본민족의 기원 문제가 있었다. 정치적으로 일본인의 조상은 하늘에서 내려온 '천손(天孫)'이며 천황의 혈통은 '만세일계(萬世一系)'로 이어졌다고 주장됐다. 그러나 1880년대 중엽 이래 학문적으로는 일본열도에 먼저 살고 있던 아이누가 북방, 즉 대륙과 한반도에서 이주해 온 민족으로 '교체'됐다거나, 그 과정에서 아이누와 북방민족 또는 남방의 말레이족이 혼합되어 일본민족을 형성했다

---

7 이에 대해서는 정상우, 2008, 「1910~1915년 조선총독부 촉탁(囑託)의 학술조사사업」, 『역사와 현실』 68; 「도리이가 처음 꺼내고 이마니시가 굳힌 한반도낙랑군설」, 『한겨레신문』, 2016.6.14; 「이기환의 흔적의 역사: '대방태수 장무이'」, 『경향신문』, 2023.11.21을 볼 것.

8 당시는 '인종'과 '민족'이라는 말은 혼동되었다(강태웅, 2022, 「지문을 통한 인종식별」, 『아시아문화연구』 60, 125쪽). 일본에서는 아이누, 오키나와인뿐 아니라 조선의 백정에 비교되는 피차별 부락민 '에타(穢多)'를 '이인종(異人種)'이라고 불렀다[사카노 토오루 저, 박호원 역, 2013, 『제국 일본과 인류학자(1884~1952)』, 민속원, 52~53쪽, 106~110쪽]. 『독립신문』에서도 조선인·청국인·일본인 등을 '인종'이라고 언급한 것을 찾아볼 수 있다(「논설」, 『독립신문』, 1896.5.2; 「논설」, 『독립신문』, 1896.12.8).

는 것이 정설로 받아들여졌다.[9]

한편 당시에는 일본인과 조선인이 같은 뿌리에서 나왔다는 '일선동조론(日鮮同祖論)'이 유행해서, 일본의 조선 식민지화를 정당화하는 논리로도 활용되고 있었다. 신들의 시대에 어느 신이 한반도로 건너가 그곳을 다스렸다는 일본의 신화가 인용되기도 했다. 그런 상황에서 조선 민족의 생물학적 특징을 확인하는 것은 식민지 지배에 필요한 지식을 제공할 뿐 아니라, 일선동조론에 찬성하든 반대하든 일본민족의 기원을 밝히는 데도 일조하는 일이었다.

대한제국 학무국 편집과 '사료조사'에 참여한 일본인 학자들의 목표는 조선인과 일본인의 인종적 근친성, 조선과 일본, 조선과 중국 사이의 민족 이동과 교류의 양상 등을 확인하는 데 있었을 것이다. 유적·유물 조사가 중심이 된 것은 북방민족이 일본으로 '건너온(渡來)' 것이 역사가 글로 기록되기 이전, 선사시대의 일로 추측되었기 때문이다. 따라서 도리이가 자기가 맡은 '사료조사'를 넓게 체질·언어·토속(민속)·고물(유물)·유적·구비전설·역사 등을 종합적으로 살펴보는 '인종학적 조사'라고 재해석한 것은 타당한 일이었다. 그러나 도리이는 그중에서 가장 중요한 것이 '체질측정', 즉 현재 조선인의 신체를 계측·관찰하는 일이라고 강조하면서도,[10] 계측결과를 보고서나 논문으로 발표하지는 않았다. 어쩌면 학무국에서는 그가 생체계측에 치중하는 것을 탐탁찮아 했는지도 모른다.

---

9 도쿄제국대학 의과대학 교수로 있던 에르빈 폰 벨츠(Erwin von Bälz), 독일에서 유학하고 1886년 일본인 최초로 도쿄제국대학 해부학 교수가 된 고가네이 요시키요(小金井良精), 영국 유학에서 돌아와 1892년 인류학교실을 설립한 쓰보이 쇼고로(坪井正五郎) 등이 다 비슷한 주장을 했다(사카노 토오루 저, 박호원 역, 앞의 책, 86~100쪽).

10 鳥居龍藏, 1912, 『第一回史料調査報告』(필사본, 국립중앙도서관), 2~3쪽, 9~10쪽. 이 자료에 대한 설명은 최우석, 2016, 앞의 글, 402쪽의 주 11을 볼 것.

1911년 도리이의 제1회 함경도·동간도 조사의 보고서에서 생체계측에 할애된 분량은 많지 않고, 계측된 남녀별 키의 평균값이 얼마라든지 하는 언급도 없다. 1912년 제2회 서간도와 평안북도 조사에 대한 (미완성) 보고서 역시 '체질측정'은 제1장 조사사항에서 한 번 언급했을 뿐, 그 뒤로는 온통 환도성과 국내성의 위치, 고구려의 고분과 산성 얘기다.[11] 1913년 이래 세 차례 조사를 통해 도리이는 한반도 남부에서 북부의 조선인과 다른, 오히려 일본이나 남중국, 말레이 등과 연관되었을 새로운 체질을 발견했다고 생각하고 그것을 'X민족'이라고 명명했다. 그러나 정작 이때부터는 조사 보고서도 없고, 도리이가 나중에 그 결과를 정리해서 발표하지도 않았다. 1916년이 되면 조선총독부에 고적조사위원회가 설치되어 그때까지 지방국과 학무국에서 각각 실시하던 조사가 '고적조사'로 통합된다. 1916년 조사계획에서 도리이가 담당할 시기는 '유사이전(有史以前)', 즉 선사시대로 제한됐다. 조직과 계획이 한층 체계화된 상황에서 그가 독자적으로 생체계측을 진행하기는 힘들어졌을 것이다. 결국 1917년 조사를 끝으로 그는 고적조사에서 빠지게 된다.[12]

(2) 생체계측의 실제와 '인종학적 사진'

그렇다면 도리이의 생체계측은 어떻게 이루어졌을까? 제1·2회 조사보고서와 몇몇 신문기사 등으로 재구성해 보면,[13] 매회 변동이 있기

---

11 鳥居龍藏, 1913(추정)『史料調査第二回報告』(필사본, 국립중앙도서관).

12 도리이의 'X민족' 발견과 그 뒤의 사정에 대해서는 최우석, 2016, 앞의 글, 420~427쪽.

13 「鳥居촉탁의 소식」,『매일신보』, 1911.10.13;「조선인종조사: 鳥居龍藏氏談」,『매일신보』, 1912.3.23;「その頃を語る(26): 各道にわたつて男女の身體測定」,『京城日報』, 1934.12.29.

는 했지만 도리이의 팀은 사진사와 사생(寫生: 스케치 담당), 통역과 심부름꾼 등 일본인과 조선인 여러 명으로 구성됐다. 제1회 조사 때는 조선인 헌병보조원 1명이 포함되기도 했다. 도리이는 방문하는 지역(군)마다 20~40세의 남녀(대개는 서로 나이 차가 크지 않은 부부)를 20명 정도 뽑아서 머리카락과 수염, 피부색, 눈의 색과 모양, 코·귀·입, 사지 등을 관찰·계측했다. 백정을 일본의 피차별 부락민 '에타' 같은 특수집단으로 보았기 때문에 여러 지역에서 추가로 백정 남녀를 10명 정도 더 조사했고, 제주도에서는 해녀도 몇 차례 조사했다. 조사 대상자의 선발·소집에는 각지 헌병경찰의 도움을 받았고, 생체계측은 군청이나 헌병대·헌병분대, 경찰파출소 등에서 이루어졌다.[14]

〈그림 6-1〉은 조금 더 틀이 잡혔을 제4회 조사 때인 1914년, 전라남도 화순군 능주면에서 여성들의 신체를 계측하는 장면이다. 오른쪽 뒷편에 맨발의 여성들이 차례를 기다리고 있고, 흰색 탐험대 복장의 남자는 의자에 앉은 여성의 머리 둘레를 재는 듯하다. 뒤쪽 기둥 앞에서는 헌병이 여성의 키를 잰다. 그 옆에서는 얼굴빛을 살피는 것일까? 맨 왼쪽 헌병은 결과를 기록하고 있다.[15] 남자 조사원들이 여성들의 얼굴과 몸에 손을 대고 있는 모습은 충격적이다. 전통적으로 남녀가 내외하는 관습이

---

14 도리이 류조 기념박물관 웹페이지에서 도리이의 현장수첩을 볼 수 있다(徳島県文化の森総合公園 / とくしまデジタルアーカイブ). 『朝鮮 1911』, 『朝鮮 1911~1912』 등 초기 수첩에서는 금방 해당 지역의 지형과 유적·유물을 스케치하고 메모하다가 다음 쪽에는 조선인 남성이나 여성의 생체계측 결과를 적어 넣은, 도리이의 어수선한 조사의 양상이 엿보인다. 생체계측은 아주 체계적으로 실시된 것 같지는 않고, 항목도 그때그때 달랐다(adeac.jp/tokushima-bunkanomori/top/topg/koukai_list/index.html?org=tmm).

15 국립중앙박물관 소장품. 사진에 대한 설명은 이경민, 2021, 「유리건판으로 읽는 또 다른 사진사」, 『미술사연구』 40, 230~231쪽을 참조했다.

〈그림 6-1〉 조선인 생체계측(1914년, 전라남도)

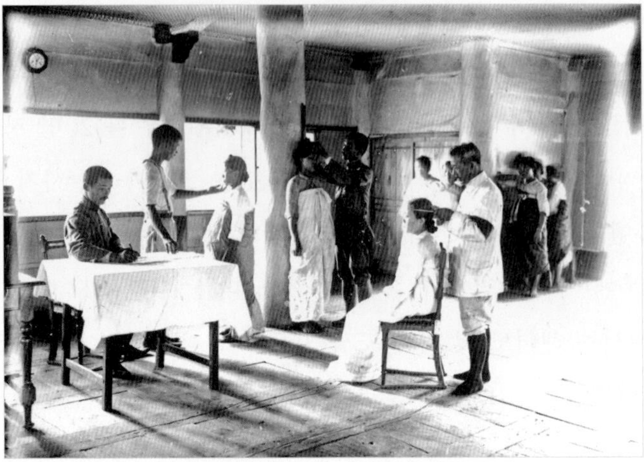

강했던 조선의 여성들에게 이런 조사는 거의 폭력과 모욕으로 느껴지지 않았을까 싶다.

생체계측이 끝나면 조사 대상자들을 촬영했다. 사진은 대개 남녀별로, 또는 여러 쌍의 부부를 한 줄이나 두 줄로 앉고 서게 해서 정면과 측면의 반신상을 찍었다. 도리이의 조선인 생체계측 원자료나 통계표는 공표되지 않았고 현재 이 사진의 건판들만 국립중앙박물관에 남아 있는데, 남아 있는 사진은 전국 120개 지역에 대해 1,060매, 촬영된 인원은 2,980명에 이른다고 한다.[16] 대개는 옷을 입은 채로 사진을 찍었지만, 예

16 사진에 대한 설명은 鳥居龍藏, 2012, 앞의 글, 10~12쪽; 최우석, 2016, 앞의 글, 413~416쪽을 참조했다. 전체 사진 목록은 국립중앙박물관, 1997, 『유리원판 목록집 I』; 조사연도별 신체측정 관련 사진 목록은 최석영, 2012, 『일제의 조선연구와 식민지적 지식 생산』, 민속원, 271~279쪽을 볼 것. 사진 매수는 선행연구마다 조금씩 다르고, 인물의 수 역시 정확하지 않다. 현재(2023.12.20) 국립중앙박물관 홈페이지에서 키워드 '체격측정'으로 검색하면 모두 1,065건의 사진을 볼 수 있다.

〈그림 6-2〉 도리이의 '인종학적 사진'(1911년, 원산)

외적으로 제1회 조사의 출발점인 원산과 덕원에서는 〈그림 6-2〉처럼 남자들의 웃통을 벗은 모습을 찍기도 했다. 정면과 90° 측면이라는 두 가지 자세는, 인류학에서는 벌써 피사체(조사 대상자)의 신체적 특징을 정확히 포착하기 위한 하나의 표준이 되어 있었다. 피사체의 키를 알기 위해 눈금자를 세워두거나 모눈 무늬를 배경으로 해서 사진을 찍기도 했다. 그러나 도리이의 사진은 앞 줄 왼쪽 사람은 등을 폈는데 오른쪽 사람은 등을 구부리고 있는 등, 아주 엄격하게 표준적인 자세를 적용한 것은 아니다.[17]

---

17 국립중앙박물관 소장품. 인류학 사진에 대해서는 존 퓰츠, 2000, 『사진에 나타난 몸』, 예경, 21~30쪽; 제임스 라이언, 2015, 『제국을 사진 찍다』, 그린비, 241~251쪽; 박상우, 2016, 「인종의 발명: 토마스 헉슬리의 인류학 사진」, 『영상문화』 29를 볼 것. 도리이의 사진 중 일부에는 사람들의 키를 가늠할 수 있는 T자형 나무막대가 등장한다(이경민, 2021, 앞의 글, 234쪽).

도리이는 제1회 보고서에서 이것을 '인종학적 사진'이라고 했는데, 이 사진을 통해 무엇을 어떻게 보고자 했는지를 상세히 설명하지는 않았다. 남아 있는 사진을 통해 북부의 조선인과 남부의 'X민족'의 차이를, 또는 그가 주목했던 백정과 일반 조선인의 차이를 볼 수 있을까? 모르겠다. 전체적으로 사진에서 보이는 것은 자기 의지와 상관없이 끌려와 계측되는 대상자들의 초라한 행색과 어두운 표정, 주눅든 엉거주춤한 자세다. 카메라 이쪽에는 말끔한 서양식 복장을 하고 복잡한 계측과 촬영 도구를 능숙하게 다루는 식민자(colonizer)가 있었을 것이다. 그들은 정작 사진 속에는 드러나지 않는다. 〈그림 6-1〉처럼 식민자와 식민지민이 함께 찍힌 것은 1,000매가 넘는 사진 중에 단 한 장이다.

2) 해부학자 구보 다케시의 조선인 생체와 사체 계측

도리이 류조와 같은 시기 조선인의 생체계측에 몰두했던 인물이 또 한 명 있다. 의사이자 해부학자인 구보 다케시(久保武)다. 도리이의 조사가 사진만 남긴 채 생체계측 쪽은 사실상 잊혀진 반면, 구보의 계측은 이후 조선 체질인류학의 큰 흐름으로 이어진다. 그러나 의외로 구보에 대해서는 알려진 것이 별로 없고, 몇 안 되는 정보도 부정확한 것이 많다.[18] 구보는 1907~1910년 대한의원 부속의학교의 해부학 교수를 역임했고, 「조선인의 체질인류학 논고」라는 제목의 독일어 논문으로 1914년 도쿄제국대학에서 의학박사학위를 받았다. 1911년부터 만주와 일본의 의학

18 구보에 대한 가장 최근의 연구는 Hoi-eun Kim, 2014, *Doctors of Empire*, University of Toronto Press, 102~123쪽; 신규환, 2020, 「식민지 체질인류학적 해부학 지식의 지적 계보」, 『연세의사학』 23(2)을 볼 것.

교 등에 재직하던 그는 1915년 조선총독부의원 의학강습소 교관이 되어 조선으로 돌아왔고, 1916년 설립된 경성의학전문학교(이하 '경성의전')의 해부학교실 교수가 됐다.[19] 그는 해부학자답게 생체계측과 함께 사체의 해부·계측을 병행하면서 조선인에 대한 다수의 체질인류학 논문을 남겼다. 여기서는 다음 몇 편의 대표적인 논문을 통해 구보의 체질인류학적 조사를 간단히 살펴보겠다.

[1] 「조선인의 체질인류학 논고: I. 계측편」: Takeshi Kubo, 1913, "Beiträge zur physischen Anthropologie der Koreaner. I. Metrischer Teil," *Mitteilungen aus der Medicinischen Facultät der Kaiserlich-japanischen Universität* 12[20]

[2] 「조선인의 체질적 인류학 보유(제1, 계측편)」: 久保武, 1915, 「朝鮮人の體質的人類學補遺(第一, 計測篇)」, 『人類學雜誌』 30(4)

[3] 「도별로 본 조선인의 체격(초록)」: 久保武, 1917, 「道別に見たる朝鮮人の體格(抄錄)」, 『朝鮮醫學會雜誌 19 附錄: 朝鮮醫學會第7回總會誌』

---

19 통감으로 부임한 이토 히로부미는 대한제국의 의료·위생사무를 장악하기 위해 기존의 광제원, 학부 소속 의학교 등을 정리·통합하여 1907년 대한의원을 설립했고, 이것이 1910년 10월 조선총독부의원으로 개편된다. 의학 교육은 대한의원과 조선총독부의원에 부속된 의학강습소에서 담당하다가, 1916년 경성의전이 독립됐다. 경성의전은 이후 10년간 조선의 유일한 의학교였지만, 1926년 경성제국대학 의학부가 설립되고 1928년 조선총독부의원이 경성제국대학 의학부 부속의원으로 개편된다.

20 박사학위논문 중 '계측편'을 도쿄제국대학 의과대학의 잡지(일본어명은 『東京帝國大學醫科大學紀要』)에 게재한 것으로 추측된다. 이 글은 직접 구해 보지 못하고, 그 내용을 다룬 Hoi-eun Kim, 2014, 앞의 책, 119~121쪽에 의존했다. [2]는 [1]의 요약인 듯하다.

[4]「조선인의 인종해부학적 연구」: 久保武, 1919,「朝鮮人の人種解剖學的研究」,『金澤醫學專門學校十全會雜誌』44.

박사학위논문의 일부이거나 그것의 보유(補遺)인 [1], [2]는, 그가 1907~1910년 대한의원의 해부학 교관으로 재직하던 동안 주로 서울에서 3,425명의 신체를 계측한 결과에 입각한 것이다. 조사시기와 대상 인원을 보면 1909년 4~5월에 15~37세의 한국 병사 651명(보병 573명, 기병 78명), 여성은 1908년 6월~1909년 10월에 14~32세의 예창기(藝娼妓) 560명이다. 이런저런 기회에 학생 2,214명도 계측했지만, 계측항목이 몇 개 되지 않고 또 학생이란 대개 성장이 끝나지 않은 미성년자여서 분석에서는 제외했다. '한국 병사'란 누구일까? 1905년 이른바 '을사조약' 이후 중앙의 시위대(侍衛隊) 4,000명, 지방의 진위대 5,000명으로 축소되었던 한국의 군대는, 1907년 7월 고종의 강제퇴위와 함께 강제로 해산당했다. 순종이 즉위한 뒤에 남겨진 것은 근위보병 644명과 근위기병 92명이다.[21] 구보는 그들 대부분을 계측했던 모양이다.

한편 일본의 공창제는 요리점에서 노래와 춤을 하는 '게이샤(藝者)', 즉 예기(藝妓)와 유곽에 매여서 성매매를 하는 창기(娼妓)를 구별했고, 대한제국도 그 구별에 따라 1908년 9월 경시청령으로「기생단속령」과「창기단속령」을 제정했다. 두 법령에 명문화되지는 않았지만, 이미 1906년부터 창기·창부·갈보 등으로 불린 부류와 색주가에서 술을 따르는 작부(酌婦)는 정기적인 성병검진을 받고 있었다. 창기의 성병검진은 위생경찰의 사무였고, 1907년 대한의원이 설립된 뒤로는 대한의원도

21 국사편찬위원회, 1999b,『한국사 42: 대한제국』, 253쪽.

〈표 6-1〉 구보([2])의 생체계측항목(일부)

범주	항목 수	주요 항목
(A) 전신	12개	1) 체중, 2) 신장, 3) 팔 벌린 길이, 4) 귀 높이* … 7) 젖꼭지 높이*□, 8) 어깨 높이, 9) 배꼽 높이□ … 11) 치골 높이, 12) 앉은키□
(B) 머리	32개	13) 머리 앞뒤 길이, 14) 머리 폭, 15) 머리 둘레, 16) 귀 높이 … 34) 코 크기(길이), 35) 코 폭, 36) 콧날(높이) …
(C) 목, 몸통, 골반, 외음부	32개	45) 목 길이 A, B□ … 54) 폐활량□ … 58) 젖꼭지 사이 거리□, 59) 가슴-젖꼭지□, 60) 어깨-젖꼭지*□, 61) 배꼽-젖꼭지*□, 62) 가슴-배꼽*□, 63) 어깨-배꼽*□, 64) 배꼽-치골*□, 65) 가슴-치골(몸통 길이)*□ … 70) 대전자간폭(大轉子間幅), 71) 외결합선□, 72) 골반 둘레□, 73) 골반경사각□, 74) 음경 길이□, 75) 음경체 길이□, 76) 귀두 길이*□
(D) 사지	29개	77)~94) 상지(上肢) 18개, 95)~105) 하지(下肢) 11개

*는 [2] 논문에서 '환산된 값'이라고 한 것
□는 여성의 계측값이 없는 것

서울에서의 성병검진에 관여했다.[22]

당시 구보가 대한의원이나 통감부, 한국주차헌병대, 경찰의 힘을 빌어서라도 생체계측에 동원할 수 있었던 대상이 병사와 기생이라는 것은, 너무 뻔한 일이다. 여기에 무려 105가지나 되는 구보의 세세한 계측항목을 겹쳐 놓아보자(〈표 6-1〉). 계측항목 중에는 젖꼭지, 배꼽, 치골의 높이라든가 젖꼭지 사이의 거리, 골반 둘레, 남자의 경우 음경과 귀두의 크

22 야마시타 영애, 1997, 「식민지 지배와 공창 제도의 전개」, 『사회와 역사』 51, 153~160쪽; 박정애, 2009, 「일제의 공창제 시행과 사창 관리 연구」, 숙명여대 박사학위논문, 53~58쪽. 본래 궁중 소속의 관기(官妓)를 포함하는 '기생'은 창기와는 다른 부류였지만 이 시기 신문에서는 기생과 창기·갈보 등을 뒤섞어서 부도덕함을 비난했고, 요리점과 술집, 성매매업소의 여성들은 '예창기'라고 통칭됐다. 구보가 기생(≒예기)과 창기를 엄밀하게 구분했는지 어떤지는 알 수 없다.

기처럼 계측하기가 꽤나 민망한 것도 있다.[23] 하지만 이런 몇몇 항목에 대해 여성의 계측값이 없는 것은 민망해서 계측을 못한 것이 아니라, 뒤에 보듯이 성병검진에 묻어서 잠깐씩 비는 시간에 계측을 하다보니 시간이 부족해서였다. 강제로 명령에 따라야 하는 병사와 성병검진의 대상인 창기가 아니면, 당시 조선에서 누가 이런 계측에 응했겠는가?

글 [1]에는 조사의 배경에 대한 상세한 설명이 있다. 도리이는 자신의 관심인 생체계측을 총독부가 발주한 '사료조사'에 슬쩍 얹어갔지만, 구보의 개인적 연구는 대한의원 해부학 교관의 업무로도 포장되지 못했던 모양이다. 그의 생체계측은 여가시간에 하는 과외의 일이었다. 학생 대상의 계측은 입학시험(이하 '입시')의 일부인 신체검사를 활용하기도 했고, 그러다 보니 계측항목이 소략해질 수밖에 없었다. 여성의 계측은 경시청 경찰의(警察醫) 야마모토 기주로(山本喜重郎)가 매달 실시하는 창기의 성병검진을 이용했다.[24] 검진을 방해할 수 없었기에 구보는 야마모토가 성병을 검진할 때 곁에서 여성들의 외음부 색깔, 치골 모양 등을 '몰래' 관찰하고, 검진 사이의 쉬는 시간에 창기들을 재빨리 계측했다. 구보는 여성들이 이미 자신에게 은밀한 부분까지 보인 이상 그가 다른 부위를 관찰·계측할 때도 덜 부끄러워할 것이라고 생각했다.

---

23 〈표 6-1〉에서 '환산된 값'이라고 한 것은 다른 두 값의 합이나 차로 구할 수 있는 것이다. 가령 4) 귀 높이는 선 자세에서 발바닥부터 귓구멍까지의 높이인데 2) 신장에서 '16) 귀 높이'를 빼서 구할 수 있다. '16) 귀 높이'는 [2]에서는 그저 '耳高'라고 했지만, 다른 자료를 보면 '頭耳高'라고 해서 정수리에서 귓구멍까지의 거리다. [2]에서 조선인 남자의 평균 신장은 1,613.7(mm), 頭耳高는 127.3, 따라서 耳高는 측정하지 않고 이 두 값의 차를 내면 1,486.4가 된다.

24 갑오개혁 때 설치되어 서울의 치안·위생을 담당한 경무청이 1907년 8월부터 경시청으로 개칭되고, 경무고문이었던 마루야마가 경시총감이 됐다. 경시청은 1910년 6월 말 헌병경찰의 경무총감부가 설치되어 전국 경찰을 관할하게 되면서 폐지된다.

도리이와 마찬가지로 구보도 계측은 진료 또는 치료법 연구가 목적이라고 둘러댔고, "그 덕분에 계측을 거부한 조선인은 단 한 명도 없다"고 썼다. 이에 대해 김회은은 당시 인류학자들이 논문에서 계측대상자를 '대상(object)'도 아니라 '재료(material)'라고 불렀음을 상기하면서, "'계측(measurement)'이라는 온건한 단어는 … 계측되는 사람들이 견뎌야 했던 소외와 굴욕의 감정에 대해서는 아무 말도 하지 않는다"고 했다.[25] 『대한매일신보』는, 검진 장소의 문을 다 열어둔 채 여러 사람이 보는 가운데 옷을 벗기고 성기를 노출시켜 기계로 들여다보는 식의 성병검진은 사람을 짐승처럼 학대하는 것이지, 털끝만큼도 인류로 대우하는 것은 아니라고 비판했다.[26] 구보식 생체계측의 풍경 역시 크게 다르지 않았을 것이다.

구보의 연구가설 또는 딜레마는 도리이의 것과 비슷했다. 일본민족은 선주민족인 아이누가 만주-한반도계 민족으로 교체되거나 둘이 혼합되어 형성되었다는 것은 고고학·고인류학의 '과학적' 설명이다. 그러나 그렇게만 말하면 만주-한반도계 민족이 인종적으로 더 우월하다는 말로 들릴 수도 있었다. 만주-한반도계 민족이 일본으로 '건너왔'고 아이누를 '대체'했다는 것 역시, 일본의 신화나 '임나일본부'설과 반대로 결국 한반도에서의 이주자들이 일본을 정복했다는 이야기가 아닌가? 따라서 일본의 체질인류학 연구자들은 일본인과 조선인의 근친성을 말하면서도, 실증적 증거로 일본인의 우월성을 입증하고 싶었다. 우월한 백인종 대 열등한 황인종이라는 지배적인 구도 속에서 일본인을 다른 아시

---

25 Hoi-eun Kim, 2014, 앞의 책, 119~120쪽.

26 「檢黴無用」, 『대한매일신보』, 1906.2.16. '미(黴)'는 곰팡이라는 뜻인데, 당시 일본에서는 매독을 '梅毒'으로도 쓰고 '黴毒'으로도 써서 '바이도쿠'라고 읽었다.

아인과 구별하고 싶은 욕심도 있었다. 그러나 실제 계측으로 나타난 결과는 조선인이 일본인보다 평균적으로 체격(키)이 크고, 조선인도 한반도 북쪽으로 갈수록 체격이 더 좋다는 것이었다.

여기서 구보 역시 도리이처럼, 조선인의 체격에 대해 출생지별로 조선인의 집단 내 변이를 확인해 보고자 했다. [1], [2] 단계의 구보와 도리이 조사의 큰 차이는, 구보는 대한의원에 붙들려 있었다는 점이다. [1], [2]는 지역적으로 한정된 특수한 직업의 남녀를 계측한 결과였다. 이후로도 여전히 서울을 벗어나기 힘들었던 구보는 1916년 말 조선총독부 의원장 명의로 각 도 경무부장에게 의뢰해서, 현지의 순사보와 헌병보조원이 조선인의 키와 몸무게를 계측하게 했다.[27] 그 결과를 가지고 쓴 것이 [3]이다. 대상자의 성별에 대한 언급은 없는데 모두 남자일 것이다. 전국적으로 3,719명이라는 꽤 많은 수를 조사했지만, 경기도 724명, 전라북도는 53명 등 대상자 선발이 원칙 없이 편리한 대로 이루어졌던 것 같다. 다른 대부분의 계측에서 한반도 북부 조선인이 키가 더 큰 것으로 나타나는데, 이 조사는 전라북도의 평균키가 가장 크다는 특이한 결과를 보였다. 그러나 53명이라는 작은 표본인데다가 표본추출이 어떻게 이루어졌는지, 제대로 된 계측기구도 없이 경찰관들이 한 계측이 얼마나 정밀했을지도 의문이다.

이렇게 도리이와 구보 모두 일본인종 기원론과 식민지 인류학이 마

---

27 헌병의 최말단인 헌병보조원은 1908년 6월, 한국 군부에서 군속(軍屬)으로 선발해서 일본헌병대에 위탁하는 형식으로 만들어졌다. 헌병보조원에 대응하는 문관경찰의 직급인 순사보는 1910년 6월 말 조선의 경찰권을 경무총감부로 통폐합할 때, 기존 대한제국 경찰의 조선인 순사 상당수를 통감부경찰의 순사보로 채용하는 방식으로 창출했다. 다시 말해, 1910년대 약 3,000명의 순사보와 4,500명 이상의 헌병보조원은 모두 조선인이었다.

주치는 지점에서 조선인을 계측했고 그 '조선인'을 다시 북부와 남부의 하위범주로 쪼개었지만, 그것으로 일본과 조선의 인종론 문제가 풀리지는 않았다. 확실한 이론적 돌파구를 찾지 못한 채 이후의 생체계측은 1930년대 이래 일본제국의 팽창과 함께 만주로, 몽골로, '북중국(北支)'으로 외연이 확대되어 갈 터였다. 그러나 구보에게는 조선인의 살아 있는 몸뚱이 말고 죽은 몸뚱이도 있었다. 그는 해부학자였다. 생체의 계측은 주로 골격과 겉모습에 한정되지만, 사체는 해부해서 각 '기관(organ)'의 크기와 무게를 계측할 수 있다. [4]는 1907년 대한의원 시절부터 1918년 5월까지, 서대문·경성·마포 등의 감옥과 총독부의원에서 얻은 남자 81구, 여자 11구, 모두 92구의 조선인 사체를 해부한 결과를 정리한 글이다. 일본인에 대해서는 1906년 그가 아이치의학전문학교에 재직할 당시 여러 구의 사체를 해부한 결과가 있었다.

그런 자료에 입각한 연구 끝에 구보는 "연구재료 중 가장 이상적인 재료가 되는 조선인(사형당한 남자) 1명과 일본인(사형당한 남자) 1명"의 온몸 각 기관의 측정값을 가지고, 조선인이 일본인보다 골격이 조금 더 크지만 "근육계통에서는 반대로 일본인이 조선인보다도 절대적·비교적으로 우월"하다며, 일본인은 "인체 중 가장 고등한 기관"인 신경중추와 순환기(심장)가 조선인보다 크고, 조선인은 소화기·호흡기·비뇨생식기 등이 더 크다고 주장한다. 조선인이 얼굴의 씹기근육(咀嚼筋)과 소화기가 발달한 것은 조악한 식생활 탓이고, 뇌를 비롯한 신경중추의 발달을 위해서는 조선에 조속히 보통교육을 보급해야 한다는 사회·문화적 분석도 덧붙인다.[28]

---

28 사형당한 조선인과 일본인 범죄자 각 한 명의 사체가 어떻게 "가장 이상적인 재료",

신문에까지 실려 떠들썩했던 1921년의 사건은 어떻게든 조선인을 일본인보다 열등한 존재로 규정짓는 그의 이런 입장의 연장선상에서 일어났다. 5월 26일, 경성의전의 해부학 수업이 끝난 뒤에 두개골 하나가 분실되었는데, 구보는 "조선 사람은 원래 해부학상으로 야만에 가까울 뿐만 아니라 너희의 지난 역사를 보더라도" 조선인 학생의 소행이 분명하다고 몰아갔던 것이다. 경성의전의 조선인 학생들은 여기 항의해서 동맹휴학으로 맞섰고, 결국 한 달만에 구보의 '눈물 어린' 공개사과로 분규는 종결됐다.[29] 이듬해 8월 이후 구보의 행적은 알 수 없다.[30]

3) 경성제국대학 해부학교실의 생체계측

(1) 해부학교실 팀의 생체계측 여행

인류학은 크게 인간의 생물학적 차원을 다루는 체질인류학과, 인간의 사회생활, 믿음과 상징체계, 문화의 다양성 등을 다루는 문화인류학,

---

즉 두 집단을 대표하는 표본이 된다는 것인지, 그 해부·계측 결과의 차이 중 얼마만큼이 집단 간 변이이고 얼마만큼이 집단 내 변이인지, 보통학교에라도 보내서 뇌를 많이 쓰게 하면 뇌가 커지는지, 뇌 용량이 더 크면 지능도 높은 것인지, 획득형질과 유전의 문제는 … 등등, 구보 논문의 주장 하나하나의 신빙성을 따지자면 끝이 없을 것이다. 지금은 무척 의심스러운 주장들이지만 어쨌든 당시에는 서구 학계에서도 '과학'으로 받아들여졌던 것이므로 여기에서는 조사와 계측이 어떻게 이루어졌는지만 살펴보고 넘어가겠다.

29 「醫專師弟의 대분규: 두개골 한기로 말미암아 조선인 전톄를 모욕하여」, 『동아일보』, 1921.6.3; 「의전분규의 주인공: 구보씨는 눈물을 흘니며 자긔의 진심을 호소코자」, 『동아일보』, 1921.6.22.

30 1922년 7월, 구보가 정신이상이 생겨 구미 각국 시찰 명령도 취소되었다는 기사가 동아일보에 실렸다[「휴지통」, 『동아일보』, 1922.7.12. 『관보』에 8월 24일 자로 5위, 고등관 3등으로 승서(陞敍)되었다는 사실로 미루어 짐작하건대 아마 퇴직이었을 것이다].

두 분야로 나뉜다. 도쿄제국대학 인류학교실이 문학부가 아닌 이학부에 설치된 데서 보듯이 일본의 인류학은 체질인류학으로 출발했지만, 쓰보이와 도리이는 차츰 고고학과 문화인류학('민족학')으로 기울었고, 체질인류학은 의사(해부학자)들의 몫이 되어 갔다.[31] 1920년대 후반 조선에 설립된 경성제국대학에서도 법문학부 사회학강좌 교수 아키바 다카시(秋葉隆)는 오늘날로 치자면 문화인류학과 민속학 전공이고, 체질인류학은 거의 전적으로 의학부, 그중에서도 해부학교실의 몫이었다.

우에다 쓰네키치(上田常吉), 쓰자키 다카미치(津崎孝道), 이마무라 유타카(今村豊)가 1919년부터 차례로 구보가 교수로 있던 경성의전 해부학교실의 조교수·강사 등을 거쳐 경성제국대학 의학부 교수가 되었고, 각각 해부학교실의 제1~3강좌를 담당했다.[32] 경성제국대학 해부학교실에서는 1930~1932년 여름방학을 이용해서 전국 13도에 걸쳐 조선인의 생체계측을 실시했다. 제1강좌 교수 우에다와 제3강좌 교수 이마무라가 공동으로 진행한 과제였다. 구보의 것을 포함해서 이전까지 몇 차례 있었던 계측이 표본 수가 충분치 않거나 지역적·직업적으로 편중되거나 계측 자체가 정밀하지 않다는 판단에서였다.

3년에 걸친 이 계측에 대한 첫 번째 기록은 1930·1931년 계측에 참여했던 조교수 아라세 스스무(荒瀨進)의 「조선인 생체계측 여행일지」로,

---

31 박순영, 2006, 「일제 식민주의와 조선인의 몸에 대한 "인류학적" 시선」, 『비교문화연구』 12(2), 65~72쪽.

32 신규환, 2020, 앞의 글, 48쪽. 1924년 현재 경성의전 해부학·조직학 교실 현황을 보면 교수 우에다(재외연구 중), 쓰자키, 촉탁 이마무라(재외연구 중)이라고 되어 있다[京城醫學專門學校, 1924, 『京城醫學專門學校一覽(大正13年)』, 98~99쪽]. 1926년 경성제국대학 본과가 개교하면서 모두 경성제국대학으로 옮긴 듯하다.

당시의 구체적인 정황에 대해 많은 것을 알려준다.[33] 〈표 6-2〉에서 보면 함경도, 경상도, 충청남도 등이 아라세가 방문한 지역이다. 전체 계측결과에 대한 최초의 공식보고서는 『조선의학회잡지』 같은 호에 두 편의 논문으로 실렸다.[34] 표준편차, 두 개 산술평균의 차(差)의 표준오차 등, 당시로서는 최신의 수리통계학 개념을 동원한 논문들이다. 어려운 수식은 제쳐두고, 여기서는 주로 이 세 편의 글을 통해 이 계측 여행이 어떻게 이루어졌는지를 살펴보겠다.

조사는 군을 표본추출의 단위(계측대상지)로 하고 도별로 1개 군을 선정해서 군마다 20~40세 남녀 100명 이상을 계측하기로 했다. 100명 이상이라는 표본 수로 대표성의 문제를 극복해 보려는 계산이었을 텐데, 뒤에 보듯이 표본추출의 실상은 여전히 엉망이었다. 〈표 6-2〉에서 보듯이 1930년은 한반도 북부, 1931년은 남부, 1932년은 중부 순이다.[35] 계측대상지를 도마다 1개 군으로 한 것은 나중에 다른 군을 추가조사할 수 있도록 하기 위해서였다. 또 비교적 순수하게 그 지역 출생의 혈통을 보존한 자를 계측하기 위해 다른 군에서의 이주자는 제외하고 그 군 출신만을 대상으로 삼기로 했다. 그러려면 도청 소재지처럼 인구이동이 많은

---

33 『ドルメン』이라는 잡지의 1933년 8~10월호에 「朝鮮人生體計測旅行日誌」라는 제목으로 연재됐다. 잡지 제목은 '돌멘(dolmen)', 고인돌을 가리킨다. 이 기사에 대해서는 최석영, 2012, 앞의 책, 266쪽; 사카노 토오루 저, 박호원 역, 2013, 앞의 책, 320~322쪽에서 소개한 바 있다.

34 荒瀨進·小濱基次·田邊秀久·高牟禮功, 1934a, 「朝鮮人ノ體質人類學的研究: 第一回報告(北朝鮮ノ部)」, 『朝鮮醫學會雜誌』 24(1); 荒瀨進·小濱基次·島五郎·西岡辰藏·田邊秀久·高牟禮功·川口利次, 1934b, 「朝鮮人ノ體質人類學的研究: 第二報告」, 『朝鮮醫學會雜誌』 24(1).

35 荒瀨進 外, 1934b, 위의 글, 111~112쪽.

〈표 6-2〉 1930년대 초 경성제국대학 해부학교실의 전국 생체계측 여행 일정

도	장소	일시	계측자	남(명)	여(명)
함경남도	북청군 북청읍	1930년 7월	荒瀨進·高牟禮功	88	19
함경북도	종성군 오촌면	〃	〃	90	13
평안북도	철산군 참면(차련관)	1930년 8월	小濱基次·田邊秀久	160	6
평안남도	성천군 성천면	〃	〃	168	68
경상북도	영천군 영천면	1931년 7월	荒瀨進·島五郎	104	22
경상남도	동래군 동래면	〃	〃	171	77
충청남도	논산군 논산면*	〃	〃	125	23
충청북도	충주군 충주읍	〃	西岡辰藏·高牟禮功	102	46
전라북도	진안군 진안면	〃	〃	101	48
전라남도	화순군 화순면	〃	〃	100	55
황해도	신천군 신천면	1932년 8월	島五郎·川口利次	109	99
경기도	파주군 임진면 문산리	〃	〃	104	98
강원도	김화군 김화면	〃	〃	110	110

* 아라세의 「조선인 생체계측 여행일지」(2)에 따르면 계측지는 논산면이 아니라 강경읍임

도시 지역은 피해야 하지만, 반대로 너무 벽지가 되면 방문이 힘들고 인구가 많지 않은 곳에서 100명의 표본을 뽑기도 어려울 수 있었다. 절충 끝에 조사가 이루어진 곳은 대개 군청소재지 읍·면이었다.[36] 대상자가 그 군 출신인지는 호적 등의 본적(지) 정보를 이용해서 확인했다. 3년에 걸친 계측의 성과는 남자 1,532명, 여자 684명, 모두 2,216명이다.

전문가 두 명이 한 조가 되어(이하 '계측팀') 조사지로 파견됐다. 〈표 6-2〉에 나타난 계측자 중 아라세와 고하마 모토쓰구(小濱基次)는 당시

36 서울(경성)·평양·부산 등 큰 도시 지역은 부(府), 나머지 지역은 군-면으로 구획되다가, 1930년 4월부터 '읍'이 신설됐다.

해부학교실 제1강좌와 제3강좌의 조교수였고, 시마 고로(島五郎) 등 나머지는 강사나 조수였다.[37] 계측항목은 구보 때보다 대폭 줄여서 몸통과 사지 관련 9개, 머리 관련 17개였다. 계측자 한 명이 몸통과 사지, 다른 한 명이 머리 계측을 분담했다. 생체계측은 해부학교실에서 평소에 하는 작업은 아니었던 듯, 첫해에는 출발 며칠 전에 두 팀이 다 모여 우에다 교수로부터 세 시간 동안 각종 계측기 사용법에 대한 강의를 들었다. 계측팀이 둘이었기 때문에 계측자에 따른 치우침(bias)을 줄이기 위해 함께 두 교수의 감독 아래 계측기의 영점을 조정하고, 잡역부 김아무개를 대상으로 계측 실습도 했다. 그것도 모자라 아라세는 사용법 설명서를 등사(謄寫)해서 밤 기차에서 읽으면서 갔다. 기차와 자동차로 이동해서 1910년대의 도리이만큼 힘들지는 않았겠지만, 조사지마다 사흘 정도 체재하면서 한 번의 여행으로 두세 곳의 조사지를 도는 빠듯한 일정이었다. 멀고 낯선 지역에 가서 이렇게 짧은 시간에 백 명이 넘는 사람을 모아 신체를 계측하고 대상자의 출생지(본적)까지 확인한다는 것은 현지 공권력, 특히 경찰의 협조가 없이는 불가능했다.

기억해 둘 것은 식민지기 조선에서는 의료와 공중위생이 모두 경찰 소관이었다는 사실이다. 일선에서 경찰이 전염병과 관련된 검역, 마약부터 불량식품, 접객업소, 도축장·쓰레기장 등의 위생을 단속하는 것이야 어느 나라에서나 있을 수 있는 일이지만, 의사·약제사·간호사의 시험과 면허, 병원의 개업, 의료기구와 약품의 시험·허가 같은 일까지도 따로 담당 부서를 두지 않고 다 경찰에게 맡긴 것은 식민지 행정의 특징이라 하

37 해부학교실 교수·조교수 명단은 정근식 외, 2011, 『식민권력과 근대지식』, 서울대학교출판문화원, 358~360쪽. '조수'는 교수·조교수의 연구와 강의를 보조하고 학교 사무도 처리하는 직원이다. 지금 한국 대학의 조교보다는 지위나 권한이 더 컸다.

겠다.[38] 1910년대의 헌병경찰기구인 경무총감부가 폐지된 뒤, 1919년 8월부터는 총독부 경무국 위생과가 전국의 의료·위생을 관할했다. 지방에는 도(청)에 경찰부 위생과가 설치되었고, 도마다 두서너 곳의 도립의원이 있었다. 도시 지역인 부(府)에는 부청에 위생과(경성부의 경우)나 위생계를 둔 곳도 있지만, 군(청)에는 위생 담당 직원이 없었고 대개 군 단위로 하나씩 설치된 경찰서에 위생계가 있었다.[39] 그러니까 현지에서 경성제국대학 계측팀을 맞이하고 도와줄 사람들은 주로 군청소재지 관할 경찰서의 서장과 위생계 그리고 도립의원 의사나 공의(公醫)였다.[40]

(2) 생체계측의 실제와 요령

계측팀이 조사지로 출발하기 전에 경성제국대학에서는 의학부장 명의로 해당 도청과 경찰서 등에 공문을 보냈다. 총독부 경무국의 위생과장이 도 경찰부장이나 위생과장에게 소개장을 써주기도 했다. 경무국 위생과장은 전국의 의료·위생 행정을 총괄하는 인물이고 경성제국대학 의학부장 역시 의료계의 권력자일 뿐 아니라 관리로서도 무척 직급이

38 정근식, 2011, 「식민지 위생경찰의 형성과 변화 그리고 유산」, 『사회와 역사』 90. 물론 위생사무가 경찰 소관이었다고 해서 의료와 위생에 문외한인 경찰관들이 그 일을 다 처리했다는 것은 아니다. 의사 출신으로 '기사'나 '기수' 등 총독부의 기술직 관리가 된 이들이 있었고, 그런 사람이 경무국 위생과장이 되기도 했다.

39 이때 위생계는 계장과 계원이 있는 조직이 아니라 경부보(警部補) 계급의 담당자 한 명을 가리키는 말이다.

40 '공의'란 공공의료시설이 태부족한 상황에서 지방의료를 충당하기 위해 만든 제도다. 지방의 개업의사를 도지사가 '공의'로 임명해서 일정한 수당을 주고 전염병 예방, 종두, 예·창기의 성병검진 등 공중위생 및 의료에 대한 사무를 일부 담당하게 했다. 1940년대에 가면 1개 군에 평균 3명 꼴로 공의가 배치된다(박윤재, 2005, 『한국 근대의학의 기원』, 혜안, 267~277쪽).

높으니까, 소개장의 위력은 대단했을 것이다. 도에서 이들보다 직급이 높을 만한 사람은 도지사와 (부지사 격인) 참여관뿐이었다. 조사팀은 조사지로 가는 길에 도청에 들러 경찰부장과 위생과장에게 인사를 했다. 많은 경우 도청과 도립의원에서는 도립의원 의사나 해당 지역의 공의, 위생과 직원 등을 계측팀에 딸려 보냈다. 그다음은 드디어 목적지인 읍·면에 가서 경찰서장과 위생계를 만나 생체계측을 위한 장소를 빌리고 계측 대상자를 어떻게 모을지를 협의해야 했다. 장소는 대개 경찰서에 딸려 있는, 경찰관들이 유도와 검술을 연습하는 '도장'을 이용했다. 대상자를 모으는 것은 거의 전적으로 지역 경찰의 협조와 역량에 좌우됐다.

아라세는 생체계측을 위한 몇 가지 요령을 익혔다. 하나는 '무료진료를 해 준다고 사람들을 유인하기'였다. 맨 처음 조사지였던 함경남도 북청에서는 경찰서에서 "경성의 대학에서 대단한 박사님이 오셨는데 어떤 병이라도 치료해 줄 테니까 모이라"고 사람들에게 광고를 했다. 사람들이 무료진료를 받기 위해 모이면 한쪽에서는 동행한 도립의원 의사나 공의가 사람들을 진찰하고 다른 쪽에서는 계측팀이 계측을 진행하는 것이 정규절차처럼 됐다. 간혹 진찰을 해 놓고 약이나 주사는 왜 안 주느냐는 항의를 받기도 했다. 더 효과적인 방법은 관내 구장(區長)들에게 사람들을 10·20명씩 데려오라고 할당하는 것이다.[41] 북청에서는 면장의 비협조로 이 방법이 불가능해지면서 대상자 모집에 애를 먹었다. 세 번째는 경찰서에서 관내 '접객업' 종사자 남녀를 강제소집해서 건강진단 겸 계측하기다. 음식점·요리점, 식육점, 이발소·목욕탕 등은 이른바 '경찰취체(取締)영업'이라고 해서 경찰이 영업허가를 내주고 관리·단속하는

---

41 구장에 대해서는 이 책 250쪽의 주 77을 볼 것.

업종이었다. 경찰은 해당 업체를 '임검(臨檢: 방문조사)'하거나 주인과 종업원에게 건강진단서 제출을 요구할 수 있었다. 한 달에 한두 번 성병검진을 받아야 했던 예기·창기·작부 등은 말할 것도 없었다. 그런 사람들에게 경찰의 명령은 절대적이었다. 1931년 동래와 강경에서 아라세 팀은 이런 접객업 종사자를 다수 계측했다. 계측에 응한 사람에게는 사례로 5전짜리 '마코' 담배나 현금 5전을 주기도 했다.

아라세 팀이 가장 애를 먹었던 것은 첫해인 1930년의 두 번째 조사지, 함경북도 종성에서였다. 아직 구장이나 접객업 종사자를 동원하는 방식은 생각을 못 할 때였다. 무료 진찰을 내세운 모집이 별 성과를 내지 못하자 아라세 팀이 의존할 곳은 관공서와 학교밖에 없었다. 다급해진 계측팀은 장비를 들고 우왕좌왕했다. 고등보통학교에 간청해서 20세 이상 생도 몇 명,[42] 잡역부(小使) 2명, 경찰서에 가서 순사 몇 명, 도청에 가서 위생과 직원 몇 명, 도립의원에 가서 간호부 몇 명, 보통학교에 가서 교사 몇 명을 모았다. 마침 보통학교에 양복 주문을 받으러 온 사람도 반강제로 계측을 하는 와중에 도청 위생과에서 학교로 전화해서 위생계 김아무개 경부보도 해당자(그 군 출신 조선인)라고 알려주어서 다시 도청으로 돌아가 이 부서, 저 부서를 뒤져서 몇 명을 모아 사흘만에 간신히 100명을 채웠다. 반면 이듬해 조사여행 때는 위에 말한 요령을 구사해서 영천에서는 단 하루만에 100명을 넘겼고 동래에서는 큰비로 인해 홍수가 나서 일정에 지장을 받으면서도 사흘 동안 250명 가까이 계측했다.

---

42 보통학교(6년)를 마치고 진학할 수 있는, 지금의 중학교+고등학교에 해당하는 5년제 학교다. 줄여서 '고보'라고 불렀다. 일본인은 소학교 → 중학교(남)·고등여학교(여), 조선인은 보통학교 → 고등보통학교(남)·여자고등보통학교(여)라는 별개의 과정이었다.

그 밖에 아라세의 여행기에서 눈에 띄는 대목은 다음과 같다. 첫째, 종성에서 대상자를 못 구해서 우왕좌왕하던 이야기에서 그는 "학교 생도들은 체조 덕분에, 이쪽에서 말을 하지 않아도 자세를 잘 잡아줘서 계측하기 편하다"고 했다. 생체계측을 위해서는 차렷 같은 정자세가 필요했고, 그런 자세는 체조나 제식훈련을 통해 몸에 새겨져야 했다. 학생과 병사는 동원하기도, 계측하기도 편한 대상이었다. 둘째, 여성의 계측 문제다. 구보 때처럼 젖꼭지니 치골이니 하는 부위는 이번에는 계측 대상이 아니었고 제일 민망한 것이 흉골 맨위와 골반 양쪽 옆의 '장골상전극(腸骨上前棘)'이라고 부르는 부분, 즉 다음 단락 인용문에 나오는 어깨와 허리 정도였지만, 쉽지 않기는 마찬가지였다. 종성에서 도립의원 간호부 3명을 계측하는데, "묘령의 간호부가 부끄러워해서 큰일. 몸에 손이 조금 닿으면 밀쳐낸다. 우리도 어쩔 줄을 몰랐는데, 옆에서 보고 있던 (남자) 감독이 꾸짖어주어서 간신히 계측했다"고 했다.[43]

병원에서 이루어지는 여러 가지 의료·간호행위에 익숙했을 간호부가 그 정도였다면 보통의 여성들은 어땠을까? 북청에서의 계측 첫날, 경성제국대학의 대단한 박사님이 어떤 병도 치료해 준다는 선전으로 남녀 각 20명쯤이 경찰서에 모였지만, "여성은 … 도장에서 여러 사람이 보고 있는 중이기도 해서 어깨·허리 계측에는 꽤 주의를 했다. 역시 여성이라

43 당시 간호사를 '간호부(看護婦)'라고 불렀다. 간호부가 되기 위한 표준과정은 8년의 학력(보통학교 고등과 졸업, 여자고등보통학교 2학년 수료)을 가진 자가 다시 2년제 이상의 간호학교를 졸업하는 것이었다(1922.5.2, 조선총독부령 제76호, 「간호부규칙」 제1조). 식민지기에는 상당한 학력의 전문직이었다. 참고로 초등학교 교사가 되려면 보통학교 6년+사범학교 6년의 과정을 거쳐야 했다.

부끄러운 기색이지만 특별히 거절하는 정도는 아니었다. 모두 병을 진찰받으려는 생각에서였다. 애당초 계측을 받은 여성은 모두 상당히 나이가 든 사람뿐이다. 젊은 여성은 계측을 받겠다고 하지 않는다. 모인 사람들 중에는 젊은 여성이 꽤 있었던 듯하지만, 우리가 계측하는 것을 눈앞에서 보고는 이건 안 되겠다 싶었는지, 한 명, 두 명 달아났다".

(3) 법의학교실의 조선인 혈액형 조사

체질인류학은 생체계측을 통해 조선 민족을 확인했을까? 조선인 생체계측은 일본 민족의 기원이라는 문제와도 연결되어 있었는데, 과연 '조선인'이나 '일본인'이 실제로 하나의 범주인지는 불확실했다. 일본인이든 조선인이든 큰 규모의 인구는 지역별·신분별·계급별로 다양한 체격의 차이를 보였다. 집단 사이의 편차와 집단 내부의 편차를 비교할 수 있는 방법은 충분하지 않았다. 표본추출도 문제였다. 연구자들은 나름대로 도별·군별로 대표성 있는 표본을 추출하는 방법을 고민했지만, 결국 앞서 본 현실적인 여러 이유에서 대개의 생체계측은 편의적 추출(convenient sampling) 수준을 벗어나지 못했다. 그런 충분하지 않은 측정의 결과도 일본인의 단일기원설보다는 복합기원설을 지지하는 듯이 보였다.

결국 19세기 말 이래 일본의 체질인류학, 인종·민족 기원론은 일종의 쳇바퀴에 갇혀 있었다. 일본인의 생체계측이 찾아낸 것은 단일한 원형이 아니라 아니라 북방민족과 남방민족이라는 2개의 기원이었다. '북방민족'의 모습을 보여 줄 것으로 기대되었던 조선인도 생체계측 결과 다시 북쪽과 남쪽, 문화적으로는 중국과 토착이라는 2개 혹은 그 이상의 기원으로 나뉘어졌다. 여기서 1930년대 경성제국대학의 연구자들은

'만몽(滿蒙)', 즉 만주와 몽골로 시선을 돌렸다….[44] 그러나 그것은 근본적 문제를 해결하지 못한 채 팽창하는 제국 판도를 따라 일본에서 조선으로, 조선에서 만몽으로 조사범위만을 확장해 간 것이 아니었을까?

생체계측 말고 다른 증거를 좇는 방법도 있었다. 1930년 아라세 팀의 첫 번째 북청 조사 때는 또 다른 동행이 있었다. 법의학교실 사토 다케오(佐藤武雄) 교수의 부탁으로 의학부 강사 구니후사 지소(國房二三)가 조선인의 혈액형 조사를 위해 함께 가게 되었던 것이다. 그런데 북청 가는 기차 안에서 계측팀을 만난 북청경찰서장은, 혈액형 검사를 하려면 귓불을 찔러 피를 내야 할 텐데 그러면 검사를 받은 조선인이 그것을 가지고 상해죄로 고발을 할지도 모른다고 엄포를 놓았다. 아라세가 그 말을 황당하게 느끼지 않았던 것은, 1927년 3월 함경남도 영흥에서 폐디스토마 치료를 위해 도 경찰부 위생과가 청장년 104명에게 항생제 에메틴을 주사했다가 6명이 사망해서 말썽이 난 사건이 있었기 때문이다.

북경경찰서장은 결국 "그런 조사에 협조하기는 곤란하다", "채혈을 할 때는 꼭 본인의 승낙서를 받아라" 하고 몸사릴 핑계를 늘어놓은 셈이다. 아라세는 구니후사의 채혈 때문에 자신들의 생체계측에 지장이 생기지 않을까 걱정했다. 하지만 정작 북청에서 벌어진 일은 정반대였다. 아라세가 대상자를 구하느라고 쩔쩔매는 동안, 구니후사는 (보통)학교에 가서 하루만에 어린이 400여 명의 채혈을 끝내고 남는 시간에 아라세

44 1932년 경성제국대학은 대학 전체가 관여하는 '만몽문화연구회'를 설립했고, 종교·사회연구실의 아키바 다카시와 아카마스 지죠, 심리학강좌의 아마노 도시타케(天野利武), 해부학교실의 이마무라 유타카 교수 등이 만주국 일대를 여행하며 조사를 수행했다[정준영, 2015, 「군기(軍旗)와 과학」, 『만주연구』 20; 전경수, 2016, 「특무기관과 인류학자가 함께 만든 만몽민족학」, 『민속학연구』 39].

팀의 계측을 도와주었다. 생체계측은 20~40세 성인만을 대상으로 했지만 채혈은 그렇지 않았던 것이다.[45]

그런데 혈액형 조사가 무엇이길래 구니후사는 생체계측팀을 따라 함경도까지 가야 했던 것일까?[46] 1901년 오스트리아의 면역학자 칼 란트슈타이너(Karl Landsteiner)가 ABO식 혈액형을 발견했다. 수혈을 위해서는 획기적인 발견이었지만, 그 영향력은 그런 실용적인 데서 그치지 않았다. 동물의 혈액형 조사를 통해 포유동물은 대부분 B형이며 A형은 인간과 침팬지에서만 발견된다는 사실이 밝혀지고, 인종별·민족별로 조금씩 다른 혈액형의 분포가 주목을 끌었다. 루드빅 히르쉬펠트(Ludwik Hirszfeld)라는 학자는 유색인종은 B형이 많고 백인종일수록 A형의 출현빈도가 높아진다는 인종주의적 가정 아래, 한 사회의 전체 인구 중에서 B형 구성비에 대한 A형 구성비의 비율, 즉 "(A형+AB형)/(B형+AB형)"으로 계산되는 '생화학적 인종계수'를 고안하기도 했다.

지금의 눈으로 보면 혈액형별 성격론 수준의 이야기지만, 당시로서는 그것이 최신 과학이었다. 특히 일본에서는 일본인의 기원과 주변 민족들과의 차이, 무엇보다 일본인의 우월성에 대해 생체계측이 마뜩한 결론을 내지 못한 상황에서, 몇몇 연구자들은 혈액형 분포에 눈을 돌렸던 것이다. 사토는 조선 전역을 크게 북부·중부·남부 3개의 권역으로 나누고, 1931~1934년에 걸쳐 총 2만 5,000건 가까운 혈액형 검사를 수행했다. 그다음은 같은 결말이다. 딱 부러지는 결론을 내지 못한 채, 사토

---

45 이 장의 주 33에서 아라세의 여행기의 첫 번째 편에 나오는 일화다.

46 이하 혈액형 조사에 대한 부분은 정준영, 2012.「피의 인종주의와 식민지의학」,『의사학』21(3)의 요약이다.

역시 1934년부터 '만몽'으로 혈액형 조사를 확대해 갔다.

체질인류학적 연구 외에도, 당시의 의사들은 조선인의 체질에서 또는 조선인의 독특한 관습이나 생활상태에서 '조선의 특수성', 조선과 일본의 차이를 읽어내려 했다. 경성제국대학 의학부 산부인과교실의 교수 다카쿠스 사카에(高楠榮)와 조교수 이노우에 시게루(井上繁)는, 조선인 여성은 '무력성(無力性) 체질'에 속해서 자궁탈출증이나 신경증이 많다고 주장했다.[47] 1907년 이래 서울에서 산부인과의원을 개업했던 구도 다케키가 조선에 특유한 부인의 남편 살해라는 현상에 주목했음은 439~442쪽에서 보았다. 결론은 조선인의 인류학적 체질이나 민족성보다는 사회적 폐습과 모순을 원인으로 지적했지만, 사실 그의 논의는 여러 곳에서 여성의 월경과 범죄의 관련성 같은 (당시에는 일반적이기도 했던) 편견을 드러내고, 또 체질인류학의 생체계측이나 혈액형 조사로 밝혀진 조선 남부와 북부의 차이 등을 답습한다.

2. 범죄자의 신체에 대한 정보와 개인식별[48]

19세기 후반 신체의 계측, 새로 발명된 사진과 지문이라는 기술이 형사피의자의 신원확인, 개인식별(identification)에 혁명을 가져왔다. 여기

47 김옥주, 2008, 「경성제대 의학부의 체질인류학 연구」, 『의사학』 17(2), 197~198쪽.

48 이 부분은 서호철, 2023, 「식민지기 형사사법절차에서 피의자의 개인식별」, 『사회와 역사』 140의 일부를 수정한 것이다.

서 핵심은 '갑'이라는 범죄자 개인에 대해 축적된 정보를 바탕으로, 유사한 수법의 범죄로 체포된 자칭 '을'이라는 자가 사실은 갑임을 밝혀내는 것이다. 그러나 다수 피의자의 앉은키를 쟀거나 지문을 떴다는 사실이 경찰이나 검찰의 활동실적은 될지언정, 피의자 전체의 앉은키 평균이나 고리형 지문의 비율 같은 것이 특별한 의미를 갖는 것은 아니다. 그것은 체질인류학의 조선인 원형 찾기보다 훨씬 허약한 시도였다. 그런 것으로 유전적인 '범죄인' 유형을 구성해 보려는 롬브로조 등의 시도는 결국 헛수고에 그쳤다. 미셸 푸코(Michel Foucault)는 오히려 피의자의 개인식별을 종(種)이 아닌 개체에 대한 지식, '임상' 과학과 연결짓는다.[49]

1) 형사피의자 개인식별법의 발전

산업화·도시화가 진전되고 인구이동이 심화된 19세기에, 범죄자의 식별은 큰 과제가 됐다. 프랑스에서는 중범죄자는 식민지 유형에 처해 사회에서 격리하거나 어깨에 낙인을 찍어서 지속적으로 추적·감시했다.[50] 전과가 있는 자가 다시 범죄를 저지르면 처벌이 가중됐다. 그러나 1832년 낙인이 폐지된 뒤로는 피의자나 피고가 전과자인지 아닌지를 확인하기가 어려워졌다. 『레 미제라블(*Les misérables*)』에서 보듯 출소

---

49 미셸 푸코 저, 오생근 역, 2020, 『감시와 처벌』, 나남, 352쪽. 생체계측이나 혈액형을 이용한 체질인류학처럼 지문을 가지고 민족이나 인종의 특징을 밝혀보려는 시도도 전혀 없었던 것은 아니다(강태웅, 2022, 「지문을 통한 인종식별」, 『아시아문화연구』 60).

50 이하 프랑스 경찰의 역사에 대해서는 菊池良生, 2010, 『警察の誕生』, 集英社, 88~107쪽; 베르티용의 개인식별법과 지문법에 대해서는 Simon Cole, 2002, *Suspect Identities*, Harvard University Press와 渡邊公三, 2003, 『司法的同一性の誕生』, 言叢社의 여러 곳을 요약했다.

자의 거주지를 제한하고 통행증을 지니고 다니게 하는 제도도 있었고, 1850년부터 경찰은 출생지를 기준으로 범죄자의 수사·재판·행형과 관련된 각종 기록을 모아두기도 했다. 그러나 서류는 위조할 수 있고, 이름과 주소, 직업도 얼마든지 날조해 낼 수 있다.

1840년대에 다게레오타입(daguerreotype), 몇 년 뒤에 유리건판 방식 사진술이 발명되자, 범죄자와 부랑자, 정신이상자 같은 사회 안의 타자들과 식민지 원주민도 금방 사진 아카이브의 대상이 됐다. 그러나 획기적 기술인 사진도 수천 장, 수만 장이 쌓이자 정리와 색인이라는 또 다른 과제를 낳았다. 파리 경찰청은 1880년까지 벌써 7만 5,000장의 범죄자 사진을 축적했지만, 그것을 본명인지 가명인지도 모를 전과자 이름의 알파벳 순으로 정리해 두었다.

여기에 알퐁스 베르티용(Alphonse Bertillon)이라는 인물이 하나의 돌파구를 제시했다. 그는 범죄자 개인별로 신상카드를 만들고 신체, 특히 상대적으로 변하지 않는 골격의 크기를 재서 기입하는 방법을 고안했다. 몸무게는 쉽게 변하지만 키나 팔 길이는 크게 변하지 않는다. 베르티용은 키와 앉은키, 두 팔을 벌린 길이, 머리(두개골)의 앞뒤 길이와 폭, 오른쪽 귀 크기, 왼발, 왼손 중지와 소지, 왼쪽 팔뚝의 길이 등을 계측해서 숫자로 바꾸었다. '말해진 초상(portrait parlé)'이라고 해서 표준화된 어휘를 사용한 눈 색깔 등의 묘사, 점이나 상처 같은 특이 사항의 기록도 추가했다. 매부리코, 들창코, 납작한 코의 모양을 상세하게 유형화하기도 했다. 첨부하는 사진도 오늘날 X선 촬영을 할 때처럼 일정한 거리에서 정면과 90° 측면의 표준화된 자세로 흉상(胸像)을 찍게 했다. 이 방법은 그의 이름을 따서 '베르티용법(bertillonage)'이라고 명명됐다.

비슷한 시기 영국에서는 지문(指紋)을 이용한 더 정확하고 간편한 개인식별법이 등장했다. 1870년 일본에 와 있던 선교사 헨리 폴즈(Henry Faulds)는 조개무지에서 발견한 토기에 고대인의 지문이 찍힌 것을 보고 지문을 통한 개인식별의 가능성을 생각했다. 한편 인디아 벵골의 식민지 행정관 윌리엄 허셜(William Herschel)은 손도장을 이용하는 현지의 관습에서 착안해서, 현지인에 대해서는 공문서에 서명 대신 지문을 요구했다. 서명 대신 손도장을 찍는 것은 세계 여러 지역에 예전부터 있던 일이다. 폴즈와 허셜의 방법은 우생학자인 프란시스 골턴에게 전해졌다. 골턴은 지금까지도 쓰이는 활모양(弓狀紋, arch), 발굽모양(蹄狀紋, loop), 고리모양(渦狀紋, whorl)이라는 지문의 기본 유형을 구분하고, 손가락을 하나하나 굴려서, 또 살짝 눌러서 지문을 찍는 방법도 개발했다. 그는 똑같은 지문을 가진 사람이 있을 확률을 640억 분의 1로 추정하기도 했다. 그 숫자가 정확한지는 모르지만, 아무튼 지문은 개인마다 고유한 표시였다.

영국령 인디아에서는 에드워드 헨리(Edward Henry) 등이 골턴의 방법을 발전시켜 열 손가락 지문을 분류하고, 다른 지문과 대조할 수 있는 체계를 실용화했다. 지문법은 베르티용법보다 덜 번거롭고, 적어도 채취 단계에서는 베르티용법처럼 잘 훈련된 전문가가 필요하지도 않았다. 지문법은 베르티용법을 대체하며 전 세계로 빠르게 퍼져나갔다. 각국은 지문의 감식과 분류에 대해 조금씩 다른 방법과 체계를 개발했다. 당시 일본도 근대적 경찰과 재판소, 감옥 제도를 도입하면서 비슷한 어려움에 직면해 있었다. 누범을 가중처벌하게 되자 전과가 있는 피의자는 체포될 때부터 재판이 끝날 때까지 가짜 이름과 가짜 신원을 사칭하는 경우가 많았던 것이다. 도쿄경시청에서는 1885년부터 '명적색인표(名籍索引票)'라는 피의자 신상카드를 만들었고, 사법성과 재판소에서는 1892년부터 몇 년 동안 분기별로 형이 확정된 범죄인의 명부를 인쇄해서 전국 관청에 배포하기도 했지만, 큰 성과는 없었다. 1908년 사법성은 '범죄인이동식별법취조회(犯罪人異同識別法取調會)'를 조직해서 대책을 논의한 끝에 지문법을 도입하기로 했다.[51]

같은 해 10월, 사법성 감옥국은 형기만료를 앞둔 수형자의 지문을 채취해서 보내라고 전국 감옥에 훈령했다. 유럽에 유학하면서 지문법 도입을 주도한 형법학자 오바 시게마(大場茂馬)는 그해 『개인식별법』이라는 책을 간행했다. 번거로운 베르티용식 생체계측은 도입되지 않았지만 베르티용 사진술은 '머그 숏(mug shot)'과 비슷하게 조금 느슨한 형태로 수용됐다. 사진기와 피사체의 거리를 엄격히 지키거나 기구를 써서 피사체의 자세와 머리를 정위치로 맞추거나 하지 않는 대신, 피의자의 이름이나 식별번호가 적힌 종이·헝겊 등을 사진에 나오도록 옷섶이나 팔에 붙이고 정면과 측면 사진을 찍었다.

그렇게 해서 일본제국에서 형사피의자에 대한 개인식별의 체계는 〈표 6-3〉과 같이 종합적인 것이 됐다.[52] 형식적 개인식별법은 서류상으로 신원을 확인하는 것이다. 개인의 존재 여부(출생·사망)부터 이름·생년월일, 혼인·가족관계 등을 기록한 가장 기본적인 문서인 호적부와,

---

51 渡邊公三, 2003, 앞의 책, 346~364쪽. '이동(異同)'은 같고 다름이라는 뜻이니까 '이동식별'은 곧 개인식별이다. '취조(取調)'는 조사와 같은 뜻이다.

52 오바가 이런 구분을 소개한 이래(大場茂馬, 1912, 『個人識別法: 指紋法』, 中央大學, 7~20쪽) 지문법과 관련된 거의 모든 책이 이 구분을 반복했다. 여기서는 仁科正次, 1933, 『統一日本指紋法』, 警眼社, 6쪽의 표를 조금 수정·보충했다. 실제로는 형식적 식별법의 '각종 문서'도 사진과 지문, 코드화된 '말해진 초상'을 포함할 수 있다. 반대로 사진·지문도 명적색인표나 지문원지 같은 문서 형태로 정리·분류된다. 그러나 여기서는 당시 원전의 실체적·형식적 개인식별법의 논리적 구분을 그대로 따르기로 한다.

〈표 6-3〉 일본제국에서 형사피의자에 대한 개인식별의 체계

형식적 개인식별법	호적을 이용
	(범죄인명부·명적색인표 등) 각종 문서
실체적 개인식별법	생체계측법(채용되지 않음)
	(사진 등에 의한) 외모·특징의 식별
	지문법

전과자와 우범자를 겹겹이 에워싼 지방관청·경찰·재판소·검사국·감옥 등의 많은 문서 기록, 그것들의 연락망을 통해서다. 그러나 형식적 개인식별법은 한계가 분명했다. 신분을 증명하는 각종 서류가 다 진짜라고 하더라도, 그 서류를 소지한 사람이 서류에 기재된 바로 그 사람인지는 알 수 없었다. 결국 그 사람의 '실물'을 아는 누군가가, 어깨에 반점이 있고 겨드랑이에 사마귀가 있는지 등의 신체적 특징을 확인해 주어야 했다. 매번 그런 사람을 불러올 수 없다면 식별 가능한 정보를 종이와 문서 위에 '재현'해 두어야 했다. 그 사람의 이미지 그대로를 사진으로 인화지에 정착시키든가 신체 치수를 다 기록해 두든가, 아니면 "모든 사람이 다 다르고 평생 사라지지 않는(萬人不同 終生不滅)" 지문을 떠 두는 방법이 있었다.[53]

실제로 피의자가 체포되어 경찰과 검찰의 신문을 거치는 과정에서 이런 개인식별 장치들은 어떻게 이용되었을까? 유명한 사건 하나를 살펴보기로 하자. 1933년 이재유를 중심으로 한 '경성 트로이카'는 가네가후치(종연)방적 경성제사공장, 철도국 용산공작소 영등포공장 등에서 파

53 服部伊勢松, 1931,「警察指紋の效用竝に現場指紋に對する注意に就て」,『警務彙報』306, 43쪽. 지문과 관련해서 식민지기에 유행했던 표현이다.

업 투쟁을 책동했다. 1928년에 해산된 조선공산당을 재건하려는 운동의 일부였다. 곧 대대적 검거선풍이 일어 최고 트로이카 5명이 모두 체포됐다. 놀랍게도 이재유는 극적으로 서대문경찰서를 탈출해서 1936년 말까지 활동과 도피를 이어가지만, 나머지는 사법절차에 넘겨졌다.

경성지방법원 검사국은 이 건을 크게 '권영태 외 33명'을 피고인으로 하는 "적색노동조합 및 반제(反帝) 등의 치안유지법 위반"으로 묶었다. 그 안에서도 안병춘·이현상·최소복은 '안병춘 외 13명' 사건, 변홍대는 '변홍대 외 5명' 사건에 속했다. 안병춘 외 13명 사건은 1934년 4월 26일 경찰에 수리되어 7월 27일 검찰에 송치, 8월 6일 예심이 청구된다. 예심 종결과 함께 공판 회부가 결정된 것이 이듬해 1935년 8월 8일, 1심에서 이현상 4년, 변홍대 3년, 안병춘 2년, 최소복 1년 6개월의 징역이 선고된 것이 12월 27일이다.[54] 이 사건에 대한 경찰과 검찰의 수사기록은 본래 경성지방법원 검사국에 보관되다가 현재는 고려대학교 도서관 한적실에 소장된 식민지기 (형사)사건기록 중에 포함되어 있다.[55]

2) 지문과 사진의 활용

(1) 누범 확인을 위한 감옥의 지문법

일본 사법성이 지문법을 도입한 것은 1908년 10월부터다. 일본

---

54 조선공산당 재건운동과 경성 트로이카에 대해서는 김경일, 2007, 『이재유, 나의 시대 나의 혁명』, 푸른역사; 최규진, 2009, 「조선공산당 재건운동」, 한국독립운동사연구소.

55 '고려대학교 도서관 경성지방법원 검사국 컬렉션'에서 온라인으로 원문을 볼 수 있다. 이 컬렉션과 국사편찬위원회 소장 경성지방법원 재판기록에 대해서는 정병욱, 2014, 「경성지방법원 검사국 기록과 '사상부'의 설치」, 『기록학 연구』 40을 참조했다.

이 도입한 것은 헨리 분류법을 개선한 독일의 함부르크(Hamburg) 방식이다. 조선은 1910년 9월, 도쿄경시청이 1912년 6월, 타이완총독부가 1912년 7월부터라고 한다.[56] 1912년 4월 1일 총독부는 「조선총독부재판소령」과 「조선감옥령」으로 사법·행형 조직을 전면 정비하고 「조선민사령」, 「조선형사령」, 「조선태형령」 그리고 민형사소송과 관련한 일련의 제령을 시행했다. 지문원지(指紋原紙)의 작성·보관에 대한 규정도 이때 감옥 사무의 일부로 만들어졌다. 징역·금고·태형에 처해진 자는 형 집행 당일, 집행유예를 언도받은 자는 석방 때 열 손가락 지문을 채취한 지문원지 두 부를 만들어, 한 부는 해당 감옥에 보관하고 다른 한 부는 총독부 사법부로 보낸다는 내용이다.[57] 1913년 6월 『조선총독부관보』에 그해 4월까지 누적된 지문원지가 3만 1,779매, 전과 발견 누계는 368건이라는 통계가 실렸다.[58]

서로 다른 '법역(法域)'으로 설정된 일본 본국과 각 식민지를 법률적으로 연결·통일하기 위한 「공통법」이 시행된 1918년 이후, 일본 사법성과 조선총독부, 타이완총독부 사이에 지문 교환이 이루어졌다. 즉 식

---

56 '한일병합'을 기념한 천황의 대사령(1901.8.29, 칙령 제325호)으로 한국과 일본의 법률을 위반하고 징역에 처해진 자 등 1,319명이 사면되는데, 이들에 대해 지문을 채취한 것이 조선에서는 지문법의 도입이었다(「指紋法施行の概況 附指紋法大義」, 『朝鮮總督府月報』 1912년 2월호, 51쪽). 1909년 10월부터 대한제국의 사법과 감옥 사무를 '위탁'받은 통감부가 조선 전체의 감옥을 관리하고 있던 무렵이었다[1909.10.16, (일본) 칙령 제243호, 「통감부감옥관제」; 1909.10.28, (한국) 칙령 제89호]. 함부르크 방식에 대해서는 高野麻子, 2016, 『指紋と近代』, みすず書房, 54~58쪽을 볼 것.

57 1912.4.1, 조선총독부훈령 제46호, 「지문취급규정」.

58 『조선총독부관보』 1913.6.10, 「휘보」 지문원지수 및 전과발견수. 이후 지문 통계는 1930년 3월까지 거의 매월 『관보』에 실리다가, 이후로는 새로 창간된 조선총독부 『조사월보』의 「잡록」으로 옮겨간다.

민지에서 범죄를 저지르고 복역하는 일본인(內地人)의 지문은 일본으로, 반대로 조선인 중 일본이나 타이완에서 복역하는 자의 지문은 조선총독부로 송부하게 것이다.[59] 1921년에는 12월에는 「지문취급규정」을 전면 개정, 지문원지를 대신할 수형추가소표(受刑追加小票)를 사용하는 등 사무 간소화를 꾀했다.[60] 지문원지 앞면(〈그림 6-3〉)에는 수형자의 성별, 이름, 이명(異名), 원적, 출생지, 주소, 생년월일, 신분, 직업, 지문번호를 기재하고, 먼저 왼손, 그 아래에 오른손의 다섯 손가락을 하나씩 굴리면서 지문을 찍는다(廻轉印象). 다시 그 아래에는 왼손·오른손의 네 손가락 끝을 모아서 '단순인상'을 찍는다. 뒷면에는 판결언도일, 죄명, 형명과 형기, 집행기관, 출옥연월일, 수형자의 키와 특징 등을 적고 수형자가 서명한다.[61]

수형자에 대한 감옥과 법무국의 지문법 시행은 누범자를 확인하고 관리하기 위한 것이다. 지문원지는 두 통을 작성해서 한 통은 해당 감옥의 수형자 '신분장부(身分帳簿)'에 묶어넣고,[62] 다른 한 통은 총독부 법무

---

59 仁科正次, 1933, 앞의 책, 16~17쪽. 관련 공문은 朝鮮總督府法務局行刑課, 1927, 『朝鮮刑務提要』, 朝鮮治刑協會, 445~447쪽.

60 1921.12.29, 조선총독부훈령 제71호, 「지문취급규정」.

61 '특징'에는 천연두를 앓은 흔적(痘痕), 문신, 天鯨, 상처(瘡痕), 불구, 기타 지문과 관련 없는 현저한 특징을 기입했다('天鯨'는 당시 일본의 경찰·감옥 관련 자료에 종종 보이는데 사전에서는 찾을 수 없다. 아마 얼굴에 난 '혹'이 아닐까 싶다). 붓으로 자기 성명을 쓰게 한 수형자의 서명(自署)은 기재 내용을 확인했다는 증명이기도 하지만, 그것으로 필적을 살피려는 뜻도 있었던 것 같다(朝鮮總督府法務局行刑課, 1927, 앞의 책, 441쪽).

62 신분장부는 1912.3.20, 조선총독부령 제34호, 「조선감옥령시행규칙」의 제22조에 규정된 것으로, 재감 기간 동안 수형자의 명적(名籍)·신상·작업·시찰·상예(賞譽)·징벌·행장(行狀)·접견·서신 등을 일일이 기록하게 되어 있다. 상세한 내용은 『조선형무제요』의 해당 부분을 볼 것[이종민 외 편역, 2021, 『일제침탈사 자료총서 10: 행형제도 감옥(1)』, 동북아역사재단, 342~355쪽].

국으로 보낸다. 법무국 감옥과에서는[63] 지문원지를 정리해서 전국 수형자의 지문 데이터베이스를 구축해 놓고, 이후 경찰이나 검찰의 피의자 중에 신원이 확실치 않거나 전과가 있는데 숨기는 듯한 자의 지문을 떠서 조회하면 데이터베이스와 대조해서 확인해 주었다.[64] 지문을 뜨는 정도야 종전의 손도장과 크게 다를 바 없지만, 지문의 대조·확인에는 감식 장비와 지문을 읽고 분류할 줄 아는 전문 기술인력이 필요했다.

1933년 조선공산당 재건운동사건 관련 1심 소송기록에는 〈그림 6-3〉처럼 피의자들의 지문 인상이 각 사건의 마지막 문서가 되어 있다.[65] 이것은 어느 단계에서 채취한 것일까? 위에서 보았듯이 경찰용 지문원지는 처음 피검된 경찰서와 경기도 경찰부에 보관되어 있어야 하고, 감옥의 지문원지는 수감된 감옥과 총독부 법무국에 있어야 한다. 그런데 우리가 보는 지문은 규정에 없는 경성지법 검사국의 문서철에 묶여 있다. 경찰용 지문 채취는 피검되자마자 즉시, 감옥의 보관원지라면 지문 채취는 1심에서 형이 확정되어 형 집행이 시작된 지 3일 이내에 이루어진다. 그런데 〈그림 6-3〉에 스탬프로 찍힌 6월 25일이면 예심이 거의 마무리될 무렵이다. 그러니까 이것은 원지가 아니라, 수사·재판 과정에서 그 원지와 대조하기 위해 지문을 채취한 경우가 아닐까 싶은데, 현재로서는 자세한 것은 알 수 없다.

---

63 1924년 12월 25일부터 '행형과'로 개칭된다.

64 「空家に晝寢男: 指紋にて前科發見」, 『朝鮮時報』 1918.8.24, 빈집에서 낮잠을 자던 수상한 사내(일본인)가 경찰에 잡혀오자 본적 등을 엉뚱하게 말하면서 둘러댔지만, 총독부와 일본 사법성에 지문을 조회해서 여러 차례 빈집털이 절도와 절도미수 전과가 있는 자임을 밝혀냈다는 내용이다.

65 고려대학교 도서관 경성지방법원 검사국 컬렉션, 『신문조서(權榮台 외 33명 치안유지법 위반)』 10, 1,257쪽 이하.

〈그림 6-3〉 최소복의 지문과 지문번호

지문번호가 어떻게 붙여지는지만 잠깐 살펴보자.[66] 지문은 크게 활모양, 발굽모양, 고리(소용돌이)모양으로 나뉜다. 활모양에 1, 발굽모양과 고리모양은 융선(隆線)의 수에 따라 세분해서 각각 2~6, 7~9의 값을 부여한다. 융선이 손상된 것은 0(⦿으로 표시)이다. 〈그림 6-3〉에서 보면 지문원지에는 위쪽 왼손, 아래쪽 오른손에 대해 왼쪽부터 검지, 중지, 약지, 소지, 엄지의 인상을 찍게 되어 있다. 이어서 손가락마다 모양 값을 부여하고 그것을 그대로 지문원지 오른쪽 위의 '지문번호' 난의 틀에다 옮긴 것이 지문번호다.[67] 그러니까 지문번호는 그 자체가 개인별 특징을 표시하

66 지문의 분류와 '값'에 대해서는 1941.1.15, 훈령 제3호, 「지문분류규정」. 지문법 도입 초기부터 일본제국 전역에서 공통으로 써오던 방법인데 조선총독부가 이때 가서 법령화한 것이다. 지문번호 형성법과 데이터베이스 배열에 대해서는 仁科正次, 1933, 앞의 책, 92~94쪽, 216~217쪽.

67 둘째 줄의 오른손 것은 왼쪽부터 둘째, 넷째 손가락의 값을 고민했거나 고친 흔적이 남아 있어서 조금 어수선하지만, 역시 그 수정된 값이 '78899'라는 지문번호 아래쪽 숫자로 조합되는 것을 볼 수 있다.

는 고유값이다. 지문 데이터베이스는 이 지문번호 순으로 십진분류되어 있다.[68] 왼손 검지를 첫 번째 표준으로 삼는 것은 (오른손잡이가 대부분이므로) 그것이 비교적 손상이 적기도 하지만, 통계적으로 왼손 검지의 값이 비교적 균형잡힌 분포를 보이기 때문이다. 반면 '지문'이라고 하면 우선 떠오르는 양손 엄지는 값의 분포가 고르지 않다고 한다.

아무튼 이렇게 해서 1942년 말까지 법무국과 감옥의 보관원지 수가 32만 6,454매에 달했고, 재판소·검사국·경찰서 또는 만주국 등에서의 지문 대조 요구도 증가했다. 1940년에는 8만 4,929건의 조회 중 9,227건의 전과를 발견했고, 1942년에는 조회 5만 737건, 전과 발견 2,807건이라는 성적이었다. 1941년에는 앞서 본 지문의 분류와 '값'을 매기는 방법을 「지문분류규정」으로 제정하고, 개정된 지 20년이 다 된 「지문취급규정」을 다시 전면개정, 「지문원지취급규정」을 제정했다.[69]

(2) 경찰의 지문법과 과학수사

경찰 역시 처음부터 지문에 큰 관심을 가졌고 지문법의 확대를 꿈꾸었다. 거기에는 두 가지 방향이 있었다. 하나는 기존 누범자 확인을 위한 지문감식을 외연적으로 더 확대하는 것이고, 다른 하나는 범죄현장에 남겨진 범인의 지문을 통한 과학수사였다.

---

68 아날로그 시대니까 당연히 전산 데이터베이스 같은 것이 아니고, 예전에 도서관에서 쓰던 도서 목록 카드함 같은 것에 지문원지 자체를 분류해서 수납해 놓은 것이다.

69 1941.1.15, 훈령 제3호, 「지문분류규정」; 1941.7.26, 훈령 제84호, 「지문원지취급규정」. 이로써 후자는 1920년대 이래 경찰의 「지문원지취급규정」과 명칭이 같아졌지만, 내용은 다른 것이다.

누범자의 지문감식을 감옥이 아니라 경찰이 담당하게 되면 검거나 수사 단계에서부터 전과를 확인할 수 있었다. 그뿐만이 아니었다. 감옥에 수감되는 수형자란, 징역이나 금고라는 꽤 무거운 형벌에 처해진 자다. 그러나 반드시 그런 정도의 전과가 있는 자만 범죄를 저지르는 것은 아니다. 벌금형을 받거나 기소유예, 훈계·방면된 자, 과료(過料) 정도에 그친 자 중에도 상습적인 범죄자는 얼마든지 있을 수 있었다. 나아가 아직 경찰에 검속된 적은 없지만 그저 불량하고 위험해 보이는 자까지도, 경찰은 취조하고 감시해야 했다. 그렇게 보면 경찰 입장에서는 전국민까지는 아니더라도 최소한 형사피의자, 나아가서는 '우범자'의 지문을 가능한 한 많이 채취해 두어야 했다.

1912년 6월부터 도쿄경시청이 최초로 감옥 것과 별개의 경찰 지문 데이터베이스를 구축했다. 조선에서는 1920년대 경기도를 시작으로 몇 개 도에서 「지문원지취급규정」을 제정하여 경찰용 지문 데이터베이스를 구축하고 감식장비를 도입했다.[70] 당연히 경찰의 지문 채취 대상은 감옥 지문법의 대상보다 훨씬 넓었고, 점점 더 확대됐다. 1920년 경기도에서는 구류 이상의 형만 예상되어도 모두 지문 채취의 대상으로 삼았다.[71] 1926년 충청남도의 규정에서는 한 걸음 더 나아가 "1. 형법, 기타 법령에 따라 피의자로 취조한 자, 2. 형사시찰인, 전과자, 부랑자, 불량청소년, 기타 범죄의 우려가 있는 자, 3.「범죄즉결례」에 따라 즉결언도를 한 자로

---

70 1920년 7월 도쿄 경시청에서 경기도 경찰부로 전임한 경부 요시카와 죠이치(吉川澄一)가 지문법을 도입했다고 한다(「警務局に指紋室: 指紋を統一して科學的捜査に努める」, 『京城日報』 1925.1.14).

71 1920.6.15, 경기도훈령 제16호, 「지문원지취급규정」 제1조. 구류는 30일 이내의 기간 동안 감옥이나 경찰서 유치장에 갇혀 있는 것을 말한다. 게다가 실제 형을 선고받은 사람도 아니라 그런 정도의 형을 받을 것으로 '예상되는' 사람이다.

그 죄질이 불량한 자"를 나열하고도 모자라서 "앞 각호 외 필요하다고 인정되는 자에 대해 가급적 널리 (지문) 채취에 힘써야 한다"고 덧붙여두었다.[72] 일단 경찰서 문을 들어선 사람, 경찰관과 눈이 마주친 사람은 다 지문 채취의 대상으로 규정한 셈이다.

그러나 정작 경찰 지문법의 확대를 방해한 것은 도별로 관할구역이 나뉘어진 경찰조직 자체였다. 1919년 8월의 개편 이래 조선의 경찰은, 말하자면 모두 '도경(道警)'이었다. 총독부 경무국은 그야말로 관리(管理)와 기획을 전담하는 중앙의 행정조직일 뿐이고, 실제 경찰력의 동원은 도지사 → 도 경찰부 → 경찰서 → 파출소·주재소라는 지휘계통을 따랐다.[73] 그런 상황에서 도별로 도입된 지문법 체계는, 지문 채취 대상의 범위나 지문원지 양식도 제각기 달랐지만, 지문을 뜨는 것은 각 경찰서에서 하고 지문 데이터베이스는 (총독부 경무국이 아니라) 도 경찰부에 구축하는 식이었다. 이렇게 되면 용의자의 윤곽이 좀처럼 잡히지 않는 지문은 조금 과장해서 법무국과 13도 경찰부에 모두 조회해야 하는 문제가 생기게 된다.

이런 초기의 혼란을 겪은 뒤 1931년에 가서 경무국은 전국 경찰의 지문 사무를 통일해서 경기도 경찰부에 데이터베이스를 구축하고 거기서 감식도 진행하기로 결정했다.[74] 당시 경기도 경찰부의 지문 데이터베

---

72 1926.2.2, 함경남도훈령 제4호, 「지문원지취급규정」 제1조.

73 마쓰다 도시히코 저, 이종민 외 역, 2020, 『일본의 조선 식민지 지배와 경찰』, 경인문화사, 210쪽. 다른 한편 사법경찰관은 "각 소속관서의 관할구역 안에서 집무를 행하도록" 규정되어 있었다(1912.4.1, 훈령 제45호, 「사법경찰관집무규정」 제2조).

74 이해 7월 또는 8월에 13개 조항으로 된 경무국 '내훈(內訓)'으로 처리했다고 한다. 이 내훈은 『관보』나 『경무휘보』 등에 전문이 실려 있지 않아서, 신문·잡지 기사의 언급에서 내용을 추측할 수 있을 뿐이다(服部伊勢松, 1931, 앞의 글, 43쪽; 「指紋規程:

이스 규모를 보면 경기도에서 수집한 지문 4만 7,326매, 법무국 및 형무소에서 인계·송부받은 것 3만 3,273매, 합계 8만 599매였고, 사진은 피의자, 피고인, 기타 고등경찰상 주의인물의 사진카드를 모은 것이 1만 2,384매에 달했다.[75]

다른 한편, 지문을 범죄수사에 활용하는 방법도 일찍부터 개발되었고, 각국 경찰의 주목대상이 됐다. 인디아에서는 1899년에 세계 최초로 지문을 법적 증거로 승인한 「인디아 증거법(Indian Evidence Act)」이 제정되었고,[76] 다른 나라들도 속속 지문을 이용한 과학수사에 착수했다. 그러나 범죄현장에 남은 지문은, 정확하고 상세한 규정에 따라 검은 잉크로 선명하게 찍힌 지문원지의 열 손가락 지문과는 상당히 달랐다. 사건을 수사하는 사법경찰관들은 핏자국이나 다른 얼룩에서, 쌓인 먼지 위에서, 또는 비스듬한 광선에 비추어서 육안으로는 잘 보이지 않는 '잠재지문(latent prints)'을 찾아내야 했다. 지문을 찾아도 다시 그것이 범인의 것인지 피해자나 다른 사람의 것인지, 범인이 한 명인지 여러 명인지 알아내야 했다. 부분적인, 오염된, 흐릿한 지문 한두 개를 지문원지의 선명한 지문과 대조하는 것도 어려운 일인데, 때로는 이 현장에서 찾은 지문과 다른 사건현장에서 나온 지문이 같은지 다른지도 확인해야 했다.[77]

이런 과정에서 요구된 것이 한 손가락마다 따로 분류된 지문법이다. 감옥 수감자에 대해서는 늘 열 손가락 지문을 받을 수 있었지만, 범죄현장에서는 한 손가락 지문이라도 온전한 것을 구하기가 어려웠고 겨우

遂に誕生」, 『朝鮮新聞』 1931.8.5).

75 京畿道, 1931, 『(昭和6年)京畿道事情大要』, 114~115쪽.

76 Simon Cole, 2002, 앞의 책, 88~90쪽.

77 朝鮮總督府警察官講習所, 1922, 『朝鮮刑務提要』, 朝鮮治刑協會, 50~53쪽.

찾아낸 지문이 어느 손가락 것인지도 알 수 없었다. 따라서 열 손가락 지문을 모두 한 장의 원지에 찍어놓고 왼손 검지부터 열 손가락을 차례로 분류하는 방식은 경찰 수사에는 도움이 되지 않았다. 거기에 새로 구현된 전보라는 매체를 이용해서 지문 관련 정보를 더 빠르게 주고받을 수 있는지도 관건이 됐다. 해결책으로 제시된 것은 코드화·디지털화였다.

1914년, 덴마크 코펜하겐 경찰에서 개인식별 업무를 담당하던 하콘 외르겐센(Hakon Jørgensen)은 기존의 지문번호에 추가적인 하위분류, 가장 선명한 인상을 갖는 손가락 하나의 정밀한 묘사 등을 숫자와 알파벳으로 표현하는 방법을 개발했다. 조금 길기는 했지만 이것은 숫자와 알파벳만으로 되어 있으니까 전보로 주고받을 수 있었다. 금방 여러 나라에서 조금씩 개선된 몇십 개의 대안적 체계가 등장했다. 열 손가락 지문원지 대신 손가락 하나마다의 분류가 일반화되고, 지문의 더 꼼꼼한 감식과 더 세분화된 유형화와 하위분류가 이루어졌으며, 코드는 더 축약됐다. 덧붙여서 범죄자의 범죄 방법의 특징도 분류되고 코드화되어 지문과 함께 카드에 정리·보관됐다.[78] 1920년대가 되면 '팩시밀리(facsimile)'를 이용해서 지문의 이미지 자체를 전신으로 전송하는 것도 가능해졌다.[79]

조선에서도 1920년대 후반이 되면 범죄현장에 남겨진 범인의 '현장지문' 이야기가 신문 기사에 등장하기 시작한다. 지문감식 등을 활용한 과학수사가 본격화된 것은 1931년, 경찰의 지문 사무가 경기도 경찰부를 중심으로 통일되면서였다. 지문 사무 통일과 함께 경기도 경찰부 형

---

78 일본 경찰에서는 범죄자마다의 독특한 수법을 '데구치(手口)'라고 불렀다. 그것을 지문원지 뒷면에 적어두고 또 작은 카드(犯罪手口小票)로도 만들어 따로 분류·정리해 두었다가 교차검색 방식으로 범죄자를 찾아냈다(服部伊勢松, 1931, 앞의 글, 45쪽).

79 Simon Cole, 2002, 앞의 책, 225~234쪽.

사과 건물을 증축해서 지문실 · 사진실 · 형사이화학실(刑事理化學室)을 갖추었다.[80] 한 손가락마다의 지문법은 그때부터 서서히 도입된 듯하다. 우선 지문 사무를 통일하면서 기존의 열 손가락 지문원지 중 중복된 것을 잘라서 한 손가락 지문원지를 만들고 있다는 『조선신문』의 기사가 있다.[81] 이후 1년 동안 현장지문의 대조 조회가 103건, 그중 범인을 확정한 것이 11건이었다고 한다.[82] 이때부터 지문은 중대사건을 해결해 주는 핵심적인 수단이 됐다. 또한 『동아일보』에서는 만주국으로부터의 지문 조회 요청에 대해 용의자의 신원을 밝혀 회신했다는 내용을 다뤘으며,[83] 경기도 말고 다른 도에서도 차례로 형사과를 독립시키면서 감식설비도 갖출 것이라는 기사도 찾아볼 수 있다.[84]

(3) 사진과 '인물카드'

현재 국사편찬위원회 한국사데이터베이스에서는 '일제감시대상인물카드' 꼭지에서 총 6,254매의 인물카드를 볼 수 있다.[85] 1990년대에는 '수형기록카드'라고 불리기도 했지만, 최근의 연구들에서 밝힌 바에 따르

---

80 「경기도 형사과 확장: 과학수사에 치중」, 『동아일보』, 1931.3.12.

81 「一指指紋法: 朝鮮でも併用」, 『朝鮮新聞』, 1931.9.15.

82 服部伊勢松, 1931, 앞의 글, 65쪽. 이 글에서 소개하고 있는 대표적 사례 중 하나는 종로4정목파출소 순사가 포목점의 2인조 강도를 쫓다가 칼에 찔려 숨진 사건을 순사의 칼자루에 묻은 지문으로 해결한 경우다.

83 「지문 조사코저: 경기에서 출동」, 『동아일보』, 1934.10.22; 「지문의 위력」, 『조선일보』, 1938.2.13.

84 「명년부터 12道에 형사과를 순차 신설: 도시 팽창과 범죄의 격증으로」, 『조선일보』, 1936.11.10.

85 한 인물에 대해 여러 장의 카드가 남아 있는 경우가 있어서, 카드로 작성된 인물은 4,807명이다. 수록자 명단은 박경목, 2019, 『서대문형무소』, 일빛, 349~491쪽을 볼 것.

면 이 카드는 경기도 경찰부, 그중에서도 1922년 말에 신설된 형사과가 관리한 것으로 보인다.[86] 사진을 촬영한 장소는 서대문형무소와 경성형무소를 비롯해서 각 경찰서 등인데, 간혹 경찰이나 감옥에서 직접 촬영한 사진이 아닌 다른 사진을 붙인 경우도 있다. 이것이 감옥의 수형기록카드인지, 경찰의 감시대상인물카드인지, 양쪽이 섞인 것인지 논란이 되는 것은, 이런 카드를 만들게 된 근거법령이 남아 있지 않기 때문이다.

더 연구가 필요하겠지만, 필자의 생각에 이 카드는 1920년대 경찰이 우범자 관리와 수사 목적으로 새로 도입한 경찰용 지문원지에 딸린 '씨명색인표(氏名索引票)'가 아닐까 싶다. 1920년 6월 15일 경기도훈령 제16호, 「지문원지취급규정」에는 경찰서에서 피의자에 대해 (감옥의 지문원지와 별개의) 지문원지 2통을 작성하여 1통은 해당 경찰서에 보관하고 1통은 도 제3부(경찰부)로 보내게 했다.[87] 제3부에서는 지문원지를 지문별로 정리·보존하면서 씨명색인표를 만들어 씨명별로 분류했다.

안타깝게도 『조선총독부관보』에는 이 「규정」의 씨명색인표 양식까지 실리지는 않았는데, 조선의 경찰이 모방했으리라고 생각되는 법령이 일본 자료에 남아 있다. 지문원지 번호에 따라 씨명색인표를 만들고, 형사피고인과 구류수(拘留囚)의 촬영은 정면·측면의 두 가지로 해서 그 사

86 이애숙, 2016, 「일제 감시대상 인물카드 소개」, 『역사를 보는 창, 사료』, 국사편찬위원회, 81~96쪽; 한정원, 2020, 「일제감시대상 인물카드의 관리와 활용」, 서울대학교 석사논문[한정원 논문은 지문법, 범죄수법카드(犯罪手口小票) 등 개인식별법 전반에 걸쳐 큰 도움이 되었다].

87 주지하듯이 1910년대는 독립된 소속관서인 경무총감부가 전국의 헌병경찰을 일원적으로 지휘했으므로, 도에는 내무부·재무부가 있을 뿐 경무부는 도청과는 별개의 기관이었다. 1919년 8월 경무총감부가 폐지되고 도에 제1부·제2부·제3부가 설치되어 경찰은 도지사의 지휘를 받게 됐다. 1921년 2월 「지방관관제」 개정으로 제1부·제2부·제3부가 다시 내무부·재무부·경찰부로 개칭된다.

진은 씨명색인표에 붙여 보관하라는 규정이다.[88] 첨부된 씨명색인표는 「일제감시대상인물카드」의 어떤 형식과도 일치하지는 않지만 무척 비슷한 양식이다.[89] 이 규정은 1925년 11월에 조금 더 상세하게 개정됐다.[90]

'인물카드'는 당시 경기도 경찰부가 작성한 것으로 추측된다. 최소복의 인물카드는 두 장이 있다. 사복(한복) 차림으로 정면과 측면을 찍은 〈그림 6-4〉는, 경찰신문을 받고 있을 당시인 1934년 5월 5일에 (경기도 경찰부) 형사과에서 촬영한 것이다.[91] 사진이 부착된 뒷면에 키가 "5척 7촌 2푼"이라고 되어 있다. 미터법으로 환산하면 173cm, 당시로서는 큰 편이었다. 여기 옮기지 않은 다른 한 장의 카드에는 머리를 깎고 죄수복을 입은 정면사진이 붙어 있고 "78777 78899"라는 지문번호가 적혀 있다. 1935년 1월 10일 서대문형무소에서 촬영했다고 되어 있다. 당시는 예심이 진행되고 있었을 땐데, 미결수로 서대문형무소에 구류된 상태였다.

〈그림 6-4〉의 사진은 엄격한 베르티용법으로 찍은 것은 아니다. 애초 베르티용이 정확한 생체계측에 근거한 촬영법의 개발에 나선 것은, 사진의 발명으로 경찰이 많은 범죄자·피의자 사진을 확보했지만 범죄자가 이름이나 용모를 바꾸거나 나이가 들어 인상이 달라지게 되면 사진이 별 쓸모가 없었기 때문이다. 따라서 베르티용은 사진이 실물의 7분의 1 크기가 되도록 카메라와 피사체(피의자)의 거리, 사진의 크기 등을

---

88 1911년 4월의 도쿄경시청 훈령갑 제18호, 「지문취급규정」 제8조; 훈령갑 제19호, 「사진촬영규정」 제7·11호다.

89 法制時報社編輯局 편, 1913, 『警務叢書 第2編』, 부록 1-8.

90 仁科正次, 1933, 앞의 책, 191~193쪽.

91 국사편찬위원회 한국사데이터베이스 '일제감시대상인물카드'.

〈그림 6-4〉 최소복의 인물카드(1934년)

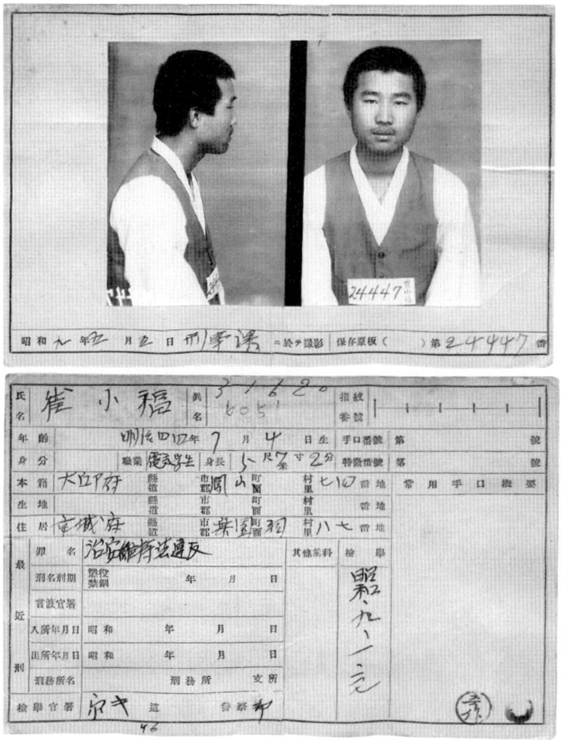

정하고, 또 오늘날 우리가 X선 촬영을 할 때처럼 피사체의 위치와 자세를 엄격히 정해서, 사진상으로도 두 눈동자 사이의 거리, 이마에서 코, 코에서 턱의 각도, 인중의 길이, 귀의 크기와 각도 등을 확인할 수 있도록 했던 것이다. 그러나 더 정확하게 개인을 특정할 수 있는 지문법이 개발되면서 경찰의 용의자 사진은 정확한 생체계측보다는 느슨한 '머그숏'으로 되돌아갔다.

베르티용법의 엄격한 생체계측과 신체 특징의 수량화는 일본제국에 전면적으로 도입되지는 않았지만, 신체 특징에 대한 표준화된 꼼꼼한 기

〈그림 6-5〉 재감자의 인상 및 특징표

이마(튀어나온)	1. 점
광대(돌출)	2. 모반
뒤통수(돌출)	3. 문신
눈(대), (소), (쌍꺼풀), (올라간), (처진)	4. 백반
눈썹(짙다), (옅다), (굵다), (가늘다)	5. 주근깨
⋮	6. 대머리
입(크다), (작다)	7. 천연두 자국
입술(두텁다), (얇다)	8. 침(灸)자국
귓불(크다), (작다)	⋮
⋮	15. 귀머거리
안면(원형), (길다)	16. 벙어리
두발(흑), (백), (성글다), (숱 많다)	17. 절름발이
수염(숱 적다), (숱 많다)	18. 언청이
얼굴빛(황갈색), (창백)	⋮

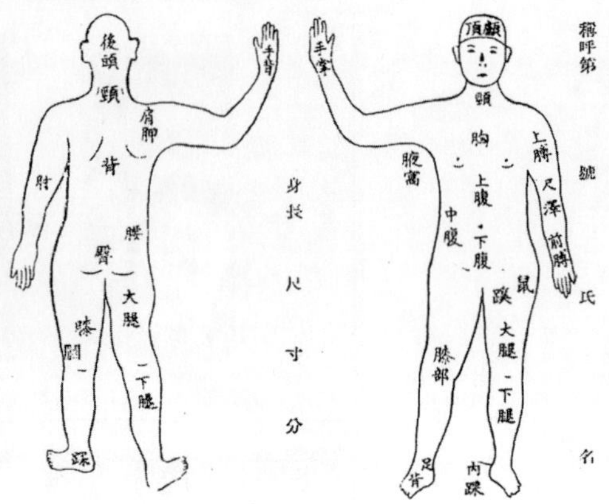

술을 통한 개인식별은 적어도 감옥에서의 재소자 관리의 일부가 됐다. 서대문형무소의 예규 중에는 〈그림 6-5〉와 같은 방법으로 재소자의 '인상·특징'을 기록하라는 규정이 있다.[92] '인상'은 이마, 광대뼈, 뒤통수부터 눈·코·입·귀, 두발, 수염, 얼굴빛 등 15개 항목에 대해, 가령 눈이면 '크다', '작다', '쌍꺼풀', '올라간 눈꼬리', '처진 눈꼬리' 등으로 기재할 수 있는 몇 가지 특징을 정해 두었다. '특징'은 점과 모반(痣), 문신부터 귀머거리, 벙어리, 절름발이, 언청이를 거쳐 치아가 빠진 개수, 사팔뜨기, 각막예(角膜翳)까지 26개 항목에 이른다. 그다음은 인체의 앞뒤 그림에 그런 특징을 표시하도록 되어 있다.

---

92 1915.2.28, 달시(達示) 제30호, 「재감자의 인상특징표 설정의 건」(개정), 이종민 외 편역, 2021, 앞의 책, 551~552쪽. 원자료는 西大門刑務所職員交友會, 1939, 『(西大門刑務所) 例規類纂』이다(국립중앙도서관 소장).

한편 조선에서의 일은 아니지만, 지문법을 비롯한 개인식별법은 범죄 수사와 신문, 감옥이라는 애초의 한정적이고 예외적인 맥락을 벗어나, (이동하는) 대규모 인구의 관리라는 또 다른 목적을 위해 사용하게 됐다. 1920년대 남만주철도주식회사는 무순(撫順)탄광에 중국인 노동자를 고용하면서 (엄지손가락) 지문등록 제도를 도입했다. 1932년 만주에 세워진 괴뢰국인 만주국에서는 1937년 '산업 개발 5개년 계획'이 실시되고 또 일본이 중일전쟁을 일으키면서 노동력 부족이 심각해지자, 1938년부터 노동력 관리를 위해 지문등록을 시작했다. 1939년에는 이 사무를 위해 치안부 외국(外局)으로 지문관리국이 설치되어 연간 100만 매나 되는 지문원지를 수집·분류·관리했다. 1944년부터는 국민등록과 노동력관리가 통합된 「국민수첩법(國民手帳法)」이 시행됐다.[93] 그런 일반화의 연상선상에 20세기 후반 일본의 외국인 지문등록제도와 대한민국의 주민등록제도가 놓여 있다.

3. 성장기 신체발달의 추적과 표준화

'어린이'가 가정과 사회의 관심을 끄는 가운데, 영유아와 청소년의 연령별 '발달'에 대한 의학과 교육학, 심리학의 관심어린 시선 아래서 평균은 하나의 규범이 됐다. 아이의 정상 발육 여부를 알고 싶어하는 부모의 관심에 부응해서 의사와 교육자들은 '발육표준표'나 '표준성장도표'를

93 高野麻子, 2016, 앞의 책, 59~61쪽, 97~115쪽, 147~153쪽.

제시했다. 영유아나 청소년에 대한 신체검사는 (1) 인류학적 생체계측처럼 전체 영유아나 청소년의, 또 연령별 · 민족별 · 지역별 하위범주의 평균적 특성을 산출하고 (2) 형사피의자의 개인식별처럼 개인의 기록을 시계열적으로 정리 · 보존하면서도, (3) 개체를 전체의 표준(평균)과 끊임없이 비교해서 '평가'한다는 독특한 차원을 갖고 있었다.

그런가 하면 입시를 비롯해서 피할 수 없는 단계별 선발과 탈락의 장치도 있었다. 선발이야 가장 점수가 좋은 후보자부터 줄을 세워서 정원만큼 뽑으면 될 일이지만, 체질 · 체격 · 체력의 시험은 필기나 구두시험과는 조금 사정이 달랐다. 애초에는 학교생활을 감당할 수 있는 최소요건만이 요구되었다가, 나중에는 표준화된 등급이나 구간점수 같은 것이 도입됐다.

1) 영유아의 '발육표준표'

서로의 사랑으로 결합된 부부중심가족이라는 근대의 새로운 삶의 형태 또는 이념은, 어린이(아동)를 가정과 사회 전체의 관심거리로 만들었다. 이제 아이는 '생기는 대로 낳고 죽지 않으면 알아서 자랄 존재'가 아니라 감정과 투자를 집중해야 할 대상이 되어 갔다. 동시에 교육과 계몽 · 진보의 이데올로기는 어린이를 가정뿐 아니라 국가와 민족의 미래라고 지목했다. 병원 · 유치원 · 학교 같은 기관이 어린이를 둘러쌌고, 심리학 · 교육학 등이 어린이를 (재)발견했다. 여성에 대한 교육의 확대와 함께 가정학(家政學) 지식도 확산됐다. 대를 물려 이어진 관행과 민간지식 대신, 온갖 영역의 전문가와 '과학적' 전문지식이 여성의 가사와 육아를 뒷받침하게 됐다.

조선에서도 1920년대 후반이 되면 그때까지의 자강론적 교육론과 어린이 인권운동을 대체해서 어린이의 육체적 건강 문제와 과학적 자녀 양육법이 전면으로 부상하게 된다.[94] 총독부의 '사회사업' 역시 기아(棄兒)와 고아, 빈민과 불량아동에 한정된 것에서 전체 아동을 대상으로 한 것으로 변해 갔다.[95]

조선시대에 월령별 육아의 기준 같은 것이 있었는지는 모르겠다. 일본에서 1900년 간행되어 조선에서도 몇 차례 거듭 번역된 시모다 우타코(下田歌子)의 신식 가정학 저술까지도 마찬가지다. 매일 시간에 맞춰 젖을 먹이라는 충고는 있지만 출생 후 70일부터 6개월 사이에 우두 접종을 해야 한다는 말 외에는 특별히 월별로 육아를 규정하지는 않았다.[96] 아기가 생후 몇 달이면 목을 가누고 몇 달에 첫니가 나고 열두달이 되면 손을 잡고 걷는다는 정도는 아이를 많이 키우다 보면 경험적으로 알 수 있었겠지만, 근대 이전에 달마다 젖먹이의 키나 몸무게를 재는 일은 없었을 것이다.[97]

---

94 이상의 과정에 대해서는 김혜경, 2006, 『식민지하 근대가족의 형성과 젠더』, 창비, 70~80쪽, 128~146쪽을 볼 것.

95 田中友佳子, 2018, 『植民地朝鮮の兒童保護史』, 勁草書房, 95쪽.

96 시모다 우타코의 『신선가정학(新選家政學)』(1900)은 중국어 번역본의 중역(重譯)으로 조선에서 10차례나 다른 이름으로 간행됐다. 1925년 조남희가 낸 중역본인 『신식부인치가법(新式婦人治家法)』의 제3편 제1장 「유아교육의 대요」를 볼 것 (안예리 외, 2020, 『『신식부인치가법』의 번역과 어휘』, 한국학중앙연구원출판부, 69쪽, 320~325쪽).

97 지금은 몸무게라는 것이 별것 아니게 느껴지지만, 조선시대에는 (자동) 앉은뱅이 저울이 없었으므로 아이든 어른이든 사람의 몸무게를 잰다는 것은 보통 일이 아니었다. 키 측정도 마찬가지였다. 영아의 경우에는 눕히고 키를 잴 수 있는 별도의 신장계가 필요하다.

반면 식민지기 신문은 "'으아'부터 '맘마'할 때까지", 또 그 이후까지 영유아의 표준적 발달과정을 소개하면서 "한 주일 또는 한 달에 한 번씩 혹은 두 번씩 … 몸의 근량을 달아보며 키를 재보"라고 제안하며, 젖 떼는 시기를 놓치지 말라고 강조하는 등 어떤 시기에는 어떤 점을 특히 주의하라고 당부했다. 키와 몸무게뿐 아니라 체온, 호흡과 맥박, 어린이에게 필요한 열량처럼, 오늘날에도 의료기구나 분석장비의 도움을 받지 않고는 알기 힘든 수치까지 제시하기도 했다.[98] 식민지기 근대 가족과 어린이의 '탄생'을 다룬 책에서 김혜경은 당시의 자녀 양육 담론의 특징을 ①위생과 건강의 강조, ②건강 기준의 수량화·표준화, ③우생학적 관심이라고 요약했다. 어린이의 건강 기준을 수량화·표준화한 대표적 사례로 든 것은 영유아의 발육시기를 월별로 세분한 점, 시기별 영유아의 발육표준표, 각종 우량아대회와 그 심사 기준, 생활시간표와 '시간젖(시간에 맞춰 젖 먹이기)'이란 말의 유행 등이다.[99]

그러나 신문·잡지의 지면에서 읽을 수 있는 내용이 곧 그 시대의 진짜 모습은 아니다. 어린이 담론은 1920년대 이래 조선사회에서 중요하고 지배적이었지만, 여전히 일상의 현실이기보다는 현실의 개선과 변화를 촉구하는 계몽의 '담론'이었다. 그 시절에 아이들에게 신문에 실린 레

---

98 「건강한 아이는 이러케 발육하야간다(一)」, 『동아일보』, 1928.3.23; 「첫아이를 낫는 어머니들께: 갓난애에 대한 주의」, 『조선일보』, 1934.6.12; 「『으아』부터 『맘마』할 때까지: 세상에 나서 열두달」, 『조선일보』, 1935.1.2; 「아이에게 정성을 다하라」, 『동아일보』, 1929.5.12; 「갓난애기의 자라나는 순서(一)」, 『동아일보』, 1928.4.20; 「어린이의 발육의 표준」, 『동아일보』, 1935.3.4; 「젖 뗴인 어린이에게 음식은 엇□□ 먹이□: 영양은 어른과 대□ 갓다」, 『조선일보』, 1932.7.4. 이 기사들에 제시된 발육표준은 뒤에 볼 1930년 도쿄제국대학 소아과의 것과 숫자가 조금씩 다르다.

99 김혜경, 2006, 앞의 책, 132쪽, 138~144쪽.

시피대로 (쌀을 빻거나 갈아서) "암죽도 아니요, 죽도 아닌 것을 만든 후에 따로 끓여두었던 고기국물을 붓고 다시 한번 끓여서" 먹이거나 "우유에 물을 타지 말고 전유(全乳)로 식(食)팡과 함께 하루 한차례씩" 이유식을 먹인 집이 과연 몇이나 될까?[100] 교육받은 신여성도 '스위트홈'의 가정학도 유치원도 일부 도시 상류층의 사치와 과시였다.

신문·잡지에서는 과도한 입시경쟁이 아이들의 건강을 해칠까 봐 염려하던 1920년대 말까지도 학령아동 10명 중 8명은 보통학교에 진학하지 못했다.[101] 그들을 기다린 것은 지나칠 정도의 관심과 보호, 입시를 위한 충고와 비타민을 고려한 서양식 간식이 아니라, 농촌이나 공장의 노동, 때 이르게 만나는 어른의 세계였다. 1930년 전반기에 종업자 50명 이상이 있는 큰 공장의 조선인 노동자 4만 3,000여 명 중 15세 미만 유년공이 약 10%인 4,261명이었다. 그들은 하루 10~11시간을 일하고, 최저 하루 15전의 임금을 받았다.[102] 미곡 배급제가 도입되던 1940년이라는 시점에 나온, "도회지 어린이들이 과자를 과식하기 쉬울 때는 반드시 신선한 과실과 야채 그리고 효모로 만든 소화제를 먹이"라는 영양학적 충고는,[103] 아마 교과서적 지식의 앵무새 같은 되풀이였을 것이다.

---

100 「어린아이의 젓 쎄는 시긔(二)」, 『조선일보』, 1926.04.13. '식팡'은 한자 '식(食)'과 포르투갈어 'pão'에서 유래한 'パン'을 합쳐서 만든 일본말이다. 지금 우리가 먹는 '식빵'이다.

101 오성철, 2000, 『식민지 초등 교육의 형성』, 교육과학사, 67쪽, 133쪽.

102 필자 미상, 1930, 「工場賃銀調」, 『조사월보』 1(7), 108~109쪽.

103 「아동과 영양: 놀라운 조선 아동사망률」, 『동아일보』, 1940.5.10. 중일전쟁의 장기화로 일본 본토에서부터 전시식량통제가 확대되고 있던 참에 1939년 조선 중남부에 큰 가뭄이 들면서, 1940년 5월부터는 미곡시장이 통제되고 이재민 대책으로 일부 미곡의 배급제가 실시되었다(오호성, 2013, 『일제시대 미곡시장과 유통구조』, 경인문화사, 365~367쪽, 377쪽).

계몽의 담론은 목소리만 컸을 뿐 경험적 근거는 박약했다. 이 장에서 주 98의 기사들에 실린 영유아의 월령·연령별 키와 몸무게 표준치의 출처는 대개 불명이다. 1936년 (경성)아동보건회가 낸 『자모회공과』에 실린 「아희들의 체중」 역시 마찬가지다. 태화여자관에서 일찍부터 시행한 영유아심사(우량아대회)에서 집계한 것인지 미국이나 서구 자료를 가져온 것인지 알 수 없다.[104] 일본도 사정은 크게 다르지 않았다. "낳아라, 늘려라, 국가를 위해"라고 떠들썩하게 '우생결혼'과 '인구정책'을 제창한 국가는,[105] 정작 영유아의 발육표준표 같은 것은 작성하려 들지 않았다. 그나마 널리 수용된 단 하나의 표준은 1920년대 후반부터 1930년까지 도쿄제국대학 소아과 팀이 영유아심사회 자료와 기타 보고 등에서 약 2만 개 사례를 모아 평균값만으로 작성한 발육표준표다(〈표 6-4〉). 표본추출 방법이 미덥지 못한 이 표 하나가 일본에서도 1945년까지 '과학적 육아'의 거의 유일한 전거였다.[106] 1942년 대정익찬회(大政翼贊會)에서 낸 『보

104 (경성)아동보건회, 1936, 『자모회공과』, 朝鮮耶穌敎書會, 21~22쪽. 본문 첫 페이지에는 '로선복·리금전 공저'라고 해 두었다. '로선복(魯仙福)'은 1921년 이래 태화여자관 등에서 활동한 선교간호사 로젠버거(Elma Rosenberger)이고, 이금전은 한국 최초로 캐나다 유학을 거쳐 공중위생학 학위를 받은 간호사다. '자모회'는 태화여자관에서 운영한 어머니들의 모임이다[덕주, 1993, 『태화기독교사회복지관의 역사(1921~1993)』, 태화기독교사회복지관, 180~187쪽]. 책 제목은 자모회 회원들의 일과(功課)라는 뜻일 것이다. '공과'는 천주교에서 정해진 시간에 드려야 할 매일의 기도를 가리켜 쓴 말이다.

105 1939년 8월 일본 후생성에서 개최한 '우생결혼좌담회'에서 만든 「결혼십훈(結婚十訓)」의 열 번째 항목이다(가토 슈이치 저, 서호철 역, 2013, 『'연애결혼'은 무엇을 가져왔는가』, 소화, 199~200쪽). 본래 "낳아라, 키워라, 나라를 위해(産めよ育てよ國の為)"였는데, "낳아라, 늘려라(殖やせよ)" 하는 표현으로 더 유명해졌다고 한다.

106 1940년대 전반 문부성 연구비로 수행된 사이토 기요시(齋燈潔)·기요미즈 미쓰오(清水三雄)의 조사 결과는 1949년에야 발표된다[加藤則子·横山徹爾, 2020, 「成長曲線について」, 『小兒保健研究』 79(3), 205쪽; 加藤則子 外, 2014, 「乳幼兒身體発育調査·學校

〈표 6-4〉 1930년 일본의 영아 발육표준표(부분)[107]

연령 (개월)	몸무게(kg)		키(cm)		신체발육사항	정신발육사항
	남	여	남	여		
신생아	3.06	2.95	49.4	48.5	몸무게는 일단 감소한다	본능적으로 배가 고프면 울고, 젖을 빤다
1	4.00	3.80	54.5	53.6		처음에는 거의 잠만 자고 있다
2	5.21	4.92	58.1	57.1		귀가 열리고 눈이 보이게 되어 혼자 웃곤 한다
3	5.97	5.61	60.3	58.9		혼자 머리를 움직여 사물을 바라본다
4	6.66	6.15	62.1	60.8	몸무게는 출생 때의 2배가 된다	장난감을 쥐고 있는다. 머리를 가눈다.
5	7.27	6.70	63.8	62.8		소리내서 웃고, 붙들어주면 발을 뻗는다

건교본』에서도, 이듬해에 나온 평론가 이후쿠부 도시코(伊福部敬子)의 육아일기에서도 역시 이 표를 제시하고 있다.[107]

조선 영유아의 발육표준을 따로 만들려는 시도도 있기는 했다. 조선사회사업협회의 기관지 『조선사회사업』 1935년 2월호에 「유아발육표준표에 대하여」라는 글이 실려 있다. 1933년 5월 '유유아애호주간'의 지역별 영유아건강상담 행사 때 담당 의사들에게 〈그림 6-6〉과 같은 심사표를 작성하게 했고, 경성의전 소아과 의장(醫長) 히로나카 스스무(弘中進)가

保健統計調査」, 『保健醫療科學』 63(1), 18쪽, 26쪽].

107 大政翼贊會文化部 編, 1942, 『保健教本 第1: 乳幼兒の育成』, 翼贊図書刊行會, 11~12쪽. 伊福部敬子, 1943, 『母と子の記錄』, 金鈴社, 287~291쪽. 뒤의 책에는 "이 표를 잘라서 잘 보이는 곳에 늘 붙여두고 아이들의 성장과 비교해 가면서 지켜봐" 달라는 저자의 부탁의 말도 적혀 있다(290쪽).

108 여러 서적과 신문·잡지 기사에 조금씩 다른 형태로 실렸는데, 주 107의 두 책에 실린 것에서 발췌했다. 『보건교본』에는 키와 몸무게 외에 가슴둘레와 머리둘레 자료도 있다. 신체·정신발육사항에 대한 설명은 『母と子の記錄』에만 있다.

〈그림 6-6〉 1933년 조선사회사업협회의 영유아건강상담심사표 양식

조선사회사업협회용					
유유아건강상담심사표(참고) 쇼와 년 월 일 (조사원)					
성명		성별	남 여	연령	쇼와 년 월 일생
주소					
몸무게	그램	키	센티미터	가슴둘레	센티미터
영양	우(優) 양(良) 가(可)		건(健) 부(否) (병명)		
유아기 영양 방법	인공영양 혼합영양 인공영양 (우유 기타)				

1. 불필요한 문자를 지워주십시오. 2. 몸무게를 잴 때는 알몸으로 해 주십시오.
3. 키를 잴 때는 양말·버선은 반드시 벗겨주십시오. 4. 가슴둘레는 줄자를 젖꼭지에 대고

그것을 집계해서 발육표준표를 만들었다.[109]

그러나 모여진 심사표 총 5,573매 중에서 기재가 불완전하거나 '영아'가 아닌 만 13개월 이상에 대한 것을 제외하니 남은 것은 고작 829매(조선인 남 307, 여 240, 계 547매; 재조선 일본인 남 127, 여 155, 계 282매)였다. 사례 수도 적고 불완전해서 망설임이 많았지만 모처럼 얻은 자료라서 히로나카가 발육표준표를 만들어 보았다는 것이다. 그렇게 구해진 '표준'을 보면, 예컨대 조선인 남아의 1~5개월 몸무게는 4.63, 5.55, 5.98, 6.36, 6.90kg이고 재조선 일본인 남아는 4.60, 5.30, 5.95, 6.49, 7.02kg이다. 〈표 6-4〉의 일본인 남아 평균과 비교해 보면 다소의 차이

109 三浦生, 1935, 「乳兒發育標準表に就て」, 『朝鮮社會事業』 13(2), 52~54쪽(국립중앙도서관 소장). 유아기 영양방법 난의 맨 왼쪽은 '인유(人乳 = 모유)영양'이어야 한다. 표 아래의 주의 사항 4는 원자료에 문장이 미완성인 채로 실려 있다.

가 보이지만, 이것이 통계적으로 의미 있는 차이인지, 그런 차이가 생기는 원인이 무엇인지 등에 대한 설명은 없다. 이런 시도와 실패는 조선인 영아의 발육표준 자체에 대해서보다, 조선에서 이런 종류의 조사의 실상에 대해 여러 가지 생각해 볼 거리를 준다.

그 하나는, (일본의) 일본인, 재조선 일본인 그리고 조선인이라는 영유아의 꼼꼼한 민족별 구별이다. 앞서 식민지기 『통계연보』나 『국세조사보고서』의 여러 통계에 민족별 구별이 되어 있지 않는 것이 많다고 지적했는데,[110] 어린이·청소년의 건강 문제만큼은 예외다. 아마 그런 데 관심을 갖고 각종 행사나 조사를 주도한 것이 재조선 일본인들이었기 때문일 것이다. 영유아심사회도 기본적으로 민족별로 분리하여 시행됐다.[111] 참가자 비율을 보면 재조선 일본인이 월등히 높았다. 조선아동협회를 설립한 사다 요시히로(佐田至弘)는 '유유아애호주간'의 이전 형태인 '유유아애호데이'를 도입한 배경으로, 극단적 추위와 더위, 일본 도처에서 모여온 뜨내기들로 형성된 재조선 일본인 사회의 이른바 '식민지 기풍'과 술·여자라는 환경 그리고 불교·신토(神道)의 신앙심이 약해진 가정이라는 모든 면에서 조선은 아이들한테는 부적합했다고 말한다.[112]

일본에서나 조선에서나 영유아 발육표준표는 일상적인 의료·보건 행정에서 나온 것이 아니라 '유유아애호주간' 영유아심사 행사의 부산물이라는 점도 주목할 만하다. 당시 민·관의 여러 기관에서 여러 가지 명칭

110 261~262쪽, 288~289쪽 등을 볼 것.

111 박선영, 2022, 「식민지 조선의 영유아 신체 발육 심사와 차별적 요소 탐색」, 『남도문화연구』 47, 103쪽.

112 佐田至弘, 1930, 「乳幼兒愛護デーの思ひ出」, 『朝鮮社會事業』 8(5); 田中友佳子, 앞의 책, 97쪽.

으로 영유아심사회를 개최했다. 영유아의 월령·연령별 발육상황과 체격, 건강·영양 상태 등을 종합적으로 검사해서 우수한 영유아를 표창·시상하고, 그것을 통해 과학적 육아법의 보급, 위생사상의 고취를 꾀하는 행사였다.[113] 조선에서는 일찍이 개신교 선교의료기관에서 서양식 육아법의 보급, 우유 수유 권장, 선교 등의 목적에서 영유아의 건강상담과 신체검사를 시작했고, 1930년대부터는 총독부도 관변단체인 조선사회사업협회를 통해 5월 '유유아애호주간' 행사의 일부로 도립병원 의사와 공의(公醫)를 동원한 영유아검진과 심사를 시행했다. '유유아애호' 운동의 큰 목표 중 하나가 영유아사망률의 저감(低減)이기도 했다.[114]

그러나 전혀 없는 것보다는 나았는지 몰라도 1년 중에 겨우 며칠, 그것도 한 도(道)에 한두 곳 도립병원이 있는 지역에서 몇 십 명이나 몇 백 명 영유아의 건강상담을 한다는 것은, 형식적인 선전행사에 불과했다.[115] 조선에서 실현되지 않은 가능성을 생각해 보자. 학교나 징병 신체검사에 해당하지 않는 영유아에 대해 시기별 발육상황과 건강 상태 관련 자료를 대량으로 얻을 만한 곳은 의료기관이다. 관공립 병원도 있겠지만, "국민의 체위를 향상시키기 위해 각 지방에서 보건상 필요한 지도를 하는 것"을 목적으로 하는 '보건소'가 있다면 더 좋을 것이다. 일본에서는 1937년 7월부터 인구 12만 명당 1개소의 비례로 전국에 보건소가 550곳 설치됐다. 법률상에는 보건소 사무로 "임산부 및 유유아의 위생에 관한 사항"도 포함되어 있다. 조선총독부도 1938년부터 보건소 설치

113 박선영, 2022, 앞의 글, 88쪽. 식민지기의 우량아대회에 대해서는 이 논문과 여기 인용된 선행연구들을 참조했다.

114 田中友佳子, 2018, 앞의 책, 97쪽.

115 김혜경, 2006, 앞의 책, 148~150쪽.

를 추진했지만, 예산 문제로 매번 무산됐다.[116]

1930년대 후반 이래 '국민의 건강' 증진과 인구의 양적·질적 향상을 꾀하기 위해 일본에서 도입한 각종 법령과 정책은 조선에는 거의 시행되지 않았다.[117] 1942년 일본에 도입된 임산부수첩과 영유아체력수첩 제도도 적용되지 않았다.[118] "악질인 유전성 질환의 소질을 가진 자의 증가를 억제하는 동시에 건전한 소질을 가진 자의 증가를 꾀함으로써 국민소질의 향상을 기"한다는 1940년의 「국민우생법」도 시행되지 않았으며, 1919년에 제정되어 1930년대 말 이래 타이완, 가라후토(樺太: 남사할린)에도 시행된 「결핵예방법」도 시행되지 않았다. 1940년 이래의 우량다자(優良多子) 가정에 대한 후생대신의 표창도 조선에서는 그저 남의 나라 이야기였다.[119] 결국 조선의 근대성은 식민지라는 벽 속에 갇혀 있었다.

---

116 「조선에도 보건소 설치」, 『동아일보』, 1938.10.12; 「자주적 위생지도에!: 의료관계자 총동원」, 『조선일보』, 1939.2.24.

117 이 시기 일본의 인구와 국민 건강증진 정책에 대해서는 김경옥, 2013, 「총력전체제기 일본의 인구정책」, 『일본역사연구』 37을 볼 것.

118 수첩은 일본어로 '手帳'이므로 두 제도의 본래 명칭은 '妊産婦手帳'와 '乳幼兒體力手帳'이다. 1940년 제정, 1941년 시행 당시 「국민체력법」은 17세 이상, 20세 미만 남자를 대상으로 체력검사를 실시하고 체력수첩을 발급했는데(1940.4.6, 법률 제105호, 「국민체력법」 2, 제4조, 1940.9.24, 칙령 제619호), 1942년 법률 개정으로 26세 미만 남자와 20세 미만 여자 전부를 대상으로 삼으면서 영유아도 체력수첩의 발급 대상이 됐다. 영유아의 체력 관리는 사실상 부모의 책임이었으므로 '영유아체력수첩'도 특별히 따로 다루어진 듯하다.

119 신문에 도쿄발 소식으로 실려 있다. 「多子는 福也!: 今秋부터 "子寶賞" 출현」, 『동아일보』, 1940.4.18.

2) 초·중등학교의 재학생 신체검사

그나마 가장 자주 또 치밀하게 신체검사와 건강검진의 대상이 된 것은 각급 학교 학생들이었다. 입시에도 신체검사가 포함되어 당락에 영향을 미쳤지만, 재학생들도 매년 한 차례씩 신체검사를 받았다. 영유아의 경우와 달리 이것은 법령으로 규정되어 있었다. 재조선 일본인 학교에 대해서는 이미 통감부시기부터 신체검사가 시행됐다. 1907년 4월 28일(각 이사청에 보낸) 통감부훈령 제11호는 관내(管內) 학사상황에 관해 매년 5월 1일까지 이런저런 사항을 보고하라는 내용인데, '학교위생' 항목에 "학교의(學校醫)의 시찰 및 생도·아동의 신체검사 상황"이 포함되어 있다. 이것은 일본이 독일의 제도를 모방하여 1890년대부터 본국에서 시행하던 내용을 그대로 옮겨놓은 것이다.[120]

1913년 4월 26일 조선총독부훈령 제24호, 「관공립학교생도 신체검사규정」으로, 조선인 학교와 학생까지 포함해서 관·공립 초·중등학교 학생을 대상으로 한 신체검사 규정이 정해졌다.[121] 생도의 신체검사는

---

120 이희재, 2021, 「일제시기 학교신체검사 제도의 시행과 특징」, 『한국근현대사연구』 99, 156쪽. 이하 학교신체검사에 대한 서술은 이 논문에서 큰 도움을 받았다. 다만, 1910년대 조선인 여학생이 신체검사에서 배제된 이유와 검사 결과(통계)의 보고에 대한 해석에는 동의하기 어렵다. 손준종, 2010, 「근대교육에서 국가의 몸 관리와 통제 양식 연구」, 『한국교육학연구』 16(1)도 참조했다.

121 식민지기에 초등학교 학생은 대개 '아동(兒童)', 중등학교 학생은 '생도(生徒)'라고 불렀다. 고등교육기관인 대학과 전문학교 학생만이 '학생(學生)'이었다. 그러나 이 규정은 제4조 제3의 단서에 "소학교나 보통학교 생도"라는 말을 쓰고 있어서, 초등학교와 중등학교 모두를 대상으로 한 것으로 보인다. '관립'은 총독부 예산으로 운영한 학교, '공립'은 도(道) 이하 지방행정단체가 설립해서 도 지방비 등으로 운영한 학교를 말한다. 소학교·보통학교 등 초등학교는 관립이 없고 대개 공립이 아니면 사립이었다.

매년 4월에 시행한다(제2조). 학교의가 신체검사를 담당하고, 학교의가 없는 경우에는 임시검사의를 촉탁해서 한다(제1조). 당시는 4월 1일부터 새 학년이 시작되었으므로, 새 학년이 되자마자 신체검사를 했던 셈이다. 물론 실제로는 예산이나 지역의 의료사정에 따라 학교의는커녕 임시검사의도 구할 수 없는 경우도 있었다. 이 규정에도 그런 경우에는 "학교장이" 신체검사를 행하라고 해 두었다(제3조 제2항).[122] 실제로는 교사·직원들이 검사를 담당했을 것이다. 1937년에 가면 학교 직원, 학교간호부 등이 신체검사 일부를 보조할 수 있다는 규정이 등장한다.[123]

검사항목은 키·몸무게·가슴둘레·척추·체격·시력·눈병·청력·귓병·치아·질병 등 11가지다(제3조 제1항). 검사 과정에서 개인별 신체검사표(票)를 작성한다(제6조). 개인별 검사 결과는 해당 학생과 보호자에게 통보하고, 문제가 있으면 주의를 주어 조치를 취하도록 했다(제5조). 전체 학생의 검사 결과는 학교마다 통계표(表)로 작성해서 다음 달 말일까지 도장관에게 보고해야 했다(제7조).[124] 여생도는 검사복이나 속옷을

---

122 학교의를 촉탁하는 것은 학교장이 아니라 조선총독이나 도장관이었다[1919.4.8, 조선총독부령 제59호, 「학교의규칙(學校醫規則)」]. 학교의에는 전임자와 (개업의 등의) 겸무자가 있었다(朝鮮總督府學務局, 1928, 『朝鮮教育要覽』, 233쪽). 경성부에서는 심희택과 정 아무개 등 두 명이 10년 넘게 학무과 소속 학교의로 활동했다(「普校 신체검사」, 『동아일보』, 1927.4.22; 「부내 30개소 초등교 금년도신체검사」, 『매일신보』, 1937.4.24; 「허약학동문제 좌담회 3」, 『조선일보』, 1935.11.7; 「새 町会 새 氣焰 巡聽記: 교동정회」, 『조선일보』, 1938.10.19; 「튼々하게 키우자 씩々하게 자라자: 소학아동보건 좌담회」, 『동아일보』, 1940.1.3 등).

123 1920년대부터 설치된 '학교간호부'(朝鮮總督府學務局, 1928, 『朝鮮教育要覽』, 207, 232~233쪽)는 1941년 소학교를 '국민학교'로 개칭하면서 '양호훈도(養護訓導)'가 된다(1941.2.28, 칙령 제148호, 「국민학교령」 제15조). 해방 이후에는 '양호교사'라고 불렀다.

124 1910년대에는 도의 최고 행정책임자를 '도장관(道長官)'이라고 불렀다. 1919년 8월

입은 채 검사를 받도록 하고(제4조10), 조선인 여생도에게는 '당분간' 신체검사를 실시하지 않는다(제8조). 사립학교에서는 신체검사를 하지 않아도 된다(부칙). 앞서도 보았듯이 당시 대개 남성인 의사나 교사가 여학생을 신체검사한다는 것은 민감한 문제였다. 조선인 여학생의 경우는 특히 더했다. 학교의 신체검사는 도리이나 구보의 생체계측처럼 항목이 세세하지는 않지만, 이 규칙에도 가령 가슴둘레는 "젖꼭지의 수평선에서" 측정하라고 정해져 있다(제4조3). 「신체검사규정」이 공표된 그날 정무총감은 각 관립학교장은 물론 각 도장관과 부윤·군수한테까지 통첩해서, "지방의 상황을 고려하여 특히 여생도의 취급에 대해서는 여자 교원이 간여하게 하는 등 상당한 주의를 기울이라"고 당부했다.[125]

1921년에는 「학교생도아동 신체검사규정」(1921.5.17, 조선총독부령 제86호)이 새로 마련됐다. 새 규정에서는 신체검사 항목과 실시요령 등에 대해서는 일일이 언급하지 않고 일본의 1920년 문부성령 「학생·생도·아동 신체검사규정」을 준용하게 했다(제4조). 조선인 여학생과 사립학교에 대한 유보는 사라지고 신체검사는 모든 학교의 의무사항이 되었다(제7조, 부칙). 그러나 1913년 제도와 가장 큰 차이는 연령별 신체발달의 표준을 제시한 「발육개평결정표준표(發育概評決定標準表)」이다. '개평'은 개략적인 평가라는 뜻인데, 실제로는 갑·을·병이라는 불연속변수 값 중 하나를 고르는 것이었다. 일본식 척관법으로 표시한 키와 몸무게에 대해 몸무게를 키로 나눈 몫을 구해서,[126] 그것이 표준표의 자기 나이 표

의 행정개혁으로 '도지사'가 된다.

125 1913.4.26, 관통첩 제107호; 제108호. '지방(土地)'이라고 한 것은 조선을 말한다.

126 길이 1자(尺)≒30.3cm, 무게 1관(貫)≒3.75kg이다.

준값보다 크면 '갑', 자기 나이보다 한 살 아래의 값보다 크면 '을', 그렇지 않으면 '병'으로 점수를 매기게 한 것이다. 성장이 완료되는 남 19세와 여 17세는 계산법이 조금 달랐다(제5조). 1927년에는 이 규정을 다시 개정하여(1927.4.9, 조선총독부령 제37호) 단위를 미터법으로 바꾸고 6세 아동도 포함시켰지만, 연령별 키와 몸무게 표준이 바뀐 것은 아니었다.

1937년 일본 문부성의 신체검사규정 개정에 맞추어 총독부도 종전 규정을 폐지하고 새로 「학교신체검사규정」(1937.4.1, 조선총독부령 제45호)을 제정했다. 이때 가서야 비로소 "학생·생도·아동의 신체를 적절히 양호·단련하고 체위의 향상과 건강의 증진을 꾀하기 위"한 것이라고 학교 신체검사의 목적이 규정되었다(제1조). '체위'는 대개 체격과 체력, 체질 등을 합쳐서 일컫는 말이다. 1937년의 학교 신체검사규정 개정의 배경에는, 징병검사에서 나타난 전반적 체위 저하에 대한 일본 정부와 군부의 위기의식이 있었다. 징병검사를 받은 '장정(壯丁)' 중 병역적합자(갑종+을종) 대 부적합자(병종+무종)의 비율이 1910년대 중엽 7 대 3에서 1930년대 중엽 6 대 4로 변했던 것이다.[127] 조선인에 대해서는 아직 징병제가 실시되지 않을 때였지만, 새로운 학교신체검사규정은 조선에도 그대로 적용됐다.

또 새 제도에서는 유치원과 대학까지, 또 학생뿐 아니라 관·공립학교의 직원과 용인(傭人)에게까지 신체검사를 실시할 수 있도록 했다(제12~14조). 몸무게÷키 값과 표준값을 비교한 1920년대 갑·을·병의 평가는 폐지되고, 개인별 '개평'은 "전신의 상황을 종합고찰하여 신체허

127 田中俊則, 1937, 「學校身體檢查と其の處置について」, 『朝鮮の教育研究 臨時號: 學校體育』, 110. 1916~1933년의 장정 체격변화와 그것에 대한 설명은 김경옥, 2013, 앞의 글, 51~52쪽을 참조했다.

약, 정신박약 또는 질병 및 이상을 가진 자로서 학교 위생상 특별양호의 필요가 있다고 인정되는 자는 '양호 필요(要養護)', 그렇지 않은 자는 '가(可)'로" 기입하는 것으로 바뀌었다(제6조). 단순한 점수가 아니라 양호가 필요한지의 여부를 기재하게 한 것이다. 앉은키와 흉곽 등이 새로 포함된 검사항목의 상세한 설명도 있었다(제5조).[128] 또 하나 눈에 띄는 것은 개인별 신체검사표(票)를 학교장이 보관해서 재학 중 계속 사용하고, 전학하는 경우에는 전학하는 학교로 보내주도록 한 점이다(제8조).

이런 신체검사가 과연 규정대로 잘 실시되었는지는 또 다른 문제지만,[129] 그 점은 제쳐두고, 신체검사 결과 얻어진 정보의 처리와 활용의 세 가지 방법에 대해서 생각해 보자. 첫째는 당연히 개인별 정보의 축적과 시계열적 비교다. 신체검사 결과는 학생과 보호자에게 통보된다. 질병이나 특이 사항이 있으면 가정과 학교에서 적극적인 조치를 취해야 한다. 뿐만 아니라 개인별 결과는 적어도 재학기간 동안은 학교의 공식기록으로 보존되어, 다음번, 그 다음번의 신체검사 결과와 비교할 수 있게 해야 한다. 이를 위해서 일찍부터 학적부에는 신체검사 결과를 기록할 수 있는 난이 마련됐다. 공립 중등학교인 강경상업학교에서 1920~1936년 사용한 학적부 양식에는 앞면 '상벌'과 '성행(性行)' 사항 옆에 제1~5학년까지의 신체검사 상황을 기재하게 되어 있다. 통영공립보통학교에서는 1916년부터 학적부에 '신체' 사항이 등장했고, 1918년부터 '개평'이

128 당시 일본에서는 서양인보다 다리가 짧은 일본인의 신체 특징을 반대로 뒤집어, 상반신이 길수록 주요 장기의 발육이 양호하다는 주장이 있었다고 한다(이희재, 2021, 앞의 글, 169쪽).

129 당시에도 학교 신체검사는 "소수의 의사가 짧고 촉박한 시간에 많은 아동을 진단하기 때문에 완전을 기하기 어렵다"는 비판이 있었다(「사설: 普校아동의 보건문제」, 『조선일보』, 1935.11.1).

기재되었다고 한다. 인천의 개신교계 미션스쿨인 사립 영화학교의 경우 1919년부터 학적부에 '신체' 사항이 등장하고, 1925년에는 '신체의 상황'으로 바뀌면서, '발육' 항목이 신장·체중·흉위·개평으로 나뉘게 된다. '개평'에는 몸무게÷키 값을 표준값과 비교한 갑·을·병의 평가를 적었을 것이다. 1911년 설립된 동덕여학교는 1926년 동덕여자고등보통학교로 승격된 뒤로 신체검사 항목을 학적부에 도입했고, 1929년부터 '개평'을 기록했던 듯하다.[130] 1937년 규정은 이런 내용을 학적부에 옮겨적을 뿐만 아니라 신체검사에 사용하는 개인별 카드(票) 자체를 학교장이 보관하도록 했다.

신체검사 결과를 처리하는 또 하나의 방향·방법은 1학년 남학생 전체의 키와 몸무게 평균이나 1학년 남학생 중 근시이거나 눈병이 있는 학생 수 같은 '통계'다. 이것은 학교별 '생도신체검사통계표(表)'에 집계·기재되어 총독부로 보고됐다. 1914년 『보고례별책』에는 '학교생도(아동)신체검사표'가 제279호 연보(1년에 한 번씩 하는 보고) 사항으로 올라 있다.[131] 총독부에서는 전국 통계를 집계했지만 이 통계는 『통계연보』에는 1916년 한 해만 실렸고, 1915년, 1916년, 1920~1927년의 10년치가 『조선총독부관보』의 「휘보」에 게재됐다. 그 뒤의 사정은 불명인데,[132]

---

130 정연태, 2021, 『식민지 민족차별의 일상사』, 푸른역사, 38쪽; 김지순, 2013, 「학적부에 나타난 1910년대 통영공립보통학교의 학생생활」, 『청람사학』 21, 53~54쪽; 길민정, 2011, 「한말·일제초 인천지역 초등교육의 도입과 전개」, 인하대 석사논문, 41~45쪽; 김명숙, 2017, 「일제강점기 학적부 양식의 변화로 본 식민지 교육의 실상」, 『한국사상과 문화』 87, 144~147쪽.

131 조선총독부, 1914, 『보고례별책』, 262쪽. 1937년 「학교신체검사규정 제정에 따른 보고례 개정은 『조선통계시보』 6, 35~37쪽.

132 『조사월보』나 학무국의 간행물, 『문교의 조선(文教の朝鮮)』, 『조선의 교육 연구(朝鮮の

이때부터는 조선만의 통계가 아니라 일본제국 전체의 통계와 함께,[133] 학교 신체검사와 징병검사에 나타난 일본 청소년층의 전반적인 '체위 저하'와 그 대책이 지배적 담론으로 등장하게 된다. 덧붙일 것은, 당시 학교나 군대 외에 일반 사람들이 대규모로 신체검사나 건강검진을 할 기회는 없었으므로, 이런 학교 신체검사와 징병검사는 국민 전체의 체격과 건강, 즉 '체위'를 가늠하는 유일한 지표였다는 점이다.

마지막으로 앞서 영유아의 발육표준표에서 본 것처럼 학교 신체검사 역시 청소년의 연령별 키와 몸무게 평균을 가지고 일종의 표준을 창출했다. 1921년 규정은 아예 법령 안에 「발육개평결정표준표」를 제시했다. 키에 비해 몸무게가 상대적으로 많이 나가면 더 우량하다는 옛날식의 계산이지만, 성장기 청소년에 대한 것이기도 하고 당시로서는 나름대로의 의학적 뒷받침이 있었을 것이다. 그러나 학교 신체검사에서는 재조선 일본인과 조선인 학생을 꼼꼼히 구분해서 검사하고 또 집계하면서도, 본국과 식민지별로, 또 민족별로 다른 표준값을 제시하지는 않았다. 1921년 제도의 「발육개평결정표준표」는 그 전해에 일본 문부성에서 만든 것이다(1920.7.27, 문부성훈령 제9호). 앞서 영유아에 대해서는 일본의 표준에 만족하지 않고 조선 나름의 표준을 만들어 보려는 시도도 있었지만, 여기서는 그렇지 않았다.

教育硏究)』 같은 잡지에도 실리지 않았다. 「보고례」에 따른 학사·교육 통계를 집계하는 학무국과 문서과에서 파악은 하고 있었지만, 공개하지 않은 것이다. 당시 신문에서는 조선 전체의 통계 대신 경성부나 경기도 등 일부 지역의 통계를 인용하곤 했다.

133 예컨대 『文敎の朝鮮』 1930년 11·12월호에는 문부성이 집계한 일본 본국의 학교 신체검사 통계가 실린다. 이 장의 주 127에서 든 다나카 도시노리(田中俊則)의 글에서도 문부성 통계를 인용하고 있다.

3) 입시의 신체검사

다음으로는 식민지기에 사회적으로 큰 관심사였던 중등학교 입시에서 신체검사가 중요해지면서, 그 채점기준이 어떻게 표준화되는지를 살펴보자. 오늘날 각급학교의 입시나 여러 직장의 채용 과정에서 신체검사는 당연한 절차로 여겨진다. 경찰·소방이나 패션모델 같은 특별한 직종이 아니라면, 이런 종류의 신체검사는 키와 몸무게가 얼마인지보다는 대상자가 큰 병이 없고 학업이나 근무를 할 수 있는 건강상태인지를 확인하는 데 중점을 둘 것이다. 기숙사 생활이나 공동식사를 하게 된다면 기준이 더 엄격해진다. 대한제국 『관보』에 실린 신식학교 규칙 중 신체검사가 언급된 이른 사례를 보면, 1899년 7월 5일 학부령 제9호, 「의학교규칙」은 입학자격을 중학교 졸업자, 연령이 만 20세 이상~30세 이하인 자, "신체가 강건자(强健者)"로 규정하고 "시의(時宜)에 인(因)ᄒᆞ야 신체검사(身體檢査)도 홈"이라는 재미있는 말을 덧붙였다. 시대가 바뀌어 (이제 그런 것도 필요하다고 하니) 신체검사도 한다는 뜻이다. 이듬해 9월의 「중학교규칙」에도 똑같은 말이 나온다.[134]

이후로 각급학교는 신체검사를 통해 '건강'한 학생을 선발하고자 했다. 전체적으로 보면 입학 자격과 시험 항목 중에서 신체검사가 차지하는 비중은 크지 않았다. 당락을 좌우하는 것은 학과시험 점수고 신체검사나 인성·품행 같은 것은 최소 요건이었다. 신문에 자주 실렸던 입시준비 조언에 보면, 신체검사에 대해 가장 흔한 말은 각종 질병, 그중에

---

134 「의학교규칙」은 대한제국 『관보』(1899.7.7); 「중학교규칙」은 『관보』(1900.9.7)에 실려 있다.

서도 외관상 건강치 못하다거나 나쁜 인상을 주는 질병에 대한 경계다. 늑막염이나 폐렴, 감기 같은 "병이 있다고 입학을 시키지 않는 것은 아니나 건강한 아동보다 점수를 깎일 것은 물론"이라든가,[135] "임파선이 부어 멍울이 많은 선병질(腺病質)이나 새가슴(가슴뼈가 돌출한 것-인용자)"은 "학교에 입학할 때는 극히 불리"하다든가,[136] 유치원이나 초등학교 입학의 경우 귓속이 지저분하고 콧물이 줄줄 흐르고 바보처럼 입을 헤벌리고 있으면 "신체검사에서 두말할 것 없이 떨어지고" 만다는 등이다.[137] 눈이 짓무르는 눈병인 '도라홈'은 무척 자주 언급된다.[138] 또, 입시경쟁에 내몰린 아이들이 성장기에 책상에 앉아만 있다 보면 균형잡힌 성장이 어렵다거나 편식을 하면 영양상태가 나빠진다는 언급은 있어도, 체력이 입시의 항목이라거나 체력이 부족해서 낙방한다는 말은 없다. 그러나 1930년대 말이 되면 일본의 입시정책 변화에 전시총동원의 시대적 상황까지 겹치면서 사정이 일변한다.

식민지기에는 모든 학교가 태부족이었기 때문에, 각급학교 입시는 '시험지옥'이라는 말이 등장할 정도로 치열했다. 일본에서는 1890년부터 초등학교인 심상소학교(尋常小學校)의 의무교육이 실시된 데 반해,

135 「신체검사에는 어떤것을 보나」, 『조선일보』, 1939.2.26. 외과의사의 말이라는 이 기사의 제목이 볼 만하다. 「얼골에 험집만 잇서도 점ㅅ수가 깨긴다: 전염병 잇스면 입학은 단염할 일, 눈과 코 병은 미리 고처둘 일」.

136 「입학 시험을 압둔 아이에 대한 주의」, 『동아일보』, 1932.2.21. 이것은 명문 초등학교였던 경성사범부속보통학교 주임의 말이다.

137 「입학시험에 긔계적 준비는 도리혀 락제를 하게 하는 원인: 그보다도 몸을 깨긋하게 하시오」, 『조선일보』, 1932.2.11.

138 「입학시험긔는 왓다: 공부할 때의 주의」, 『동아일보』, 1930.1.19; 「시험전에 걸리기 쉬운 눈병」, 『조선일보』, 1931.1.31. '도라홈'은 trachoma(감염성 결막염)의 독일어 Trachom을 일본어로 표기한 'トラホーム'에서 나온 말이다.

1911년부터 시행된 1차 「조선교육령」은 조선인의 교육기회를 최소한으로 제한했다. 초등학교로 설치된 4년제 '보통학교'는 명칭부터가 소학교 → 중학교 → 고등학교 → 대학으로의 '진학' 개념을 배제하고, 그것으로 종결되는 보통·일반의 교육을 표방했다.[139] 그런 보통학교의 보급·증설마저도 더뎌서, 의무교육은커녕 1936년에 이르러서야 겨우 전국적으로 1개 면에 보통학교 1개 교 설치가 이루어졌다. 오성철의 추산에 따르면 1920년 4.4%이던 조선인의 보통학교 취학률은 1930년에는 17.3%, 1940년에는 41.6%에 이르렀다.[140] 초등학교의 사정이 이랬으니 중등·고등 교육기관은 말할 것도 없다. 식민지기 보통학교 졸업자의 고등보통학교 진학률은 5% 내외, 실업학교까지 합쳐도 10% 내외였다. 보통학교 취학자가 늘어나면서 갈수록 진학 상황은 오히려 악화됐다. 1927년과 1937년에 초등학교 입시 경쟁률은 각각 1.2 대 1과 1.9 대 1, 중등학교는 3.2 대 1과 4.4 대 1, 대학·전문학교는 4.4 대 1과 5.6 대 1이었다. 1920년대 후반부터 '시험지옥'이라는 용어가 일반화됐다.[141]

조선만큼 사정이 나쁘지 않던 일본에서도 중등학교 입시 과열은 일찍부터 상당한 사회적 문제였다. 1930년대 문부성은 중등학교 입시에서 학과시험을 폐지하고 인물고사(면접), 신체검사 그리고 초등학교장의 '소견

139 안홍선, 2021, 『일제강점기 중등교육 정책』, 동북아역사재단, 33~35쪽.

140 매년 학교별 재학생 수는 파악되어 있지만 조선인에 대한 연령 1세별 인구통계가 없어서 취학률의 분모가 되는 학령아동 수를 알 수 없다. 총독부 학무국은 1930년대 조선의 학령아동을 전인구의 13.5%로 추산했지만, 오성철은 국세조사의 연령별 인구구성을 근거로 학령아동을 전인구의 14.4%로 보았다(오성철, 2000, 앞의 책, 132~133쪽).

141 이경숙, 2005, 「1920·30년대 "시험지옥"의 사회적 담론과 실체」, 『한국교육』 32(3), 38~39쪽, 43쪽; 안홍선, 앞의 책, 88쪽.

(所見)', 즉 내신(內申)만으로 학생을 선발하는 방안을 추진했다. 조선총독부도 비슷한 방향의 입시제도 개선을 추구한 끝에, 1938·1939년에 잇달아 개선안을 내놓았다. 1938년에는 그때까지 부차적이었던 신체검사를 강화해서 필기(학술시험), 면접(구두시험), 신체검사를 각각 100점으로 하고 초등학교장 소견서도 더 중시하는 '종합고사' 제도를 마련했고,[142] 이어서 1939년에는 신체검사를 가장 우선시하고 학과시험은 '국어(일본어)'로만 한정하면서 소견서도 점수화하는 방향으로 입시제도를 개정했다.[143] 1940년부터 시행된 새로운 입시제도의 시험항목과 배점은 〈표 6-5〉와 같다.[144] 일본에서는 학과(필기)시험을 폐지했지만, 1938년 3차 「조선교육령」으로 '황국신민화' 교육을 추진하던 조선총독부는 조선인 학생들의 일본어 시험을 남겨두었다.[145] 구두시험에서는 판단력·사고력 대신 '황국신민화'와 관련해서 학생의 '지조(志操)', 동맹휴교 같은 단체행동 가담 여부를 중심으로 한 '성행(性行)' 등이 질문의 내용이 됐다.

우리의 관심인 신체검사는 1930년대 중엽까지는 입시에서 부차적이었다. 또 키나 몸무게 같은 '체격'을 측정하고 질병 여부, 전반적 건강상

142 「학술, 구두, 신체검사 同値로 종합고사: 소견표도 종래보다는 중시」, 『조선일보』, 1936.12.9.

143 손준종, 2006, 「'내신제' 도입의 사회적 성격에 관한 연구」, 『교육사회학연구』 16(3).

144 1939년 새 입시제도는 「中等學校第一學年入學者選拔法要項」, 『文教の朝鮮』 171, 88~91쪽. 이 자료는 『동아일보』 1939.10.15에도 실려 있다. 1938년 채점기준은 손종현, 2007, 「일제시대 학교시험제도의 정치학」, 『교육철학』 31, 31쪽. 1938년 3차 「조선교육령」으로 조선인 대상의 '보통학교', '고등보통학교'는 모두 명칭이 '소학교', '중학교'로 개칭됐다.

145 「신교육방침으로 생도부담 경감: 중학입시제도 개정」, 『동아일보』, 1939.10.15. 1942년부터는 산술 필기시험이 부활된다(「명년에는 국어와 산술: 중등입학필기시험제도를 개혁」, 『매일신보』, 1941.10.3).

〈표 6-5〉 1930년대 말 개정된 중학교 입시의 시험항목과 배점

	1938년 개정(1939년 시행)		1939년 개정(1940년 시행)	
(1) 신체검사	100	체격 30, 체질 40, 체능 30	300	체격, 체질, 체능 각 100
(2) 구두시문(口頭試問)	100	판단력·사고력, 일상생활상의 필수 사항과 실천 사항	200	언어, 상식, 지조(志操), 성행(性行) 각 50
(3) 필답시문(筆答試問)	100	국어 50, 산술 50	300	국어(일본어) 읽기, 쓰기(철자), 듣기 각 100
(4) 초등학교장 소견	-	(참고만 함)	200	건강, 근태(勤怠), 학력, 인물 각 50

태 같은 '체질'을 보는 것이었지, '체력'은 평가항목이 아니었다. 일본 문부성의 논의를 따라 총독부에서도 학과시험 폐지, 내신제 입시 등을 고려할 때도, "유력한 안은 신체검사에 있어 신장·흉위·체중·내장 등의 중등 정도를 표준으로 한 평균체격표를 만들어가지고" 신체검사에 통과해야만 간단한 필기시험을 보게 하자는 식이었다.[146] 그러나 1930년대 후반이 되면서 머지 않은 미래의 전력(戰力)이 될 청소년의 체위 '저하(低下)'가 일본사회의 굉장한 유행어가 됐다. 각종 체조의 보급과 체력(장) 검정이 시도되었고, 〈표 6-5〉에서 보듯이 1938년 중등 입시제도 개정안(1939년부터 시행)에서부터 신체검사는 체격과 체질뿐 아니라 체력의 다른 이름인 '체능'까지를 평가하게 됐다. 체능의 평가는 시대 분위기를 따라 달리기, (제자리)멀리뛰기, (수류탄) 던지기, 턱걸이, 체조 등으로 이루어졌다. 비슷한 시기에 시행된 체력(장) 검정에서도 영향을 받았다고 생각된다.[147]

146 「중학교입학시험 완화책: 당국의 의향은 소극적」, 『조선일보』, 1933.11.21.

147 1940년대의 체력장 검정에 대해서는 최규진, 2023, 「전시체제기 국민체력관리와

입시란 지원자들을 평가해서 합격자와 불합격자를 결정하는 장치다. 시험의 결과로 그해의 합격선이나 지역별·출신학교별 합격자 수 같은 통계가 만들어질 수는 있지만, 그런 지식의 생산이 입시의 일차적인 목표나 기능은 아니다. 그러나 신체검사가 처음으로 입시의 가장 중요한 항목이 되면서, 객관적이고 공정하며 예측 가능한 채점이 필요해졌다. 체능과 체격을 평가하는 두 가지 기준표를 살펴보자. '체능', 즉 체력검사 쪽은 일본에서의 조사와 경성부 소재 학교 학생들에 대한 검사의 결과를 바탕으로 개인별 검사표(票)인 「(표준대조) 체능검사표」라는 것이 만들어졌다. 〈그림 6-7〉은 11세 남학생용 검사표다.[148] '실측값'에 본인의 점수를 써넣고, 그것을 그 아래 인쇄된 '계급'의 해당란에 점으로 표시한다. 5종목만 실시할 때 100m 달리기 18.5초에 해당하는 점수는 오른쪽에서 찾으면 10점, 제자리멀리뛰기 185cm에 해당하는 점수는 20점 … 5종목의 합계는 75점이다. 종목별 계급의 기준점수를 미리 만들어 놓고, 그것과 비교하는 방식으로 점수를 매기는 것이다.

한편 체격은 키·몸무게·가슴둘레를 측정해서, 키에 대한 몸무게의 비율(비체중)과 가슴둘레의 비율(비흉위)을 각각 50점 만점, 합계 100점 만점으로 한 것이다. 비체중과 비흉위의 간편한 계산과 대조를 위해 총독부는 경성제국대학 위생학·예방의학교실의 미즈시마 하루오 교수에게 의뢰해서 '체격검사표준표'라는 것을 만들었다.[149] 〈그림 6-8〉은 그 중에서 13~14세 남자아동의 키와 몸무게를 나타낸 그래프다. 글씨가

건민운동」, 『역사연구』 47을 참조했다.

148 朝鮮教育會, 1940, 『(中等學校)改正入學考査の手引』, 53쪽(국립중앙도서관 소장).

149 이 책 260~263쪽에서 본 대로 미즈시마는 조선인 생명표를 처음 만든 인물이다. '체격검사표준표' 그래프와 사용 방법은 朝鮮教育會, 1940, 앞의 책에 부록으로 실려 있다.

〈그림 6-7〉 1939년 개정 입시의 체능검사표 기재례

(표준대조) 체 능 검 사 표

㊚ 만 11세~12세 미만

씨명 (氏名)		년 월 일생

종목	(100m) 달리기 (초)	(제자리) 멀리 뛰기 (cm)	(수류탄) 던지기 (m)	턱걸이 (회)	체조	폐활량	배근력	점수	
실측값	*18.5*	*185*	*23*	*2*				5종목	7종목
계급	↑ 17.0	↑ 184	↑ 22	↑ 6				20	15
	↑ 18.0	↑ 151	↑ 15	↑ 4				15	11
	↑ 19.0	↑ 135	↑ 13	↑ 2				10	7
	↑ 20.0	↑ 110	↑ 10	↑ 1				5	3
합계 점수	*10*	*20*	*20*	*10*	*15*			*75*	

작아서 보이지 않지만 가로축이 맨 왼쪽 15부터 맨 오른쪽 67까지 몸무게다. 사선으로 된 것이 맨 왼쪽 120cm부터 맨 오른쪽 170cm까지 2cm 간격의 키, 세로축은 비체중 점수다. 그래프 바닥이 25점, 그래프 위쪽에 가로로 굵게 그은 선이 만점인 50점, 그것을 넘어가면 다시 그래프 꼭대기 45점까지 점수가 감소한다. 「2017년 소아청소년성장도표」에서 13세(160개월) 남자 아이의 키와 몸무게 중간값(50th)을 찾아보면 160.9cm, 52.7kg이다.[150] 1939년에 이 정도 키와 몸무게를 가진 수험생은 중등학

150 질병관리청 국민건강영양조사 웹페이지의 성장도표 > 다운로드(knhanes.kdca.go.kr/knhanes/sub08/sub08_02.do)를 볼 것.

〈그림 6-8〉 체격검사표준표 중 13~14세 남자 아동의 키와 몸무게

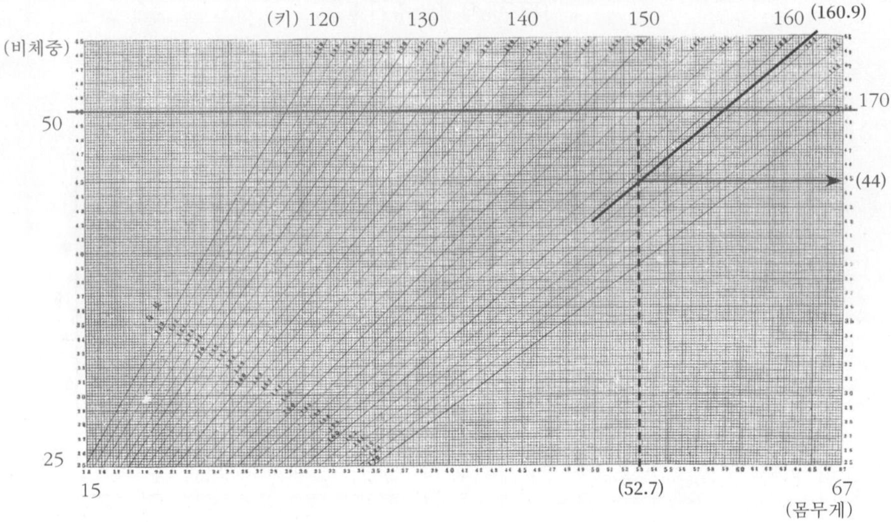

교 입시 신체검사 '체격'의 '비체중'에서 몇 점을 받을 수 있었을까? 수험생의 체중 52.7kg을 가로축에서 찾는다. 거기서 수직으로 굵은 점선을 긋는다. 키 160.9cm를 대략 표시하면 오른쪽 윗부분의 굵은 사선이다. 체중 52.7kg에서 위로 그은 점선과 키를 표시하는 사선이 만나는 점을 찾고, 거기서 수평으로 난외의 점수를 읽으면 약 44점이다. 학무국에서는 중등학교개정입학고사수첩과 중등학교입학고사 체격검사표준표 두 가지를 간행하여 초·중등학교와 학부형에 실비로 판매했다.[151]

---

151 「"입시"의 신지침: 체격검사표준 발표」, 『동아일보』, 1940.1.27. 수첩은 朝鮮教育會, 앞의 책을 가리키는 듯하다.

제7장

국가와 사회의 새로운 관계

제1차 세계대전이 불러일으킨 총력전과 총동원체제의 불길한 상상은, 국가가 사회를 일차적으로 동원의 대상이자 '자원'으로 보게 만들었다. 평상시부터 공업·상업·농업·교통력과 노동력은 물론 정신과 문화까지 모든 영역을 유기적으로 통합하여 대규모의, 신속하고 효율적인 군수동원을 실시하는 것이 국가의 최대 과제가 됐다. 노동력과 징병자원의 확보를 위해 인구의 질적 관리에 필요한 조사도 실시되었으나, 식민지 조선의 경우 후생국이 설치 1년만에 폐지되고 모성보호사업도 부진한 등 인구의 질적 관리, '총후(銃後)' 인구의 후생·복리에 대한 관심은 크지 않았다. 다른 한편 산업화와 도시의 성장 속에 여러 가지 의미, 여러 양상으로 '사회'라는 것이 대두됐다. 노동과 실업, 가계 등은 이제 개인이나 한 집의 삶의 굴곡이 아니라 사회 전체의 문제가 됐다. 그런 새롭고 미묘한 영역을 조사하기 위해서는 또 다른 방법이 필요했다. 대체로 20세기 전반 일본의 공식 통계조직은 전수조사를 선호했지만 차츰 더 세련된 표본조사, 단순히 기존 행정조직을 이용한 문답이나 '청취'가 아닌 새롭고 본격적인 조사의 '방법'이 필요해졌다.

1. 사회조사와 표본

1) '사회'의 대두와 식민국가의 대응

사회학자 도다 데이조(戶田貞三)는 1933년에 『사회조사』라는 책을 냈다. 여기서 그는 '사회조사'는 영어의 'social survey'나 'social research'의 번역어로 새로 쓰이게 된 말이라면서, ① 사회개량사업을 위한 직접적 정보를 얻고자 하는 좁은 뜻의 사회조사와 ② 사회에 대한 과학적 인식을 목표로 하는 넓은 뜻의 사회조사를 구별한다. 그에 따르면 당장 빈곤자를 구조하는 데 그치지 않고 빈곤을 막기 위해서는, 구조를 요청하는 자의 처지가 어떤지, 어떤 과정을 거쳐 그런 지경에 이르렀는지를 상세히 조사해야 하고, 사회개량과 사회사업은 모두 그런 조사 결과에 바탕해서 이루어져야 한다. 그런 뜻에서 사회개량에 필요한 자료 획득이라는 ①의 뜻으로 이 말이 도입되었는데, 차츰 의미가 확장되어 ②의 뜻으로도 쓰게 되었다는 것이다.[1]

사실 '사회'라는 말로 지칭되는 대상도 ①이나 ②의 조사에 앞서 오래전부터 존재했던 것은 아니다. '사회'는 맨눈으로 볼 수 없다. 그것은 바로 그런 조사에 포착되고 통계에 의해 재현됨으로써 비로소 가시화되는 어떤 것이다.[2] 규칙적인 것은 개인들의 자살이 아니라 한 인구집단 전

---

1 戶田貞三, 1933, 『社會調査』, 時潮社, 1~3쪽.

2 예컨대 19세기 이탈리아에서 통일 이전부터 아직 존재하지 않는 '이탈리아' 전체를 단위로 한 통계가 시도·생산된 것이 실제로 사람들이 이탈리아를 하나의 정치체로 상상하는 데 영향을 미쳤다는 주장이 있다(Silvana Patriarca, 1996, *Numbers and*

체의 자살율이다. 개인이 주변에서 직접 보고 들은 이혼 사례가 많거나 적은 것과 사회 전체의 이혼율은 다를 수 있다. 매년 말이나 10월 1일이라고 기준시점을 정해서 조사하는 것은 변동이 심한 실업을 파악할 때는 좋은 방법이 아니다. 게다가 자살·이혼·실업은 사적이고 내밀한 문제다. 이런 대상을 조사하는 데 보고례 양식만 말단 공무원에게 떠맡기는 보고통계는 다소 무딘 도구였다. 사회에 대한 조사는 조금 더 세련된 방법에 대한 모색과 이어져 있었다.

19세기 말 이래 수용된 '사회' 개념은, 조선이 주권의 위기와 상실을 거쳐 이민족의 지배를 받게 되면서 차츰 정치 영역과 구별되는 별개의 자율적이고 독립적인 영역, 또는 국가 성립의 토대가 되는 더 근본적인 차원을 가리키는 말로 사용됐다. '조선사회'라는 말에는 식민국가가 정치와 행정을 독점하고 있는 현실에도 불구하고, 그것과 별개로 조선인들은 자율적인 민족공동체를 이루어 살고 있다는 느낌이 배어 있었다.[3] 그러나 '사회'라는 말의 의미는 그보다 훨씬 다양했다. 1917년 러시아혁명 이래 동아시아에서도 큰 영향력을 갖게 된 사회주의는 사회를 조화로운 공동체가 아닌 계급투쟁의 장이자 그것의 산물로 파악했고, 비정치적이고 자율적인, 단일한 민족공동체의 상상을 부르주아지의 계급지배를 은폐하는 이데올로기라고 비판했다. 한편 신문의 '사회면'은 정치나 외교,

---

Nationhood, Cambridge University Press). 저자는 그것을 '애국통계'라고 부른다. 베네딕트 앤더슨이 민족 상상의 기제로 제시한 신문과 소설, 총조사, 지도, 박물관 등에 당연히 통계표도 덧붙일 수 있을 것이다(베네딕트 앤더슨 저, 서지원 역, 2018, 『상상된 공동체』, 길, 51~66쪽, 248~276쪽).

3 박명규, 2001, 「한말 '사회' 개념의 수용과 그 의미 체계」, 『사회와 역사』 59, 66~67쪽; 김현주, 2013, 『사회의 발견』, 소명출판, 342쪽 등. 이런 '사회'의 상상에는 조선어 언론·출판이 큰 몫을 했다고 평가된다.

경제 같은 거창하고 중요한 차원과는 거리가 먼 일상의 잡사와 세태, 강도·폭행·살인·자살·치정부터 사기·성매매·교통사고까지 크고 작은 온갖 사건과 미담, 추문으로 뒤범벅이 되어 있었다.

또 산업화와 공장제 생산, 도시의 성장, 자본주의의 경기변동은 고용과 노동, 실업을 개인 삶의 굴곡과 행운·불운의 문제만이 아니라 사회 전체의 문제로 만들었다. 실직과 불완전고용에 시달리는 도시 빈곤층은 농촌에서와는 전혀 다른 삶의 위기에 직면했고, 크고 작은 노동쟁의와 각종 '사회운동'도 등장했다. 여전히 집회와 시위가 간혹 폭동으로 비화하기도 했고 경찰도 폭력으로 시위를 진압했지만, 정당·대중매체와 여러 가지 방식으로 결합하면서 전통시대의 민란이나 봉기와는 다른, 새로운 형태의 결사(結社)와 단체행동이 확산됐다.[4] 거기에 민주적이지 않은 사회에도 인민주권과 민주주의의 이상이 소문으로나마 점차 확산되었고, 프랑스혁명과 러시아혁명을 거치면서 세계의 모든 정권에게 '혁명'은 불길한 상상이 되고 있었다. 사회 내의 온갖 갈등이 체제의 위기로까지 확대되지 않도록, 중앙정부와 지방관청은 도시 빈곤층의 식량과 주거, 실업, 치안, 위생·건강과 환경 문제에 어떻게든 대응해야 했다. 이렇게 해서 국가가 떠맡게 된 새로운 행정적 과제 역시 '사회'라는 이름으로 불렸다.

일본에서는 1917년 8월 내무성 지방국에 '구호과'가 설치되었다가 1919년 12월에 '사회과'가 됐다. 1918년 '쌀 소동'과 같은 사회운동, 빈

---

4 일본의 한 연구는 1905년 9월의 히비야(日比谷) 소요 사건을 자연발생적 '군중'의 도시형 민중폭동, 1912년 제1차 헌정옹호운동을 정당과 결합된 '공중'의 행동, 1918년 쌀 소동을 대중매체와 결합된 '대중'의 행동으로 평가한다(시마무라 테루, 2012, 「군중·민중·대중」, 『내셔널리즘의 편성』. 소명출판, 197~221쪽). 그런 과정을 거치면서 근대적 사회운동이 등장하게 된다.

곤, 노동(자) 문제와 노동운동, 소작쟁의, 사회주의사상 등에 대응하기 위한 조치였다. 사회주의나 사회운동을 연상시킨다고 해서 그때까지 일본의 권력자들이 기피했던 '사회'라는 말이 처음으로 정부 부서의 이름으로 등장한 것이다. 사회과는 이듬해 8월 종래의 진휼·구제 외에 '기타 사회사업'까지를 사무로 하는 사회국으로 승격되고, 이 사회국은 다시 1922년 11월부터 노동과 건강보험 사무를 통합해서 내무성의 외국(外局)이 된다.[5]

같은 시기 식민지에도 '사회'라는 이름의 부서와 행정이 등장했다. 조선에서는 1921년 4월 내무국 제1과와 제2과가 각각 '지방과'와 '사회과'로 개편되고, 타이완에서는 1922년 내무국 시가장과(市街庄課)에 '사회사업계'가 설치됐다.[6] 1920년대 조선총독부 사회과의 소관사무는 〈표 7-1〉과 같다.

구휼·자선은 종래 제2과가 담당해 온 전통적인 빈곤대책일 것이다. 이것을 '구빈(救貧)'이라고 하면, 1920년대 이래 일본에서는 (도시) 하층계급에게 고용의 기회를 확대·알선해서 빈곤을 사전에 예방한다는 '방빈(防貧)' 개념이 유행했다. "구빈에서 방빈으로"라는 구호가 사회정책의 진보를 표방하는 것처럼 여겨지기도 했다. 그러나 〈표 7-1〉에서 보는 총독부 사회과 사무에서 '방빈'은 잘 드러나지 않는다. '지방개량(비)'은 '사회구제비'라고도 불렸는데, 제1과 소관인 임시은사금 사업 중 사회과로 이관된

5 副田義也, 2007, 『內務省の社會史』, 東京大學出版會, 370~375쪽, 433~436쪽, 461~470쪽.

6 시·가·장은 타이완의 지방행정단위니까, '시가장과'는 조선으로 치면 지방과에 해당한다. 이 사회사업계는 1924년 내무국 문교과로 옮겼다가 1926년 문교과가 문교국으로 확대되면서 사회과가 된다(大友昌子, 2007, 『帝國日本の植民地社會事業政策研究』, ミネルヴァ書房, 168쪽).

〈표 7-1〉 1920년대 조선총독부 내무국 사회과의 소관사무

사무	이전 담당 부서	이후의 변화	1932.2.13 학무국 이관 때
구휼·자선	제2과 →	1924.12.25, '진휼·자선'	×
사회사업	(신설)		○
지방개량(비)	제1과 '임시은사금' 중 →		×
향교재산 관리	제1과 →		○
수리조합	제2과 '지방단체' 일부 →	→ 1926.6.14, 식산국 토지개량과로 이동	×
제생원·감화원	'사회사업' 중 →	1924.12.25, 추가	○
내외사정 소개	총독관방 조사과	〃	→ 총독관방 문서과

부분이다. '임시은사금'은 '한일병합' 당시 조선의 민심을 무마하기 위해 천황이 발행한 3,000만 원 상당의 공채를 가리킨다. 1920년부터 일부 사회구제에도 쓸 수 있게 됐다.[7] 향교재산 관리에 대한 사무는 지방 유림의 포섭·관리를 통한 '사회교화'의 일종이라고 하겠다. 뒤에 나올 '내외사정' 사무도 마찬가지다.[8] '수리조합'은 제2과 '지방단체와 공공조합' 사무에서 부제·면제 시행으로 변경된 지방단체와 학교비 사무 등이 지방과로 이관되고 남은 항목인데, 1926년 식산국 토지개량과로 옮겨진다.

7 애초 '임시은사금'은 ① 조선귀족·양반과 경학원, 효자·절부 등에게 개별 지급 883만 원, ② 제생원 등 사회구료·구호에 377만 원, ③ 지방의 산업·교육·흉겸(凶歉) 구제에 1,740만 원이 분배됐다. ③은 1917년부터 지방비 회계에 편입되고 산업 60%, 교육 30%, 흉겸구제 10% 비율로 지출됐다. 1920년 1월 「임시은사금관리규칙」이 개정되어(1920.1.13, 조선총독부령 제2호) ③을 일부 사회구제에도 쓸 수 있게 된다(조선총독부, 2018, 『국역 조선총독부 30년사 상』, 민속원, 492~496쪽).

8 김순석, 2014, 「일제강점기 「향교재산관리규칙」 연구」, 『태동고전연구』 33. 1920년대 총독부의 사회교화정책은 사회복지·사회사업의 측면보다 3.1운동 이후 조선인에 대한 문화·사상 통제라는 측면에서 천착해야 한다는 지적은 이지원, 2020, 「3·1운동 이후 일제의 식민지 사회교화정책과 조선 민족성」, 『학림』 45, 171쪽을 볼 것.

1924년 말에 가서 사회과에 '제생원·감화원'과 '내외사정 소개' 사무가 추가된다. 고아 양육, 맹·아 교육, 정신병자 구료를 위해 1911년 설치된 제생원(濟生院) 관련 사무는 1910년대 내내 제2과 소관이었는데, 아마 사회과로 개편되면서 '사회사업'에 포함되었던 모양이다. 감화원(感化院)은 1923년 10월부터 시행된 「조선감화령」에 따른 소년수용시설이다. 사이토 총독기의 기획인 '내외사정 조사·소개' 사무는 총독관방 조사과 소관이었는데, 1924년 말에 조사과가 폐지되면서 '조사' 사무는 총독관방 문서과로, 활동사진반의 교화영화 제작 등을 포함한 '소개'는 사회과로 이관됐다.[9]

사회과 설치와 함께 신설된 단 하나의 사무는 '사회사업'이다.[10] 거기에 보건·위생부터 '방빈'을 위한 시설, 노동보호와 여성·아동 보호 등이 다 포함되어야 했지만, 그런 새로운 사업을 위한 총독부의 인프라는 허약했다. 조선에는 「공장법」을 비롯한 노동관계 법령들은 시행되지 않았다. 가령 일본에서는 1916년부터 시행된 「공장법」과 1924년 「공업노동자최저연령법」에 의해 아동 노동이 금지되지만, 조선에서는 그렇지

9 총독관방 조사과의 '내외사정' 사무는 378~383쪽에서 보았다. 내무국 사회과의 영화 제작·상영 등에 대해서는 김정민, 2009, 「조선 총독부 내무국 사회과의 교화 영화 정책 출현 배경에 관한 고찰」, 『한국문학연구』 37을 볼 것.

10 영어의 'social work'에 해당할 '사회사업'이라는 말은 식민지기 복지·사회보장·사회정책 등을 가리켜서 널리 쓰였다(정근식·주윤정, 2013, 「사회사업에서 사회복지로」, 『사회와 역사』 98). 1920년대 초 조선에서는 구빈사업·생활개선사업·교화사업·보건위생 등으로 나뉜다고 소개되기도 했다[「窮境에 陷ᄒᆞᆫ 失業者(二)」, 『每日申報』, 1921.3.12]. 한 일람에는 구호, 경제보호, 의료보호, 아동·여성보호, 사회교화 등으로 범주화되어 있다(大友昌子, 2007, 『帝國日本の植民地社會事業政策研究』, ミネルヴァ書房, 148~149쪽).

못했다.[11] 또 조선에는 노동자와 그 가족에 대해 업무상 재해 이외의 질병·부상과 사망·출산에 급여를 제공하는 「건강보험법」이나 「노동자재해부조책임보험법」도 시행되지 않았다. 「아동학대방지법」이나 「모자보호법」도 그리고 빈민구제에 대한 기본 법률인 「구호법」도 없었다. 복지에 쓸 예산이 부족했던 총독부는 사회사업의 많은 부분을 민간 부문, 특히 종교단체에 의존했다. 일부 도시에서 빈민의 구호를 담당한 방면위원(方面委員) 역시 지역 유력자의 명예직이었다.[12] 그렇게 '구빈', 즉 구호·구제가 빠진 '방빈'이란 구호 대상자의 정신적 태도와 의지를 강조하는 '사회교화'로 흐르기 쉬웠다.

그리고 사회과는 우가키 총독 때인 1932년 2월 내무국에서 학무국으로 옮겨진다. 이때의 사무는 ①사회사업, ②제생원·감화원, ③사회교육, ④청소년단·청년훈련소, ⑤도서관·박물관, ⑥경학원·명륜학원, ⑦향교재산 관리, ⑧종교·향사(享祀), ⑨사원(寺院), ⑩보물·고적·명승·천연기념물 등의 조사·보존으로 규정됐다.[13] 내무국 사회과 때의 사

11 「공장법」은 일정 규모 이상의 공장에서 대해 아동과 여성 노동을 금지·제한했고, 1924년 「공업노동자최저연령법」은 모든 공장에 대해 14세 미만 아동의 노동을 금지했다. 반면 조선에서는 1931년까지 관영 전매국 연초공장에도 15세 미만의 직공이 (소수지만) 합법적으로 존재했다. 1922년 내무국 사회과 조사에 따르면 민간의 664개 회사·공장의 노동자 4만 8,000여 명 중 10세 미만 유년공이 17명, 12세 미만이 291명, 15세 미만 소년공이 9,138명이었다(「사설: 공장법을 실시하라」, 『동아일보』, 1931.7.25).

12 1920년대 이래 총독부의 사회사업에 대해서는 조경희, 2016, 「1920년대 식민지조선 사회사업의 성격과 그 한계」, 『역사와 담론』 80; 예지숙, 2021, 「일제시기 사회사업 외곽단체의 설립과 활동」, 『인문학연구』 61; 예지숙, 2023, 「일제시기 사회사업 연구의 동향과 과제」, 『영남학』 86을 참조했다. 방면위원 제도에 대해서는 박세훈, 2002, 「구제와 교화: 일제 시기 경성부의 방면 위원 제도 연구」, 『사회와 역사』 61을 볼 것.

13 1932.2.13, 조선총독부훈령 제13호, 「조선총독부사무분장규정」 개정.

무는 ①과 ②로 압축되고, 나머지는 종전 학무국 종교과나 고적조사과가 담당하던 사회교육·교화 등등의 사무들이다. 1936년 사회과가 다시 내무국으로 이속되면서 아동보호, 노동보호, 실업 구제·방지 등 사무의 분야가 조금 더 구체화되지만, 중일전쟁의 발발·장기화와 함께 노동정책은 오히려 전시 노동력 공급을 위한 것으로 바뀌게 된다. 1941년 3월 사회과에서 독립된 노무과의 사무에는 '실업대책'과 '노동보호'도 있지만 '노무의 수급 조정'과 '국민징용'도 있었다.[14]

1941년 11월에는 내무국 사회과·노무과와 경무국 위생과가 통합되어 '후생국'이 신설되었으나, 후생국은 1년만에 폐지되고 만다.[15] 그 시기 일본에서는 전쟁수행, 전쟁동원의 문제와 맞물려서 우생학이라든가 인구의 질적 측면에 대한 관심도 커졌지만, 조선에서는 농촌 과잉인구를 만주로 배출해야 한다는 철 지난 계획만이 되풀이되었을 뿐 인구의 증가나 '함양', 모자보건의 담론은 확산되지 않았다.[16] 군사부조·군사원호는 사회부조를 뒷전으로 밀어냈다. 조선총독부는 1944년 3월에 가서야 제령으로 「조선구호령」을 공포하지만, 일본의 1929년 「구호법」 만큼의 제도적 기반도 갖춰지지 않은 채였다.[17] 식민지기 일본의 주요 사회사업 관련 법령 중 조선에 시행된 것은 「감화법」에 대응하는 1923년의 「조선감화령」과 「소작조정법」에 대응하는 1933년의 「조선소작조정령」 정도다.

---

14 1941.3.13, 조선총독부훈령 제23호, 「조선총독부사무분장규정」 개정.

15 백선례, 2023, 「1940년대 초 조선총독부 후생국의 신설과 폐지」, 『역사문제연구』 27(1).

16 1941년의 일본 각의(閣議) 결정 「인구정책확립요강」은 '우리나라' 인구의 발전·향상을 꾀한다고 했으면서도 1960년까지 일본인(內地人) 인구 1억 명 달성만 목표로 제시하고, "외지인 인구에 대해서는 별도로 정한다"고 미루어 두었다(이정선, 2023, 「총력전체제 하 일본의 인구정책과 식민지 조선인」, 『역사문제연구』 50호, 30쪽).

17 愼英弘, 1984, 『近代朝鮮社会事業史研究』, 緑蔭書房, 450~474쪽.

2) 노동과 실업의 '전수조사'

(1) 노동통계의 두 갈래: 보고통계와 총조사

일본의 노동통계 역시 다른 통계와 마찬가지로 보고통계와 총조사의 두 계열로 나누어볼 수 있다.[18] 대표적인 보고통계는 1909년 이래 농상무성령 「공장통계보고규칙」에 따라 집계됐다. 5명 이상의 노동자를 사용하는 공장에 대해 5년마다 공장표(票) 양식을 배부해서 각 공장주에게 여러 가지 사항을 기재·보고하게 한 것이다. 이것은 본격적 노동통계라기보다는 법령 제목처럼 공장의 규모와 설비, 생산품·생산액 등을 다루는 '공장통계' 속에 노동자의 수와 노동시간, 임금 등의 사항을 포함시킨 것이다. 이후 1916년 「공장법」 시행 등에 따라 이 규칙은 여러 차례 개정된다.

노동에 관한 총조사는 1922년의 「통계자료실지조사에 관한 법률」에 의해 1924년부터 '노동통계실지조사'라는 이름으로 3년마다 이루어졌다.[19] 식민지기 일본에서 통계조사를 법률로 규정한 것은 국세조사와 자원조사 그리고 이 노동통계실지조사뿐이다. 1920년대 노동(자)에 대한 조사가 문제가 얼마나 중요하고 절박한 문제였는지를 알 수 있다. 제1회 조사는 1923년 10월 10일로 예정되었으나 간토 대지진으로 1924년부터 조사가 시작됐다. 1936년부터 조사 대상에 공장·광산 외에 교통업이 추가되고, 1938·1940년에는 임시조사가 시행된다. 애초

18 이하 두 단락은 島村史郎, 2008, 『日本統計発達史』, 日本統計協会, 203~214쪽을 기초로 했다.

19 1922.4.18, 법률 제52호, 「통계자료실지조사에 관한 법률」; 1923.5.22, 칙령 제266호, 「노동통계실지조사령」. 규모·업종에 따라 조사 대상이 한정되기는 해도, 조사 대상이 되는 사업체와 노동자에 대해서는 전수조사를 했기 때문에 '총조사(census)'로 보았다.

조사의 목적은 사회문제 해결을 위한 자료 수집이었지만, 1938년의 임시조사부터는 군수산업 강화, 노동동원, 기술자 배치, 임금통제 등으로 목적이 바뀌어갔다.

노동상황을 포함한 공장에 대한 보고통계는, 조선에서는 보론 3에서 보듯이 보고례를 통해 수집되어 『통계연보』 등에 실렸다. 일본의 「공장통계보고규칙」이 공장마다 하나의 공장표(票) 양식을 배부해서 공장주에게 기입·보고하게 한 것이라면, 조선에서 사용된 보고례 공장표(表) 양식은 〈그림 A-2〉처럼 공장별로 명칭, 위치, 공장주명 등을 한 줄씩 열기(列記)해서 한 부·군 내 모든 공장을 한 장에 정리하는 방식이었다. 일본처럼 '표(票)'를 이용한 조사를 도입해야 한다는 주장이 줄곧 제기되었지만, 1920년대 후반까지는 별 변화가 없었다. 그러다가 1929년 말 「자원조사법」 제1조에 따른 「조선공장자원조사규칙」이 시행되면서 『보고례별책』의 「공장표(表)」 양식은 사라진다.[20] 하지만 어떤 방식으로 집계되었든 간에 『통계연보』에는 1940년까지 비슷한 양식의 공장통계가 계속 실린다.

공장통계와 별개로 임금통계도 있기는 했지만, 공장 노동자의 임금에 대해서는 충분한 정보를 주지 않는다.[21] 『통계연보』에는 1906년 재조선 일본인들의 것부터 주로 토목·건축이나 상업·운송업, 가사(家事) 관련 일용노동자 등의 임금통계가 실렸다. 1914년 『보고례별책』을 보면 「임은표(賃銀表)」는 목수, 미장이, 톱질꾼, 석공부터 인력거부, 농작부(農

20 「조선공장자원조사규칙」에 대해서는 이 책 565~570쪽을 볼 것. 공장 생산물·생산액 통계인 보고례의 「공산표(工産表)」는 그대로 유지된다.

21 조선의 임금통계에 대해서는 김낙년·박기주, 2011, 「식민지기 조선의 임금수준과 임금격차」, 『대동문화연구』 74를 참조했다. 청일전쟁 이전까지 오사카(大阪) 등 간사이(關西) 지방에서는 일종의 은본위제가 시행되었기 때문인지, 식민지기 일본에서는 '임금'을 '賃金'이 아니라 '賃銀'이나 '勞銀'이라고 표기하는 경우가 많았다.

作夫), 어부, 하남(下男), 하녀까지 42종의 직업에 대해, 도청·부청 소재지, 개항장에서 3·6·9·12월의 평균임금을 조사하고 다시 1년 평균을 내도록 했다. 남녀 모두 장년(壯年)으로 기량(技倆)이 중등인 자에 대해 조사했다.[22] 관리나 회사원 등은 급여가 정해져 있었기 때문인지 조사 대상이 아니었다. 공장노동자의 임금도 1920년부터는 보고례를 통해 조사되지만, 이것은 『통계연보』에는 실리지 않았다.[23]

공장통계든 임금통계든 노동자를 직접 조사하라는 규정은 없었다. 공장에 대한 자원조사의 대상은 공장주였다. 보고례에 따른 임금조사는 노동자 본인이 아니라 고용주나 십장, 직업소개소를 대상으로 할 수도 있었다. 노동에 관한 총조사는 조선 등 식민지에는 아주 늦게, 1940년대에 가서야 도입됐다. 그동안 일본의 「통계자료실지조사에 관한 법률」은 1929년 3월에 개정되어 농업이 조사 대상에 추가되고, 다시 1940년 3월에는 농업·노동·기술에 대한 매년 조사로 바뀌었다. 농업조사는 별개였고, 기존 노동통계실지조사는 1940년 임시조사부터 기술자도 조사 대상에 포함한 '노동기술통계실지조사'가 됐다. 조선·타이완 등 식민지에는 이듬해부터 이 법률이 적용된다.[24] 조사 대상은 1920년대에 비해 많이 확대되어, 다음과 같은 범위에 이르렀다.[25]

---

22 조선총독부, 1914, 『조선총독부보고례별책』, 374쪽.

23 김낙년·박기주, 2011, 앞의 글, 385쪽. 이 책 173쪽의 주 72도 볼 것.

24 1941.4.1, 칙령 제378호, 「다이쇼11년 법률 제52호를 조선, 타이완 및 가라후토에 시행하는 건」; 1941.4.1, 칙령 제380호, 「노동기술통계조사령」; 1941.5.28, 조선총독부령 제147호, 「조선노동기술통계조사시행규칙」.

25 이하 조사 대상과 조사 내용은 1941.4.1, 칙령 제380호, 「노동기술통계조사령」 제2조, 제5조를 볼 것.

1. 항상 5명 이상의 노동자를 사용하거나 5명 이상의 노동자를 사용하는 설비를 가진 공업·광업사업체의 사업주
2. 연인원 300명 이상의 노동자를 사용하는 토목건축사업체의 사업주
3. 매년 6월 10일 현재에 5명 이상의 노동자를 사용하는 운수사업체의 사업주
4. 매년 6월 10일 현재에 노동자 이외의 노무자 10명 이상을 사용하는 사업체로 공업·광업·운수·농업사업체, 수산업사업체·선박, 오락·흥행·접객 관련 사업체가 아닌 사무소·상점의 사업주
5. 매년 6월 10일 현재에 30명 이상의 노동자를 사용하는, 1~3에 규정한 사업체의 노무자
6. 4에 규정한 사업체의 노무자
7. 1~4에 규정한 사업체의 기술자

조사 내용은 사업주에 대해서는 ①사업체 소재지, ②사업체 이름, ③사업의 종류, ④노무자 현재 수, ⑤1개년의 해고 노무자, ⑥1개월의 노무자 임금지불총액; 노무자에 대해서는 ①씨명, ②남녀별, ③출생연월일, ④졸업한 국민학교의 소재지, ⑤배우자의 유무, ⑥교육 정도, ⑦직명, ⑧직력(職歷), ⑨임금, ⑩취업 시간, ⑪민적(民籍)이다.[26] 조사를 위해 부·읍·면에 도지사가 추천하고 총독이 임명하는 명예직의 조사원과 부조사원을 두었다. 사업주는 사업표(票) 용지를 직접 기입했고, 노무자의 경우는 조사원이나 부조사원이 노무표(票)를 가지고 질문을 해서 기입하고 노무자가 그것을 확인한 뒤 서명·날인했다. 조사는 6월

26 민적은 일본인(內地人), 조선인, 중국인, 기타 외국인 등의 '민족별'을 말한다.

1~20일 사이에 조사원이 사업체에 가서 수행했고, 조사 때 출근하지 않은 노무자에 대해서는 거소(居所)에 가서 조사를 했다.[27]

이 조사가 도입된 때는 전쟁이 한창이던 1940년으로, 조사가 실제로 어떻게 시행되었는지에 대해 알려진 바는 거의 없다. 총독부 본청에서는 총독관방 국세조사과가 관련 사무를 담당했다. 그러나 이 조사가 (신설된 가계조사와 함께) 총독부의 「사무분장규정」에 명시되는 것은 1943년 10월 국세조사과가 개편되어 총독관방에 두 번째 '조사과'가 설치되면서다.[28] 노동기술통계조사는 매년 6월에 시행되지만, 식민지에서도 이 조사를 시행한다는 결정이 늦어져서 조선의 제1회 노동기술통계조사는 1941년 8월에 시행됐다. 이 조사는 1944년까지는 시행된 것으로 보인다. 1941·1942년 조사는 보고서가 남아 있다.[29]

1944년 4월 일본제국 전체에 걸쳐 이 조사는 '근로통계실지조사'로 재편된다. 조선에서는 당분간 바뀐 제도가 적용되지 않다가, 1년 뒤에 「조선근로통계조사시행규칙」이 제정됐다.[30] 민영 사업체 중에서 도지사가 지정한 공장·광산·교통사업장에 대해서는 매월 근로통계조사를 실시하고, 나머지에 대해서는 연차 근로통계조사를 실시한다는 내용이다. 전시 노동력 통제가 절박해지면서 주요 사업장에 대해서는 매월 노동

---

27 1941.5.28, 조선총독부령 제147호, 「조선노동기술통계조사시행규칙」 제7·11·14·15조. 마지막 규정은 「노동기술통계조사령」 제6조이다.

28 1943.9.30, 조선총독부훈령 제71호, 「조선총독부사무분장규정」 개정.

29 1941년 조사의 보고서는 朝鮮總督府, 연도 미상, 『(昭和16年8月10日現在)工場, 鑛山, 運輸事業場, 事務所商店數及其ノ所屬勞務者, 技術者數(第1回朝鮮勞働技術統計調査結課報告)』; 1942년 조사의 보고서는 朝鮮總督府, 1944, 『(昭和17年6月10日現在)昭和17年朝鮮勞働技術統計調査結課報告(縮刷版)』.

30 1944.4.14, 칙령 제265호, 「근로통계조사령」; 1945.4.18, 조선총독부령 제80호, 「조선근로통계조사시행규칙」; 훈령 제19호, 「조선근로통계조사시행세칙」.

통계를 내려는 의도였을 텐데, 연차 조사는 1945년 6월, 매월 조사는 1945년 7월 말부터라서 시행의 여부는 알 수 없다.

(2) 식민지의 실업조사

'실업(unemployment)'은 '고용(employment)'의 반대 상태다. 그런 '실업' 개념은 고용과 임금노동을 전제로 하고 있다. 근대 이전에도 여러 가지 이유로 생업과 생계를 잃는 경우가 있었겠지만, '직업'과 '직장'이 일반화되고 임금을 받아 식량과 생활필수품을 구입하면서 살아가는 인구가 다수인 근대 도시와는 상황이 달랐을 것이다. 청일전쟁 이후 급속한 산업화를 경험한 일본에서는 제1차 세계대전의 전쟁 특수가 끝나고 불황이 닥치면서 대규모 실업이 큰 사회문제로 등장했고, 거기에 1923년 간토 대지진으로 도쿄·요코하마 일대에 10만 명이 넘는 실업자가 발생했다. 사회주의의 확산과 함께 전투적 노동운동도 강화됐다. 1920년대 전반의 노동통계실지조사도 노동과 실업이 중요한 사회문제가 된 상황에 대한 대응이다. 거기 더해서 실업 현상 자체에 대한 조사도 요구됐다.[31] 1937년대 전후가 되면 전쟁으로 인해 일본은 거의 완전고용에 가까운 상태에 이르게 되고 실업조사도 사라진다.

그런데 실업은 조사하기가 까다로운 대상이다. 일정 기간 꽤 커다란 인구집단 전체의 실업률은 어느 정도 유지되거나 일정하게 변동한다고 하더라도, 실업자 한 사람 한 사람의 상황은 다르다. 임금이 아니면 먹고

---

31 이하 당시 일본의 실업 개념과 실업조사에 대해서는 加瀬和俊, 2011, 『失業と救濟の近代史』, 吉川弘文館; 川合隆男, 1994, 「戰時化·戰中期における失業調査」, 『近代日本社會調査史(III)』, 慶應通信; 阿部留美子, 2021, 「戰前における失業對策と失業観」, 『社會關係研究』 26(2)을 볼 것.

살 길이 없는 사람들이 장기간 지속적인 실업상태에 있을 수는 없다. 고용이 어렵거나 불안정한 상태에서도 사람들은 단기간의 고용과 실업을 반복하거나 임금이 생활비에 미달하는 열악한 일자리라도 감수하거나, 일자리를 찾아 다른 지방을 떠돌거나 농촌으로 돌아가거나 하면서 먹고 살아야 한다. 취업·고용과 실업, 취업자와 실업자가 분명하게 구분되어 존재하는 것이 아니라 개인의 상태도 계속 변하고, '불완전취업'이나 '잠재적 실업' 같은 말로 파악되어야 할 애매한 주변적인 상황들이 다양하게 생겨나게 된다.

따라서, 특히 실업통계에서는 실업을 어떻게 (조작적으로) 개념화하고 누구를 대상으로 어떻게 조사할지가 중요한 문제가 된다. 경제활동인구와 나머지 인구를 나눈다거나 취업 의사와 자발적 실업 여부를 따질 필요도 있다. 단순히 전 국민을 총조사하는 것은 방법이 아니고, 이 경우는 무작위 표본추출도 좋은 방법이 아닐 것이다. 잠재적으로 실업 가능성이 있는 인구와, 그중에서 실제로 실업한 인구를 정확하게 파악해야 했다. 선진국에서는 실업보험이나 노동조합, 직업소개소 등을 이용한 방법이 추천되었지만, 일본제국, 특히 식민지에는 그런 제도는 제대로 갖추어져 있지 않았다. 또 당시는 사회 전체로 보면 여전히 농업의 비중이 컸으므로, 실업인구가 농촌으로 이주하거나 농업 부문에서 일자리를 얻거나 해서 실업 문제를 경감시킬 수도 있었다. 특히 당시 일본의 여공들은 대개 농촌 출신으로 공장 기숙사에서 살았는데, 이들은 해고되면 바로 농촌의 부모 집으로 돌아갈 수밖에 없었기 때문에 실업자로 헤아려지는 일은 거의 없었다.[32]

---

32 加瀨和俊, 2011, 앞의 책, 14~15쪽, 93쪽.

1930년대까지 일본에서 실업을 조사한 방법에는 몇 가지가 있다. 하나는 국세조사 같은 대규모 전수조사의 기회를 이용한 현장조사다. 1925년 간이국세조사 때는 전국 24개 주요 도시에서 임금노동자·급여생활자·일용노동자에 대해 '과거 1년간 실업한 적이 있는지'와 실업 당시 직업과 근무처, 실업 원인 등을 물었다. 1930년에는 아예 국세조사의 문항에 '실업'을 넣어서 전국적 조사를 했다. 다른 한 가지 방법은 1932년 이래 내무성 사회국이 실업자나 실업에 가까운 사람들을 대상으로 실시한 '실업자생활상태조사'다. 세 번째 방법은 역시 내무성 사회국이 1929~1939년 집계한 '실업상황추정월보개요(失業狀況推定月報)'다. 이것은 각 부·현에서 시·정·촌의 보고를 받아 관내의 실업 상황을 말 그대로 '추정'한 것이지만, 10년 동안 같은 집계가 이루어지면서 일종의 실업 상황의 동태를 보여 주었다.

반면 조선총독부는 1925·1930년 국세조사에 실업 조사를 병행하거나 실업 항목을 덧붙이지 않았다. 조선의 실업통계는 1930~1940년 사이에 나온 '실업조사'가 유일하다.[33] 1930·1931년에는 내무국이 주도하여 노동자가 많은 부와 지정면에서만 조사를 했다가, 1932년부터 전국으로 조사가 확대됐다. 언제부터인지 조사양식은 총독부보고례의 일부가 됐다. 결과 보고서는 시기별로 『조선의 실업조사(朝鮮に於ける失業調査)』라는 단행본으로 나오기도 했고 『조사월보』 등에 실리기도 했다. 1930년대 중엽 경상남도의 『보고례별책』에는 각 부·군에서 11월에 도청 (내무부) 지방과에 보고할 연보(年報)로 「세궁민표(細窮民表)」, 「토막(土

33 이하 경상남도 보고례 말고는 거의 전적으로 허수열, 1993, 「일제하 조선의 실업률과 실업자수 추계」, 『경제사학』 17에 의존했다. 인용 쪽수는 따로 표시하지 않는다. 원자료의 재인용은, 원자료를 참조하면서 일부 표현을 고쳤다.

〈그림 7-1〉 1930년대 전반 『경상남도보고례별책』의 「실업자표」

<table>
<tr><td colspan="9">제　　　호
월　일보고</td><td colspan="2">보고
관서명</td><td colspan="2"></td></tr>
<tr><td colspan="9">실업자표(表)</td><td colspan="4">쇼와　년 10월 1일 현재</td></tr>
<tr><td rowspan="2">부·읍·면</td><td colspan="4">급료생활자</td><td colspan="4">일용노동자</td><td colspan="4">그 밖의 노동자</td></tr>
<tr><td>조사
인원</td><td>유업
자</td><td>실업
자</td><td>실업
률</td><td>조사
인원</td><td>유업
자</td><td>실업
자</td><td>실업
률</td><td>조사
인원</td><td>유업
자</td><td>실업
자</td><td>실업
률</td></tr>
<tr><td>○○면　내지인
⋮　　조선인
⋮　　　⋮</td><td></td><td></td><td></td><td></td><td></td><td></td><td></td><td></td><td></td><td></td><td></td><td></td></tr>
<tr><td>총계　내지인
조선인
계</td><td></td><td></td><td></td><td></td><td></td><td></td><td></td><td></td><td></td><td></td><td></td><td></td></tr>
</table>

幕)·불량주택표」와 함께 「실업자표(表)」 양식이 실려 있다. 세로로 된 것을 가로 방향으로 바꾸어 옮기면 〈그림 7-1〉과 같다.[34]

표 양식 아래에는 다음과 같은 조사·기재상의 '주의'가 붙어 있다.

1. 월수 200원 미만의 급료생활자 및 그 실업자에 대해 조사하고, 고용주, 자영업자, 학생, 기타 무업자 및 여자는 기재하지 말 것[35]
2. 급료생활자: 관리, 공리(公吏), 기타 봉급이나 거기 준하는 보수를 받고 사무나 기술에 종사하는 자
3. 노동자: 고용관계 아래 임금을 받고 노역(勞役)에 종사하는 자를 말하며, 이를 일용노동자[토공(土工), 인부, 기타 보통 자유노동자]라고

34 경상남도, 연도 미상, 『조선총독부경상남도보고례별책』, (뷰어) 822쪽(국립중앙도서관 원문). 실업조사의 기준 시기가 10월 1일로 정해지는 것은 1934년부터다.

35 밑줄은 인용자. 문맥상 밑줄 친 부분은 '급료생활자와 노동자 및 그중의 실업자'가 되어야 할 것 같다.

불리는 자와 그 밖의 노동자로 나눔

4. 실업자: 급료생활자나 노동자인 자가 취업할 능력·의사를 가졌음에도 조사 당시 취업의 기회를 얻지 못한 상태에 있는 자를 기재할 것 다만 노쇠 때문에 취업에 적당하지 않은 자, 임의 불취업자, 동맹파업자 또는 공장 봉쇄 등으로 취업하지 못한 자, 아직 한 번도 취업한 적이 없는 자 등은 기재하지 말 것. 또 일용노동자 중에서 9월 중에 2분의 1 이상 취업했다고 인정되는 자는 실업자로 간주하지 않음

이것을 가지고 보면, 식민지기의 실업조사는 조사 대상을 매우 좁게 설정했음을 알 수 있다. 위 1에서는 '실업'이라는 말을 거의 축자적으로 해석해서 그야말로 (있던) 일자리를 '잃은' 사람만 실업으로 치고, 아직 한 번도 취업한 적이 없는 학생, 무직자 등은 빼고 있다. 월수 200원이라는 기준은 어디서 온 것인지 모르겠지만, 하층계급만을 실업 조사와 대책의 대상으로 삼겠다는 뜻일 것이다. 다른 해 『조선의 실업조사』의 설명을 보면 "노쇠자, 상병불구자(傷病不具者), 술버릇·게으름 등의 이유로 취업에 부적당한 자, 임의불취업자, 동맹파업 또는 공장봉쇄로 취업 않고 있는 자"도 뺐다고 한다. 또 "조선 종래의 사정을 감안하여" 여자는 조사 대상에 넣지 않는다고 했다.[36] 일본에서는 1925년 간이국세조사 부대조사 때 "예·창기, 작부, 나카이(仲居) 등"의 여성을 뺐다는데,[37] 조선에서는 공장이든 상업체이든 여성노동자는 모두 제외시켜 놓았다. 당시 신문에서는 이런 방법은 "전진국(前進國—선진국: 인용자)에서 취하는 실업통

36 朝鮮總督府, 1932, 『朝鮮に於ける失業調査』, 1쪽.

37 川合隆男, 1994, 앞의 글, 13쪽.

계법과는 천양의 차가" 있다고 비판했다.[38] 일상생활에서 '실업자'나 '실직자'란 이 조사에서 배제한 학교 졸업생, 소작을 떼인 빈농, 여성 등을 다 포함하는 말이고, 그들을 다 포함한 실제 실업 상황은 훨씬 더 심각했다.[39]

보고례에 의한 다른 대부분의 통계와 마찬가지로, 이 실업조사 역시 설계가 매우 허술하다. 일단 이 보고는 1년에 한 차례 하는 연보이고, 내용을 보면 10월 1일을 기준으로, 대개 9월 중의 상황을 조사해서 11월에 도청에 보고하도록 되어 있다. 그러나 앞서 말했듯이 개인의 취업과 실업의 상황이란 조변석개하는 것인데, 1년에 한 차례의 집계로 충분했을까? 같은 『경상남도보고례별책』에서 찾아보면 임금표는 월보, 공장임금표는 석 달마다 한 차례 집계하는 계보(季報)로 되어 있다. 그런데 당사자들로서는 훨씬 더 절박했을 실업을 1년에 한 번 조사하는 것은 조금 무신경해 보인다. 임금표는 부산부(府)만 조사하도록 했는데, 공장임금표와 이 실업표는 모든 부·군에 대해 조사했다.

부·군 서기는 관내의 조사 대상자를 어떻게 파악했을까? 표 양식과 주의에 아무 언급이 없는 것은 전수조사를 하라는 것처럼 보인다. 그런데 세대주만 따진다고 해도, 집집의 세대주의 직업과 월소득이 200원 이상인지 아닌지 정도는 알아야 조사 대상자를 확정할 수 있었을 것이다. 물론 매년 집계한 「현주호구 직업별」을 근거로 조사를 했을 수도 있다. 보고서류를 보면 실업의 조사 방법은 "조사기관을 특별히 설치하

---

38 「사설: 실업의 조선」, 『조선일보』, 1934.3.21.

39 「中學은 百分六 高普는 百分卄: 전 조선 학교 출신 2만 5천 명 중 2천여 명이 실직하고 도로 방황」, 『조선일보』, 1927.5.17; 「조선 내 실직자는 16만 명의 다수」, 『동아일보』, 1928.11.6; 「실업자 수의 격증」, 『동아일보』, 1928.11.8.

거나 피조사자로부터 신고를 받는 것과 같은 방법을 취하는 것이 아니라, 부·읍·면 직원, 방면위원, 정·동총대, 경찰관으로 하여금 현장조사를 하게 하고, 만약 그것이 불가능하면 그 일부만 현장조사하고 나머지는 추정"했다고 한다. 지역에 따라서는 조사표(票)를 이용한 현장조사도 시행됐다.[40] 그렇게 해서 조사된 인원은 1932~1940년은 대개 조선인 100만 명 이상, 일본인은 10만 명 내외다. 허수열은 여러 규정으로 볼 때 이 조사는 상당히 자의적으로 이루어졌을 가능성이 크고, 또 조사된 인원이 많기는 하지만 전수조사가 아니라 일종의 표본조사라고 판단했다.[41]

한편 식민지에서 실업조사가 이루어졌다는 사실에 주목하면서, 이 실업조사를 조선인 노동력의 일본 유입(도항) 저지, 조선 내에서의 궁민구제사업 실시라는 맥락 속에서 파악한 연구도 있다. 1932년부터 실업조사가 도시 지역뿐 아니라 전국으로 확대된 것도 지역별 궁민구제사업의 실시와 관련되어 있다는 것이다.[42] 이 문제는 타이완의 경우와 비교해서 더 연구해 보아야 한다고 생각된다. 타이완에서는 조선과 같은 형태의 실업조사를 시도하지는 않았지만, 1925년 이래 5년마다 국세조사 항

---

40 경성부는 1930년 1월 하순에 방면위원·경찰서와 협력해서 조사를 했는데 실업조사표 『카드』를 각호에 배부, 각호에서는 해당 난에 기입한 뒤 조사원에게 주었다고 되어 있다(「경성부에서는 실업자조사에 착수」, 『조선일보』, 1930.1.22).

41 허수열, 앞의 글, 1993, 6~8쪽.

42 고태우, 2012, 「1930년대 조선총독부의 궁민구제토목사업과 지역개발」, 『역사와 현실』 86, 251~252쪽. 일용노동자를 주 대상으로 하는 궁민구제사업은 일본의 것을 모델로 했는데, 일본의 사업 역시 주된 목적이 도시 폭동의 방지라는 치안대책이었다고 한다(加瀨和俊, 2011, 앞의 책, 46쪽).

목에 매번 '실업'을 포함시켜서 조사하고 있었다.[43]

3) 표준적 세대의 유의추출

(1) 농가경제조사와 '중용'의 표본

식민지기 조선은 인구의 절대다수가 농업에 종사하는 농업사회였다. 『통계연보』의 「현주호구 직업별」 표에 따르면 1942년에도 조선인 중 직업이 농업이라고 한 사람이 68%였다. 조선의 통치를 위해서는 대다수 농업인구가 경제적으로 어떤 상황에 있는지, 공황이나 흉년, 일본으로의 쌀 이출의 증감이 그들에게 어떤 영향을 미치는지를 알아야 했다. 반면 일본에게 조선은 최대의 쌀 이입처였으므로, 조선 쌀의 가격 변동은 일본 정부와 일본사회의 큰 관심사이기도 했다.[44] 1933년 말 일본에서 「미곡통제법」이 시행되면서, 조선 쌀의 생산비 계산이 요구됐다. 그러려면 개별 농가의 1년간 총수입과 총지출을 정산해서 손익, 즉 경영수지를 따져 보아야 했다.

그런데 농가의 경영수지 조사란 여느 통계와는 사정이 다른, 까다로운 문제다. 이것은 조사원을 현장에 보내느냐, 조사표(票)를 사용하느냐

---

43 278쪽의 〈표 3-5〉를 볼 것.

44 일본제국 바깥과의 무역은 수출·수입, 제국 내 무역은 이출·이입이라고 불렀다. 조선 무역의 70~80%가 대(對)일본 무역이고, 1930년대 전반까지 총이출액 중 농산물이 60%대, 농산물 이출액 중 곡물이 70~80%를 차지했다. 조선의 쌀 생산량 중 이출량의 비중은 1920년대 전반 20%대에서 1930년대 중엽 50% 이상으로 치솟았다. 조선의 쌀 부족을 감수하고 만주에서 수입된 잡곡으로 대체해가면서 쌀을 '기아이출(飢餓移出)'하는 지경이었다(오호성, 2013, 『일제시대 미곡시장과 유통구조』, 경인문화사, 196~203쪽, 234~235쪽).

하는 것으로 해결될 수 없다. 먼저 조사 대상 자체를 말 그대로 '만들어내야' 했다. 정부 재정이나 회사·상점의 회계라면 매주나 매달의 수입과 지출을 장부에 정리할 테니까 1년치 장부를 살피면 되지만, 대개의 농가는 그렇지 않았다. 장부가 없으니 어쩔 수 없이 '청취조사' 방법으로 1년 동안 종자값과 비료값, 머슴의 임금은 얼마였고, 빌려쓴 돈이 있는지 등등을 세대주에게 물어봐야 했다. 하지만 그런 물음에 대답하려면 농민들이 1년 동안의 수입과 지출이라는 개념을 가져야 했고, 근본적으로 모든 것을 '돈'으로 환산하는 감수성 또는 습관(habitus)이 필요했다. 그런데 장부 없이 과연 그런 개념이나 감수성을 가질 수 있을까?

농업 경영에 대한 조사, 당시 용어로 '농가경제조사'는 일찍부터 시작됐다. 일본에서는 1890년대부터 농상무성과 제국농회에서 소수의 농가를 표본으로 뽑아서 농가경제조사를 시작했다.[45] 처음에는 조사원을 파견해서 지난해, 심지어는 몇 년 전의 1년간 수입과 지출에 대해 물어서 조사표에 기입하는 '청취조사'였다. 1913~1915년에는 제국농회에서 단식부기 방식의 장부를 조사 대상 농가에 나누어주고 1년 동안 농가에서 직접 장부를 작성하게 해서 조사를 했다. 장부는 한 달치씩 적도록 하고 부·현의 농회 기술원이 수시로 검사하면서 지도를 했다. 대상 농가는 부·현별로 2개 군마다 1호의 비율로 뽑았다. 경지면적과 경영의 내용(쌀농사의 비중, 양잠·부업의 규모) 등에서 중간 정도 되는 농가를 유의추출(有意抽出, purposive sampling)했고, 작성한 장부는 제국농회로 가져가서

---

45 일본과 조선의 농가경제조사에 대해서는 이송순, 2011, 「1910년대 식민지 조선의 농가경제 분석」, 『사학연구』 104; 이송순, 2002, 「일제하 1930·40년대 농가경제의 추이와 농민생활」, 『역사문제연구』 8; 김인수, 2016a, 「제국-식민지 농가 경제 조사의 지적 계보와 그 정치적 의미」, 『한국과학사학회지』 38(1)을 참조했다.

집계했다. 1913년 전국에서 160호를 뽑았는데, 세대주가 사망했다든지 이사를 갔다든지 해서 1914년 127호, 1915년에는 84호가 남았다. 이후로도 다양한 형태의 조사가 이어졌다.[46]

조선에서도 1910년대 초 조선(중앙)농회에서 적은 수나마 전국에서 몇 호나 몇십 호의 농가를 표본추출해서 조사했다. 도별로 한두 개의 마을을 정해서 마을마다 상층농가과 하층농가를 하나씩 추출하고, 조사자가 세대주에게 지난 1년간, 또는 그 이전에 대해 어떤 부문의 지출이 얼마였고 수입은 얼마였는지를 묻는 식이었다.[47] 이후로도 농가경제조사는 여러 차례, 여러 기관에 의해 시도됐다. 시기별 조사에 대해서는 선행연구에서 잘 정리해 두었기 때문에, 여기서는 다른 조사와 구별되는 농가경제조사의 특징과 문제점에 집중해 보기로 한다.

1914년 9월 1일 농상공부에서 각 도에 농가경제조사를 지시했다. 농가경제조사 중 유일하게 『관보』에 조사표 양식과 주의 사항이 실려 있는데, 〈그림 7-2〉는 그 앞부분이다. 오른쪽부터 조사항목은 가족 인원, 토지, 경작면적, 사육동물, 대차금 그리고 1년간의 수입과 지출 등이다. 그림 왼쪽의 1년간의 수입 부분은 잘렸지만, 쌀, 볏짚(藁), 보리, 보릿짚(麥稈), 조, 조짚(粟稈), 콩, 콩줄기(大豆稈) 등의 항목이 보인다. 그림에는 없지만 꿩, 꿩알, 새끼줄 같은 항목도 있다. 지출에는 각종 세금과 소작료, 종자, 농구, 농구 수리, 양잠비, 머슴의 급여, 교제비, 교육비, 위생비 등을 금액으로 환산해서 쓰고, 그 아래 '적요(摘要)'에 산출 근거를 적게 했다.

46 김인수, 2016a, 앞의 글, 185~188쪽.

47 이헌창, 1990, 「구한말·일제초 농가경영의 구조와 상품화폐경제」, 『대한제국기의 토지제도』, 민음사, 180쪽; 이송순, 2011, 앞의 글, 91~96쪽.

〈그림 7-2〉 1914년 농상공부 농가경제조사의 조사양식(일부)

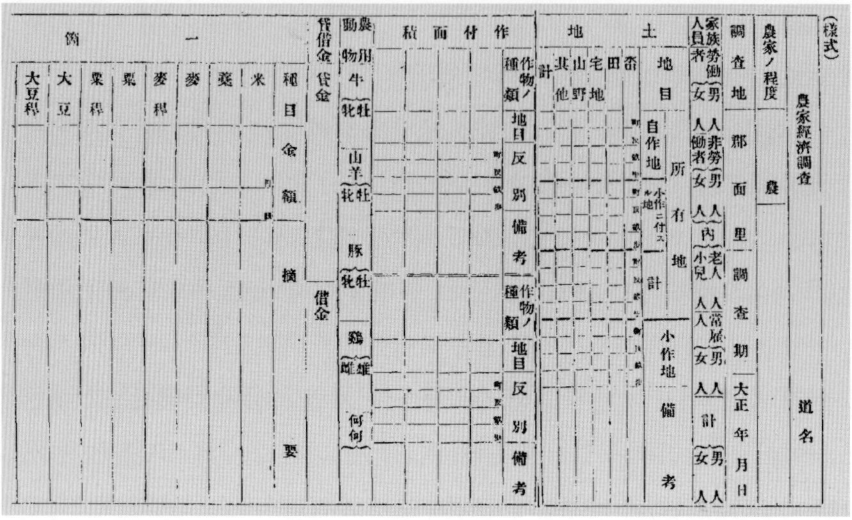

항목에 없는 것은 직접 항목을 기입하게 했다.

조사는 아마 조사원이 세대주에서 물어서 항목에 기입하는 '청취조사'로 이루어졌을 것이다. 〈그림 7-2〉의 조사표 양식에 딸린 '주의'를 통해서 조사의 특징을 생각해 보자.[48]

1. 본 조사는 각 도에서 도내 농가경제 일반(一般)을 추측할 수 있다고 여겨지는 곳(가급적 여러 곳을 고를 것)을 골라 각 곳의 상농·중농·하농에 대해 각각 조사해야 함. 또 이 조사에 덧붙여 도내 농가 총호수에 대한 상농·중농·하농 각 농가 수의 추정 비율을 기록해야 함

48 1914.9.1, 관통첩 제316호, 「농가경제조사의 건」(농상공부장관 → 각 도장관). 김인수, 2016a, 앞의 글, 193~194쪽.

2. '적요'란에는 각 종목에 대해 금액 산출의 기초를 가급적 상세하게 설명해야 함
3. 자가(自家)의 생산물 중 자가에서 소비하는 것은 수입·지출 양쪽에 계상해야 함
4. 농작물 같이 해마다 풍흉이 있는 것은 평년을 표준으로 해서 수입 금액을 계상해야 함
5. 지출에는 자가의 노동력을 계상하지 말아야 함
6. 가옥 수선, 관혼상제비 등 매년 지출을 요하지 않는 것은 평균 1개년의 지출액을 계상해야 함
7. 금액 이외에 주고받을 빚이 있을 때는 그 종류와 수량을 '대차금'란에 덧붙이고, 그 이자는 수입이나 지출로 적어야 함
8. 수지의 정산에 부족이 생길 경우에는 어떻게 해서 그것을 보충할지를 적어야 함

먼저 농가경제조사는 식민지기에 흔치 않았던 표본조사다. 그런데 이때의 표본추출은 확률을 이용한 무작위적인(random) 것이 아니라, 조사를 기획하는 쪽의 판단에 따른 유의추출이었다. 위 1을 보면, 표본의 개수는 정하지 않고, 오히려 상층·중층·하층 농가를 각각 선발하라고 했다. 상농·중농·하농의 추정 비율도 쓰게 해서 수지 평균을 계산하려는 설계였던 것 같지만, 상농·중농·하농의 근거와 기준이 밝혀져 있지 않다. 만약 지역별로 서로 다른 기준에 의해 상중하를 정했다면 다른 지역과의 비교나 전국 평균은 불가능해진다.

이후의 다른 조사를 보면 '중용'의 농가 또는 중농 이상을 선발하게 한 것도 있다. 가족 구성, 재배작물 등을 엄격히 제한해서 표준적인 표본

을 뽑기도 했다. 1930~1933년 조선농회의 5개 도 농가경제조사는 역시 중년 부부를 중심으로 형제자매와 아동이 동거하며 공직이나 뚜렷한 겸업을 하지 않으나 양잠을 부업으로 하고 유학하는 자제가 없는 농가로, 자작·자소작·소작 각 계층별로 일반농가에 비해 약간 우량한 농가를 선정했다. 농가갱생계획의 일환으로 농림국에서 1933년, 1938년 두 차례 시행한 농가경제개황조사는 갱생계획을 수립한 농가 중에서 가족, 노동능력, 농업경영의 여러 요소 등을 고려하여 비교적 중용이라고 할 만한 농가를 선정했다.[49]

1914년의 조사는 조사원이 세대주에게 질문을 해서 조사양식을 채우는 방식으로 진행되었을 것이다. 1930년대 초 조선농회의 조사는 훨씬 더 엄격한 방법을 적용해서, 조사원이 조사대상 농가의 세대원과 함께 장부를 기입하게 했다. 조선농회의 농가경제조사 방법을 요약하면 다음과 같다.

- 본회의 조선인 직원을 현지 부락 내에 주재시켜 날마다 조사농가의 동정을 주시하게 하고, 조사원은 매일 저녁 각 집을 방문해서 비치된 일정한 일지에 소요사항을 상세히 기입한다
- 현물 지출·수입은 본회에서 교부한 도량형으로 정확하게 계량해서 기장하고, 현금은 지갑 속까지 조사하지는 못하지만 매일 상세하게 출입기장을 해서 계산착오가 없게 했다
- 노동시간은 본회에서 특별히 각 집에 배급한 시계로 각 가족, 머슴, 가축의 종업시간을 조사·기재했다

49 이송순, 2002, 앞의 글, 87~88쪽.

- 농산물 가격은, 실제 매매되고 있는 것은 부근의 시장가격을 표준으로 하고, 매매되지 않는 것에 대해서는 생산미용 또는 수익의 가격에 의해 평정(評定)하며, 그렇게 할 수 없는 것에 대해서는 마을 유지가 모여 다른 매매 물가를 표준으로 합의해서 결정했다
- 농가부채 조사는 가장 곤란한 것 중 하나였는데, 그 지방 은행·금융조합 등에 대해 현장조사를 하고, 개인 간의 대차는 조사 초기에는 사실을 위조할 우려도 다소 있었지만, 현금수지의 기장을 해 가는 중에 저절로 그 액수가 판명되기에 이르렀다. 여성들의 대차금, 비상금 같은 것도 조사가 곤란했지만, 다행이 모두 순박한 사람들이어서 특별히 숨기거나 하는 경우는 없었다
- 조사상 특히 조사원에게 주의를 준 것은, 절대로 지도적 행위와 비판을 해서는 안 된다는 것이다. 어느 날 조사지에서 조사일지를 검토하면서 조사 대상 농가의 노동일수가 적은 것을 조사원에게 질문했더니, 옆에서 그것을 듣고 있던 마을 청년이 당사자에게 그 이야기를 한 듯, 이후 태도가 일변해서 노동에 정진하게 되었다는 일화가 있다
- 또 조선에는 남녀가 내외하는 관습이 있으므로, 조사원에게는 처를 대동케 해서 여성에 대한 조사를 돕게 하기도 했다. 또는 조사대상 농가에 향응을 제공하고 활동사진반을 파견해서 마을 사람들을 위안하는 등 갖은 방법을 써서 조사의 정확과 원활을 기했다[50]

50 船越光雄, 1933,「社會經濟に見た朝鮮農家(上)」,『朝鮮農會報』7(2), 75~76쪽.

그렇더라도 이런 조사는 조사 대상자에게 상당한 '수해력(numeracy)'을 요구했다.[51] 화폐경제 자체가 일상에 아주 깊이 침투하지는 않았던 당시의 농촌에서, 모든 소득과 소비를 금액으로 환산해서 기입하라는 것은 쉽지 않은 요구였다. 당시 농민들은 농산물을 장에 가지고 가서 필요한 일용품으로 바꾸었다. 그 과정이 실제 화폐를 매개로 했든 아니든, 교환 과정에서 물품의 가치가 일부 화폐 단위로 환산되기는 했을 것이다. 그러나 장시에서의 매매가격이란 수요와 공급의 균형점으로 수렴하는 것이 아니었다. 시간에 쫓기는 농민들은 시세보다 훨씬 낮은 가격에 농산물을 팔아치우기도 했다.[52] 심지어 1980년대 초반까지도 농민들끼리의 거래는 일차적으로 화폐가 아니라 쌀(의 부피)을 단위로 하고, 그것에 쌀값을 곱해서 금액을 계산하는 방식으로 이루어지기도 했다.[53]

게다가, 제시된 양식은 단순해 보이지만 단식부기 원칙에 따른 장부다. 모든 수입과 지출을 금액으로 환산해야 할 뿐 아니라, 일상적으로는 수입과 지출로 생각하지 않는 것도 그렇게 처리해야 했다. 실제 생산물을 팔아서 돈과 바꾸었거나 돈이나 현물을 주고 샀다면 그 금액을 쓰면 되지만, 팔지 않은 것도 생산된 것이면 (팔 수 있는 물건이 생긴 것이니까) 수입으로 잡아야 했다. 545쪽의 3은 그런 점에서 닭이 알을 낳았는데 내다팔지 않고 가족 중 누가 먹었다면, 계란값을 수입과 지출에 모두 써야 한다는 지시다. 계란을 팔아서 돈을 벌고(수입), 그 돈으로 다시 계란

---

51 'numeracy'는 'literacy'와 비교될 만한 수적 능력을 가리키는 신조어다. 어색하지만 '문해력'에 견주어서 '수해력(數解力)'이라는 번역어를 만들어 보았다.

52 허영란, 2009, 『일제시기 장시 연구』, 역사비평사, 240~245쪽.

53 이성호·안승택, 2016, 「1970~1980년대 농촌사회의 금전거래와 신용체계의 변화」, 『비교문화연구』 22(1).

을 사서 먹은(지출) 것과 같기 때문이다.

그래도 쉽게 처리하기 어려운 경우도 있었다. 〈그림 7-2〉의 본래 양식에는 수입란과 지출란 양쪽에 '비료'라는 항목이 있다. 지출의 비료는 일단 돈을 주고 사야 하는 '금비(金肥)', 즉 화학비료라고 생각된다. 반면 수입란에 비료(인분뇨·퇴비·녹비)라고 한 것은 변소에 쌓인 똥오줌도 장차 거름으로 팔 수 있다는 계산일 것이다. 그런데 그 거름을 집에서 사용했다면? 계란의 경우와 마찬가지로 똥오줌과 볏짚 값을 수입과 지출 양쪽에 적어야 하지 않을까?[54]

더 엄격하게 따지자면 가족의 생활비나 교육비, 관혼상제비 같은 가계의 지출과 농업 경영상의 지출은 구분되어야 할 것이다.[55] 그러나 농가라는 것은 근대의 공장처럼 주거와 작업장이 분리되고 생산도구가 독점된 공간이 아니다. 방에 불을 지피는 아궁이에 솥을 걸어 쇠죽을 끓였으면 거기 들어간 땔감 값은 집의 난방비인가, 아니면 농업 경영을 위한 지출인가? 농가경제조사는 이렇게 일상의 생활감각과는 다른 복잡한 계산법에 따라 이루어졌다.

다른 측면에서 비슷한 조사가 요구되기도 했다. 가령 1934년의 쌀 생산비 조사 같은 것이다. 1920년대 조선이 산미증식계획을 추진하는 동안, 조선 쌀의 최대 이입처인 일본은 풍작에 불황 그리고 조선·타이완 등

54 황당한 보기 같지만, 1940년대에 인정식도 (1930년 조선농회가 수행한) 다른 농가경제조사 결과를 보면서 똑같은 지적을 하고 있다. 밀짚, 보리짚, 콩깍지 같은 자잘한 부산물까지 모두 금액으로 환산해서 적게 하는 것은 현실과 맞지 않게 농가의 수입을 부풀릴 뿐 아니냐는 것이다. 물론 그것으로 퇴비를 만들어서 쓰면 지출에 적으니 상쇄된다지만, 항목에 따로 '비료'도 있으니까 중복계산이다(印貞植, 1943, 『朝鮮農村再編成の研究』, 人文社, 115~116쪽).

55 김인수, 2016a, 앞의 글, 194쪽.

에서의 쌀 이입으로 쌀이 공급과잉 상태였다. 쌀값 하락의 피해는 일본 농민들에게 돌아갔다. 일본 정부는 여러 가지로 쌀값을 통제하려 했다. 1933년 제정된 「미곡통제법」은 매년 쌀의 최고·최저가격을 미리 정해 두고, 쌀값이 그 범위를 넘으면 정부가 개입한다는 내용이었다. 표준 최고가격은 소비자 가정의 가계비를 기초로 산출한 '가계미가(家計米價)'로 정하고, 최저가격은 생산비를 기초로 정했다.[56] 이에 따라 도시 소비자 가정의 가계조사와 농가의 쌀 생산비 조사가 필요해졌다. 조선총독부도 이출항(移出港)에서의 쌀값을 제출해야 했으므로, 1933년부터 일본과 같은 항목과 방법으로 전국에서 18개의 조사지(마을)를 정하고 조사지마다 자작·자소작·소작 각 2호씩을 뽑아서 모두 108호의 농가를 조사했다.

그 결과 조선총독부는 1934년 봄, 제65회 제국의회에 조선 쌀의 농장생산비는 20원 98전, 운임을 포함해서 이출항에서의 생산비는 21원 70전이라고 보고했다. 그해 일본의 쌀 생산비는 23원 34전이었다. 조선 쌀의 생산비가 의외로 높게 나타나자 일본 정부와 의회는 논란 끝에, 1934년 조선의 쌀 생산비 조사는 일본 정부의 감독 아래 시행하기로 했다. 그렇게 6월 1일부터 전국 143개 군에 조사원 152명을 파견해서 현장조사한 1934년도 생산비는 1석에 23원 7전으로, 일본의 쌀 생산비와의 차이는 더 감소했다. 이후 식민지의 쌀 생산비는 따로 조사하지 않고 일본 정부 관련 부서와 식민지 관계자들이 협의해서 정하게 된다.[57] 한편 이 1934년 조사 때는, 조사 결과의 집계·정리를 위해 총독부 농산

56 오호성, 2013, 앞의 책, 298쪽.

57 오호성, 2013, 위의 책, 322~326쪽.

과에서 남녀를 불문하고 서울에 사는 신원 확실한 자로 주산(승법)과 기장(記帳)을 할 줄 아는 사람 약 30명을 두 달 동안 임시고원으로 채용하기도 했다.[58] 당시 조사과정의 일단을 엿볼 수 있는 일화라 하겠다.

(2) 가계조사와 가계부 쓰기

일본에서 전국에 걸친 대규모 가계조사(家計調査)가 시행된 것은 1926·1927년이 처음이다. 1920년대의 일대 이슈였던 사회문제, 임금·노동문제에 대응할 기본자료를 얻기 위해, 내각 통계국은 정해진 양식의 가계부를 각 세대에 나눠주었다가 매달 수거해서 조사하는 방식을 도입했다. 조사 대상은 관공리, 은행원·회사원, 교사, 경찰관 등의 급료생활자, 공장·광산·교통노동자와 일용직 노동자 그리고 농업자까지 모두 해서 약 7,200세대였다. 이때 조사 대상 세대의 식생활에 대한 '영양조사'도 함께 시행됐다.

한편 1930년대에는 개정 「미곡법」과 「미곡통제법」에 따라 '가계미가'라는 것을 산출해야 했기 때문에, 일본 정부는 특정 소득 구간에 있는 급료생활자와 노동자 2,000세대에 대해 장기간에 걸친 가계조사를 실시했다. 전국 10대 도시에서 마치(町) 단위로 조사지역을 정하고, 조건을 충족하는 주민 중에서 응모를 받아 조사 대상자를 선발했다. 역시 정해진 양식의 가계부를 나눠주어 작성하게 한 뒤 매달 수거하는 방식이었다. 도쿄시의 경우 매달 가계부 작성을 완료한 조사 대상 세대에게는 1엔의 기입수당을 지급했고 또 1년간 작성을 완료한 집에는 내각에서 기념품과 감사장을 수여했으므로, 거의 2 대 1에 가까운 응모율을 보

58 「珠算生卅名採用: 米생산비 조사의」, 『동아일보』, 1934.10.27.

였다고 한다.[59] 이 조사는 한 달이나 1년 동안의 수입·지출의 수지만 계산하는 데 그치는 것이 아니라 조사 대상 세대마다 〈그림 7-3〉과 같은 가계부를 1년치나 몇 년치 쓰게 하는 것이다. 엄청난 양의 정보가 축적되겠지만, 그런 자료를 처리하는 것도 큰 문제였을 것이다.

이런 가계조사는 조선에는 쉽게 도입되지 않았다. 농가경제조사도 농가의 경영뿐 아니라 가계도 대상으로 했고, 또 총독관방 문서과에서 수행한 '생활상태조사'에서도 지역별로 조사표(票)를 이용한 소규모 조사가 종종 이루어졌음을 볼 수 있다. 그러나 전국에 걸친 큰 규모의, 그것도 가계부를 이용한 조사는 1943년 가을에 가서야 시작됐다. 전쟁이 확대·심화되면서 식량을 비롯한 각종 물자의 배급을 위해서 인민의 평균적 소비상황을 파악해야 할 필요가 절박해졌기 때문이다.

조선총독부는 1939년부터 기존의 미곡 거래소(取引所)를 대체하는 국책회사로 '조선미곡시장주식회사'를 설립해서 미곡 거래를 독점하게 했다가, 1943년에는 조선미곡시장주식회사와 도별 양곡주식회사를 해산하고 '조선식량영단(朝鮮食糧營團)'을 설치해서 조선 내 주요 식량(곡물)의 매입·매도와 저장을 전담하게 했다.[61] 시장체계가 부정된 상황이었으므로, 「조선식량관리령」에서는 이때의 매입·매도 가격은 가계비 및 물

---

59 일본의 가계조사에 대해서는 齋藤邦明, 2015, 「戰前日本における家計調査の特質」, 『立教經濟學研究』 69(2).

60 總理府統計局 編, 1984, 『總理府統計局百年史資料集成 第三卷 經濟 下』, 225쪽. 1943년 조선에서 시행된 가계조사의 가계부 양식은 남아 있지 않지만, 이것과 비슷했을 것으로 추측된다. '주인'이란 세대주를 가리킨다.

61 1939.9.22, 제령 제15호, 「조선미곡시장주식회사령」; 1943.8.9, 제령 제44호, 「조선식량관리령」. 이 과정에 대해서는 구주용, 2022, 「전시체제기 조선총독부의 미곡 유통통제기구 도입과 운용」, 『한국근현대사연구』 100을 볼 것.

〈그림 7-3〉 1926년 일본 가계조사 때의 가계부 양식과 기재례[60]

<table>
<tr><td colspan="6">9월 30일</td></tr>
<tr><td colspan="2"></td><td>금액</td><td colspan="3">종류 및 수량</td></tr>
<tr><td rowspan="7">수입</td><td rowspan="4">현금</td><td>60원</td><td colspan="3">주인 1~30일 임금</td></tr>
<tr><td>5원</td><td colspan="3">처 바느질삯 3매분</td></tr>
<tr><td>25원</td><td colspan="3">장남 1~30일 임금</td></tr>
<tr><td>9원 50전</td><td colspan="3">10원 10전에 구입했던 권업채권(액면가 10원) 1매 매각대금</td></tr>
<tr><td rowspan="3">실물</td><td>1원 40전 정도</td><td colspan="3">계란 20개 받음</td></tr>
<tr><td>21전 정도</td><td colspan="3">집에서 낳은 계란 3개</td></tr>
<tr><td>50전 정도</td><td colspan="3">완구 1개 받음</td></tr>
<tr><td colspan="2"></td><td>금액</td><td>종류</td><td>수량</td><td>용도</td></tr>
<tr><td rowspan="15">지출</td><td rowspan="8">현금</td><td>15원</td><td>2등 백미</td><td>3말</td><td>자가용</td></tr>
<tr><td>2원</td><td>개량보리</td><td>1말</td><td>자가용</td></tr>
<tr><td>2원 95전</td><td>전차 회수권</td><td>1책</td><td>주인용</td></tr>
<tr><td>18전</td><td>담배 '시키시마'</td><td>1개</td><td>주인용</td></tr>
<tr><td>3전</td><td>연필</td><td>1개</td><td>자녀용</td></tr>
<tr><td>3원 50전</td><td>이달치 술집 외상값 다 갚음</td><td></td><td></td></tr>
<tr><td>3원</td><td>우편저금</td><td></td><td>장남</td></tr>
<tr><td>10전</td><td>정거장(역) 입장권</td><td>1매</td><td>장남용</td></tr>
<tr><td rowspan="4">실물</td><td>35전 정도</td><td>받은 것: 소금전병</td><td>30매</td><td>자가용</td></tr>
<tr><td>50전 정도</td><td>받은 것: 긴센사이다</td><td>2병</td><td>자가용</td></tr>
<tr><td>21전 정도</td><td>집에서 낳은 계란</td><td>3개</td><td>자가용</td></tr>
<tr><td>50전 정도</td><td>받은 것: 완구</td><td>1개</td><td>차녀 사용</td></tr>
<tr><td rowspan="3">외상</td><td>50전</td><td>참다랑어 회</td><td>1인분</td><td>주인용(상점명)</td></tr>
<tr><td>10전</td><td>무</td><td>2개</td><td>자가용(상점명)</td></tr>
<tr><td>1원 20전</td><td>에비스 맥주</td><td>3병</td><td>주인용(상점명)</td></tr>
<tr><td colspan="2">각서
(覺書)</td><td colspan="4">처의 언니가 처 병문안으로 아침에 왔다가 저녁에 돌아감
장녀 친구를 도쿄역까지 배웅함
다음 달부터 4개월 (납입) 예정으로 월부로 구입한 20원짜리 나무 상자 1개가 도착함</td></tr>
<tr><td colspan="6">실제 잔금: 73원 80전</td></tr>
</table>

가, 기타의 경제사정을 참작해서 조선총독이 정하도록 했다(제8조). 그것을 위해 필요한 주요 식량의 생산비·생산고·현재고와 이동의 조사, 가계비 조사, 기타 주요 식량의 관리에 필요한 조사는 조선총독이 정해서 시행했다(제18조).

그런 조사를 따로 규정한 것이 1943년 9월 말의 「가계조사요강」이다.[62] 이에 따르면 가계조사는 매년 10월 1일부터 이듬해 9월 말일까지 1년 동안(제1조), 급료생활자·노동자·농업자를 세대주로 하는 세대 중에서 조선총독부에서 선정한 세대에 대해(제2조), 매일 정해진 양식의 가계부를 나눠주어 쓰게 하는 방식으로 행했다(제7조). 매월의 가계부는 부윤·군수·도사와 도지사를 거쳐 총독부에 제출되었다(제16조). 부·군·도(島)에는 가계부의 배부와 수집, 기타 조사 사무를 담당할 가계조사원과 가계조사지도원을 두었다(제10·11조). 조사할 사항은 〈표 7-2〉와 같았다. 농업자 세대에 대해서는 가계와 농업경영을 구분했다(제4·5조).

이렇게 가계조사는 일차적으로는 조선식량영단이 독점한 식량의 관리가격을 정하기 위한 조사였지만, 그 밖에도 "국민의 표준적 생활상태를 명료하게 함으로써 생활물자의 생산배급계획, 물가정책, 임금규제, 통화에 관한 계획 등 종합적 국가계획 수립의 중요자료를 정비하는 것"을 목적으로 했다. 따라서 조사 대상자도 '중견국민층'에서 추출됐다. 급료생활자(관공리, 경찰관, 국민학교 교원, 은행·회사원)는 재조선 일본인은 1개월 기본급(가봉 포함) 180원 미만, '반도인'이라고 불린 조선인은 110원 미만, 노동자는 100원 미만인 자로 대상자가 한정됐다.[63] 노동자

62 1943.9.30, 고시 제1086호, 「가계조사요강」.

63 1941.2.28, 칙령 제148호, 「국민학교령」으로 초등학교가 '국민학교'로 개칭됐다.

〈표 7-2〉 1943년 가계조사의 세대별 조사 사항

	급료생활자·노동자 세대	농업자 세대(농가)
매일	① 수입, ② 지출, ③ 현금잔고	① 농사상 수입, ② 지출, ③ 가계상 수입, ④ 지출, ⑤ 현금잔고
매월 1일	④ 주거, ⑤ 세대원	⑥ 농가경영의 양태, ⑦ 가옥, ⑧ 세대원
10월 1일 및 매월 말일	⑥ 갖고 있는 소모품	⑨ 갖고 있는 소모품
10월 1일 및 3월 말일, 9월 말일		⑩ 자산 및 부채

는 다시 금속·기계기구·방직·식료품 등의 공업노동자와 철도·궤도 종업원, 자동차운송업 노동자 등의 교통종업원으로 세분된다.[64]

세대주의 급여 외에는 따로 '영업'을 하지 않는(수입이 없는) 세대, 세대주의 직계가족 외에 형제 부부 등 다른 동거인이 없는 세대, 가족(세대원) 수 6명 내외로 가사사용인이 없는 세대, 무상으로 다른 곳에서 식량이나 생활필수품의 지급을 받지 않는 세대여야 한다는 조건도 있었다.[65] 자작농가·소작농가·자작 겸 소작농가로 세분된 농업자(농가) 역시 그 군의 '중층농가' 중에서 선발됐다. 〈표 7-3〉은 14개 부(府)에 대한 급료생활자 및 노동자 조사 대상 세대의 할당 상황을, 〈표 7-4〉는 농가 가계

'가봉(加俸)'은 식민지(外地)와 벽지 근무자 등에게 추가로 지급된 봉급이다. 조선총독부 설치 당시에는 주임관 이상 고등관은 본봉의 40%, 판임관 5급봉 이상은 60%, 6급봉 이하는 30원 정액의 가봉을 받았다(조선총독부령 제15호, 「조선총독부 및 소속 관서 직원의 가봉에 관한 건」).

64 朝鮮總督府 總務局長 談, 1943, 「朝鮮の家計調査實施に就いて」, 『朝鮮社會事業』 21(9), 2~3쪽(이 기사는 서울대학교 중앙도서관에서 디지털콘텐츠로 볼 수 있다).

65 「第二回家計調査: 十月一日から實施」, 『京城日報』, 1944.7.9.

〈표 7-3〉 1943년 가계조사의 부별 급료생활자와 노동자 조사 대상 세대 할당

조사 지역	총수	급료생활자					노동자										
							총수	공업노동자						교통종업원		
		총수	관공리	경찰관	국민학교교원	은행회사원		총수	금속	기계기구	화학	방직	식료품	총수	철도궤도	자동차운송업
총수	1,300	600	200	100	100	200	700	500	100	100	100	100	100	200	100	100
경성부	365	180	60	30	30	60	185	125	10	30	20	35	30	60	30	30
인천부	80	-	-	-	-	-	80	75	15	20	10	10	20	5	5	-
개성부	36	36	12	6	6	12	-	-	-	-	-	-	-	-	-	-
군산부	46	36	12	6	6	12	10	10	-	-	-	-	10	-	-	-
광주부	56	36	12	6	6	12	10	10	-	-	-	10	-	10	-	10
대구부	72	36	12	6	6	12	35	20	-	10	-	10	-	15	5	10
부산부	160	60	20	10	10	20	100	75	10	15	15	20	15	25	15	10
겸이포부	15	-	-	-	-	-	15	15	15	-	-	-	-	-	-	-
평양부	155	60	20	10	10	20	95	70	10	15	15	15	15	25	15	10
진남포부	20	-	-	-	-	-	20	20	10	-	-	-	10	-	-	-
신의주부	71	36	12	6	6	12	35	15	5	-	10	-	-	20	10	10
원산부	36	36	12	6	6	12	-	-	-	-	-	-	-	-	-	-
함흥부 함흥읍	96	36	12	6	6	12	60	35	10	10	15	-	-	25	15	10
청진부	93	48	16	8	8	16	45	30	15	-	15	-	-	15	5	10

함흥부·함흥읍에서 급료생활자는 함흥부만으로 함

조사를 시행할 지역의 추출 상황을 보여준다.[66]

1943년 9월 말 가계조사가 도입되면서 총무국 국세조사과가 조사과로 확대개편됐다. 조사과 사무는 국세조사, 인구동태조사, 노동기술통계조사에 총독부 업무통계의 근간인 보고례와 기타 통계 관련 사무 전반 그

66 1943.9.30, 고시 제1086호, 「가계조사요강」; 朝鮮總督府 總務局長 談, 앞의 글, 4~5쪽.

〈표 7-4〉 1943년 농가 가계조사의 지역(군) 추출 상황과 조사 세대수

		논 경작을 주로 하는 농가		밭 경작을 주로 하는 농가	
총수	406	이천군, 평택군, 파주군	294	-	112
경기도	42	이천군, 평택군, 파주군	42	-	
전라북도	42	옥구군, 남원군, 고창군	42	-	
경상남도	42	김해군, 사천군, 합천군	42	-	
황해도	70	연일군, 재령군, 송화군	42	서흥군, 장연군	28
평안북도	70	용천군, 박천군, 구성군	42	영변군, 삭주군	28
강원도	70	철원군, 원주군, 양양군	42	평강군, 횡성군	28
함경남도	70	정평군, 안변군, 북청군	42	혜산군, 단천군	28

1군에서 2면씩을 뽑고, 1면에 대해 1동·리 7세대씩을 뽑음

리고 신설된 가계조사였다.[67] 1930년대 일본에서는 매년『가계조사보고』라는 보고서가 간행되었지만, 조선에서 가계조사 관련 보고서가 간행되기에는 시간이 너무 늦었던 듯하다. 제1회 조사가 종료된 것은 1944년 9월 말이었다. 신문에서 보면 1944년에도 경성부에서는 제2회 가계조사를 계획해서 1943년과 똑같이 365세대의 조사 대상자를 모집했다. 전년도의 대상자들을 그대로 가져가지는 않았던 모양이다.[68] 조사 결과가 식량배급 등에 이용되었는지에 대한 더 자세한 정보는 남아있지 않다.

67 1943.9.30, 조선총독부훈령 제71호,「조선총독부사무분장규정」개정.

68 「第二回家計調査: 十月一日から實施」,『京城日報』, 1944.7.9;「제2회 가계조사: 열심 응모를 요망」,『매일신보』, 1944.7.10.

2. 전시총동원을 위한 자원조사

1) 「군수공업동원법」에서 「국가총동원법」까지

흔히 일본이 중일전쟁을 일으킨 1937년 이후를 '전시체제기(戰時體制期)'라고 부르지만, 국가총동원을 위한 일본 정부의 준비는 일찍이 1910년대 후반부터 시작됐다. 전시 동원에 대비한 평상시의 군수자원 조사를 대표하는 것은 「자원조사법」에 따른 1930년대 이래의 자원조사다. 이 자원조사는 내각 통계국을 중심으로 한 통계체계를 사실상 해체시킨 계기이기도 했다. 애초 본국에만 시행될 것으로 계획되었던 자원조사법은 결국 조선과 타이완 등 식민지에도 적용됐다.

제1차 세계대전은 유럽의 여러 국가와 미국, 일본 등이 개입한 장기간의 세계대전이었을 뿐 아니라, 각국의 동원 규모와 피해 상황도 이전까지의 전쟁과는 차원이 달랐다. 참전국에서는 징병제를 통해 대규모의 병력이 동원되었고, 거의 학살에 가까운 대량의 인명피해를 낳았다. 기관총·탱크·선박·항공기 같은 무기체계를 비롯해서 보급·수송 등 전쟁의 많은 면이 '산업화'되면서 후방의 산업도 국가경제도 군수물자의 생산·수송에 대거 동원됐다. 항공기가 전투에 이용됨으로써 후방의 군수공장과 주요 도시도 공격의 대상이 되었고, 전투원과 민간인 사이의 구분도 흐려졌다. 이렇게 제1차 세계대전은 이전까지 유럽의 '문명국'들이 만들고 유지해 온 전쟁과 전투의 문법을 바꿔 놓았다. 제1차 세계대전을 거치면서 '총력전(total war)', '총동원(total mobilzation)'이라는 개념이 다듬어졌다.[69]

제1차 세계대전은 사실상 유럽의 전쟁이고 일본은 뒤늦게서야 독일에 선전포고를 하여 아시아와 태평양에서 이권을 챙겼을 뿐이지만, 일본 군부는 '총력전' 개념과 국가총동원 문제에 큰 관심을 보였다. 1915년 말 육군성에 설치된 '임시군사조사위원회'는 1920년 5월의 보고서 「국가총동원에 관한 의견」에서, 러일전쟁이 '거국일치(擧國一致)'라는 형이상에 입각했다면 이제 전쟁은 물적 자원의 총동원이라는 형이하에 입각해야 한다고 주장했다. 필요한 것은 '형이상'의 정신력이 아니라 사람까지를 포함해서 모든 것을 '자원'으로 바라보는 시각이었다.[70] 1918년 4월에는 정부가 평시에 미리 군수 관련 공장의 생산능력을 조사해 두었다가 유사시에 그 전부나 일부를 동원해서 신속하게 군수품을 공급할 수 있게 한다는 내용의 「군수공업동원법」이 제정·공포됐다. 6월에 그 실시기관으로 내각에 군수국이 설치되고 10월부터 이 법은 조선·타이완·가라후토 등 식민지에도 적용된다.[71]

1919년에는 일본 본국과 조선·타이완 등에서 '군수공업 동원에 관한 공장·사업장 임시조사'가 실시됐다. 평소 5명 이상의 직공·광부를 사용하는 공장과 광산의 소유주나 관리자가 1918년 12월 말일을 기준으로 사업체의 명칭, 소유주, 소재지, 종업자, 생산품목과 가액 등을 정해진 조

---

69 '총력전' 개념에 대해서는 김인수, 2016b, 「총력전기 식민지 조선의 인류(人流)와 물류(物流)의 표상정치」, 『서강인문논총』 47; 일본의 총동원 관련 기구와 법령들에 대해서는 마이클 반하트, 2016, 『일본의 총력전』, 한국학중앙연구원출판부; 박성진, 2013, 「1920년대 일본의 총력전 구상과 '경제참모본부'」, 『군사』 89; 島村史郎, 2008, 『日本統計發達史』, 日本統計協會, 119~135쪽, 145~168쪽 등을 참조했다.

70 김인수, 2016b, 위의 글, 97~100쪽.

71 1918.4.16, 법률 제38호, 「군수공업동원법」; 1918.10.1, 칙령 제368호, 「군수공업동원법을 조선, 타이완, 가라후토에 시행하는 건」.

사표(票) 양식에 기재해서 소속장관(조선에서는 총독)에게 보고하게 한 것이다. 기계·금속·전기·화학·선박 등의 사업을 하는 공장이나 사업장으로 종업원이 상시 30명 이상인 곳은 공장·사업장의 부지, 건물, 설비와 기계, 원동력 등에 대해서도 보고를 해야 했다. 조선에서는 그 보고서 중 한 통씩을 4월 15일까지 일본 내각 자원국에 보냈다.[72]

기존 조선총독부의 통계체계에서도 보고례에 따라 각 공장과 광산의 현황을 파악해서 『통계연보』에도 싣고 있었지만, 이 공장·사업장 임시조사의 조사항목은 그것보다 훨씬 상세했다. 무엇보다 보고례는 보론 3의 〈그림 A-2〉에서 보듯이 지역별로 하나씩의 「공장표(表)」에 여러 업체를 열기(列記)하게 한 것인 데 반해, 이 임시조사는 업체마다 하나씩 표(票)를 작성하게 한 방식이다(〈그림 A-3〉). 또 보고례는 부·면의 서기가 조사해서 작성하도록 했지만, 임시조사의 조사표는 해당 공장·사업장의 소유주나 관리자가 작성한다는 차이가 있다. 군수공업동원법 제11~13조는 정부는 군사상 필요할 때는 공장의 소유자나 관리자에 대해 필요하다고 인정되는 사항의 보고를 명할 수 있다는 규정이다.

그러나 과연 조사가 잘 이루어졌을까? 조선총독부의 태도는 미온적이었다. 무엇보다 1910년대 「회사령」으로 회사·공장 설립이 제한되던 조선에는 군수공업으로 동원될 만한 큰 공장이 거의 없었다. 둘째로 총독부에서는 군수공업동원법 시행예산으로 5만 2,700원가량을 신청했으나 반영되지 않았다. 1919년 1월 중순에 총독부의 한 당국자는 "목하 준비가 무(無)한바, 조사는 지난한 일이라 할지라. 설령 또 조사를 행했다 할지라도 문제가 많아 결코 성공(剴切)을 기대하기 불능"이라고 발언

---

72 1919.1.13, 각령 제1호, 「군수공업동원에 관한 공장·사업장 임시조사에 관한 건」.

했다.[73] 게다가 그해 3월부터는 만세 시위가 전국을 휩쓸었다. 결국 조선에서는 이 해의 조사는 제대로 이루어지지 않은 것이 아닐까 싶다. 1월 중순 이래로는 『관보』나 신문에도 관련 기사가 보이지 않는다.

1919년 12월에는 칙령으로 「군수조사령」이 공포됐다. 세부 사항이 더 상세해지고 조금씩 바뀌었지만, 기본적으로 위의 공장·작업장 임시 조사를 정례화해서 매년 12월 말일의 상황을 이듬해 2월 15일까지 보고하도록 한 것이다. 보고 의무자도 마찬가지로 공장·사업장의 소유주나 관리자였다.[74] 1920년 5월에는 일본 내각의 군수국과 통계국이 통합되어 국세원이 됐다. 하지만 제1차 세계대전 이후 계속된 불황에 1918년 '쌀 소동'과 같은 일본사회의 동요와 변화 그리고 세계적인 군비 축소 분위기가 겹친 데다 일본 육군 역시 다시 '단기결전' 전략으로 돌아서면서, 국세원은 1922년 11월로 폐지된다. 국세원 폐지와 함께 제1부는 바로 내각 통계국으로 복귀하지만, 군수국은 다시 설치되지 않았다. 군수조사 업무는 일단 농상무성으로 이전됐다. 군부는 이런 조치에 반발하면서 지속적으로 총동원 기관의 필요를 주장했다. 결국 1926년 4월 내각의 '국가총동원기관 설치준비위원회'를 거쳐 5월 새로운 총동원의 조사·계획 기관인 '자원국'이 내각의 외국(外局)으로 설치됐다. 자원국은 총무과·조사과·시설과·기획과의 4개 과로 이루어졌고, 자원국 사무관은 반드시 육군이나 해군의 좌관·위관 자격을 갖추게 했다.[75]

1929년 4월, 내각은 「자원조사법」을 공포해서 그해 12월 1일 제국

73 「공업동원: 모 당국자 談」, 『매일신보』, 1919.1.17.

74 1919.12.15, 칙령 제495호, 「군수조사령」.

75 '좌관(佐官)'은 현재 한국군의 대령·중령·소령, '위관(衛官)'은 대위·중위·소위에 해당한다.

영토 내에서 자원조사를 실시하기로 결정했다. 군수조사령에 의한 조사 대상이 군수품으로 한정되었던 것과 달리 자원조사법의 조사 대상은 민수자원까지를 포함했다. 애초 자원조사는 식민지에는 실시하지 않는다는 방침이었으나, 1929년 10월 척무성이 각 식민지 관계자를 소집해서 개최한 자원조사회의를 거쳐, 식민지에서도 일본 본국과 같이 1929년 12월 1일에 「자원조사법」을 시행하게 됐다. 칙령으로 「자원조사령」이 발포되면서 종전의 「군수조사령」은 폐지된다. 식민지기 일본에서 법률로 정한 통계조사는 세 가지다. 국세조사와 1922년 제정된 노동에 관한 '통계자료실지조사'가 내각 통계국 소관인 반면, 자원조사는 군부 특히 육군의 절대적 영향 아래 있었고, 육군·해군·대장·상공·체신·철도 등 각 성·청이 각각 소관 자원에 대한 조사를 하도록 규정됐다. 이로써 중앙통계위원회는 사실상 무력화됐다. 게다가 자원조사 결과는 비밀에 부쳐져 관련 성·청 사이에도 정보가 공유되지 않음으로써, 내각 통계국의 종합·조정 기능도 약화됐다.

관과 민의 경계에서 생각해 보면, 대개의 보고통계에서 조사와 보고의 의무는 관료조직의 범위 안에 머무른다. 어떤 방법에 의해서든 보고례의 온갖 양식을 채우는 것은 대개 읍·면 서기다. 물론 현장조사를 하는 경우라면 공장주나 공장의 관리자에게 조사표(票)를 작성하게 할 수도 있을 것이다. 조사 내용은 후자가 더 정확할 것 같지만, 현실을 표(表)나 표(票)로 옮긴다는 것도 일종의 해석·번역 작업이다. 일상용어나 공장·작업장에서 쓰는 용어와 행정·조사의 용어가 다른 것은 '번역'해야 하고, 표(表)나 표(票)의 범주에 따라 현실을 새로 재단해야 한다. 그런 것을 권한과 책임이 엄격하게 규정된 관리가 아닌 민간인 조사 대상자에게 요구하기란 쉽지 않았다.

그런데 「자원조사법」과 「국가총동원법」 그리고 이에 근거한 각종 칙령들은 각 개인과 기업에게 인적·물적 자원의 파악과 동원을 위한 현황 보고의 책임을 지웠다. 한 연구에서는 이것을 종래의 통계조사제도(survey system)와는 다른, 사회주의 국가에서 사용되는 '보고제도(report system)'라고 부르고 있다.[76] 총동원을 위한 현황 보고를 관리가 아닌 민간인에게, 그것도 조사·보고의 대상과 깊은 이해관계가 있는 당사자에게 맡긴다는 것은 문제였다. 공장의 기계나 설비, 건물, 공장부지, 노동자, 생산품 등이 당장 징발이나 수용(收用), 이동·처분불가 조치를 받을지도 모르는 상황에서, 공장·사업장 현황에 대한 조사와 보고를 공장주에게 맡겨도 좋을까? 또, 민간인에게 조사·보고의 의무를 지우려면 정부 내부의 명령이나 문의인 '훈령'이나 '통첩', '조회'로는 불충분했다. 법률이나 칙령에 조사와 보고의 근거조항과, 보고·신고 규정을 어긴 자나 조사과정에서 알게 된 비밀을 누설한 조사원·공무원에 대한 분명한 처벌규정을 만들어 두어야 했다. 「자원조사법」과 「국가총동원법」에는 이렇게 규정되어 있다.

- 정부는 인적 및 물적 자원의 조사를 위해 필요할 때는 개인 또는 법인에 대해 그것에 관한 보고 또는 현장(實地)신고를 명할 수 있음(1929.4.11, 법률 제53호, 「자원조사법」 제1조)
- 정부는 국가총동원상 필요할 때는 명령에 정한 바에 따라 보고를 요구하거나 해당 관리로 하여금 필요한 장소에 임검해서 업

76 島村史郎, 2008, 앞의 책, 151쪽.

무의 상황 또는 장부·서류, 그밖의 물건을 검사하게 할 수 있음 (1938.3.31, 법률 제55호, 「국가총동원법」 제31조)

반대로 기업 쪽에서 보면 자원조사와 관련된 보고란 과외로 부과되는 업무가 된다. 총동원 관련 통계의 종합·조정이 부재하고 또 방첩(防諜)을 이유로 보고 내용이 관련 성·청끼리도 공유되지 않으면서, 비슷한 사안에 대한 중복조사도 많아졌다. 다치가와비행기회사의 연간 보고서는 6만 5,000장에 달했고, 그것을 위해 50명의 전임직원을 배치했다는 증언도 있다.[77]

한편 단순한 자원의 조사를 넘어서 국가가 본격적으로 시장경제에 개입하고 경제를 통제하는 본격적인 총동원계획을 수립·시행하려는 육군의 기획은 1931년의 「중요산업통제법」, 1935년 5월의 내각 조사국 설치로 이어졌다.[78] 조사국은 1937년 5월 기획청으로 재편되고, 그해 일본이 중일전쟁을 일으키면서 10월 말 내각 자원국과 통합되어 기획원이 된다.[79] 기획원은 1938년 3월 「국가총동원법」을 제정하고, 이후 이 법에 근거한 수많은 칙령으로 온갖 인적·물적 자원의 '통제'가 이루어지게 된다. 군수국 시절부터 물자동원의 핵심을 이룬 것은 무기와 각종 운송

---

77 島村史郎, 2008, 위의 책, 153쪽.

78 국가가 시장경제에 개입하기 위한 법적 근거와 체계는 이미 1918년의 「군수공업동원법」 때부터 갖추어져 있었지만, 1937년 중일전쟁이 발발할 때까지 국가의 광범위한 경제권력은 행사되지 않았다는 지적이 있다(제니스 미무라 저, 박성진 역, 2015, 『제국의 기획』, 소명출판, 37~38쪽).

79 1943년 11월부터 기획원의 국가총동원 관련 부문과 상공성에서 상업을 제외한 광·공업 부문이 통합되어 군수성이 되고, 또 철도성과 체신성이 통합되어 운수체신성이 된다.

수단의 생산에 필요한 광·공업이었지만, 전쟁이 확대·장기화되면서 식량과 연료, 노동력의 확보와 동원도 필요해졌고, 나중에는 민간의 식량과 생활필수품, 고물과 폐품까지도 통제·배급의 대상이 되어 갔다.

2) 조선의 자원조사

(1) 자원조사의 시작

자원조사법과 자원조사령에 따른 자원조사를 위해 1930년까지 조선총독부가 제정한 법령은 모두 7개다. 6개는 1929년 12월에 일괄 공포되었고, 마지막 사설철도에 대한 것은 이듬해 3월 말에 추가됐다. 모두가 민간의 공업과 광업·전기 등 에너지 분야 그리고 선박·항만·자동차·철도 등 교통·수송 분야의 자원을 조사하기 위한 것이다. 각각의 규칙에서 정한 보고의무자와 보고처를 정리하면 〈표 7-5〉와 같다.[80]

한편 국유자원에 대해서는 기존 보고례 양식을 보완하는 식으로 따로 조사가 이루어졌다. 그중 일부, 내무국과 경무국, 고등교육기관이 담당할 조사·보고 사항만을 보이면 〈표 7-6〉과 같다.[81]

그러나 식민지에서 「자원조사법」을 시행하기로 한 것이 갑작스런 조치였기 때문에, 부령으로 제정되어야 할 분야별 조사규칙의 제정·공포부터가 순조롭지 않았다. 사설철도를 제외한 6개 조사규칙이 1929년

---

80 『관보』와 朝鮮總督府, 1930, 『資源調査法規』에 실려 있다. 표에서는 생략했지만, 각 부령의 제목은 「조선○○자원조사규칙」이다. 일본에서는 「공장조사규칙」과 「광산조사규칙」은 상공성령, 「항만자원조사규칙」은 내무성령, 「해사자원조사규칙」은 체신성령 하는 식으로 소관에 따라 법령도 제각각이었지만, 조선에서는 모두가 조선총독부령으로 통일되어 있었다.

81 朝鮮總督府, 1930, 위의 책, 337쪽 이하.

〈표 7-5〉 민간 분야 자원조사의 보고의무자와 보고처

법령	조사 대상	보고 주체	보고처
1929.12.1 부령 120	공장	5명 이상 직공을 사용하는 공장주 등	공장소재지 관할 부윤·군수·도사
〃 부령 121	광업	「조선광업령」 제1조에 정한 광업을 하는 광업권자	총독부 체신국장
〃 부령 122	해사(海事)	총톤수 20톤 이상 기선의 소유자	
〃 부령 123	전기공급사업	전기공급사업자	
〃 부령 124	항만	지정된 항만에서 특정 설비를 경영하는 자	
〃 부령 125	자동차	자동차 소유자	(경찰 경유) 관할 도지사
1930.3.31 부령 126	사설철도	조선철도, 개천(价川)철도, 조선남경(京南)철도	총독부 철도국장

12월 1일 자 『관보』 호외로 일괄 공포된 것처럼 보이지만, 당시 신문을 보면 그 『관보』 호외 자체가 1930년 1월 초에나 발행된 것이라고 한다. 공장·광산 조사규칙은 그날 공포되었지만 다른 4개 규칙의 공포가 늦어졌다는 기사가 있는가 하면, 전체 분량이 많아서 인쇄가 늦어졌다는 기사도 있다.[82] 결국 6개 조사규칙은 "정월 초에 이르러 작년 12월 1일 자로 공포되었다".[83] 하지만 부령이 『관보』에 게재되어 공포되었다고 해서 조사가 바로 시작될 수 있는 것도 아니었다. 조사에 필요한 각종 양식이 제작·인쇄되어 조사 대상자에게 배부되어야 했다. 이 자원조사는 부·면

82 「資源調査規則: 四つも近く公布」, 『京城日報』 1929.12.25; 「자원조사령: 2, 3일 중 공포」, 『조선일보』, 1929.12.5. 아마 각각의 조사규칙에 딸린 각종 양식 때문에 인쇄가 무척 까다롭기는 했을 것이다.

83 「資源調査規則: 公布遲る」, 『京城日報』, 1930.1.18.

〈표 7-6〉 자원조사에서 부국·소속관서별 국유자원의 조사 내역

담임관청	조사보고 사항	조사기일	보고기일
내무국장	1등·2등·3등 도로	12월 말일	익년 9월 말일
	상수도(경성·인천·부산·대구·평양·진남포·원산·신의주부) 1. 수원(水源), 저수, 송수, 정수 및 배수 설비 2. 급수인구 3. 상수도 지도	12월 말일	익년 9월 말일
	무료직업소개소(선원직업령에 의한 것 제외) 소개소 명부 취급성적	12월 말일 매월 말일	익년 9월 말일 익월 15일
경무국장	경찰(도별로 기재할 것) 1. 경찰직원 2. 경찰관서 배치도 3. 경찰전화 회선도	12월 말일	익년 9월 말일
	소방(경성·인천·부산·대구·평양·진남포·원산·신의주부) 1. 소방직원 2. 소방기관 배치도	12월 말일	익년 9월 말일
	의료 병원(병상수 10개 이상인 병원에 대해 도별)	12월 말일	익년 9월 말일
	세균학적 예방치료품(도별로 기재할 것) 품목별 연(年) 생산액 의료관계자 소속 공장(조선공장자원조사규칙 예에 따라)	12월 말일 12월 말일 12월 말일	익년 9월 말일 익년 9월 말일 익년 4월 말일
경성제국 대학 총장	기능자 양성기관	3월 1일	9월 말일
경성의학 전문학교장	기능자 양성기관	3월 1일	9월 말일
경성고등 공업학교장	기능자 양성기관	3월 1일	9월 말일
수원고등 농림학교장	기능자 양성기관	3월 1일	9월 말일

직원들이 조사하고 기재하는 것이 아니라 해당 공장주나 광산주, 자동차 소유자가 직접 조사표를 작성해서 제출해야 했으므로 그들에 대한 초보적인 교육도 필요했을 것이다. 게다가 2월 중순까지도 이번 조사에서는 제외되었다던 사설철도가 새로 조사 대상에 포함되어,[84] 3월 말에 「조선사설철도자원조사규칙」이 부령 제26호로 공포됐다.

84 「物的과 人的으로 조선의 자원조사 중: 자원국에 송부는 5월」, 『중외일보』, 1930.2.16.

전체 사무를 누가 담당하는지도 법령으로 공식 지정되지 않았다. 물론 자원조사의 조사표를 총괄 수합해서 통계하고 전체 결과를 정리하여 일본 자원국에 보고할 부서는 총독부 전체의 조사·통계를 담당하는 총독관방 문서과였다.[85] 문서과는 앞서 보았듯이 여러 차례 다른 과와 통합과 분리를 거듭했는데, 1929년 11월부터는 종전 총무과가 다시 문서과와 비서과, 외사과로 분리됐다. 문서과의 사무분장에 '자원조사'가 등장하는 것은 1936년 10월에 가서의 일이다.

다른 한편, 조사 결과의 수합·정리는 문서과가 담당한다고 해도 자원조사는 산업 관련 여러 부서에 걸친 사안이었으므로 부서별 협조가 필요했다. 총독부는 1930년 6월에 내훈(內訓)으로 '조선자원조사위원회'를 설치해서 여기 대응했다.[86] 제1회 회의의 문서과장 설명 요지에 보면 1930~1932년에 걸쳐 '잠정총동원기간계획'이라는 것이 설정되고 자원조사는 그것과 관련되었으며, 위원회는 그 사무에 가장 긴요한 각국·부·과의 연락·협조를 꾀하기 위해 설치되었다고 한다.[87] 출범 당시 위원은 문서과장과 세무·농무·상공·광무·수산·경무과장, 체신국 전기·해사과장, 철도국 감독·운수과장 등 실무 과장으로 10명, 간사는 13명이다. 조선자원조사위원회는 일본에서 자원국장 이하 관계관들이 조선을 방문할 때에 맞추어 1930~1935년 사이에 세 차례 개최됐다.[88]

---

85 「조사되는 조선자원」, 『조선일보』, 1930.2.16.

86 국가기록원 소장, 「조선자원조사위원회규정 중 개정의 건」, 『자원조사철』(CJA0002453).

87 「제1회 자원조사위원회회의에서의 문서과장의 설명요지의 건」, 『자원조사철』. '잠정총동원기간계획'에 대해서는 김혜수, 1994, 「1930년대 조선에서의 '(극비)잠정 총동원기간 계획' 실시」, 『연구논총』 26을 볼 것.

88 「자원조사 조선도 실시」, 『매일신보』, 1930.6.21; 「자원통제운용의 계획설정을 협의」, 『매일신보』, 1931.5.16; 「자원조사위원회」, 『매일신보』, 1935.9.12; 김혜수,

이렇게 해서 자원조사는 1929년 12월부터 매년 정기적으로 실시됐다. 그러나 자원조사의 결과는 비밀에 부쳐져 공간되지 않았다. 한 가지 예외적으로 공간된 정보로는, 식산국에서 공장자원조사 결과 중 공장 명칭, 소재지, 창업 연월, 공장주 이름, 주요 생산 품목, 직공 수 등의 정보를 추려서 1932년판부터 간행한 『공장명부(工場名簿)』가 있다. 「조선공장자원조사규칙」에 "조사표는 앞 조 제1항 규정에도 불구하고 공장통람(工場通覽) 제조 목적으로 다음에 든 사항을 적록(摘錄)하기 위해 사용할 수 있음"이라는 규정이 있는 것을 보면, 공장명부의 발행은 자원조사를 시작할 때부터 기획되었던 듯하다. 공장명부를 만들기 위해 사용한 내용이란 ①공장명, ②공장 소재지, ③공장주의 씨명 또는 명칭, ④사업 개시 연월, ⑤주요 사업, ⑥ 생산 품목이다(제8조). 자원조사가 사기업에 대해 원동기, 공정(工程), 공장 도면 등 여러 가지 민감한 정보를 요구하는 것이므로 수집한 정보를 통계와 비상시 군수로의 전환 외에 다른 목적으로는 사용하지 못하게 했는데, 공장명부는 예외로 둔 것이다. 공장명부는 조선뿐 아니라 일본 본국과 타이완 등 일본제국의 다른 지역에서도 작성됐다.[89] 1930년 말 현재를 대상으로 하는 1932년판이 처음이고 1934년판, 1936~1943년판이 남아 있다. 1932년판 첫 쪽에 실린

1994, 앞의 글, 58쪽.

89 일본에서는 일찍부터 공장통계표 작성에 공장표(工場票)라는 공장별 조사카드를 이용했기 때문에 1902~1921년에 그것을 기반으로 『공장통람(工場通覽)』을 간행했다. 그러나 1923.12.11의 농상무성령 臨제15호, 「공장통계규칙」 개정으로 공장표는 통계상의 목적 이외로는 사용할 수 없게 되었다가, 1927.10.22의 상공성령 제9호에 의해 『공장통람』 제조를 위한 공장표의 일부 정보 이용이 허용됐다. 1929년 「자원조사령」으로 그해부터 『전국공장통람』이 다시 발간된다[谷謙二, 2022, 「1930年代から1940年代にかけて作成された工場名簿の特徴」, 『埼玉大學紀要. 教育學部』 71(1), 173~174쪽].

〈표 7-7〉 1932년판 『공장명부』의 사례

공장명	공장 소재지	창업 연월	공장주의 씨명 또는 명칭	주요 생산 품목	직공 수
조선제사주식회사	경기도 경성부 숭인동	1919.7	조선제사(주)	생사(生絲)	D
주식회사 아베상회	경기도 경성부 청엽정3정목	1927.1	(주)아베상회	〃	D
동신제사장(製絲場)	경기도 경성부 창신동	1929.8	홍재근	〃	C
합자회사 이노우에 제사전습소	경기도 경성부 원정1정목	1925.7	井上文作	〃	C
와타나베제사장	경기도 경성부 원정1정목	1926.7	渡邊儀一	〃	A
다나카제사장	경기도 경성부 경정(京町)	1929.7	永田梅吉	〃	A
난카이제사장	경기도 경성부 원정1정목	1929.8	(합)난카이견사상회	〃	A
유아사제사장	경기도 경성부 한강통	1919.8	유아사제사장	〃	A
가타쿠라제사방적 주식회사 경성제사장	경기도 경성부 행촌동	1927.11	가타쿠라(片倉)제사 방적(주)	〃	C
동아제사장	경기도 경성부 죽첨정3정목	1929.10	홍학식	〃	A
가네가후치(鐘淵)방적 주식회사 경성제사장	경기도 고양군 숭인면 신설리	1915.11	茂木眞治	〃	D

방직공업 공장의 일부를 옮기면 〈표 7-7〉과 같다. 훈령 규정과는 조금 다르게 '주요 사업'은 없고, 대신 직공 수가 기호로 표시되어 있다.[90]

90 朝鮮總督府殖産局, 1932, 『朝鮮工場名簿』, 社團法人 朝鮮工業協會, 1쪽의 일부다. 직공 수는 기호로 표시했는데, A가 5~50명, B는 50~100명, C는 100~200명, D는 200명 이상이다.

(2) 1936년 이후의 변화와 1944년 '인구조사'

자원조사 시행 초기부터 관련된 사무 전반을 담당한 것은 총독관방 문서과지만, 문서과의 사무분장규정에 '자원조사'가 공식 등장하는 것은 1936년 10월부터다. 1937년 일본이 중일전쟁을 일으키면서 군수자원의 조사와 동원 사무는 확대일로를 걷게 된다. 일본에서는 내각 자원국이 기획청과 통합되어, 총재관방·총무부·내정부(內政部)·재무부·산업부·교통부·조사부로 구성된 내각 기획원으로 확대됐다. 조선에서도 만주국의 기획처나 일본의 내각 기획원 같은 성격의 '기획부' 설치가 논의되었으나, 결국 총독관방에 '자원과'가 신설되는 데 그쳤다. 자원과는 기존 문서과 사무 중에서 자원조사, 총동원계획, 방공(防空) 사무를 담당했다. 이듬해 9월에는 식산국에 '임시물자조정과'를 신설하여 물자동원계획 관련 사무를 분담하게 했다.

1939년 말에 가서 자원과와 임시물자조정과는 국가총동원, 물자동원계획 관련 사무를 전담하는 기획부(제1·2·3과)로 확대개편된다. 기획부 제1과(1941.11.19부터는 '계획과')가 자원과 사무를 이어받았다. 중요물자의 대부분을 수입·이입에 의존했던 조선에서는 조선 내의 수요와 공급 부족분을 조사해서 일본 기획원에 물자별 수요·공급안을 제출하여 할당(계획)을 받고, 그렇게 도입된 물자를 다시 조선 안에서 배당·배급하는 것이 주요 과제였다. 1940년 7월 제3과의 연료 배급·조정 사무가 제4과로 독립됐다. 개별 물자동원계획의 설정·배급의 조정에는 식산국 각 과와의 협력이 필요했으므로, 제3과장, 제4과장은 각각 식산국 상공과장, 연료과장이 겸직했다. 그러나 1942년의 중앙행정기구 축소로 기획부는 폐지되고, 계획과는 신설 총무국 기획실로 재편된다.[91] 1940년대 들어 앞서 든 조사규칙들 외에 다음과 같은 조사규칙이 추가로 제정됐다.

1941.3.11　조선총독부령 제61호, 「조선중요물자 현재고(現在高) 조사규칙」

1941.3.19　조선총독부령 제76호, 「조선의약품 등 현재고 조사규칙」

1941.12.17　조선총독부령 제329호, 「조선상업조사규칙」

1941.12.17　조선총독부령 제330호, 「조선공업조사규칙」[92]

1942.2.26　조선총독부령 제44호, 「조선주택조사규칙」

1939년에는 인구가 아닌 '물(物)의 (임시)국세조사'가 개정된 「국세조사에 관한 법률」에 의해 시행된 데 반해, 1944년에는 「자원조사법」에 따른 인구조사가 시행됐다. 전황이 계속 불리해지는 가운데 일본은 인구이동과 노동력 부족이 심해졌고, 식량 및 물자 배급을 위해서라도 인구의 정확한 상황을 확인할 필요가 생겼다. 국세조사의 정해진 일정대로라면 1945년이 간이국세조사가 있는 해지만, 일본 정부는 1943년 10월 1일 본토만을 대상으로 해서 '간이인구조사'를 계획했다.

1943년 조사의 계획 단계에서는 "전쟁의 진전에 따라 인구의 지역적 이동이 심해져 인구추계는 종래와 같은 계산방법으로써는 도저히 불가능한 상황이 되고, 또 물자의 배급·할당과 노무동원 등의 중요한 계획상" 또는 "전국(戰局)의 진전에 따라 군수생산과 식량생산에 필요한 인원의 충실과 식량, 기타 국민생활용품의 배급통제 등의 중요한 계획

---

91 기획부에 대해서는 안자코 유카, 2006, 「조선총독부의 '총동원체제'(1937~1945) 형성 정책」, 고려대 박사학위논문, 79~82쪽; 박성진, 2016, 「경제참모본부의 식민지적 유산과 제1공화국 기획처의 탄생」, 『동아연구』 71, 35~42쪽.

92 기존의 「조선공장자원조사규칙」을 대체한 것이다.

상" 필요해서,[93] 본토(內地)에만 조사를 시행한다고 했다. 그러나 이 조사가 1944년으로 연기되면서, 1944년 '제국판도' 전체에 걸친 총조사로 시행됐다. 일본에서의 조사항목은 1. 주소, 2. 씨명(氏名), 3. 남녀별, 4. 연령, 5. 배우자 유무, 6. 소속 산업, 7. 종사상 지위, 8. 병역관계의 8개였고, 2월 22일 0시를 기준으로 조사가 이루어졌다.

조선에서는 조사가 조금 더 늦게, 5월 1일 0시 기준으로 시행됐다. 위의 군수·식량 생산 등에 더해 "병역법(징병제) 실시에 따른 여러 가지 계획"이 조사목적에 명기되었고, 조사항목도 1. 주소 및 본적, 2. 씨명, 3. 남녀별, 4. 생년월일, 5. 배우자 유무, 6. 소속 산업 및 직업, 특수기능, 7. 종사상 지위, 8. 병역관계, 9. 민적 및 국적, 10. 학력으로 더 많았다.[94] 신고서 자체는 중앙집사방식으로 처리하도록 했지만, 지방별로 요계표(要計表)를 우선 집계해서 인구를 빨리 파악하도록 했다. 이 인구조사를 주관한 것은 1943년 9월 30일 자로 국세조사과가 개편된 총독관방의(두 번째) 조사과였다. 조사 결과 조선의 총인구는 2,590만 명, 그중 조선인은 2,512만 명이었다. 일본 정부는 1945년에도 두 번째 인구조사를 계획했지만 시행되지 못했다. 이 조사의 결과는 '극비'의 내부 자료로 두 권의 간이보고서가 나왔을 뿐이고,[95] 신고서의 집계는 제대로 이루어지지 못한 것으로 보인다.

---

93 總理府統計局 編, 1983, 『總理府統計局百年史資料集成 第二卷 人口 中』, 701쪽, 713쪽.

94 1944.2.19, 조선총독부령 제56호, 「朝鮮昭和19年人口調査規則」; 「소화19년 인구조사요강」, 『매일신보』, 1944.2.10.

95 朝鮮總督府, 1944, 『(昭和19年5月1日) 人口調査結果報告』. 두 권으로 구성되어 있다.

3. 1940년대 총독부 조사·통계의 뒷면

1940년대라고 하면 조선총독부의 식민지 지배는 끝을 바라보고 있을 때였다. 물론 당시로서는 아무도 그런 줄은 알지 못했다. 오히려 해를 거듭하면서 식민지 지배는 더욱 더 탄탄한 기정사실이 되어 간다고 느껴졌을 것이다. 그렇다면 시정 30주년을 넘겨서 충분히 정착되었을 총독부의 조사·통계와 관련된 행정의 실상은 어땠을까? 부족한 대로, 남아 있는 자료를 가지고 생각해 보기로 하자.

1) 1940년 노무자원조사

총독부 내무국에서는 1940년 3월 13일 각 도지사에게 통첩해서 '노무자원조사'를 실시했다. 1937년 일본이 중일전쟁을 일으킨 이래 계속 심화된 광공업과 토건 분야의 노동력 부족에 대응하기 위한 기초 조사였다. 일본으로의 노동력 동원도 물론 계산에 포함되어 있었다. 그러나 이것은 노동력에 관한 다른 조사와는 성격이 많이 다르다. 고용과 실업의 일반적 상황의 조사도 아니고, 특정 기술을 가진 노동력의 소재와 양·질의 파악도 아니다. 조사 대상은 공장·사업장이나 도시의 노동자와 산업예비군이 아니라 농촌 지역의 영세농가다. 경작지 면적과 노동력의 '적정규모'라는 것을 상정해서, 농촌과잉인구 중에서 노동력 동원이 가능한 비중이 얼마만큼인지를 조사해 본 것이다. 칼 맑스의 용어를 쓰자면 농촌의 '잠재적 과잉인구'를, 공업의 각 부문과 도시가 그들을 끌어들이는 요인이 아니라 농촌의 인구 수용능력의 한계, 이출압력과 관련해서 조사한, 특이한 사례라고 하겠다.

조사의 내용은 지역별로 안정된 생활을 영위할 수 있는 정도의 경지를 소유한 농가의 수를 계산해서, 현재 호수에서 그만큼을 뺀 '과잉농가'에 대해 노동출가(勞働出嫁)와 노동전업(勞働轉業) 가능자와 희망자를 조사한 것이다.[96] '가능자'란 본인의 희망과 무관하게 영세농가의 구성원에 대해 조사원이 연령·건강상태 등을 고려해서 추정한 것이고, '희망자'는 영세농가에 한정하지 않고 본인이 노동출가·전업을 희망하는 자를 조사했다. 내무국 사회과에서 시행한 이 조사의 관련 문서철이 국가기록원에 남아 있다.[97] 이번 일제침탈사 자료총서 『전시 노동력 동원 번역자료집(1)』에도 이것을 번역·정서해서 실었는데, 상세한 설명은 달지 않았다.[98]

이 조사는 이전의 농가경제조사의 연속선상에 있으면서, 다른 한편 전시체제기에 본격화되는 노동력강제동원의 사전작업이 된다고 하겠다. 이 조사의 설계와 진행, 조사 결과, 또 경작지 면적과 노동력의 '적정규모' 개념에 대해서는 선행연구들에서 잘 정리해 두었다.[99] 여기서는 제2장에서 살펴본 총독부의 공식 통계체계가, 1940년이라는 시점에 가서 어떻게

---

96 '勞働'은 '노동'의 일본식 한자다. 이 책에서도 여러 번 언급한 대로 '출가(出嫁, 데카세기)'는 장단기 이주노동을 가리킨다. '전업'이라고 한 것은 낙동강의 '궁민구제치수사업'이 시작되면 낙동강 근처에 사는 농민이 거기서 단순노동 일자리를 얻는 등으로 거주지를 옮기지 않고 임금노동의 기회를 얻는 경우를 말하는 것 같다.

97 제목이 「노동자원조사에 관한 건」으로 되어 있다(관리번호: CJA0016565). 국가기록포털에서 '노동자원'으로 검색하면 원문을 볼 수 있다.

98 오일환 역, 2021, 『전시 노동력 동원 번역자료집(1)』, 동북아역사재단, 361~479쪽.

99 이 조사와 결과에 대해서는 곽건홍, 2001, 『일제의 노동정책과 조선노동자』, 신서원, 81~87쪽; 노영종, 2016, 「일제강점기 노무자원조사와 충남지역 강제연행」, 『한국근현대사연구』 78을 볼 것. '농가의 적정규모' 개념에 대해서는 김인수, 2016a, 앞의 글, 191~192쪽, 205~207쪽에 정리되어 있다.

작동하고 있었는가 하는 다른 문제를 살펴보려고 한다. 총독부가 실시한 조사 중에 원본 문서철이나 원자료가 남아 있는 경우가 거의 없는데, 이 조사에 대해서는 최소한 몇 차례에 걸친 조사의 설계·기안, 총독부의 통첩과 각 도의 보고 회신의 과정 정도는 엿볼 수가 있는 것이다.

먼저 원본 문서철의 구성부터 살펴보기로 하자(〈표 7-8〉). 문서철은 (a), (b), (c), (d)의 범주별로 시간 순서의 역순으로, 그러니까 맨 나중의 문서가 맨 앞에 오도록 해서 묶여 있다. 여기서는 모든 문서의 제목을 열거하지 않고, 논의에 필요할 만큼의 몇 개 범주로 묶었다. (a)와 ① 같은 범주와 번호는 필자가 임의로 붙인 것이고, 『번역자료집』의 수록면수를 덧붙였다.

조사의 설계과정을 살펴보자. 내무국 사회과에서는 1939년 7월에 조사 계획을 세워 ④의 안을 마련했으나 이 안은 사회과 내에서 폐기된 듯하다. 자료집에는 다 옮기지 않았지만 원문서의 [1062]를 보면 결재란이 거의 비어 있고 가운데 위쪽에 푸른색 색연필로 크게 '폐안(廢案)'이라고 써 놓았다.[100] 두 번째로 1940년 2월에 ③이 기안되었으나 이 역시 폐안됐다. 앞의 ④안이 지역별로 영세농가를 찾아가서 농사를 포기하고 조선 내의 다른 지역이나 일본에 노동자로 갈 의향이 있는지를 물어보는 정도였다면, 노동력과 노동시간(일수) 개념을 도입한 ③안은 꽤나 복잡했다. ③안도 폐안되고 결국 채택된 ①안은, 다시 ④안으로 돌아가되 조사원을 면마다 5명으로 늘리고, 조사 대상 호수를 축소한 것이다. 반복조사에 대한 언급도 사라졌다. 공문에서 밝힌 조사의 목적은 '군수(軍需) 및 생산력 확충에 유감이 없도록 하기 위해 주로 농촌과잉노동력

---

100 [ ] 속의 번호는 국가기록포털 원문 아래쪽에 스탬프로 찍힌 숫자이다.

〈표 7-8〉 공문서로 본 1940년 노무자원조사의 설계·시행 과정

범주	내용	번역자료집
(a)	전국(도별) 노동출가·전업 희망자와 가능자 수 조사 결과 (표 3과 표 4가 최종 결과)	363~367
(b)	각 도에서 제출한 조사표	368~437
	◉ 충청남도와 평안북도에 대한 재조사 지시 공문	435
(c)	조사를 지시한 내무국 공문	
	① 1940.3.13 통첩(내무국장 → 각 도지사) 「노무자원조사에 관한 건」	438~443
	② (1940.3.6 기안)(폐안) 조사용지 인쇄 건	444~447
	③ (1940.2.7 기안)(폐안) 통첩(안)+조사용지 인쇄 건 결재(안)	448~459
	④ (1939.7.24 기안)(폐안) 통첩(안)+조사용지 인쇄 건 결재(안)	460~472
	⑤ 1940.3.15 통첩(내무국장 → 각 도지사) 경비예산 배부 건	473~477
(d)	조사서 제출 독촉 공문	
	⑥ 1940.5.29 통첩(내무국장 → 경기 등 5개 도지사)	473~477
	⑦ 1940.5.6 내무국장 통첩(→ 각 도지사) 조사서 제출 독촉	473~477

의 소재와 양을 늘 조사함으로써 노동력의 적정한 배치에 이바지하고자' 한다는 것이다. 조사 방법은 이상경지면적을 표준으로 해서 1개 면에서 이상경지면적 미만의 토지를 경작하는 농가 100호를 조사하는 것이다. 조사는 100호씩 했지만 그렇게 얻은 노동출가·전업 가능자·희망자 평균에 다시 면 전체의 과잉농가 비율을 곱해서 최종 가능자·희망자 수를 구하도록 했다.

조사는 도시 지역인 부와 읍을 제외하고 면에 대해서만 실시하고, 조사원은 '면내 사정에 통람(通覽)한 자'를 임명하도록 했다. 면에서는 3월 말일 현재를 기준으로 조사하여 결과를 4월 10일까지 도에 제출하고, 각 도는 군별로 결과를 정리해서 4월 말까지 총독부에 제출하는 일정이었다. 최종적으로 1940년 3월 공문 ①이, 이어서 경비 및 예산 교부에

대해 공문 ⑤가 각 도로 통첩된다. 애초 4월 말로 정했던 보고 기한이 지켜지지 않자, 내무국은 5월 초에 조사서를 제출하라고 각 도에 독촉했고(⑥), 5월 말까지도 회신을 하지 않은 경기·전남 등 5개 도에 대해서 다시 독촉을 했다(⑦). 그렇게 해서 각 도에서 제출한 군별 조사표가 (2)에 묶여져 있다. 집집마다의 조사표는 대개 소포나 철도편으로 따로 송부한다고 했는데, 그것은 남아 있지 않다.

여기서, 총독부의 문서·통계체계가 도입된 지 거의 30년 가까이 지난 1940년에 이르러 과연 그 체계는 어떻게 작동하고 있었는지를 살펴보자. 먼저 내무국의 태도다. 그 전해부터 이미 이런 조사가 있을 것이라는 기사가 신문에 보도되었지만, 두 차례의 폐안 끝에 실제 공문 ①이 시행되어 전국으로 발송된 것은 3월 13일이다. 조사용지는 더 늦게 전달되었을 것이다. 그리고 4월 말까지 도별로 결과를 보고하라면서, 면마다 조사원을 뽑고 조사 대상 농가를 정하여 조사를 해서 면→군→도를 거쳐 집계·보고하는 데 한 달 남짓의 시간을 주고 있다. 조사원 수당까지 예산으로 정해 주었으니까 기존 면 직원이나 경찰이 수행해야 할 다른 조사보다는 훨씬 사정이 나았겠지만, 그래도 말단의 지방관청으로서는 예정에 없던 업무가 늘어난 셈이다.

각 도는 결국 내무국이 설정한 일정을 맞추지 못했다. 내무국에서 두 번이나 독촉을 했으나 평안북도는 6월 13일, 경기도는 6월 20일, 전라남도는 7월 1일에야 보고를 했다. 더 일찍 보고를 한 경우도 속사정은 엉망이었다. 강원도는 5월 4일에 보고를 제출했다가 재조사해서 5월 9일 다시 보고했다. 경상북도는 5월 16일에 회신을 하면서 울릉도 보고가 아직 도청에 도착하지 않아서 추후에 송부한다고 했다. 울릉도 보고가 언제 들어왔는지는 알 수 없다. 참고로 당시 조선에서는 지방자치 같

〈표 7-9〉 평안북도 구성군의 노무자원조사와 재조사 결과

범주	조사별	12~19세 여	20~30세 남	31~40세 남	41~45세 남	합계	
						남	여
가능자	조사	8,018	19,365	10,910	6,000	36,275	8,018
	재조사	802	1,936	1,091	600	3,628	802
희망자	조사	1,036	6,273	3,054	2,018	11,345	1,036
	재조사	103	627	305	201	1,133	103

은 것은 상상할 수 없었으므로, '지방행정'을 총괄하는 내무국과 지방관청의 관계는 수직적인 것이었다고 생각된다. 아마 도청과 군청, 면사무소에서 게으름을 피우거나 할 여지는 없었을 것이다. 처음부터 조사의 계획 자체가 무리수에 가까웠다고 생각된다.

충청남도와 평안북도의 경우는 더 심각했다. 8월 19일, 조사 결과를 검토·집계하던 내무국(사회과)은 두 도에, 조사 결과에 오류가 있으니 재조사를 해서 회신하라고 통첩했다.[101] 충청남도의 경우는 최종 결과표의 기재와 집계를 잘못한 단순한 오류였다. 평안북도는 애초 보고한 가능자·희망자 수가 너무 많았다. 내무국이 재조사 통첩에서 "가능자와 희망자를 합치면 92만 7,493명이 되어 귀도(貴道) 총인구의 과반수를 차지하는 결과가 된다. 조사의 근본에 착오가 있다고 생각되는바, 재조사해서 회신"하라고 할 정도였다. 9월 10일 평안북도는 애초 가능자 남 61만 1,780명, 여 13만 2,596명, 희망자 남 17만 425명, 여 1만 2,691명이라고 했던 것을 가능자 남 5만 9,640명, 여 1만 2,667명, 희망자 남 1만 6,750명, 여 1,127명이라고 10분의 1 이하로 줄여서 다시 보고했다. 그

101 오일환 역, 2021, 앞의 책, 374~385쪽, 414~416쪽, 429~435쪽.

런데 〈표 7-9〉를 보면 구성군의 경우는 사실상 첫 번째 보고의 숫자를 10분의 1로 줄이는 식으로 처리했음을 알 수 있다.[102]

보고의 형식도 고르지 않았다. 손으로 쓴 보고서도 있고 타자기로 작성한 것도 있다. 용지도 군명이 미리 인쇄된 괘지도 있고 그냥 백지도 있다. 경상북도는 도내 군별로 논·밭 면적과 농가호수, 1호당 경지면적, 이상경지면적 그리고 거기에 따른 이상호수와 과잉호수를 계산한 표를 첨부했지만, 다른 도는 그런 것도 없었다. 전시총동원 시기였다고 하지만, 이때까지는 전황이 일본제국에 유리했고, 전쟁이 조선총독부와 지방관청의 일상 행정에까지 영향을 미칠 정도는 아니었다고 생각된다. 이 사례에서 나타난 보고의 지연과 여러 시행착오, 실수 등은 관료제 행정의 일상적 오차범위 안에 있는 것이 아니었을까 싶다.

2) 1940년대의 '무적자'

마지막으로 1942년 조선인 징병제 실시가 결정된 뒤의 호적·기류 정비과정에서 드러난 당시 호적·기류제도의 실상을 살펴보자.

1937년 7월 발발한 중일전쟁은 중국의 끈질긴 항전으로 교착상태에 빠졌다. 다시 일본은 제2차 세계대전에 개입했고, 1941년 12월 일본은 진주만을 기습함으로써 태평양전쟁을 일으켰다. 이제 일본은 만주와 중국대륙, 동남아시아, 태평양에 걸친 광대한 전선에서 중국·미국·소련이라는 거대한 적들과 맞서게 됐다. 1942년 5월 8일의 일본 내각회의는 1944년부터 조선인에 대해 징병제를 실시할 것을 결정·발표했다. 징

102 오일환 역, 2021, 위의 책, 415~416쪽; 433~434쪽의 자료에서 작성했다.

병은 먼저 징병적령자를 확정하고 그들에 대해 징병검사를 실시, 징병 대상자를 선발했다가 징집하는 절차로 이루어졌다. 그런데 당시 일본의 징병검사와 징집은 징병적령자의 본적지에서 이루어졌고 징병과 관련된 통지는 적령자의 현주소로 가야 했으므로, 일단 징병적령자의 이름과 나이뿐 아니라 호주, 본적지와 현주지 등을 파악해서 명단을 만들어야 했다.[103]

그러나 당시 조선의 호적제도는 많은 사람의 현주소를 제대로 파악하지 못했다. 일본에는 호적의 소재지인 본적지가 아닌 곳에 거주하는 자를 호적과 연동해서 신고·등록하게 하는 '기류제도'가 법으로 규정되어 있었지만, 조선은 그렇지 않았다. 1911년 경찰이 치안 목적으로 여관 등에 숙박하는 자와 관내의 임시거주자를 파악하기 위해서 만든 「숙박 및 거주규칙」이 있을 뿐이었다.[104] 「숙박 및 거주규칙」에 의한 신고는 호적부와 연동되지 않았다. 따라서 누가 본적지를 떠나 다른 지역에 살면서 그곳 부·면에 「숙박 및 거주규칙」에 따라 신고를 제대로 했다고 해도, 그 신고는 원칙적으로 본적지 관할 부·면에는 전달되지 않았다.

조선총독부는 조선인 징병제 실시가 확정된 뒤인 1942년 9월에 가

---

103 이하 징병을 위한 조선총독부의 호적·기류 정비사업에 대해서는 거의 이명종, 2007, 「일제말기 조선인 징병을 위한 기류(寄留)제도의 시행 및 호적조사」, 『사회와 역사』 74; 정주수, 2018, 『일제강점기 호적·기류 일제조사 연구』, 동문에 의존했다.

104 1911.6.20, 조선총독부령 제75호, 「숙박 및 거주규칙(宿泊及居住規則)」. 1915년 민적사무 이관과 함께 거주의 신고는 경찰관서가 아니라 부·면에서 받게 되었지만(1915.3.20, 조선총독부령 제20호 개정), 이후 민적(1923년부터는 호적)은 지방재판소가 감독하는 사무가 되는 데 반해 「숙박 및 거주규칙」은 여전히 경찰 관련 법령으로 남았다.

서야 기류제도를 도입했다.[105] 본적지 아닌 곳에 주소나 거소를 두고 살고 있는 사람들에 대해서는 부·면마다 '기류부'를 새로 만들어야 했으므로, 마치 1909년 민적법 시행을 앞두고 민적실사가 필요했듯이 기류법 시행과 함께 일제 기류신고를 받기로 했다. 총독부와 관변단체인 국민총력연맹은 기류법 시행일인 10월 15일이 되기도 전에 신고 독려에 나섰다.[106] 그런데 전체적으로 보면 이때의 일대 캠페인은 다소 뒤늦은 감이 있었다. 조선에 기류제도가 없어서 사람들의 현주소가 파악되지 않는 문제는 어제오늘의 일이 아니었기 때문이다.

특히 재만조선인의 '무적(無籍)'과 '취적(就籍)' 문제는 1930년대 내내 조선 언론의 큰 관심사였다. 1932년 일본의 괴뢰국가인 만주국이 세워지면서 국적상 '일본인'으로 취급된 재만조선인은 만주국 체류도 합법화되고 토지도 소유할 수 있게 됐다. 그러나 100만 명 중 50만 또는 200만 명 중 70만이라고 일컬어진 재만조선인 상당수는 조선에 민적법이 시행되기 이전에 간도로 이주했다거나 하는 이유에서 조선에 호적이 없는(다시 말해 일본제국 신민이라는 아무 증명도 없는) '무적자(無籍者)'였다. 만주국이 독자적 국적법을 제정할지를 놓고 만주국과 일본 정부, 관동군이 엎치락뒤치락하는 사이에, 이미 조선을 떠난 사람들이지만 특례를 시행해서 그들이 조선에 호적을 가질 수 있게 해 주어야 한다는 논의도 확산됐다.[107] 결국 1940년에 가서 만주국이 국적법이 아니라 이름 그대로

---

105 1942.9.26, 조선총독부령 제32호, 「조선기류령」; 1942.9.26, 조선총독훈령 제235호, 「조선기류수속규칙」. 10월 15일부터 시행됐다.

106 이명종, 2007, 앞의 글, 89~91쪽.

107 「재만무적동포에겐 "商租權"을 불허: 이주자 태반, 50만은 無籍」, 『동아일보』, 1934.5.4; 「70만 무적동포: 취적 예외법 준비」, 『조선일보』 1934.12.29 등.

잠정적인 「만주국잠행(暫行)민적법」을 제정하는 데 그치면서, 재만조선인에게는 조선의 호적에 등록되는 길만 남게 된다. 당시는 이것을 '무적자'의 '취적', 즉 호적에 오르지 않은 자가 호적에 등록되는 문제라고 불렀다.[108]

그러나 1942년이 되면 이 말의 쓰임이 변하기 시작한다. 이제 '무적자'와 '취적'은 만주동포가 아닌 조선에 살고 있는 보통 사람들의, 이중국적과 만주국에서의 토지소유권(商租權)이 아니라 징병제의 문제가 된 것이다.[109] 1940년 이른바 '창씨개명'을 시행하면서, 호적 호수 421만 호 중 약 20%가 현주지와 본적지 관청 사이에 연락이 없어서 '행방불명' 상태라는 사실도 알려지게 됐다.[110] 그리고 기류의 일제등록을 통해 파악된 조선 호적제도의 실상은 예상보다 심각했다. 총독부는 「조선기류령」 시행을 위한 예산을 청구하면서 기류신고자의 수를 일본인 등을 포함한 1940년 말 현주호구인 2,370만 명의 약 25%인 600만 명으로 예상했다. 그러나 1942년 10월 28일까지 신고된 기류자는 1,019만 명이었다. 전체 인구의 41% 가량이 본적지를 떠나 살고 있었던 것이다. 또 예산 청구때 총독부가 예상한 무적자는 114만 명, 일제신고 이후 예상

---

108 만주국 국적법 시행 문제와 재만조선인의 '취적'에 대해서는 田中隆一, 2007, 『滿洲國と日本の帝國支配』, 有志舎, 135~147쪽; 「재만조선인들 취적: 3년간에 60만 명 목표로 실시」, 『매일신보』, 1941.9.14; 「無籍의 浮動住民: 全鮮에 260만」, 『매일신보』, 1941.10.11.

109 「무적자 취적, 착오는 시정: 호적의 근본적 정비」, 『매일신보』, 1942.9.8; 「취적과 정정 간이화: 징병제 앞두고 호적정비의 포진」, 『매일신보』, 1942.10.9.

110 와타나베 류지(渡邊隆治), 1943, 「내지·가라후토 재주 조선동포의 호적 및 기류 정비에 관한 지방재판소 회동에서의 와타나베 민사과장 연설요지」, 『戶籍』 3(11) 39쪽.

〈표 7-10〉 호적·기류 정비 건수(1944년 9월 1일 현재)

거주지		조선 내	조선 외 포함	
요정비 총건수		2,507,378	2,995,099	
정비실행 건수	출생 계	328,937	366,346	16.3
	취적 계	46,688	49,114	2.2
	호적 정정	29,633	37,717	1.5
	본적 판명	100,672	111,901	5.0
	주거 판명	217,433	277,847	12.3
	조사표 착오	387,745	412,847	18.3
	기타 호적	261,029	286,396	12.7
	기타 서류	484,132	714,556	31.7
	계	1,856,269	2,253,052	100.0
정비율(%)		74	75	

하기로는 70만 명이었다.[111]

그리고 1943년 3월 총독부는 징병적령자인 만 20세 이하의 남자, 즉 1923년 3월 2일 이후 출생한 남자 전부에 대해 '호적·기류 일제조사'에 착수했다. 이것은 법령상의 근거가 없는 "조선총독부 편의의 조사"로, 호적·기류 사무를 담당하는 지방법원과 부·읍·면이 조사를 담당했다. 2월 10일을 예비조사, 3월 1일을 본조사로 하여 조사원이 조사표(票)를 배부했다가 확인하고 회수했다. 조사 자체는 우리가 익히 아는 여러 인구조사처럼 이루어졌을 텐데, 눈여겨 볼 것은 조사 결과다. 이때의 조사 대상인 징병적령자는 모두 625만여 명이었는데, 〈표 7-10〉에서 보듯이 조선 안에서만 모두 186만 건에 가까운 정비가 이루어진 것이다.[112] 이

111 이명종, 2007, 앞의 글, 93~94쪽.

112 이명종, 2007, 앞의 글, 97쪽에서 요약한 것을 전재했다. 원래의 표는 정주수, 2018,

미 그 전해에 일제 기류등록을 통해 호적·기류가 일차 정비된 뒤였고, 징병적령자 외의 인구는 대개 도외시되었으리라는 점도 생각해야 한다.

이렇게 보면 호적제도는 온갖 행정의 기본이 되는 것인데도, 생각보다 그 운영의 실상은 무척 허술했음을 알 수 있다. 30년간의 식민지 지배를 통해 인구쯤은 훤히 다 파악했을 것 같지만, 보론 2에서도 보듯이 1940년대 조선 인구는 다시 자연증가의 수준을 넘어 급증했다.

앞의 책, 46쪽에 실려 있다.

맺음말

이 책에서는 가능한 범위 안에서 식민지기 조선에 대한 조선총독부의 조사와 통계를 정리해 보았다. 본래는 관습조사와 총독부의 통계체계, 국세조사 정도를 염두에 두었던 것인데, 개항 이후 통감부시기까지의 정탐과 조사 그리고 한반도의 자연에 대한 조사와 조선인의 신체측정 이야기까지 들어가면서 분량이 조금 많아졌다. 특히 제7장은 구성 자체가 앞에서 미처 다루지 못하고 남은 것들을 모은 꼴이 됐다. 1920년대 후반 이후에 대해 서술이 다소 엉성해진 것은 필자의 공부가 모자라서 아는 것이 많지 않은 탓이지만, 전시총동원과 관련된 조사라서 조사의 시행과 결과가 비밀에 부쳐졌다거나, 비밀로 분류된 것은 아니지만 전쟁이 심화되면서 조사의 결과와 전후 맥락 등이 제대로 정리·간행되지 못한 경우도 많다. 더 공부를 해서, 이 부분은 다른 기회에라도 보충할 수 있으면 좋겠다. 앞으로 연구하겠다는 변명 겸, 본문에서 미처 다루지 못한 점들에 대해 잠깐 언급하는 것으로 맺음말을 대신할까 한다.

맨 처음 총독부의 조사와 통계에 대한 공부를 시작할 때는, 토지조사의 측량기법이나 국세조사 설계의 근대성이라는 것이 무척 크게 보였다. 전혀 몰랐던 분야를 처음 들여다 본 것이니 그만큼 놀라움도 컸던 것 같다. 대한제국까지 이어진 전통적 유교국가에 비해 통감부와 조선총독부는 훨씬 기민하고 치밀한 행정능력을 보였고, 전에 없이 정확하고 촘촘한 정보들을 생산·간행했다. 1909~1910년 민적실사 이래 여러 가지로 시도된 인구조사는 짧은 기간 안에 인구파악률을 엄청나게 끌어올렸다. 1980년대까지도 통계 작업에 사용된 천공카드가 1930년 국세조사 집계에 이용됐다는 것도 신기했고, 토지조사사업 때 적산수(積算手)가 사용한 면적계(planimeter)는 지금 봐도 놀랍다. 물론 둘 다 서구에서 고안된 장치다.

그러나 조선총독부의 조사와 통계는 사실 흠결이 많다. 당대 일본이나 타이완과 비교해 보면 총독부의 조사와 통계는 다소 건성이랄까, 구색만 맞추었다는 느낌이 있는 것도 사실이다. 본문 마지막에 보았듯이 1940년대가 되어서도 지방의 보고는 오류투성이였다. 총독부 스스로 수많은 사람이 호적부에서 누락되었다고 밝히기도 했고, 네 차례 국세조사를 통해 이미 인구파악률이 꽤나 향상되었을 터인데도 호적과 기류제도의 정비를 통해 조사된 인구는 다시 급증했다. 또 오늘날 식민지기의 조사 자료나 통계를 이용해서 연구를 하려고 보면, 꽤 많은 자료가 남아 있는 것 같지만 막상 쓸 수 있는 자료가 많지 않다. 조사항목과 범주부터 시작해서 자료의 일관성과 연속성, 신뢰도까지 문제가 없는 부문이 없다. 그렇다면 '전체적으로 조선총독부의 조사와 통계를 어떻게 평가할 것인가?' 하는 물음이 당연히 떠오르지만, 이런 물음에 대한 답까지는 미처 준비하지 못했다.

조선총독부의 조사와 통계에 대한 질적 평가는, 아마 지금 우리의 연구 수준과 반비례 관계에 있을 것이다. 그러나 지금의 조사나 통계 개념과 방법론을 가지고 그 시대 것을 평가할 수는 없다. 시대착오이기도 하고 지금의 개념과 방법론이라는 것이 자칫 대학의 사회과학을 모델로 하기 쉽다는 것도 문제지만, 해방 이후 한국의 사회과학은 식민지기 총독부의 조사·통계와는 다른 뿌리와 경로를 갖는다는 것도 생각해 봐야 한다. 물론, 조선총독부의 조사와 통계는 당시에도 많은 비판을 받았다. 총독부 당국자를 비롯해서 통계 전문가들의 한결같은 비판은 '조사'가 제대로 이루어지지 않는다는 데 있었고, 그들은 그것을 주로 표(表) 대 표(票)의 문제로 파악했다. 하지만 그것은 단순한 기술적 문제가 아니라 직원의 배치와 교육, 예산의 배정 같은 식민지 행정의 근본적 문제이기도 했다. 조사 주체인 관과 대상자인 민의 관계와 상호신뢰를 말하자면 결국은 식민지 지배의 정당성까지도 문제삼지 않을 수 없을 것이다.

피지배자인 조선인의 입장에서 보면 가장 큰 문제는, 조선인은 순수한 조사 대상일 뿐 조사와 통계 생산의 과정에서 체계적으로 배제됐다는 점일 것이다. 심지어 대학에서 경제학과 통계를 전공한 조선인 지식인들도 총독부의 조사에 참여하지는 못했다. 총독부의 조사에 맞서서 조선에 대한 사회조사를 독자적으로 수행할 기회도 좀처럼 없었다. 1920년대 『개벽』이나 『동아일보』, 『조선일보』 그리고 더 나중의 이훈구나 강정택 정도가 드문 예외라고 하겠다. 중추원이나 총독관방 조사과의 조선 구관·제도·풍속 조사에도 조선인들은 거의 끼지 못했다. 하급직원이나 촉탁으로 참여해서 문헌조사 등을 담당한 사람은 꽤 있지만, 공간된 보고서의 집필자로는 거의 이름을 올리지 못했다. 조선의 역사와 문화, 관습에 대해 조선인보다 더 잘 아는 사람은 없을 것이다. 그러나 나카이 다케노신의 경우에서 보았듯이, 조사 대상이 되는 세계를 누가 더 잘 아는가보다 각 학문 분야의 선행연구들과의 대결을 통해 벼려진 문제의식과 측정·분석의 방법을 더 신뢰하는 것은 근대 과학의 보편적인 태도이기도 하다.

인력의 배제뿐만이 아니다. 관습조사에서 잘 나타나듯이 보편적 술어는 모두 일본어였고, 조선인들의 생활세계는 '가독상속(家督相續)'이나 '후견(後見)' 같은 어색한 일본어 개념으로 번역되어야만 지식과 행정의 체계 안에 받아들여질 수 있었다. 그러나 이것은 지금도 여전한, 더 큰 식민주의의 일부다. 누군가 조선시대의 양반이란 무엇인지를 묻는다면, 우리는 양반은 이러저러한 '계급'이거나 '신분'이라는 식으로 대답할 수밖에 없다. "양반은 양반이다"라거나 "콩트(comte)나 마르키(marquis)

는 유럽의 높은 양반의 칭호다"라는 진술에 대해서는 우리 스스로도 제대로 된 설명이라고 생각하지 않을 것이다. '계급'이나 '신분'이라는 술어, 유개념은 모두 일본에서 번역된 서구어이거나, '미붕(身分)'처럼 그 과정에 몰래 끼어든 일본어다. 총독부 통계에 대한 『숫자조선연구』의 비판, 그 둘 모두에 대한 인정식의 비판은 모두 맑스주의라는 거대한 보편적 술어 체계, 즉 '담론'에 기대어 있었다. 이여성·김세용과 인정식은 단지 총독부의 통계가 조선의 현실을 왜곡했는지의 문제뿐 아니라, 그것을 비판하고 대안적 해석을 제시할 때 어떤 것이 더 진정한 맑스주의의 입장인지를 가지고도 논쟁했던 것이다.

조선총독부의 이런 조사·통계의 체계는 해방 이후에 어떤 영향을 미쳤을까? 분단과 전쟁 때문에, 해방 이전과 이후의 통계를 이어붙이기는 아주 힘들다. 인구만 보더라도, 해방과 분단, 전쟁을 거치면서 그 실상이 파악되지 않은 엄청난 규모의 인구이동이 이루어졌다. 전쟁 이후로는 남과 북이 인구에 대한 정보를 공유한다거나 하는 일도 없다. 한편으로 남한에서는 '통계'부터 '세대(世帶)', 심지어는 '국세조사'라는 명칭, 기타 여러 가지 행정용어와 관행은 모두 일본식이었다. 미국의 개입과 영향 아래 설계된 1960년 인구·주택 총조사의 명칭도 여전히 '국세조사'로 정해졌을 정도다. 그러나 다른 한편 식민지기에 총독부의 조사·통계체계를 깊숙이 경험한 조선인도 거의 없었다. 그런 상황에서 1960년경부터 차츰 대한민국의 조사·통계는 미국 모델로 대체되었다고 생각된다. 1958~1963년 한국에서 활동한 주한 통계고문단(Statistical Advisory Group)이 있었고, 미국 유학을 거친 다수의 지식인들이 한국의 정부와 대학, 민간단체에서 활동하게 된다. 그러나 우리가 거칠게 '일본식'과 '미국식'을 나누는 구분이 과연 정확한 것인지, 그런 구분이 가능하다면 둘의 핵심적 차이는 무엇인지 등은 이제부터 밝혀야 할 문제다.

또 이 책에서는 주로 총독부의 공식 통계와 조사를 다루었을 뿐이고 개인 연구자들이 가진 통계지식이나 그들이 구사한 방법 등에 대해서는 거의 다루지 못했다. 글을 쓰는 과정에서 여러 선행연구를 통해 당시에도 경제학이나 체질인류학, 위생학 전공자들은 꽤 다양한 통계기법을 구사했음을 알 수 있었는데, 그것 역시 앞으로의 연구과제로 삼도록 하겠다.

보론

1. 토지조사사업의 측량 및 소유권조사의 단계

토지조사사업은 이 책에서 다루지 않기로 했지만, 조사의 구성과 단계에 대해서만 조금 언급해 두겠다. 토지조사는 측량과 소유권조사의 두 가지 별개의 계열로 이루어진다.

1) 측량

측량에는 다시, 한반도 전체에 대한 정확한 지도를 작성하는 일과 모든 '필지(筆地)'에 각각의 모양과 절대면적을 구하는, 서로 연결된 두 가지 과제가 있다. '필지'란 집의 대지(垈地)나 논·밭이든, (임야조사의 과제로 남겨지지만) 산이나 임야든, 국가나 법인이나 개인이 소유한 한 덩어리의 땅이다. 각 필지의 측량은 어딘가의 기준점과 기준선에 입각해서 이루어져야 했으므로, 한반도 전체의 경·위도 원점을 정하고 거기서부터 시작해서 한반도 전체를 적당한 크기의 삼각형의 망으로 나누어가야 했다. 그 순서는 〈표 A-1〉과 같다.[1] 물론 이것은 논리적인 순서일 뿐, 전국의 토지조사 전체가 꼭 이 순서대로 진행된 것은 아니다. 각 기선(基線)의 끝점과 아래 표에 나오는 여러 수준의 측량기준점들은 실제로 그 경·위도 위치에 돌로 된 표지를 박아서 표시했다.

토지조사를 위한 측량 원점의 결정은 한반도의 원점을 정해서 천문

---

1 1913.4.22, 조선총독부훈령 제21호, 「임시토지조사국측량규정」과 朝鮮總督府臨時土地調査局, 1918, 『朝鮮土地調査事業報告書』의 목차에서 재구성했다. 측량과정에 대한 요약·정리는 리진호, 1999, 『한국지적史』, 바른길, 629~649쪽, 661~663쪽을 볼 것.

〈표 A-1〉 토지조사사업 중 측량의 각 단계

단계	내용	비고
대삼각측량	경위도원점을 정하고, 그 원점을 기준으로 하여 (1910.8. 대전기선 2.5km를 시작으로) 전국에 13개 기선을 설정한 다음, 기선을 기준으로 대삼각본점(30km마다), 대삼각보점(補點, 10km)을 측량	외업(外業): 현장 측량
소삼각측량	대삼각보점에 근거하여 소삼각점 1등점(5km)과 2등점(2km)으로 이루어진 삼각점망을 구축(소삼각점 총 3만 1,646개)	
도근(圖根)측량	소삼각측량 결과에 근거하여 세부측량의 기준이 되는 도근점을 확보(1909.11.20, 경기도 부평군 시험조사에서 시작, 1916.10.31, 경상남도 사천군에서 완료. 355만여 개 점)	
세부(일필지) 측량	삼각점과 도근점을 기준으로 삼아 각각의 필지를 측량하고 세부측량도를 작성	
면적계산	'적산수(積算手)'라는 기능원이 면적계(planimeter)를 이용해서 세부측량도로부터 필지의 면적을 계산	내업(內業): 토지조사국 내에서 진행
지적도 제작	토지의 소재, 지번, 지목, 필지의 강계 등을 표시한 지도 제작	
지형도('일반도') 제작	육군 육지측량부에서 별도의 지형측량을 통해 지표의 고저를 표시한 지도 제작	육군 육지측량부

관측을 통해 정확한 위도와 경도를 측정하는 대신, 대한제국의 토지조사사업 때 도쿄원점을 중심으로 한 일본의 기존 삼각망에 한반도를 연결하는 방식을 택했다. 즉 1910년 6~8월에 거제도와 부산의 절영도에서 쓰시마(對馬)의 두 개 산을 관측해서 이 네 곳을 잇는 사각망을 그리고, 그것을 통해 한반도의 대삼각본점 위치를 정한 것이다. 거제도와 절영도의 본점 위치를 기준으로 8월부터 대전기선 측량이 시작됐다.

2) 소유권조사

다른 한편, 각각의 필지에 대해서는 소유자가 누구인지를 확정하고 강계(疆界: 경계와 모양), 택지 · 경지(논 · 밭) · 임야 등의 지목(地目)을 조사

〈표 A-2〉 토지조사사업 중 소유권조사의 각 단계

단계	내용
준비조사	준비조사외업반이 면과 동·리의 명칭·강계 조사, 지주가 작성한 토지신고서 수합, 지방관습 조사
일필지조사	측지(외업)반이 현장에서 필지별로 지주·강계·지목·지번을 조사. 세부(일필지) 측량과 병행
분쟁지조사	소유권·경계에 분쟁 있는 토지를 외업반이 조사 → 임시토지조사국 총무과 계쟁지계(係爭地係) → 분쟁지심사위원회 → 임시토지조사국장 재결(裁決)로 결정
사정(査定)	지방토지조사위원회 자문을 거쳐 임시토지조사국장이 신고·조사된 토지소유권·강계를 확정
불복사건 심의	사정결과에 대한 불복신청이 있을 때 고등토지조사위원회에서 재결
토지대장 작성	동·리, 지번, 지목, 지적, 과세가액과 소유자 등을 기입해서 토지대장 작성 → 사정이 끝난 토지대장과 지적도는 부·군청에 인계
지위등급조사	지목별 수확량, 토지가격, 지세(地勢)·지질 등에 따라 필지의 등급 결정(→ 등급을 지가로 환산하여 토지대장에 기입)

한 뒤 지번(地番)을 부여했다. 〈표 A-2〉의 '일필지조사'가 〈표 A-1〉의 '세부측량 = 일필지측량'과 겹치기 때문에, 실제로도 투입되는 작업반과 작업일정을 조정해서 일필지에 대한 측량과 소유권조사를 같이 수행하는 경우가 많았다. 그다음은 최종적으로 소유권 등을 확정해서 토지대장을 작성하기 위해서, 소유권에 분쟁이 있거나 조사 기간 동안 변동이 있을 때 그것을 조정하고 처리하는 과정이다. 소유권조사와 별도로 지목별 수확량, 토지가격, 지세(地勢)·지질 등에 따른 필지의 등급을 결정하고, 그것을 지가(地價)로 환산해서 토지대장에 기입하는 것을 '지위(地位)등급조사'라고 했다.[2]

2 1913.6.7, 조선총독부훈령 제33호, 「임시토지조사국조사규정」과 朝鮮總督府臨時土地調査局, 1918, 앞의 책의 목차에서 재구성했다. 토지소유권조사의 절차와 시행 양상은 이번 총서의 한 권인 최원규, 2022, 『한말 일제 초기 토지조사와 소유권 분쟁』, 동북아역사재단을 비롯한 여러 선행연구에서 상세히 다루었다.

2. 식민지기 『통계연보』에 실린 '현주호구'와 인구동태

본문 여러 곳에서 언급했던 식민지기 매년 말 '현주호구' 중 조선인 총인구와 출생, 사망을 정리하면 〈표 A-3〉과 같다. 현주호구와 출생, 사망은 『통계연보』와 『조선인구동태』 등 당시의 자료에 실린 것이다. '증가분'은 그해 현주호구에서 그 전해 현주호구를 뺀 것이다. 인구이동이 없다고 가정하면 '출생-사망=자연증가'가 되겠지만, 상당한 규모였으리라고 추정되는 인구이동은 파악되어 있지 않고 당시의 출생·사망 통계는 문제가 많아서, '출생-사망'이라는 어색한 표현으로 두었다. '출생률', '사망률'은 그해의 출생 수나 사망 수를 현주호구로 나눈 것을 의미하는데 지금의 출생률·사망률은 연앙(年央)인구로 나누어 구하지만 '현주호구'는 매년 말을 기준으로 집계된 것이라는 차이도 있다.

이 표의 '현주호구'와 박경숙의 추계인구를 함께 그래프로 그려보면 〈그림 A-1〉과 같다.[3] 이 추계는 1925~1940년의 네 차례의 국세조사와 1944년 인구조사의 인구파악률을 100%로 가정한 것이다. 이 자료에는 한반도 안팎으로의 인구이동, 즉 해외이주와 귀환이 파악되어 있지 않다는 점도 고려해야 한다.

전쟁이나 전염병, 대기근 등 추계에 반영할 만한 역사적 정보가 많지 않으면 추계인구라는 것은 거의 밋밋한 곡선을 그리게 된다. 반면 매년

---

3 현주호구는 〈표 A-3〉, 추계인구는 박경숙. 2009. 「식민지 시기(1910년~1945년) 조선의 인구 동태와 구조」. 『한국인구학』 32(2), 32쪽의 표 1의 것이다.

〈표 A-3〉 조선인의 매년 말 현주호구와 출생, 사망

(단위: 명, %)

연도	현주호구	증가	출생	사망	출생-사망	출생률	사망률
1910	13,128,780	-	175,221	107,308	67,913	13.3	8.2
1911	13,832,376	703,596	277,473	163,253	114,220	20.1	11.8
1912	14,566,783	734,407	421,500	232,115	189,385	28.9	15.9
1913	15,169,923	603,140	452,725	273,235	179,490	29.8	18.0
1914	15,620,720	450,797	439,613	301,649	137,964	28.1	19.3
1915	15,957,630	336,910	436,403	336,936	99,467	27.3	21.1
1916	16,309,179	351,549	552,820	363,556	189,264	33.9	22.3
1917	16,617,431	308,252	563,772	402,410	161,362	33.9	24.2
1918	16,697,017	79,586	570,195	515,243	54,952	34.1	30.9
1919	16,783,510	86,493	466,275	384,505	81,770	27.8	22.9
1920	16,916,078	132,568	468,721	394,986	73,735	27.7	23.3
1921	17,059,358	143,280	509,122	337,934	171,188	29.8	19.8
1922	17,208,139	148,781	585,419	368,988	216,431	34.0	21.4
1923	17,446,913	238,774	709,908	359,358	350,550	40.7	20.6
1924	17,619,540	172,627	680,828	378,779	302,549	38.7	21.5
1925	18,543,326	923,786	712,278	384,673	327,605	38.4	20.7
1926	18,615,033	71,707	665,604	380,361	285,243	35.8	20.4
1927	18,631,494	16,461	687,142	402,840	284,302	36.9	21.6
1928	18,667,334	35,840	710,558	424,642	285,916	38.1	22.7
1929	18,784,437	117,103	719,135	452,853	266,282	38.3	24.1
1930	19,685,587	901,150	760,602	373,722	386,880	38.6	19.0
1931	19,710,168	24,581	705,906	401,548	304,358	35.8	20.4
1932	20,037,273	327,105	604,275	448,523	155,752	30.2	22.4
1933	20,205,591	168,318	590,035	392,668	197,367	29.2	19.4
1934	20,513,804	308,213	615,579	398,482	217,097	30.0	19.4
1935	21,248,864	735,060	625,979	421,444	204,535	29.5	19.8
1936	21,373,572	124,708	615,381	424,063	191,318	28.8	19.8
1937	21,682,855	309,283	628,205	386,733	241,472	29.0	17.8
1938	21,950,616	267,761	792,975	384,177	408,798	36.1	17.5
1939	22,098,310	147,694	815,516	414,199	401,317	36.9	18.7
1940	22,954,563	856,253	735,400	412,048	323,352	32.0	18.0
1941	23,913,063	958,500	796,010	400,953	395,057	33.3	16.8
1942	25,525,409	1,612,346	1,012,339	452,670	559,669	39.7	17.7
1943	25,827,308	301,899	850,757	492,054	358,703	32.9	19.1

출처: 1911~1938년은 1938년판 『통계연보』, 1938~1942년은 각 연도 『조선인구동태』, 1943년은 남조선 과도정부 편, 1948, 『단기 4276년 조선통계연감』

〈그림 A-1〉 식민지기 조사된 현주호구와 추계인구

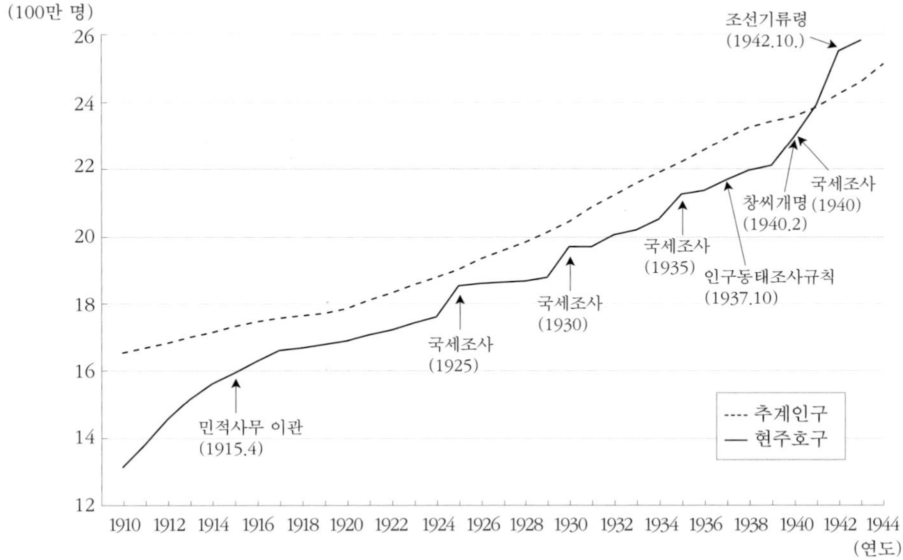

집계된 '현주호구'는 여러 군데 기울기가 급격하게 변화하는 모습을 보인다. 왼쪽부터 보면 1914년까지 매년 45만 명 이상, 1917년까지도 매년 30만 명 이상이라는 비정상적 인구 증가는, 그 전까지 워낙 호구파악률이 낮았던 상황에서 민적제도가 도입된 이래 헌병경찰의 반복적인 호구조사와 민적부 정비가 이루어졌기 때문일 것이다. 즉 이것은 출생의 증가나 사망의 감소에 따른 자연증가라기보다는 감추어졌던 호구가 '색출'된 것이라고 생각된다. 증가세는 1910년대 말에 10만 명 이하로 떨어졌다가, 1920~1924년은 대략 15~25만 명의 증가를 보였다. 1925·1930·1935년 세 번의 국세조사는 그해 말의 현주호구를 부쩍 끌어올렸다. 인구 개념은 다르다고 해도 어쨌든 10월에 한 차례 전국적인 현장조사가 행해지면서 호적의 정비나 현주호구의 파악에도 도움이 됐을 것이다.

국세조사가 있었던 해를 빼면 1920년대 후반은 증가세가 주춤했고, 1930년대는 대체로 다시 15~30만 명의 증가세를 보였다. 이런 추세가 유지됐다면, 추계인구의 기울기와 비슷한 이 정도가 식민지기의 실질적인 인구 증가율이었을 것이라고 생각해 볼 수 있다. 그런데 문제는 1939년 이후의 가파른 증가다. 심지어 식민지기 내내 추계인구가 현주호구를 상회하던 추세가 1942·1943년에는 역전되기까지 했다. 1940년이야 국세조사가 있었으니까 그렇다고 치더라도, 그 이후의 엄청난 인구 증가는 무엇 때문일까? 물론 이 시기는 1937년 일본이 중일전쟁을 일으킨 이래 노동력의 총동원, 나아가 조선인 징병제가 계획·시행되던 때였으므로, 총독부 당국이 호적의 정비와 정확한 인구 파악에 많은 노력을 기울였을 것은 분명하다.

그러나 그렇게 보더라도, 1939~1942년의 현주호구 증가는 잘 이해가 되지 않는다. 호적제도를 보완하는 기류제도가 시행된 것은 1942년 10월이므로, 그 효과는 사실 이 그래프에는 제대로 반영되지 않았다고 하겠다. 이 책 582~583쪽에서 본 것처럼 해외, 특히 만주(국)로 이주한 사람들의 호적이 이 시기에 와서 대거 정비되었기 때문이 아닐까 싶기는 하지만, 증가의 원인은 제쳐두고 그 규모부터가 당혹스럽다. 총독부는 1910년부터 호적제도와 국세조사 등 여러 가지 장치를 통해 끊임없이 정확한 인구의 파악에 노력해 왔다. 그런데 1940년대에 가서 이런 인구의 급증이라니? 이것이 만약 그때껏 파악되지 않았던 인구의 색출이라면 우리는 총독부의 행정능력과 효율을 다시 생각해 봐야 할 것이다.

한편, 1940년대가 되면 전쟁의 확대와 전황(戰況)의 악화로 도시 지역에서는 식량과 각종 생필품의 배급이 시작됐으므로, 인구의 조사·등록에서 이전과는 정반대의 현상이 나타났다. 인민은 오히려 배급에서 유리하도록 인구를 더 늘려서 신고하고, 지방관청에서는 그런 '유령인구'를 적발하고자 했던 것이다. 경성부는 1942년 7월 10일 직원 1,000명을 포함, 애국반장·구장을 합쳐 무려 1만 2,000명의 조사인원을 동원해서 따로 임시인구조사를 실시했다. 조사 결과 파악된 경성부 인구는 기존 경성부 '식량인구'보다 14만 명이 적었다.[4] 1939년 이래 현주호구의 급격한 증가에는 부분적으로 이런 '유령인구'의 영향도 있었을 것이다.

---

4 「사설: 경성임시인구조사」, 『매일신보』, 1942.7.9; 「정확하게 신고하라」, 『매일신보』, 1942.7.10; 「검사는 친절하게」, 『매일신보』, 1942.7.10; 「업서질 유령인구 14만」, 『매일신보』, 1942.7.29.

3. 식민지기 『통계연보』의 공장 통계 양식의 변화

같은 종류의 통계에서 항목이 바뀐다든지 하면 시계열적인 비교가 어려워진다. 시간이 지나면서 통계의 대상 자체가 변화하거나 통계의 항목이 추가·삭제되고 또 범주나 분류법 자체가 바뀌거나 하는 것은 어쩔 수 없는 일이다. 그러나 그중에도 유독 변화가 심한 분야가 있다. 대표적인 것이 공장 통계다.

1) 공장 통계의 조사를 위한 양식

〈그림 A-2〉는 1926년 『보고례별책』에 실린 「공장표(表)」 양식이다. 이전 형태인 1914년 보고례의 「공장표」도 거의 비슷한데, 다만 '종업자수' 부분이 〈표 A-6〉과 비슷하게 '직원'과 '직공', 그 하위범주는 민족별로 되어 있다는 차이가 있다. 또 1914년 것은 주의 1에서 관청소속 공장을 제외한다고 했는데, 1926년 것에서는 주의 3에서 관청소속 공장도 포함하는 것으로 규정하고 있다.

정확하게 언제부터인지 알 수 없지만, 「자원조사법」 시행 이후로 이 「공장표(表)」는 『보고례별책』에서 사라진다. 또 식산국에서 거의 매년 냈던 『조선의 상공업(朝鮮の商工業)』에서도 1920년대 말이나 1930년대 초가 되면 부표(附表)의 구성이 변화되어 이 양식과 비슷한 「공장표」는 사라진다. 다만 다음 608쪽에서 보듯이 『통계연보』에서는 조금씩 양식이 변하면서도 비슷한 표가 1940년대 초까지 이어지게 된다. 일본의 경우를 보면 기존 상공성 계열의 보고 양식을 「자원조사법」 제1조에 따

〈그림 A-2〉 1926년 『보고례별책』의 「공장표」 양식

제222표	각 도지사	공 장 표 (주무 상공과) (누년조사) (보고기한 익년 2월 말일 한)

(양식)

<table>
<tr><td colspan="6">보고례 제222호</td><td colspan="7">공 장 표</td><td colspan="6">다이쇼 년 관 서명</td></tr>
<tr><td rowspan="3">명칭</td><td rowspan="3">위치</td><td rowspan="3">공장 주명</td><td rowspan="3">창업 연월</td><td rowspan="3">공장 건평 수</td><td rowspan="3">자본금</td><td colspan="3">종업자 수</td><td rowspan="3">1개년 취업 일수</td><td colspan="3">생산품</td><td colspan="3">원동력</td><td colspan="2">연료</td><td rowspan="3">비고</td></tr>
<tr><td colspan="2">내지인</td><td rowspan="2">…</td><td rowspan="2">종류</td><td rowspan="2">수량</td><td rowspan="2">가액</td><td rowspan="2">종류</td><td rowspan="2">기관 수</td><td rowspan="2">마력</td><td rowspan="2">종류</td><td rowspan="2">수량</td></tr>
<tr><td>남</td><td>여</td></tr>
<tr><td></td><td></td><td></td><td></td><td></td><td></td><td></td><td></td><td></td><td></td><td></td><td></td><td></td><td></td><td></td><td></td><td></td><td></td><td></td></tr>
</table>

주의 1. 본표는 연말 현재의 공장(제조시기가 아니어서 휴업 중인 것을 포함)에 대해 조사해야 함
2. 위치란에는 부·군·도(島)·면(정·동·리) 이름을 적어야 함
3. 본표는 공장 소유주가 관청이든 회사든 개인이든을 불문하고 직공 및 도제(徒弟)를 통틀어 제조시기에 평균 1일 5명 이상을 사용하는 모든 공장을 조사해야 함. 다만 원동력을 가진 공장 및 1개년 생산액 5,000원 이상인 것은 직공·도제 5명 이하라도 조사해야 함
4. 분(分)공장은 본(本)공장과 구분해서 각별로 적어야 함
5. 자본금은 연말 현재의 고정운전자금을 통틀어 공장에 사용하는 것에 한해 적어야 함
6. 생산품은 종류를 달리하는 것마다 각 품목별로 수량, 가액을 적어야 함. 또 품명과 단위의 칭호를 부기하도록 함
7. 종업자 수는 공장에 사용하는 제조시기에 1일의 총수를 적어야 함. 또 종업자 중 남자, 여자 모두 성년공, 유년공을 다음 부호를 가지고 구분해야 함
성년공: ○표, 15세 미만 유년공: △표, 12세 미만 유년공: □표, 10세 미만 유년공: ×표
8. 원동력이란 수력, 전력, 증기력, 석유력, 가스력 등을 말함
9. 공장명을 변경하거나 폐업 또는 휴업 중인 것이 있을 때는 그런 내용을 비고란에 적어야 함
10. 원동력기의 기관 수, 수력, 증기력, 전력, 석유력, 가스력으로 운전하는 동력기관의 수를 적어야 함
11. 연료 중 석탁, 연탄, 코크스는 단위를 톤, 석유는 석(石)으로 하고 그 밖의 것은 관(貫)을 적어야 함

라 공장주에게 받게 되는 보고나 신고로 대체한 것 같다. 〈그림 A-3〉 중위의 표(票) 양식은 「자원조사법」 제1조에 따른 조선총독부령 제120호, 「조선공장자원조사규칙」(1929.12.1)에 딸린 여러 개의 표 양식 중 하나인 '조사표 1호 갑'이다. 5인 이상의 직공을 상시 사용하는 공장의 공장주는 조사표 1호 갑·2호 갑·3호 갑 세 가지를 각각 3통씩 작성해서 공장 소재지 관할 부윤·군수 등에게 제출해야 했다(제1조). 아래 것은 훨씬

〈그림 A-3〉 1929년 「조선공장자원조사규칙」에 따른 조사표(票)와 공장 평면도 예시

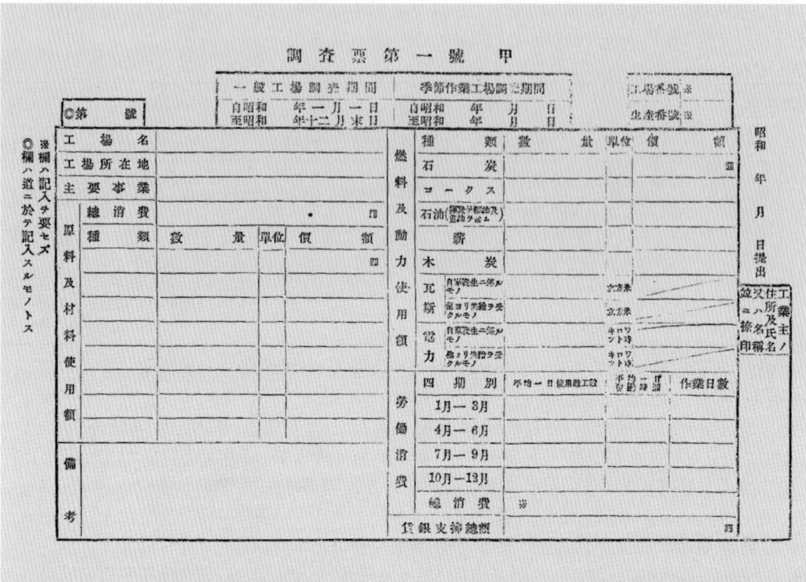

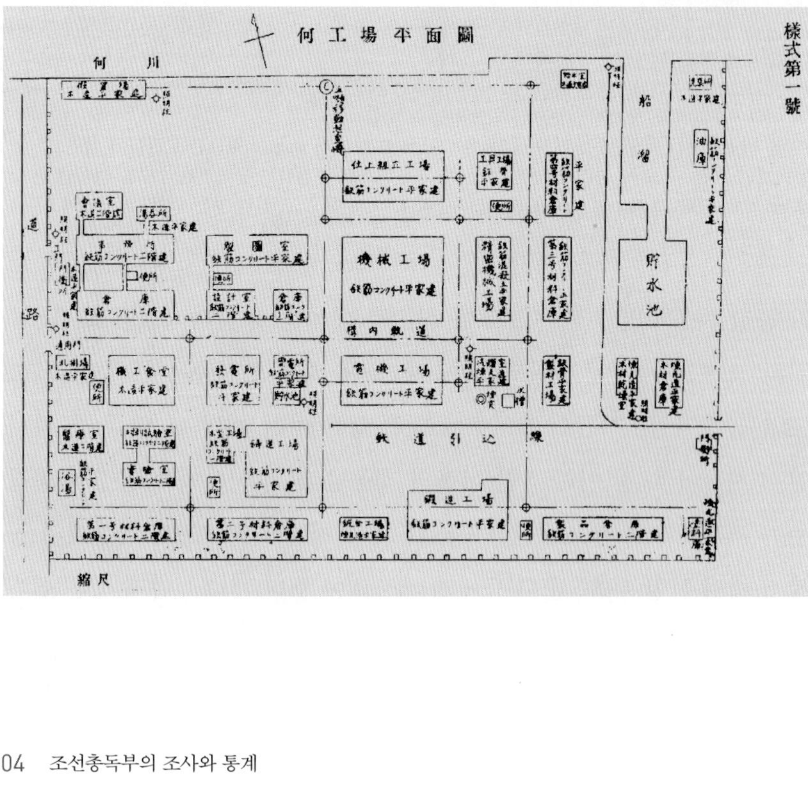

대규모의 공장이나 주요 군수 물자를 생산하는 공장에서 이런 조사표에 첨부해야 할 공장의 평면도 예시이다(제3조). 조사의 방식으로 보면 이로써 지역 내 공장을 뭉뚱그린 '표(表)'가 아니라 개별 공장 하나하나에 대한 '표(票)'가 본격 도입됐다고 하겠다.

2) 『통계연보』의 공장 통계

이어서 『통계연보』에 제시된 통계표 양식의 변화를 살펴보도록 하자. 본래 「공장표」는 어떤 해는 『통계연보』 양면에 걸치는 큰 표인데, 여기서는 1. 크기를 줄이기 위해 금액을 천 원 단위로 바꾸거나 2. 항목의 제목을 변형하거나 3. 민족별에서 외국인을 빼거나 4. 반복되는 남·여 범주를 줄이거나 했다. 요컨대 양식의 대강만을 보인 것이어서, 실제 양식은 직접 『통계연보』에서 확인하는 것이 좋겠다.

대한제국·통감부시기인 1909년은 조선에 '공장'이라고 할 만한 시설이 몇 개 없었기 때문에 공장의 수를 헤아리고 종류를 나눈 통계표가 아니라, 〈그림 A-4〉처럼 아예 '공장명부'라고 할 만한 것이 『통계연보』에 실렸다. 그해 「제(諸)공장표」는 1. 정미(精米), 2. 청주(淸酒)·장유(醬油), 3. 기와·연와(煉瓦)·석회, 4. 철공장, 5. 기타로 분류됐다. 〈그림 A-4〉에 보인 것은 기타 중에서 목포 부분이다. 1913년 『통계연보』에도 「공장」(통계)표와 별개로 「공장현황」이라고 해서 이런 명부가 실리기도 했다.[5]

<그림 A-4> 1909년 『통계연보』의 공장통계표(表) 양식

명칭		소재지	창립·개업 연월	제품	자본금 (천 원)	기술자	직공			생산품 가액 (천 원)	원동력
							내지인	조선인	계(명)		
목포	목포 제면공장	목포	1906. 10	조면	200	2	6	76	82	250	증기
	복전(福田) 제면공장	〃	〃	〃	51	1	15	65	80	180	〃
	산본(山本) 제유소	〃	1907. 2	제유	30	1	3	8	11	8	〃

출처: 조선총독부, 1909, 『제4차조선총독부통계연보』, 제469표 제(諸)공장 5(기타)

이듬해에는 공장종류별 표는 없이 도별로만 공장 수를 센 표가 실렸다. 다른 해에 없는 공장 건평이 들어 있다.

<그림 A-5> 1910년 『통계연보』의 공장통계표(表) 양식

지방	공장 수	공장건평	자본금 (천 원)	기술자	직공				생산품 가액 (천 원)
					내지인	조선인	외국인	계(명)	
전라남도	6	1,014	353	6	304	-	-	304	456
총계	151	24,490	7,987	274	1,468	6,637	98	8,203	9,227

출처: 조선총독부, 1910, 『통계연보』, 제156표 제(諸)공장

1911년부터는 공장주의 국적별로 통계를 냈고, 기관(機關) 수와 마력(馬力) 등 원동력에 대한 항목이 추가됐다. 이런 형태가 1925년까지 지속된다. 1912년에 "이 표는 종업자 10명 이상 또는 원동기를 가진 공장에 대해 조사함. 다만 관영공장은 포함하지 않음"이라는 비고가 추가됐다가,

5 더 나중에 나온 공장명부로는 1920년대 전반 경성상업회의소에서 낸 『경성공장표』와, 자원조사의 결과로 식산국에서 1932년부터 간행한 『공장명부』가 있다. 공장명부는 현재 1932년판(대상은 1930년 말 현재), 1934년판, 1936~1943년판이 남아 있다. 이에 대해서는 이 책 569~570쪽을 볼 것.

1913년에는 조사 대상이 "직공·도제(徒弟)를 통틀어 제조시기에 평균 1일 5명 이상을 사용하는 공장 및 원동기를 가진 공장 그리고 1개년 생산액 5,000원 이상"인 공장으로 바뀐다. 또 1913년부터는 '기술자' 범주가 없어지고 '직공 수'만 남았다가 1914년부터는 '종업자 수'로 바뀐다.

〈그림 A-6〉 1911년 『통계연보』의 공장통계표(表) 양식

종별		공장 수	자본금 (천 원)	기술자		직공		기관 수	마력	생산품가액 (천 원)
				내지인	조선인	내지인	조선인			
직물업	내지인	3	11	8	2	26	51	-	-	9.4
	조선인	9	67	4	10	-	272	2	10	74.1
	계	12	78	12	12	26	323	2	10	83.5

출처: 조선총독부, 1911, 『통계연보』, 제152표 공장

1926~1928년에는 종업자를 '성년공'과 15세 미만의 '유년공'으로 나누고, 원동력별과 원료별을 더 상세하게 나누었다.

〈그림 A-7〉 1926년 『통계연보』의 공장통계표(表) 양식

		공장 수	자본금 (천 원)	성·유년 공별	종업자 수 내지인 남	내지인 여	조선인 남	조선인 여	원동력 종류	기관 수	마력 수	원료 종수	수량	생산품 가액 (천 원)
생사업	관공서	1	982	성년공	3	1	14	159	전력	3	3	석탄	444톤	370
				15세 미만	-	-	-	3	기력	2	5	연탄	26관	
									석유력	1	5	목탄	675관	
												석유	2석	
												장작	9,441관	
	내지인	39	3,508	성년공	93	44	481	2,349	전력	25	129	석탄	8,822톤	7,144
				15세 미만	-	-	13	1,322	기력	12	83	목탄	53,695관	
									가스력	3	12			
	조선인	6	1,043	성년공	-	-	20	405	전력	7	23	석탄	1,054톤	9,008
				15세 미만	-	-	-	61	기력	1	10	연탁	40관	
												목탄	800관	

출처: 조선총독부, 1926, 『통계연보』, 111. 공장

1929년부터 공장주의 민족별과 원동력·원료는 사라진다. 반대로 종업자를 '직원'과 '직공'으로, 직원은 다시 '사무종사자'와 '기술종사자'로, 또 직공은 다시 '16세 미만'과 '16세 이상~50세 미만', '50세 이상'으로 세분했다. 종전의 종업자 민족별 분류는 '일본인'과 '외국인'으로 바뀐다. 여기서 '일본인'이란 내지인과 조선인, 타이완인 등을 모두 포함하는 '일본제국신민'의 개념이라고 생각된다. 범주와 항목이 왜 이렇게 바뀌었는지에 대한 설명은 『통계연보』에는 없다.

〈그림 A-8〉 1929년 『통계연보』의 공장통계표(表) 양식

	공장수	직원						직공									기타 종업자			합계	
		사무종사자		기술종사자		계		16세 미만			16~50세			50세 이상			일본인		외국인		
								일본인		외국인	일본인		외국인	일본인		외국인					
		남	여	남	여	남	여	남	여	남	남	여	남	남	여	남	남	여	남	남	여
방직공업 제사업	80	192	11	185	55	377	66	74	3,805	-	667	5,234	-	1	20	742	102	9	-	1,429	9,227

출처: 조선총독부, 1929, 『통계연보』, 113. 공장

1937년에 「공장표」가 빠지지만 1940년판 『통계연보』까지 기본적으로 〈그림 A-8〉과 같은 형태의 공장통계가 이어진다. 1941년 「공장표」에는 1932~1940년 누년통계만 실리고 그해 자료는 없다. 1942년에는 공업에 대한 통계 자체가 없다.

4. 인구 파악과 관련된 조사·등록의 단위

1) 일본의 근대 호적제도: 민사신분의 등록장치

일본의 근대 호적제도란, 법률 행위의 주체인 사람 = 개인(자연인)의 민사상의 신분(état civil), 즉 그의 존재 여부(출생·사망)와 가족관계(혼인·이혼·출생·입양 등)를 등록하는 장치다. 근대 민법은 맨 앞에 '사람'에 대한 규정을 두어, (마치 법인을 등록하듯이) 자연인에 대해서도 계약이나 상속 등과 관련해서 이름과 나이, 주소를 비롯, 생존 여부(출생·사망)와 가족관계 등이 문서로 증명될 것을 요구하고 있다. 직역투의 어색한 개념이지만 마땅한 대안이 없으니, 이런 사항들로 증명되는 "나는 누구인가?" 하는 물음의 답을 민사상의 신분, 줄여서 '민사신분'이라고 해 보자.[6]

메이지기 일본에서는 민사신분의 등록을 서구 여러 국가들처럼 개인별·사건별로 하는 대신, 가족 전체의 것을 한 장의 서류에 모아 적는 방식을 채택했다. 그러니까 근대 일본의 호적이란 고대부터 동아시아에 있었던 호적의 계승·변형이 아니라, 근대 서구 민법의 수용에 따라 필요해진 프랑스식 민사신분등록(acte d'état civil)의 일본식 변형이다. 이름이 '호적'인 것은 그런 민사신분의 등록을 혼인·이혼·출생·사망 같은 사건별로, 또는 개인별로 하지 않고 호별로 했다는 뜻이지, 이 제도의 일차적

---

6 서호철, 2009, 「신분에서 평등으로: 근대사회에서 사람의 자격과 지위」, 『법과 사회』 36, 314~319쪽.

목적이 가족관계의 등록·증명이라는 뜻은 아니다. 무엇보다 조선시대 (또는 중국 고대의) 호적이 3년마다 한 번씩 '호'를 단위로 해서 전국의 인민을 새로 등록하는 것이라면, 근대 일본의 호적은 호별로 영구적인 문서를 만들어 놓고 거기에 호 구성원의 출생·사망·혼인 등의 사건을 기재하게 한 것이다.

여기서 등록의 단위가 되는 '호(戶)'란, 곧 에도시대 사무라이의 가족 모델이자 메이지유신 이래 일본에서 이상적 가족 모델로 여겨진 호주 중심의 직계가족인 '이에(家, いえ)'라고 한다. '이에'가 문서 위에 구현된 형태가 '호'인 것이다. '이에'의 구성원은 같은 '씨(氏)'를 쓴다. 즉 '씨'는 '이에'의 이름이다.[7] 호주 지위는 장남에게 계승되어 이에는 영원히 이어지고, 대를 이을 아들이 없을 때는 서양자(壻養子)나 양자를 들여서 호주 지위를 상속한다. 여기에는 일본의 전통적 가족제도와 근대 민법이 요구하는 새로운 (문서상의) 규범이 섞여 있겠지만, 지금 중요한 것은 그 분간이 아니다.

일본의 근대 호적제도의 규칙을 생각해 보자. 호적은 항상 호주를 기준으로 하여 호주의 직계가족 중 일정 범위를 기입하도록 되어 있다. 실제로 동거하는 가족을 기재하는 것은 아니다. 호주는 대부분 남자이고, 그 지위는 장남에게로 계승된다. 식민지기에는 호주인 아버지가 젊어서 죽으면 호주 지위가 어머니가 아닌 어린 아들에게 계승되는 것을 원칙

---

7 일본에서는 부부, 온 가족이 같은 씨(성)를 쓴다(대개 여성이 결혼하면서 남편의 씨를 따른다). 여기 비해서 조선의 '성(姓)'은 결혼을 해도 결코 바꿀 수 없는 부계혈통의 표지다. 이 차이 때문에 '창씨개명(創氏改名)'을 시행하면서 총독부는, 창씨개명은 "성을 바꾸는 '개성(改姓)'이 결코 아니다, 부계혈통의 성과 본(관)은 그대로 두고 가(家)의 이름인 '씨'를 새로 만드는 것이라서 '창씨(創氏)'다" 하는 점을 적극 강조했다.

으로 했다. '누가 누구를 부양하는가' 하는 문제와는 상관없었다. 또 미혼인 자녀는 모두 아버지의 호적에 기재되어야 했다. '이에'를 이어가야 할 장남은 결혼을 해도 호주인 아버지의 호를 떠날 수 없었다. 반대로 차남 이하의 아들은 결혼하면 반드시 '분가'해서 자신이 호주가 되는 새로운 호를 만들어야 하고, 딸은 결혼하면 남편의 호에 '입적(入籍)'하여야했다. 실제로 누가 집을 나가고 누가 부모를 모시고 같이 사는지는 전혀 논외의 문제였다.[8]

일본의 근대적 호적제도는 식민지 조선에 도입된 이래 대한민국에도 계승되어 2007년까지 존재했던 제도이므로, 지금 중년 이상인 사람들에게는 익숙한 내용이다. 처음부터도 한국의 가족 현실과 맞지 않는 모델이었지만, 해방 이후의 한국 사회와 가족의 급격한 변화, 여성의 지위 향상, 이혼·재혼의 증가 등으로 호적제도는 점점 더 몸에 맞지 않는 옷이 됐다. 가족법 개정과 '호주제 폐지'를 둘러싼 상당한 사회적 갈등 끝에 2008년부터는 호적제도가 폐지되고 '가족관계 등록' 제도가 시행되고 있다.

호적제도가 호주를 중심으로 한 호주의 직계가족을 단위로 한다면, 가족관계등록의 '가족'이란 호주가 아니라 당사자인 '나'를 중심으로 한 혈연의 일정한 범위다. 내 아버지의 가족관계증명서와 나의 가족관계증명서에 기재되는 가족의 범위가 달라진다거나 하는 것은 어쩔 수 없는 일일 것이다. 호적과 마찬가지로 '가족관계 등록'이라는 명칭에서는 이런 등록이 일차적으로는 '나'의 존재, 내가 누구인가 하는 민사신분의 증

8 일본의 근대 호적제도와 '호주제'에 대해 상세한 것은 홍양희, 2021, 『조선총독부의 가족 정책』, 동북아역사재단을 볼 것.

명이라는 점이 잘 드러나지 않는다는 점도 문제이기는 하다. 가족관계증명서 중 내 이름과 출생연월일, 성별만 실려 있는 기본증명서는 도대체 어떤 '가족관계'를 입증하고 있는가?

2) 『삼대』의 조의관네의 경우

식민지기 인구 파악과 관련된 조사·등록의 단위는 여러 가지가 있었다. 염상섭의 소설 『삼대』의 조의관네를 예를 들어 생각해 보자. 조의관네는 〈그림 A-9〉의 계보도처럼 "을사조약 한창통에" 돈을 써서 얻은 '의관(醫官)'이라는 벼슬 이름으로 불리는 조 아무개(소설에는 그의 이름이 나오지 않는다. 편의상 '조의관'이라고 하자), 아들 상훈, 손자 덕기로 이어지는 집안이다. 조의관은 5년 전 며느리보다 어린 첩 수원댁을 안방으로 들여 같이 살고 있고, 수원댁에게서 딸(귀순)을 보았다. 그가 첩을 들이면서 아들 내외와 손자 덕기는 화개동으로 나가서 살았는데, 이듬해 덕기가 (16세에) 결혼을 하자 조의관은 손자 부부를 집으로 불러들였다. 사망한 조의관의 본부인과 어둡게 표시한 상훈 내외를 제외하고는 모두 황금정 2정목(丁目), 지금의 을지로2가 근처의 조의관 집에서 살고 있다.

(1) 호적상의 호(戶)

호적상의 호(戶)는 호주의 직계가족 중 일정 범위만을 포함한다. (호주) 조의관의 호적에는 아들 상훈 부부, 손자 덕기 부부, 그 아들까지 4대가 올라 있을 것이다. 상훈이 아버지와 싸웠든 집을 나가 화개동에서 따로 살든, 손자 덕기가 할아버지와 아버지 중 누구 편을 들든 상훈과 덕기는 조의관의 호적에서 빠져나갈 수 없다. 조의관이 죽으면 상훈이, 상훈

〈그림 A-9〉 소설 『삼대』의 조의관네 계보

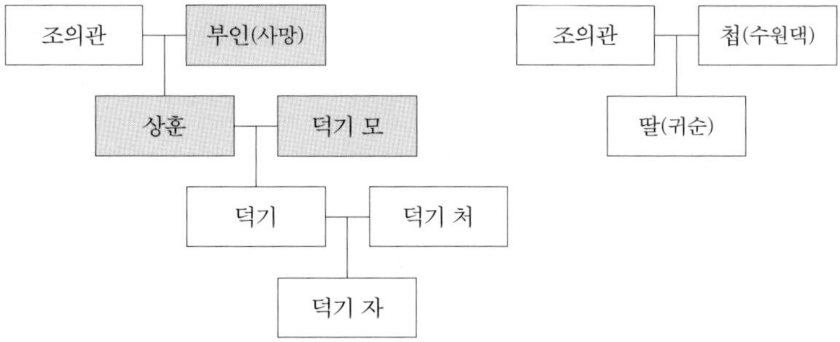

이 죽으면 덕기가 호주 지위를 계승하게 된다. 1920년대 중엽에 수원댁이 조의관의 첩이 된 것이라면, 그녀가 조의관과 한 이불을 덮고 자든 조의관의 재산을 독차지하든 수원댁은 조의관의 호적에 오르지 못했을 가능성이 크다. 수원댁은 아마 딸 귀순이만큼은 조의관 호적에 올리고 싶겠지만, 그러려면 조의관이 '사생자' 귀순이를 자기 딸이라고 '인지(認知)'하는 방법밖에 없을 것이다.[9] 나머지 상훈의 재종(再從)인 창훈을 비롯해서 이 집의 군식구들과 행랑 사람들은 조의관의 가족이 아니므로 1년에 며칠을 이 집에서 먹고자는지와 무관하게 이 집 호적에는 절대 오를 수 없다.

(2) 연말 현주호구의 호=세대

『통계연보』에 통계로 잡히는 연말 현주호구의 호 = 세대는 원칙적으

---

9 1909년 민적실사 단계에서는 인구의 등록률을 높이기 위해 기존의 첩도 신고하는 대로 등록해 주게 했지만, 1910년대를 거치면서, 특히 1923년 「조선호적령」 시행 이후로는 '호'의 규범적 가족모델이 엄격하게 적용됐다. 만약 조의관의 본부인이 살아 있었다면 귀순이를 조의관과 본부인의 적자로 호적에 등록하는 편법을 쓸 수 있었을 것이다.

로 혈연관계가 아니라 주거와 가계(家計), 즉 수입과 지출을 함께 하는지에 따라 규정된다.[10] 물론 지금도 그렇지만 많은 경우에 호적상의 호가 또한 현주호구의 호 = 세대이기도 했다. 조의관네의 경우 조의관과 수원댁, 귀순이, 덕기 부부 등은 조의관 호 = 세대의 일원으로 헤아려지고 상훈 부부는 자신들의 화개동 집에서 따로 집계된다. 덕기가 학기중에 교토(京都)의 제삼고등학교에 가 있을 때도, 상주인구 개념으로는 이 호 = 세대의 구성원으로 헤아릴 수 있다. 다만 기류제도가 제대로 시행됐다면 덕기는 학기가 시작되어 교토로 떠날 때 경성부에 출기류 신고를, 교토부에는 입기류 신고를 해야 했을 것이다. 소설에 상세히 나오지는 않지만 행랑채에 사는 '아범'과 '어멈' 가족은, 주소는 같지만 별개의 가계를 갖는 또 하나의 호 = 세대로 조사해야 한다.[11]

(3) 국세조사의 세대

똑같이 주거와 가계의 공통으로 정의된 '세대'라는 말을 쓰지만, '현재인구'를 조사하는 국세조사의 세대는 연말 현주호구의 경우와는 조금

---

10 이 '세대(世帶)'는 영어로 'household'다. 지금 한국에서는 이 말을 '가구(家口)'로 옮긴다(그러나 주민등록제도에는 또 별개의 '세대'라는 것이 있다). 가계를 함께 하지만 따로 주거를 가진 자, 주거를 함께 하지만 가계를 따로 세운 자는 별개의 한 세대다. 구성원이 한 명일 때도 마찬가지다(1인 가구).

11 『통계연보』의 현주호구는 '호수(戶數)'와 인구를 제시하는데, 1922~1932년 사이에는 '호수'를 다시 '주거'와 '세대'로 나누었다. 이것은 하나의 가옥에 여러 세대가 사는 경우를 파악하기 위한 조치였다. 당시 보고례의 '주의'를 보면, 여러 세대가 한 주거에 구획을 설정해서 생활하는 경우는 그 세대가 도로나 도로의 연장(대문을 들어서서 여러 주거로 통하는 통로 등)이라고 인정되는 곳에 독립된 출입구를 가지고 있으면 그것을 별개의 주거로 헤아린다고 했다. 하층민들이 사는 일본식 연립주택인 '나가야(長屋)' 등을 하나가 아니라 여러 개의 주거로 본 것이다. 그 이전과 이후로는 『통계연보』의 '호수' = 세대로 이해된다.

다르다. 특히 식민지기 국세조사는 현재인구를 대상으로 했고, 그때의 세대란 가족이나 생활공동체의 단위가 아니라, 기숙사 · 합숙소 · 병원, 심지어는 형무소나 유치장을 '준세대'로 설정한 데서 보듯이 일차적으로는 조사의 단위였다.

국세조사 때 덕기가 학교 때문에 교토에 가 있다면, 덕기는 조의관 세대에서는 빠지고, 일본 하숙집에서 조사되어야 한다. 전문으로 하숙업을 하는 곳이면 그런 하숙집의 '준세대'로 조사되고, 하숙 영업을 하는 것은 아닌 여염집에서 하숙을 한다면 주인 세대의 '동거인'으로 조사될 것이다. 덕기 친구 병화는 필순네 세대의 동거인으로 조사된다.

상훈은 화개동 자기 집의 세대주로 조사될 수도 있고, 계속 난봉꾼으로 산다면 (적어도 규정상으로는) 조사시점인 10월 1일 0시 현재에 그가 어디 있었는지에 따라 아무 호텔이나 여관의, 또는 어느 술집의 '손님(來客)'으로 조사될 수도 있다.

수원댁의 경우는 사정이 복잡하다. 조사시기에 만약 조의관이 입원을 하고 집에 그녀와 덕기 모, 또는 그녀와 덕기 처밖에 없다면, 누가 세대주를 대신할 신고의무자가 될지는 이 책 부록 2의 3) 질의응답에 실릴 만한 문제다. 그러나 세대주 대신 세대를 관리하는 자로 인정을 받든 못 받든, 그녀의 '배우관계'만큼은 수가 없었다. 배우관계는 미혼 · 유배우 · 사별 · 이별 중 하나를 선택해야 했는데 첩은 혼인관계로 인정되지 않으므로 "첩이 되기 이전의 사실", 즉 미혼이었는지, 다른 남자의 처였는데 이별 또는 사별했는지를 써야 했다. 행랑의 '아범'네는 역시 조의관네와 주소는 같지만 별개의 세대로 조사되어야 한다.

(4) 경찰 호구조사부의 호

경찰의 호구조사부는 인구의 파악보다는 관내의 치안 유지와 요주의 인물의 감시에 쓰이는 장치다. 현재인구나 상주인구의 개념에 맞지 않더라도 요주의 인물의 감시에 필요하다면 부재자도 얼마든지 호구조사부에 포함시킬 수 있었다. 행실이 변변치는 않지만 사회운동가인 상훈, 일본유학생인 덕기는 일종의 요주의 인물이다. 상훈이 몇 년째 본가 아닌 다른 곳에 자기 집을 두고 살고 말고 하는 것은 별 문제가 아니었을 것이다. 황금정 2정목과 화개동을 관할하는 두 곳의 경찰관서에서는 각각 호구조사부에 상훈과 덕기를 기재해 두었을 것이고, 필요하다면 문서나 전화로 두 사람에 대한 정보를 서로 주고받았을지도 모른다.

5. 총독부 직원의 관등

이 책 본문에는 다양한 직위와 등급의 총독부 직원들이 등장한다. 그들의 관등(官等)에 대해 간단히 살펴보기로 하자. 관등의 구분을 요약하면 〈그림 A-10〉과 같다.[12] 칙임관 1·2등의 직책은 올라갈 수 있는 최고 관등이다. 하한(下限)도 있지만 번거로워서 다 표시하지 못했다. 아래에서 다시 설명하겠다.

1) 관리

식민지기 일본제국의 '관리'는 천황 또는 천황의 위임을 받은 자로부터 임명되어 관제(官制)나 다른 법률로 정해진 국가의 사무에 종사하는 자이다. 관리의 관등은 임관의 절차에 따라 칙임관(勅任官), 주임관(奏任官), 판임관(判任官)으로 구분된다. 칙임관은 천황이 임명하고, 주임관은 천황에 대한 상주(上奏)를 거쳐 임명하며, 판임관은 천황의 위임을 받은 행정관서의 장이 임명한다는 뜻이다.

(1) 넓은 뜻의 칙임관

천황이 임명하는 칙임관 중에서 천황이 직접 임명장을 수여하는 관리를 특히 '친임관'이라고 하는데, 조선에서 친임관은 총독과 정무

---

12 일본 위키피디아의 '奏任官' 항목에 실린 그림 「관리 등의 분류」를 재작성했다. 예시는 1932년의 총독부 『직원록』에 실린 「문무고등관관등표」에서 몇 가지를 뽑은 것이다.

〈그림 A-10〉 총독부 직원의 관등

<table>
<tr><td rowspan="6">관공서에 근무하는 자</td><td rowspan="5">관리</td><td rowspan="4">고등관</td><td rowspan="3">칙임관</td><td colspan="2">친임관</td><td>총독, 정무총감</td></tr>
<tr><td rowspan="2">칙임관(좁게)</td><td>1등</td><td>각 국장, 체신·철도·전매국장, 도지사, 경성제국대학 총장, (교수), (판사), (검사) 등</td></tr>
<tr><td>2등</td><td>도 참여관, 도립의원 의관, 전문학교장, (사무관), (기사) 등</td></tr>
<tr><td colspan="2">주임관</td><td>3~9등</td><td>세관장, 부윤, 사무관, 기사 등</td></tr>
<tr><td colspan="4">판임관</td><td>속, 기수</td></tr>
<tr><td colspan="5">관리 아닌 자</td><td>고원, 용인, 촉탁 등</td></tr>
</table>

총감뿐이다. 친임관 이외의 칙임관 1·2등을 좁은 뜻의 칙임관이라고 한다. 총독부 본청의 내무국장·재무국장 등 각 국장, 체신·철도·전매국장 등 소속관서장, 복심법원장급 이상의 판사, 복심법원검사장급 이상의 검사, 경성제국대학 총장, 조선총독부의원장, 도지사 등이 칙임관(1~2등)이다. 그 밖에 〈그림 A-10〉에서 괄호 안에 넣은 것은 본래 주임관에 속하는 직책이지만 경력이 오래되면 1등이나 2등까지 오를 수 있는 경우다. 판사와 검사, 경성제국대학 교수 등은 주임관 6등부터 시작해서 칙임관 1등까지 오를 수 있었다. 표에 넣지 않았지만 경성부윤은 주임관 4등부터 칙임관 2등까지였다. 사무관·기사가 2등에 오르는 경우에는 '칙임사무관'이나 '칙임기사'라고 불렸다.

(2) 주임관

문관 중 주임관(3~9등)을 '사무관'이라고 했다. 기본적으로 주임관은 (문관)고등시험 합격자(이른바 '유자격자') 중에서 임용했다. 1910년대에는 총독부의 신규 임용자를 주임관 시보(試補)부터 시작하게 했으나, 이 제도는 1922년 8월에 폐지된다. 이후 고등시험 합격자는 일단 속으로 임용됐다가 얼마의 수습기간을 거쳐 사무관 9등이 된다.[13] 다만 사법관에 대해서는 1913년 이래 고등시험(사법과)에 합격한 신규 임용자에 대해 1년 6개월의 수습과정과 실무시험을 거치게 하는 사법관시보(주임관 대우) 제도가 계속 유지됐다. 주임관 이상을 '고등관'이라고 부르기도 했다. 고등관은 사무관에 '임(任)'되고 다시 어떤 보직에 '명(命)'되는 방식으로 임명되고 '봉급'을 받았다. "임(任) 조선총독부 도(道) 사무관, 서(敍) 고등관 4등"하는 명령에 이어 "3급봉 하사(下賜), 경기도 제3부장을 명함" 하는 식이다.

(3) 판임관

판임관인 문관 중 총독부 본청에서 가장 흔한 직책은 '속(屬)'이고, 그 밖에 서기, 통역관 등이 있었다. 판임관은 주로 중등학교를 졸업했거나 보통시험에 합격한 자를 선발했다. 총독부 본청 등에서는 사실상 실무를 담당한 계층이지만, 판임관은 1920년대부터는 『관보』에도 임면 사항이 실리지 않고 고등시험처럼 합격자 명단이 남아 있다든가 하는 것도 아니어서 개인에 대해 알 수 있는 바가 별로 없다.

(4) 기술직과 경찰

같은 문관이라도 기술직은 조금 상황이 달랐다. 애초 일본에서는 '기술관'을 칙임관인 기감(技監), 주임관인 기사(技師), 판임관인 기수(技手)로 나누었으나, 1910년부터 기술관의 관등·봉급도 일반 문관과 통합하게 된다. 이후 '기감'이라는 직책은 없어지고, 다만 분야별로 '국장', '과장'과 같은 직위의 명칭으로만 쓰이게 된 듯하다. 일반 문관에 비해 기술

---

13 1912.5.14, 조선총독부령 제103호, 「시보와 견습에 관한 건」; 1922.8.12, 조선총독부 부령 제112호, 「조선총독부 및 소속관서 시보 및 견습에 관한 건」(폐지).

관은 임용규정이 훨씬 막연했고 승진도 더뎠다. 베테랑들이 갈 수 있는 직책도 많지 않았으므로, 상대적으로 칙임기사 등도 많았던 것 같다. 기술관에서 대해서는 아직 알려진 바가 많지 않다.

1919년 8월 이후 모두 지방공무원으로 처리된 경찰도 특이한 경우다. 경찰관리 중 주임관이 '경시(警視)', 판임관이 '경부(警部)'다. 그러나 그들을 지휘하는 도청의 경무부장(제3부장) 등은 경시가 아니라 도 사무관이었다. 총독부 경무국의 관리들도 마찬가지여서, 모두 그냥 사무관이지 따로 경찰의 관등을 갖지는 않았다.

2) 관리 아닌 자

이런 임관 절차 없이 예산범위 안에서 임의로 채용되는, (공무원 또는 총독부 직원이지만) '관리 아닌 자', '관리 이외의 자'로 고원(雇員), 용인(傭人), 촉탁이 있다.

(1) 고원과 용인

고원은 주로 관리의 행정사무를 보조했지만 '봉급'을 받았다. 용인은 청소·경비 등 잡무나 육체적 노동을 하는 사람으로 '수당(手當)'을 받았다.

(2) 촉탁

조사사업에 자주 등장하는 '촉탁'은 전문 지식이나 기술이 있는 사람을 특정 사업이나 사무(조사·번역 등)에 계약직으로 고용하는 자리였다. 촉탁에게 지급되는 급여는 '봉급'이 아니라 '수당'이라고 했다. 관리로 오래 근무하고 퇴직한 사람이 촉탁 계약을 맺고 퇴직 전에 하던 사무를 계속하기도 했고, 현직 제국대학 교수나 다른 관청 직원 등이 특정 조사사업에 촉탁으로 고용되기도 했다. 그럴 때는 대개 방학 등을 이용해서 조사를 수행했다. 그런가 하면 제5장에서 다룬 유명한 젠쇼 에이스케나 무라야마 지쥰 등은 총독관방에서 10년 이상씩 (전업)촉탁으로 근무했다.

(3) 대우관리

면장을 비롯해서[14] 공립학교 직원, 순사(순사부장 포함), 감옥의 간수 등은 '관리 아닌 자'이지만 직무의 성격상 고등관이나 판임관 대우를 받았다. 이런 경우를 '대우관리' 또는 '대우관'이라고 했다.

(4) 이원(吏員)

이 말은 의미가 일정치 않다. 보통은 국가의 관리에 대해 지방공공단체의 사무를 맡아보는 '공리(公吏)', 즉 면 서기, 면 기수 같은 면 직원 등을 가리켜서 썼다. 경찰의 경우 국가공무원인 자를 '경찰관', 지방공무원인 자는 '경찰이원'으로 구분했다는 설명도 있다. 조선총독부 체신국의 체신이원양성소 같은 경우는, 고원을 포함해서 관리가 아닌 하급직원 모두를 '이원'이라고 부른 것이 아닌가 싶다.

---

14 1910.9.29, 칙령 제357호, 「조선총독부지방관관제」 제25조. 면장은 판임관 대우였다.

6. 조선총독부 관리와 경성제국대학 교수

경성제국대학의 경우를 보면, 다소 급하게 추진된 식민지 제국대학의 설립 과정에서 1910년대와 1920년대 전반에 학무국·중추원 등의 관리였던 인물들이 교수로 임용되기도 했다. 대표적으로 학무국 편집과장과 고적조사과장, 중추원 편집과장을 역임하고 경성제국대학 설립과정에서 실무를 담당한 오다 쇼고(小田省吾)는 1924년 예과 교수(예과부장)가 되고, 이어 1926년 조선사 제1강좌 교수가 됐다. 학무국 편집과속, 편수서기, 편수관을 지낸 오구라 신페이(小倉進平)는 1924년 경성제국대학 예과가 개교할 때 총독부 재외연구원으로 구미 유학을 떠났다가 1926년 돌아와 법문학부 교수가 됐다. 조선어학·조선문학의 두 개 강좌를 오구라와 하나씩 나누어 맡은 다카하시 도루(高橋亨)는 고등보통학교 교사·교장, 경성전수학교(경성법학전문학교) 교장으로 재직한 기간이 더 길기는 하지만, 1920년대 전반 학무국 시학관을 지낸 바 있다. 1918년 조선에 건너와 경성지방법원 판사와 법무국 사무관을 역임한 하나무라 요시키(花村美樹)는 형법·형사소송법 강좌 교수가 된다. 하나무라를 빼면 모두 경성제국대학에만 설치된 '조선' 연구 관련 강좌 담당이라는 점이 눈에 띈다. 경성제국대학의 전략적 강좌로 설치되기는 했지만, 조선문학이나 조선사는 아직 대상도 방법도 정해진 것이 없는 미지의 영역이었고, 연구자층도 무척 얇았다.[15] 어쩌면 그들의 임용은 학문적 성과

15 이광수는 1929년의 「조선 문학의 개념」이라는 평론에서 다카하시 등이 『격몽요결』이나 『구운몽』을 조선문학 '연습(演習)' 수업의 교재로 삼은 것을 "기상천외"라고 신랄하게 비판하면서, '조선문으로 쓴 문학'만이 조선문학이라고 주장했다(임정연 편,

보다는, 경성제국대학의 체제와 향후 추진해 갈 조선 연구의 방향성에 대한 정책적 고려 때문이었을 것이다.[16]

의학부에서는 20대에 적리균을 발견한 세계적인 세균학자이자 1920년부터 조선총독부의원장 겸 경성의학전문학교 교장을 역임한 시가 기요시(志賀潔)가 1926년 의학부장이 됐다. 경성제국대학 의학부 개설 이전까지 경성의전과 결합되어 있던 조선총독부의원은 1928년 6월부터 경성제국대학부속의원으로 개편되는데, 시가는 그때까지 경성제국대학 교수와 총독부의원장, 경성의전 교장을 겸임했다. 그는 1927년 6월부터 경성제국대학의 미생물학 제1강좌를 담당했고, 1929년 10월 제3대 총장이 된다. 시가는 경성제국대학 의학부의 강좌를 구성하고 초대 교수진을 선발하는 데 깊이 관여했는데, 전공의 특성상 그 말고 다른 교수들은 대개 관료보다는 경성의전이나 다른 제국대학 의과대학의 교수·강사 출신이었다.[17]

다른 두 학부보다 한참 뒤인 1941년에 설치된 이공학부에서는, 공학계열 교수들 중에 조선총독부나 일본 정부, 국립 연구소, 민간 회사의 기술관료 출신이 많은 것이 눈에 띈다. 특히 공학은 학문 분야 자체가 실용성이 강하기도 했고, 그때까지 그쪽 분야의 전문인력을 교원으로 수용할 만한 학교가 일본의 몇몇 제국대학과 전문학교밖에 없었던 사정도 작용했을 것이다. 일단 최초 이공학부의 창설과 교원 선발을 담당하고 초대

2015, 『이광수 평론선집』, 지식을만드는지식, 155~162쪽).

16 정근식 외, 2011, 『식민권력과 근대지식: 경성제국대학 연구』, 서울대학교출판문화원, 328~329쪽. 특히 오다 쇼고에 대해서는 정준영, 앞의 책, 39~41쪽; 86~89쪽.

17 시가 기요시와 경성제국대학 의학부 교수진에 대해서는 정준영, 2010, 「식민지 의학교육과 헤게모니 경쟁」, 『사회와 역사』 85를 볼 것.

이공학부장이 된 야마가 노부지(山家信次)부터가 그렇다. 그는 도쿄제국대학 공과대학 화약학과를 졸업하고 1911년부터 해군 조병창(造兵廠)의 장교로 복무, 1937년 중장으로 예편한 화약 전문가다. 1919년부터 해군 장교로서 도쿄제국대학 조교수, 1922년부터 교수를 겸직하다가 경성제국대학 열공학강좌 교수 겸 이공학부장으로 부임했고, 1942년 8월부터는 조선총독부 기사로 연료선광연구소 소장을 겸임했다. 1944년 3월에는 경성제국대학의 마지막 총장이 된다.[18]

경성제국대학 이공학부에 대한 선행연구에서 정리한 것을 보면, 수학(1개 강좌), 물리학(5개 강좌), 화학(4개 강좌) 등 이학(理學: 자연과학) 분야 교수진은 거의가 다른 제국대학이나 전문학교 교수 출신이지만, 토목공학은 5개 강좌 중 3개, 기계공학 5개 강좌 중 4개, 전기공학 4개 강좌 모두, 응용화학 5개 강좌 중 4개, 광산학 2개 강좌 중 1개, 야금학 3개 강좌 중 1개 그리고 열공학강좌의 교수가 조선총독부나 일본 상공성, 육군·해군 등의 기사 출신이다.[19] 조선총독부 관료 출신의 인물로는 1939년까지 조선총독부 철도국 기사로 재직하고 이후 금강산철도주식회사 상무로 있던 후세지마 신쿠로(伏島信九郎)가 토목공학 제2강좌 교수가 됐고, 내무국 토목과장 요코이 마스지(横井增治)가 토목공학 제4강좌 교수를 겸임했다. 1939년부터 경성광산전문학교 교수로 있으면서 1941년 2월부터 식산국 연료선광연구소장을 겸임한 오야 마사요시(大

---

18 야마가의 이력은 정근식 외, 앞의 책, 78~79쪽. '信次'라는 그의 이름은 『人事興信録』(1928)에 '노부지'로 되어 있는데, 존경하는 뜻으로 훈독(訓讀)할 수 있으므로 나중에는 '신지'라고 불렸을 수도 있다. '조병창(造兵廠)'은 육군과 해군에 설치된 무기·탄약 등을 설계·제조·수리하는 공장이다.

19 永島廣紀, 2021, 「帝國の外地出身「科學者」たち」, 『廣島大學文書館紀要』 22, 11~12쪽.

屋正吉)는 야금학 제2강좌 교수가 됐다. 식산국 지질조사소 기사였던 기노사키 요시오(木野崎吉郎)도 1944년 12월 광물지질학강좌 교수가 됐다. 반대로 미즈타 쥰이치(水田準一) 같은 경우는 뤼순(旅順)공과대학 교수에서 경성제국대학 교수로 부임한 뒤 조선총독부 식산국 기사를 겸임했다. 1943년 9월 오야의 후임으로 부임한 다마루 간지(田丸莞爾) 역시 야금학 제2강좌 교수와 연료선광연구소장 겸직이었다.

부록

1. 통계 관련 주요 법령

1) 조선총독부보고례[1]

(1) 1912.11.22, 조선총독부훈령 제20호, 「조선총독부보고례」

제1조 조선총독부 소속관서의 장은 별책에 정한 바에 따라 조선총독에게 보고를 해야 함

제2조 보고는 따로 정한 경우를 제외하고는 다음 기한 안에 제출해야 함

즉보 즉시

일보 그날(卽日)

월보 다음 달 15일

연보 역년조사는 이듬해 2월 말일, 연도조사는 다음 연도 5월 말일[2]

특보 특별히 지정한 시기

제3조 보고 중 중대하고 긴급을 요하는 것은 전신, 전화, 그 밖에 빠른 방법을 써서 개략을 보고한 뒤 상세한 보고를 해야 함

---

1 『보고례별책』에 대해서는 이 책 158~168쪽을 볼 것. 이하 따로 출처를 표시하지 않은 법령은 국사편찬위원회 한국사데이터베이스에서 검색하면 국립중앙도서관이 제공하는 『관보』 원문을 볼 수 있다. 이 부록에 실은 자료는 편의상 여러 곳을 의역했다.

2 역년조사(曆年調)는 1월 1일부터 12월 31일까지 달력의 1년을 대상으로 하는 통계, 연도조사(年度調)는 회계연도를 대상으로 하는 통계다. 식민지기 일본의 회계연도는 4월 1일부터 이듬해 3월 31일까지다.

제4조 보고에 도·부·군을 적을 때는 별표의 순서에 따라야 함[3]

제5조 통계표가 두 쪽 이상에 걸칠 때는 용지 뒷면의 1행째에 항목란을 두어야 함

제6조 통계표의 자릿수는 금액은 단위, 그 밖의 것은 단위 이하 세 자리까지 게재함. 단위에 '.'을 붙이고 그 오른쪽에 원(圓), 근(斤), 톤(噸) 등 단위의 종류를 기입하고,[4] 천·백만 자리 등 세 자리마다 ','를 붙여야 함. 다만 특별히 정한 것은 이런 제한을 받지 않음

제7조 통계표 중 계수(計數) 미상의 난에는 '?', 계수가 없는 난에는 '–', 계수의 단위에 미달하는 난에는 '0'을 기입해야 함

제8조 통계표의 수로 지난번에 비해 현저한 증감이 있는 것은 그 이유를 비고란에 상세히 기입해야 함

제9조 보고기한에 이르러 조사 미완성 등 때문에 보고의 연기가 필요한 것은 그때마다 그 이유 및 예정기일을 품신(稟申)해야 함

제10조 보고 사항 중 보고할 사실이 없거나 조사하기 어려운 사고가 있을 때는 보고기한 안에 그런 내용을 보고해야 함

제11조 본령에 정한 것 외에 소속관서의 장이 특히 중대하다고 인정하는 사항은 적절한 방법으로 보고해야 함

부칙

본령은 1913년 1월 1일부터 시행함

(별책, 별표는 생략)

---

3 이 책 632~633쪽의 〈별표〉 참조.

4 조선에서는 조선은행권을 사용했다. 조선은행권 1원은 일본의 1엔과 가치가 같았다.

(2) 1933.11.29, 조선총독부훈령 제41호, 「조선총독부보고례」

제1조 도지사는 별책 갑호, 그 밖의 소속관서의 장은 별책 을호에 정한 바에 따라 조선총독에게 보고를 해야 함

제2조 즉보는 즉시, 일보는 그날, 순보(旬報)·월보·계보(季報)·반년보 및 연보는 각각 정해진 기한 안에 보고해야 함

제3조 보고 중 중대하고 긴급을 요하는 것은 전신, 전화, 그 밖에 빠른 방법에 의해 바로 개략을 보고하고 상세한 것이 판명된 뒤 지체 없이 보고해야 함

제4조 재판소·검사국·형무소·형무소지소·세관지소나 세관출장소의 장으로부터 제출할 통계보고는 감독관서를 경유할 필요가 없음

제5조 보고에 적을 도·부·군·도(島)의 이름은 별표의 순서에 따라야 함

제6조 통계표 용지는 특별히 정해 놓은 것 말고는 미노지(美濃型)를 쓰고 (통계표가—인용자) 용지 두 쪽 이상에 걸칠 때는 각 쪽의 첫 행에 항목란을 두어야 함[5]

제7조 통계표의 숫자는 아라비아숫자를 쓰고 단위에 '.'을, 천·백만 자리 등 세 자리마다 ','를 붙여야 함. 다만 특별히 정해 놓은 것은 이런 제한을 받지 않음

제8조 통계표의 숫자로 단위가 정해진 것은 단위까지를 게재하고 단위 미만의 우수리(端數)는 사사오입(반올림—인용자)을 해야 함. 다만 특별히 정해 놓은 것은 이런 제한을 받지 않음

---

5 미노지는 기후(岐阜)현 미노지방에서 생산되는 종이다. 식민지기 행정문서의 용지로 사용됐다.

단위가 정해지지 않은 것은 금액은 원(圓), 그 밖의 것은 적당한 단위 명칭을 붙이고 단위 이하 세 자리까지 게재해야 함

제9조 통계표 중 계수 불명인 난에는 '?', 계수가 없는 난에는 '-', 계수의 단위에 미달하는 난에는 '0'을 기입하고, (지난번과-인용자) 비교해서 감소한 숫자에는 '^'를 붙여야 함

제10조 통계표 중 외서(外書)할 수는 붉은 색으로 쓰고, 내서(內書)할 수는 × 자 묵인(墨印)을 병기해야 함. 다만 특별히 정해 놓은 것은 이런 제한을 받지 않음[6]

제11조 지난번에 비해 현저한 변동이 있는 사항의 보고에는 그 이유를 비고에 적어야 함

상당한 기간에 걸쳐 일정한 경향이나 현저한 변동을 보이거나 그 밖에 특히 중요하다고 인정되는 사항의 보고에는 그 개요를 비고에 적어야 함

제12조 보고 중 연기가 필요한 것이 있을 때는 사유 및 보고 예정기일을, 조사하기 어려운 사고가 있을 때는 그 사유를, 정해진 보고 기한 안에 품신해야 함

---

6 '내서'와 '외서'는 각각 괄호 안과 밖에 기재한 수라는 뜻도 있지만, 한 칸에 두 가지 숫자를 병기할 때 큰 수에 포함되는 것을 내서, 그렇지 않은 것을 외서라고도 했다. 이 책 435쪽 〈표 5-10〉의 원자료인 『조선총독부전매국 제16연보: 소화11년도』 209쪽 「연초전매령위반자 처분표」의 1931년 통계(일부)는 다음과 같다. 제10조 규정과는 다르게 표시되었지만, 여기서 내서한 1,187명은 세무서 및 세관 겸임 속(屬)이 검거한 수로 그 위의 2만 2,478명에 포함되고, 외서한 2만 3,365명은 현장에서 훈계방면한 수로 그 위의 2만 5,476명에 포함되지 않는다.

범칙혐의인원		
검거	타 관서에서 인계	계
22,478명 (내) 1,187명	2,998명 -	25,476명 (외) 23,365명

제13조 보고 중 해당 사항이 없는 경우는 보고기한 안에 그런 내용을 보고해야 함

이런 경우에는 양식을 첨부할 필요가 없음

제14조 본령에 정한 것 외에 소속관서의 장이 특히 중대하다고 인정하는 사항은 적절한 방법으로 보고해야 함

〈별표〉 도·부·군·도(島) 이름 순서

도	부	군	도(島)
경기도	경성부, 인천부, 개성부	고양군, 광주군, 양주군, 연천군, 포천군, 가평군, 양평군, 여주군, 이천군(利川郡), 용인군, 안성군, 진위군, 수원군, 시흥군, 부천군, 김포군, 강화군, 파주군, 장단군, 개풍군	
충청북도		청주군, 보은군, 옥천군, 영동군, 진천군, 괴산군, 음성군, 충주군, 제천군, 단양군	
충청남도		공주군, 연기군, 대전군, 논산군, 부여군, 서천군, 보령군, 청양군, 홍성군, 예산군, 서산군, 당진군, 아산군, 천안군	
전라북도	군산부	전주군, 진안군, 금산군, 무주군, 장수군, 임실군, 남원군, 순창군, 정읍군, 고창군, 부안군, 김제군, 옥구군, 익산군	
전라남도	목포부	광주군, 담양군, 곡성군, 구례군, 광양군, 여수군, 순천군, 고흥군, 보성군, 화순군, 장흥군, 강진군, 해남군, 영암군, 무안군, 나주군, 함평군, 영광군, 장성군, 완도군, 진도군	제주도
경상북도	대구부	달성군, 군위군, 의성군, 안동군, 청송군, 영양군, 영덕군, 영일군, 경주군, 영천군, 경산군, 청도군, 고령군, 성주군, 칠곡군, 김천군(金泉郡), 선산군, 상주군, 문경군, 예천군, 영주군, 봉화군	울릉도
경상남도	부산부, 마산부	진주군, 의령군, 함안군, 창원군, 밀양군, 양산군, 울산군, 동래군, 김해군, 창원군, 통영군, 고성군, 사천군, 남해군, 하동군, 산청군, 함양군, 거창군, 합천군	
황해도		해주군, 연백군, 김천군(金川郡), 평산군, 신계군, 옹진군, 장연군, 송화군, 은율군, 안악군, 신천군, 재령군, 황주군, 봉산군, 서흥군, 수안군, 곡산군	
평안남도	평양부, 진남포부	대동군, 순천군, 맹산군, 양덕군, 성천군, 강동군, 중화군, 용강군, 강서군, 평원군, 안주군, 개천군, 덕천군, 영원군	
평안북도	신의주부	의주군, 구성군, 태천군, 운산군, 희천군, 영변군, 박천군, 정주군, 선천군, 철산군, 용천군, 삭주군, 창성군, 벽동군, 초산군, 위원군, 강계군, 자성군, 후창군	

도	부	군	도(島)
강원도		춘천군, 인제군, 양구군, 회양군, 통천군, 고성군, 양양군, 강릉군, 삼척군, 울진군, 정선군, 평창군, 영월군, 원주군, 횡성군, 홍천군, 화천군, 김화군, 철원군, 평강군, 이천군(伊川郡)	
함경남도	원산부, 함흥부	함주군, 정평군, 영흥군, 고원군, 문천군, 덕원군, 안변군, 홍원군, 북청군, 이원군, 단천군, 신흥군, 장진군, 풍산군, 삼수군, 갑산군	
함경북도	청진부	경성군(鏡城郡), 명천군, 길주군, 성진군, 부령군, 무산군, 회령군, 종성군, 온성군, 경원군, 경흥군	

(별책은 생략)

2) 통계사무에 대한 조선총독부의 공문

(1) 1911.2.22, 조선총독부훈령 제16호, 「조선총독부 통계사무취급 건(統計事務取扱方)」

제1조 조선총독부 소관사항에 속하는 통계는 총무부 문서과에 비치된 통계대장에 기입하고 동(同) 과장이 이를 정리·편찬해야 함
통계대장의 기입은 역년 또는 (회계)연도마다 구분함

제2조 통계대장 및 통계에 관한 여러 가지 표(表)의 양식은 문서과장이 관계 부(部)·국(局)과 합의한 뒤 결재를 거쳐 정해야 함

제3조 조선총독부 각 부·국 및 소속관서에 통계주임을 두고 각각 주관에 속하는 통계재료 수집을 책임지도록 함
통계주임은 주임관이나 판임관 중에서 소속 장관이 임명하고 그 관명(官名)과 씨명(氏名)을 문서과장에게 통지해야 함

제4조 통계주임은 보고례, 그 밖에 정해진 양식에 따라 통계재료를 작성해야 함

제5조 통계주임은 여러 가지 통계표 작성을 위해 수집한 재료를 편찬·보존해야 함

제6조 문서과장은 통계사무에 관해 통계주임과 직접 교섭을 할 수 있음

제7조 조선총독부 각 부·국에서 통계사항에 관해 외부와 왕복을 요하는 경우에는 문서과장에게 청구해야 함

제8조 조선총독부 각 부·국 및 소속관서에서 총독 및 정무총감에게 제출하는 통계서류는 문서과장을 경유해야 함

(2) 1918.9.4, 조선총독부훈령 제47호, 「조선총독부 통계사무취급 건」 (전면개정)

제1조 조선총독관방 총무국 통계과에 통계대장을 둠[7]

통계대장 작성에 관한 사항은 따로 정함

제2조 통계과장은 통계대장에 따라 매년 『통계연보』를 편찬해야 함

제3조 통계과장은 통계사무에 관해 통계주임과 직접 교섭을 할 수 있음

제4조 조선총독부 각 부·국에서 통계사항에 관해 외부와 왕복을 요하는 경우에는 통계과장과 합의해야 함

제5조 조선총독부 소속관서에 통계주임을 두고 통계의 검사와 정리를 담임하게 함

제6조 통계주임은 소속관서의 장이 주임관이나 판임관 중에서 임명

---

7 총독부 통계사무의 주무 부서는 149쪽의 〈그림 2-2〉에서 보듯이, (1)에서 문서과였다가 1912년 5월 총무과, (2)에서 통계과였다가, 1922년 10월 조사과, 1924년 12월 문서과, 1928년 4월 총무과, 1929년 11월 이후 문서과로 변해 갔다.

하고 그 씨명을 통계과장에게 통지해야 함. 통계주임을 면했을 때도 마찬가지임

제7조 주무(主務) 과·계에서 작성한 통계는 통계주임에게 회부해야 함. 통계주임은 앞 항의 통계를 검사해서 오류가 있다고 인정될 때는 다시 작성할 것을 요구할 수 있음

(3) 1941.7.18, 조선총독부훈령 제82호, 「조선총독부 통계사무취급 건」(전면개정)

제1조 총독부 및 소속관서의 통계사무는 따로 정한 것을 제외하고는 본령에 따라 처리해야 함

제2조 총독부에서 정기적으로 수집하는 통계의 보고에 대해서는 조선총독부보고례(이하 '보고례'라고 부름)에 의해야 함. 다만 법령에 근거한 것, 기밀에 속하는 것, 그 밖에 특별한 사유가 있는 것에 대해서는 이 제한을 받지 않음[8]

제3조 총독관방 문서과장(이하 '문서과장'이라고 부름)은 매년 조선총독부통계연보를 편찬해야 함

총독부 각 국·부 및 관방 각 과·실(이하 '국·부·과'라고 부름)의 장은 문서과장이 정한 양식에 따라 앞 항의 편찬에 필요한 자료를 문서과장에게 제출해야 함

제4조 국·부·과에서 통계에 관한 예규를 정하거나 통계에 관해 외

8 예컨대 1929.4.11, 법률 제53호, 「자원조사법」과 1929.11.20, 칙령 제329호, 「자원조사령」에 따른 자원조사, 1940년대의 노동기술통계실지조사는 보고례와 별개였다(이 책 133쪽, 529~531쪽, 558쪽).

부와 중요한 조복(照覆)을 하는 경우에는 문서과장과 합의해야 함[9]

제5조 국·부·과에서 보고례에 근거한 통계, 그 밖에 중요한 통계를 작성한 경우에는 문서과장에게 공람(供覽)해야 함

제6조 총독부 각 과·실 및 소속관서에 통계주임을 두고 통계의 검사와 정리 및 통계보고에 관한 사무를 담임하게 함

통계주임은 주임관이나 판임관 중에서, 총독부 각 과·실에서는 그 국·부·과의 장, 소속관서에서는 그 장이 임면함

국·부·과 및 소속관서의 장이 앞 항의 규정에 따라 통계주임을 임면했을 때는 그때마다 그 관직·씨명을 문서과장에게 통지해야 함

제7조 소속관서의 과나 계에서 작성한 통계는 통계주임과 합의해야 함

통계주임은 앞 항의 통계를 검사해서 오류가 있다고 인정될 때는 다시 작성할 것을 요구할 수 있음

제8조 소속관서의 과나 계에서 통계에 관한 예규를 정하거나 통계에 관해 외부와 중요한 조복을 하는 경우에는 통계주임과 합의해야 함

제9조 통계주임은 통계사무에 관해 문서과장과 직접 조복을 할 수 있음

제10조 제1차 소속관서에서 통계에 관해 중요한 예규를 정한 경우에는 그 사본을 문서과장에게 제출해야 함[10]

---

9 '照覆'은 문의(照會), 즉 조회(照會)에 대한 회답을 뜻하기도 하지만, 여기서는 문의와 회답을 합쳐서 일컫는 말이다.

10 소속관서에 대해서는 146쪽 주 37을 볼 것. 소속관서가 상급관서와 하급관서로 위계화되어 있는 경우 총독에게 직접 지휘를 받는 최상급 관서를 '1차 소속관서'라고 했다. 고등법원-복심법원-지방법원-지방법원지청으로 구성된 재판소의 경우 고등법원, 전국의 체신분장국·전매지국에 대해 체신국·전매국 등이 1차 소속관서다. 이 책 630쪽의 제4조도 예컨대 지방법원(장)이 통계보고를 제출할 때 복심법원→ 고등법원

(4) 1914.4.30, 관통첩 제162호, 「통계사무취급의 건(統計事務取扱方ノ件)」

(정무총감 → 각 소속관서장)

각종 통계재료 조사는 가장 확실을 요하고 보고 제출기한 등도 지체 없을 것을 요함은 물론입니다만, 종래의 조사에 비추어보면 왕왕 늦게 들어오는 것 또는 오류나 계산착오 등이 있어서 자칫 통계의 정리 시기가 늦어져 여러 사무 정리상 차질을 빚게 하는 일이 있음은 심히 유감으로 생각하는 바입니다. 앞으로 노력해서 개선을 기함과 동시에 다음 각 사항에 유의한 뒤 각각 처리할 수 있도록, 혹시나 염려되어 통첩합니다.

다음

- 각종 통계재료의 수집에 주의해서 보고를 신속히 하고 또 조사의 정확을 기할 것
- 헛되이 구습에 구애되어 부정확한 기왕의 계수(計數)를 기본으로 하여 해마다 가제참작(加除參酌)해서 그 오류를 답습하는 것 같은 폐해가 없도록 충분히 주의할 것
- 통계표는 숫자를 정서(正書)하여 선명하게 기입할 것을 요하며 적어도 오류·누락 또는 계산착오 등이 없도록 노력해서 완전하게 표를 만들고, 또 각 표의 체재와 단위, 단가, 위부(位符) 등에 주의할 것[11]
- 통계보고를 제출할 때 반드시 지난번과 비교·대조를 해서 증감을 내고 이유를 상세히 부기(附記)할 것
- 통계서류의 정돈 완비를 기할 것

을 거칠 필요가 없다는 규정으로, 소속관서의 이런 위계를 언급하고 있다.

11 '위부(位符)'는 소수점이나 천 단위마다의 쉼표, 또는 m, kg, 坪 같은 단위 표시(부호)를 가리키는 것 같다. 숫자 오른쪽 위에 '100[원]', '10[명]' 하고 붙이는 경우도 있다.

– 통계주임인 자가 경질되어도 통지가 없는 경우가 있는데 이런 것은 이번에 반드시 통지를 할 것

(5) 1923.7.14, 관통첩 제71호, 「조선총독부소속관서 통계사무검열에 관한 건(朝鮮總督府所屬官署統計事務檢閱ニ關スル件)」

본부(本府) 소속관서의 통계사무 현황을 살펴보면[12] 최근 점차 개선·진보의 성과를 보게 됐다고 하나 단위조사의 방법, 통계표 작성 및 내용의 정리·통일,[13] 보고기한 엄수 등에 관해 아직도 유감인 점이 적지 않아서, 그 개선·쇄신에 대해서는 각각 배려하고 있다고는 생각합니다만, 통계주임 혹은 그 밖에 통계사무 담임자로 하여금 각기 소할(所轄)관서에서 취급의 실황을 검열하고 지도하게 하는 것은 통계의 신속·정확을 촉진하는 데 가장 효과 있는 일이라고 인정되는바, 앞으로 매년 다음에 따라 빠짐 없이 검열을 실시하도록, 또 (검열을) 시행할 때는 주도면밀한 주의를 요함은 물론 오류나 불비(不備) 등의 사항에 대해서는 간절히 지도·교정케 하여 적어도 형식에 흐르는 것 같은 일은 없게끔 특히 유의하도록 통첩합니다.

추신. 제1차 소속관서장은 매년 각기 관내의 실시 상황을 기록해서 이듬해 1월 말일까지 보고 바람

다음

– 도지사는 매년 소할관서의 3분의 1 이상에 걸쳐, 군수와 도사(島司)

12 '본부(本府)'는 조선총독부를 말한다.

13 원문은 "單位調査ノ方法ノ製表及內容ノ整理統一"인데 문맥상 오류인 듯해서 수정했다. '단위조사'란 조사단위에 대한 조사라는 뜻으로, 현장에서의 조사 자체를 말한다. 예컨대 국세조사의 조사단위가 '세대'라면 각 세대에 대한 조사가 단위조사다.

는 관내 전체 면의 2분의 1 이상에 걸쳐 각기 통계주임이나 그 밖의 통계사무 담임자로 하여금 통계사무를 검열하게 함

지방청 이외의 관서장은 앞 항에 준해서 각기 소할관서의 통계사무를 검열하게 함

앞 두 항의 검열은 단독으로 이를 행해도, 또는 다른 지방사무 시찰 등과 함께 행해도 됨

– 통계사무 검열사항의 개목(概目)은 다음과 같음. 다만 본항의 개목은 지방청의 것을 보인 것으로, 그 밖의 관청에서도 이 예(例)에 따라야 함

가. 통계주임 또는 그 밖에 통계사무 담임자의 집무 상황

㈀ 여러 통계사무의 검사·정리 상황

㈁ 달리 겸임하는 사무가 있다면 그것이 통계사무에 미치는 영향

나. 통계재료 조사·수집 방법의 적부(適否)

㈀ 단위조사에 관한 시설 사항 및 그 적부

㈁ 단위조사 또는 재료수집에 대해 하급관서에 조사 방법을 지시한 적이 있는지 없는지? 지시했다면 그 방법 및 적부

㈂ 조사를 위해 구장(區長), 기타에게 부탁하지 않을 수 없는 사항이 있는지? 만약 있다면 그 사유

㈃ 단위조사에 관해 어쩔 수 없이 책상머리의 달관(達觀)에 의해야 할 것이 있는지 없는지? 만약 있다면 그 사유[14]

㈄ 재료수집상 가장 곤란을 느끼는 사항 및 그 사유

---

14 '달관(達觀)'은 제대로 된 조사 없이 어림짐작으로 통계를 내거나, 심하게는 조작하는 것이다. 부록 (4)에서 "부정확한 기왕의 계수를 기본으로 하여 해마다 가제참작"을 하는 것도 달관이다. 75쪽 주 38과 653쪽을 볼 것.

(ㅂ) 면에서 군·도(島)에 보고한 계수와 군·도에서 도에 보고한 계수의 차이 및 그 차이가 생긴 사유

(ㅅ) 소표(小票)식에 따라 조사한 것의 그 방법 및 적부

다. 보고기한의 엄수에 관한 주의 상황 및 그에 관한 시설 사항

(ㄱ) 지정 보고기한의 적부

(ㄴ) 보고기한 엄수에 관한 시설 및 주의 상황

(ㄷ) 하급관서에 대한 독촉 방법

(ㄹ) 기한 엄수에 관해 담임자에 대한 상사의 주의 상황

(ㅁ) 기한 엄수와 관련 각 과·계의 통계사무에 대한 통계주임의 주의 상황

라. 여러 통계표 내용의 완전함 및 보고가 늦고 빠름의 원인

(ㄱ) 통계에 탈루, 중복, 그 밖의 오류가 없는지?

(ㄴ) 비고 이유의 적부

(ㄷ) 보고의 늦고 빠름 및 그 원인. 특히 보고가 늦고 빠른 사유가 사실조사 곤란에 기인한 것인지, 또는 사무가 바빠서 아니면 게으름에 기인한 것인지?

마. 통계사무에 관한 지도·감독의 상황

(ㄱ) 지도·감독을 위해 특히 시설한 사항 및 적부

(ㄴ) 장래 시설하려고 하는 계획 사항

(ㄷ) 통계강습회 또는 강연회 개최 사항

(ㄹ) 통계사무 지도·감독을 위한 출장 회수 및 일수

(ㅁ) 통계사무 검열 결과 하급관서에 대해 주의를 준 사항

바. 통계의 활용 및 통계사상 보급에 관한 시설 상황

(ㄱ) 여러 가지 통계표의 이용 상황 및 효과

(ㄴ) 통계사상 보급 및 관련 시설 사항 및 적부

(ㄷ) 통계연보, 그 밖에 통계에 관한 간행물의 종류 및 배부 수와 배부처

사. 통계에 관한 서류의 정리·편찬 및 보존 상황

(ㄱ) 통계에 관한 법규 및 예규류의 정리·보존 상황

(ㄴ) 앞 호 이외의 통계서류의 정리·보존 상황

(ㄷ) 여러 가지 통계간행물의 정리 상황

(ㄹ) 단위조사의 재료는 보존해 두는지 아닌지(무릇 2개년 정도는 보존토록 할 것)

아. 그 밖에 필요하다고 인정되는 사항

(ㄱ) 통계사무 종사 인원

(ㄴ) 통계사무에 관해 관청 내 부·과 상호 간 및 상하관서 간의 연락 상황 등

- 각 소속관서장은 별지 양식의 통계사무검열부를 갖춰 두어야 함
  검열원은 검열 결과 착오나 불비한 사항이 있는 것을 발견했을 때는 경미한 것은 바로 지시·정정토록 하고 그렇지 않은 것은 검열부에 기입한 뒤 기한을 정해 마땅한 처리 방법을 지시해야 함
  앞 호 외에 특히 장래 주의를 요한다고 인정되는 사항은 검열부에 기입해야 함
  검열부에 의해 지시나 주의를 받은 사항은 속히 그것을 정리하고 그 정리의 전말을 검열부에 기입해야 함
- 검열원은 검열을 마쳤을 때 그 상황의 요점을 기록해서 의견을 붙여 바로 보고해야 함
  (통계사무검열부 양식은 생략)

3) 조선총독부보고례 이외의 통계 양식: 세무통계대장 조제규정

(1) 1912.9.12, 조선총독부훈령 제3호, 「세무통계대장 조제규정(稅務統計臺帳調製規程)」[15]

제1조 도와 부·군에는 세무통계대장을 갖추어야 함

제2조 세무통계대장은 별책 양식에 따라야 함. 다만 양식을 제시하지 않은 사항에 대해서도 필요하다고 인정될 때는 이 규정에 준해서 통계를 작성해야 함

제3조 세무통계대장은 5년간 계속 사용해야 함

제4조 세무통계대장은 양식에 정한 기한에 따라 지체 없이 기입해야 함

제5조 세무통계대장을 기입하게 할 때는 원고를 만들어 계수 조사의 근거를 밝히고 도장관이나 부윤, 군수의 결재를 받아야 함

제6조 부·군·도에서 세무통계대장에 기입을 했을 때는 기입 후 5일 이내에 그 등본을 도에 제출해야 함

---

15 그 전에는 1908.8.19, (대한제국)탁지부훈령 제188호, 「재무통계대장조제규정」이 있었다(서호철, 2022, 「융희연간의 통계체계 구축과 농업통계」, 『사회와 역사』 134, 21~22쪽). 1912.10.30, 관통첩 제113호, 「세무통계대장 배부의 건」에 따르면 이 대장은 도에 3책, 부·군에 1책씩 배부한 것으로 되어 있다. 이 규정은 1925년분부터는 적용하지 않게 되는데(1924.10.24, 조선총독부훈령 제28호), 이것은 1920년대 세금 구조의 변화와 관련된 조치라고 생각된다. 즉 다음 644~645쪽 목차에 있는 국세 중에서 1919년 호세와 가옥세, 1920년 어업세와 선세가 도세(道稅)로 이전되고, 1921년 연초전매제가 시행되면서 연초세는 폐지됐다. 1934년이 되면 개인소득세제 실시와 함께 지방행정과는 별개의 세무부서로 세무감독국과 세무서가 설치된다(정태헌, 2003, 「도세입-도세의 구성 추이를 통해 본 식민지 도재정의 성격」, 『한국사학보』 15, 212~214쪽; 이명학, 2016, 「일제시기 조선재정통계서의 발행체계와 구성 변화」, 『한국사연구』 173, 225~226쪽, 233쪽).

제7조 도가 직접 처리한 사항은 도(청) 소재 부·군에서 통계대장에 기재해야 함

앞 항의 사항이 있을 때는 도는 지체 없이 그것을 부·군에 통지해야 함

제8조 전년 통계에 대한 증감의 사유, 법령의 개정, 그 밖에 참조가 될 만한 사항은 비고란에 기재해야 함. 비고란의 기술은 간명(簡明)을 주로 하고 가급적 계수에 따라 설명하며, 계수는 아라비아 숫자로 기재해야 함

제9조 단위 이상의 수는 세 자리마다 ','를 붙이고 공란에는 '-'라고 표시하며 단위 미만을 잘라버렸기 때문에 기입할 숫자가 없게 된 것은 '0'을 기입해야 함

제10조 각 표의 세액은 따로 기재방법을 보인 것 말고는 과세물건에 세율을 곱한 액수를 기재해야 함

제11조 내서·외서 또는 붉은 색으로 쓸 숫자(員數)는 모두 주된 숫자의 위쪽에 기재해야 함

제12조 월(月)의 말일 현재를 기재할 것은 그날 중의 증감을 가제(加除)한 숫자에 따르고, 월의 첫날 현재를 기재할 것은 그날 중의 증감을 가제하지 않은 숫자에 따라야 함

제13조 세무통계대장 기재의 정정을 요할 때는 중앙에 붉은 횡선을 두 줄 긋고 그 위쪽에 고쳐쓰고, 동시에 그것과 관련된 여러 표를 정정해야 함. 다만 숫자는 일부를 정정하는 데 그친 것이라도 전부를 고쳐써야 함

제14조 세무통계대장에는 관내 지도를 첨부하고 거기에 도계(道界), 부·군계(군·도의 통계대장에는 면계), 철도, 도로, 여러 관아 및 공

서(公署) 등을 별기(別記) 부호에 따라 표기하고, 변동이 있을 때는 그것을 정정해야 함

부칙

본령은 다이쇼 원년분부터 시행함. 다만 메이지45년분에 대한 사항 중 이미 양식 각 표에 정한 기한을 경과한 것에 대해서는 이번에 기입해야 함[16]

(별책)

목차

번호	표 이름		
1	관구표(管區表)		
2	호구표		
3	직접세 부담액표	1	
4	〃	2	
5	유세지표(有稅地表)	1	
6	〃	2	
7	지세 증감표	1	(증가 부분)
8	〃	2	(감소 부분)
9	토지이동필수표(土地異動筆數表)		
10	토지소유자 결수별(結數別) 인원표		
11	토지소유자 지세납액별 인원표		
12	호세표(戶稅表)		
13	가옥세표		
14	주세표(酒稅表)	1	양성주(釀成酒)
15	〃	2	증류주
16	〃	3	혼성주
17	연초세표(煙草稅表)		
18	광구세표(鑛區稅表)		
19	사광(砂鑛) 채취세표		
20	광업세표		

16 1912년에 메이지 천황이 사망하고 다이쇼 천황이 즉위했으므로, 메이지45년 = 다이쇼원년 = 1912년이다. 특이한 사항이라 본문의 일본 연호를 그대로 둔다.

번호	표 이름		
21	어업세표		면허어업
22	〃		허가어업
23	〃		신고어업
24	염세표(鹽稅稅表)		
25	선세표(船稅表)		
26	인삼세표		
27	잡세표		
28	수입인지 수입액표		
29	국세 징수표	1	(본연도 소속분)
30	〃	2	(기왕연도 소속분)
31	국세 체납표	1	
32	〃	2	
33	국세 범칙자표		
34	지방비 부과금표	1	(시장세)
35	〃	2	[도장세(屠場稅)·도축세]
36	〃	3	(토지가옥소유권취득세)
37	〃	4	(저당권취득세)
38	지방비 부과금 징수표	1	(본연도 소속분)
39	〃	2	(기왕연도 소속분)
40	지방비 부과금 체납표	1	(본연도 소속분)
41	〃	2	(기왕연도 소속분)
42	역둔토 유료 대부표		
43	역둔토 무료 대부표		
44	역둔토 수입 수납표	1	(본연도 소속분)
45	〃	2	(기왕연도 소속분)
46	역둔토 수입 현품수납표		
47	역둔토사용료 및 생산물 매각대금표		
48	국고금취급 통신관서·금융기관수표		
49	중요 농산물 수확고표		
50	토지 매매가격표		
51	토지 임대가격표		
52	물가표		
53	징세비 현계표(現計表)		

별기 및 별책은 생략

4) 중앙에서 도에 보낸 지방통계사무 관련 공문

(1) 1913.3.22, 관통첩 제77호, 「도 · 부 · 군 통계연보 제조표준」[17]

① 도(道) · 부(府) · 군(郡)은 매년 1회 통계연보를 제조해야 함

② 통계연보 사항은 개략 별지 항목에 따름. 다만 각 도 · 부 · 군의 특수사항, 그 밖에 필요하다고 인정되는 사항은 추가하고 또 조사가 어려운 사항은 당분간 생략하는 것도 무방함

③ 다른 관청에 속하는 사항은 해당 관청에서 조사해야 함

④ 통계표 양식은 본부 통계연보 및 본부 보고례 등을 참작해서 적절하게 고안해야 함

⑤ 통계사항은 역년(曆年)에 따라 1개년의 사실 또는 연말 현재를 조사해야 함. 다만 회계연도, 그 밖에 특별한 기간이나 기일에 따를 필요가 있는 것은 이 제한을 받지 않음

⑥ 통계표에는 가급적 전년이나 이전 몇 년과의 비교 · 증감을 보이고 또 적절하게 비율이나 평균 등을 추가해야 함

⑦ 통계표 아래 또는 말미에 비고란을 두어 계수 증감의 사유, 그 밖에 참고가 될 만한 사항을 기술해야 함

⑧ 금액은 특별한 필요가 있는 것을 제외하고는 원(圓) 단위에 그쳐야 함

⑨ 단위 이상의 수는 세 자리마다 ','를 붙이고 공란에는 '–'라고 표시하며 단위 미만을 잘라버렸기 때문에 기입할 수(數)가 없게 된 것은 '0'을 기입해야 함

---

17 京畿道, 1922, 『統計指針』, 부록 1~2쪽. 이 통첩은 『관보』에는 "도 · 부 · 군통계연보 제조표준은 별책으로 송부하는바, 통계연보 제조에 대해서는 대체로 위에 준거하도록

(2) 1914.12.12, 관통첩 제444호, 「도 출판물에 관한 건」

종래 각 도에서 그 도의 사무보고 또는 일반상황을 공표·소개할 목적으로 도세요람, 도세일반(道勢一斑) 혹은 안내 등의 명칭 아래 책자나 한 장짜리 인쇄물을 발행했던 바, 앞으로 이런 종류의 인쇄물은 다음에 따라 한 장짜리 『도세일반』을 발행하도록 하고, 또 이 도세일반 및 1913년 3월 22일 관통첩 제77호에 근거한 도 통계연보 이외에는 어쩔 수 없는 긴요한 사정이 있는 것[공진회 개최 등에 즈음해서 특별히 안내(책자—인용자)를 간행하는 등] 말고는 일체 간행하지 않도록 주의해서, 하나는 집무의 번잡한 일을 생략하고 겸해서 경비의 절약을 꾀하기 바라며 통첩합니다.

다음

- 용지 크기는 대략 가로 1척 8촌, 세로 2척 6촌으로 함[18]
- 표면에 관내도(管內圖)를 인쇄할 것. 다만 도표·사진 등을 더해도 무방함[19]
- 사항의 종류 및 배열순서는 모두 「도·부·군 통계연보 제조표준」의 예에 준해야 함

통첩합니다"라고만 게재됐다(여기 실은 것 외에 「조선총독부보고례」처럼 통계표 양식을 담은 별책이 있다).

18 미터법으로는 54.5×78.8(cm), 사륙판 2절지 크기다.

19 다음 648쪽에서 보듯이 한 장에 앞뒤로 한 면은 통계, 다른 면에는 관내도를 인쇄하라는 지시다.

(3) 1917.8.8, 관통첩 제139호, 「도세일반 발행에 관한 건」

도세일반의 발행에 대해서는 1914년 12월 관통첩 제444호도 있는바, 앞으로는 다음에 의해 편제하기 바라며 통첩합니다.

다음

– 용지는 한 장짜리 인쇄물로 함. 크기는 곡척(曲尺) 가로 1척 3촌, 세로 1척 8촌(사륙판 4절지)[20]
– 용지를 접는 방법은 세로로 두 번, 가로로 여섯 번 접고, 접은 것의 표면 중앙에 '도세일반'이라고 제목을 쓰고, 오른쪽 위에 간행 연호(年號), 왼쪽 중간쯤에 도 이름을 기입하며, 그 밖에는 일체 '도세일반'이라는 문자를 기입하지 말 것
– 앞면에는 통계조사 사항을 게재하고 분류의 방법, 과목의 설치 등에 충분한 주의를 기울이며, 과목 세로난이 작은 것은 2단으로 편집할 것
– 뒷면에는 관내지도를 인쇄할 것. 여백이 있으면 사진, 도표, 관내 이정표 등을 덧붙여도 무방함
– 숫자의 단위는 가급적 원(圓), 척(尺), 정(町), 석(石) 등의 단위에 그치고, 이하의 우수리는 반올림할 것
– 활자는 각항 제목을 제외하고는 모두 6호로 할 것
– 게재 사항은 「도·부·군 통계연보 제조표준」의 예에 준해서 간명하게 기술할 것

---

20 39.4×54.5(cm), 1척 = 0.303m로 설정된 일본의 곡척(가네자쿠)은 대한제국의 법률 제1호, 「도량형법」(1905.3.29)에서부터 조선의 공식 길이 단위가 된다. 이 책 649쪽과 647쪽과 651쪽, 654쪽의 단위도 곡척이다.

(4) 1922.5.22, 관통첩 제43호, 「면 통계사무 공적자 표창규정준칙에 관한 건」

(본문 생략)

다음

면 통계사무 공적자 표창규정준칙

제1조 면장이나 면 이원으로 통계사무에 관해 공적이 현저한 자는 따로 정한 것 외에 본 규정에 의해 표창함

제2조 면장이나 면 이원으로 다음 각호의 하나에 해당할 때는 군수나 도사(島司)는 도지사에게 사유를 갖추어 상신(上申)해야 함

1. 통계사무에 대해 성적이 현저한 자
2. 통계자료의 수집, 통계표 작성, 정리 등 타의 모범이 되기에 족한 자
3. 통계에 관해 특수한 시설 또는 고안을 해서 비익(裨益)이 있다고 인정되는 자

제3조 본 규정에 따라 표창된 자의 사적(事績)은 도보에 등재함

5) 도 보고례와 지방통계사무와 관련한 도 공문

(1) 1913.4.30, 강원도훈령 제25호, 「도·군 통계연보 조제수속」[21]

① 통계연보 작성에 관해서는 1913년 3월 22일 관통첩 제77호 별책에 따름

② 통계연보는 익년 7월 말까지 전년분을 만들어야 함

21 1913.5.16, 충청남도훈령 제10호도 거의 같은 내용이다. 이 책 651쪽 (4)의 부칙에 나오는 1913년 경기도훈령 제27호도 마찬가지일 것이다.

③ 앞 항에 따라 만든 통계연보는 도장관에게 제출해야 함

④ 통계연보는 1912년분부터 작성해야 함

(2) 1913.10 (경기)도통첩 제139호, 「부·군보고례 제정의 건」[22]

1912년 12월 훈령 제17호, 「보고례자료 제출 건」, 그 밖에 조사 자료 등으로 일정한 기한에 면이나 학교 등에서 보고하게 할 것을 요하는 사항은 귀관이 보고례를 제정해서 면이나 학교로 하여금 건명(件名)·기한을 기록하여 사무소 내에 게시하게 해서 시기를 놓치지 않도록 명령해 두는 것이 사무 간첩(簡捷)에 이익되는 바가 적지 않다고 생각되는바, 이참에 제정한 뒤 보고례 제1호에 따라 보고하기 바랍니다.

(3) 1914.7 (경기)도통첩 제76호, 「통계연보 제조에 관한 건」[23]

통계연보 제조상 다음 각항을 숙지하도록 통첩합니다.

① 용지는 미노지(美濃形)로 함

② 조제표준 중 부·군별로 조사해야 할 것으로 지정된 사항 및 예시 양식 중 부·군별로 된 것은 면별로 조사·기입할 것[24]

③ 『총독부보고례별책』이 개정된 결과, 예시 양식에 변동이 생긴 것은 개정 보고례의 당해 양식에 준거할 것

④ 그 밖에는 도 통계연보의 양식에 준하거나 적절하게 고안하여 표를 작성할 것

---

22 京畿道, 1922, 앞의 책, 부록 32쪽.

23 京畿道, 1922, 위의 책, 부록 32~33쪽.

24 '조제표준'이란 이 책 648쪽의 관통첩을 가리킨다. 총독부에서 각 도에 내린 지시를 도에서는 다시 부·군으로 내려보내고 있음을 볼 수 있다.

(4) 1918.4.26, 경기도훈령 제6호, 「부·군·면세일반 및 부·군통계연보 조제규정」

제1조 부·군은 제1호 양식에 의거해서 매년 1회 부·군세일반을 조제해서 부는 15부, 군은 1부를 6월 30일까지 도에 제출해야 함

제2조 면은 제2호 양식에 의거해서 매년 1회 면세일반을 조제해서 5월 31일까지 군에 제출해야 함

군은 앞 항의 면세일반을 심사하고 각 1부를 모아서 6월 20일까지 도에 제출해야 함

제3조 부·군·면세일반의 뒷면에는 관내 지도를 기입하고 군세일반에는 각 면 사이의 이정표, 면세일반에는 각 리 사이의 이정표를 적절한 곳에 기재해야 함

제4조 부·군·면세일반의 용지 크기는 곡척으로 세로 1척 3촌, 가로 1척 8촌(사륙판 4절)으로 함

제5조 부·군은 1913년(다이쇼2) 관통첩 제77호, 「도·부·군 통계연보 제조표준」에 준거해서 매년 1회 통계연보를 조제해서 7월 31일까지 1부를 도에 제출해야 함

부칙

1913년 조선총독부 경기도훈령 제27호는 폐지함

(5) 1921.3, 서(庶)130 「통계보고기한 엄수 및 조제상 주의에 관한 건」[25]

수제(首題)의 건에 관해서는 최근 조금씩 기한을 엄수하고 또 내용의 완비를 기하게 됐지만 이것은 오직 아주 소수 부·군의 경우이고, 그중에

25 京畿道, 1922, 앞의 책, 부록 35~37쪽. 경기도 내무부장 → 부윤·군수. '庶'는 내무부 서무과를 가리키는 듯하다.

는 아직 의연히 보고기한을 연기하고 또 내용도 역시 극히 조잡하고 누락이 많아 여러 차례 조복(照覆)을 거듭하지 않으면 도저히 정확한 통계를 얻기 어려운 경향이 있어 사무 진척상 지장이 적지 않다. 게다가 근래 왕왕 보고기한의 유예를 신청해서 심한 경우에는 취급자가 출장 때문에 보고를 지연하는 경향도 있다. 이와 같은 것은 아무런 획책 없이 막연히 집무하고 있는 결과에 다름아니다. 요컨대 통계는 중요한 사무임에도 불구하고 등한히 하고 있는 것 같이 느끼지 않을 수 없다. 적어도 기한이 정해진 것은 미리 처리계획을 수립해서 반드시 기한 내에 처리 완료를 기할 수 있도록 이제 기한 엄수에 한층 노력하는 동시에 통계표 작성상 다음 사항에 한층 주의해 주도록 명령에 따라 통첩합니다.

다음

① 보고례에 따른 보고의 문례(文例) 및 용지는 1920년 3월 경기도 훈령 제9호로 제정됐음에도 불구하고 보고 사항을 별표로 하거나 혹은 첨지(添書)를 붙이는 경향이 있지만 이들은 오히려 취급상 불편이 적지 않다. 특히 설명이 필요한 경우는 비고에 설명을 기술하고 첨지 사용은 절대로 피할 것

② 보고 양식이 가로 양식일 때라도 (한자로) 숫자를 쓰는 경향이 있지만 앞으로는 이런 경우는 반드시 아라비아숫자를 쓸 것

③ 표를 만들 때는 1912년 11월 조선총독부훈령 제20호 제5조에서 제8조의 사항에 어김 없도록 주의할 것[26]

④ 표를 만든 뒤 제출할 때는 1917년 12월 도통첩 제214호에 따라 상부 난외 또는 여백에 작성 관계자 등을 명시할 것

---

26 1912.11.22, 조선총독부훈령 제20호는 이 책 628~629쪽의 「조선총독부보고례」다.

(6) 1921.7, 도통첩 제55호, 「각종 조사사항 주의에 관한 건」[27]

부·군에서 각종 사항을 조사할 때는 늘 정밀한 조사를 행하고 있다고 생각하지만, 지체된 문서의 독촉 등을 피하기 위해 조사 자료가 완비되지 않았음에도 달관적으로 숫자를 나열해서 보고하는 것 같은 사례가 없다고는 할 수 없다. 특히 통계사무 등은 각 면의 자료에 비춰보지 않고는 도저히 통계표를 만들 수 없음에도 각 면에서 제출해야 할 조사 자료가 제출되지 않아 그저 지난해의 예를 참작해서 달관적으로 숫자를 게재하거나 기술(記述)을 날조해서 보고하는 것 같은 일이 있지 않을까? 부·군은 물론 도의 사무에 영향이 있을 뿐 아니라 나아가 총독부의 시정(施政)에도 관계되는 바가 결코 적지 않다. 부하직원을 잘 훈계하고 신칙하여 적어도 엉망으로 조사보고를 하는 일은 없어야 함은 물론 통계표 작성 등에 대해서는 근거 있는 자료에 따라 정확한 통계를 제출할 수 있게 특히 유의하도록 명령에 따라 통첩합니다.

(7) 1921.11, (경기)도통첩 제125호, 「부·군·면세일반 조제에 관한 건」[28]

부·군·면세일반 조제에 관해서는 1918년 4월 도훈령 제6호로써 훈령한 바도 있어서,[29] 이후 그 취지에 따라 실행되고 있는 줄로 알고 있지만 아직도 통일, 기타의 필요가 있는바, 그 조제에 대해서는 다음 사항을 특히 유의하도록 명령에 따라 통첩합니다.

추신. 면에 대해서는 특히 엄수를 기할 수 있도록 조치

---

27 京畿道, 1922, 앞의 책, 부록 37쪽.

28 京畿道, 1922, 위의 책, 부록 38~41쪽. (경기도) 내무부장 → 부윤·군수.

29 이 책 651쪽을 볼 것.

다음

가. 부·군·면세일반의 방식은 다음 예에 준거할 것

(ㄱ) 용지

지질은 모조지로 하고 촌법은 가로 1척 2촌 5분, 가로 1척 8촌으로 함

(ㄴ) 접는 법

가로로 두 번 접고 세로로 여섯 번 접어서 회색 표지를 붙이도록 함. 다만 면세일반은 이 제한을 받지 않음

(ㄷ) 표지

표지면에는 다음과 같이 표기할 것[30]

(ㄹ) 뒷면의 약도

용지(크기)를 참작해서 10만분의 1을 표준으로 하여 만들 것 (면은 대체로 이것을 표준으로 할 것)

㉠ 도면에는 다음 해당 사항을 기재할 것

다이쇼(　　)년 (　　)월 편찬 경기도 (　　)부(군)세일반 (　　)부(군)

부(군)계(界), 면계, 리(정·동)계, 도로, 철도, 도선장(渡船場), 산 이름, 하천, 바다, 섬, 부(군)청, 면사무소, 경찰서, 경찰관주재소, 관공립학교, 재판소(법원출장소도 포함), 우편국(소), 정거장, 금융조합, 향교, 병원, 신사, 사찰, 시장, 도살장, 그

30 본래 세로 방향인 것을 가로로 돌렸다.

밖에 추요(樞要) 지점을 표시할 것

㉡ 범례는 육지측량부 축척 1만분의 1 도면의 범례에 준거할 것

나. 통계 기입에 대해 다음 사항에 주의할 것

(ㄱ) 관계 통계의 대조에 대해 계산착오가 없을 것(예컨대 토지 총면적과 경지면적, 「직업별 호구」란 중 농업·목축·임업자와 「농업자」란 중 농업자 수의 대조 같은 것)

(ㄴ) 통계 중 수의 단위는 금액은 단위, 그밖의 것은 단위 이하 세 자리까지를 쓰고, 단위에 ','를 붙이고 그 오른쪽에 원(圓), 근(斤), 석(石), 관(貫) 등 단위의 종류를 기입하며, 천 단위, 백만 단위 등 세 자리마다 ','를 붙일 것

(ㄷ) 계수 미상의 난에는 '?', 계수가 없는 난에는 '-', 계수가 단위에 미달하는 난에는 '0'을 기입할 것

(ㄹ) 숫자는 선명한 것을 원칙으로 하고 쓴 것을 고치는 일은 절대로 피할 것

(ㅁ) 숫자를 잘못 쓰지 않도록 할 것. 예컨대 二一三이라고 써야 할 것을 三三이라고 쓰고 一一一이라고 써야 할 것을 三이라고, 또 三이라고 써야 할 것을 一二라고 잘못 쓰는 일이 있으므로 주의할 것[31]

다. 그 밖에 다음 사항에 주의할 것

(ㄱ) 부·군·면세일반의 용지는 연초부터 준비해 두고 등재를 요하는 사항에 대해서는 보고례에 따른 보고서 제출 같은 때에

31 한자를 세로쓰기하면서 생기는 오류를 말하고 있다. 이 책 643쪽, 652쪽에서 이미 숫자는 아라비아숫자로 쓰라고 한 것과 비교해 보면, 1920년대가 되어서도 이런 주의 사항을 나열하고 있는 것은 이상하다.

바로 기입을 해둠으로써 조제상의 신속을 꾀할 것

(ㄴ) 각종 통계는 반드시 조사시기를 명료히 할 것

(ㄷ) 인쇄를 할 경우는 교정에 특히 주의를 요하지만, 인쇄소와 멀리 떨어진 지역에서는 군(청)에서 직접 교정을 할 수 없는 경우가 많으므로, 인쇄원고를 선명하게 작성할 것

(ㄹ) 교정쇄의 납부를 받았을 때는 바로 전체에 걸쳐 교정을 하고 오식은 바로잡을 것

(8) 1921.12.20, 경기도훈령 제33호, 「경기도보고례」

제1조 경기도 소속관서의 장은 별책에 정한 사항을 조사해서 정해진 기간 안에 도지사에게 보고해야 함

제2조 보고 양식 및 통계보고의 조제에 대해서는 조선총독부보고례에 준거해야 함

제3조 도의 보고 주관 과는 제1조의 보고 또는 그 밖의 자료에 의해 보고 사항을 조사해서 정해진 기한 전에 보고서를 통계주임에게 회부해야 함

제4조 통계주임은 앞 조의 통계를 검사해서 오류가 있다고 인정될 때는 바로 재조사를 청구해야 함

제5조 통계주임은 제1호 양식의 통계보고정리부를 각 과별로 비치하고 그것을 정리해야 함

제6조 통계주임은 보고 주관 과에서 기한까지 보고서를 회부하지 않을 때는 해당 과장에게 회부를 독촉해야 함

제7조 통계주임은 통계보고정리부에 제2호 양식의 공람용지를 붙여두고 매달 말일 공람 수속을 해야 함

제8조 소속관서의 장은 제5조에서 제7조에 준해서 처리해야 함

제9조 보고문례(報告文例)는 제3호 양식에 의거하도록 함

부칙

본령은 1922년 1월 1일부터 시행함

1920년 3월 조선총독부 경기도훈령 제9호는 본령 시행일부터 폐지함

(양식 생략)

(9) 1921.12.20, 경상남도훈령 제31호, 「조선총독부경상남도보고례」[32]

제1조 각 관공서의 장은 별책에 정하는 바에 따라 도지사 또는 부윤, 군수에게 보고해야 함

제2조 보고 중에서 중요 또는 지급을 요한다고 인정되는 것은 전신, 전화, 그 밖에 급속한 방법으로써 개요를 보고한 뒤 상세한 보고를 해야 함

제3조 보고 사항 중 보고할 사항이 없거나 조사하기 어려운 사정이 있을 때는 보고기한 안에 그런 내용을 보고해야 함

제4조 보고기한 안에 보고할 수 없는 사정이 생겼을 때는 그때마다 사유와 예정기일을 갖추어 보고해야 함

제5조 각 보고자는 별지 양식의 보고정리부를 갖추고 보고 때마다 그 월일을 기입해야 함

제6조 본례에 정한 것 외에 특히 중요하다고 인정되는 사항은 수시

---

32 이 보고례는 별책이 남아 있어서 표 양식을 모두 확인할 수 있다[慶尙南道, 연도 미상, 『朝鮮總督府慶尙南道報告例別冊』(국립중앙도서관 원문)]. 여기 실은 위 (8), (9) 말고도 『조선총독부관보』에서 다른 도의 보고례도 다수 확인할 수 있다(1915.1.28, 함경남도훈령 제1호; 1920.6.19, 충청남도훈령 제20호 등). 도 보고례에 대해서는 이 책 164쪽, 166쪽을 볼 것.

로 보고해야 함

(별지) 보고정리부 양식 (생략)

(10) 1924.7.10, 함경남도훈령 제17호, 「함경남도통계사무취급규정」

제1조 함경남도 소속관서의 통계사무는 따로 규정이 있는 것을 제외하고는 이 규정에 의함

제2조 다음 각 청의 장은 부하관리 중에서 통계주임을 임면하고 그때마다 총독부 및 도에 보고해야 함

도·부·군, 경찰서, 자혜의원

제3조 도·부·군은 각 과, 자혜의원은 서무과, 경찰서는 각 계에 통계사무담임자를 두고 통계사무를 담당하게 함

앞 항 통계사무담임자는 해당 과장이나 계 주임이 부하직원 중에 선정해서 그 관청 통계주임에게 통지해야 함

제4조 통계주임은 다음 사무를 관장함

1. 통계표에 대한 검사
2. 통계사무의 통일 및 정리
3. 통계사무의 검열
4. 통계보고기한 엄수의 독려
5. 통계보고서의 접수·발송
6. 통계류의 편찬

제5조 통계사무담임자는 소속된 과나 계의 사무에 대해 다음 사무를 관장함

1. 통계표 작성
2. 통계재료의 수집 및 정리

제6조 통계사무담임자는 보고례의 정해진 양식에 따라 원 의안(原議案) 외에 보고서 2통을 작성해서 보고기일 7일 전에 제6호 양식 회부부(回付簿)에 따라 통계주임에게 회부해야 함

두 과 이상에 관련된 보고 사항은 각 통계사무담임자가 담임 사항의 재료를 수집해서 통계표를 만들어 보고기일 10일 전에 통계주임에게 회부하고, 통계주임은 그 재료에 의해 집계 · 제표(製表)하도록 함

제7조 통계보고 중 정해진 기일에 제출할 수 없는 경우에는 기일 이전에 그 사유를 갖추어 예정기일을 보고해야 함

제8조 보고 중 해당 사항이 없는 것은, 보고기일 전에 해당 사항이 없다는 내용을 보고해야 함

제9조 통계주임은 통계사무담임자로부터 보고서를 회부받았을 때는 오자, 탈자 또는 계산착오가 없는지 검사하고 단위, 위부(位符), 기호 및 비교 · 대조상의 증감 이유 등에 대해 엄밀한 검사를 해서 난외에 '통계주임 검사완료'의 조인(調印)을 하고 제2호 양식 통계보고결재부에 의해 보고의 소속을 해야 함

제10조 통계사무담임자는 제3호 양식에 의해 통계보고재료 수집성적표를 비치해서 각 난에 각각 요항을 기입하고 보고서에 사본 1통을 첨부해서 통계주임에게 회부해야 함

통계주임은 앞 항 성적표에 근거하여 전년 1월부터 12월까지의 성적표를 매년 1월 말일까지 작성해서, 도 통계주임은 관내 각 통계주임에게, 군 통계주임은 각 면에 그것을 통지해야 함

제11조 통계주임과 통계사무담임자는 제1호 양식의 통계보고 제부일람부(濟否一覽簿)를 비치하고 연도 초두에 그해 안에 보고할 표

이름을 월별로 기재해 두고 항상 그 완성 여부(濟否)에 유의해서 미완성인 것은 엄중 독려를 가할 것[33]

제12조 통계주임은 다음 부책을 비치해야 함

1. 통계예규
2. 통계보고 제부일람부(양식 제1호)
3. 통계문서 건명부(件名簿)(양식 제5호)
4. 통계보고 결재부(양식 제2호)
5. 통계사무 검열부(양식 제4호)
6. 통계보고철(보고통계의 사본 등을 편철해 두도록 함)

제13조 통계사무담임자는 다음 부책을 비치해야 함

1. 통계예규
2. 통계보고 제부일람부(양식 제1호)
3. 통계 회부부(양식 제6호)
4. 통계보고재료 수집성적표(양식 제3호)

제14조 통계재료 및 보고 원 의안은 주무 과나 계에서 다음과 같이 분류하고 색인을 붙여 편철·보존하고 해당 연도 경과 후 1개월 안에 통계주임에게 인계해야 함

- 농업통계
- 임무(林務)통계
- 축산통계
- 잠업통계

---

33 이 장부 양식은 1923.5.14, 관통첩 제41호,「諸統計報告濟否一覽簿備付ニ關スル件」에 규정되어 있다.

- 수산통계
- 상공통계
- 학사통계
- 사회사업통계
- 재정통계
- 호구통계
- 경찰통계
- 위생통계
- 잡사(雜事)통계

제15조 통계사무 취급상 특히 다음 여러 항에 주의를 요함

1. 보고기한을 엄수할 것
2. 보고례에 의한 통계표에는 합계란 다음 항에 지난번 보고의 합계를 붉은 색으로 쓸 것
3. 통계보고서로 도 보고서에 의한 것은 "도 보고례 제 몇 호"라고 쓰고 조회에 의한 것은 조회문서의 번호를 쓰며 그 밖의 것은 조사 원인을 쓸 것
4. 제8조에 의한 개무(皆無)보고서는 각 사항마다 별지에 쓸 것[34]
5. 숫자는 아라비아숫자를 쓸 것
6. 문자는 정확·명료를 위주로 하고 계수는 반드시 가로세로로 검산할 것
7. 통계조사재료는 일건(一件)서류로 해서 정리·편철해서 보존할 것

34 '개무보고서'란 제8조에서 보듯이 "해당 사항이 없다"는 보고서다.

8. 표가 두 쪽 이상에 걸칠 때는 각 쪽의 첫 행에 항목란을 붙일 것[35]

9. 완성된 통계표는 꼼꼼하게 조사해서 불합리하다고 인정되는 점이 있으면 반드시 그 원인을 탐구할 것

10. 통계표 말미에 비고란을 두어 전회 보고와 비교해서 현저한 증감이 있는 것과 특이한 사항은 상세히 그 사유를 주기(註記)할 것

11. 제12조 및 제13조의 통계예규는 통계에 관한 법령, 훈령, 통첩, 지시 및 주의 사항 등으로 통계사무 취급상 준거할 만한 것은 등록,[36] 초록 또는 편철하고 (법령 등이—인용자) 개정·폐지될 때마다 가제(加除)·정리해서 집무의 편의에 도움이 되도록 함. 다만 통계사무담임자는 주관 통계사무만의 통계예규를 비치해 둘 수 있음

제16조 통계주임은 매년 관내의 실시 상황을 기록해서 이듬해 1월 말일까지 도지사에게 보고해야 함

부칙

본령은 1924년 8월 10일부터 시행함

(양식은 생략)

(11) 1927.5.3, 평안북도훈령 제12호, 「평안북도통계사무취급규정」

제1조 통계사무는 따로 정한 것을 제외하고는 이 규정에 의해 처리해야 함

제2조 평안북도지사관방에 통계 부본(副本)을 둠

---

35 원문의 '미다시(見出シ)'란 통계표 맨 위에 항목·범주 등을 적은 항목 줄 또는 제목 줄(table header row)을 말한다. 이 책 629쪽(제5조), 630쪽(제6조)에도 같은 내용의 지시가 있다.

36 원문에서는 '登錄'이라고 했는데, 베껴쓴다는 뜻의 '謄錄'이 맞을 것 같다.

통계 부본은 특히 필요가 있는 것 외에 보고례에 따른 연보로 함

제3조 평안북도 통계주임은 통계 부본에 의해 통계에 관한 사항을 조사·편찬해야 함

제4조 통계주임은 통계사무에 관해 가볍고 쉬운 사항 및 그 사전 준비에 관한 조회·응답에 대해 상호 교섭을 할 수 있음

제5조 주무 과·계는 통계사항에 대해 외부와 왕복을 요하는 경우는 통계주임과 합의해야 함

제6조 면에 통계주임을 둠

면 통계주임은 부면장이나 면 서기 중에서 면장이 임명하고 그 직원의 씨명을 군수에게 보고해야 함. 그를 면했을 때도 마찬가지임

제7조 면장은 각 담당자가 작성한 통계를 면 통계주임에게 회부하게 해야 함

면 통계주임은 앞 항의 통계에 대해 검사 및 정리를 해야 함

통계 검사의 결과 오류가 있다고 인정될 때는 재조사를 청구할 수 있음

제8조 통계의 보고기한이 경과하거나 지연될 우려가 있을 때는 면 통계주임은 담당자에 대해 제출을 독촉해야 함

제9조 면 통계주임은 다음 양식의 통계정리부를 두고 통계보고를 정리해야 함

면장은 앞 항의 정리부에 대해 매월 1회 이상 검열을 해야 함

부칙

본령은 발포일부터 시행함

(양식은 생략)

2. 국세조사의 '현재인구' 파악을 위한 장치들

식민지기 국세조사(인구총조사)의 조사 대상은 조사가 있는 해 10월 1일 오전 0시의 '현재인구'였다. 가장 인구이동이 적은 계절의, 그것도 한밤중을 기준으로 했지만, 그래도 그중에는 여러 가지 이유에서 그 시간에 자기 집이 아닌 곳에 있는 사람이 있을 것으로 예상됐다. 지금처럼 상주인구를 조사하는 것이라면 조사시점에 그가 어디에 있는지와 상관없이, 평소의 생활 근거지(대개는 자기 집)의 일원으로 조사하면 된다. 그러나 식민지기 국세조사는 문자 그대로의 '현재인구'를 조사하고자 했기 때문에 복잡한 문제가 생겼다.

대부분의 사람은 조사의 기준시점에 자기 집, 당시에는 '세대(世帶)'라고 불렸던 자기 가구에 머물렀을 텐데, 그런 사람은 '보통세대'의 일원으로 조사된다. 기숙사·병원·여관·유치장 등에 머무는 사람은 그 건물 하나를 하나의 '준(準)세대'로 해서 조사된다. 조사시점에 다른 세대나 준세대에 가 있는 사람은 그쪽 세대나 준세대의 '손님(來客, 遊客)'으로 조사된다. 그것도 아니면 어떻게 할까? 조사를 설계하는 쪽에서는 전인구를 빠짐없이 조사하기 위해 온갖 가능한 상황을 상정했다. 1)은 '특별지역'에 대한 조사규칙이다. 2)는 여러 가지 이유에서 조사시점에 준세대도 아닌 건물이나 옥외에 있(을 것이 예상되)는 사람들에 대한 조치다. 3)은 애매한 경우를 상정해서 만든 질의응답이다. 이것은 국세조사원에 대한 일종의 교육자료로, 실제 지방으로부터 질의를 받아 중앙통계기구가 응답한 것도 있고 가상의 사례를 문답식으로 꾸민 것도 있다. 주로 1930년 국세조사 자료 중에서 골라 보았다.

1) 1930.2.25, 조선총독부령 제9호, 「1930년(쇼와5) 조선국세조사 특별지역조사규칙」

제2조 왕·공족(王·公族)의 전저(殿邸)에 대한 조사는 이왕직 장관에게 위촉함[37]

제3조 외국 군함에 대한 조사는 외무대신을 거쳐 그 사령관 또는 함선장에게 위촉함[38]

제4조 조선군 사령관의 지휘 아래 있는 육군부대에 대한 조사는 조선군 사령관에게, 진해요항부(要港部) 사령관의 지휘 아래 있는 부대 및 함선에 대한 조사는 진해요항부 사령관에게,[39] 그 밖에 제국 군함선에 대한 조사는 정박한 항구가 소속된 (부·군·도의–인용자) 부윤·군수·도사(島司)가 해당 함선장에게 위촉함

제5조 형무소에 대한 조사는 형무소장, 유치장에 대한 조사는 경찰서장이 관장하고, 국세조사신고서는 경찰서장은 1930년 10월

---

37 왕·공족이란 '한일병합' 이후 조선 왕실의 구성원에게 일본 황족에 준하는 신분을 부여한 것이다. 1930년 당시에는 '이태왕' 고종과 '이왕' 순종이 모두 사망한 뒤라 이은(李垠, 영친왕)이 '이왕'을 계승했고, 그 가족이 '왕족'이라고 불렸다. 공족은 이재면, 이강과 그 후손의 가족이다. 따라서 창덕궁, 덕수궁과 이강, 이우의 집 등이 특별지역으로 정해졌다. 대한제국기의 궁내부를 대체해서 왕·공족 관련 사무를 담당한 기구가 이왕직이다.

38 '현재인구'를 조사했기 때문에 조사시점에 조선에 와 있는 외국인도 조사 대상이었다. 다만 군함은 예외적으로 자체 조사를 하도록 한 것이다. 조선총독부는 외교권이 없으니까 본국 외무대신을 통해 처리하게 했다.

39 일본 영해를 몇 개 구역으로 나누어 관할하는 진수부(鎮守府)가 있는 항구가 군항, 그보다 한 등급 아래의 주요 군용 항구가 요항이다. 식민지에는 이런 규정이 그대로 적용되지는 않았다. 러일전쟁 때 일본해군이 불법으로 점령·이용한 진해는 이후 진수부 없는 군항이었다가, 1923년 '요항'이 된다.

20일까지 도지사에게, 도지사 및 형무소장은 그해 10월 30일까지 조선총독에게 제출해야 함[40]

2) 조사시점에 세대가 아닌 곳에 있는 사람들에 대한 특례조치[41]

본 조사는 1930년 10월 1일 오전 0시 현재에 의거했다.

국세조사의 시기가 언제인지는 조사 목적의 달성 여부, 조사의 난이도 등에 지대한 관계를 갖는 것이므로, 우리나라에서 조사시기는 이들 사정을 고려하여 비교적 인구의 이동이 적고 인구의 분포가 안정상태에 있으며, 또 조사에 용이한 초가을인 10월 1일을 가장 적당한 조사시기로 정했다. 또 인구분포의 안정상태가 격변하는 것을 방지하기 위하여 조사기일을 전후해서는 공진회(共進會), 전람회, 그 밖의 각종 대회, 총회 등의 개최는 가급적 피하도록 했다.

이와 같이 본조사는 10월 1일 오전 0시 현재 조선 내에 있는 자 전부에 대해 조사하는 것으로 했지만, 또한 다음과 같이 특례를 두었다.

조사시기 전에 제국의 항만을 출발하여 도중에 기항하지 않고 조사시기 뒤 나흘 안에 비로소 조선의 항만에 들어온 자는 조사시기에 조선 내에 현재한 자로 하여 입항한 지역의 인구에 넣었다.

또 조사는 세대를 단위로 하여 10월 1일 오전 0시 현재 (각각의−인용자) 세대에 현재한 자에 대해 중복·빠짐 없이 조사하는 이른바 순간조사

---

40 각각 유치장(경찰서)과 형무소를 하나의 준세대로 해서 조사했고, 별도의 조사수속을 정했다.

41 朝鮮總督府, 1935,『昭和5年 朝鮮國勢調查報告: 全鮮編 第2卷 記述報文』, 4~6쪽.

이므로, 조사시기 전에 태어난 자와 세대에 들어온 자, 조사시기 뒤에 사망한 자와 세대를 떠난 자는 조사에 넣고, 조사시기 전에 사망한 자와 세대를 떠난 자 또는 조사시기 뒤에 태어난 자와 세대에 들어온 자는 조사에서 제외했다.

그렇지만 전인구가 조사시기에 모두 어딘가의 세대에 속한 것은 아니어서 근무나 그 밖의 용무로 세대가 아닌 장소나 옥외(屋外)에 있는 경우도 있을 수 있으므로, 이런 자들을 모두 망라하려면 어딘가의 세대에 관련되도록 하여 조사할 필요가 있고, 그래서 다음과 같은 편의적 취급을 정했다.

① 10월 1일 오전 0시에 마침 옥외에 있거나 또는 야업(夜業)·야근·숙직 등으로 인해 세대가 아닌 장소에 있어도 10월 1일 중에 자기 세대에 돌아갈 자는 그(자기의–인용자) 세대에 현재한 자로 간주함

예컨대,

- 산보, 물건 구입, 방문 등으로 인해 옥외에 있으면서 조사시기를 경과한 자
- 순찰원, 감시원, 우편집배인, 기차나 자동차의 차장, 운전수, 연일상인(緣日商人),[42] 노점 또는 야시장 상인, 파발꾼, 심부름꾼, 차부(車夫), 마부, 짐꾼, 어부 등으로 야간에 옥외에서 집무·영업 때문에 조사시기를 경과한 자
- 잔업·야근·철야 등으로 인해 세대가 아닌 관공서, 회사, 사무

42 신사나 사찰에 참예하는 사람들을 상대로 노점 따위를 벌이는 상인을 말한다.

소, 공장, 점포, 근무대기소, 초소, 파수대, 극장, 구락부(club) 등 에 있었던 자

② 10월 1일 오전 0시에 기차, 전차, 세대가 아닌 배나 뗏목[43] 또는 육로를 여행 중에 여관이나 그 밖의 세대에 숙박하지 않을 것이 분명히 예정된 자는 마지막으로 (머물렀다—인용자) 출발한 세대에 현재한 자로 하고, 예정이 분명치 않은 자는 10월 1일 오전 8시까지 처음 도착한 세대에 현재한 자로 함

③ 10월 1일 오전 0시에 조선을 경유하여 만주나 일본(內地)으로 직행하는 자에 대해서는 부산에서는 연락선을, 신의주에서는 기차를 하나의 건물로 간주하여 세대에 준하여 조사하고, 연락선에 있는 자는 부산부(府)에, 기차 안에 있는 자는 신의주부에 각각 현재한 자로 함[44]

이와 같은 특례를 두어 조사의 누락, 중복을 방지하더라도 무엇인가의 사정에 의해 조사에서 누락된다거나 하는 경우가 없다고는 보장하기 어려우므로, 덧붙여 다음과 같은 취급을 만들었다.

1930년 10월 1일 오전 0시에 제국판도 안에 현재한 자가 어느 세대

---

43 배에서 먹고자고 하는 '선상(船上)생활자'의 경우에는 배 자체를 하나의 세대로 쳐서 '특별수면(水面)조사'의 대상으로 삼았다. 특별수면조사구에는 조사원을 한 명이 아니라 두 명씩 배치하고, 신고서를 배부한 배, 조사를 끝난 배는 각각 다른 색깔의 깃발을 게양하게 했다. 이 책 281쪽 〈그림 3-10〉이 1935년 마포에서 특별수면조사를 하는 모습이다.

44 기차와 연락선을 하나의 '준세대'로 취급한다는 뜻이다. 모든 세대와 준세대는 주소에 따라 어떤 조사구에 소속됐으므로, 이동 중인 기차와 연락선도 각각 신의주와 부산에 있는 것으로 간주했다.

에서도 신고되지 않았음을 알았을 때는 그달 4일까지 가장 가까이에 있는 부윤·면장이나 국세조사원에게 그런 사정을 신고하게 하고, 이들은 신고를 한 부·면의 인구로 계상(計上)하게 했다. 신고시기를 10월 4일로 한정한 것은 국세조사원이 조사재료를 정리하여 부윤·면장에게 제출해야 할 기일을 10월 5일로 정했기 때문이다.

3) 애매한 경우를 상정한 국세조사원 교육용 질의응답(일부)

(1) 1930년 국세조사 때의 질의응답[45]

문) "따로 가계(家計)를 유지하는 자는 한 세대로 한다"는 것의 범위에 대해서. 가계란 '같이 밥을 해먹는 자'라고 해석한다면 준세대의 기숙인·하숙인도 역시 보통세대의 일원이 되는 것이 아닌가?[46] 또 '경제를 함께 하는 자'라고 해석한다면 한 가족 중에서도 경제를 따로 하는 자는 전부 별개의 세대로 되지 않는가?

답) 가계란 가사경제(家事經濟)를 말하므로 반드시 밥을 같이 먹는 것을 가리키지는 않는다. 여관, 하숙집 등은 기계적으로 준세대로 정한 것이다. 한 가족 중에서도 가사경제를 완전히 따로 하는 자는 별개의 세대이다.

---

45 朝鮮總督府, 1930, 『昭和五年朝鮮國勢調査質疑應答』(서울대학교 중앙도서관 원문).

46 호적의 '호'가 동거 여부와 무관한 호주 중심 직계가족이라면, 국세조사의 '세대'는 주거와 가계를 같이하는 사람들로 정의됐다. 여기서 가계를 '밥을 같이 해 먹는(炊餐)' 것으로 해석한 것은 1886년 일본 호적제도에서 한 건물에 여러 세대가 살고 있을 때 세대수를 '아궁이(竈) 수'라고, 또 학교·병원 구내에 거주하더라도 세대를 이룬 경우를 가리켜서 '아궁이를 이룬다(一竈をなす)'라는 말을 썼기 때문일 것이다.

문) 유곽(貸座敷)과 권번에 있는 창기, 예기는 영업주나 그 밖의 세대주의 세대에 속하는 자로 하고 유객(遊客)은 준세대로 하여 취급할 수 있는가?[47]

답) 그렇다.

문) 유치장의 조사수속 중 조사 기간에 마침 압송 중인 자는 최초에 들어갈 유치장에서 조사할 것으로 하여 두지만, 10월 1일 오전 0시에 압송 도중 여관에 숙박한 경우는 어떻게 처리하여야 하는가? 10월 1일 오전 0시에 압송 도중 여관에 숙박한 경우는 여관에 숙박 중이라도 압송 중에 (여관과 유치장이-인용자) 서로 멀지 않아 압송경관은 여관의 준세대의 일원이 되고 피압송자는 유치장의 조사로 하여 일반조사에서 제외할 자라고 생각되지만, 이렇게 해서는 조사상 너무 복잡해질 것 같다.

답) 압송 중인 자는 여관에 숙박하지 않는 것을 원칙으로 하지만 만일 이런 일이 있었을 때는 조사가 복잡해져도 하는 수 없다.[48]

---

47 식민지기의 성매매 여성인 창기는 유곽에 감금된 존재였고, 예기는 오키야(置屋, 권번)에 살면서 요리집 등에서 손님이 부르면 출장을 나갔다. 그런 창기나 예기는 포주와 거주·가계를 함께 한다고 간주해서 포주의 세대에 속하는 것으로 치고, 조사시점에 유곽이나 오키야에 머물게 된 남자 손님은 포주의 준세대의 일원으로 처리한다는 내용이다. 같은 자료에 실린 문답 중 "유곽에 있는 유흥객은 누주(樓主)의 준세대원으로 조사하여야 하는가, 각각 자기 집에서 조사하여야 하는가?"의 답은 "누주가 준세대원으로 신고하게 할 것"이라고 되어 있다.

48 같이 여관에 숙박했더라도 경찰관은 여관의 준세대로, 압송되던 피의자는 경찰서(유치장)의 준세대로 처리하라는 내용이다. 본래는 다른 질문이 하나 더 있지만 여기서는 생략했다.

문) 10월 1일 오전 0시에는 기차 여행 중일 것이 분명해서 자가(自家)에 있는 자로 신고할 뜻을 알리고 출발한 자가, 도중 0시 이전에 하차하여 (누군가의 집에—인용자) 투숙하는 경우는 어떻게 해야 하는가?[49]

답) 이미 기입한 자택의 신고서를 말소할 수 있다면 그것을 말소하고 현재의 (투숙한—인용자) 세대에서 신고하며, 만약 말소할 수 없다면 자택의 신고를 그대로 두고 현재의 세대에서 신고하지 말아야 한다.

문) 10월 1일 오전 0시의 시각을 기차 또는 육상여행으로 경과하여 다음날 오전 8시를 지나서 비로소 (어느—인용자) 세대에 도착한 자로서 애초에 미리 행선지가 분명하지 않은 자는[50] 자연히 조사 누락이 되는 것 같은데, 이 8시를 엄격하게 해석한다면 그 경우 적당한 처치는 어떠한가?

답) 오전 8시는 조사원이 각 세대에 대하여 신고서 수집을 개시하는 시각을 잡은 것에 지나지 않으므로, 혹시 도착한 세대의 신고서 수집 전일 때는 오전 8시가 지난 뒤라고 하더라도 거기에 기입하고 수집 후일 때는 국세조사원 또는 부윤, 면장에게 알려서 추가 신고의 방법을 취하여 탈루를 막아야 한다.

---

49 이 책 668쪽 ②에 해당한다고 생각해서 미리 신고서를 작성했는데 일정이 변경된 경우다.

50 처음부터 행선지가 분명했다면 이 책 668쪽 ②처럼 처리했을 것이다.

문) 여관, 하숙집이 9월 30일에 손님을 떠나보내도 행선지와 가는 경로를 알 수 없을 경우 (그 여관이나 하숙집을—인용자) 최후의 출발점으로 간주하여 신고해야 하는가?

답) 여객에게 물어서 신고서 난내 기입의 범위 (8)에 해당하는 것이 분명한 자는 기입해야 한다.[51]

문) 보통가옥 이외의 선박, 하천변 또는 길가의 천막 등 번지 없는 장소에 세대를 만든 경우에 조사표와 신고서의 세대 소재지 지번(地番)은 기입하기 어려운데, "무슨무슨 천변, 무슨무슨 도로가"라고 기입하여야 하는가?

답) 그렇다.

(2) 다른 해 국세조사 때의 질의응답[52]

문) 요리점의 하녀로서 다른 집에 셋방을 얻어서 식사는 주인(의 요리—인용자)집에서 하고 매일 밤 오전 1시경에 돌아가 셋방에서는 잠만 자는 사람은, 요리점 주인이 고용인으로 신고할 것인가 아니면 하녀 본인이 단독 보통세대로 신고할 것인가?

---

51 "신고서 난내(欄內) 기입의 범위 (8)"이란 이 책 668쪽 ②와 같은 내용이다. 여관 주인에게 신고할 의무가 있는 것처럼 서술하고 있다. 꼭 국세조사가 아니어도 식민지기 숙박업소의 주인은 투숙한 손님의 인적 사항(이름·본적·주소·직업·나이)과 전 숙박지, 도착연월일을 숙박부에 적어두었다가 24시간 이내에 경찰관서에 신고해야 했다(1911.6.20, 조선총독부령 제75호, 「숙박 및 거주규칙」 제1·2조).

52 맨 마지막 문답은 1935년 것(京城府, 1936, 『朝鮮昭和10年國勢調査』, 192쪽), 나머지는 1925년 것이다[『(朝鮮文)朝鮮』 94(1925년 8월), 46~63쪽]. 1925년 것은 본래 한문과 한글이 섞인 표기인데 현대어로 고쳤다. 매번 비슷한 내용이 질의응답에 실렸지만, 질문에서 빠지거나 같은 질문에 대해서도 조금씩 응답내용이 바뀐 것도 있다.

답) 10월 1일 오전 0시에 주인의 세대에 있는 자는 따로 자기 세대가 있고 없고를 불문하고 당연히 주인의 세대에서 신고해야 한다.[53]

문) 하숙집이라 함은 소위 하숙영업자로 허가를 받은 자만을 가리키는 것으로 해석되나, (국세–인용자)조사상 일일이 허가 유무를 조사할 때는 자연히 (국세–인용자)조사를 기피하는 경향이 생길 우려가 없지 않다. 그러므로, 하숙집이라 함은 허가 유무를 불문하고, 즉 '염집하숙'도 포함하여 취급할 수 있는가?[54]

답) 하숙집의 간판을 건 자는 허가의 유무를 조사할 필요가 없다. 염집하숙은 하숙집이 아니다.

문) 염집하숙의 하숙인은 준세대로 취급할까, 혹은 따로 보통세대로 취급할까?

답) 원칙상 따로 보통세대로 취급하나, 학생과 같이 독립된 생계를 영위치 않는 자는 주인의 보통세대에 넣으면 된다(동거인).

---

53 이런 하녀(下女)나 '조츄(女中)', '나카이(仲居)' 등 여관·요리집의 하녀, 위에서 본 창기, 예기 등이 고용주의 집이나 가게에서 숙식을 함께 하는 것은 식민지기 접객업 종사 여성들의 특이한 고용 형태였다. 당시 국세조사에서 이들은 모두 주인집의 세대원으로 처리됐다.

54 이하 두 개의 문답은 하숙과 염집하숙에 대한 것이다. 허가를 받은 영업적 하숙집은 '준세대'로 분류했다. '염집하숙'은 '素人下宿'의 번역어로, 염상섭의 『삼대』에서 병화가 필순의 집에 하숙하는 경우처럼 여염집에서 방 한두 개에 하숙을 치는 경우를 말한다. 1925년에는 하숙인이 직업이 있으면 따로 보통세대로 하라고 했지만, 1930년의 질의응답에서는 직업이 있든 학생이든 모든 하숙인을 세대주의 '동거인'으로 처리하라고 했다. 직업 있는 자와 학생을 구별한 것은 따로 가계를 꾸리는지의 여부와 관련된 것이다.

문) 남자 갑이 타인(전남편–인용자)과 이별한 여자 경(庚)을 첩으로 삼아 따로 집을 가져서 갑의 처인 을녀가 사는 집에는 거의 오지 않고, 을녀의 집에는 군청 관리 2명과 학생 5명이 하숙하고 있으며(염집하숙), 또 을녀의 어머니 병은 자기 집에서 밥을 먹고 생활하지만 잠은 반드시 을녀의 집에서 자고, 또 (갑과 을의) 장녀(정)는 전남편과 사별 후 재혼했으나 또 이별하고 을녀의 집에 돌아와 살고 있다(이혼신고는 아직 하지 않음). 또 첩의 집에는 4~5명의 학생이 방을 빌려 공동자취를 하고 있다. 이런 경우 세대의 종류 및 신고서 기입은 어떻게 할 것인가?

답) 1. 을녀는 자기, 어머니, 장녀 및 학생을 자기 세대의 일원으로 신고하고, 장녀의 배우관계는 이혼신고가 되지 않았을지라도 최근의 사실인 '이별'로 기입함

2. 군청 관리 2명은 각각 생계를 달리하므로 각각 따로 보통세대로 함. 따라서 각각 신고의무가 있음

3. 갑은 자기 및 첩을 신고함(보통세대)[55]

4. 첩은 배우로 인정치 않으므로 「배우관계」란에는 첩이 되기 이전의 사실, 즉 '이별'이라고 기입하고 첩의 집에 셋방을 얻은 학생 4명은 첩의 집의 동거자로 취급함

---

55 국세조사의 '세대'는 호적상의 '호'나 가족과는 다른 것이다. 그래도 '세대주를 누구로 할 것인지', 특히 '본처와 한 집에 살거나 따로 사는 첩은 어떻게 기재할 것인지' 하는 문제가 생기지 않을 수 없었다. 일부일처제와 맞지 않았던 '첩'의 문제는 1909년 민적실사 때부터 1925년 간이국세조사 때까지 계속 불거졌다(이 책 286쪽, 404쪽을 참조할 것). 여기서는 갑은 첩 집의 세대주(첩은 동거인), 을녀는 본집의 세대주로 각각 신고하라고 쓰고 있다. 위 2의 군청 관리는 1930년이 되면 이렇게 하지 않고 을녀의 동거인으로 기재하게 한다.

문) '세대주'라는 말의 뜻은 무엇인가?

답) 세대주라 함은 남녀를 불문하고 세대를 주재하는 자를 말하므로 대개는 호주일 것이나, 혹시 그렇지 않은 일도 있다.

문) 바둑·장기·마작 등의 구락부 및 당구장에서 어쩌다가 조사시기를 경과한 손님은 준세대로 신고할 것인가 아니면 해당 세대의 세대원으로 신고할 것인가?

답) 바둑·장기·마작 등의 구락부 및 당구장에서 조사시기를 경과한 것에 불과한 자는 각자의 세대에서 신고하면 된다.[56]

---

56 이 문항만은 1935년 것이다. 유곽·요리점이나 오키야는 기본적으로 창기·예기와 손님의 '숙박'이 전제가 되어 있는 데 반해 이런 구락부는 이 책 667~668쪽 ①에 나오는 '세대 아닌 장소'으로 처리했던 것 같다.

3. 식민지기 사회통계의 한 사례: 「통계로 본 세태의 동향」[57]

통계가 일반행정의 지침이 되고 여러 가지 사회시설이 통계에 드러난 세태에 입각해서 계획·시행되어야 한다는 것은 이제 새삼 더 말할 필요도 없다. 따라서 세태의 동향을 지켜보려고 한다면 매일매일의 과장된 저널리즘에 사로잡히는 것은 매우 위험하고, 사회현상을 수량적으로 분류·집적한 통계야말로 가장 진지하게 사회정세를 말하는 것이라고 믿는다.

이런 의미에서 나는 평소 일견 무미건조해 보이는 통계표를 관찰하려고 애쓰고 있는데, 최근 세태의 움직임은 극히 재빠르고, 또 비상시국임에도 불구하고 사람은 그저 향락의 한 길을 좇아갈 뿐이라는 점을 때로는 깊이 느끼고 있다.

최근 세계의 정세 내지 이웃나라 중국의 동란 발발이며 공산주의의 동점(東漸) 등 국제문제는 점점 더 미묘한 움직임을 보여 복잡해지고 있는 한편,[58] 국내사정도 행정기구 개혁이며 방대한 예산에 따른 국가재정

---

57 日野春吉, 1937, 「統計より見たる世相の動き」, 『조선통계시보』 5, 28~31쪽(일부). 필자 히노 슌키치는 당시 경기도 사회주사(社會主事)였다. 통속적인 도덕론에 치우친 글이지만, 그런 점이 오히려 식민지기 '사회' 담론의 한 특징을 잘 보여준다고 생각되어 뽑아 보았다. 당시에 '사회'를 말한 많은 글이 이렇게 한편으로는 향락·소비와 특히 '화류계' 상황 그리고 다른 한편으로는 실업자와 빈민의 상황을 대조하곤 했다. 딱딱하고 학술적인 '사회'라는 외래어보다는 '풍속'이나 이 글 제목에 쓴 '세태(世相)'나 '세상(世上)', '세간(世間)' 쪽이 더 어울리는 내용이다.

58 이 글이 실린 『조선통계시보』 제5호는 1937년 2월에 발행됐으므로, 여기서 '중국의 동란'이란 중일전쟁이 아니라 그 전사(前史)가 되는 여러 사건 중 하나를 말하는

문제며, 좀처럼 원만하게 해결될 것이라고는 생각되지 않는다. 오히려 이제부터가 본격적인 비상시국으로 국민 일치, 허리띠를 졸라매고 나서서 국난의 중압을 돌파할 의기와 신념을 갖지 않으면 안 될 중대한 위기에 직면해 있다고 해도 과언은 아니라고 감히 믿고 있다.

그런데 현재 각 방면에서 세태의 움직임을 보면, '과연 국민에게 그런 각오와 마음가짐이 있는가' 하는 점을 의심하지 않을 수 없다. 물론 작금 경제계의 흐름은 확실히 호황의 혜택을 입고 있고, 이번 세밑 같은 경우 경성 시내는 보너스 경기에 부채질되어 상점가는 엄청난 경기를 보이고 있다. 12월 1일부터 20일까지 미쓰코시·죠지아·미나카이·히라다 4대 백화점의 매상이 세상에, 122만 원이라고 하니, 작년 같은 기간에 비해 매상이 약 20% 조금 못 되게 증가한 셈이다.

또 경성 시내 활동(사진—인용자)상설관 및 그 밖에 극장 21개소의 과거 3개년간 입장 상황을 조사해 보니,

	입장 인원	입장 요금
1933년	1,475,114명	359,452원
1934년	2,298,124	541,519
1935년	3,238,726	753,291

이라는 약진적 숫자를 보였고, 최근 고가네자(黃金座)·메이지자(明治座)·와카쿠사(若草)극장[59] 등 호화롭고 웅장한 건물이 차례차례 건설되

것 같다. 1930년대 전반 만주사변으로 괴뢰국가 만주국을 수립한 관동군 등 일본군부는, 1935년부터 북중국 화베이 지역의 군벌세력을 부추겨 국민정부와 대립하게 했다. 그러나 1936년 말 군벌 장쉐량(張學良)이 국민정부의 장제스(蔣介石)를 감금했다가 석방한 사건은 오히려 국민정부와 공산당의 제2차 국공합작을 낳게 된다.

59 메이지자(명치좌)는 지금의 명동예술극장이다. 지금은 없어졌지만 고가네자(황금좌)는 을지로 4가 국도극장, 와카쿠사(약초)극장은 충무로의 스카라극장이다.

는 것도 무리가 아니라고 생각한다. 올해는 또 놀랄 만한 숫자를 보여 어림잡아 400만 명 정도일 것으로 예상된다. (물론 구역 확장의 증가는 있지만) 특별히 경성의 인구가 증가한 것도 아니고,[60] 오로지 향락적 기분의 발로라고 보지 않을 수 없는 것이다.

이어서 화류계 방면의 상황을 타진하면, 먼저 경성시내 권번(券番) 방면에서 본 예기(藝妓) 제군의 활약은 어떤가 하니,

	예기 수(기생 포함)	수입
1933년	867명	1,424,110원
1934년	1,073	1,797,876
1935년	1,460	2,188,128

로 이 또한 약진적 숫자를 보여, 작금 세말 화류계가 돈궤짝이 모자랄 만한 호경기라지만 그 정도나 되나 싶다.

다음으로 신마치·야요이쵸 유곽의 상황을 보면, 최근 카페에 압도됐다고는 하나 방문객 수는 매년 비상한 격증세를 보이고 있다.

	창기 수	방문객 수	수입
1933년	950명	168,511명	1,297,621원
1934년	960	219,977	1,542,844
1935년	1,096	223,094	1,690,728

이들 자료에 의해 사회층의 동향을 살피면서 우리가 그저 '호경기, 호

60 경성부의 행정구역은 1935년까지 서울 성내(4대문 안)와 용산 일대로 한정됐다가, 1936년 4월 동대문 밖의 성북·돈암에서 청량리와 왕십리·답십리에 이르는 지역, 서대문 밖의 홍제·연희·마포·서강과 영등포 일대까지가 경성부에 편입됐다. 이에 따라 인구도 1935년 약 45만 명에서 60만 명으로 급증했다. 그러나 이때 경성부에 편입된 지역은 그 전부터도 행정구역만 달랐지 사실상 경성부의 생활권이었기 때문에 이렇게 말한 것이라고 생각된다.

경기' 하고 태연하게 있을 수 있을지를 생각해 보지 않게 된다.

이런 세태와 정반대 방면의 상태를 보면, 예컨대 생활난 때문에 아사선상(餓死線上)에서 꿈틀거리고 있는 가련한 우리 동포의 수를, 작년과 올해의 세궁민 조사표에 따라 경기도 내만을 보면 다음과 같다.

(매년 10월 말 현재)

	세민		궁민	
1935년	85,723호	386,210명	17,731호	74,179명
1936년	95,554	435,873	22,806	97,414

세상은 호경기 덕택에 기고만장해 있는 반면, 이들의 가련한 세태를 우리는 깊이 고려하지 않으면 안 될 것이다. 게다가 그 숫자가 점점 증가하고 있다는 점은, 참으로 우려하지 않을 수 없는 한 가지가 아닐까 싶다.

또한 도내 실업자의 상태를 매년 7월 1일 현재로 조사하고 있는데, 작년과 올해의 상태를 숫자상으로 고찰해 보면,

연도별 \ 실업자 종별	급료생활자	일용노동자	기타 실업자	(계)
1935년	4,704명	4,438명	2,856명	(11,998명)
1936년	3,065	4,025	2,236	(-9,326)

로, 실업 상태는 얼마쯤 비율이 저하되고 있다고는 하지만, 올해 조사에 따르면 이렇게 실업자의 수가 경기도만으로도 1만 명 가까운 수에 이르고 있다는 것은, 확실히 현대의 사회악의 하나라고 생각하지 않을 수 없다.[61]

61 표의 (계)는 원자료에는 없는 것이다.

이 차가운 하늘 아래 해(年)를 넘기기도 어려운 가련한 사람들을 위해 따뜻한 구원의 손길을 내밀어야 한다고 경성부에서는 동정주간(同情週間)을 실시하여 시민에게 호소하고 있지만, 지금까지의 상황을 가지고 보면, 경제계는 작년에 비해 엄청난 호황이라고 외치면서도 동정주간의 얼마 안 되는 금액 모금은 1935년 말에 비해 1936년 말이 무척 성적이 나쁜 상태다. 이것은 화려한 세태에만 현혹된 현대의 인간이, 사회 이면의 어려운 사람들에게는 얼마나 생각이 미치지 않는지를 분명히 입증하고 있다고 생각된다.

특히 작년에 일반의 공기는 무척 흥청망청했고 또 모두가 향락기분에 젖어 있었다는 것은 온갖 방면에서 보아 틀림없는 사실이지만, 그런 공기를 고려해 보니 1923년 대지진 이전의, 저 화려했던 흥청거림과 거의 같은 궤적을 따라가고 있는 것은 아닐지 생각된다. 가령 1922년 전후의 일본의 수입초과 방면에서 우리 국민의 과소비를 보면, 1922년 양주 수입은 356만 엔이고, 보석류의 수입은 500만 엔에 가까우며, 브로치, 금시계 종류가 260만 엔, 화장품 수입이 620만 엔에 이르고, 장신구류가 370~380만 엔으로, 일본인은 완전히 무자각, 막무가내의 사회생활로 나아가고 있었던 것이다. 거기에 1923년 간토를 중심으로 한 대지진이 덮쳐왔다는 것은, 보기에 따라서는 확실히 우리 국민을 꾸짖는 하나의 천벌이었다고 여겨진다. 현재의 공기가 다시 그런 길을 밟아가는 것은 아닐까 싶은 점이 허다하게 보이는 것은, 참으로 유감천만이라고 생각된다.

가령 최근에 사치품의 수입을 보면, 양주류의 수입은 1933년에 150만 엔 남짓이었던 것이, 1934년에는 160만 엔이 되고, 1935년에는 실로 243만 엔을 돌파하고 있다. 그 밖에 화장품이나 사진기, 기타 사치품 등의 수입을 보면, 이 또한 1923년의 전철을 밟는 것은 아닐까 의심되는 바가 있다.

(하략)

참고문헌

1. 자료

『독닙신문』, 『뎨국신문』, 『警務彙報』, 『京城日報』, 『京城彙報』, 『大韓每日申報』, 『度支部公報』, 『東亞日報』, 『每日申報』, 『釜山日報』, 『財務週報』, 『財務彙報』, 『調査月報』, 『朝鮮民報』, 『朝鮮社會事業』, 『朝鮮時報』, 『朝鮮日報』, 『朝鮮中央日報』, 『朝鮮總督府官報』, 『朝鮮總督府統計年報』, 『朝鮮統計時報』, 『主要刊行圖書目錄』, 『中外日報』, 『皇城新聞』.

국립중앙박물관, 1997, 『유리원판 목록집 I : 소판 1909~1930년』.

국사편찬위원회 편, 1985, 『한국독립운동사 자료 14: 의병편 Ⅶ』.

_______________, 1986, 『한국독립운동사 자료 15: 의병편 Ⅷ』.

_______________, 1987, 『한국독립운동사 자료 16: 의병편 Ⅸ』.

_______________, 1990, 『各司謄錄 47』.

_______________, 1999a, 『통감부문서 6』.

_______________, 1999b, 『한국사 42: 대한제국』.

_______________, 2000, 『한국사 44: 갑오개혁 이후의 사회·경제적 변동』.

오일환 역, 2021, 『전시 노동력 동원 번역자료집(1)』, 동북아역사재단.

왕현종·방광석·심희찬 편역, 2021, 『관습조사(1): 일제의 관습조사와 토지법제 인식』, 동북아역사재단.

_________________________, 2022, 『관습조사(2): 일제의 관습조사와 토지법제 인식』, 동북아역사재단.

이종민·박경목·이승윤 편역, 2021, 『일제침탈사 자료총서 10: 행형제도 감옥(1)』, 동북아역사재단.

江原道警察部, 1924, 『江原道警察例規集』.

京畿道, 1922, 『統計指針』.

______, 1931, 『京畿道事情大要』.

______, 1934, 『道稅關係例規』.

京城府, 1941, 『朝鮮昭和十五年國勢調査事務概要』.

京城帝國大學 法文學部 朝鮮經濟硏究所, 1931, 『朝鮮統計總攬』.

南朝鮮過渡政府 編, 1948, 『檀紀4276年(西紀1943年)朝鮮統計年鑑』.

(日本)內閣統計局, 1916, 『(大正2年12月31日)日本帝國人口靜態統計』.

______, 1930, 『(昭和5年7月)第4回 生命表』.

內部警務局, 1909, 『韓國衛生一斑』.

______, 1910a, 『顧問警察小誌』.

______, 1910b, 『民籍事務概要』.

______, 1910c, 『韓國警察一斑』.

______, 연도 미상, 『(元警務顧問部調査)韓國戶口表』.

農商工部 觀測所, 1910, 『韓國觀測所學術報文 第一卷』.

大韓帝國 內部警務局, 연도 미상, 『(元警務顧問部調査)韓國戶口表』.

法制時報社編輯局 編, 1913, 『警務叢書 第2編: 書式大要』.

司稅局, 1908, 『財政統計』.

政府財政顧問本部, 1907, 『(明治四十年五月調査)韓國戶口表』, 度支部印刷局.

朝鮮經濟硏究所, 1931, 『朝鮮統計總覽』.

朝鮮總督官房文書課, 1939, 『朝鮮總督府キネマ』.

朝鮮總督官房庶務部印刷所, 1921, 『(大正十年十二月編)朝鮮總督府印刷所要覽』.

朝鮮總督官房調査課, 1944, 『朝鮮總督府調査資料目錄』.

朝鮮總督府, 1910, 『朝鮮總督府文書取扱細則』.

______, 1912, 『慣習調査報告書』(정긍식 편역, 2000, 『(개역판) 관습조사보고서』, 한국법제연구원).

______, 1921, 『關稅調査事業の經過』.

______, 1924, 『朝鮮の習俗』(장두식 · 김영순 역, 2014, 『조선의 습속』, 민속원).

______, 1926, 『簡易國勢調査結果表』.

______, 1929, 『(昭和4年8月)朝鮮河川調査書』(한국건설기술연구원 역, 2010, 『조선 하천 조사서(1929년)』, 국토해양부).

______, 1933, 『朝鮮の聚落(中篇)』.

________, 1937, 『(昭和十三年一月)朝鮮總督府報告例別冊甲號』.

________, 1940a, 『朝鮮總督府處務規程』 朝24-36.

________, 1940b, 『施政三十年史』[조선총독부, 2018, 『(국역) 조선총독부30년사』, 민속원].

________, 1940c, 『朝鮮河川調査年報(昭和14·15年度)』.

________, 1941, 『朝鮮事情(昭和17年版)』.

________, 1943, 『朝鮮事情(昭和19年版)』.

朝鮮總督府觀測所, 1917, 『朝鮮古代觀測記錄調査報告』(김일권 외 역, 2020, 『조선기상관측기록조사보고』, 민속원).

朝鮮總督府法務局, 1920, 『(大正9年1月)妄動事件處分表』.

朝鮮總督府庶務部調査課, 1924, 『朝鮮の市場』.

朝鮮總督府林業試驗場, 1935, 『(昭和10年7月)林業試驗場特報(朝鮮治水治山史考)』.

________________, 1938, 『朝鮮の林藪(水邊保安林)』(생명의숲국민운동 역, 2007, 『(역주) 조선의 임수』, 지오북).

朝鮮總督府中樞院, 1938, 『朝鮮舊慣制度調査事業概要』(왕현종 외 편, 2019, 『일제의 조선구관 제도 조사와 기초자료』, 혜안).

朝鮮總督府地質調査所, 1930, 『朝鮮鑛床調査要報 第9卷: 古文獻に顯はれたる朝鮮鑛産物』.

朝鮮總督府遞信局, 1928, 『朝鮮敎育要覽』.

______________, 1930, 『朝鮮水力調査書: 總論』[한국건설기술연구원 역, 2010, 『조선 수력조사서 총론(1930년)』, 국토해양부].

______________, 1932, 『(昭和六年編纂)朝鮮諸學校一覽』.

______________, 1938, 『朝鮮遞信事業沿革史』.

總理府統計局 編, 1973, 『總理府統計局百年史資料集成 第一卷 總記 上』.

____________, 1983, 『總理府統計局百年史資料集成 第二卷 人口 中』.

____________, 1984, 『總理府統計局百年史資料集成 第三卷 經濟 下』.

統監官房人事課 編, 1909, 『(明治四十二年八月十五日現在)統監府及所轄官署職員錄統監府及所轄官署職員錄』.

統監府臨時間島派出所殘務整理所, 1910, 『統監府臨時間島派出所紀要』(동북아역사재단 편역, 2013, 『譯註 『統監府臨時間島派出所紀要』』).

2. 단행본

가와타 히로시(河田宏), 김용권 역, 2010, 『다카하시 노보루(高橋昇)』, 동아일보사.

가토 슈이치(加藤秀一), 서호철 역, 2013, 『'연애결혼'은 무엇을 가져왔는가(《戀愛結婚》は何をもたらしたか)』, 소화.

강만길, 1987, 『일제시대 빈민생활사 연구』, 창작사.

(경성)아동보건회, 1936, 『자모회공과』, 朝鮮耶穌敎書會.

고토 분지로(小藤文次郎), 손일 역, 2010, 『조선기행록(*Journeys through Korea*)』, 푸른길.

곽건홍, 2001, 『일제의 노동정책과 조선노동자』, 신서원.

구도 다케키(工藤武城), 최재목·김정곤 역, 2016, 『조선 특유의 범죄(朝鮮特有の犯罪)』, 영남대학교출판부.

권태환·김두섭, 2002, 『인구의 이해』, 서울대학교출판문화원.

김경일, 2007, 『이재유, 나의 시대 나의 혁명』, 푸른역사.

김낙년 편, 2012, 『한국의 장기통계: 국민계정 1911~2010』, 서울대학교출판문화원.

김현주, 2013, 『사회의 발견: 식민지기 '사회'에 대한 이론과 상상 그리고 실천(1910~1925)』, 소명출판.

김혜경, 2006, 『식민지하 근대가족의 형성과 젠더』, 창비.

나라키 스에자네(楢木末實), 김용의·김희영 역, 2010, 『조선의 미신과 풍속(朝鮮の迷信と俗傳)』, 민속원.

남근우, 2008, 『'조선민속학'과 식민주의』, 동국대학교출판부.

남영우, 2011, 『일제의 한반도 측량침략사: 조선말~일제강점기』, 법문.

다시로 가즈이(田代和生), 정성일 역, 2005, 『왜관(倭館: 鎖國時代の日本人町)』, 논형.

다카사키 소지(高崎宗司), 이규수 역, 2006, 『식민지 조선의 일본인들(植民地朝鮮の日本人)』, 역사비평사.

다테이와 이와오(立岩巖), 양승영 역, 1996, 『韓半島地質學의 初期硏究史』, 경북대학교출판부.

도면회, 2014, 『한국 근대 형사재판제도사』, 푸른역사.

디킨즈, 찰스(Dickens, Charles), 장남수 역, 2009, 『어려운 시절(*Hard Times*)』, 창비.

라이언, 제임스(Ryan, James R.), 이광수 역, 2015, 『제국을 사진 찍다(*Picturing Empire*)』, 그린비.

리진호, 1999, 『한국지적史』, 바른길.

마쓰다 도시히코(松田利彦), 이종민·이형식·김현 역, 2020, 『일본의 조선 식민지 지배와 경찰(日本の朝鮮植民地支配と警察: 1905~1945)』, 경인문화사.

모리스-스즈키, 테사(Morris-Suzuki, Tessa), 임성모 역, 2006, 『변경에서 바라본 근대(邊境から眺める)』, 산처럼.

문준영, 2010, 『법원과 검찰의 탄생』, 역사비평사.

미무라, 제니스(Mimura, Janis), 박성진 역, 2015, 『제국의 기획(*Planning for Empire*)』, 소명출판.

미야지마 히로시(宮島博史), 2013, 『미야지마 히로시, 나의 한국사 공부: 한국사의 새로운 이해를 찾아서』, 너머북스.

민족문제연구소, 2017, 『일제식민통치기구사전: 통감부·조선총독부 편』.

박경목, 2019, 『서대문형무소』, 일빛.

박경숙, 2017, 『인구학 방법』, 서울대학교출판문화원.

박명규·서호철, 2003, 『식민권력과 통계』, 서울대학교출판부.

박윤재, 2005, 『한국 근대의학의 기원』, 혜안.

반하트, 마이클(Barnhart, Michael A.), 박성진·이완범 역, 2016, 『일본의 총력전: 1919~1941년 경제 안보의 추구(*Japan Prepares for Total War*)』, 한국학중앙연구원출판부.

부르다레, 에밀(Bourdaret, Émile), 정진국 역, 2009, 『대한제국 최후의 숨결(*En Corée*)』, 글항아리.

비숍, 이사벨라 버드(Bishiop, Isabella Bird), 신복룡 역, 2019, 『조선과 그 이웃 나라들(*Korea and Her Neighbors*)』, 집문당.

사카노 토오루(坂野徹), 박호원 역, 2013, 『제국일본과 인류학자(1884~1952)(帝國日本と人類學者: 一八八四~一九五二年)』, 민속원.

서영희, 2003, 『대한제국 정치사 연구』, 서울대학교출판부.

손병규, 2007, 『호적 1606~1923: 호구기록으로 본 조선의 문화사』, 휴머니스트.

宋相燾, 1974, 『騎驢隨筆』, 國史編纂委員會.

스캇, 제임스(Scott, James C.), 전상인 역, 2010, 『국가처럼 보기(*Seeing Like a State*)』, 에코리브르.

스콧, 조앤(Scott, Joan W.), 정지영 외 역, 2023, 『젠더와 역사의 정치(*Gender and the Politics of History*)』, 후마니타스.

아오노 마사아키(青野正明), 배귀득·심희찬 역, 2017, 『제국신도의 형성(帝國神道の形成)』, 소명출판.
아키바 다카시(秋葉隆), 심우성 역, 1993, 『조선민속지(朝鮮民俗誌)』, 동문선.
안예리·이정란·이준현·정한데로, 2020, 『『신식부인치가법』의 번역과 어휘』, 한국학중앙연구원출판부.
안홍선, 2021, 『일제강점기 중등교육 정책』, 동북아역사재단.
앤더슨, 베네딕트(Anderson, Bendict), 서지원 역, 2018, 『상상의 공동체(*The Imagined Communities*)』, 길.
야나부 아키라(柳父 章), 서혜영 역, 2003, 『번역어성립사정(飜譯語成立事情)』, 일빛.
염상섭, 2023, 『삼대』, 지만지한국문학.
오성철, 2000, 『식민지 초등 교육의 형성』, 교육과학사.
오호성, 2013, 『일제시대 미곡시장과 유통구조』, 경인문화사.
왕현종, 2017, 『대한제국의 토지조사와 토지법제』, 혜안.
윤해동, 2006, 『지배와 자치: 식민지기 촌락의 삼국면구조』, 역사비평사.
이기영, 2005, 『고향』, 문학과지성사.
이덕주, 1993, 『태화기독교사회복지관의 역사(1921~1993)』, 태화기독교사회복지관.
이순우, 2004, 『테라우치 총독, 조선의 꽃이 되다』, 하늘재.
이순자, 2021, 『일제강점기 문화재 정책과 고적조사』, 동북아역사재단.
이승일, 2008, 『조선총독부 법제 정책: 일제의 식민 통치와 조선민사령』, 역사비평사.
이영미, 김혜정 역, 2011, 『한국사법제도와 우메 겐지로(韓國司法制度と梅謙次郎)』, 일조각.
이영호, 2001, 『한국근대 지세 제도와 농민운동』, 서울대학교출판부.
이태준, 김윤식 편, 2006, 『까마귀: 이태준 단편선』, 문학과지성사.
이헌창, 1997, 『민적통계표의 해설과 이용방법』, 고려대학교 민족문화연구소.
전경수, 1999, 『한국인류학 백년』, 일지사.
정근식 외, 2011, 『식민권력과 근대지식: 경성제국대학 연구』, 서울대학교출판문화원.
정상우, 2018, 『조선총독부의 역사 편찬 사업과 조선사편수회』, 아연출판부.
정연태, 2014, 『식민권력과 한국 농업: 일제 식민농정의 동역학』, 서울대학교출판문화부.
______, 2021, 『식민지 민족차별의 일상사』, 푸른역사.
정주수, 2018, 『일제강점기 호적·기류 일제조사 연구』, 동문.

정준영, 2022, 『경성제국대학 법문학부와 조선 연구』, 사회평론아카데미.
조민제·최동기·최성호·심미영·지용주·이웅·이추철, 2021, 『한국 식물 이름의 유래: 『조선식물향명집』 주해서』, 심플라이프.
조은주, 2018, 『가족과 통치』, 창비.
주영하 외, 2009, 『제국 일본이 그린 조선민속』(제2판), 한국학중앙연구원.
최규진, 2009, 『조선공산당 재건운동』, 독립기념관 한국독립운동사연구소.
최석영, 2012, 『일제의 조선연구와 식민지적 지식 생산』, 민속원.
최원규, 2022, 『한말 일제 초기 토지조사와 소유권 분쟁』, 동북아역사재단.
최혜주, 2019, 『정탐: 제국일본, 조선을 엿보다』, 한양대학교 출판부.
코언, I. 버나드(Cohen, I. Bernard), 김명남 역, 2005, 『세계를 삼킨 숫자 이야기(*The Triumph of Numbers*)』, 생각의 나무.
포스켓, 제임스(James Poskett), 김아림 역, 2023, 『과학의 반쪽사(*Horizons: The Global Origins of Modern Science*)』, 블랙피쉬.
푸코, 미셸(Foucault, Michel), 오생근 역, 2020, 『감시와 처벌(*Surveiller et punir*)』, 나남.
퓰츠, 존(John Pultz), 박주석 역, 2000, 『사진에 나타난 몸(*The Body in Photography*)』, 예경.
하타다 다카시(旗田巍), 주미애 역, 2020, 『심포지엄 일본과 조선(シポジウム 日本と朝鮮)』, 소명출판.
한국인구학회, 2016, 『인구대사전』, 통계청.
한인섭, 2012, 『식민지 법정에서 독립을 변론하다: 허헌·김병로·이인과 항일 재판투쟁』, 경인문화사.
해킹, 이언(Hacking, Ian), 정혜경 역, 2012, 『우연을 길들이다(*The Taming of Chance*)』, 바다출판사.
허수열, 2005, 『개발 없는 개발: 일제하, 조선경제 개발의 현상과 본질』, 은행나무.
______, 2011, 『일제초기 조선의 농업: 식민지근대화론의 농업개발론을 비판한다』, 한길사.
허영란, 2009, 『일제시기 장시 연구』, 역사비평사.
혼마 규스케(本間九介), 최혜주 역, 2008, 『조선잡기(朝鮮雜記)』, 김영사.
홍양희, 2021, 『조선총독부의 가족 정책』, 동북아역사재단.
加瀨和俊, 2011, 『失業と救濟の近代史』, 吉川弘文館.
岡本竹二郎, 1882, 『繪本朝鮮異聞 三篇』, 延壽堂.

宮嶋博史, 1991,『朝鮮土地調査事業史の研究』, 東京大學東洋文化研究所.

大場茂馬, 1912(增訂 제3판),『個人識別法: 指紋法』, 中央大學.

大政翼賛會文化部 編, 1942,『保健教本 第1』, 翼賛図書刊行會.

渡邊公三, 2003,『司法的同一性の誕生: 市民社会における個体識別と登録』, 言叢社.

島村史郎, 2008,『日本統計発達史』, 日本統計協会.

李炯植, 2013,『朝鮮總督府官僚の統治構想』, 吉川弘文館.

副田義也, 2007,『內務省の社會史』, 東京大學出版會.

北岡伸一, 2000,『後藤新平』, 中公新書.

三浦史郎·福島喜市, 1912,『醫事衛生法令新書』, 金原商店.

西英昭, 2009,『『臺灣私法』の成立過程: テキソトの層位學的分析を中心に』, 九州大學出版會.

善生永助, 1935,『朝鮮の人口問題』, 朝鮮總督府.

細野繁荘, 1915,『農商務統計講義』, 高島幸三郎(發行).

松田芳郎, 1978,『データの理論: 統計調査のデータ構造の歴史的展開』, 岩波書店.

藪內武司, 1995,『日本統計發達史研究』, 法律文化社.

水島治夫, 1938,『朝鮮住民の生命表』, 近澤書店.

阿部善蔵, 1911,『現行衛生法令彙纂』, 下野新聞社.

櫻井義之, 1941,『明治年間朝鮮研究文獻誌』, 京城書物同好會.

伊福部敬子, 1943,『母と子の記錄』, 金鈴社.

仁科正次, 1933,『統一日本指紋法』, 警眼社.

印貞植, 1943,『朝鮮農村再編成の研究』, 人文社.

日本統計研究所 編, 1960,『日本統計發達史』, 東京大學出版会.

田中友佳子, 2018,『植民地朝鮮の兒童保護史: 植民地政策の展開と子育ての變容』, 勁草書房.

佐藤健二, 2011,『社會調査史のリテラシー』, 新曜社.

佐藤正廣, 2002,『國勢調査と日本近代』, 岩波書店.

________, 2012,『帝國日本と統計調査: 統治初期臺灣の専門家集団』, 岩波書店.

________, 2015,『國勢調査 日本社会の百年』, 岩波書店.

________, 2020,『近代日本統計史』, 晄洋書房.

戸田貞三, 1933,『社會調査』, 時潮社.

Cole, Simon, 2002, *Suspect Identities*, Harvard University Press.

Kim, Hoi-eun, 2014, *Doctors of Empire*, University of Toronto Press.

Kwon, Tai Hwan, et al., 1975, *A Population of Korea, PDSC*, Seoul National University.

Patriarca, Silvana, 1996, *Numbers and Nationhood: Writing Statistics in Nineteenth-Century Italy*, Cambridge University Press.

3. 논문

강태웅, 2022,「지문을 통한 인종식별: 제국일본의 유전학적 지문연구에 대하여」,『아시아문화연구』 60.

고나은, 2022,「일제시기 낙동강 하천개발공사로 인한 개발재난과 구제동원」,『지역과 역사』 51.

고태우, 2012,「1930년대 조선총독부의 궁민구제토목사업과 지역개발」,『역사와 현실』 86.

구병준, 2020,「조선총독부의 인구관리와 영아사망률 통계 문제」,『역사문제연구』 44.

______, 2023,「전시체제기 조선인 생명표 작성과 소아보험 제도 실시」,『역사문제연구』, 27(1).

구양근, 1984,「근대 일본의 조선내지행상 문제」,『사학연구』 38.

구인모, 2018,「다카하시 도루(高橋亨)와 조선민요의 발견」,『동방학지』 183.

구주용, 2022,「전시체제기 조선총독부의 미곡유통통제기구 도입과 운용」,『한국근현대사연구』 100.

기무라 겐지(木村健二), 2001,「명치기(明治期) 일본의 조사보고서에서 보이는 조선인식」, 김용덕·미야지마 히로시 편,『근대 교류사와 상호인식 I』, 고려대학교 아세아문제연구소.

길민정, 2011,「한말·일제초 인천지역 초등교육의 도입과 전개: 인천사립영화학교와 인천공립보통학교를 중심으로」, 인하대학교 석사학위논문.

김건태, 2002,「조선 후기 호적대장의 인구기재 양상: 단성호적을 중심으로」,『역사와 현실』 45.

김경옥, 2013,「총력전체제기 일본의 인구정책: 여성의 역할과 차세대상을 중심으로」,『일본역사연구』 37.

김광식, 2013,「일본 문부성과 조선총독부 학무국의 구비문학 조사와 그 활용: 1910년대,

1920년대 편집과 관계자의 경력을 중심으로」, 『연민학지』 20.

______, 2015, 「조선총독부 학무국 '전설 동화 조사' 보고서를 활용한 『조선동화집』의 개작 양상 고찰」, 『고전문학연구』 48.

김낙년 · 박기주, 2010, 「해방 전(1906-1943) 조선의 임금 재론: 『조선총독부통계연보』의 임금을 중심으로」, 『경제사학』 49.

____________, 2011, 「식민지기 조선의 임금수준과 임금격차: 공장임금을 중심으로」, 『대동문화연구』 74.

김동석, 2014, 「과거 관련 장전장후 고문서 연구」, 『대동한문학』 40.

김명숙, 2017, 「일제강점기 학적부 양식의 변화로 본 식민지 교육의 실상: 동덕여고 학적부(1914~1945)를 중심으로」, 『한국사상과 문화』 87.

김미화, 2016, 「한국 달력체계의 근대적 전환」, 한국학중앙연구원 한국학대학원 박사학위 논문.

김성용 · 이재욱 · 박정규, 2015, 「일제강점기 일본인 지질학자 다테이와 이와오의 한반도 지질연구 성과고찰」, 『자원환경지질』 48(5).

김수자, 2009, 「대한민국 정부수립 전후 국적법 제정 논의 과정에 나타난 '국민' 경계 설정」, 『한국근현대사연구』 49.

김순배, 2013, 「필사본 『조선지지자료』 충청북도편 지명 자료의 시론적 분석」, 『한국지역지리학회지』 19(1).

김순석, 2014, 「일제강점기 「향교재산관리규칙」 연구」, 『태동고전연구』 33.

김연지, 2016, 「『통상휘찬-주한일본영사관보고』 한국편의 체제 검토와 사료적 가치」, 『지방사와 지방문화』 19(1).

김옥주, 2008, 「경성제대 의학부의 체질인류학 연구」, 『의사학』 17(2).

김윤희, 2016, 「1920년대 초 '민족경제'와 통계지식: 담론적 실천과 효과를 중심으로」, 『역사와 담론』 80.

김인수, 2013, 「범주와 정치 : 식민지 소작관행조사의 사회적 결과」, 『일본역사연구』 38.

______, 2016a, 「제국-식민지 농가 경제 조사의 지적 계보와 그 정치적 의미」, 『한국과학사학회지』 38(1).

______, 2016b, 「총력전기 식민지 조선의 인류(人流)와 물류(物流)의 표상정치」, 『서강인문논총』 47.

김일권, 2018, 「『승정원일기』 영정조대 30년간(1770~1779) 측우기록과 우량주척 고찰」, 『조선시대사학보』 84(『조선고대관측기록조사보고』 번역본에 부록으로 재수록).
김정민, 2009, 「조선 총독부 내무국 사회과의 교화 영화 정책 출현 배경에 관한 고찰」, 『한국문학연구』 37.
김지순, 2013, 「학적부에 나타난 1910년대 통영공립보통학교의 학생생활」, 『청람사학』 21.
김태웅, 1994, 「1910년대 전반 조선총독부의 취조국·참사관실과 '구관제도조사사업'」, 『규장각』 16.
______, 2010, 「일제강점기 小田內通敏의 조선 통치 인식과 '조선부락조사'」, 『한국사연구』 151.
______, 2018, 「차상찬의 지방사정조사와 조선문화인식: '조선문화의 기본조사'를 중심으로」, 『역사교육』 148.
김필동, 1998, 「서론」, 김일철 외, 『종족마을의 전통과 변화』, 백산서당.
김혜수, 1994, 「1930년대 조선에서의 '(극비)잠정 총동원기간 계획' 실시」, 『연구논총』 26.
김혜정, 2015, 「일제의 재정고문부 조직과 운영(1905~1907)」, 『한국민족운동사연구』 83.
김휘·장계선·장진성·최병희, 2006, 「외국인의 한반도 식물 채집행적과 지명 재고(Ⅱ): Takenoshin Nakai(中井猛之進)」, 『식물분류학회지』 36(3).
남영우, 2007, 「구한말과 일제강점기의 한반도 지도제작」, 『한국지도학회지』 7(1).
노무라 신이치(野村伸一), 2014, 「무라야마 지쥰론」, 최순애·요시무라 미카 역, 『조선인의 생로병사 1920~1930년대: 무라야마 지쥰 사진집』, 신아출판사.
노영돈, 2002, 「우리 국적법상 '최초의 대한민국 국민의 범위'규정의 결여문제와 「국적에 관한 임시조례」의 효력」, 『인천법학논총』 5.
노영종, 2016, 「일제강점기 노무자원조사와 충남지역 강제연행」, 『한국근현대사연구』 78.
도진순, 1997, 「1895~96년 김구의 聯中 의병 활동과 치하포사건」, 『한국사론』 38.
마쓰모토 다케노리(松本武祝), 2008, 「전시하 조선의 농민층 분화형태에 관한 분석: 노동동원의 영향에 주목하여」, 『경제사학』 45.
문명기, 2009, 「대만·조선총독부의 초기 재정 비교연구: '식민제국' 일본의 식민지 통치 역량과 관련하여」, 『중국근현대사연구』 44.
______, 2013, 「대만·조선의 '식민지근대'의 격차: 경찰 부문의 비교를 통하여」, 『중국근현대사연구』 59.

______, 2014, 「식민지시대 대만에 있어서의 통계시스템의 정착과 그 역사적 조건」, 『역사문화연구』 50.

미야가와 타쿠야, 2010, 「식민지의 '위대한' 역사와 제국의 위상」, 『한국과학사학회지』 32(2).

미즈노 나오키(水野直樹), 2002, 「조선에 있어서 치안유지법 체제의 식민지적 성격」, 이영록 역, 『법사학연구』 26.

박경숙, 2009, 「식민지 시기(1910년~1945년) 조선의 인구 동태와 구조」, 『한국인구학』 32(2).

박기주, 2006, 「식민지 조선의 공장생산액과 노동생산성 증가」, 『경제사학』 40.

박명규, 2001, 「한말 '사회' 개념의 수용과 그 의미 체계」, 『사회와 역사』 59.

박미경, 2006, 「다카하시 도루(高橋亨)의 조선속담연구 고찰」, 『일본문화학보』 28.

박미선, 2019, 「조선시대 '가족(家族)'의 등장과 성리학」, 『민족문화연구』 82.

박병철, 2019, 「일제강점기 이후의 지명 관련 자료집 편찬과 지명」, 『지명학』 30.

박상우, 2016, 「인종의 발명: 토마스 헉슬리의 인류학 사진」, 『영상문화』 29.

박선영, 2022, 「식민지 조선의 영유아 신체 발육 심사와 차별적 요소 탐색」, 『남도문화연구』 47.

박성진, 2013, 「1920년대 일본의 총력전 구상과 '경제참모본부'」, 『군사』 89.

______, 2016, 「경제참모본부의 식민지적 유산과 제1공화국 기획처의 탄생」, 『동아연구』 71.

박섭, 1999, 「1912~1940년의 한국농업생산통계」, 『경제학연구』 47(4).

____, 2012, 「농업」, 김낙년 편, 『한국의 장기통계: 국민계정 1911~2010』, 서울대학교출판문화원.

____, 2015, 「식민지기 한국 농업통계 수정 재론」, 『경제사학』 59.

박세훈, 2002, 「구제와 교화: 일제 시기 경성부의 방면 위원 제도 연구」, 『사회와 역사』 61.

박순영, 2006, 「일제 식민주의와 조선인의 몸에 대한 "인류학적" 시선」, 『비교문화연구』 12(2).

박양신, 2005, 「明治시대(1868~1912) 일본 삽화에 나타난 조선인 이미지」, 『정신문화연구』 28(4).

______, 2016, 「가와이 히로타미(河合弘民)의 식민지 조선에서의 행적과 조선 연구」, 『역사교육』 139.

박영미, 2010, 「일제 강점기 松田甲의 한문학 연구에 대하여」, 『한문학보』 22.

박윤재, 2020, 「방역에서 강제와 협조의 조화?: 식민지 시기를 중심으로」, 『역사비평』 131.

박이택, 2008, 「식민지기 조선인 인구추계의 재검토: 1910~1940」, 『대동문화연구』 63.
박정애, 2009, 「일제의 공창제 시행과 사창 관리 연구」, 숙명여대 박사학위논문.
박지영, 2020, 「민족의 생명력: 미즈시마 하루오의 인구통계학 연구와 우생학」, 『한국과학사학회지』 42(1).
_____, 2022, 「'민족적 체질' 만들기: 식민지 시기 조선인 아동 발육 표준 연구」, 『사회와 역사』 136.
박한민, 2014, 「개항장 '間行里程' 운영에 나타난 조일 양국의 인식과 대응」, 『한국사연구』 165.
박현수, 2000, 「道也味 마을과 경주: 일제의 촌락 조사에 나타난 '내지연장주의'와 '文裝的武備'」, 내산한상복교수정년기념논총간행위원회, 『한국 문화인류학의 이론과 실천』, 소화.
방광석, 2016, 「근대 일본의 '통계' 수용과 통계기관의 추이」, 『역사와 담론』 80.
배성준, 2009, 「통감부 시기 관습조사와 토지권 관습의 창출」, 『사림』 33.
백선례, 2023, 「1940년대 초 조선총독부 후생국의 신설과 폐지」, 『역사문제연구』 27(1).
서민우, 2016, 「민족의 경계, 과학의 경계」, 『마르크스주의 연구』 13(4).
서연호, 2009, 「식민지시대 오청의 민속조사 및 민속선양 활동」, 『어문논집』 60.
서현주, 2014, 「일제하 경성부 행정조직과 운영의 식민지성」, 『향토서울』 86.
서호철, 2007, 「1890-1930년대 주민등록제도와 근대적 통치성의 형성」, 서울대학교 박사학위논문.
_____, 2008, 「국민/민족 상상과 시민권의 차질, 차질로서의 자기정체성」, 『한국문화』 41.
_____, 2014, 「조선총독부 내무부서와 식민지의 내무행정」, 『사회와 역사』 102.
_____, 2017, 「『각정동직업별호구조서』에 대하여」, 서울역사박물관 편, 『各町洞職業別戶口調書』.
_____, 2022, 「융희연간의 통계체계 구축과 농업통계」, 『사회와 역사』 134.
소영현, 2016, 「야만적 정열, 범죄의 과학」, 『한국학연구』 41.
손병규, 2008, 「명치호적과 광무호적 비교연구」, 『태동고전연구』 24.
손준종, 2006, 「'내신제' 도입의 사회적 성격에 관한 연구: 1930년대를 중심으로」, 『교육사회학연구』 16(3).
_____, 2010, 「근대교육에서 국가의 몸 관리와 통제 양식 연구」, 『한국교육학연구』 16(1).

손종현, 2007, 「일제시대 학교시험제도의 정치학」, 『교육철학』 31.

송규진, 2008, 「일제하 '일본관세법'의 조선적용과 변용」, 『한국사학보』 32.

______, 2015, 「조선총독부의 통계행정기구 변화와 통계자료 생산」, 『사림』 54.

______, 2016, 「조선총독부의 사회경제조사 내용분석: 『조선총독부통계연보』를 중심으로」, 『역사와 담론』 80.

송양섭, 2020, 「다산 정약용의 호구운영론: 『목민심서』를 중심으로」, 『대동문화연구』 110.

스피박, 가야트리(Spivak, Gayatri), 2013, 「서발턴은 말할 수 있는가?」, 로절린드 모리스 편, 태혜숙 역, 『서발턴은 말할 수 있는가(Can the Subaltern Speak)?』, 그린비출판사.

시마무라 테루(島村輝), 2012, 「군중·민중·대중」, 고모리 요이치 외, 『내셔널리즘의 편성(編成されるナショナリズム 1920~30年代)』, 소명출판.

신규환, 2020, 「식민지 체질인류학적 해부학 지식의 지적 계보」, 『연세의사학』 23(2).

신영언, 2012, 「Charles Dallet 著 『한국천주교회사』의 일본에서의 수용: 榎本武揚의 『朝鮮事情』(1876) 번역의도」, 『일본언어문화』 21.

신주백, 2005, 「일제 말기 체육 정책과 조선인에게 강제된 건강: 체육 교육의 군사화 경향과 실종을 중심으로」, 『사회와 역사』 68.

심기재, 2002, 「明治 일본의 조선 지식: 佐田白茅의 『朝鮮聞見錄』에 대하여」, 『일본역사연구』 15.

심희기, 2003, 「일제강점 초기 '식민지 관습법'의 형성」, 『법사학연구』 28.

______, 2012, 「동아시아 전통사회의 관습법 개념에 대한 비판적 검토」, 『법사학연구』 46.

안자코 유카, 2006, 「조선총독부의 '총동원체제'(1937~1945) 형성 정책」, 고려대학교 박사학위논문.

야마시타 영애(山下英愛), 1997, 「식민지 지배와 공창 제도의 전개」, 『사회와 역사』 51.

예지숙, 2021, 「일제시기 사회사업 외곽단체의 설립과 활동」, 『인문학연구』 61.

______, 2023, 「일제시기 사회사업 연구의 동향과 과제」, 『영남학』 86.

왕타이성(王泰升), 2012, 「일제통치 전기 대만에서의 민사법제의 변혁: 법원제도 및 관습법을 중심으로」, 『법사학연구』 46.

원병호·이성록·이영주, 2017, 「한반도 근대 지질·자원 조사 전담 기구의 출현 및 발달사」, 『지질학회지』 53(6).

윤서인, 2023, 「1920년대 조선총독부 연초전매권 확립에 따른 범역(犯域) 확대와 '위법'

행위의 의미」, 『역사와 현실』 127.
윤해동, 2015, 「일본육군 참모본부의 '군사조사' 활동과 식민주의 역사학」, 『대구사학』 119.
이경민, 2021, 「유리건판으로 읽는 또 다른 사진사: 도리이 류조의 신체측정 사진을 중심으로」, 『미술사연구』 40.
이경숙, 2005, 「1920·30년대 "시험지옥"의 사회적 담론과 실체」, 『한국교육』 32(3).
이대화, 2021, 「조선총독부의 조선 취락에 관한 연구」, 『문화와 융합』 43(3).
이명학, 2016, 「일제시기 조선재정통계서의 발행체계와 구성 변화」, 『한국사연구』 173.
______, 2017, 「일제시기 재정통계의 활용과 해석의 지형」, 『민족문화연구』 75.
이명종, 2007, 「일제말기 조선인 징병을 위한 기류(寄留)제도의 시행 및 호적조사」, 『사회와 역사』 74.
______, 2021, 「식민지 대만과 조선의 「호구조사규정」 제도 비교연구」, 『한국근현대사연구』 96.
이민석, 2014, 「1886년 박문국의 『만국정표』 출간과 세계지리 정보의 유통」, 『한국사연구』 166.
이방원, 2006, 「일제하 미신에 대한 통제와 일상생활의 변화」, 『동양고전연구』 24.
이성호·안승택, 2016, 「1970~80년대 농촌사회의 금전거래와 신용체계의 변화: 『창평일기』를 중심으로」, 『비교문화연구』 22(1).
이송순, 2002, 「일제하 1930.40년대 농가경제의 추이와 농민생활」, 『역사문제연구』 8.
______, 2011, 「1910년대 식민지 조선의 농가경제 분석」, 『사학연구』 104.
______, 2015, 「1920~30년대 전반기 식민지 조선의 농가경제 분석」, 『사학연구』 119.
이승일, 2001, 「조선총독부의 '조선도서 및 고문서'의 수집·분류 활동」, 『기록학연구』 4.
______, 2009, 「일제의 관습조사와 전국적 관습의 확립과정 연구」, 『대동문화연구』 67.
______, 2009, 「일제의 동아시아 구관조사와 식민지 법 제정 구상: 대만과 조선의 구관입법을 중심으로」, 『한국사연구』 151.
______, 2013, 「오다 미키지로(小田幹治郎)의 한국 관습조사와 관습법 정책」, 『한국민족문화』 46.
이애숙, 2016, 「일제 감시대상 인물카드 소개」, 『역사를 보는 창, 사료』, 국사편찬위원회.
이영학, 2017, 「대한제국의 농업정책」, 『중앙사론』 46.
이영호, 2000, 「일제의 식민지 토지정책과 미간지 문제」, 『역사와 현실』 37.

이유진, 2022, 「19세기 말~20세기 초 신호적의 자료적 성격에 대한 고찰」, 『규장각』 61.
이윤상, 1996, 「1894~1910년 재정제도와 운영의 변화」, 서울대학교 박사학위논문.
이정, 2012, 「식민지 조선의 식물 연구(1910-1945)」, 서울대학교 박사학위논문.
이정선, 2023, 「총력전체제 하 일본의 인구정책과 식민지 조선인」, 『역사문제연구』 50.
이종민, 2015, 「가벼운 범죄,무거운 처벌: 1910년대의 즉결처분 대상을 중심으로」, 『사회와 역사』 107.
이종범, 1997, 「한말·일제초기 '면리자치'의 성장과 변질」, 『한국근현대의 민족문제와 신국가건설』, 지식산업사.
이지원, 2020, 「3·1운동 이후 일제의 식민지 사회교화정책과 조선 민족성」, 『학림』 45.
이헌창, 1990, 「구한말·일제초 농가경영의 구조와 상품화폐경제」, 김홍식 외, 『대한제국기의 토지제도』, 민음사.
이형식, 2012, 「1910년대 식민지제국일본의 전염병 방역대책: 조선전염병예방령을 중심으로」, 『일본학보』 92.
이희재, 2021, 「일제시기 학교신체검사 제도의 시행과 특징」, 『한국근현대사연구』 99.
임경택, 2009, 「젠쇼 에이스케의 『조선의 취락』 연구: 조선의 사회경제와 '취락'」, 주영하 외, 『제국 일본이 그린 조선민속』(제2판), 한국학중앙연구원.
임용기, 1996, 「《조선지지자료》와 부평의 지명」, 『기전문화연구』 24.
임종태, 2015, 「조선 후기 우량 측정의 정치」, 『역사학보』 225.
임학성, 2022, 「일제강점기 젠쇼 에이스케의 '조선인구' 연구」, 인하대학교 한국학연구소 편, 『일제 강점기 일본 한국학의 형성과 양상』, 민속원.
장경준, 2015, 「花村美樹의 대명률직해 교정에 대하여」, 『규장각』 46.
장문석, 2017, 「사회주의와 통계: 연구노트」, 『구보학보』 16.
장신, 2003, 「일제하의 요시찰과 『왜정시대인물사료(倭政時代人物史料)』」, 『역사문제연구』 11.
____, 2007, 「삼일운동과 조선총독부의 司法 대응」, 『역사문제연구』 18.
____, 2023, 「해제」, 『조선인요시찰인약명부』, 민족문제연구소.
전경수, 2016, 「특무기관과 인류학자가 함께 만든 만몽민족학: 오루첸을 중심으로」, 『민속학연구』 39.
전성우, 1995, 「막스 베버의 지배사회학 연구」, 『막스 베버 사회학의 쟁점들』, 민음사.

전영욱, 2022, 「식민지 조선의 제령 연구를 위한 예비적 고찰: 개념, 공포, 추이」, 『법사학 연구』 66.
정구복, 2008, 「『문헌비고』의 자료적 성격과 사학사적 의미」, 『진단학보』 106.
정근식, 2003, 「식민지적 검열의 역사적 기원: 1904~1910년」, 『사회와역사』 64.
______, 2008, 「일본 식민주의의 정보통제와 시각적 선전」, 『사회와역사』 82.
______, 2011, 「식민지 위생경찰의 형성과 변화 그리고 유산」, 『사회와 역사』 90.
정병욱, 2014, 「경성지방법원 검사국 기록과 '사상부(思想部)'의 설치」, 『기록학 연구』 40.
정상우, 2008, 「1910~1915년 조선총독부 촉탁(囑託)의 학술조사사업」, 『역사와 현실』 68.
정인섭, 1988, 「법적 기준에서 본 한국인의 범위」, 『사회과학의 제문제』, 법문사.
정종휴, 2007, 「일본민법전의 편찬」, 『법사학연구』 36.
정준영, 2010, 「식민지 의학교육과 헤게모니 경쟁」, 『사회와 역사』 85.
______, 2012, 「피의 인종주의와 식민지의학」, 『의사학』 21(3).
______, 2015, 「군기(軍旗)와 과학: 만주사변 이후 경성제국대학의 방향전환」, 『만주 연구』 20.
정태헌, 2003, 「도세입-도세의 구성 추이를 통해 본 식민지 도재정의 성격」, 『한국사 학보』 15.
정하미, 2022, 「지볼트의 식물원 조성」, 『일본근대학연구』 76.
조경희, 2016, 「1920년대 식민지조선 사회사업의 성격과 그 한계: '방빈(防貧)'의 좌절에서 노동사업으로」, 『역사와 담론』 80.
조명근, 2015, 「일제의 통계 조사와 조선인의 비판적 해석」, 『사림』 54.
조범성, 2015, 「일제강점기 조선사학회의 활동과 근대사 인식」, 『한국민족운동사연구』 84.
조성운, 2007, 「1920년대 초반 조선정보위원회의 선전활동」, 『한국민족운동사연구』 51.
조세현, 2011, 「『만국공법』에 나타난 해양관련 국제법」, 『역사와 경계』 80.
조정우, 2018, 「지역조사와 식민지의 경계지대: 1919년 전후 동척과 조선은행의 간도 조사」, 『만주연구』 26.
조형근, 2015, 「통계 지식과 경제적 상상: 1910년 전후의 시장조사서를 중심으로」, 『사회와 역사』 107.
조형열, 2019, 「1920년대 개벽사의 조선지식 수집과 조선연구 토대 구축: '조선문화 기본 조사'의 추진과정과 내용 분석을 중심으로」, 『역사연구』 36.

주영하, 2009, 「무라야마 지쥰의 『석전·기우·안택』 연구: 조선의 제사와 사회교화론」, 주영하 외, 『제국 일본이 그린 조선민속』(제2판), 한국학중앙연구원.

최규진, 2023, 「전시체제기 국민체력관리와 건민운동」, 『역사연구』 47.

최길성, 2011, 「무라야마 지쥰(村山智順)과 아키바 다카시(秋葉隆)의 무속 연구」, 『한국무속학』 23.

최병택, 2012, 「조선총독부의 화전 정리 사업」, 『한국문화』 58.

_____, 2018, 「일제강점기 하천개수사업의 전개와 그 문제점」, 『인문논총』 75(2).

최석영, 2010, 「일제 하 곤와지로(今和次郎)의 조선 민가 조사방법과 인식: 『朝鮮部落調査特別報告 第1冊·民家)』의 분석을 중심으로」, 『사림』 35.

최우석, 2016, 「도리이 류조(鳥居龍藏)의 식민지 조선 조사와 일선동조론」, 『동북아역사논총』 53.

_____, 2018, 「3·1운동, 그 기억의 탄생: 『한일관계사료집』, 『한국독립운동지혈사』, 『한국독립운동사략 상편』을 중심으로」, 『서울과 역사』 99.

_____, 2021, 「3·1운동 참가자 수치에 대한 시론적 검토」, 『한국독립운동사연구』 73.

최원규, 1997, 「한말 일제초기 일제의 토지권 인식과 그 정비방향」, 『한국근현대의 민족문제와 신국가건설』, 지식산업사.

최현우, 2013, 「일제강점기 조선총독부의 재외연구원제도 운영과 추이」, 『역사교육』 128.

최혜주, 2011, 「일제강점기 재조일본인의 지방사 편찬활동과 조선인식」, 『사학연구』 103.

고구치 히코타(小口彦太), 2003, 「일본 통치하의 '만주국'의 법」, 임상혁 역, 『법사학연구』 27.

탁종연, 2011, 「경찰의 정책결정이 절도범죄통계에 미치는 영향」, 『형사정책연구』 22(4).

한민주, 2014, 「불온한 등록자들: 근대 통계학, 사회위생학 그리고 문학의 정치성」, 『한국문학연구』 46.

한정원, 2020, 「일제감시대상 인물카드의 관리와 활용」, 서울대학교 석사학위논문.

한철호, 2005, 「개화기(1880~1906) 역대 주한 일본공사의 경력과 한국 인식」, 『한국사상사학』 25.

_____, 2021, 「조일수호조규 체결 후 일본 군함 호쇼(鳳翔)의 조선 해안 최초 측량과 그 의의」, 『한국사학보』 83.

한형성, 2015, 「1920~30년대 가정회계와 가계부 담론」, 『경영사학』 75.

허수열, 1993, 「일제하 조선의 실업률과 실업자수 추계」, 『경제사학』 17.

허영란, 2007,「식민지 구관조사의 목적과 실태」,『史學研究』86.
홍양희, 2006,「식민지시기 상속 관습법과 '관습'의 창출」,『법사학연구』34.
_____, 2011,「식민지 조선의 "본부살해(本夫殺害)" 사건과 재현의 정치학」,『사학연구』102.
_____, 2017,「'동성동본'='동족'이라는 상상: 젠쇼 에이스케(善生永助)의 '동족부락'의 발명과 식민지 정치학」,『한일관계사연구』58.
加藤道也, 2009,「朝鮮総督府官僚のアイルランド認識」,『大阪産業大學經濟論集』11(1).
加藤則子·横山徹爾, 2020,「成長曲線について」,『小兒保健研究』9(3).
加藤則子·瀧本秀美·吉田穂波·横山徹爾, 2014,「乳幼児身体発育調査·學校保健統計調査」,『保健醫療科學』63(1).
高橋益代, 2006,「日治期臺灣の統計調査制度史(稿): 臺灣総督府の統計調査事業, 特に「報告例」について」, 一橋大學 discussion paper.
谷謙二, 2022,「1930年代から1940年代にかけて作成された工場名簿の特徴」,『埼玉大學紀要. 教育學部』71(1).
関口浩, 2012,「『蕃族調査報告書』の成立」,『成蹊大學一般研究報告』46.
鮫島龍行, 1971,「明治維新と統計學: 統計という概念の形成過程」, 相原茂·鮫島龍行 編,『統計日本經濟』(別冊), 筑摩書房.
宮内環, 2011,「『万國政表』後の日本における統計學の展開」,『近代日本研究』28.
大庭裕介, 2015,「期議會期の法典取調と司法省権限の形成」,『國士舘史學』19.
渡邊佳子, 1996,「明治期中央行政機關における文書管理制度の成立」, 安藤正人·青山英幸,『記錄史料の管理と文書館』, 北海道大學圖書刊行會.
鈴木慎太郎, 2013,「後藤新平と岡松参太郎による臺灣旧慣調査をめぐる評価: 福島正夫論文の検討を中心として」,『名古屋大學法政論集』250.
林佩欣, 2012,「日治時期臺灣資源調査令之頒佈與實施」, 國立臺灣師範大學臺史所,『師大臺灣史學報』5.
逢見憲一, 2020,「水島治夫らの植民地生命表研究にみる第二次世界大戰前·戰中の医學研究再考」,『日本健康學会誌』86(5).
山口幸三, 2018,「戰前と戰後の失業に関する統計調査: 標本の抽出と失業の把握に焦点を当てて」,『經濟研究』69(2).
山室信一, 1991,「「満州國」の法と政治: 序説」,『人文學報』68.

森博美, 2020,「農業生産統計における表式調査の展開: 府縣物産表から昭和15年農林統計改正まで」, 佐藤正廣 編著,『近代日本統計史』, 晃洋書房.

______, 2021,「明治27年農商務統計報告規程と個票調査: 個票情報論からみた工場票と會社票導入の史的檢討」,『經濟志林』88(4).

森靖夫, 2019,「近代日本における「國家總動員」準備の形成(1918~1927)」,『同志社法學』71(4).

上藤一郎, 2018,「第1回國勢調査と日本の統計學: 亀田豊治朗による抽出結果の學說史的意義」,『經濟研究』69(2).

上地一郎, 2003,「沖縄明治期の旧慣存置政策に関する一考察 : 村落慣習法を事例に」,『早稲田法學會誌』53.

西田真之, 2021,「南洋群島の司法制度沿革史・序說(二・完): 南洋廳法院をめぐる人々を中心に」,『明治學院大學法學研究』111.

石田眞, 2003,「戰前の慣行調査が『法整備支援』に問いかけるもの: 臺灣舊慣調査・滿洲舊慣調査・華北農村慣行調査」, 早稲田大學比較法研究所 編,『比較法研究の新段階: 法の繼受と移植の理論』, 成文堂.

永島廣紀, 2021,「帝國の外地出身「科學者」たち」,『廣島大學文書館紀要』22.

長屋政勝, 2002,「プロイセン統計局の設立と國家統計表(1)」,『經濟論叢』169(5・6).

全東園, 2012,「近代日本の「朝鮮文化財」調査・研究に関する一考察: 1900年代初頭における八木奘三郎の「韓國調査」を中心に」,『日本語・日本學研究』2, 東京外國語大學國際日本研究センター.

齊藤郁子, 2006,「田代安定の學問と資料」,『沖縄文化研究』32.

佐藤正廣, 2014,「兩大戰間期における地方官廳の統計編成業務: 業務上の諸問題とデータの精度について」, 總務省統計研修所 ディスカッションペーパー No.2.

竹內治彦, 1989,「明治期慣行調査からみる「慣行」と「近代」」, 川合隆男 外,『近代日本社會調査史(Ⅰ)』, 慶應通信.

中生勝美, 2019,「領台初期の原住民調査」,『植民地帝國日本における知と権力』, 思文閣出版.

川合隆男, 1989,「近代日本社會調査史研究序說」,『近代日本社會調査史(Ⅰ)』, 慶應通信.

________, 1994,「戰時化・戰中期における失業調査: 「失業統計調査」と「失業者生活狀態調査」」, 川合隆男 編,『近代日本社會調査史(Ⅲ)』, 慶應通信.

春山明哲, 2019,「法學者·岡松参太郎の臺灣經驗と知の射程」,『植民地帝國日本における知と権力』, 思文閣出版.
平良勝保, 2009,「近代沖縄における旧慣調査とその背景」,『地域研究』5.
横路啓子, 2014,「『臺灣総督府統計書』と現住戸数職業別統計」,『日本語文學研究』1.

Noiriel, Gérard, 2001, "The Identification of the Citizen: The Birth of Republican Civil Status in France," Jane Caplan & John Torpey eds., *Documenting Individual Identity*, Princeton University Press.
Nordbotten, Svein, 2010, "The Use of Administrative Data in Official Statistics: Past, Present, and Future," *Journal of Official Statistics* 26(1).

4. 웹사이트

고려대학교 도서관, 경성지방법원 검사국 컬렉션(library.korea.ac.kr/kyungsung/index.php?id=46010345).
국사편찬위원회 전자사료관(archive.history.go.kr).
________ 한국사데이터베이스(db.history.go.kr).
KOSIS 국가통계포털(kosis.kr).
한수당 블로그「1770년이후 최적화된 서울월강수량 시계열자료」(blog.naver.com/hahnsudang/221692582412).
徳島県文化の森総合公園 / とくしまデジタルアーカイブ(adeac.jp/tokushima-bunkanomori/top).
e-Stat(e-stat.go.jp).
Kadis, Irina, "Chosenia I: A Long Way to the West"(172.104.19.75/articles/Chosenia1.html).

찾아보기

ㄱ

ㄴ

동북아역사재단 일제침탈사 연구총서 48

조선총독부의 조사와 통계

초판 1쇄 발행 2024년 4월 30일
초판 2쇄 발행 2025년 11월 10일

지은이 서호철
펴낸이 박지향
펴낸곳 동북아역사재단

등 록 제312-2004-050호(2004년 10월 18일)
주 소 서울시 서대문구 통일로 81 NH농협생명빌딩
전 화 02-2012-6065
팩 스 02-2012-6186
홈페이지 www.nahf.or.kr
제작·인쇄 역사공간

ISBN 979-11-7161-069-3 94910
978-89-6187-669-8 (세트)